工商管理经典译丛 BUSINESS ADMINISTRATION CLASSICS

THE EVOLUTION OF MANAGEMENT THOUGHT

SEVENTH EDITION

管理思想史

第7版

[美] 丹尼尔·雷恩（Daniel A. Wren）
阿瑟·贝德安（Arthur G. Bedeian）著

李 原 黄小勇 孙健敏 译

孙健敏 校

中国人民大学出版社
·北京·

工商管理经典译丛

出版说明

随着中国改革开放的深入发展，中国经济高速增长，为中国企业带来了勃勃生机，也为中国管理人才提供了成长和一显身手的广阔天地。时代呼唤能够在国际市场上搏击的中国企业家，时代呼唤谙熟国际市场规则的职业经理人。中国的工商管理教育事业也迎来了快速发展的良机。中国人民大学出版社正是为了适应这样一种时代的需要，从1997年开始就组织策划“工商管理经典译丛”，这是国内第一套与国际管理教育全面接轨的引进版工商管理类丛书，该套丛书凝聚着100多位管理学专家学者的心血，一经推出，立即受到了国内管理学界和企业界读者们的一致好评和普遍欢迎，并持续畅销数年。全国人民代表大会常务委员会副委员长、国家自然科学基金会管理科学部主任成思危先生，以及全国MBA教育指导委员会的专家们，都对这套丛书给予了很高的评价，认为这套译丛为中国工商管理教育事业做了开创性的工作，为国内管理专业教学首次系统地引进了优秀的范本，并为广大管理专业教师提高教材甄选和编写水平发挥了很大的作用。其中《人力资源管理》（第六版）获第十二届“中国图书奖”；《管理学》（第四版）获全国优秀畅销书奖。

进入21世纪后，随着经济全球化和信息化的发展，国际MBA教育在课程体系上进行了重大的改革，从20世纪80年代以行为科学为基础，注重营销管理、运营管理、财务管理到战略管理等方面的研究，到开始重视沟通、创业、公共关系和商业伦理等人文类内容，并且增加了基于网络的电子商务、技术管理、业务流程重组和统计学等技术类内容。另外，管理教育的国际化趋势也越来越明显，主要表现在师资的国际化、生源的国际化和教材的国际化方面。近年来，随着我国MBA和工商管理教育事业的快速发展，国内管理类引进版图书的品种越来越多，出版和更新的周期也在明显加快。为此，我们这套“工商管理经典译丛”也适时更新版本，增加新的内容，同时还将陆续推出新的系列和配套参考书，以顺应国际管理教育发展的大趋势。

本译丛选入的书目，都是世界著名的权威出版机构畅销全球的工商管理图书，被世界各国和地区的著名大学商学院和管理学院所普遍选用，是国际工商管理教育界最具影响力的教学用书。本丛书的作者，皆为管理学界享有盛誉的著名教授，他们的这些著作，经过了世界各地数千所大学和管理学院教学实践的检验，被证明是论述精辟、视野开阔、资料丰富、通俗易懂，又具有生动性、启发性和可操作性的经典之作。本译丛的译者，大多是国内各著名大学的优秀中青年学术骨干，他们不仅在长期的教学研究和社会实践中积累了丰富的经验，而且具有较高的翻译水平。

本丛书的引进和运作过程，从市场调研与选题策划、每本书的推荐与论证、对译者翻译水平的考察与甄选、翻译规程与交稿要求的制定、对翻译质量的严格把关和控制，到版式、封面和插图的设计等各方面，都坚持高水平和高标准的原则，力图奉献给读者一套译文准确、文字流畅、从内容到形式都保持原著风格的工商管理精品图书。

本丛书参考了国际上通行的 MBA 和工商管理专业核心课程的设置，充分兼顾了我国管理各专业现行通开课与专业课程设置，以及企业管理培训的要求，故适应面较广，既可用于管理各专业不同层次的教学参考，又可供各类管理人员培训和自学使用。

为了本丛书的出版，我们成立了由中国人民大学、北京大学、中国社会科学院等单位专家学者组成的编辑委员会，这些专家学者给了我们强有力的支持，使本丛书得以在管理学界和企业界产生较大的影响。许多我国留美学者和国内管理学界著名专家教授，参与了原著的推荐、论证和翻译工作，原我社编辑闻洁女士在这套书的总体策划中付出了很多心血。在此，谨向他们致以崇高的敬意并表示衷心的感谢。

愿这套丛书为我国 MBA 和工商管理教育事业的发展，为中国企业管理水平的不断提升继续做出应有的贡献。

中国人民大学出版社

第7版译者序

逝者如斯夫。

从本书第6版的中文翻译版正式出版发行到今天，整整十年过去了。在历史的长河中，十年不过是一朵浪花，转瞬即逝，而身处其中的个人，目睹并经历了诸多变化。如今的管理领域，无论是研究者还是实践者，热门话题都是大数据、人工智能、元宇宙、共享经济、灵活用工等，鲜有人讨论科学管理、科层组织、修身齐家，思考如何从历史的经验和教训里吸取有借鉴意义的营养的人就更少了。我同意本书作者的观点：今天我们对管理学的探索，在很大程度上没有认识到过去的思想对现代思维的影响。了解别人过去也走过同样的知识探索蹊径，有助于保证学术进步是多代人的努力。

在这个盛行“快餐文化”的时代，我们实在有必要静下心来，细细品味前辈乃至古人留给我们的文化遗产。纵观历史，在不同的文化背景下，有关人、管理和组织的观点不断变化，关于如何管理的知识体系也在不断变化。管理思想既是文化环境中的一种活动，也是文化环境的一种产物，对它的回顾必须放在文化框架内进行。本书作者不仅强调了这一思路，也很好地体现了这个思路。

需要明确的是，本书所谓的管理思想并没有包括人类共同的思想，主要是某些西方发达国家的思想，并以部分国家为代表。作者把这些思想的演变放到其历史文化背景中进行考察和分析，这对于我们更深入地理解这些思想的来龙去脉和历史传承大有裨益。但是，必须承认，没有全面地包含东方管理思想是本书的一个巨大缺陷。本书只在第2章以极短的篇幅介绍了古巴比伦、古埃及、中国和古印度等的点滴管理思想，对中国的介绍只有关于孙子和孔子的寥寥数语，不足千字，可谓挂一漏万。

从本书的英文书名可以看出，本书的内容实际上是管理思想的演变或进化，这也是作者在前言中特别强调的。作者不是要为我们提供一个关于管理思想发展过程的全景图，而是以非线性的逻辑关系突出某些重点。因此，从内容的取舍到重点的选择，本书都充满了作者个人的偏好或观点。

在我们践行“历史自信”和“文化自信”的今天，阅读本书，必须带有批判的态度。当然，本书作者的使命和定位决定了他们的研究范围和资料的取舍标准。我们有责任加大力度，从历史文献中挖掘我们自己的管理思想。

实际上，我国改革开放不久，就有专家学者认识到总结和整理我国古代及当代管理思想和实践的必要性和紧迫性，并身体力行地进行了富有成效的探索。其中，有代表性的是《振兴中国管理科学》一书。这本书由时任中国企业家协会副会长的潘承烈教授和中国人民大学劳动人事学院虞祖尧教授主编，汇聚了当时国内管理学研究的多位学者，比较系统地总结了我国古代管理思想、近代社会和企业管理思想、当代经济管理理论的发展及著名企业的管理实践及海外华人企业的管理思想和实践，同时也介绍了西方管理理论与学派以及西方企业的管理经验，可谓是对中国管理思想和实践的最系统、最全面的分析和探讨。该书的两位主编在前言中介绍了该书的诞生背景。1984 年，时任国家经贸委副主任的袁宝华同志召集 20 多位学者举行座谈会，讨论开展中国传统管理思想研究工作的必要性和可能性，以扭转当时流行的谈管理“言必称西方”的偏向。从那时起，在中国企业管理协会下面设立了一个“中国古代管理思想研究会”，聚集了全国各地的业余研究者，开始推进管理的科学化和民族化。1996 年 7 月，国家自然科学基金委员会把管理科学组升格为管理科学部，并召开成立大会，朱镕基同志在大会上做了《管理科学兴国之道》的重要讲话（这篇讲话于 1996 年 9 月 20 日由《光明日报》全文发表），成为推动管理学研究中国化的里程碑。在介绍和学习西方管理思想演变的同时，我们理应了解自己的过去，在继承的基础上大胆创新。

本书的局限性丝毫不掩盖其学术价值和应用意义。正所谓“他山之石，可以攻玉”。通过学习和了解西方管理思想的演变历程，我们可以更深入地认识自己，更全面地认识历史，更自信地走向未来。

本书的翻译依然是集体劳动的成果。参与初稿翻译和文字校对的还有李刚、滕玉成、孙晓丽、刘玉文、刘蕾、胡晓鹃、李静芝、马茜、周燕喆、周健武等，在此一并致谢。

感谢中国人民大学出版社对我们始终如一的信任、理解和支持。翻译不当之处在所难免，敬请读者不吝赐教。

孙健敏

第7版前言

在过去的半个世纪里，本书作者越来越充分地认识到，作为一门学科的管理学，它的所有方面，即它的语言、它的理论、它的模型和它的方法论，更不用说它的隐含价值和它的学术方式，都来自它所继承的传统。然而，对管理的正式研究相对较新。借用著名心理学家艾宾浩斯（Ebbinghaus）的一句话：管理实践有一个久远的过去，但作为一门学科的管理学研究只有短暂的历史。①

在探索这段历史并准备每一版的《管理思想史》的过程中，我们始终面临着挑战，那就是像所有历史学家一样，我们必须承认我们是个人兴趣和偏见的产物，主观性固化在历史知识的每个阶段。由于历史的意义只能建立在反思的基础上，因此即使是“历史‘事实’也牢固地嵌入到这种解释中”。②尽管历史学家们为了保持客观性尽了最大的努力，但是……他们仍然无法完全摆脱他们自己的历史瞬间、他们的文化或他们自己的过去。③ 因此，在进入第1章之前，我们预先警告读者，历史不是一门客观的科学，所以事情的真相究竟如何不可能被完全知晓。

更复杂的是，鉴于时间不可能倒转，历史记录不可避免地是零碎片段的并被涂抹过的，有许多缺失的环节，因此，很少（如果有的话）能够对一个特定的事件建立一个毫无疑问的前因后果链。此外，尽管有些人主张要

① Hermann Ebbinghaus，Abriss der Psychologie [Outline of Psychology]（Leipzig：Verlag von Veit & Comp.，1908），p. 1. The original Ebbinghaus quote reads：“Die Psychologie hat eine lange Vergangenheit，doch nur eine kurze Geschichte.”

② Geoffrey Jones and Tarun Khanna，“Bringing History（Back）into International Business，” Journal of International Business Studies 37（4）（July 2006），p. 465.

③ Alert L. Hurtado，Herbert Eugene Bolton：Historian of the American Borderlands（Berkeley，CA：University of California Press，2012），p. 165.

“看到一个真实的世界”，就必须“在一个综合的视野中对整个的时间长河进行分析”。[①]我们发现，这样做的努力过于频繁地使历史具有“药用价值”，将历史知识简化为抽象的和非个人力量的单调解读。历史研究不必是穿越时空的艰苦卓绝的努力。为了避免仅仅是记录过去的事件，我们试图在适当的时候突出某些重点，以为所讨论的人和观念赋予质感。

我们坚信，今天我们对管理学的探索，在很大程度上没有认识到过去的思想对现代思维的影响。了解别人过去也走过同样的知识探索蹊径，有助于保证学术进步是多代人的努力。我们非常欣赏马奇（March）提出的“作为序幕的过去”这个观点，欢迎你和我们一起欣赏他的观点。我们同意他的观点，对知识的追求包含观念的改进，“因为它们在几代学者和学术团体中不断发展，每个学者和学术团体都建立在以前的学者的基础上，并为后来的追随者提供了基础”。进一步呼应我们的观点，马奇欣喜若狂地表达了“与过去无穷的学术积累联系起来的好处和美妙之处在于可以预见一个无限的未来，在这个未来中，今天的想法不断成熟，并发展成为未来知识的复杂奇迹”。[②]

与以前的版本一样，《管理思想史》（第 7 版）试图捕捉过去的“好处和美妙”，作为扩大我们知识视野的基础。然而，正如萨拉森（Sarason）所警告的那样，“除非教育能为我们建立一种认知图式，能使我们跳出我们的时代和地点来看待问题，否则我们可能会不幸成为时间和地点的囚徒。”[③] 为此，本版的每一章都经过了严格的审查和系统更新，以传达对管理思想演变背后事件的了解。我们的目的是将各种管理理论置于其历史背景下，展示人们对工作的性质、人类的本性和组织性质的思考如何随着时间的推移而变化。考虑到这一点，我们告诫读者不要用后期的标准来评判过去。

历史可以用任意互补的方式进行描述。我们在这样做时，没有声称覆盖范围是百科全书式的，也不意味着进步总是线性的。关于前者，我们的目标不是编写一部自古以来在管理学科内发生的一切的历史书。事实上，正如埃利奥特（Elliott）所写的那样：“没有一种叙述是全面完整的，没有一种解释是完全的，描述和分析之间的平衡是很难把握的。”[④]关于后一点，在本书所划分的四部分的结构中（早期管理思想、科学管理时代、社会人时代、现代），我们在时间的长河中来回穿梭，强调意想不到的联系，并如上所述，劝告读者在将个人因素与特定事件联系起来时，不要使用所谓的“直线思维”。

我们之所以选择时间顺序结构，不仅是因为“对时间序列的考虑对任何类型的历史写作都至关重要”[⑤]，而且是因为我们相信这样做能使我们更好地理解构成管理学科知识遗产

---

① Bertrand A. M. Russell，“Mysticism and Logic,” Hibbert Journal 12（4）（July 1914），p. 795.

② James G. March，“Research on Organizations：Hopes for the Past and Lessons from the Future,” Nordiske Organisasjonsstudier 1（1）（1999），pp. 80，81.

③ Seymour B. Sarason，The Making of an American Psychologist（San Francisco：Jossey-Bass Publishers，1988），p. 277.

④ John H. Elliot，History in the Making（New Haven，CN：Yale University Press，2013），p. 94.

⑤ Ernst Mayr，The Growth of Biological Thought：Diversity，Evolution，and Inheritance（Cambridge，MA：Harvard University Press，1982），p. 2.

的人及其思想。此外，我们意识到，在区分不同的时代或时期时，可以采用不同的标准。正如洛根（Logan）所观察到的："历史很少有'自然'的断裂线。"因此，我们提醒读者，我们选择的边界"不是在特定地点或时间真实发生的事件，而是关于那个地点和时间的一个有可行的开始和结束的故事"。①

此外，我们也许还应该对本书的脉络给予说明。有人说："要么把历史当作一个编年史、一个记录、一个浪漫史，要么把它当作一种演变。"② 我们选择了"演变"（evolution）。"演变"一词是指管理思想随时间推移的历史发展。我们无意让人想起达尔文的自然选择进化论——"其中随机产生的性状之所以能生存和传播，是因为它们在生存和繁殖的竞争中提供了一些优势"。③ 我们没有宣扬达尔文的进化论，而且不可能把事实操弄成符合某个理论。这个新版本得以完成，是因为有一批关心管理思想演变的学者和从历史教训中发现价值的学生对管理问题表现出持续不断的兴趣。

多年来，作者有幸培养了几代天才研究生，他们作为杰出的历史学家，持续推动管理思想的研究，我们为他们的贡献感到自豪，特别是他们在美国管理学会（AOM）管理历史分会所发挥的领导作用。这些人包括葆拉·菲利普斯·卡森（Paula Phillips Carson），已故的克里·戴维·卡森（Kerry David Carson），肖恩·卡拉赫（Shawn M. Carraher），弗朗兹·洛尔克（Franz T. Lohrke），米洛拉德·诺维塞维奇（Milorad M. Novicevic），罗兰·基德威尔（Roland E. Kidwell）和斯蒂芬妮·凯斯·赫纳根（Stephanie Case Henagan）。几位受人尊敬的同事将管理历史作为学术研究推向公众，我们从中学到了很多东西，现在他们已经去世了。我们尤其要记住小克劳德·乔治（Claude S. George，Jr），约翰·米（John F. Mee），理查德·怀廷（Richard J. Whiting），杰罗姆·阿诺德（Jerome Arnold），罗纳德·格林伍德（Ronald G. Greenwood），詹姆斯·沃斯（James C. Worthy），理查德·霍吉茨（Richard M. Hodgetts），阿尔弗雷德·博尔顿（Alfred A. Bolton），威廉·沃尔夫（William B. Wolf），威廉·穆斯（William F. Muhs）和查尔斯·雷格（Charles D. Wrege），他们独到的见解和富有感染力的热情继续激励着我们。我们深深感谢约翰·布利兹（John D. Breeze），杰克·邓肯（Jack Duncan），彼得·彼得森（Peter B. Petersen）和戴维·范弗利特（David D. Van Fleet）几十年的友谊和贡献，拓展了我们对管理学科的了解。

在众多协助寻找原始资料的人中，我们感谢史蒂文斯理工学院塞缪尔·威廉姆斯图书馆档案和特殊馆藏负责人利亚·洛斯库托夫（Leah S. Loscutoff）在引导我们找到弗雷德里克·温斯洛·泰勒馆藏的资料方面提供的帮助；康奈尔大学基尔劳工管理文献和档案中心的档案研究员帕特里齐亚·斯通（Patrizia Stone）负责查找查尔斯·雷格（Chares D. Wrege）研究论文的内容；里贾纳·斯坎内尔·格林伍德（Rcqina Scannell

① Cheryl A. Logan，"Shaping and Owning the Boundaries of a Book，" History of Psychology 16（3）（August 2013），pp. 217，218.

② Henry Adams，The Education of Henry Adams（Boston，MA：Houghton Mifflin Company，1918），p. 300.

③ John R. McNeill，［Review of the book A Foot in the River］. Wall Street Journal（February 29，2016），p. A11

Greenwood）为我们提供便利，访问诺瓦东南大学（佛罗里达州劳德代尔市）的罗纳德·格林伍德收藏馆、大学档案馆和阿尔文·谢尔曼图书馆；密苏里州（圣路易斯）州立历史学会高级手稿专家肯尼斯·托马斯（Kenneth F. Thomas）负责梳理国际机械师和航空航天工人协会的记录；威斯康星州历史学会图书馆（麦迪逊）档案分馆的公共服务图书馆员基思·拉比奥拉（Keith W. Rabiola）和高级参考文献档案员李·格雷迪（Lee C. Grady）帮助搜索威斯康星州劳工联合会文件、约翰·康芒斯（John R. Commons）和理查德·伊利（Richard T. Ely）的论文；雪城大学图书馆特别收藏研究中心的参考文献助理妮可·波特（Nicole Potter）和阅览室主任妮可·韦斯特达尔（Nicole C. Westerdahl）提供了科利斯·波特·亨廷顿（Collis Porter Huntington）论文的材料；密歇根州立大学图书馆的大学档案馆和历史收藏馆的档案保管员莎拉·罗伯茨（Sarah Roberts）回答了我们关于内尔斯·彼得·阿里法斯（Nels Peter Alifas）论文的有关问题；佐治亚州立大学（亚特兰大）的南方劳工档案馆档案员特蕾西·乔利·德拉蒙德（Traci JoLeigh Drummond）为我们搜索国际机械师和航空航天工人协会的档案；马里兰大学图书馆特殊馆藏和大学档案馆劳工馆藏助理档案员詹妮弗·艾德森（Jennifer G. Eidson）向我们介绍了 AFL-CIO（美国劳工联盟和美国产业组织协会，中文简称为劳联-产联）的档案，以及档案中心（英国诺里奇）的诺福克历史记录办公室的艾莉森·巴纳德（Alison Barnard）协助查找与摩根·鲍威尔（Morgan Powell）牧师有关的记录。

很高兴与里贾纳·斯坎内尔·格林伍德（Regina Scannell Greenwood）和朱莉娅·库尔茨·蒂恩（Julia Kurtz Teahen）合作开发 PowerPoint 幻灯片，以配合这个新版本。幻灯片以照片、图表和其他视觉材料为特色，使文本充满活力。特别值得一提的是埃里克·泰勒（Eric C. Taylor），他审查了校样，并提供了宝贵的意见和建议。我们想表达对约翰·威利父子出版公司多位职员的感激之情，执行编辑利塞·约翰逊（Lisé Johnson）、开发编辑詹妮弗·马尼亚斯（Jennifer Manias）、摄影研究员艾丽西亚·索斯-赫特（Alicia South-Hurt）、项目经理珍妮特·韦纳（Janet Wehner）以及内容支持与运营编辑经理格拉迪斯·索托（Gladys Soto）。加工编辑阿米尔·巴沙（Ameer Basha）在整个过程中提供了宝贵的支持。我们感谢 SPi 全球的工作人员进行文字编辑。最后，我们要感谢路易斯安那州立大学米德尔顿图书馆的梅尔巴·斯陶布（Melba K. Staub）和雅各布·丰特诺特（Jacob J. Fontenot）通过馆际互借服务获取资料，以及他们的同事、研究与教学服务图书馆员丽贝卡·凯利（Rebecca N. Kelley），她以创纪录的速度满足了我们无数次的索取文献的请求。

没有一本书能完全达到其创作者的意图。因此，我们欢迎任何关于本书内容出现偏差的反馈，也愿意收到可能纳入未来版本的其他信息或材料。最后，我们特别感谢许多人的建议和鼓励，他们在课堂上和自己的研究中使用了《管理思想史》。

丹尼尔·雷恩，俄克拉何马州诺曼市

阿瑟·贝德安，路易斯安那州巴吞鲁日市

第6版译者序

“好书共享之”一直是我们作为译者的最大心愿。至今依然记得多个深夜为本书博大精深的内容、清晰的思路和条理、精辟透彻的解析和评论、略带艰涩的写作风格而激动不已，因此带来了而后几百个日日夜夜的推敲斟酌和奋笔疾书，个中过程，虽苦也乐。

谈到历史，不免让人产生枯燥乏味、陈旧无趣之感。唐太宗的名言“以古为镜，可以知兴替”大家都很熟悉，培根也留下了“读史使人明智”的警句，更有革命导师列宁提醒“忘记过去就意味着背叛”。可为什么当代人对历史越来越不感兴趣了呢？

在这个“快餐文化”盛行的时代，我们实在有必要静下心来，细细品味前辈乃至古人留给我们的著作。我从来都持这样的观点：技术的东西是越新越好，艺术的东西是越旧越好。管理则是兼具技术与艺术的特殊领域。如果把管理看成技术，那我们就追求时尚；如果把管理当成艺术，那我们就要去查阅历史经典。

管理的历史虽然远称不上漫长，但也给人一种波澜壮阔、博大精深的浩瀚感觉。其间涌现出了丰富多彩的思想和众多的风流人物。许多人物的名字至今耳熟能详，也有一些却为人们所忽视，还有一些一直以来受到了曲解。这本经典的《管理思想史》（第 6 版），将带你透过历史的长焦镜头，更全面、更公正地审视管理思想的演变和发展。本书不仅全面系统地分析了管理思想的演变和进化过程，而且对诸多我们已经看似熟悉的理论提出了新的注解和阐释。例如，长期以来，人们将泰勒制一直理解为一种单纯的“效率至上主义”的理论，一种机械的、纯科学的思想。这种看法不仅体现在人们日常的交流中，而且出现在某些所谓的名著里。近年来国内流行的一本译作、英国管理史专家斯图尔特·克雷纳先生的《管理百年》，把泰勒称为“使用秒表的文艺复兴式人物”。作者指出，科学管理是建筑在缺乏信任，缺乏对价值、才能和个人智力的尊重的基础之上的。在泰勒的思想里，管理是一门与人的欲望无关的科学，它不是一门有关人的科学。[①] 该书的序言更是肆无忌惮地曲解了泰勒的思想，“泰勒提出的科学管理将衡量看做管理工作。泰勒理论中的管理者只是一个监督者、一个收集信息交给决策者的记录员和报告员，所做的工作除了衡量任务情况以外就没有什么了。这就创造出一个全新的致力于监督、衡量和观察的管理者类别。他们是组织层级中一个单独的层次。现在，我们已把它称为中层管理。泰勒这个一生致力于提高效率的人，创造出了一个妨碍企业提高效率和决策有效性的最大障碍。”

然而，在本书的引领下，当你更全面地了解泰勒的思想时，对科学管理会有一种全新的认识。因为泰勒本人在界定科学管理原理时，就一直强调：

> 科学管理不是任何效率策略，不是确保效率的任何措施，也不是任何效率策略的组合。它不是一套新的成本核算制度，不是新的报酬支付方案，不是计件工资制、分红制度，不是奖金制度。它绝不是任何报酬支付方案，它不是用于实时监控、记录工人的行为，不是工时研究，不是动作研究，也不是对工人动作的分析。它不是复制和制作一大堆表格，然后放在一组工人面前，说：“这就是你的制度，拿去用吧”。它不是工长分工制或职能工长制，不是提及科学管理时人们通常联想到的任何策略。听到“科学管理”这个词，通常人们会想到一个或几个策略，但它并不是其中的任何一个。我并不是鄙视成本控制系统、工时研究、职能工长制，也不鄙视任何新改进的报酬支付方案或者任何效率策略，如果这些策略的确是为了提高效率而制定的。我相信这些策略，但我所强调的是，这些策略不完全是或者完全不是科学管理。它们是科学管理有用的附件，正如它们也是其他管理系统有用的附件一样。
>
> 从本质上说，科学管理，对于在具体公司或者行业里工作的工人来说，将会是一场彻底的心理革命，他们对工作的责任、对同事的责任、对雇主的责任，都是一场彻底的心理革命。同样，对于管理层——工长、主管、企业所有人和董事会——也将是一场彻底的心理革命，他们对管理层同事的责任、对工人的责任、对日常出现的问题的责任，也是一场彻底的心理革命。如果没有双方彻底的心理革命，科学管理就无从谈起。
>
> 这就是科学管理的本质：伟大的心理革命。

任何读者如果能理解这段文字的话，肯定不会简单地把泰勒的科学管理解释成机械的、没有人性的管理手段。实际上，如果认真阅读泰勒在国会上的证词就不难发现，泰勒一直在强调他的思想是带给人们一场“心理革命”。他的管理原则和手段也都能体现出他对工人的关心，例如精心挑选工人；引导工人了解这样做对他们没有坏处，而且有好处；对工人进行训练和帮助，使他们获得完成工作的技能；让工人明白，按照科学的方法去干活会节省体力。

各位读者，难道说这些思想不是人道的思想吗？不是很重视人的价值的思想吗？这些方法不是人性化的管理方法吗？

---

① 斯图尔特·克雷纳．管理百年．海口：海南出版社，2003：15.

当今的大多数管理者把知识的更新视为工作重心，鄙夷过去的思想和理论，视它们为陈旧和过时的。然而，历史的车轮正是在轮回中前进。当中国的企业管理者为“人浮于事”“出工不出力”“流程不畅”等问题而寝食不安时，恐怕未曾料到那正是几十年甚至上百年前困扰美国管理学家和实践者的难题。通过本书，我们可以了解当时他们是如何解释这些问题的，是如何解决这些难题的。可谓鉴古知今吧。

当然，我们必须承认，历史是今人的注解。英国历史学家霍布斯鲍姆的“传统之被发明”也可以用来解释管理思想史的编写。他的意思是，历史是为某种需要而对过去的选择与重新叙述。但这并不能掩盖这本经典著作的思想火花和深邃洞悉。

本书的一个不足，也是所有同类著作的共同缺陷，就是只关注西方特别是美国管理思想的发展。书中相当一部分内容是关于美国企业和美国人的，字里行间留下的是“美国制造”的印记，对于欧洲和亚洲的管理思想不够重视，对中国历史上丰富的管理思想更是一带而过，不能不说是一个很大的遗憾。

十分感谢中国人民大学出版社编辑的辛勤劳动。参与本书翻译工作的还有黄小勇、蒲瑶、李刚、罗红艳、滕玉成、孙晓丽、刘玉文等，他们参与翻译了本书部分章节的初稿，在此一并致谢。

尽管我们力求表达出原著的原汁原味，但毕竟才疏学浅，翻译不当之处在所难免，敬请各位读者不吝赐教。

孙健敏　李　原

第6版 前言

我们对管理思想演变的兴趣贯穿了我们的整个职业生涯。我们越来越体会到，关于管理学科的方方面面——它的语言、它的理论、它的模型、它的方法论、它隐含的价值理念、与它相关的各种专业机构，以及在该领域进行学术研究的方式——都来自它的历史。遗憾的是，历史记录有时候也并非完全准确，例如，有人宣称自己是某项新发现的第一人，实际上其他人已经在这些领域耕耘过。然而，历史确实为评估新理论和新技术的重要意义提供了一种基础，也为了解长期以来管理思想的演变以及管理学科中的卓越思想家们的不朽贡献提供了一种方法。

像前几个版本一样，《管理思想史》（第 6 版）将构成管理学科知识遗产的那些人物和理念置于一个按照时间顺序排列的框架中。如果有需要的话，该框架的四个主要部分，每一个都可以单独列出来；同时，这四个部分又是围绕一个统一的核心主题组织的。这种编排使得教师在规划课程进度以及确定课程内容时拥有相当大的选择余地。在计划这个新版本时，我们的目标是更新老的版本，保留老版本中有价值的内容，并且融入最新的研究成果。过去影响今天，今天的管理应用在很大程度上是过去导致的结果。因此，撰写管理思想史是一项永无止境的任务。

在第 6 版中，我们对每一章都作了彻底的评审和更新，以传达我们对促进管理理论和实践演变的那些人物和理念的感激。我们希望能够正确地还原历史，将各种管理理论置于它们的历史背景中，以表明它们如何随着时代的改变而变化。

与前几个版本一样，我们努力使第 6 版成为一本关于我们睿智的前辈们的生活及其所处时代的故事书。这些前辈们给我们留下了一笔宝贵的遗产，那些并不熟悉历史的管理学者往往理所当然地接纳它，却经常并不承认它，有时候甚至抵制它，因为他们认为昨天的管理方法对今天的问题并无实际价值。但是，我们的前辈们与我们也非常相似：他们竭力应对管理大规模的人力与物力资源组合所产生的多种难题；他们努力发展关于人类行为的哲学和理论；他们是变革的发动者；他们绞尽脑汁来解决那些古老的问题，即分配稀缺的资源以达成组织和个体的目标。我们今天面临的挑战基本上是一样的，只是随着我们了解得更多，不断改进我们的诊断工具，以及随着文化价值观发生改变，我们提出的解决办法也发生了变化。

那些关心管理思想演变的学者的一贯兴趣，以及那些从历史提供的教训中发现价值的学生，使这个版本得以问世。我们在美国管理学会管理史分会的同事的研究成果，《管理史学报》（*Journal of Management History*）的复兴，以及新的期刊《管理和组织历史》（*Management & Organizational History*）的出现，都确切地表明这种兴趣在不断提高。有许多人作出了重要贡献，使得越来越多的学者关注和钻研管理史，我们从这些人身上学到了许多；他们当中的一些人已经去世，但不会被遗忘。尤其是，我们希望铭记 Glaude George，John Mee，Dick Whiting，Jarry Arnold，Ron Greenwood，Jim Worthy，Dick Hodgetts 以及 AI Bolton，他们的远见卓识和热情将永远不会被遗忘。逝者已逝，其他人深刻意识到懂得管理史的重要意义，并将继续帮助培养未来几代懂得欣赏我们共同的文化遗产的管理学者，我们感谢所有这些人。

我们还要感谢 Regina Greenwood 和 Julia Teahen 为这个新版本制作了幻灯片。他们制作的幻灯片包括图片、图表以及其他视觉材料，使本书的内容更加生动。我们也要感谢 Shannon G. Taylor 提供了许多有价值的评论和建议。感谢本书中的照片[①]的提供者，特别要感谢 Kerry Magruder，他使这些照片付诸印刷。

至于出版公司，我们要感谢助理编辑 Carissa Doshi 和制作编辑 Trish Mcfadden，他们在第 6 版从草稿到付印的各个阶段都予以密切关注。感谢松树排版公司（Pine Tree Composition）的 Sunitha Arun Bhaskar 始终提供有价值的帮助。我们还要感谢 Karen Slaght 高超的审稿能力。

有许多人在课堂上以及他们自己的研究中使用过《管理思想史》的前几个版本，我们要特别感谢他们的建议和鼓励。由于历史永不会终结，我们欢迎有人告知我们本书的内容中存在的任何不当之处，同样也欢迎有人向我们发送另外的信息或材料，这些信息或材料也许会融入本书以后的版本中。

丹尼尔·雷恩

诺曼，俄克拉何马

2008 年 8 月 5 日

阿瑟·贝德安

巴吞鲁日，路易斯安那

2008 年 8 月 5 日

---

① 在中译本中，没有保留这些照片。——译者

目录

CONTENTS

CONTENTS

CONTENTS

第 一 部 分

早期管理思想

第一部分追溯美国科学管理时代之前的管理思想发展脉络。我们先简要介绍组织中管理的角色，然后考察早期管理思想的若干例子，并阐明经济、社会和政治环境的变化是如何为工业革命奠定基础的。工业革命给初期的工厂制度带来了一些前所未见的管理挑战，导致了对正式研究组织和管理的需求。早期的管理先驱们试图解决早期工厂制度所带来的挑战，从他们的工作中可以看到现代管理思想的渊源。在第一部分，我们追溯美国现代管理思想的起源，考察新兴工厂系统的早期经验、早期管理学作家的成果以及科学管理时代之前美国的文化环境。

第 1 章 拉开历史的序幕

管理实践古已有之，但根据不断积累的知识进行的正式管理研究则相对新鲜。管理对于有组织的活动来说至关重要。有关管理的一个广义的操作定义是视其为一种活动，即执行某些特定的功能，以获得对人和物的资源的有效采购、配置和利用，从而达到某个目标。因此，管理思想就是关于管理活动及其职能、目的、范围的知识体系。

本书旨在考察管理思想从最早的非正式时期到当前的演变过程。管理研究如同对人类及其文化的研究一样，是一个展开的故事，讲述了对于工作实质、人类实质以及组织实质的不断变化的认识。在对管理的研究中，所使用的方法包括分析法、综合法以及跨学科方法。在考察那些做出显著贡献的人物、他们的背景、他们的理念以及他们的影响时，所使用的是分析法。在综合考虑各种发展趋势、进展以及环境因素以形成某种理论框架来理解管理思想不断变化的本质时，所使用的是综合法。为了从一种文化的、历史的视角来考察管理思想，本书采用了（但不仅仅限于）传统管理著作的思维方式，利用了经济史、社会学、心理学、社会史、政治科学以及文化人类学等学科知识。从这个意义上讲，本书使用了跨学科方法，目的是使读者“知其然，知其所以然”，也就是说，不仅理解管理思想是什么，而且理解它为什么如此发展。

我们需要做到博古通今。管理史作为一个独立的研究领域，却往往被绝大多数商学院忽视。尽管不同层次的学校都讲授粗浅的管理史知识，但是这种讲授通常缺乏深度，也欠缺方向性和整体性。亨利·沃兹沃思·朗费罗（Henry Wadsworth Longfellow）在1838年的诗《人生礼颂》（*A Psalm of Life*）中写道：“把已逝的过去永久埋葬。”[1]不过，出于温故知新的目的，我们还是有许多话要说。我们在一个管理方法多元化的时代中生活和学习，学生们在各种管理课程中被传授定量方法、行为方法、函数方法及其他方法。这样的多种方法输入虽然可能具有刺激作用，但也往往给学生留下了一幅关于管理的支离破碎的画面，并主观地假定学生们有能力将不同的方法融会贯通。

在许多情况下，这个（把不同的方法融会贯通的）负担实在太沉重了。管理史是一个独立的研究领域，它能够提供一个理论框架来整合不同的管理研究方法。了解过去的研究有助于更加合理、完整地认识当前。如果缺乏相关的历史知识，我们就只能以自己有限的经验作为思想和行为的基础。正如一位学者所指出的，历史“是一种普遍性经验——毫无疑问，它比任何个人的经验要更长、更宽，也更多彩”[2]。因此，在构建决策模型时，历史为目光敏锐的人提供了其他备选答案。劳伦斯（Lawrence）对历史研究（调查过去的人和事）和历史视角（用历史作为原材料来理解当前）进行了区分。历史视角的目标是“塑造个体对当前而不是对过去的洞察力……它推动人们去思考对现象的其他可能解释，帮助识别和确定一些稳定程度不等的概念，通过提出研究老问题的新方法的建议来拓展研究视野”[3]。史密斯（Smith）写道：“阅读、探究和讨论历史能够使学生更深入地了解原本的专业知识及其实践，获得智慧，并且培养和运用判断力。”[4]因此，通过考察管理学科那些前辈先贤的生平事迹和成果，可以改善目前的教学方法，扩展知识，获得洞察力。追溯现代管理概念的起源和发展，我们能够更好地理解工作的本质、人的本质以及组织的本质。此外，通过理解大型公司的成长和壮大、科技的动态发展、各种文化价值观的兴衰、关于人类本质和教导的不断变化的假设，我们能更好地帮助年轻人准备好未来承担岗位责任所需要的技能。

今天不同于以往，明天也不会等同于今天，然而，今天是我们所有昨天合力的一种结果，明天也将会如此。马克·吐温（Mark Twain）说：“历史不会重复自己，但有时候它有一种律动。”[5]历史能够教导我们许多东西，也许最主要的一点，恰如莎士比亚（Shakespeare）所说的那样：“一切过往，皆为序章。”[6]

文化框架

纵观历史，关于管理组织的概念是如何演变的？要想理解这种演变动力学，我们需要一种文化框架来分析管理思想的发展历程。管理并不是一种封闭的活动，虽然管理者是在一套特定的文化价值体系和规章制度内作出决策的。毋宁说，管理是一个开放的系统，管理者在其中影响他们所处的环境，同时也被环境影响。

文化是一个社会中能够一代一代传承的所有“知识、信念、艺术、道德、法律、习俗以及其他任何责任和习惯”的总和。[7]文化是一个相当宽泛的主题，本书的研究仅限于经济、社会、政治和科技层面能够影响组织管理工作的具体理念。人类行为是过去和当前的文化力量的产物。与此类似，管理学这门学科也是过去和当前的经济、社会、政治和科技力量的一种产物。贝德安（Bedeian）观察到，“过去的安排——制度、角色、文化形式——并不是简单地被取代，而是被改造和再组合，从而产生当前的状况。从这个意义上讲，过去在反反复复地告知当前的情形，人们认识和了解过去的探索永远不会结束”[8]。当代的管理专业学生只了解当前的组织，只阅读当代作者的书籍，而对科学技术、政治制度以及经济政策的背景知识几乎不屑一顾。管理思想并不是从文化的真空中发展出来的，管理者常常会发现，他们的工作受到既有文化的影响。

研究现代管理，必须回顾过去，以了解我们共同传承的遗产是如何被创造的。实际上，我们文化的经济层面、社会层面、政治层面以及科技层面是密切相关和互动的，它们共同构成了一种文化框架。在本章以及接下来的所有章节中，我们会分别介绍它们，这样做只是为了陈述方便。此外，我们的注意力限定在可以最直接应用于组织管理的那部分文化内容，而忽略其他的文化现象，例如艺术、文学和音乐。

经济层面

文化的经济层面是人与资源之间的关系。资源可以由人类或者自然创造。资源这一术语指的是用以实现某个既定目标的有形物体和无形努力。物质资源包括土地、建筑、原材料、半成品、工具、设备或者其他有形物体。科技，即我们对制造和使用工具与设备的技艺和应用科学的理解，在历史的不同时期以不同的速度发展，从而在任何一个特定时期内影响资源的使用。

人类的思想和努力也是资源，因为它们设计、组合、塑造和执行其他能够生产产品或提供服务的活动。纵观历史，人们采取各种各样的方式来配置稀缺资源以生产和分配产品、服务。海伯纳（Heilbroner）把这些配置资源的方法分为三类：传统方法、命令方法以及市场方法。[9]传统方法在过去的社会规则中运行：科技基本上停滞不前，职业由一代传到下一代，农业占据统治地位，而且社会和经济体制从本质上说是封闭和不变的。命令方法指的是某个核心人物或机构的意愿强加给经济体中的其他人或机构，以决定资源如何配置和利用。经济的总司令官可能是最高统治者或者中央机构。有关生产什么产品，价格和工资是多少，以及经济产品和服务如何分配的决策，都是由某个核心源作出的。海伯纳认为市场方法是一种相对近代的现象，它依赖各种客观因素和人的决策来共同配置资源。价格、工资和利率是由那些拥有产品或服务的人与那些想要获得产品或服务的人之间通过谈判过程决定的；所有的资源都追求最佳回报，没有中央机构或优先权进行干预。在真正的实践中，现代社会体现了传统方法、命令方法和市场方法的混合。虽然我们的历史主要是受到传统方法和命令方法的影响，但是我们在后面会看到，市场方法作为一种经济哲学，创造了对一套正规的管理思想的需求。简而言之，科技进步以及各种资源配置方法之间的大致平衡，在很大程度上影响了管理者如何从事他们的工作。传统导向的经济体使用各种优先规则来约束管理者的角色，在命令导向的经济体中，管理者成为中央决策的执行者，而市场体制则为竞争性地利用资源以刺激产品和服务供应增长开辟了道路。

社会层面

文化的社会层面指的是在特定文化中人与人之间的关系。人类并不是独自生活的，为了共同利益或进一步实现个人目标，人类发现了群体的优势。在形成群体时，聚到一起的是各种各样具有不同需求、不同能力和不同价值观的人。鉴于这种多样性，如果不发展出某种同质性，这个群体将无法存在下去。因此，所有参与者会形成一个“契约”，该契约包含一些可以确保该群体生存下去的共同信念、态度和行为。这个不成文但具有约束力的契约包括一项关于如何最好地联合和协调各种努力以完成各种任务的隐含协议。

价值观，即确定某种特定类型的行为是否恰当的文化标准，是社会互动的另一个部分。人际关系中的道德规范是一个古老的话题。经济事务深深地嵌在社会信任当中，是社会网络中必不可少的组成部分。不同的时代、不同的文化中，价值观也会不同，管理的成效受到个体与群体之间的关系以及该文化中盛行的社会价值观的影响。

政治层面

文化的政治层面指的是个体与主权国家之间的关系，包括建立社会秩序和保护生命与财产所必需的法律和政治安排。如果社会秩序缺失，则是失序状态；除非存在某种规定来保护理性免受非理性行动者的破坏，否则，结果将是经济、社会和政治的彻底混乱。当秩序出现时，失序状态就会结束。维护秩序和稳定的政治机制可以采取多种形式，例如代议制政府、君主政体或者独裁制度。关于人性本质的政治假设多种多样，在连续体的一端是民主自治信念，在连续体的另一端，则是需要某个统治精英（或者个人）将其意志强加给其他人，认为人们不能或不愿管理自己。有关财产、契约和公正的规定，也会因为政治制度的本质不同而改变。组织的管理会受到以下因素的影响：该文化中的政治制度和政府形式、是否有拥有财产的权力、为提供产品和服务而缔结契约的能力、可以用来纠正错误的申诉机制。

科技层面

文化的科技层面是制造、使用工具和设备的艺术和应用科学。历史学家指出，在远古时代，例如石器时代、青铜器时代和铁器时代，人类开始制造工具。科技在数千年中不断发展，有时迅猛，有时缓慢，为世界上不同文化的发展添加助力。

科技是一种达到目的的手段，它能产生有益的结果，也能产生有害的结果。兰德斯（Landes）警告我们说：

> 对知识的攫取和利用是危险的行为，但是人们必须也必将知道，并且一旦知道，将不会忘记……科学和技术的联姻是数千年来智慧发展的高潮。它们也是同时具有善和恶的庞大力量，而且有时候恶远远超过了善。尽管如此，知识和技术的进行曲仍在继续……[10]

虽然可能是危险的，但是“对知识的攫取和利用”已经推动全球的工业和贸易从劳动密集型进入资本密集型并最终进入知识密集型。

在受传统束缚的社会或者封闭社会中，科技往往发展缓慢，因为它对现状构成了威胁。基泽（Kieser）对中世纪的行会进行了这样的描述：

> （它）使所有成员的生产和销售条件尽可能保持一致。（行会的）任何师傅都不应该在损害其他同行的情况下获利……这些师傅只能雇用数量有限的熟练工人……而且他们不被允许亲自挑选那些熟练工人……工资和工作时间是统一规定的。对顾客的追逐是明令禁止的……创新受到抑制。[11]

受传统束缚的社会或者封闭的社会，囿于旧规则，会抑制创新，也没有什么动力去探究新知识，去进行探索或者实验。如果社会现状抑制教育创新、自由探索，需要为发现新事物而承担必要风险的勇气，那么基础科学和技术的发展就会受限。

文化的科技层面对于如何管理组织是非常重要的，而且我们将看到许多关于科技如何影响国家文化的经济、社会和政治层面的例子。巧妙利用科学知识，我们有可能影响文化的各个层面。1790 年 1 月 8 日美国第一任总统乔治·华盛顿（George Washington）在美国国会发表的第一份国情咨文就非常鼓励科技推广，他说道："在每一个国家，知识都是公共福祉的最可靠基础。"[12]对知识的追求以及科学进步带来的技术发展，必须永不停步，它们推动我们去学习，去做得更好，去生活得更好。

经济、社会、政治和科技层面的互动构成了文化整体，而且这些层面是研究管理思想演变的有效的分析工具，因为一个国家的文化框架会影响管理者，也会影响产品和服务的配置方式。

人、管理及组织

管理是一种行为，也是一门学科，在对管理进行研究时，我们需要考虑其背后的基本因素。人类甚至在开始记载他们的行为之前，就已经认识到在集体协作中对活动进行管理的必要性。图 1-1 作为一种总体概览，首先描述了"自然状态"，并逐步描述人们通过组织来满足需求的过程。管理对有组织的活动至关重要，它能够促进人力资源和物质资源的有效配置和利用，以满足人类需求。

人

在关于历史、组织及管理的研究中，人是最基本的分析单位。人类总是面临一种相对恶劣的环境，其主要特征表现为：食物供应短缺，居住场所不足，以及总体来说用以满足人类多种需求的其他资源的极度稀缺。从生物学角度来看，人类并不比许多曾经或目前生存在地球上的其他物种更强壮。为了解释人类得以生存的原因，我们必须寻找躯体力量之外的能够使人类在一定的自然限制下控制和操纵周围环境的其他特征。

为什么人类能够生存下来？这个问题的答案可以从人类的思考能力中找到。在长期的进化过程中，能够生存下来的并不总是那些身体最强壮的个体。人类在躯体上比其他许多食肉动物要弱，但人类拥有最高的认知能力，学会了制造工具和武器，掌握了火的使用，形成了理性思考能力，拥有高超的沟通技巧，善于团队协作，并周密地进行计划、

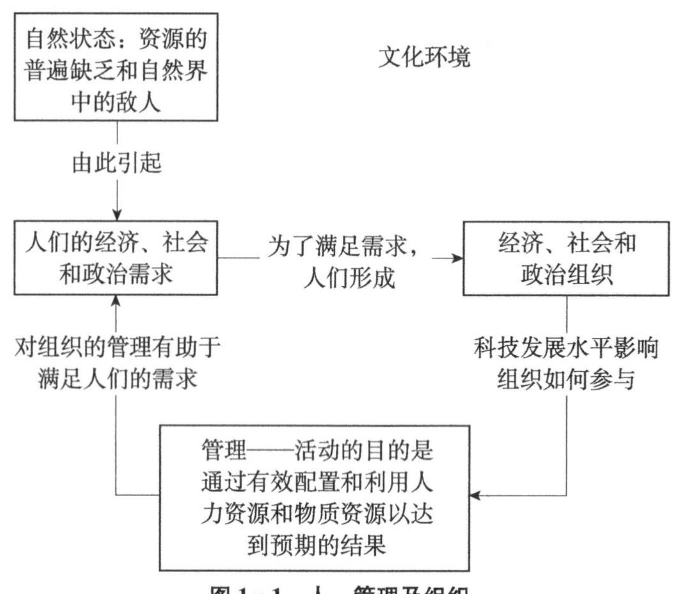

图1-1 人、管理及组织

协作和配合。那些生存下来的人，懂得运用棍棒和长矛保护自己，懂得制作工具和耕种土地，并形成了紧密的组织。这些使得人类比起他们在自然界中的敌人具有显著不同的优势。

古人类学家把我们对于人类的认识推向越来越远古的时代。[13]他们发现了制作工具的能人（homo habilis），又称“巧人”（handy man），以两足行走为特征的直立人（homo erectus），以及智人（homo sapiens），即思考者。人类是思考者、行动者，也是制造者。他们积极主动，富有创造力，为了有益于自己及物种的发展而永无止境地作出改变。他们最基本的需要是生理需要，即获得生存所必需的食物、水、居所、睡眠、氧气等。除了对生存至关重要的基本需要，人类还有社会需要，这种需要来源于人类繁衍（即选择伴侣）的驱动力。家庭成为人类群体关系中最基本的单元，这种组织既能满足人们的需要，又能完成工作任务。维系家庭变成了一个目标，而且人类发现，形成群体或者部落，可以在采集食物、保证安全、照顾儿童等方面获得共同利益，更好地保护和增进自己的利益。布罗诺夫斯基（Bronowski）得出结论：“我们加入家庭，家庭加入具有血缘关系的群体，具有血缘关系的群体加入氏族，氏族加入部落，而部落加入国家。这就是最原始的组织层级示意图，它一层接着一层，将人类生存的过去与现在联系在一起。”[14]

早期的人类发现，要想使人类这个物种生存下去，就必须把知识和技能从这一代传递给下一代，这就是通过教育来传承知识的开端。在形成群体并与同伴共同生活以实现他们共同目标的过程中，人们需要通过规则及手段来确保其家庭、家族、氏族、部落乃至整个国家的生存和繁荣。他们组成了最初的政治单位，使用“一致同意的规则”来管理经济、社会、政治事务（通常还包括宗教行为）。正是由于这些共同的经济、社会及政治需求，有组织的人类活动开始出现。

组织和管理

随着人类的进化，组织也相应发生变化。早期的人类发现，与他人共同工作能够放大自己的能力，从而更好地满足自己的需求。在群体中，不同的人带来了不同的技能和能力，这使我们发现有些人比其他人更适合从事某些任务。对集体任务进行划分，也就是说，对劳动进行分工，可更有效地利用不同人的技能。一旦存在劳动分工，为了实现群体的目标，人们必须达成协议以组织和协调不同的工作任务。自然而然地，群体还会将任务分级，形成一种权威或权力的层级。很可能由该群体中最强壮、最年长或最善于表达的那个人决定对其他人的任务分配，这个人就成了最早的领袖。在任何情况下，群体都要对做什么、如何做以及由谁做达成某种程度的一致意见。

纵观历史，导致组织最初成立的那些基本要素本质上是一样的。第一，必须存在一个目标，或者需要完成的某件事情。也许是每年一度的浆果采摘、打猎、某种农作物的播种、保卫本集体免遭外来人的掠夺。第二，人们必须受该目标吸引，愿意参与进来。人们必须觉得为了这个集体目标努力最符合自己的利益。组织最重要的纽带是，人们把加入该组织作为一种满足自己需要的手段。第三，组织成员需要使用某些东西来进行工作或战斗。这些东西就是实现目标所需的资源或手段，包括组织中的人、武器、耕种工具或者其他东西。第四，群体成员的各种活动必须是有组织的，他们相互协作、协调一致以实现共同的目标。如果每个人各自为政，缺乏对于时机的把握和协调一致的活动，结果将是一片混乱。第五，当任务变得复杂时，该群体发现，如果安排某个人专门负责带领整个群体朝着既定目标前进，该目标就更有可能实现。为了实现目标，必须有人来承担这样的工作：解决意见分歧，决定战略和时机，以及对成功所需的人和活动进行管理。管理开始成为一种与众不同的职能，是各种类型的合作努力中至关重要的部分。

在人类的整个历史进程中，人们总是参与到各种组织中（无论是家庭、家族、氏族、部落、国家、小杂货店还是《财富》500强企业），组织也为了服务于人们的需求而一直存在。这些需求的体现形式是多种多样的，例如将知识一代代传递，保护生命和财产安全，以及获得品类多样的产品和服务。随着理性思考能力的不断发展，人们对于利用物质和人力资源以实现有效目标的艺术的理解也在不断发展，我们把这种艺术称为“管理”。

小结

纵观历史，我们对人、管理和组织的观点不断变化。在由经济层面、社会层面、政治层面及科技层面所构成的文化框架下，我们对如何管理的理解也在不断变化。管理思想是主流文化环境中的一种产物，对它的研究必须在这种文化框架内进行。人类与生俱来具有经济需要、社会需要和政治需要，并寻求通过有组织的活动来满足这些需要。为了实现这个目的，当人们试图通过群体行动来满足自身需要时，组织自然而然就形成了。通过这种方法，人们更好地利用自己的专业才能来保护自己，改善自己的生活，以及满足其他多种需要。在接下来的章节，我们重点关注将管理视为一种知识体系以及视为一种行为的观点如何随着时间的推移而演变。

注 释

[1] Henry Wadsworth Longfellow, "A Psalm of Life," *The Knickerbocker* 12 (4) (October, 1838), p. 189.

[2] Basil H. Liddell Hart, *Why Don't We Learn From History*? (London: George Allen and Unwin, 1972), p. 15.

[3] Barbara S. Lawrence, "Historical Perspective: Using the Past to Study the Present," *Academy of Management Review* 9 (2) (April 1984), pp. 307, 311.

[4] George E. Smith, "Management History and Historical Context: Potential Benefits of Its Inclusion in the Management Curriculum," *Academy of Management Learning & Education*, 6 (4) (December 2007), p. 524.

[5] The prefatory phrase "History never repeats itself" does appear in Mark Twain and Charles Dudley Warner, *The Gilded Age: A Tale of Today* (Hartford, CT: American Publishing Company, 1874), p. 430. An earlier reference to history's "mystic rhyme" may be found in [Review of *A History of the Church in Russia by* Andrew N. Mouravieff] *The Christian Remembrancer: A Quarterly Review* 10 (50) (October 1845), p. 264.

[6] William Shakespeare, *The Tempest*, Act 2, Scene I.

[7] Edward B. Tylor, *Primitive Culture: Researches into the Development of Mythology, Philosophy, Religion, Art, and Custom*, vol. 1 (London: John Murray, 1871), p. 1.

[8] Arthur G. Bedeian, "Exploring the Past," *Journal of Management History* 4 (1) (1998), p. 4. See also Arthur G. Bedeian, "The Gift of Professional Maturity," *Academy of Management Learning & Education* 3 (1) (March 2004), pp. 92 - 98.

[9] Robert L. Heilbroner, *The Making of Economic Society* (Englewood Cliffs, NJ: Prentice-Hall, 1962), pp. 10 - 16.

[10] David S. Landes, *The Unbound Prometheus: Technological Change and Industrial Development in Western Europe from 1750 to the Present* (Cambridge, England: Cambridge University Press, 1969), pp. 555, 524. For a global perspective on the impact of technology on a nation's wealth, see *idem*, *The Wealth and Poverty of Nations: Why Some Are So Rich and Some So Poor* (New York: W. W. Norton, 1998).

[11] Alfred Kieser, "Organizational, Institutional, and Societal Evolution: Medieval Craft Guilds and the Genesis of Formal Organizations," *Administrative Science Quarterly* 34 (4) (December 1989), p. 553.

[12] George Washington, "Speech of the President of the United States to both Houses of Congress," January 8, 1790, p. 5. Available online at http://memory.loc.gov/mss/mgw/mgw2/025/1251007.jpg.

[13] For example, see Donald Johanson and Maitland A. Edey, *Lucy: The Beginnings of Humankind* (New York: Simon and Schuster, 1981).

[14] Jacob Bronowski, *The Ascent of Man* (Boston, MA: Little, Brown and Company, 1973), pp. 95 - 96.

第2章 工业化之前的管理

在历史长河中，工业化是近期出现的。在被称作工业革命的能源、交通、通信以及科技大发展之前，人类已经存在了数千年。工业化之前，组织的主要形式是家庭、部落、教会、军队以及政府。有些人参与到经济活动中（例如理发师、面包师、铁匠、木匠、补鞋匠、矿工、裁缝、轮匠），但其规模与工业革命所产生的结果根本无法相提并论。不过，在军事战役、家庭事务、政府管理及宗教事务方面存在着对管理的需求。这一章将回顾工业革命之前各种早期文明中的管理，并且讨论这些文明中不断变化的文化价值观如何引发工业革命。

早期文明中的管理

近 东

随着群体归属从家庭发展到国家，政权的建立和管理成为一个挑战。在家庭中，权力被男性家长或女性家长掌握，但是在一个国家中，首领与牧师之间往往存在冲突，前者主张世俗权力，后者则主张宗教统治。由于这种斗争和权力划分，产生了神职统治者（priest-ruler）或神王（divine king）的思想。在被神职人员授权之前，君主不能成为真正的君主，这种传统存在了很长时间。

汉穆拉比（又译汉谟拉比，Hammurabi，约公元前 1792—前 1750 年）就是这样一位君主（古巴比伦国王）。传说他被太阳神授予统治权和法典。古巴比伦靠近现在的巴格达，位于底格里斯河与幼发拉底河之间，被称为文明的摇篮。汉穆拉比颁布了一部由 282 个律条组成的法典，对贸易行为、个人行为、人员关系、惩罚以及其他许多社会问题进行管理。例如，第104条是有史以来第一次提及会计制度的法律条款，它涉及收据的处理，并确定了商人和代理人之间的代理关系及信任关系。《汉穆拉比法典》还规定了工资和薪酬，例如规定医生的薪酬及“建筑工人、制砖工人、裁缝、石匠、造船匠、牧人以及体力劳动者”的工资。[1]公元前604年，当尼布甲尼撒（Nebuchadnezzar）成为巴比伦国王时，织匠的工资是食物，而食物的数量取决于该织匠的产出，这要早于而且很可能影响了后来《圣经》所提及的“不劳者不得食”的思想[2]。在织匠的这个例子中，他们的工作动机很明显。不过，在《汉穆拉比法典》中，并不存在更多的工作激励要素，因为工资是事先规定好的。因此，这些早期例子描述了官僚权力以及关于激励、动机和工作绩效的不同观点。

远　东

古老的中国文明偶尔会打开它的大门让西方人参观一下。已知的最古老的军事名著是中国军事家孙子（中国春秋末期）的作品《孙子兵法》。他提出把一支军队划分为不同部分，建立官阶等级制度，使用铜锣、旗帜及烽火来进行通信与联络。他主张在战争之前深思熟虑和制订合理的计划：“多算胜，少算不胜”。孙子区分了直线管理者和幕僚管理者之间不同的角色，指出：“将听吾计，用之必胜……将不听吾计，用之必败。”[3]由此看来，直线与幕僚关系的问题已经存在了2 500多年。孙子还为将领们提供了战略决策的原则：

> 故用兵之法，十则围之，五则攻之，倍则分之，敌则能战之，少则能逃之，不若则能避之。[4]

各竞争者在市场上相互竞争，希望获得更高的市场份额和利润，如果我们用市场来代替孙子所说的战场，“竞争能力”与“兵力”对应，“竞争对手”与“敌人”对应，就可以看到现代管理战略的早期渊源了。

孔子（公元前551—前479年）及其弟子也长期影响了东方对美德行为的观点，其中包括与人为善、施行仁政、中庸之道以及为人表率。他希望当官的人能够具备美德。在孔子那个时代，最受尊敬的是做官，商人的社会地位仅略高于罪犯。为获得朝中官职而进行的竞争是相当激烈的，孔子主张官职应该授予那些已经证明自己有道德和有才能的人。以孔子学说为基础，汉朝（公元前206—公元220）开始实施考绩分等制度。把功绩作为挑选官员的基础，产生了为晋升官员而进行的考绩评估。虽然记录并不完整，但可以发现宋朝自公元962年开始实施一种考绩分等制度。① 古代中国主要根据研习经典学问的水平来挑选官员，并不总能把最好的管理人员挑选到朝廷中来。人们做了无数次改革这种官僚制度的尝试。[5]

很可能早在公元前1000年，远远早于孔子的时代，中国的官僚等级制度就已经全面

① 962年，宋正式废除了自唐以来的公荐制，还对科举考试制度进行了调整，如实行三级考试制度，放宽了考试的范围和增加了录取人数等。——译者

发展起来。实际上，孔子的哲学思想与同时代的法家思想是相互矛盾的。法家寻求通过法律体系进行奖赏和惩罚来确保行为的正确性，孔子则主张培养和提高人们的道德素质来保证合作。还有证据表明，中国人早在公元元年就对劳动分工及组织的部门化形式非常熟悉。例如，该时期的一只碗上刻着一段文字，它显示这只碗是在官营作坊中制造出来的。在官营作坊，工匠之间出现了高度专业化的劳动分工。官营作坊分为三个部门：会计、安全及生产。[6]这样的手工制品使我们了解到管理的早期渊源。

在远东的其他地方，考底利耶（Kautilya，约公元前 4 世纪）是古印度最伟大的政治家，也是君主旃陀罗笈多·孔雀（Chandragupta Maurya）手下的一位令人畏惧的名臣。考底利耶撰写的《政事论》建立了印度的公共行政管理，并包含了关于如何建立和维持经济、社会和政治秩序的建议。考底利耶说，发现有能力的官员是很困难的，因为人类"天生就是易变的，就像劳作中的马，它们的脾气总是不断变化"。另外，"政府官员一点都不占用君主的收入是不可能的"。[7]为了维护秩序，他建议采取严密的控制和严厉的惩罚，在整个政府内部建立间谍网络来监视官员，并且采用各种方法和技巧来诱惑官员，以测验他们的忠诚度。考底利耶关于人类本质的假设既古老又现代，他关于维持秩序的办法也具有这一特征。虽然他在西方世界并不出名，但我们还是能够在其他人的言辞中发现他的思想。考底利耶还描述了行政管理者的理想特征（具有高贵的血统、拥有智慧、雄辩、有才能、热情、善于交际），以及如何通过面谈和核查资料来挑选人才。他论述了对于幕僚人员的使用（"永远不要只听一两个人的话"），建立了拥有领导者的部门，并且为各种工作和部门准备了具体的工作描述[8]，考底利耶的著作表明，我们的许多管理概念和假设具有极其悠久的历史。

古埃及

由于尼罗河每年发生水灾，古埃及人修建了大量的灌溉工程。金字塔和运河的工程技术都堪称奇迹，超过了古希腊人和古罗马人后来建造的任何工程。采矿和绝大多数工程项目是国家垄断的，要求形成和发展一种广泛的官僚制度来管理国家事务。劳动力的供给包括自由人和奴隶。强有力的文化传统将自由人束缚在职业上，而镣铐则用来解决其他劳动力问题。

有证据表明，古埃及人已经认识到了一位管理者能够监管的人数有限制。被发掘出来的雕像表明，仆人与管理者的比例大约是 10∶1，还揭示了管理者和工人的不同着装。管理者身穿短裙或长袍，而工人们的穿着体现了他们所在的行业或职业。[9]"管理 10 人"规则表明管理者在"管理跨度"方面所受的约束，古埃及人的这种实践在后来的无数其他文明中可见，接下来我们很快会看到。

在古埃及，最重要的官职是维齐尔（vizier），以首席政治顾问的身份为法老效劳。"监督者"（supervisor）一词就是由此而来。早在公元前 1750 年，就有文献记载了维齐尔这个官职的存在，但它的历史可能更加悠久。最著名的一个维齐尔是希伯来人约瑟夫（Joseph），他被他的兄弟们卖掉，成为奴隶。由于约瑟夫有预测未来的能力，法老阿波菲斯（Apophis）任命他为维齐尔。这是一种明确的授权，宗教事务由法老掌管，而世俗事务由约瑟夫负责。维齐尔是一种集领导者、组织者、协调者及决策者于一身的古老职位。在维齐尔的领导下，古埃及建立了一种精巧的官僚制度，用来测量尼罗河水位的上升（经济的每个部分都依赖尼罗河），预测谷物的收成和国家收入，将这些收入分配给各个政府部门，以及监管整个工业和贸易。这是一种（至少在当时如此）相当复杂、精巧的管理方法，包括预测、规划、劳动分工、部门化以及一支训练有素的、专业的官僚队伍。

希伯来人

《旧约全书》（Old Testament）讲了在摩西的带领下寻觅属于自己的土地的故事。希伯来人的那些最伟大的领袖同时拥有宗教权力和世俗权力，包括亚伯拉罕（Abraham，约公元前 1900 年）、摩西（Moses，约公元前 1300 年）以及大卫（David，约公元前 1000 年）。这些人去世之后，对部落的领导成了士师（judges）的任务，而士师对人们的领导是通过他们所拥有的精神力量来实现的，也就是我们现在所说的“感召力”。《圣经》中的《士师记》讲述了 12 位士师如何治理以色列，其连续统治时间总计长达 410 年。

不过，《圣经》中谈到的管理概念很可能是埃及人提供了种子。约瑟夫被卖作奴隶，却成长为维齐尔，并且获得了有价值的管理经验。摩西被囚禁在埃及期间，观察到了埃及的“管理 10 人”规则。《圣经》中，摩西根据他岳父叶忒罗（Jethro）（也因而使叶忒罗成为第一位为人所知的管理顾问）的建议，“从以色列人中挑选有才能的人，立他们为百姓的首领，作千夫长、百夫长、五十夫长、十夫长。他们随时审断百姓的案件，有难断的案件就呈到摩西那里，但各样小事由他们自己审判”。摩西在管理中能够采取一种例外原则，同样还能够为部族的管理建立一种更加有秩序的组织结构。我们还可以从《圣经》中找到其他管理建议：“不先商议，所谋无效，谋士众多，所谋乃成”。这与孙子的建议不谋而合。关于控制，我们得到的告诫是：“参与者多，严守机密”。[10]关于领导、授权、管理跨度、规划、组织以及控制等管理活动，我们都可以从古人那里看到。

古希腊

威尔·杜兰特（Will Durant）在写下“一个国家生于禁欲，死于享乐”[11]时，抓住了许多文明盛衰的本质。在这个循环的忧患阶段，灾祸和逆境培育了凝聚力，而匮乏和贫瘠促进了创新。自我克制、节俭、辛勤工作、有秩序的生活能够带来繁荣。随着生活的富裕，自我克制变成了放纵，节俭变成了罪恶，勤奋和百折不挠变成了投机主义，而社会秩序则被破坏。享乐主义者不为明天着想，衰落也就开始了。历史学家巴兹尔·李德·哈特（Basil H. Liddell Hart）说，一种文明的衰落“往往并非源自敌人的直接攻击，而是源自内部腐烂”[12]。古希腊和古罗马都真实地经历了这个循环。

古希腊的制度、艺术、语言、戏剧以及文学是西方文化的重要组成部分。但是，古希腊的经济哲学是反商业的。古希腊人认为，贸易和绝大部分商业活动有损古希腊理想主义的尊严。一个人用于闲暇活动的时间长度与其拥有的声望息息相关。思想解放被认为是人类发展的最高理想。体力劳动应当由奴隶来完成。手工业和农业则由自由民和外国移民来承担。政治事务由一小撮享有特权的公民及其后裔掌控，其他所有人都无法享受这种公民特权。

苏格拉底（Socrates，公元前469—前399年）观察到管理技能是可以迁移的："对私人关系的管理与对公共关系的管理之间只存在数量上的差异……它们都不能在没有人的情况下得以完成……那些懂得如何雇用（他人）的人是管理私人关系和公共关系的成功领导者，而那些不懂的人则会在管理二者时犯错误。"[13]柏拉图（Plato，公元前427—前347年）是苏格拉底的学生，他对人类的多样性以及这种多样性如何导致劳动分工进行了评论：

> 我提醒自己，我们并不完全一样：我们的本性存在多样性，这使得我们适合不同的职业……而且，如果我们能够让一个人做一件最适合他的事情，并且在正确的时间做这件事和放弃其他（任务），那么所有事情都能够更加轻松地完成，而且完成得更彻底，完成的质量也更好。[14]

这种观点，即劳动分工将使生产力最优化的观点，一直持续了近2 000年，并且为组织工作和决定如何最好地利用个体在知识、技能和能力方面的差异奠定了基础。

亚里士多德（Aristotle，公元前384—前322年）是柏拉图的学生，在其著作《政治学》（*Politics*）中提供了无数关于管理和组织的远见卓识，包括：

（1）关于劳动力的专门化："如果每件工作都能获得工人全部的注意力而不是分散的注意力，那么它就能够完成得更好。"

（2）关于部门化："每个办公室应该具有专门的职能，（而问题在于）应该根据办公室处理的事务还是应该根据人来对办公室进行分工？"

（3）关于集权、分权和授权："我们还应知道地方法庭将对哪些事务拥有权限，以及哪些事务的权力应该被集中。例如，是否应该由一个人维持一个地方的市场秩序，而由另一个人维持另外一个地方的市场秩序，或者应该由同一个人负责所有地方？"

（4）关于配合："整体当然优先于局部。"

（5）关于领导力："未曾学会服从的人无法成为一名优秀的指挥官。"[15]

亚里士多德的《尼各马可伦理学》（*Nicomachean Ethics*）阐述了人们在与他人的互动中应该如何行事，数千年来为西方思想指引了方向。通过借鉴柏拉图的成果，亚里士多德描述了四种最主要的美德：理智（运用贴合实际的智慧来作出理性的选择）；节制（适度和自我控制）；勇气（坚毅和忍耐）；正义（商品的等价交换以及契约责任的履行）。他观察到，实现美德行为需要教导、经验和时间，去反复练习因为正确的理由而在正确的时间做正确的事情，进而形成正确行事的性情。

在其著作《形而上学》（*Metaphysics*）中，亚里士多德发展了这一命题，即只有通过感觉和推理才可以使现实成为可知。通过对神秘主义的抵制，亚里士多德成为科学方法之父，而且为意大利文艺复兴奠定了思想基础，我们后面将会简要讨论。这种科学调查的精神也最终为科学管理（第 7 章）建立了基础。

另一位古希腊人，色诺芬（Xenophon，约公元前 430—前 354 年），描述了劳动分工的优点（约公元前 370 年）：

> 有这样一些地方（作坊），有人赚钱的办法仅仅是缝合鞋子，还有人通过裁剪鞋料、缝制鞋帮来赚钱，另外一些人不从事上面提及的那些操作，只是将鞋子的各个部件组装起来。按照这样的程序……使一些人专攻某种工作的一个非常特定的部分，并把它做到最好。[16]

公元前 146 年，古希腊被古罗马人——一个来自台伯河流域的、具有勇猛顽强血统的民族——攻陷。古希腊也是被自己所灭，它耗尽了自己的森林和自然资源，内部道德败坏，政治秩序混乱，叛乱和镇压叛乱导致领导力被完全破坏。虽然存在反商业哲学，但是古希腊的确播下了现代西方政治结构的第一粒种子，在那里出现了分权式的参与型政府，进行了建立个人自由的初步尝试，解决问题的科学方法正在萌芽当中，并且形成了关于劳动分工、部门化、授权和领导的一些早期的远见卓识。

古罗马

根据传说，古罗马由一对孪生兄弟罗慕路斯（Romulus）和雷慕斯建立于公元前 753 年。古罗马人与生俱来具有坚忍的特点，他们征服了日渐衰落的古希腊。古罗马人建立了一套准工厂体制，制造古罗马军团所需的武器，以及制造陶器和纺织品。著名的古罗马道路系统的修建，加快了货物的运输和传送，也加快了军队前往各个殖民地的速度。古罗马人继承了古希腊人对贸易的蔑视，将商业交给古希腊人和亚洲人处理。[17]逐渐发展起来的对外贸易要求商业的标准化，因此古罗马人制定了一套度量衡体系。第一个类似于公司的组织以股份公司的形式出现，它把股份出售给公众，以履行供应战争所需物资的政府合同。[18]古罗马出现了一批高度专业化的劳动力，除了少数例外，他们几乎都作为独立的工匠在小规模的店铺里劳作。自由工匠组成了行会，不过这些行会是为了筛选成员以及惩罚偷窃或其他不道德的行为以保护行会的声誉而建立的，而不是为了确定工资、工作时间或者雇佣条件而建立的。[19]国家控制了经济生活的所有方面：征收贸易关税，对垄断者处以罚金，管理规范行会，以及使用国家收入来支付大量的战争费用。大型组织不可能存在，因为政府禁止股份公司从事履行政府合同之外的其他任何活动。

古罗马军队遵循“管理 10 人”规则，虽然随着时间的推移，它的应用也在变化。骑兵队伍中有十人长，管理一个由 10 名骑兵组成的作战单元；3 个作战单元组成一个骑兵中队；10 个骑兵中队（总共 300 名骑兵）构成一个兵团。百夫长带领 100 名士兵（虽然实际上军队很少能达到这个规模），这些百夫长带领的士兵又被组织成步兵大队，而 10 个步兵大队组成一个兵团。可以说，古罗马人追求秩序和纪律的天赋使他们不仅建立了一个执行特定任务的单位，还建立了一套权力等级制度来确保高效。古罗马人对人类的其他贡献主要是法律和政府，这些都是考量秩序的具体表现。古罗马的法律为后来各种文明提供了一个值得效仿的典范，而且古罗马立法权与行政权相分离的实践为后来的立宪政府（constitutional government）实行制衡体制提供了一个范例。

罗马天主教会

从它在中东的发源地起，基督教就面临着神学上的挑战和组织上的挑战。随着信仰的传播和各种流派（对《圣经》的解读各不相同）的发展，这个刚刚诞生的年轻神学很快就进入了多种流派蓬勃发展的青春期。早期的教区都是独立运作的，各自定义自己的教义及成员资格的条件。主教成为不同地方教会的首领，长老和执事这样的角色也开始出现，成为主教的助手。到 3 世纪，从事人事和秘书工作的副执事与助手，以及从事礼拜工作的驱魔人与读经师的数量增多，可以更加明显地看到一种有秩序的等级制度。主教科尼利厄斯（Cornelius）在给安提俄克的法比乌斯（Fabius）的一封信中，列举了所有这些级别。在 314 年的阿尔勒会议（Council of Arles）上，一些主教被安排得比其他主教地位更高，还产生了一位首席主教，即罗马主教。在 325 年的尼西亚会议（Council of Nicaea）上，罗马主教被授予最高权力并且被宣布为“整个教会之长”，被授予教皇称号。其结果是，在古罗马产生了集权和权威。不过，集权与分权之间的矛盾和冲突在历史长河中反复上演，不仅在教会中，也在其他组织中。从现代组织的角度来看，教会的领袖们认识到了使整个组织制度化的需要，也就是说，具体确定政策、程序、教义及权威的需要。这是一个即使在今天我们也要反复面对的挑战：既要有统一的目标，又要对局部问题和条件有自由裁量权。

封建主义和中世纪

文艺复兴时期的学者创造了“中世纪”这个概念，用来描述从罗马帝国的衰落到文艺复兴期间所发生的事情。在罗马帝国后期，奴隶制度变得很不经济，因为维持奴隶的成本很高，而且他们对劳动几乎没有热情。奴隶制度的废除并不是因为道德水平的进步，而是经济变化的结果。把自由人发展成为土地所有者的佃农，被证明是更加经济的做法。大地主的增加和发展，以及伴随着罗马帝国的衰落而产生的政治动乱，导致了经济、社会和政治的混乱，为封建制度的产生孕育了条件。封建主义作为一种文化制度，在西方大约流行于 476—1500 年。封建制度的最底层是农奴，他们耕种庄园主的土地，与现代的雇农非常相似。为了换取庄园主的军事保护，他们需要缴纳一部分劳动所得的产品。封建制度将人们束缚在土地上，确立了严格的阶级区分，建立了一个直到工业革命为止的拥有土地的贵族阶层，使教育陷于停顿状态，使贫困和无知成为普通大众的标志，抑制了人类的进步，难怪一些历史学家更喜欢将这段时期称为“黑暗时代”（dark ages）。

虽然一些学者因为骑士制度、十字军东征、健康的农业生活及工匠的尊严而将中世纪浪漫化和传奇化，但这个时代实际上是相当黯淡的。工业革命涉及的许多典型问题事实上都始于这个时代。人们将森林夷为平地以获得取暖和煮饭所需的木柴。人们无视任何重新造林的需要，而且在开阔地上过度放牧或耕种。随着森林的减少，煤变成了一种更加重要的燃料来源，从而产生了空气污染。英格兰王后——普罗旺斯的埃莉诺（Eleanor）就是因为附近一个村庄烧煤时释放出浓烟，在 1257 年被迫离开了她的诺丁汉城堡。人类和动物的排泄物从开放的下水道进入河流，导致了水污染。这种状况日益恶化，1388 年英国议会通过了我们所知的第一部反污染法律，这一法律比工业革命几乎要早 4 个世纪。[20]这是个肮脏、粗野的时代，但其中正在发展的事件将引导一个更好时代的到来。

商业的复苏

宗教狂热引发的战争也间接刺激了商业发展，开辟了新的贸易路线，使得封建欧洲接触到了中东的财富。

另一个令人大开眼界的事件是威尼斯商人马可·波罗（Marco Polo，1254—1324）1295 年从中国经缅甸和印度返回国内。他不但描述了人们前所未闻的各种稀奇古怪的故事，还讲述鞑靼人如何在战争中组织他们的军队："（将领）把自己置于十万兵马的最高层……而且任命一位军官指挥十名士兵，另一些军官分别指挥百名士兵、千名士兵、万名士兵……通过这种安排，每位军官只需管理 10 名士兵或者 10 个士兵团队。"[21]这些远东国家，以前从未访问过西方或被西方人访问过，他们如何能够掌握这种"管理 10 人"规则？类似的问题还有，印加文明（约 1200—1532 年）是在大概现今的秘鲁和智利发展起来的一个非常繁荣的文明，它如何能够拥有"一种十进制的控制体系，使监管者可以指挥 10 人、100 人、1 000 人，甚至 10 万大军？"[22]历史所揭示的内容往往比它能解决的事情多得多。

十字军东征削弱了欧洲的宗教束缚，给欧洲带来了一种更加世俗化的生活。人们对探索充满兴趣，有关贸易和商业的新精神弥漫在这片封建主义的大地上。新市场和新思想的发展、城镇的出现、中产阶层的萌芽、金钱和信用工具的更自由流通、政治秩序的重新恢复，为意大利文艺复兴（始于 14 世纪晚期）以及西欧的宗教改革（1517—1648 年）奠定了基础。

在工业革命之前，商品是如何被制造出来的？许多产品是在家庭内制造或种植的，并且是为了自家使用。不过，还有一些产品来自两种基本形式的产业组织：行会和家庭包工制（domestic system）。行会，据我们所知，主要存在于 1100—1500 年，有两种类型：商人行会，它们是商品的采购者和销售者；手工业行会，它们是商品的制造者。在手工业行会内部，存在一种由师傅、熟练工人和学徒构成的权力等级制度。师傅拥有工具、原材料和最后完成的产品；熟练工人是被雇用的工人，他们已经度过了学徒期，但还没有自己开铺；学徒是那些正在该行业中学习的人。每个城镇或村庄通常都规定了可以从事手工业的师傅人数、一个师傅可以拥有的学徒人数以及一位学徒可以获得的最高工资。如果哪位学徒逃跑，通缉令就会被发出，执法人员就会去缉拿逃跑者。每个行会都受到地方官员的保护，免遭竞争威胁。这些地方官员禁止外地产品进入本地，他们也对行会征税或发放执照，作为行会受到保护的代价。如同我们在第 1 章中说过的，手工业行会抑制了创新。

行会还监督工作质量，控制所从事的工作类型。例如，手工业行会的规则禁止鞋匠制造皮革，因为这是制革匠的工作；禁止织匠染布，因为这是染匠的工作。同样，制革匠和染匠也不得不只从事他们自己的工作。可见，手工业行会利用这种劳动分工来获得对工作岗位的进一步控制。现代工会的许多行为，例如控制工作岗位的供给，详细规定每个行业的权限，以及限制其他人和行业的进入，可以说是早期手工业行会的遗产。

商人行会的成员是贸易的中间人，他们购买原材料销售给个体制造者，再从这些个体制造者那里采购商品并进行销售。因此，商人是家庭包工制生产形式中的重要因素。商人采购原材料，并且将工作分包给个体或者家庭，个体和家庭使用自己的设备进行生产，在自己家中完成产品的生产，然后把产品返回给商人以获得一份工资。家庭包工制的缺点在于工具简陋和技术简单，人们缺乏动机去改进生产，以及在有限的劳动分工条件下进行小规模生产所导致的效率低下。随着贸易量的增加，家庭包工制生产被证明是效率低下的。因此，以下一些要素导致了工厂制度的出现：对更多资本的需求，专业化劳动能够带来的优势，集中生产的工作场所带来的规模经济优势。

不过，在家庭包工制中，我们发现了现代称为"交易成本经济学"的一个早期例子。它的思想是，一种管理等级制度有时候能够比市场更有效地配置资源（我们将在第 16 章进行更深入探讨）。家庭生产体系依赖的是与那些在自己家里工作的人进行的契约谈判，而且为那些工作所支付的价格是当时的市场价格。在自己家中，工人们可以按自己的速度进行工作，但从商人的角度来看，这种做法使商品供应变得不可预测。由于缺乏对绩效的监控，产品质量通常会受到影响。不过，针对绩效的报酬提供了一种激励作用，使工人们按照与商人的合同规定完成生产。在任何时间点上，商人们都会有大量合同正在实施，这使得对工作进行监控更为困难。随着蒸汽能源和工厂制度的出现，我们将会看到集中的工作场所和管理等级制度提高了产品质量的可靠性，降低了风险和不确定性，以及对家庭包工制的显著超越。

不断发展的贸易也要求记账方法的改进。虽然贸易商和银行家，例如普拉托和热那亚的弗朗西斯科·达梯尼（Francesco Datini）以及佛罗伦萨的美第奇家族（Medicis），早在 1340 年就使用复式簿记的基本原理[23]，但是天主教方济各会的一名修士卢卡·帕乔利（Luca Pacioli）于 1494 年在其《算术、几何、比与比例概要》（*Summa de Arithmetica*，*Geometrica*，*Proportioni*，*et Proportionalita*）一书中才第一次描述这种方法。[24]帕乔利的体系是第一个管理信息系统，它为企业主提供了关于现金和存货状况的信息，并且使企业能够对现金流进行监控。不过，这个体系并不追踪和记录成本。直到大约 400 年以后，复式簿记法才获得某些改进。

随着贸易的扩展，新兴的经济秩序使得坚持当时盛行的教会学说的人感到不安，因为教义中反对通过高利贷牟利。圣托马斯·阿奎那（Saint Thomas Aquinas）是 13 世纪的一位神学家，他使用了"公正价格"这个概念，即市场价格或流行价格，来解决贸易事务中的公正问题。1468 年，多明我会（Dominican Friar）约翰尼斯·奈德（Johannes Nider）扩展了这种观点，进一步提出了一些特定的贸易规则（我们可以将这些规则称为道德行为准则)。如果这些贸易规则得到遵从，就可以确保商人的交易是公道的。例如，这些规则宣布，商品应该是“合法的、名副其实的和有用的”；价格应该是公道的；卖方应该慎行（卖方自负）而不应该参与“欺骗”或“恫吓”，也不能卖给“傻子”，因为他们无法了解产品的信息；那些购买“是为了获得日后价格上涨的人（例如，投机者）罪大恶极”[25]。奈德的著作写于文艺复兴时期，是第一本聚焦于商业道德的著作。该书还表明对于有道德的贸易活动的关注自古有之，它已经融入人类的社会结构之中。一位作者概括了奈德的思想对今天的意义：

> 奈德的思想极其现代……通过他的眼睛，我们看见了同样存在于过去与现在的道德困境；在日常的商业活动以及我们的个人行为中必须作出的道德抉择；对约束我们不致堕落的指导原则的需要。奈德提出了伦理学家们在过去和现在永远要面对的那些问题——仅仅通过法律，无法纠正人性的弱点；我们不能回避对行为的最终责任；在交换关系中，有道德的行为是必要的。[26]

封建制度灭亡了，它被贸易的扩展、城市的成长、商人阶层的诞生、强有力的中央政府的建立埋葬。但是，工业化时代依然尚未到来。新酒正在发酵，正在破坏旧的社会容器。现在需要的是一种新精神，一种对人类努力的新认可。

文化的重生

正在破坏社会容器的新酒是由各种力量组成的，这些力量将最终带来工业革命和一次文化重生。这些力量奠定了新工业时代的文化基础，这个新时代给人们带来了在资源配置的经济安排、社会关系和政治制度方面摆脱屈从地位的新自由。人们重新关注古典音乐和艺术，恢复对理性和科学的兴趣，这一点在文艺复兴（“重生”）时期得到了最好的体现。文艺复兴始于 14 世纪晚期，起源于意大利，随后扩展到整个西欧。文艺复兴给欧洲带来了一种新的文化，被视为中世纪向现代转变的标志。三种伦理观，或者文化标准，在现实世界中相互影响，共同改变当时关于人、工作和利润的主流价值观。第一，新教伦理，源自宗教改革，终结了罗马天主教会在西欧将近 1 000 年的宗教统治。第二，自由伦理，通过提倡代议制政府，对政治权力施加了法律限制。第三，市场伦理，提出建立市场导向经济的观点。由此导致的文化重生，创造了一种新的环境和新的道德观，它们则会引发正式的管理研究。

新教伦理

在中世纪，罗马天主教会掌控着人们的生活，它提供一种来生的希望，作为现世的唯一慰藉。教会处于至高无上的地位，教会的教义反对为了获得利息而贷款，反对渴望从这个世界上获得除生存所需之外的其他任何东西，反对物质的贸易和利润，这导致长期存在一种“商业是邪恶的需要”的观点。教会对于生活的完全控制，导致人们不思考现世而考虑来生；不思考获益而考虑赎罪。在教会看来，贸易的利己主义会使人们的思想从上帝转向获益，从顺从转为主动，从谦卑变为进取。

虽然有人更早抗议教皇的权力和天主教教义，但是修士马丁·路德（Martin Luther）通常被认为是新教改革的设计师。宗教改革使得天主教会产生分裂，在欧洲引发了100多年的宗教冲突。虽然马丁·路德抗议天主教会的许多做法，尤其是教会兜售赎罪券来赦免罪行和保证信徒进入天国，但是他在其他许多事务方面与天主教会保持一致意见。例如，与天主教会一样，他谴责出于个人利益而收取利息的行为，认为贸易是一个“肮脏的行业”，并且旗帜鲜明地公开反对富格尔家族（Fuggers）——德国最主要的商业家族。

约翰·加尔文（John Calvin）受到路德改革尝试的鼓舞，他像路德一样，也信仰宿命论，这种观点认为所有事情都是由上帝决定的。加尔文相信，上帝已经确定了某些人（“上帝的选民”）命中注定将被救赎，而其他人，上帝知道他们不会遵循它的教诲，注定永远受到诅咒。加尔文的宿命论教义给他的信徒们注入了一种新的精神。由于每件事情都是命中注定的，因此每个人都应该相信自己是上帝的选民，从而有勇气克服现实世界中的苦难。

路德与加尔文所信仰的这种宿命论是否为理性的资本主义提供了宗教基础？马克斯·韦伯（Max Weber）作出了肯定的回答，宣称资本主义精神脱胎于宗教改革。韦伯对非理性的、无节制的贪婪与新教伦理中的“理性资本主义精神”进行了明确区分，认为

> 对利润、金钱（并且是最大可能的金钱）的追求，这样的欲望普遍存在，且一直存在于尘世上一切国家、一切时代、一切类型和条件下的人身上，不管其实现这种欲望的客观可能性如何。然而，对财富的无限贪欲，不等同于“理性资本主义精神”——它甚至可能是对非理性欲望的一种抑制，或至少是一种理性的缓解。不过，资本主义确实等同于通过持续的、理性的、资本主义方式的企业活动来追求利润并且是不断再生的利润，因为它必须这样：在一种完全资本主义式的社会秩序中，任何一个资本主义企业若不利用各种机会获取利润，那就注定要消失。[27]

韦伯开始寻找对资本主义精神的解释，因为他注意到商业领袖、创业者、熟练工人以及在技术和商业领域受过更高培训的人员，绝大多数是新教徒。在韦伯看来，路德形成了一种“受上帝感召”的思想，认为上帝赋予了任务，而该任务需要投入毕生的精力。这是在宗教改革运动中提出的一种新观点，而且成为新教各派的一条核心教义。它摒弃了天主教关于维持生存最低水平和禁欲主义的观点，劝诫个体在现世完成交给他们的任务。它将投身于世俗事务视为个体最崇高的道德活动，并且为世俗任务中的表现提供了一种宗教的意义和支持。韦伯认为，路德并没有旨在把他的感召理念引申到资本主义精神中，相反，是后人的诠释将路德思想发展为一种以成功为导向的资本主义精神。感召确实为生命的目标提供了一种全新的诠释：人们不是等待审判日的到来，而应该选择和追求一种职业，不是为了获得基本需求之外的物质利益，而是因为它是神的意愿。人们应该参与世俗活动，以获得上帝的怜悯和恩典。实际上，这就意味着“自助者天助

之”。[28]

在韦伯看来，虽然新教教义主张人们应该虔诚地完成交给他们的宗教任务，但除此之外，他们的善行无须形成一种强调用未来进入天堂以抵消当前所受苦难的“理性生活体系”。人们可以用自己的善行来弥补某些特定的罪行，增加他们获得救赎的机会，或者作为日后老年生活的一种附加保险。为了更加清楚地区分，韦伯描述了加尔文主义的要求：

> 加尔文主义的上帝要求信徒们不是做个别的善行，而是做组成一个体系的终生的善行。天主教的循环论——罪过、忏悔、赎罪、解脱，接着是一种新罪过——在这里根本没有立足之地。也根本不存在一种平衡机制，可以通过现世的惩罚或教会的恩典来补偿整个人生。[29]

于是，加尔文教徒被要求毕生行善，而不是通过悔改、赎罪、宽恕等善行来抵消所犯罪过。韦伯认为这对形成一种关于付出和收获的精神至关重要，人们不能再随心所欲地释放非理性的冲动，而是被教义要求控制自己的所有行为。人们以热忱和自我约束来参与世俗活动，以此证明他们的忠诚信仰。

这种新的新教主义，也被韦伯称为清教主义，并不宽恕为了财富本身而去追求财富的行为，因为财富将导致享乐。实际上，进取变成了善行生活的目标。在实践中形成了无数的推论：（1）虚度时光乃万恶之首，因为虚度一寸光阴即丧失一段为上帝的荣耀而进行劳动的宝贵时光；（2）劳动意愿是至关重要的，“不劳者不得食”；（3）劳动分工和专业化是神的旨意，因为这导致了更高水平的技能发展以及产品在数量和质量上的改进，从而服务于所有人的利益；（4）基本需要之外的消费是浪费，因此是有罪的，“俭以防匮”[30]。在韦伯看来，这些观点中的每一个都对人们的动机具有显著影响，它带来了一种企业家精神。

紧张忙碌的活动促使人们从一种冥想的生活转变为一种持续的体力和脑力劳动的生活。工作意愿加重了个人的动机负担，但自我指导、自我克制的生活给他们提供了一种内在的指引。新教伦理主张上帝要求盈利能力，认为盈利能力是上帝荣耀的一种标志，并且认为任何浪费、利润减少、放弃可能的获利机会，都违背上帝的旨意。通过不追求奢侈，人们从自己的劳动中创造出剩余或利润。这些被创造的财富在消费时不能超出一个人的基本需要，因此剩余的财富可以再投资于新的企业，或者用于增加目前的投资。

新教主义（清教主义）为资本主义精神的产生提供了明确的指导原则。在韦伯看来，人有义务工作，有义务明智地使用他们的财富，有义务过一种克己的生活。财富不是进入天堂的保证，因此穷人无须担心，只要他们正确地执行神的感召。韦伯认为，资本主义精神脱胎于同等重视精神财富和世俗成功的新教伦理。在否定自我放纵、认可自我克制和自我主导的原则下，一个个人主义的新时代诞生了。

对韦伯观点的批评

每种观点都会产生它的对立面，韦伯的新教伦理也不例外。英国经济学家理查德·

托尼（Richard H. Tawney）的观点与韦伯的恰恰相反，托尼认为资本主义是新教主义的原因和理由，而不是新教主义的结果。托尼指出，天主教的城市是主要的商业中心，天主教徒则是银行家的领头羊，在早于韦伯谈到的16、17世纪的影响之前的许多年，资本主义精神就已经在很多地方体现出来。在托尼看来，“资本家的企业不得不一直等待，正如韦伯的观点所暗示的那样，直到宗教改革带来了一种资本主义精神，这种观点是否有点人为臆测呢？同样，认为宗教改革本身只是经济发展的结果，这是否也是貌似真实而实则片面呢？”[31]

根据托尼的观点，资本主义的出现是行为和反应，它影响了其他重要的文化力量，同时也反过来为这些文化力量所影响。文艺复兴带来了人们对理性、发现、探索及科学的新的关注，所有这些都对罗马天主教会坚如磐石的权威构成了挑战。在这个过程中，提出了一种为所有人赋予流动自由的新社会秩序，也标志着人们能够主导和掌控自己所处的环境，而这与中世纪时期盛行的观点是截然相反的。[32]不断发展的经济生活给教会的教义提出了新挑战，而且商人和工匠并不在意教会的教义，纷纷参与到营利活动中。虽然宗教改革最初是一次宗教改良运动，但是逐渐发展壮大的商人阶层拥护一种能够为其资本主义冲动正名的宗教以及一个能够使资本主义冲动合法化的主权国家，因此宗教改革后来被商人阶层利用，用来实现他们的经济需求。正如一位权威专家所评论的那样。新教和资本主义“像新郎和新娘一样手牵着手”[33]。

这两套假设得出了两种不同的结论：一种是韦伯的观点，即先是宗教制度发生变化，然后是资本主义精神的兴起；另一种是托尼的观点，即在教义改革（例如，宗教改革运动及其后扩展成的许多教派）能够支持经济活动之前，经济动机就已经是推动教会当局这个壶盖的蒸汽了。

韦伯观点的现代支持

虽然韦伯认为宗教能够影响经济增长的观点受到批评，但现代证据表明，新教徒对工作持有不同的价值观。在《成就社会》（*The Achieving Society*）一书中，戴维·麦克莱兰（David c. McClelland）探索了对经济发展具有重要意义的心理因素。他提出的一条最重要的心理因素是“获得成就的需求”，或简称为“成就需求”。麦克莱兰从事的是历史研究和跨文化研究，他的发现支持了韦伯的观点。第一，麦克莱兰发现，强烈的成就需求对参与企业活动来说是至关重要的；第二，一个社会中的高度成就需求与快速的经济发展显著相关；第三，在具体的伦理、宗教和少数族裔群体中，成就需求表现出明显的差异。他发现，新教徒的孩子比天主教徒的孩子具有更为强烈的成就需求，而犹太人的孩子具有比这两类孩子更强烈的成就需求。麦克莱兰得出结论，强调个人主义的宗教，例如新教，倾向于与高度的成就需求相关，而强调权威主义的宗教，例如传统的天主教，往往只具有较低的成就需求。不过，他也承认，在不同的现代天主教派中存在极大的差别。

成就需求所包含的内容与其说是对实现特定目标（例如财富、地位、尊敬等）的需要，不如说是对享受成功所带来的满足感的需要。获取财富是取得成功的一种方法而不是目标。创业精神的特点是：对冒险持有特殊态度，甘愿付出努力，愿意创新，时刻准备好作出决策和承担责任。从历史上看，大约在经济获得迅速发展和繁荣的 50 年之前，这种对成就的关注就已经存在于当时的文化中。麦克莱兰发现，古希腊（在古希腊的黄金时代之前）、中世纪的西班牙（在探索时代之前）以及英国的两个时期，都属于这种情况。英国的第一个时期是 1500—1625 年，当时新教主义和清教主义的力量正在英国发展壮大，与此同时，成就需求也在不断增长。第二个时期是工业革命前夕的 18 世纪。麦克莱兰支持韦伯的逻辑基本上是这样的：(1) 宗教改革强调在生活的各个方面都要自力更生而不是依赖别人；(2) 新教徒的父母改变了对孩子的教育方法，教导他们自力更生和独立自主。麦克莱兰及其同事通过实证方法证明，这些做法会使孩子们产生更强烈的成就需求，而一种更强烈的成就需求将导致经济活动的迅速发展，而这些经济活动则包含了韦伯所称的资本主义精神。[34]可见，麦克莱兰通过实证方法描绘了新教主义的影响与韦伯所称的现代资本主义精神之间的关系。

有许多证据支持或者反对韦伯关于新教伦理的观点。伦斯基（Lenski）对这些证据进行收集、总结并作出评价。总而言之，他发现支持韦伯的证据多于反对韦伯的证据。伦斯基对人们的阶层流动性与个体特征（例如志向、抱负以及对工作的态度）之间的关系进行了研究，试图界定宗教信仰与人们在职场中向上流动的能力之间的关系。他发现，向上流动性最强的是犹太人，其次是新教徒，然后是罗马天主教徒。伦斯基相信，这种差异可以被他们在成就动机和工作态度方面的不同所解释。与犹太人和新教徒不同的是，天主教徒对工作持中立态度，认为工作并不是为了从中获得满足感而是出于其他目的。在伦斯基看来，“天主教仍然将工作主要视为一种必要的麻烦，是亚当堕落的结果和对罪恶的惩罚。与此相反，新教徒认为工作是为上帝效劳的一个机会，或者，用无神论者的话说，是培养性情的一个机会”[35]。

麦克莱兰和伦斯基的研究结果对当代社会影响深远。他们不仅找到了支持韦伯观点的实证证据，而且他们的工作表明，在个体乃至整个国家中，成就需求这种价值观能够传授和培育。在不发达的国家中的挑战可能是缺乏成就需求，如果的确如此，对成就需求这种价值观的反复灌输可能是实现经济增长和繁荣的一种方法。

自由伦理

在成就需求和奖励个体工作绩效已经确定的情况下，要想实现经济增长，一个国家的政治体制必须有利于个人自由。君主的神权、庄园主的贵族统治、罗马天主教会对世俗权力的行使，以及一出生就被烙上的农奴身份，都不利于建设工业化社会。在 18 世纪和启蒙时期，政治哲学家们开始提倡平等、公正、公民权利、契约治理等理念。通过挑战当时关于公民与国家之间关系的主流观点，这些理念对业已存在的秩序构成了威胁。

作为一种文化标准，自由伦理挑战了那种主张少数人统治多数人的政治理论——这种政治理论的最有力鼓吹者是马基雅维利（Machiavelli）和托马斯·霍布斯（Thomas

Hobbes)。马基雅维利曾是城市国家佛罗伦萨的行政管理者和外交官，于1513年撰写了《君主论》(*The Prince*)。[36]他对佛罗伦萨和天主教会所使用的权谋和伎俩具有深刻的观察力，并为统治者撰写了一本说明书。《君主论》是献给洛伦佐·迪·皮耶罗·德·美第奇（Lorenzo di Piero de Medici）的，阐述了如何进行统治。这里讲述的不是如何成为一位明君，而是如何成功地统治。马基雅维利指出，到达权力顶峰可通过三种方法：运气、能力以及邪恶。通过自己的好运得以晋升的人在到达顶峰的过程中，几乎没有遇到麻烦，但要维持这种好运气很困难，因为它必须依赖其他人的好意，并且需要对那些提拔他们的人感恩戴德。通过能力到达顶峰的人要经历重重困难，才能获得这种地位，但是他们能够更容易维持这一位置。那些利用邪恶——在马基雅维利所在的佛罗伦萨中经常被使用——的人利用一些能够获得权力但无法获得荣誉的方法，不过，他们的王冠总是不那么稳固，因为总会有下一次的篡位或宫廷叛乱到来。[37]

马基雅维利对人性的基本假设是他所主张的领导类型的逻辑基础："不管是谁，只要他渴望建立一个国家和为它制定法律，那么他首先必须这样假设，即所有的人都是坏人，而且只要他们有机会，就会随时表现出自己的邪恶本性。"[38]为了对付这些野蛮的人，统治者有理由采取和实现与其目的相适应的任何领导方式。他们应该考虑获得好名声，但是不应关注自己是否贤良；如果他们不得不在令人畏惧和受人爱戴之间作出选择，他们最好选择令人畏惧；最重要的是，统治者必须既像一头狮子，又像一只狐狸，采取软硬兼施的策略。马基雅维利论述的是统治者而不是被统治者，论述的是权力而不是权利，论述的是结果而不是过程。马基雅维利显著影响了英国历史学家阿克顿（Acton）关于"权力使人腐败""绝对的权力导致绝对的腐败"的理念。[39]马基雅维利主义逐渐成为政策中肆无忌惮、诡计多端和狡诈阴险的同义词。在他那个时代如此，在我们这个时代也许同样如此，马基雅维利生动体现了命令式的统治哲学。

托马斯·霍布斯的《利维坦》(*Leviathan*，1651）则是稍后主张建立强有力的中央领导的一部著作。他首先分析了在没有建立公民政府、处于自然状态下的人类状况，并得出这样的结论：必须存在某种更加强大的权力，即"利维坦"（《圣经》中象征邪恶的海怪），从而为混乱带来秩序。[40]这个更加强大的权力（一个联邦或者一个独立的国家）通过以下两种方法中的一种发挥其作用：通过自然因素；人们自愿授权某个人，相信自己能够由此获得免受他人侵害的保护。[41]在霍布斯看来，这位统治者是世俗的还是神权的无关紧要，只要一切世俗的和宗教的公开言论和行为都由这位中央集权者来控制就行。这位统治者统治一切，所有的人都服从于他。

在人类自由主义的历史上，约翰·洛克（John Locke）的著作《政府论》(*Concerning Civil Government*，1690）无疑是对政治理论的一个杰出贡献，它对政治活动起到了有效的促进作用。它说明了给英国宪法带来根本改变的1688年英国光荣革命的原则；它使得美国《独立宣言》（发表于1776年7月4日在费城举行的第二届大陆会议）的作者们深受鼓舞和启发，从而为美国独立战争（1775—1783年）奠定了基础；它还启迪了让-雅克·卢梭（Jean-Jacques Rousseau）的《社会契约论》(*Social Contract*，又名《政治权利原理》(*Principles of Political Right*)）以及随后爆发的法国大革命。也许没有哪个人能像他这样对政治理论和行动有如此深刻的影响。君权神授的支持者们将这种制度追溯到《创世纪》以及上帝授予亚当统治他的孩子们的权力，而洛克则猛烈抨击君权神授制度。他提出了一些关于权力的新概念：“将由谁来判断君主或立法机构是否违背了人民对他们的信任？……关于这个问题，我的回答是将由人民来判断。”[42]

这种新观点在美国的《独立宣言》中得到了更加明确的支持：

> 我们认为下面这些真理是不言而喻的：人人生而平等；造物主赋予他们若干不可剥夺的权利，其中包括生命权、自由权和追求幸福的权利。为了保障这些权利，人类才在他们中间建立政府，而政府的正当权力，是经被治理者同意而产生的。[43]

洛克的成果相当广泛，这里只能简单列举他的主要贡献：第一，人民受理性的自然法则支配，而不是被传统的专断或某个中央独裁人物的荒诞念头支配。第二，公民社会建立在私有财产的基础上。自然和理性法则规定人们不得侵犯他人的财产，而个人加入公民社会是为了更好地维护他们的自由和财产，因而自由和财产受到自然法则和民法的保护。由于人们拥有天赋的财产权，所以政治机构不能剥夺人们的财产，相反，必须保护人们拥有财产的权利。

洛克是英国克伦威尔统治时期的清教徒，有些人认为克伦威尔是一名独裁者，但有些人则认为他是一位捍卫自由的英雄。洛克的著作影响了亚当·斯密（Adam Smith）（随后将会讨论），而且毫无疑问为卢梭关于人性的观点奠定了基础。当哲学的启蒙时代出现时，洛克提出了一种新的民事秩序：（1）基于理性而不是独裁命令的法律；（2）政府的权力来自被治理者；（3）追求个人目标的自由，是一种天赋权利；（4）私有财产以及在追求幸福的过程中对它的使用，是一种天赋的、受法律保护的权利。在实际中，这四个主张相互结合，共同为工业发展奠定了牢固的政治基础。它们支持自由放任式经济和对个人报酬的追求，反对财产权受到剥夺，保护契约权利，并且创建一种平等对待所有人的司法系统。

市场伦理

在中世纪，经济思想十分贫乏，因为局限于当地的、仅够维持生存的经济而不需要商业框架。早期，人们只认识到两种生产要素：土地和劳动力。简而言之，在世界上绝大多数地方，人们主要是在小农场里生产食物供自己享用。作为投入要素的资本是被忽视的，而资本的回报是受谴责的。在早期的经济思想中，完全不存在管理可以为组织带来某种比较优势的观点。

不过，在16、17世纪，随着强大的国家实体重新出现，人们开始重新塑造经济思想。随着以前未知的新大陆在探险中被发现，新的贸易路线和新的产品开辟了一个国际市场。世界贸易的持续增长导致了一种被称为“重商主义”的经济哲学，它主张政府发挥核心作用，政府应当资助和鼓励国际贸易，以建立强大的民族经济。因此，国家很快就干预所有的经济事务，参与制定国家经济规划，并在很大程度上对私人经济活动进行管制。[44]重商主义最终丧失了影响力，它的许多计划都失败了，因为它竭力维持不盈利和不景气的企业，限制个人的主动性，建立复杂的官僚机构和烦琐的控制体系，而且激发了战争和贸易竞争，而战争和贸易竞争又破坏了正在努力建立的市场。重商主义在哲学理念上与启蒙时代相矛盾。重商主义者仅仅考虑国家的实力，而启蒙时代的哲学提倡个人权利，根据对个人福祉能够作出的贡献来评价社会制度。

18世纪，重农主义学派（Physiocratic）开始兴起，并形成对重商主义的挑战。弗朗斯瓦·魁奈（François Quesnay）是重农主义学派的创始人，他认为财富并非产生于金银而是来自农业生产。他主张自由放任的资本主义，也就是说，政府不干预市场机制；在他看来，一个国家的经济具有一种天然秩序，而政府干预将妨碍市场机制以及这种天然秩序。亚当·斯密（1723—1790）是苏格兰的一位政治经济学家，他并不是一位重农主义者，但这一学派中"一个国家的经济具有一种天然秩序"的观点对他产生了影响。斯密在《国富论》（*The Wealth of Nations*）中创立了古典经济学派。他认为重商主义的关税政策有很强的破坏性，与其说是保护工业，不如说是用国家法令来惩罚效率，从而使国家的资源配置不当。斯密提出，只有市场因素和竞争才是经济活动的调节因素。市场上"看不见的手"将确保资源获得最好配置和得到最大回报。通过这种方式，在一个充分竞争的市场上，每一个人和每一个国家在经济上的自身利益将给所有人带来最大的繁荣。斯密这样阐述道：

> 由于每个人都会尽力把他的资本用于支持并管理国内的产业，这些产业的生产便能达到最大的价值；每个人也必然竭力地使社会的年收入尽量扩大。的确，他通常并没有打算要促进公共利益，也不知道自己促进了这种利益至何种程度。他之所以宁愿支持国内的产业而非国外的产业，仅仅是因为盘算着自己的资本安全；他管理产业的方式在于使其生产的价值能够最大化，他所盘算的也只是自己的利益。在这些常见的情况下，经过一双"看不见的手"的引导，他也同时促进了他原先无意达成的目标。并非出自本意并不代表就对社会有害。借由追求他个人的利益，往往也使他更有效地促进了这个社会的利益，而超出他原先的预料。[45]

在斯密看来，劳动分工是这种市场机制的一个重要支柱。他引用了大头针制造的例子：当每个工人仅从事有限的操作时，他们每天能够生产48 000枚大头针，然而，一个非专业化的工人每天最多只能生产20枚大头针。他承认这是一个微不足道的例子，但也发现劳动分工原则在许多行业都能够成功运用：

> 由于劳动分工的缘故，相同数量的劳动者能够完成的工作量有非常多的增加，这要归功于三种不同的因素：第一，每位劳动者的熟练程度提高；第二，节省了由一个工种变动到其他工种时通常会损失的时间；第三，由于发明了大量能够简化和节约劳动力的机器，一个人能够完成许多人的工作。[46]

虽然斯密看到了劳动分工的好处，但是他同样预见到了它造成的不良后果：

> 如果一个人将整个一生全部消磨于从事一些简单的操作……自然而然就会失去运用（智力）的习惯，并且变成最愚蠢、最无知的人……他对自身特定职业所掌握的熟练程度……似乎是以牺牲他的智力、社交为代价而获得的。[47]

斯密主张通过公共教育来克服劳动分工的不良影响，这是政府的职责。在他看来，管理者为了提高生产率就必须依赖劳动分工。劳动分工有利于整个社会，而且为工厂体制提供了一种经济合理性。根据他的推理，当市场规模有限时，家庭生产安排制度就能满足市场需求，然而，随着一个国家的人口数量不断增长以及新贸易版图的开辟，劳动分工所带来的好处以及工厂制度所产生的规模经济将会更受青睐。

《国富论》问世于1776年3月，在6个月内销售一空；第2版（1778年）有一些细微调整；第3版（1784年）作了重大修改，其中包括斯密对股份制公司和有限责任公司的关注。在斯密那个时代，通过皇室特许或议会法案，股份制公司已经在英国建立了，例如东印度公司（East India Company）和哈得逊湾公司（Hudson Bay Company）。显然，与“私人合伙”或合伙人关系相比，投资者通常更愿意组成股份制公司，但斯密对这种制度安排持怀疑态度：

> 这种（股份制）公司的领导者，管理的是其他人的财产而不是他们自己的财产。我们不能期望他们会像一家私人合伙公司中的合伙人守护自家财产那样频繁、尽职地守护别人的财产。就像一位有钱人的管家，他们往往对小事情关注而不考虑主人的荣誉，并且非常愿意从主人的荣誉中分一杯羹。因此，在管理这样一家公司的事务时，疏忽和挥霍必然会在某种程度上盛行。[48]

在那个时代，规模最大的雇主是纺织厂，这些工厂并不是资本密集型的。然而，斯密预测，股东所有权与非所有者的管理之间的分离具有潜在的弊端。那些管理他人财产的人承受很少的个人风险（也许，除了失去工作），在履行他们的职责时将不那么谨慎和尽职尽责。

当斯密在工业革命初期开始写作时，他发现自己的观点获得了众人的热烈支持，并且拥有肥沃的生存土壤。他的主张同启蒙时代的哲学思想以及那些希望废除重商主义限制和庄园贵族控制权的新兴企业主集团的利益相吻合。市场伦理向世人表明，最主要的激励因素是个人主动性而不是重商主义，是竞争而不是保护主义，是创新而不是经济停滞，是利己主义而不是国家实力。简而言之，有三种文化标准共同改变了当时关于人、工作和利润的主流观点，引发了一次文化重生（cultural rebirth），而市场伦理就是这三种文化标准的其中之一。这次文化重生创造了一种新环境，将促进正式的管理研究。

小结

在早期管理思想中，占据统治地位的是反商业、反成就和很大程度上反人性的文化价值观。当人们被生活地位和社会身份束缚，当君主通过中央命令实施统治，当人们被要求不考虑个人在现世的成就而要等待来世的更好命运时，工业化是不可能出现的。在工业革命之前，经济和社会基本上是停滞不前的，而政治价值观是由某个中央权威作出的单方决定。虽然出现了一些早期的管理理念，但它们在很大程度上是局域性的。组织可以依靠君权神授、教义对忠诚信徒的感召以及军队的严格纪律来进行管理。在这些情境下，没有或几乎没有必要创立一种正式的管理思想体系。

三种力量的相互作用和相互结合带来了工业化新时代，它们被称为“伦理”，或者说是对人类行为进行指导的标准。它们阐明了经济、社会和政治态度如何变化并且引发一次文化重生。我们所讨论的伦理实际上是古老传统的社会与新兴萌芽的社会之间的一场较量。新教伦理是对罗马天主教会的中央权威的一种挑战，也是对人们当下需求的一种反映；自由伦理反映了独裁政府与代议制政府之间的长期斗争，并且试图保护个人权利；市场伦理是对倾向于重商主义的庄园贵族的一种挑战。这里讲述的斗争是一场自古以来的战争：政府控制与个人自由之间，人权和正当程序与反复无常的独裁统治之间，以及集权与分权之间。这场斗争至今仍在继续。

这种文化重生为工业化以及后来对于理性的、正式的、系统的管理知识系统的需要创造了前提条件。随着市场经济的出现和发展，管理者被要求更具创造力，更懂得如何最好地管理一个组织。面对竞争性的、不断变化的环境，管理者不得不发展一种知识体系以最好地配置资源。人们开始考虑个人得失，但必须适应某种理性的管理框架。现代管理的出现必须以理性的决策方式为基础；组织再也无法凭几个人的心血来潮或突发奇想进行运作。这种变化并不是突然间完成的，而是在很长一段时期内随着文化的改变而逐渐演变的。这些变化如何发生，它们又如何影响管理思想的演变？这是一个引人入胜的故事。

注 释

[1] Will Durant, *The Story of Civilization*, vol. 1: *Our Oriental Heritage* (New York: Simon & Schuster, 1935), p. 231. See also Robert F. Harper, *The Code of Hammurabi, King of Babylon, About 2250 B. C.* (Chicago, IL: University of Chicago Press, Callaghan & Co., 1904). Originally written circa 154 BCE.

[2] Prophet Muhammad, *The Sayings of Muhammad*. Abdullah al-Māmūn al-Suhrawardy, ed. (London: A. Constable, 1905), p. 2.

[3] Sun Tzu, *Transcription of the Text of Sun Tzu on the Art of War: The Oldest Military Treatise in the World*, trans. Lionel Giles (London: Luzac, 1910), pp. 27, 26.

[4] Sun Tzu, *The Art of War*, trans. Samuel B. Griffith (Oxford: Oxford University Press, 1963), pp. 79 - 80. Originally written in circa 513 BCE.

[5] Richard L. A. Sterba, "Clandestine Management in the Imperial Chinese Bureaucracy," *Academy of Management Review* 3 (1) (January 1978), pp. 69 - 78.

[6] Rodger D. Collons, "Factory Production - 1 A. D.," *Academy of Management Journal* 14 (2) (June 1971), pp. 270 - 273.

[7] Kautilya, *Arthaśástra* [*The Science of Political and Economic Relations*], trans. Rudrapatna Shamasastry (Bangalore: Government Press, 1915), pp. 77, 79. Originally written between second-century BCE and third-century CE.

[8] *Ibid.*, pp. 16, 32.

[9] W. M. Flinders Petrie, *Social Life in Ancient Egypt* (Boston, MA: Houghton Mifflin, 1923), pp. 21 - 22.

[10] For other examples, see Sterling R. McLean, *The Evolution of Principles of Organization Structure* (Unpublished dissertation, University of Texas, Austin, TX, 1961); Robert L. Hagerman,

"Accounting in the Bible," *Accounting Historians Journal* 7 (2) (Fall 1980), pp. 71 - 76.

[11] Durant, *The Story of Civilization*, vol. 1: *Our Oriental Heritage*, p. 259.

[12] Basil Henry Liddell Hart, *Why Don't We Learn from History?* (London: G. Allen & Unwin, 1946), p. 49.

[13] Xenophon, [*Socrates's*] *Memorabilia and Oeconomicus*, trans. Edgar C. Marchant (Cambridge, MA: Harvard University Press, 1968), p. 189. Originally written circa 421 BCE.

[14] Plato, *The Republic of Plato*, 3rd ed. trans. Benjamin Jowett (Oxford: Clarendon Press, 1888), p. 50. Originally written circa 380 BCE.

[15] Aristotle, *The Politics of Aristotle*, vol. 1, trans. Benjamin Jowett (Oxford: Clarendon Press, 1885), pp. 137 - 138, 105, 74. Originally written 4th-century BCE.

[16] Xenophon, *Cyropaedia*, vol. 2, trans. Walter Miller (London: W. Heinemann, 1914), p. 333. Originally written circa 370 BCE.

[17] James W. Gilbart, *Lectures on the History and Principles of Ancient Commerce* (London: Smith, Elder and Co., 1847), p. 223.

[18] Peter Temin, *The Roman Market Economy* (Princeton, NJ: Princeton University Press, 2013), p. 188.

[19] *Ibid.*, pp. 109 - 110.

[20] Jean Gimpel, *The Medieval Machine: The Industrial Revolution of the Middle Ages* (New York: Holt, Rinehart and Winston, 1976), pp. 75 - 85.

[21] Marco Polo, *The Travels of Marco Polo* (New York: The Modern Library, 1954), p. 92. Originally written in 1298.

[22] John Hemming, "The Lost Cities of the Incas," in Joseph J. Thorndike, Jr., ed., *Discovery of Lost Worlds* (New York: American Heritage Publishing, 1979), p. 263.

[23] Morgen Witzel, *Builders and Dreamers: The Making and Meaning of Management* (London: Prentice Hall, 2002).

[24] Luca Pacioli, *Summa de Arithmetica, geometrica, proportioni, et proportionalita* [*Summary of Arithmetic, Geometry, Proportions and Proportionality*] (Venice: Paganino Paganini, 1494).

[25] Johannes Nider, *On the Contracts of Merchants*, trans. Charles H. Reeves, ed. Ronald B. Shuman (Norman, OK: University of Oklahoma Press, 1966), pp. 38 - 45. Originally written circa 1430 and originally published circa 1468.

[26] Daniel A. Wren, "Medieval or Modern? A Scholastic's View of Business Ethics, *circa* 1430," *Journal of Business Ethics* 28 (2) (November 2000), p. 117.

[27] Max Weber, *The Protestant Ethic and the Spirit of Capitalism*, trans. Talcott Parsons (New York: Charles Scribner's Sons, 1958), p. 17. Originally published in 1904.

[28] Algernon Sidney, *Discourses Concerning Government* (London: I. Littlebury, 1698), p. 166.

[29] Weber, *The Protestant Ethic*, p. 117. For an elaboration of various rendition of Weber's thesis, see Milan Zafirovski, "The Weber Thesis of Calvinism and Capitalism—Its Various Versions and Their 'Fate' in Social Science," *Journal of the History of the Behavioral Sciences* 52 (1) (Winter) 2016, pp. 41 - 58.

[30] *Ibid.*, pp. 157 - 173. The proverb "Waste not, want not," has origins dating back to Richard Edwards, *The Paradise of Dainty Devices* (London: Printed for Robert Triphook and William Sancho, 1810). Originally written in 1576.

[31] Richard H. Tawney, Foreword to Weber's *Protestant Ethic*, p. 8. Whereas Weber and earlier writers addressed traditional Roman Catholicism, Michael Novak noted changes in Catholicism that challenged the exclusivity of a "Protestant Ethic" . See Novak's *The Catholic Ethic and the Spirit of Capitalism* (New York: Free Press, 1993) and *Business as a Calling* (New York: Free Press, 1996).

[32] Richard H. Tawney, *Religion and the Rise of Capitalism* (London: John Murray, 1926), pp. 61 - 63.

[33] Max I. Dimont, *Jews, God, and History* (New York: Simon and Schuster, 1962), p. 233.

[34] David C. McClelland, *The Achieving Society* (Princeton, NJ: Van Nostrand, 1961), pp. 47 - 53. See also John W. Atkinson and Norman T. Feather, eds., *A Theory of Achievement Motivation* (New York: John Wiley & Sons, 1966).

[35] Gerhard Lenski, *The Religious Factor: A Sociological Study of Religious Impact on Politics, Economics, and Family Life* (Garden City, NY: Doubleday, 1961), p. 83.

[36] Nicollò di Bernado dei Machiavelli, *The Prince*, trans. Luigi Ricci (New York: New American Library, 1952). Written in 1513, but not published until 1532 because of its controversial nature.

[37] Daniel A. Wren and Ronald G. Greenwood, *Management Innovators: The People and Ideas That Have Shaped Modern Business* (New York: Oxford University Press, 1998), pp. 191 - 194.

[38] Nicollò di Bernado dei Machiavelli, "Discourses on the First Ten Books of Titus Livius" in *The Historical, Political, and Diplomatic Writings of Niccolo Machiavelli*, vol. 2, trans. Christian E. Detmold (Boston, MA: J. R. Osgood, 1882), p. 104. Originally written circa 1517.

[39] John Emerich Edward Dalberg-Acton, "Letter to Mandell Creighton (April 5, 1887)," in *Historical Essays & Studies*, eds. John Neville Figgis and Reginald Vere Laurence (London: Macmillan and Co., 1907), p. 504.

[40] Thomas Hobbes, *Leviathan, or, the Matter, Form, and Power of a Common-Wealth Ecclesiastical and Civil* (London: Printed for Andrew Crooke, at the Green Dragon in St. Paul's Churchyard, 1651), p. 1.

[41] *Ibid.*, p. 88.

[42] John Locke, *Two Treatises of Government: In the Former the False Principles & Foundation of Sir Robert Filmer & His Followers, Are Detected & Overthrown; the Latter Is an Essay Concerning the True Original, Extent & End of Civil Government* (London: Printed for Awnsham Churchill, at the Black Swan in Ave-Mary-Lane, by Amen-Corner, 1690), p. 269. Printed in 1689, but dated 1690.

[43] Thomas Jefferson, *Declaration of Independence* (Philadelphia, PA, 1776), p. 1. Miscellaneous Papers of the Continental Congress, 1774 - 1789; Records of the Continental and Confederation Congresses and the Constitutional Convention, 1774 - 1789, Record Group 360; National Archives. Available at http://www.archives.gov/global-pages/larger-image.html? i =/historical-docs/doc-content/images/declaration-of-independence-l.jpg&c =/historical-docs/doc-content/images/declarationof-independence.caption.html.

[44] John Fred Bell, *A History of Economic Thought*, 2nd ed. (New York: Ronald Press, 1967), p. 53.

[45] Adam Smith, *An Inquiry Into the Nature and Causes of the Wealth of Nations* (London: W. Strahan and T. Cadell in the Strand, 1776), vol. 2, bk. IV, ch. 2, p. 350. This solitary mention of the "invisible hand" was also used in an economic context in Smith's *The Theory of Moral Sentiments*

(London: W. Strahan and T. Cadell, 1759), pt. IV, ch. 1, p. 466.

[46] Smith, *Wealth of Nations*, vol. 1, bk. I, ch. 1, pp. 9 - 11. An appreciation of the consequences of the division of labor may be traced to early Greek and Chinese philosophers. See Guang-Zhen, *The Division of Labor in Economics*: *A History* (New York: Routledge, 2012).

[47] *Ibid.*, vol. 2, bk. V, ch. 1, pp. 366 - 367.

[48] *Ibid.*, 3rd ed. (1784), vol. 2, bk. 5, ch. 1, pp. 123 - 124. Compare this with the New Testament allegory of the hired shepherd who abandons the flock he is tending when he sees a wolf. John 10: 11 - 13.

第3章 工业革命：挑战与展望

工业革命预示着一个文明的新时代到来。同时期的文化重生为科学与技术的进步创造了新的社会、经济和政治条件。随后的技术改进使得物质资源和人力资源的大规模结合成为可能，并且使得大规模制造标准化产品的工厂体制代替了个体工人在小作坊或者在自己家里制造产品的家庭包工制（见第2章）。本章主要研究工业革命的显著特征以及工业革命带来的管理挑战，并且对由此导致的文化后果提出某些看法和展望。

英国的工业革命

工业发展总是与科学和技术的进步紧密联系在一起。15世纪，德国人约翰内斯·古腾堡（Johannes Gutenberg，1400—1468）为一家印刷厂发明了欧洲首台金属活字印刷机，从而为一场持续至今的信息革命揭开了序幕。中世纪的科学家们一直试图从柏拉图、亚里士多德、圣奥古斯丁的著作以及《圣经》中推断出自然法则，随着教会管制的放松，一个新的科学研究时代直到16、17世纪才拉开序幕。在这个理性时代，这场科学思想的革命是很多人不懈努力的产物，包括弗朗西斯·培根（Francis Bacon）、尼古拉·哥白尼（Nicolaus Copernicus）、伽利略（Galileo）、威廉·吉尔伯特（William Gilbert）、威廉·哈维（William Harvey）、艾萨克·牛顿（Isaac Newton）以及其他一些人。这场科学革命为随后发生的技术进步奠定了基础。

自人类开始改进耕种土地、制造武器和纺线织布的方法以来，技术、艺术以及制造和使用工具与设备的应用科学一直在不断发展。几千年来，技术一直处于不断演变和发展中，不过，18世纪后期英国爆发的一场革命标志着比以前更加迅猛的技术进步的开始。这次工业革命的本质是人力、畜力、风力、水力以及其他自然动力资源为机械所替代。迪恩（Deane）向我们描述了前工业社会与工业社会之间的差别，他强调工业革命出现的作用。前工业社会的主要特征是：低人均收入，经济停滞，对农业高度依赖，劳动分工程度很低，市场几乎不存在地理上的整合。工业社会的主要特征是：不断增长的人均收入或高人均收入，经济发展，对农业的低依赖，广泛的劳动专业化，以及不同市场之间的广泛地理联系。[1]根据这些特征，迪恩得出结论：英国从前工业国家向工业国家的转变，在1750年表现出最明显的转折点，在此之后加速发展。

蒸汽机

在第2章我们谈到了前工业化时期两种最主要的生产方式——家庭包工制和中世纪手工业行会。这两种体制都表现为：生产规模很小，市场有限，生产是劳动密集型而不是资本密集型的。商人将原材料发放给各个家庭，家庭则进行纺织、漂染，或者完成其他必要的工序。因此，我们也能够看到家庭姓氏当中有着织工、染工、裁缝和漂洗工等名称的古老渊源。在手工作坊中，工作是从一个阶段传递到下一个阶段的，例如，制革工完成他们的工作之后就传递给鞣皮工，然后按照顺序传递给制鞋工和马鞍工，由他们将准备好的皮革转化为成品。劳动力是专业分工的，资本投入很低，能源则依赖于人力、畜力、风力、水力以及其他自然动力（而不是机器动力）。

在工业革命时期，英国规模最大的行业是纺织业。[2]商人从殖民地运来了棉花、羊毛以及其他种类的纤维，需要经过漂洗、梳理和纺织以制造布匹。纺织业的机器改革要早于工业革命。约翰·凯伊（John Kay）1733年通过使用飞梭开始了纺织业的机械化；1765年，詹姆斯·哈格里夫斯（James Hargreaves）将手摇纺织机放置的方式从立式改为卧式，并将纺轮一个顶着一个地紧密排列。通过使用一个滑轮和皮带来转动它们，能够一次纺出8根纱。他将这一发明称为“珍妮纺纱机”（以他妻子的名字命名），并且继续增加更多的纺轮和动力，最终一次能纺出80根纱。1769年，理查德·阿克赖特（Richard Arkwright）发明了水力纺纱机，能将棉花纺成一种更粗、更结实的纱。到1776年，他的工厂雇用了5 000名工人。1779年，塞缪尔·克朗普顿（Samuel Crompton）推出了“走锭精纺机”，它融合了哈格里夫斯的珍妮纺纱机和阿克赖特的水力纺纱机的优点。[3]

虽然出现了这些机械改进，但工业革命的核心实际上是蒸汽机。蒸汽机并不是新鲜事物：亚历山大大帝时期的希罗（Hero，10—70）已经制造了第一部用于消遣娱乐的蒸汽机。其他人也制造出了模型，只不过还存在一些设计问题。托马斯·纽可曼（Thomas Newcomen）发明了一部蒸汽推动的机器，以便将越挖越深的煤矿矿井中的水抽上来。詹姆斯·瓦特（James Watt）是一位训练有素的科学仪器制造者，对其他人先前的成果加以完善的任务落到了他的身上。瓦特在1765年发明了分离式凝汽器的蒸汽机。由于需要获得资金支持，他同英国钢铁制造商马修·博尔顿（Matthew Boulton）建立了一种合伙关系来制造蒸汽机。按照现代术语来说，博尔顿可以称为“风险投资家”。1776年，瓦特的第一台机器卖给了约翰·威尔金森（John Wilkinson），用来在他的制铁厂驱动机器。为了确定价格，双方达成协议，这台蒸汽机按照能够完成同等工作量的马匹数量来进行估价。这也是用“马力”一词来描述机械引擎的缘由。测量功率的标准单位被命名为瓦特，则是为了表彰詹姆斯·瓦特的贡献。

不过在1782年之前，瓦特的机器仅仅用于抽水和为金属熔炉鼓风。1781年，瓦特作出了他最伟大的技术突破，他将连杆的往复运动转变成引擎的圆周运动，这导致了蒸汽动力的一系列新用途，例如从矿井中搬运煤和矿石，为酿造厂和榨油厂提供动力，以及最终为火车机车和轮船提供动力。1788年，瓦特获得了“飞锤式离心调速器”的专利，这种机械能够调节蒸汽的流量，以使引擎匀速运转。第一部可控调速装置是根据离心力原理工作的：当引擎速度加快时，转动轴上的校准臂升起，蒸汽进气口关闭，从而减少动力的提供；当引擎速度放慢时，校准臂下降，从而能够提供更多的动力。

历史学家阿诺德·汤因比（Arnold Toynbee）说过，亚当·斯密和詹姆斯·瓦特这两个人，是对摧毁旧英国、建立新英国和推动整个世界走向工业化影响最大的人。斯密带来了经济思想的革命，瓦特则带来了蒸汽机使用的革命。[4]蒸汽机被100多个行业使用，提供了更加有效和廉价的动力。它为轮船、火车和工厂提供了动力，使英国的商业和工业发生了革命。蒸汽动力降低了生产成本，降低了产品价格，而且扩展了产品市场。创新精神带来了各种发明创造，而发明创造导致了各类工厂的建立，工厂的建立又产生了对领导和组织的需要。与此类似，能够减少成本的发明会降低商品价格，扩大产品市场，而市场扩大又需要更多的工人、更多的机器以及稳定、可靠的大规模生产。大规模生产使得普通大众也有财力购买质量可靠的商品，而不是像以前那样只有少数人能够买得起。正如经济学家约瑟夫·熊彼特（Joseph A. Schumpeter）所说的，大规模生产意味着工厂女孩也可以像王后那样拥有长筒丝袜。[5]

资本对于这些更大规模的企业来说是必不可少的，因此那些拥有足够资本的个人开始将工人和机器结合起来，置于一个集中的权力结构之下。例如，织工们不是在自己家里工作，而是被安排在工厂里使用蒸汽机来运转织布机；同样，梳工、漂工、染工等也发现自己的工作从家里转移到了大型工厂。随着这些工人进入共同的工作场所，更迫切地需要对他们的活动进行监督和协调。尽管工厂体制在各行业中的发展并不均衡，但工业化新时代到来的标志是非常明显的。一种新能源得到了完善，它需要更多的资本，也越来越需要工人实现既有效果又有效率的产出。初具雏形的工厂体制正在蹒跚学步地创造一个前所未见的富足世界。

管理：生产的第四要素

在工业革命之前，经济理论关注生产的两个要素——土地和劳动力。不过，随着工厂体制的兴起，罗马天主教会对商品贸易和利润的管制不断放松，资本很快就被视为第三种不可或缺的、合法的生产要素。与此同时，随着工厂体制以前所未有的速度发展起来，第四种要素的重要性变得越来越明显，这就是企业家。理查德·坎蒂隆（Richard Cantillon），一位移居法国巴黎并在货币投机中获得巨额财富的爱尔兰人，似乎是第一位从经济角度使用“企业家”这一词语的人。他在工业革命之前撰写的《商业性质概论》

(*Essay on the Nature of Commerce*)，在他去世几年之后才得以出版，其中非常宽泛地使用了“企业家”这个词。[6]在他看来，“企业家”指的是任何以某种特定成本购买或制造某种产品并以某种不确定价格销售这些产品的人，其中包括农民、运水工、啤酒制造者、制帽匠、烟囱清理工、地主以及雇用劳工的资本家。“然而，无论在何种情况下，企业家的角色都保持着一个明显特点，即在不确定的条件下作出决策。”[7]

坎蒂隆的作品影响了法国经济学家弗朗斯瓦·魁奈（François Quesnay，1694—1774）的观点。魁奈是主张农业为所有财富之根源的重农主义者的领袖。不同于坎蒂隆非常宽泛地使用“企业家”这个词语，魁奈认为只有大农场的经营者才是真正的企业家，因为农业自身就能够产生经济剩余。在坎蒂隆之后，让-巴蒂斯特·萨伊（Jean-Baptiste Say，1767—1832）认为要想取得成功，一个企业家需要具备许多品质，这些品质通常很难在某一个人身上全部呈现出来。在萨伊看来，企业家的角色往往需要把很难同时呈现的道德品质结合起来：判断力、百折不挠以及对商业和整个世界的了解。企业家需要受到重视，他们在人们可接受的精确度范围内估计具体产品的重要性、大概的需求量及其生产方式。有时企业家必须雇用大量的劳动力，有时又要购买原材料、召集劳动力、寻找消费者，以及在所有时间都严格关注秩序和节俭，总而言之，企业家必须深谙监督和管理的艺术。[8]

萨伊注意到，虽然有一些企业家是某家企业的唯一所有者，但是更多情况下，企业家仅拥有企业的一部分股份，他们向他人贷款或者与他人形成一种合伙关系。因此，在创办一家企业时，企业家承担了一种额外的风险，他们需要设法管理那些生产要素，通过满足消费者的需求来赚取利润。由于企业家的“勤奋”，萨伊认为企业家是第四种生产要素，值得在个人投资或借款获得回报之外另外获得一份额外的补偿。随着企业的成长，企业家一个人无法领导和控制所有行为，因此雇用和授权下属来完成任务成为必要。这些下属是第一批不拥有所有权的、领取薪酬的管理者。要想创建一种公司结构，授权被认为是重中之重。[9]随着下属数量的增加，一位中介或代理人（也许是一名工长或者监工）就变得非常有必要，而下属们不再从企业主那里获得直接指令。此时，必须建立“一种协调模式，对各种岗位和任务进行系统性的编排，从而形成一种指挥链，对各种专业化的职能进行整合”[10]。随着企业的进一步发展，这个过程会反复出现，而且随着工长数量的增加，雇用部门经理就变得很有必要了，随着部门经理数量的增加，雇用分部经理就变得很有必要了，以此类推，最后形成一个完整的公司结构。每个层级的管理者和员工都需要在企业主所建立的一个广泛的制度框架内制定决策。随着下属被组成各种不同的部门和分部，以及组织的命令链中的线路增多，要想确保所有相互关联的组成部分齐心协力实现同一个目标，许多新的挑战必然会出现。

早期工厂中的管理挑战

随着工厂体制的兴起，组织不断成长壮大，企业家和管理者所面临的挑战通常不同于以前出现的挑战。天主教会能够组织和管理其财产，是因为被普遍接受的教义以及忠诚信徒的虔诚；军队和其他军事组织能够通过一种严格的等级纪律和权威来控制大量人员；政府官僚机构能够在无须面对竞争或获取利润的情况下运转。但是，新工厂体制下的管理者无法使用上述任何一种办法来确保既有效又有效率的工作绩效。

工业革命孕育和创造了许多公司，这些公司在日益激烈的竞争环境中发展壮大成为19世纪初的特征。对这些公司来说，成长的压力来自对规模经济的需求，以便在市场上进行更有效率的竞争。一些人主张抵制成长的压力，例如，毛纺织品制造商委员会（Committee on Woollen Manufacturers）1806年的一份报告明确反对大型工厂，宣称商人们能够节省大量资本投资，而且将无须“经常为监督大量工人而感到棘手和担忧”[11]。尽管存在这样的主张，但是竞争要求企业成长。阻碍企业持续成长的一个主要因素是缺乏大量训练有素的、能够为大型工厂所面临的挑战提供解决办法的管理者。许多企业家发现自己陷入了一种困境：一方面，技术和资本使得大规模生产成为可能，而且竞争的力量迫切要求企业实现规模经济；另一方面，随着工厂规模的扩大，出现了许多前所未见的管理挑战。

劳动力问题

企业主一旦决定进行一项投资，就必须筹集资本购买能源、机器、建筑、工具等。前面已经说过，随着组织不断成长，有必要雇用管理者和其他员工。不过，建立一支劳动力队伍并不是一项简单的任务。概括地说，劳动力问题涉及三个方面：招募；培训；纪律和激励。

招　募

在工业革命时期，既有的劳动力在很大程度上由非熟练的农业工人构成，完成从小作坊、农场或家庭作坊到大型工厂的转换，对这些人来说是一个巨变。他们不得不背井离乡，远离熟悉的环境，前往喧嚣、混乱的城市寻找工作。安德鲁·尤尔（Andrew Ure，详见第4章）和其他一些人抱怨，工厂工作不适合这个时代的典型工人，他们习惯于家庭或农村生活，对工厂单调、漫长的固定工作时间以及非人性化的纪律条例规定很难适应。[12]因此，工人们往往被认为是不安宁的、无进取心的和不正常的。例如，化学品制造商罗巴克和加内特（Roebuck and Garrett）将工厂从英格兰的伯明翰搬到苏格兰的普雷斯顿潘斯，“以摆脱英格兰当地不服从管理的工人，获得服从命令的苏格兰工人”[13]。据一位观察家的描述，早期的纺织工人具有强烈的独立性，普遍不服从命令，其中绝大部分是清教徒，他们像反对英国教会那样，反对工厂体制和管理。[14]

然而，对某些工人来说，由于工作更稳定和工资更高等，他们非常容易地完成了从农场到工厂的转换。农业工人习惯于实实在在的生活，这源于他们对土地和季节的特殊感情。对英国工业成长时期的劳动力流动的研究表明，工人们流向北部和西部，这里正是工厂的主要集中地。这证明了随着工人们有机会提高其生活水平，出现了一种“劳动力对工资激励的敏感性”[15]。当然，并非所有工人都对这种金钱刺激作出反应，仍然有人倾向于从事农业生产或手工业。

让雇主们尤其烦恼的是缺乏熟练工人。有些熟练工人确实存在于小规模的、分散的行会和作坊里，但这些工人对工厂生活更加抵制。例如，羊毛梳刷工行会就抵制机械化和工厂工作，宁愿坚持其行会传统。英格兰中部地区是纺织业中心，那里的羊毛梳刷工是如此短缺，以至于出现了这样的广告："致羊毛梳刷工：Wm. Toplis 公司在曼斯菲尔德开办了一家工厂，无须任何费用……招募对象为英国各地的羊毛梳刷工。提供的工资与所有协会（即行会）相同，而且提供稳定服务的优秀工人可以获得非常丰厚的工资。"[16]雇主不得不采取各种措施来吸引熟练工人，而且作出重大让步使他们留下来工作。失去关键工人能使整个工厂倒闭。詹姆斯·瓦特在寻找能够在可接受的误差范围内切割和安装阀门与汽缸的工人时就遇到了一些紧迫的问题。实际上，他的许多早期失败是执行方面的问题而不是设计上的问题。阿克赖特让自己的熟练工人加班加点地工作，因为熟练工人是如此短缺。许多炼铁厂即使在淡季也让它们的高炉维持运转，以免失去它们的劳动力。雇主利用各种可能的媒介来招募工人，一位权威人士报告说，在其他劳动力来源被吸收完之后，儿童和乞丐也受到雇用。[17]简而言之，招募拥有必要技能的劳动力是相当困难的。工资激励增加了劳动力的流动，但传统将一些人束缚在他们原来的行业中，将另一些人束缚在农业生活中。

培 训

培训是新兴工厂体制面临的第二个主要的管理挑战。一旦招募了人员，就必须传授给他们工厂工作所必需的新技能。当时读写能力并不普及，基本教育技能也很缺乏；图纸、使用说明书以及机器操作程序，都需要某种程度的阅读、计算和以某种可预测的方式解决问题的能力。培训主要通过口头传授、示范以及反复练习的方法进行。新雇员从同事那里学会如何操作一台机器或处理原料。标准化的工作方法是前所未闻的，工人们都盲目地遵循比自己懂得稍多一点的人的办法。对新事物的传统偏见为这个挑战增加了难度。此外，工人们并不习惯于遵守制造可替换部件所要求的准确度和公差限度，而这恰恰是大规模生产的基础所在。

向同事或不称职的主管学习知识时的盲目性，标准工作方法的缺乏，以及工人对新方法的抵制，给工厂运作的效率带来了严重问题。雇主采取的方法是建立自己的学校来传授基本的算术、几何以及工厂需要而工人又不具备的其他技能。工作被专门化，以使传授简单易行。其目标不仅仅是提高效率，还包括解决在招募和培训雇员时遇到的实际问题。简而言之，工业化要求一支受过教育的劳动力队伍，这正是工业革命早期阶段极其缺乏的。

纪律和激励

纪律和激励是新兴工厂体制面临的第三个主要挑战。工人习惯于个体独立的手工业传统和自给自足的农业传统，却不得不形成工业的习惯，例如准时、固定出勤，对新的监管制度的接受，以及工作时的机械速度。在工厂，不是由手工业的传统因素和神圣的主仆关系来进行监督，它采取的是一种不同的纪律：要求工作的规律性而不是突然爆发；要求准确性和标准化，而不是设计和方法中的个性。显然，新习惯难以轻易形成：工人的出勤是无规律的；在宗教节日不工作，在家庭包工制下是非常普遍的传统，导致了工厂工人们的普遍旷工；工人们往往愿意突击劳动一段时间，挣得一些钱，然后在许多天内消失得无影无踪。当时的一位观察家摩根·鲍威尔（Morgan Powell）这样描述："如果一个人能够在 4 天内获得维持自己 7 天生活所需的足够收入，那么他将会把剩余的 3 天作为节假日，也就是说，他会挥霍、放荡地生活。"[18]有些工人每星期放松一天，他们称之为"圣星期一"，意思就是在这一天要么不工作，要么非常缓慢地工作。为了解决宗教节日这个问题，早期的一些雇主在传统的节假日举办公司赞助的郊游和聚餐，以建立对公司的忠诚，消除长期工作的单调和枯燥，增进与工人之间的关系。例如，1776 年，阿克赖特在他的克罗姆福德工厂为 500 名雇员举办了一次聚餐，马修·博尔顿在他的索霍工厂宴请了 700 名工人。

捣毁机器，虽然只是偶尔发生，却是另一个纪律问题。不过，这种行为大多发生在蒸汽机的完善和大型工厂发展壮大之前。1753 年，工人们捣毁了约翰·凯伊的飞梭和其他发明甚至厂房，以抗议引进这种节省劳动力的机械装置。1768 年，詹姆斯·哈格里夫斯位于布莱克本的工厂遭受了类似命运。传统手摇纺织机的操作者们认为新的珍妮纺织机将使他们失去工作，因此他们袭击了哈格里夫斯的厂房，捣毁了他的机器。机器捣毁者被称为卢德分子（Luddite），这个名词最初来源于内德·卢德（Ned Ludd），他在盛怒之下捣毁了两台纺织机。

卢德运动从来没有一个统一目标，也不存在一位领袖。各个分散的群体捣毁机器，宣称他们正在遵循来自一位虚构人物"卢德将军"（General Ludd）的命令。"卢德分子"这一称呼于 1811 年首次被使用，当时突然发生了许多破坏机器的行为，主要发生在诺丁汉郡周围的织袜行业中。不过，这些抗议行为似乎是基于其他理由，而不是出于对技术进步可能导致失业的担心和恐惧。在诺丁汉，工资不断下降，失业蔓延开来，而且由于政府有关食品进口的政策，食品价格不断上涨。虽然是未知的其他原因而不是技术导致了问题，但捣毁机器是表达不满的一种便利途径。[19]对卢德分子的惩罚措施是相当严厉的。三名卢德分子行刺了一位工厂主，他们于 1813 年在约克郡被绞死。公众担心进一步的暴力将导致对卢德分子的更多绞刑（在诺丁汉郡、兰开夏郡、柴郡首府切斯特），这场运动由于缺乏领导很快就草草收场了。

在这个时代的工厂中，激励工人以最大努力去工作的方式可以分为三类：积极诱导（通常被称为"胡萝卜"）、消极惩罚（通常被称为"大棒"）以及建立一种新工厂精神的努力。总体来说，这个时期的工厂主通常都同意诗人、哲学家拉尔夫·沃尔多·爱默生（Ralph Waldo Emerson）的结论，"人类要多懒惰就有多懒惰"[20]。胡萝卜指的是通过工资激励从而获得更多金钱，因此雇员的报酬应该基于产出或绩效。工资激励这个观念代表了对于传统的一次重大突破。17、18 世纪重商主义学派的经济学家们认为，收入与提供的劳动力是负相关的，也就是说，随着工资的增长，工人们将选择花掉自己的钱，只有在钱被花光和需要更多钱时，他们才会再去工作。这种观点可以从两位在家庭包工制下工作的羊毛商得出的结论获得佐证。第一位羊毛商写道："对于那些了解情况的人来说，这是一个显而易见的事实，即稀缺在某种程度上促进了勤奋。"[21]第二位羊毛商则对此补充说："毛纺织业的工资削减将是一次全国性的福音和优势，而且不会对穷人造成真正的伤害。通过这种方法，我们也许能够维持我们的贸易，支撑我们的租金，并且改造本行业的那些人。"[22]

认为最饥饿的工人是最好的工人，这种观点为通过维持低工资来确保一支数量充裕的、受激励的劳动力队伍提供了正当理由。不过，亚当·斯密表达了一种与此截然相反的观点：

> 劳动力的工资是对勤奋的鼓励，而勤奋与其他各种人类品质相似，能够按比例提高它所获得的鼓励……当工资较高时，我们将总会相应地发现工人们比工资较低时更加积极、更加勤劳和有效率……有些工人，实际上当他们能够在4天时间内赚到维持他们7天生活的收入时，在其余3天将变得懒惰。不过，这绝不是问题的主要方面。与此相反，当工人们获得公正的计件工资时，他们将非常愿意努力加班，在几年之内毁坏他们的健康……如果主人（雇主）能够一直遵循理性和人道的原则，那么他们会经常需要劝阻而不是鼓励许多工人辛勤工作。[23]

亚当·斯密并不赞同传统观点，即工人必须被限制在最基本的生活水平上，而最好的工人是最饥饿的工人。相反，亚当·斯密认为，金钱激励会激发人们发挥其最大能量，人们将愿意更加努力地工作以获得更多报酬。这种假设通常被称为"经济人"假设，它对重商主义理论的突破为基于主动性的个人报酬带来了机会。

新兴的工厂体制很大程度上延续了家庭包工制中的计件工资实践。在劳动密集型工厂里，也就是说，在那些劳动力成本占工厂总成本的很高比例且报酬能够与个人绩效密切相关的工厂里，工资激励得到了更广泛的运用。例如，在18世纪晚期，几乎一半的英国棉花加工厂都实行了计件工资制度，同样实行计件工资制的还有博尔顿和瓦特的发动机工厂。在强调团队工作的采煤业，曾经尝试过团队计件工资计划，但通常是无效的。[24]不过，绩效标准是基于完成一项工作的历史平均时间，而不是基于对工作本身和完成这项工作所需时间的仔细研究。

大棒，即消极惩罚，是早期工厂体制经常遭到批评的一种行为。虽然历史学家们对体罚的频率和严厉程度看法不一，但确实存在雇主对工人，尤其是对童工的体罚。对待儿童的流行态度是（如同中世纪谚语所说的那样），儿童应该被严加看管，无须倾听他们的声音，而根据《箴言》(Proverbs) 中的含义，不使用鞭子就会宠坏孩子。即使在有名望、有地位的家庭里也是如此。在那段时期，雇主对待童工的方式与儿童在家庭里被对待的方式一样。[25]

分等级的罚金是更普遍的处罚方法：如果星期一上午缺席，工人将被工厂罚款2先令6便士，而对唱歌、诅咒或喝醉的罚金是5先令。[26]这占到工人工资的很大一部分。塞缪尔·欧德诺（Samuel Oldknow）被认为是工厂体制早期最进步的雇主之一，于1797年12月1日在自己位于英国德比郡的梅勒工厂内发布了一份处罚公告，如图3-1所示。[27]

公告

各种恶劣的行为，例如诅咒和咒骂，拖延时间，醉酒，变得越来越频繁和严重。除非快速处理这种现象，否则会导致严重后果。

针对这种情况，现公告如下，在塞缪尔·欧德诺的工厂里工作的所有人都必须遵守以下规定：

任何人（不管是男人、女人还是儿童）被听见在咒骂或诅咒，都将被罚款1先令；无论是谁旷工（除非因为疾病或事先请假），都将被处罚与已经损失的工作时间相等的劳动时间；如果是计件工作，则按照每天2先令3便士来予以处罚——这些罚金将被收集起来，发给生病或贫穷的雇员，具体由他们的雇主全权处理。

梅勒工厂（Mellor），1797年12月1日

图3-1　英国德比郡梅勒工厂的处罚制度（1797年）

资料来源：George Unwin，*Samuel Oldknow and the Arkwrights：The Industrial Revolution at Stockport and Marple*（Manchester：The University Press，1924），p.198.

激励的第三种方法是致力于创造一种新的工厂精神。其目标是使用宗教伦理和价值观来树立正确的工作态度。鼓励工人们（通常在工作时间内）阅读《圣经》、定期去教堂做礼拜，劝告人们避免懒惰、怠惰和贪婪等致命罪孽，这些都是劝导工人们养成正确工业习惯的方法。雇主和牧师共同努力，劝告人们要警惕道德堕落，因为道德堕落不仅是有罪的，而且将导致工人无精打采和胡作非为。例如，伦敦铅公司（London Lead Company）对工人们"酗酒、打架、夜间赌博、恶作剧以及其他不体面行为"进行处罚。[28]毫无疑问，这种道德劝诫并不仅仅是出于对工人们精神和灵魂的关注。波拉德（Pollard）对那些试图建立一种新精神的尝试进行了简明扼要的阐述："努力提高工人阶级的高贵品德和道德水平，并不是为了工人本身，而主要是或者甚至仅仅是作为建立新的工厂纪律的一个方面。"[29]

寻找管理人才

除了招募、培训和激励工人等挑战之外，还存在另一个挑战，即寻找合格的管理者。如前所述，随着组织的成长，所有者身份的管理者监管雇员的能力将被削弱，而一个中间的监管层变得很有必要。从早期文献中可以判断，领取薪酬的管理者，也就是受企业主领导的管理者，通常是从工人队伍中提拔起来的没有受过教育的工人，他们被提拔的原因是拥有较高的技术水平或者具有维持纪律和秩序的能力。通常他们的工资仅仅稍高于其下属，而他们之所以被管理职位吸引，是因为这使得他们有权力雇用自己的配偶和子女来这里工作。这些管理者没有接受过复杂的管理知识培训，完全依靠自己的想法来形成一种监管风格。遇到什么问题，就根据具体情况来解决。对领导的一般看法是：结果的好坏取决于管理者的特征、个人品质和特性，而不取决于任何关于领导的一般化概念。管理人才的其他潜在来源包括企业主的亲属，这也许是基于这样的假设，即他们更值得信任或将会积极行动以保护他们的潜在遗产。这种办法也为企业主的家庭成员提供了培训，以确保工厂的所有权和控制权传递给下一代。管理人才的另一个潜在来源是会计部门，企业家招募有才华的银行职员和出纳员，认为他们可能既有商业方面的才智，

又有财务方面的才能。在职培训（OJT）被用来培养必要的管理知识。

当英国从一个农业国向工业社会转变时，英国并不存在大量训练有素的或者经验丰富的管理者。那时候不存在有关如何进行管理的常用知识体系。通过传授生产技术、原材料的来源和特征、机器操作程序、贸易实践和公司的法律责任等知识，对管理者的在职培训补充了管理者的工作经验。这种培训是针对某个具体行业的，例如棉纺业、毛纺业、采矿业或其他行业，从而使得该行业的知识和经验不容易被延伸和一般化。一位管理者在某个特定行业中获得培训，将被束缚在该行业，要想转移到另一个行业，他需要学习新的技能。此外，当时不存在一套关于管理者应该如何行事的普遍规则。所建立的行为准则只适用于各个具体的行业，对管理者的安全责任、工厂和设备的安全、工程的设计标准以及在维护雇主利益时需要遵循的程序提供了建议。

苏格兰格拉斯哥的詹姆斯·蒙哥马利（James Montgomery，1771—1854）撰写了可能是最早的一部管理教材。[30]蒙哥马利的管理建议在很大程度上是技术方面的，他谈到了如何检查和监督工作的质量和数量，如何调整和修复机器，如何降低成本，以及在对下属处罚时如何“避免不必要的严厉”[31]。他写道，一名管理者必须“公正和不偏不倚，坚定和果断，随时保持警惕以防止发生错误，而不是等到错误发生之后再去检查”[32]。这句话的后半部分是很有远见的，表明了一种早期的理解，即控制职能从本质上说既是向前看的，又是向后看的。不过，蒙哥马利的建议是为棉纺行业准备的，就像绝大多数其他的早期作者一样，他并没有尝试提出一般化的管理原则。

蒙哥马利作为一名管理者受到了高度重视，以至于他在1836年受邀到美国，在缅因州萨科地区的约克工厂（York Mills）担任主管。这使他有机会分析不同国家的经济，从而对管理进行很可能是首次的比较研究。他发现美国的生产成本更高，支付的工资更高（包括向女性支付的工资），但原材料的成本更低。英国的公司具有更低的成本，支付更低的工资，但原材料的成本更高。根据蒙哥马利的观点，英国拥有相对有竞争力的效率，因为英国的公司被管理得更好。[33]蒙哥马利的研究仅仅局限于棉纺工厂，但是使人们对1840年美国和英国的管理知识的不同状态有所了解。

早期管理者的薪酬有很大的改进余地。一线管理者，或者所谓的主管，获得的薪酬与工人相差无几。白领管理者的薪酬往往是根据他们的社会阶层，而不是他们承担的责任范围来确定的。不过，到1800年的时候，波兰德指出，管理人才的缺乏已经迫使雇主基于工作岗位而不是个体本身来支付薪酬。[34]1830年，非所有者的管理者的薪酬迅速增加，与身为所有者的管理者的薪酬差距缩小了。到19世纪中期，约翰·斯图尔特·穆勒（John Stuart Mill）发现管理者必须具有一种更高的“智力要素”，也就是说，“通过正式的和非正式的教育和在工作岗位上学到的知识而获得的某种东西”[35]。那些作为工厂主管的人在处理复杂的问题时面临着许多非常规的职责，以此证明他们获得更高薪酬的合理性。穆勒不同意亚当·斯密对所有权和管理权分离的担忧。通过“将受雇管理者的物质利益与其雇主的利益结合起来，以及提供一定比例的利润作为他们报酬的一部分”，管理者的“热情”能够被激发。[36]

在英国而不是在法国或者意大利，企业家的地位正在提高，这促使许多年轻人在商业领域寻求财富，或至少成为某家大公司的一位小合伙人。创业的企业家的第二代和第三代改变了先辈的风格，提高了领取薪酬的管理者的地位。他们往往向领取薪酬的管理者授予更多权力，并且更倚重这些管理者。这或许是因为他们的富裕（建立在先辈的成功基础之上）使得他们不那么热衷于亲自参与日常管理行为；又或许是因为公司已经发展到如此规模，管理人才的数量已经达到如此程度，以至于他们能比其先辈找到更可靠的下属。与此形成对照的是，在早期的工厂，物色和培养管理人才的问题是非常尖锐的。当时没有商学院可供招募管理者，也没有系统的计划将人们培养成管理者，而且管理技能往往只适用于局部的、特定的事项。

早期工厂中的管理职能

除了为工厂雇用劳动力、招募有能力的次级管理者和防止卢德分子，早期的管理者也遇到了当代管理者面临的类似挑战，即计划、组织和控制。在制订生产计划时，早期的工厂要比家庭包工制要求更具远见。随着工厂体制的发展，新兴的工业家们变得更加理性，更加现实地关注为长期发展奠定基础，而不是热衷于短期的投机收益。早期的矿山需要制定长期规划来开发矿脉，而且早期的工厂需要成本高昂的设备。由于资本的投入，商人不得不变得更加理性，并更多地了解其决策的长期影响。关于早期工厂制订计划的例子很少，而当时确实存在的那些计划在很大程度上是以技术为导向的，没有将工厂规模和技术应用综合起来。罗伯特·欧文（Robert Owen）和理查德·阿克赖特带头为工厂布局和规划事先制订计划，他们的要求（或者原则）强调了工作流程井然有序和工厂的干净整洁。

工厂的工艺和技术要求对动力来源和线路制订计划，合理安排机器和场地空间以使劳动流程保持顺畅，并且利用垃圾箱和合理堆放原料来减少混乱。博尔顿和瓦特的发动机工厂也强调工厂布局，并形成了具体的系统来控制原材料和零部件的库存。他们初步实施了生产计划、工作流程和装配方法。[37]标准化的、可替换的零部件的使用使计划在设备的设计、安装和操作过程中成为必要。小詹姆斯·瓦特（James Watt，Jr.，詹姆斯·瓦特的儿子）很早就发现，标准化的零部件能够使控制生产变得更容易，而具体的计划和正确的执行将确保最终产品符合规格。标准化的零部件使得产品修理工作变得更加容易，而且减少了公司和客户的备用零部件库存，从而简化了库存控制。

在进行组织时，每个层级的管理者在很大程度上都受到其下属管理者才能的限制。早期的部门化，即对工作活动的分组，往往是基于合伙人或亲属的数量。为了表示公平，每个合伙人或亲属都成为一个部门的负责人，并在他们下面安排一两个领取薪酬的管理者来负责监督工人。据估计，1820 年在棉纺行业，每位一线主管平均监督 28 名工人。[38]类似的比率也存在于采矿、船坞以及建筑行业，这表明这些行业中的公司，其组织结构是相对扁平的，管理层级很少。这些小公司通常都是由家族拥有和管理的，工作人员几乎都是一般职员，而且这些公司很少是完全一体化的，例如，一家棉花加工厂生产布匹，但通常依赖其他公司或代理商来完成成品（例如服装和家纺用品）的制造和销售。

有证据表明，在纺织行业的新兴工厂体制内的各种行为和关系形成过程中，技术起到了重要作用。[39]刚开始时，绝大多数工厂采用批量加工技术，也就是说，在相对较短的时间内生产大量的同类产品，然后生产另外一批稍微不同的产品，依此类推。直到19世纪初，这种情况似乎一直都是纺织行业的特征。

随着蒸汽动力的应用，技术进步提高了效率：按照流水线形式放置蒸汽驱动的机器，以完成产品的生产。这种流水线技术类似于大规模生产的装配线，能够以更低的单位成本生产大量的标准化产品，供应大规模市场。随着产量的增加，劳动力进一步专业化变得更加合算。与我们当今所知的自动化装配线不同的是，需要通过手推车、工人、槽沟或者其他方式将产品从一道生产工序转移到下一道工序。根据流水线生产所必需的不同操作，各种部门被建立起来。如前所述，随着更多部门的出现，工厂需要增加另外一个管理层级来协调各道工序的工作。结果就是指挥链的层级增加，产生一种更高的管理层级结构，同时需要更加精巧的程序和系统来整合公司的各种工作。纺织工厂似乎很早以前就发现技术能够影响一个组织的结构。早期的批量生产方法允许更多的随意性，蒸汽动力的应用导致了一种新的工厂技术，这种新技术要求更规范的组织设计。

在控制绩效方面，企业主面临着无数问题。由于他们再也无法亲自监督所有的操作，因此需要向次级管理者授权，以应付规模更大的企业，但他们发现缺乏训练有素的、能承担责任的并且可信赖的次级管理者。如同亚当·斯密观察到的，几乎没有一位领取薪酬的管理者会像管理自己的钱财那样积极地管理别人的财产。自卢卡·帕乔利那个时代以来，会计知识没有任何进展，使用会计来帮助管理者是一种几乎闻所未闻的现象。收入、工资、材料和销售额都记录在账簿上，但是没有几个管理者使用这些账目帮助决策。生产陶器制品的制造商乔赛亚·韦奇伍德（Josiah Wedgwood）属于为数不多的使用账目的人之一，他对自己的账目进行了精炼，直到能够使用它来设定价格、确定工人的计件工资、确定销售成本占销售额的比例，以及查出他的总管盗用的某些特定资金。[40]一个多世纪之后，更好的成本计算技术才得以形成。

利用反复试验而获得的经验，早期的企业主尝试着应付在管理工厂和劳动力队伍的过程中遇到的各种问题。强调技术上的问题而不是管理上的问题，这也许是由于当时的技术非常粗糙，以及需要努力保持竞争力和使新的小创新发挥作用。管理被视为局部性事项，无法实现一般化，而且人们认为成功取决于管理者的个人品质，而不是他们所掌握的更广泛的管理方法。管理是一种个人艺术而不是一门学科，是实践的而不是理论的，是特殊的而不是普遍的。

不过，当时一些人正尝试填补管理知识的空白，他们的努力是第4章的主题。在转到下一个主题之前，让我们先了解一些关于工业革命的文化影响的观点。

工业革命的文化结果

工业革命不仅是技术革命，而且是文化变革。新机器、新工厂以及新城市动摇了传统的根基，要求人们参与到新时代中去。许多人对工业化之前的农业生活存有一种理想化的看法。批评者控诉市场和工厂体制剥夺了人们的平等和自由的黄金时代。更具体地说，人们被奴役，几乎成为市场上的一件商品，资本家剥削童工和女工，而且工业化造成了贫穷、城市化、污染及其他许多社会弊端。

19 世纪中期，经济学获得了“乏味的科学”的绰号。[41]托马斯·马尔萨斯（Thomas Malthus）提出了著名的人口理论来反驳亚当·斯密和其他古典经济学家的乐观主义。马尔萨斯假定，世界人口数量以几何级数增长，而食物供应最多只能以算术级数增加。[42]马尔萨斯认为，人口数量受限于维持生存的方式，而且人口规模往往会超出生产方式的承受范围，从而使人们的生活条件无法得到任何改善。在他看来，政府对穷人的救济只会刺激人口增长、食物价格上涨，穷人的状况无法得到好转。马尔萨斯认为，唯一的解决办法（他对其结果也并不乐观）就是限制劳动力的供应和鼓励人们在生育方面自我节制。他对人类持一种悲观的论点，认为人只不过是市场上的商品，基本上无力克服这个世界的天然限制。

大卫·李嘉图（David Ricardo）似乎也不太乐观，他提出了“工资铁律”，认为从长期来看，真实工资将趋于稳定在刚好使工人能够维持基本生存的最低水平上。[43]空想社会主义者，例如罗伯特·欧文（Robert Owen，详见第 4 章），认为人们对环境是无能为力的，希望用一种公社生活来代替市场上的个人主义。空想社会主义者并没有谈及反抗和暴力的必要性，认为他们能够通过自己的作品和榜样来实现改革。卡尔·马克思（Karl Marx）和弗里德里希·恩格斯（Friedrich Engels）提出了一种相反的观点，主张使用暴力来作为历史的助产婆。他们认为，因为工人们无权无势，而且资本主义工厂主的剥削使得工人们只能够维持基本生存，所以工人们必须联合起来打破他们身上的枷锁。马克思和恩格斯的著作反映了当时的一些经济学家对世界所持的看法。[44]

在工业革命之前的 1 000 年或者更长时间里，作为被封建地主束缚在土地上的农民，只能维持基本生存。在重商主义制度下，英国政府对工资进行管制以使之维持低水平，其目的是维持一种有利的国际贸易平衡，而且正如我们前面所看到的，认为低工资能够提供工作动机，这在当时是一种普遍观念。一种以市场为基础的新哲学与亚当·斯密同期出现，认为高工资能够使人变得更加勤勉。工业革命正在创造方法，使人们利用可以降低劳动强度的机器来摆脱繁重的劳动，提高人们的生产率，并且使人们在付出较少努力的情况下获得更好的报酬。[45]

有证据表明，工厂体制推动了工业化国家生活水平的普遍提高（这种现象在此前 1 000 年是不存在的），同时也降低了城市人口的死亡率和幼儿的死亡率。这些因素导致了英国人口激增：其居民数量从 1750 年的 600 万人增加到 1800 年的 900 万人，到 1820 年增加到 1 200 万人。另外，5 岁以下幼儿的死亡率从 1730—1749 年的 74.5%降低至 1810—1829 年的 31.8%。这要感谢爱德华·詹纳（Edward Jenner）发明了一种疫苗来防治天花，使得幼儿死亡率降低了 30%。同时，1760—1815 年的农业进步、卫生设施的完善、产科知识和医疗护理的进步也为死亡率下降作出了贡献。[46]罗伯特·海尔布隆纳（Robert L. Heilbroner）曾经指出，即使存在城市贫困，工厂生活也代表了对家庭包工制下的农业生活的一种改善。贫困并不是新鲜事物；它只不过是被集中到了一个地方，即城市，从而使议员、知识分子和其他人更容易看到。由于是隔离的和分散的，因而农业社会的贫困并没有刺激到敏感神经，但是出现在隔壁和街头巷尾，就成了一个令人头疼的问题。海尔布隆纳进一步回答了对工业革命的批评，认为这些批评是政治色彩的，而不是基于经济角度。这个时期，英国的主要特征是对个人权利、社会正义和政治改革日益关注；平民百姓具有“一种批判的思想，在这种情绪下任何经济体制都将受到指责”[47]。这些批评直接指向了担任管理者的企业主，并不是因为他们应该被责备，而是因为他们是一种体现变化的明显符号。

人们不能用那些糟糕的状况和实践来责怪工业革命。工厂体制从过去继承了童工、女工、贫困和冗长的工作时间，但它确实没有制造这些问题；通过工厂体制，人们有能力过上更好的生活。

小结

工业革命创造了一种新的文化环境和一系列不同的管理挑战。当人们努力进行调整以适应城市生活和工厂生活时，他们的需求也变得更加复杂。对大量资本投入的需要，劳动分工，以及对有效率的、可预测的绩效的需要，都正在改造各个行业。组织需要在一种市场经济中进行创新和竞争，这就产生了对增长和来源于大规模生产与分配的规模经济的强烈需要。经济理论认识到身为所有者的管理者在日益成长的工厂体制中发挥了一种独特的作用，能够将传统的三种生产要素结合起来。随着工厂规模的扩大，产生了对领薪管理者的需求，对一支有能力、有纪律、训练有素、受到激励的劳动力队伍的需求，以及对合理地计划、组织和控制早期工厂的生产活动的需要。下一章将介绍一些早期的管理先驱，是他们提出了解决方案来应对不断成长的工厂体制带来的挑战。

注 释

[1] Phyllis M. Deane, *The First Industrial Revolution* (Cambridge, England: Cambridge University Press, 1965), pp. 5 - 19.

[2] For a discussion of the origins of the Industrial Revolution in textiles, see John Styles, "Fashion, Textiles and the Origins of Industrial Revolution," *East Asian Journal of British History* 5 (March 2016), pp. 161 - 190.

[3] Richard L. Hills, "Hargreaves, Arkwright and Crompton: Why Three Inventors?" *Textile History* 10 (1) (October 1, 1979), pp. 114 - 126.

[4] Arnold Toynbee, *Lectures on the Industrial Revolution of the 18th Century in England* (New York: Humboldt Publishing, 1884), p. 90.

[5] Joseph A. Schumpeter, *Capitalism, Socialism, and Democracy* (New York: Harper & Brothers, 1942), p. 67.

[6] Richard Cantillon, *Essai sur la Nature du Commerce en Général* [*Essay on the Nature of Trade in General*] (Londres, France: Chez Fletcher Gyles, 1756). Written between 1730 and 1734.

[7] Mark Blaug, *Great Economists Before Keynes* (Cambridge, England: Cambridge University Press, 1986), p. 38.

[8] Jean-Baptiste Say, *A Treatise on Political Economy*, vol. 2, trans. Clement R. Princep (London: Longman, Hurst, Rees, Orme, and Brown, 1821), p. 72. Originally published in 1803.

[9] Philip Selznick, "Foundations of the Theory of Organization," *American Sociological Review* 13 (1) (February 1948), p. 25.

[10] *Ibid.*

[11] "Report from the Committee on the State of the Woollen Manufacture of England," *Journals of the House of Commons* 61 (1806), p. 69.

[12] Andrew Ure, *The Philosophy of Manufactures: Or an Exposition of the Scientific, Moral and Commercial Economy of the Factory System of Great Britain* (London: Charles Knight, 1835), p. 15.

[13] Sidney Pollard, "Factory Discipline in the Industrial Revolution," *Economic History Review* 16 (2) (December 1963), p. 255.

[14] Richard Guest, *A Compendious History of the Cotton-Manufacture: With a Disproval of the Claim of Sir Richard Arkwright to the Invention of Is Ingenious Machinery* (Manchester, England: Joseph Pratt, 1823), pp. 40 - 43.

[15] Robert M. Hartwell, "Business Management in England during the Period of Early Industrialization: Inducements and Obstacles," *Nebraska Journal of Economics & Business* 8 (3) (Summer 1969), p. 66.

[16] *Northampton Mercury* (Northamptonshire, England), November 17, 1792, p. 2.

[17] Stanley D. Chapman, *The Early Factory Masters: The Transition to the Factory System in the Midlands Textile Industry* (Newton Abbot, England: David & Charles, 1967), p. 168.

[18] [Morgan Powell], *A View of Real Grievances, with Remedies Proposed for Redressing Them; Humbly Submitted to the Consideration of the Legislature* (London: The Author, 1772), p. 143. For a collection of similar statements on the "deleterious effects of high wages," dating back to 1690, see: Edgar S. Furniss, *The Position of the Laborer in a System of Nationalism: A Study in the Labor Theories of later English Mercantilists* (Boston: Houghton Mifflin, 1920), p. 125n. Originally prepared as a dissertation, Yale University, New Haven, CT, 1918.

[19] Malcolm I. Thomis, *The Luddites: Machine Breaking in Regency England* (Hamden, CT: Archon Books, 1970), pp. 41 - 73.

[20] Ralph Waldo Emerson quoted in Edward Atkinson, *The Industrial Progress of the Nation: Consumption Limited, Production Unlimited* (New York: G. P. Putnam's Sons, 1890), p. 11.

[21] John Arbuthnot (of Mitcham.), *An Inquiry Into the Connection Between the Present Price of Provisions, and the Size of Farms: With Remarks on Population as Affected Thereby. To Which Are Added, Proposals for Preventing Future Scarcity* (London: T. Cadell, 1773), p. 93.

[22] John. Smith, *Chronicon Rusticum-commerciale: Or Memoirs of Wool & Being a Collection of History and Argument Concerning the Woolen Manufacture and the Woolen Trade in General*, vol. 2, (London: T. Osborne, 1747), p. 308. See also William Hutton, *The History of Birmingham*, 3rd ed. (Birmingham, England: Thomas Pearson, 1795), p. 97.

[23] Adam Smith, *The Wealth of Nations* (1776), vol. 1, bk. I, ch. 8, p. 100.

[24] E. Brian Peach and Daniel A. Wren, "Pay for Performance from Antiquity to the 1950s," *Journal of Organizational Behavior Management* 12 (1) (Spring 1992), p. 12.

[25] Chapman, *Early Factory Masters*, p. 203.

[26] Sidney Pollard, *The Genesis of Modern Management: A Study of the Industrial Revolution in*

Great Britain (Cambridge, MA: Harvard University Press, 1965), p. 187.

[27] George Unwin, *Samuel Oldknow and the Arkwrights: The Industrial Revolution at Stockport and Marple* (Manchester: The University Press, 1924), p. 198.

[28] George H. Mennell, "Discussion," on Arthur Raistrick, "The London Lead Company, 1692 – 1905," *Transactions of the Newcomen Society* 14 (1) (1933), p. 156.

[29] Pollard, *Genesis of Modern Management*, p. 197.

[30] James Montgomery, *The Carding and Spinning Master's Assistant; or the Theory and Practice of Cotton Spinning* (Glasgow: J. Niven, Jr., 1832); *idem*, *The Cotton Spinner's Manual or a Compendium of the Principles of Cotton Spinning* (Glasgow: J. Niven, Jr., 1835). Also see James P. Baughman, ed., "James Montgomery on Factory Management, 1832," *Business History Review* 42 (2) (Summer 1968), pp. 219 – 226.

[31] James Montgomery, *The Theory and Practice of Cotton Spinning: or, The Carding and Spinning Master's Assistant: Showing the Use of Each Machine Employed* (Glasgow: J. Niven, Jr. 1832), p. 219.

[32] *Ibid.*, p. 256.

[33] James Montgomery, *The Cotton Manufacture of the United States of America Contrasted and Compared with That of Great Britain* (London: John N. Van, 1840), p. 138.

[34] Pollard, *Genesis of Modern Management*, p. 139.

[35] P. Bruce Buchan, "John Stuart Mill—Contributions to the Principles of Management: The Intelligence Factor," *British Journal of Management* 4 (2) (June 1993), p. 71.

[36] John Stuart Mill, *Principles of Political Economy with Some of Their Applications to Social Philosophy*, vol. 1 (Boston, MA: C. C. Little & J. Brown, 1848), p. 187.

[37] Eric Roll, *An Early Experiment in Industrial Organisation: Being a History of the Firm of Boulton and Watt*, 1775 – 1805 (London: Longmans Green and Co., 1930). The development of relatively advanced managerial techniques at Boulton and Watt is credited to the founders' sons, Matthew Robinson Boulton and James Watt, Jr. (p. xv).

[38] Pollard, *Genesis of Modern Management*, p. 135.

[39] Stanley D. Chapman, "The Textile Factory before Arkwright: A Typology of Factory Development," *Business History Review* 48 (4) (Winter 1974), pp. 468 – 473.

[40] Neil McKendrick, "Josiah Wedgwood and Cost Accounting in the Industrial Revolution," *Economic History Review* (2nd series) 23 (1) (April 1970), pp. 45 – 67.

[41] The name "the dismal science" was coined by Scottish historian Thomas Carlyle in *Fraser's Magazine for Town and Country* 40 (240) (December 1849), p. 672.

[42] Thomas R. Malthus, *An Essay on the Principle of Population, As It Affects the Future Improvement of Society* (London: J. Johnson, 1798).

[43] David Ricardo, *The Principles of Political Economy and Taxation* (London: Dent, 1911), pp. 57, 61 – 63.

[44] For example, see Karl Marx, *Das Kapital: Kritik der Politischen Oekonomie* [Capital: Critique of Political Economy], vol. 1: *Der Produktionsprocess des Kapitals* [*The Process of Capitalist Production as a Whole*] (Hamburg: Verlag von Otto Meissner, 1867); Friedrich Engels, *The Condition of the Working-Class in England in* 1844, trans. Florence Kelley Wischnewtzky (Lon-

don：Swan Sonnenschein & Co.，1892).

[45] Friedrich A. Hayek，"History and Politics，" in *idem*，ed.，*Capitalism and the Historians* (Chicago，IL：University of Chicago Press，1954)，pp. 15 - 16.

[46] Mabel C. Buer，*Health，Wealth and Population in the Early Days of the Industrial Revolution* (London：G. Routledge & Sons，1926)，p. 29. Estimates of English birth and death rates for the period in question vary. For a discussion on this point see Edward A. Wrigley and Roger S. Schofield，*The Population of England 1541 - 1871：A Reconstruction* (London：Edward Arnold，1981).

[47] Robert L. Heilbroner，*The Making of Economic Society* (Englewood Cliffs，NJ：Prentice-Hall，1962)，pp. 85 - 86.

第4章　早期工厂中的管理先驱

在前面的章节中，重点考察的一个主题是管理思想的演变与主流文化价值观之间的关系。工厂体制给作为所有者的企业家、领取薪水的管理者以及整个社会带来了新挑战。本章将集中关注对这些挑战率先提出解决方案的四位先驱。历史只留下了极少的痕迹。记录遗失了，只供一次性使用或临时使用的材料被毁掉了，许多引人注目的理念可能根本就没有形成文字。因此，对过去的判断往往只能基于不完整的、不确定的信息。在那些早期的管理先驱中，历史浓墨重彩地记载了以下四位独特的人物：罗伯特・欧文、查尔斯・巴比奇（Charles Babbage）、安德鲁・尤尔（Andrew Ure）和查尔斯・杜宾（Charles Dupin）。

罗伯特・欧文：寻找新和谐

在汹涌澎湃的工业革命初期，罗伯特・欧文（1771—1858）是一位自相矛盾的人物。作为一名成功的企业主，他试图阻止工业主义的前进浪潮和他在这次浪潮中所看到的罪恶。作为一名空想社会主义者，欧文号召在一次激烈的“社会重组”基础上建立一种“新的道德秩序”。他设想了一种新的工业社会，认为它应该是农业公社和工业公社的结合体。在欧文看来，人们应该退回到以前更简单的人类时代去。在哲学层面上，他认为人在新的机器时代是无能为力的，被各种革命性的力量支配，而这些力量摧毁了道德目标和社会团结。

早期的管理经验

欧文是一位典型的早期企业主，自信并且依靠自己的奋斗获得成功，18 岁时在英格兰曼彻斯特创办了自己的第一家工厂，这是一家棉纺织厂。当时正是发战争财的时候，很多制造商因为供应军需物资而变得富有。我们在第 3 章已经说过，阿克赖特发明的水力纺纱机，哈格里夫斯的珍妮纺纱机，克朗普顿的走锭精纺机，以及瓦特的蒸汽机，使得大型工厂越来越普遍。欧文这样描述自己以一家机械工厂的共同所有者身份初次接触管理的情形："虽然实际上我什么都不懂，但我充满热情地观察每个部门的工人。通过对每一件事情的认真观察，我在工厂的整个创建过程保持了秩序和整齐，而且情况比我之前预计的要好得多。"[1]后来，欧文受雇于皮卡迪利工厂（Piccadilly Mills）的老板彼得·德林克沃特（Peter Drinkwater），成为一名领取薪水的管理者，他知道自己最终必然会成为德林克沃特的合伙人。虽然经验不多，但是欧文使自己适应了新的职位：

> 我神情严肃，仔细检查每一件事情……早晨我与第一批工人一起来到工厂，晚上是我最后将工厂大门锁上。连续 6 周我每天都这样默默地检查和监督，对提出的问题仅仅回答"是"或者"不是"……我没有对任何事情下达过任何一条直接命令。但是，6 周结束时，我感觉已经非常了解自己的职位，并为向各个部门下达指示和命令做好了准备。[2]

欧文由德林克沃特授权独自管理工厂，他在这里获得了成功。他重新安排了设备，改善了工作条件，并且获得了对下属的巨大影响力。后来他把管理工人的成功归于自己"严谨的习惯"和对人性的了解。他在 1794 年或 1795 年离开了德林克沃特的工厂，并在苏格兰建立了一个新的合伙工厂，即新拉纳克工厂（New Lanark Mills）。在这家工厂，他遇到了劳动力短缺这个普遍存在的问题，他说："当时，最困难的是说服大量的、品行良好的人离开家乡去纺织厂工作。"[3]也许难以招募到劳动力这个问题影响了他的人事政策，他开始形成一种新的设想。在新拉纳克工厂，他雇用了四五百名本教区的学徒，他们都是济贫局向任何愿意接收的人提供的乞丐儿童。这些儿童每天工作 13 个小时，每周工作 6 天。他继续雇用童工，但设法改善他们的生活和工作条件，把每天的工作时间减少到 10.75 小时，规定 10 岁以上的儿童才可以被雇用，提供伙食和休息时间，并且强调生产的安全性 。此外，他尝试改造整个新拉纳克村庄，包括街道、房屋、卫生设施和学校。

在新拉纳克，欧文开始形成一些关于整体社会福利的新观点。他感觉到工业进步并不足以支撑不断增加的人口数量。1821 年，他为新拉纳克的居民准备了一份报告来陈述自己的主张："体力劳动者，在正确的指导下，是所有财富和国家繁荣的源泉。"[4]在欧文看来，最主要的经济和社会挑战是利用更精细的耕种方法来发展农业，以供养更多人口。因此，他准备了一份计划来做以下这些事情：

（1）用铁锹而不是犁来耕作。

（2）这样的改革，例如用铁锹来耕作，对人们来说必须是容易的和有利可图的，而且必须有利于国家。

（3）采用一种价值标准，使劳动者的产品在交易时不会受到阻止和限制，直到财富充裕到任何进一步的增加都会变得无用和不再是人们所渴望的。[5]

欧文宣称，这将创造工作岗位，使更多的人受到雇用，从而提高他们消费英国工业品的能力。这个计划希望创造更多辛苦的体力工作岗位，这显然违背了当时正在发生的技术革命。不过，这是他公社设想的一篇序言。

欧文管理新拉纳克工厂超过25年，在这期间，他设法避免工人们出现纪律问题。与那些试图创造新工厂道德的制造商一样，欧文也尽量使用道德劝告而不是肉体惩罚来解决问题。[6]他发明了一种颇为独特的工具，即“无声监控器”，来帮助维持纪律。通过使用这种设备，欧文对他的主管们使用四种类型的标记，而这些主管也使用同样的方法对自己的下属作出评价。这些标记可以转换为四种颜色——黑色、蓝色、黄色和白色，按照价值由低到高的顺序排列。一个无声监控器（一小块木头）被悬挂在纺织机旁边，木头的四面按规则涂上四种颜色。每天工作结束时，分数将被记录和转换，木头上涂着相应颜色的那一面将面对走廊。欧文说，他“每天都经过所有房间，而那些工人观察到我总是在看他们获得的颜色——如果是黑色，我也仅仅是看着这名工人，再看看他获得的颜色——但是我从来不会谴责任何一个人”[7]。这种无声监控器激励落后的工人实现改进，并且有意识地促使那些获得白色的优秀工人保持自己的绩效。毫无疑问，这的确是现代管理中公布销售和生产数据以鼓励辛勤工作和良好行为的一种雏形。

对改革的提倡

在埃尔顿·梅奥（Elton Mayo）、弗里茨·罗斯利斯伯格（Fritz Roethlisberger）、伦西斯·利克特（Rensis Likert）以及其他人催促人们关注公司的人力资源（详见第13章和第15章）之前，欧文就已经提出了一种新道德秩序的基本原理：

> 你们将发现，从我最初从事管理起，我就将人口（劳动力队伍）视为……一个由许多部分组成的系统，而将它们组合起来就是我的责任和兴趣，每个个体，以及每根弹簧、杠杆和每个轮子，都应该有效地合作，以给工厂主带来最大利润……经验也已经向你们表明了，整齐、清洁、布局合理以及始终获得维修的机器与那些因为无人过问和缺乏防止不必要损害的手段而显得肮脏、无序且几乎是在没有维修的状况下运转的机器所产生的结果之间的差异……因此，如果对无生命的机器进行适当的保养就能够产生如此有利的结果，那么如果对最为关键的、构造更为奇妙的机器（人力资源）施以同等的关注，那什么样的结果不可以被期待呢？[8]

欧文指责他的制造商同行不理解人的因素对生产率的深刻影响。他指责他们愿意花费数千英镑购买最好的机器，却只雇用最廉价的劳动力。他们愿意花费时间来改进机器，使劳动力专业化和削减成本，却不愿意对人力资源进行投资。他寄希望于金钱的作用，宣称用于改善劳动力的金钱“将不是使你的资本增加5个、10个或者15个百分点，而是经常增加50个百分点，而且在很多时候是增加一倍”[9]。他宣称在新拉纳克工厂获得了50%的回报率，而且说回报率很快就将达到100%。他声称，对人们表示关心是更有利可图的，而且有助于“防止人类痛苦的累积”[10]。

新拉纳克工厂的会计记录显示，欧文对投资回报率和利润的估计仅是稍微夸大。在新拉纳克工厂，每一位合伙人都获得了总投资的5%作为资本回报，再按各自的投资比例分享剩下的全部利润。在新拉纳克工厂期间（1799—1828 年），欧文在总利润中所分得的份额大约是 128 500 英镑加上他 130 000 英镑投资的 5%（每年 6 500 英镑）。他的年投资回报率通常超过 15%，而且 1811—1814 年达到了 46%左右。[11]

欧文在新拉纳克工厂的投资是有利可图的，但是有人质疑这是否应该归功于他的人事政策。一位传记作家提到，当时棉纺行业的利润是如此之高，平均投资回报率达到 20%或者更高，以至于任何劳动政策都将是有利可图的。“实际上，边际利润是如此高，我们几乎无须为欧文作为一名制造商所获得的成功寻找任何其他解释。”[12]不管他成功的原因是什么，欧文公开谴责当时的商业主义。他向资本主义发起了一次知识战争，而且抨击英国教会，他认为教会宽恕了新工业时代产生的罪恶。欧文的观点被认为是激进的，这也使他更加难以向其他人说清楚改革的必要。欧文认为，当时已有的所有宗教的最大错误就是坚持人类责任这一原则。他坚持认为，人类是物质环境和精神环境的产物，除非通过教育在道德上武装起来，否则很难摆脱周围环境的影响。英国教会认为，关于奖赏和惩罚的承诺，尤其是对来世奖罚的承诺，塑造了人们的良好品格。与此相反，欧文认为，只有在合适的物质和精神环境下，人才能形成良好的品格。为了实现这些结果，1813 年左右欧文在政治上变得更加积极主动，他在 1819 年提出通过立法来禁止雇用 10 岁以下的童工，将工作时间限制在每天 10 小时，而且禁止童工从事夜间工作。

另外一位传记作家认为，欧文在改革社会的尝试中遭受了挫折，有人认为他在 1817 年变得有点疯癫。[13]在英国，欧文无法实现其目标，后来他在《伦敦时报》上看到一个销售美国印第安纳州波西县约 30 000 英亩土地的广告，销售者是一个宗教团体——和谐者协会（Harmonians），其成员是乔治·拉普（George Rapp）的信徒，这块土地位于沃巴什河畔，要价是 30 000 英镑。大约 10 年前，该宗教团体就来到这里，并且将其中大约 2 000 英亩土地开垦为葡萄园、果园和花园，一些机械工厂、锯木厂以及棉纺织厂和羊毛纺织厂已经建立起来，而且大量砖头和圆木结构的建筑已经建造完成。

欧文购买了这块土地，将其命名为新和谐（New Harmony），并开始创建一个乌托邦公社。欧文的主要目标是让其公社成员感到幸福。在这里，根据劳动者的信用，一种新的货币被创造出来；这里没有劳动分工，每个人都将获得一种综合教育，虽然人们将接受培训以从事工作，但是他们能够按照自己的意愿从事工作。保证言论自由，而且保证女性拥有与男性一样的权利和待遇。欧文承诺将这块土地授予所有公社成员。

有关新和谐的新闻迅速传播开来。到它开放时，有 800 人准备移居到这块先前由和谐者协会的 700 名成员居住的土地。虽然前来新和谐居住的人数是一个负担，但是更严重的挑战来自这些新定居者的素质。其中有一些具有奉献精神的人了解欧文的信仰，并且将这些信仰当作他们自己的信仰；也有一些人是因为听说在新和谐只需从事一点点工作或根本无须工作而公社仍然会提供伙食、衣物和住房。在前几个月中，新冒险所带来的刺激和兴奋使每个人都保持了高昂的士气，但是逐渐地，这种兴奋和新鲜感开始消退。因为缺乏啤酒酿造者，酿酒厂成为摆设；因为没有磨坊工人，谷物加工厂也无法使用；由于只有几十位农民，供养近千个敞开肚皮吃饭的人成为一项艰巨的任务。虽然公社绝不会马上崩溃，但它所存在的问题严重地打击了人们的士气。欧文担任管理者的职位，许多人认为他在保持其先前职位全部权威的同时，放弃了他许下的将全部财产授予整个公社的承诺。欧文竭力对该公社进行重组，但最终选择放弃，于1827年离开。[14]

在新和谐之后，欧文发现自己在财政上和精神上都垮掉了。欧文曾经以为他在自己的纺织厂中学到的和应用的知识能够适用于整个公社，但他无法使其他人相信他的新道德秩序是切实可行的而不是乌托邦。作为一名改革者，欧文修改了救济穷人的法律，并且对失业问题提出了解决方案。他建议成立合作村庄（Villages of Cooperation），就像新和谐一样，以农业为基础，大家共同分享剩余产品。马尔萨斯认为，人口数量受限于维持生存的方式，而且人口规模往往会超出生产方式的承受范围，从而使人们的生活条件无法得到任何改善（见第3章），但是欧文反对这种观点，称如果所有产品由大家共享，就不会有人挨饿。他公开谴责劳动分工所导致的枯燥乏味和抑制效应，在他的理想世界中，每个人都从事许多不同的工作，很容易从一份工作转换到另一份工作。对于欧文来说，工资制度和资本主义的弊端使人们只能够维持基本生存。1833年，欧文返回英国，并且帮助创建了英国工会大同盟（Grand National Consolidated Trades Union）。这个组织后来改名为英国和外国工业、人文和教育联合会（British and Foreign Consolidated Association of Industry，Humanity and Knowledge），欧文被任命为该联合会的会长。不过，到1834年该联合会就停止运作了。无论如何，欧文为关注管理中人的方面播下了第一粒种子。

查尔斯·巴比奇：性格暴躁的天才

把查尔斯·巴比奇（1791—1871）称为“性格暴躁的天才”是对他最好的恭维，因为他同时具有这两种品质。[15]巴比奇是一位远远领先于他所在时代的人物。他在剑桥大学（Cambridge University）担任卢卡斯数学教授（艾萨克·牛顿（Isaac Newton）曾任此职），虽然他似乎从未在这里授过一次课。巴比奇尝试用技术替代人力，并且因此获得了历史地位，被视为运筹学和管理科学的守护者（见第21章）。先于科学管理时代在美国开始之前很久，他就已经对一种科学的管理方法进行理论化和实践（见第7章）。巴比奇出生于英格兰德文郡，是一位富有的银行家的儿子，他的一生都在利用自己的遗产来寻找“使儿童的头脑感到惊讶的所有小玩意和事件的根源”[16]。他说，他在得到一个新玩具之后提出的第一个问题必定是：“妈妈，它的里面是什么？”如果妈妈的回答听起来不那么令他满意，他就必定会把玩具拆开或者砸开。他的成果的价值只获得了同时代少数几个人的承认，而且他往往被邻居们认为是一个行为古怪的人。对于那些打搅他沉思的人来说，他的个性确实不讨人喜欢。为了报复英国街道上比比皆是的手摇风琴演奏者，他反复召唤警察来处理，而警察对阻止这种“音乐”似乎也无能为力，甚至在他临终时仍是如此。巴比奇希望获得安静的环境，以便能够继续自己的工作，而为了报复巴比奇，手摇风琴演奏者、铜管乐手和其他各种所谓的街头音乐家，以及被巴比奇描述为为他们伴奏的“形形色色、千奇百怪的姑娘”[17]，在巴比奇的房子前面演奏得更喧闹、更持久。

他在他的房子外面吹喇叭，制造噪声，以赶走那些演奏者。巴比奇的一位朋友这样写道："他讲话时就好像仇恨整个人类一样，尤其是英国人，其中以英国政府和街上的手摇风琴演奏者为最。"[18]

第一台计算机

巴比奇的科学成果是十分显著的。他在1822年制造了世界上第一台实用的机械计算器，也就是他的差分机（Difference Engine）。它能够进行6位数的运算，并且为二阶差分方程提供解答。91年之后，它的基本原理被伯勒（Burrough）的会计机器采用。巴比奇从英国财政大臣罗伯特·皮尔爵士（Sir Robert Peele）那里获得了总共17 000英镑的资助来研制自己的差分机。但是，他暴躁的性格使他失去了政府机构对他的解析机（Analytical Engine）的支持。所谓解析机，就是一台能够进行任何数学运算的多用途计算机，这也是他的差分机的更新换代。早在1833年，他就构思了一种能够有效地扫描一串指令并且自动执行这些指令的计算机。在访问法国里昂的一家纺织厂时，他发现织布机能够根据卡片上的孔织出非常复杂的图案，例如锦缎。一位叫约瑟夫·玛丽·雅卡尔（Joseph Marie Jacquard）的丝绸纺织工借鉴了巴西莱·鲁修（Basile Bouchon，1725）、让-巴蒂斯特·法尔考（Jean-Baptiste Falcon，1728）以及雅克·德沃坎逊（Jacques de Vaucanson，1740）的研究成果，发明了一种机械式纺织机。这种纺织机"横向放置的钢条，其末端装有弹簧，可以感知一连串卡片上的孔洞。当钢条感知到一个孔洞时，它就穿过这个孔洞并且指示纺织机拨出一根经线并使之跳织，与此同时，其他的线则正常编织。孔洞的排列方式为所编织的图案设定了程序"[19]。巴比奇扩展了雅卡尔的创新，他使用穿孔卡片来存储信息及指挥机器运行。基于巴比奇的研究成果，半个世纪之后，赫尔曼·霍利里思（Herman Hollerith）发明了一台穿孔卡片制表机，用来为1890年美国人口普查录入数据。[20]或许更重要的是，巴比奇的创新预见到了大约20年之后英国数学家乔治·布尔（George Boole，1815—1864）为解决数学函数而发明的二进制系统（0/1，关/开，是/否，对/错）。后来，布尔的成果为现代电子计算机用来处理逻辑表达式奠定了基础。

从概念上讲，巴比奇的解析机是第一台能够执行任何计算的电子计算机，它具备了今天的计算机的所有基本要素。它具有一台存储器（即存储装置）、一台运算机（即运算设备）、一个穿孔卡片输入系统、外存储器以及条件转移器。[21]回顾过去，"巴比奇的天才不是体现在他的机器的运算能力上，而是在于对数学函数的组织和逻辑控制的机械化"[22]。巴比奇的解析机能够计算二次幂和三次幂以及求解二次方程的根。巴比奇还构思了一台"在纸张上印刷的仪器，对输出的结果复印一份，或者需要的话，复印两份"——一台现代打印机的维多利亚版本。[23]在制造解析机时遇到了很多问题，以至于巴比奇并没有造出一台完整的模型。为了制造解析机，他不仅要发明工具和工具整形机，设计各种车床来制造各种需要手动安装的钢材和合金齿轮，而且在标准的机械式绘图符号被证明无法胜任时还需要发明一种抽象符号。[24]在1871年巴比奇去世前不久，他写道："如果我能够多活几年，解析机将会问世，而且它的成果将会传遍整个世界。"[25]在一个多世纪的时间里，他的成果处于"冬眠"状态，静静等待其他时代的其他人来改进他的初始理念。

巴比奇一生中拥有许多辉煌的事情，其中之一就是他与洛夫雷斯伯爵夫人奥古斯塔·埃达·金（Augusta Ada King，1816—1852）的友谊。她是第一任洛夫雷斯夫伯爵威廉·金（William King）的妻子，也是著名诗人拜伦勋爵（Lord Byron）的女儿，但是她与父亲的关系很疏远。伯爵夫人在数学和工程学方面有天赋，也是真正理解巴比奇的成果的少数几个人之一。她撰写文章评论他的成果，能够比他自己更好地表达他的理念，而且为他的计算机编写程序。她警告人们不要变得依赖计算机，因为它"不会进行任何原创的事情……（而且将）只会按照我们的操作命令去执行"[26]。与巴比奇一起，她设计了一个使用解析机来保证赛马赌博获胜的系统。遗憾的是，这个系统并没有获得成功，因此伯爵夫人不得不两次把自己家里的珠宝典当出去，以偿还自己的赌债。[27]巴比奇并没有被困难吓倒（虽然洛夫雷斯伯爵为此心烦意乱），他继续自己的工作，并且为他的计算机设计了竞赛程序，这是现代商业博弈技巧的先驱。他设计了一种计算机程序来玩井字游戏和下象棋，该程序能够计算接下来最多三步棋的所有可能组合。此外，他还是那个时代最杰出的密码学家。

分析工业操作

不可避免，巴比奇的求知欲和广泛兴趣使得他必定要对管理进行论述。他最成功的著作是 1832 年出版的《论机器和制造业的经济》（*On the Economy of Machinery and Manufactures*）。巴比奇变得对制造业和管理感兴趣，是由于他在监督制造自己的解析机时遇到了问题。为了寻求解决方案，他参观了英国和法国的许多工厂。在这本著作中，他非常详细而具体地描述了工具和机器，并且凭借真正的探索精神，讨论了"制造业的经济原则"，分析机器的操作和每一道工序的成本、所涉及的技能种类，并且提出了改进建议和指导。[28]

巴比奇对机械、工具、动力的有效使用，开发计算机器来检查工作总量，以及使用原材料的经济性都很感兴趣，他发明了一种"观察制造工厂的方法"，类似于一种对工业操作的科学而又系统的研究方法。[29]作为这种方法的一部分，他准备了一份关于资本投资（无论规模大小）、原材料、所使用的工具和机器、必要的劳动力、正常损耗、批发价格等事项的问题表。从本质上讲，这就是操作分析人员或咨询顾问在研究一项任务时所使用的相同程序。巴比奇强调"制造"产品（这可以在小作坊内完成）与大规模生产的"制造业"之间的区别。他认为，制造业必然强调对"工厂的整个体系"进行详细安排，以降低生产成本。[30]巴比奇还认识到，要想在资本主义市场经济中取得成功，需要勤劳、诚实和才华。

在人的方面，巴比奇回忆了卢德运动（见第 3 章），并且恳求工人们认识到正确设计的工厂体制有利于他们的福祉："工人阶级中比较聪明的人应该研究一下这些观点的正确性，这是极其重要的；因为……整个阶级可能……被有阴谋的人引导而采取某种行为……而该行为实际上并不符合他们自己的最大利益。”[31]他试图表明工人与工厂主之间的利益的一致性，这在某种程度上类似于弗雷德里克·泰勒（Frederick W. Taylor）75年之后所说的话（见第7章）。在巴比奇看来：

> 工厂主的繁荣和成功对工人的福祉至关重要……毫无疑问，工人们，作为一个阶级，会因为雇主的富裕而获益，尽管我并不认为每个工人分享到的好处将与其作出的贡献完全成比例……如果报酬支付模式能够被如此安排，即每位被雇用者都能够从整个工厂的成功中获益，而且每个人的收益会随着工厂本身获得的利润而增加，同时又没有必要对工资体制作任何改变……那么这将具有极其重要的意义。[32]

巴比奇的利润分享计划包括两个方面：工资的一部分应该取决于工厂的利润；工人“应该从他可能发现的任何改进措施所产生的效益中获得额外的好处”[33]，也就是说，提出建议应该获得奖励。工人们将获得一份基于他们所承担的任务的固定工资，以及工厂利润中的一个份额，而且巴比奇建议通过一个委员会来决定对生产节约的适当奖励。巴比奇看到了他的建议所具有的一些优点：（1）每个工人的切身利益都与工厂的繁荣息息相关；（2）每个工人都有防止浪费和不当管理的强烈动机；（3）每个部门都将获得改进；（4）“只雇用技术最好、最受尊敬的工人将符合所有工人的共同利益”。实际上，在利润分享计划下，工作团队将采取措施，淘汰那些使他们的份额减少、不受欢迎的工人。最后，巴比奇认为，他的计划能够消除工人们联合起来的必要性，因为他们的利益将与雇主的利益相一致。由于工人和管理者之间的这种利益相关性，任何一方都不会压迫另一方，并且会共同繁荣。

除了他卓越的科学贡献，查尔斯·巴比奇在推动理解新兴工厂体制所面临的挑战方面也作出了显著成就。他使用解析的方法来研究制造业，他认识到需要实施新激励措施来获得工人们的合作，并且强调工人与雇主之间的利益一致性，这些使他成为一位在管理思想的演变过程中具有非凡远见的先驱者。

安德鲁·尤尔：管理教育领域的先驱

向早期工厂体制中羽翼未丰的管理者提供教育培训是安德鲁·尤尔（1778—1857）的任务。尤尔在爱丁堡和格拉斯哥的大学学习过，并且于1801年获得医学博士学位。1804年，尤尔担任格拉斯哥的安德森学院（Anderson's Institute）的自然哲学教授席位。他在这里一直工作到1839年。约翰·安德森（John Anderson）博士，该学院的创始人，曾经在格拉斯哥大学（University of Glasgow）讲授过科学课程，并且创建了这所以他名字命名的学院，按照他的意愿，这所学院“向男性和女性传授所有类型的人类知识”。该学院是第一所侧重于教导“技工”的技术学院。[34]对受过技术训练的白领工人和管理者的需求使得尤尔的学生很快从工厂工人转变为职员、仓库管理员、工匠和店员。日益发展的工厂体制所需要的领薪管理者将从这所学院里被招募。尤尔认识了法国工程师、管理学作家查尔斯・杜宾，当杜宾在 1818 年访问英国时，尤尔陪同他参观了格拉斯哥的一些工厂。杜宾评论说，那些工厂中的许多管理者都是尤尔以前的学生。尤尔也承认了这个事实，他说自己的学生“作为工厂的所有者和管理者遍布联合王国”[35]。杜宾的作品受到了尤尔的影响，而且如同后面所暗示的，杜宾可能又影响了亨利・法约尔（Henri Fayol）。法约尔是另一位先驱，其思想对现代管理理论的形成贡献颇大（见第 10 章）。

制造的原则

尤尔对工业教育极为关注。在他 1835 年撰写的著作《制造业的哲学：阐述英国工厂体制在科学、道德和商业方面的经济性》（*The Philosophy of Manufactures: Or An Exposition of the Scientific, Moral and Commercial Economy of the Factory System of Great Britain*）中，尤尔系统地阐述了制造的原则和过程。根据尤尔的判断，制造的最本质原则是“机械科学对手工技能的替代……以及为工匠们提供劳动分工或者劳动解放”[36]。在这本著作中，虽然尤尔主要探讨丝绸、棉纺、毛纺以及麻纺行业所遇到的技术挑战，但是最后也谈到了工厂管理所面临的挑战。尤尔尝试制订一个计划，以自动防止那些难以驾驭的工人随意停止工作从而使整个工厂变得混乱不堪。在尤尔看来，工人们不得不认识到机械化所带来的利益，不再抵制机械的引进。在这个防止工人随意停工的计划中，用来制造一件成品的那些必要工作任务必须被恰当地“安排和连接”，以实现整体和谐。为了实现这个目标，尤尔认为每个工厂都应当存在“三种行为原则，或者说三种有机系统：机械系统、道德系统和商业系统”[37]。

虽然尤尔对这些原则的阐述并没有形成关于对工厂系统进行组织的明确概念，但是他的确尝试将它们融入一个“自治机构”的框架之中。机械系统指的是生产技术和生产过程，道德系统指的是人员的状况，而商业系统则是指通过销售和经营产品和服务来维持整个组织。制造业的机械系统受到了尤尔的最主要关注，道德方面显示了尤尔的亲管理方立场。在尤尔所处的时代，工厂体制受到几个方面的攻击，而尤尔则努力为工业行为和实践进行辩护。他辩称，作为一个整体，工厂工人在“个人舒适”方面获得的待遇要好于非工业组织中的工匠。工厂工人吃得更好，由于工厂主提供了机器，因此能够更加轻松地工作，还能够获得更好的报酬。在尤尔看来，工厂工人并不感激这些好处，反而参与罢工、破坏机器，导致其雇主遭受损失，这其实是在破坏他们自己的最佳利益。在反驳关于童工的调查时，尤尔宣称绝大多数调查者以及他们的支持者从未参观过他们所抨击的这些工厂；他还进行了一些人身攻击，指责一位证人毫无信仰，一位证人是小酒馆老板，以及另一位证人是强奸犯。为了进一步反驳调查者的控诉，尤尔宣称工厂的童工们居住在管理良好的宿舍里，接受实用的教育和宗教教育，获得更好的伙食，其健康状况也好于普通的儿童。他还指出，从事农业劳动的儿童，其报酬只有工厂提供的报酬的一半，而且几乎学不到知识和技能。通过引用工厂调查委员会（Factory Inquiry Commission）的报告[38]，尤尔得出结论：工厂工人的患病率低，饮食习惯以及总体健康状况要好于普通人。

为了证明工人对雇主关心工人健康并不感激，尤尔引用了这样一个例子，即某家工厂为了改善空气混浊，安装了一些大型排风扇。那些工人并不感谢雇主，反而抱怨新鲜空气增加了他们的食欲，因此他们有权享受一次相应的工资增长！工厂主与工人们达成了妥协，规定排风扇每天只使用半天时间。在这之后，再也听不到有人抱怨空气混浊或食欲增加了。他是工厂体制的捍卫者，认为该体制对整个社会利大于弊。不过，尤尔在为工厂的工作条件进行辩护时，其中有些观点是值得商榷的。[39]例如，尤尔宣称矿工在温度最高达到150华氏度（约65.6摄氏度）的条件下工作并不会受到伤害，而他们糟糕的健康状况是由于吃了太多易变质的熏猪肉。[40]

尤尔的许多结论都是基于1833年一份关于工厂童工就业情况的调查报告中的数据。[41]由工厂调查委员会发起的这次调查，是由塞缪尔·斯坦威（Samuel Stanway）进行的，他是英国曼彻斯特的一名公共会计师。根据从151家棉纺织厂收集到的情况，斯坦威报告说纺织厂工人每周平均工作时间是69小时。在48 645名“人手”中，大约一半是女性，而且大约41.29%是18岁以下的工人；在这些18岁以下的工人中，大约47.5%在14～18岁之间。[42]基于曼彻斯特工厂主托马斯·霍兹沃思（Thomas Houldsworth）提供的记录，尤尔也比较了1804年和1833年纺织工人所获得的工资。在这期间，成年男性纺织工人每周平均工作时间已经从74小时减少到68小时，而他们每周的平均工资从60先令增加到65先令3便士。尤尔进一步指出，65先令在1833年的购买力（真实工资）要高于1804年的60先令。例如，1804年的60先令可以购买117磅面粉和62.5磅肉，而1833年的65先令3便士能够购买267磅面粉和85磅肉。[43]根据这些数据，尤尔得出了自己的结论：与仍然在基本生活水平线上挣扎的农业工人相比，纺织业取得的进步是明显的。他认为，尽管棉纺织工厂普遍使用女工和童工，但是其规模与以前个体工人从事农业或采矿业、在小作坊中或者在自己家中制造产品的家庭生产体制（见第2章）是一样的。尤尔认为，不断增加的实际工资，向更短、更常规的工作时间发展的趋势，以及不断进步的机械化，都是英国纺织业呈现出来的特点。虽然尤尔主要聚焦于纺织业，这妨碍了他更广泛地阐述19世纪中期的英国管理，但是他列举的证据确实体现了机械化程度的提高以及人们对男工、女工和童工的长工作时间和糟糕工作条件的更深刻认识。

查尔斯·杜宾：法国的工业教育

工业教育领域的第二位先驱是法国数学家、经济学家、政治家和工程师查尔斯·杜宾（1784—1873）。他因为对数学和机械的兴趣而获得更广泛关注。如前所述，杜宾在1816—1819年多次访问英国，并且观察了安德鲁·尤尔在教育工人阶级男性和女性方面取得的成绩。[44]1819年，杜宾被巴黎的艺术与职业学院（Conservatory of Arts and Professions）聘为数学与经济学教授。[45]他一定立刻就开始了授课工作，因为他在1831年写道："这12年，我有幸一直讲授应用于技术领域的几何学和力学，为了工人阶级的利益，我每年都致力于思考那些能够对福祉、教育、工人士气产生影响的最重要的问题，致力于国家工业的进步以及能为我国带来光荣和幸福的各种富国强民的方法。"[46]杜宾在艺术与职业学院的一位同事是政治经济学教授让-巴蒂斯特·萨伊。如第3章所述，萨伊将管理确定为生产的第四个要素。由于萨伊和杜宾在晚上讲的课从"晚上8：30开始，面向当天已经下班的工匠和技工"，因此我们有理由推测，萨伊和尤尔都影响了杜宾对管理的看法。[47]杜宾对管理实践的贡献在于：他对法国工业教育进程的影响，以及对后来亨利·法约尔的成果可能产生的影响（虽然并没有直接的历史证据予以证明）。我们将会在第10章讨论，法约尔被广泛视为将技术技能与管理技能区分开来并且提倡传授管理知识之必要性的第一人。然而，请研究一下杜宾在法约尔的主要著作出版之前大约80年写下的这段话：

> 由车间和工厂的主管利用几何和应用机械学来具体研究所有能够节省工人努力的方法是合适的……对于一个要领导别人的人来说，体力劳动的重要性是第二位的，使他占据高级职位的必定是他在智力方面的能力（智能），而且他必定是在诸如艺术与职业学院之类的教育机构的指导下发展他的智力。[48]

这里所说的"具体研究所有能够节省工人努力的方法"，侧重于技术指导，而不是萨伊、杜宾和尤尔当时正在教导的体力劳动和特征指导。法约尔正是在法国接受教育而成为一名工程师的，有可能在学生期间阅读过杜宾的著作并且受到影响，从而形成了他认为传授管理知识非常重要的观点。

霍格兰（Hoagland）提到，到1826年，杜宾在管理方面的观点已经被介绍给法国98个城市的5 000名（或者更多）工人和管理者。[49]由于他的作品被出版并且被翻译成8种语言，因此受他影响的人数毫无疑问要多得多。[50]杜宾还证明了自己已经初步掌握时间研究这个概念以及在劳动分工后平衡工作量的需要："当实行劳动分工时，必须最密切地注意估计每项操作的时限，以使工作与被指派从事该项工作的工人数量成比例。"[51]他论述了向工人发出明确、简要的指示的必要性，以工人们最少的精力消耗实现所期望的工作水平的必要性，以及为发现和公布工业实践的最佳成果而研究各种工业的必要性。

杜宾的作品与其说是对管理的研究，还不如说是对消除工业冲突的劝告和建议。杜宾还认识到工人们对法国工业机械化的不安，讨论了詹姆斯·瓦特的成果，并且鼓励工人和管理者认识到机械化对工人、管理者以及整个社会的利益。关于被技术取代的危险，他认为在瓦特的蒸汽机于1776年被投入使用之前，英国工业雇用的工人少于100万人，而到1830年，英国工业雇用的工人超过300万人，并且采用了相当于700万名工人的机械。在杜宾看来，有足够的证据表明机械化创造了工作岗位而不是减少了工作岗位。很明显，法国也有自己的卢德分子，杜宾指出，对机械化的这种抵制是徒劳无功的。作为一种解决办法，他提倡广泛的工业培训，以使工匠和没有技能的工人能够分享工业化的繁荣："那些对机器进行完善的人往往认为机器要优于工人，而那些对工人进行教育以使他们变得完善的人则向他们提供奋斗的机会，并且使机器服务于工人的福祉，而不是使他们在与机器的竞争中遭受损失。我们应该关心那些在工业和工作中遇到困难的人。”[52] 这种远见不仅适用于 19 世纪初期的法国，而且适用于 20 世纪和 21 世纪的工业生活。

先驱者：最后的说明

我们在本章所介绍的四位先驱为管理学科播下了种子。但是，他们的成果充其量是初步的、零星的研究。是什么使管理思想体系没有在这个早期阶段形成，而是出现在大约 3/4 个世纪之后呢？为什么是弗雷德里克·泰勒而不是查尔斯·巴比奇被誉为“科学管理之父”呢？总的来说，原因是多方面的。第一，早期著作强调技术而不是管理本身。在一个知识快速扩展的时代，很难从公司经营的技术和商业方面分离出管理职能。这个时代的管理者关注的不是建立管理原则和使管理一般化，而是金融、生产过程、销售和获得劳动力，这些才是当时至关重要的事项。用一个比喻来形容，那就是正在学走路的幼儿，他们学走路的愿望非常强烈，并且耗费了他们非常多的精力和注意力，因此语言能力的发展被延迟了。当走路的能力得到完善之后，语言能力就会得到发展。早期的企业主正在新兴的工厂体制中学习走路，技术问题和劳动力问题花费了他们如此多的时间，以致他们几乎没有时间来明确地阐述管理的一般原则。第二，在这个时期，技术天才、发明家和作为所有者的企业家占据主导地位。成功或失败更可能归因于他们的个人智力或技能，而不是任何关于成功的管理者需要具备哪些才能的一般化理念。每个行业及其面临的挑战都被认为是独特的，因而一位企业主得出的经验教训被认为并不适用于不同的情况。第三，必须考虑到知识传播方式的局限性。当时很少有人识字，书籍是非常昂贵的，而且学校要么强调培养学者，要么强调培养技术工人。学者阅读其他学者撰写的书籍，而巴比奇、杜宾和尤尔的著作不太可能被当时实践中的管理者们广泛阅读。毫无疑问，萨伊、尤尔和杜宾讲授的课程只影响了相对少量的工厂中的管理者。

小结

在英国和法国（其程度要逊色一些）都能发现现代管理思想的渊源。罗伯特·欧文求助于心灵，同时也凭借自己的财力，试图在人和机器之间建立一种新和谐。查尔斯·巴比奇求助于智慧，成为科学管理的始祖，并且在弗雷德里克·泰勒之前就将科学应用于管理之中。安德鲁·尤尔传授自己的经验和观察，并且为预示着工业革命的新工厂培养工人阶级管理者。杜宾向尤尔学习，并且与萨伊一起在法国启动管理教育课程。在阐述了管理思想在英国的兴起之后，接下来将研究“系统的”管理在美国的发展。

注 释

[1] Robert Owen, *The Life of Robert Owen, Written by Himself*, vol. 1 (London: Effingham Wilson, 1857), p. 23.

[2] *Ibid.*, p. 29.

[3] *Ibid.*, p. 58.

[4] *Idem*, *Report to the County of Lanark of a Plan for Relieving Public Distress and Removing Discontent by Giving Permanent*, *Productive Employment to the Poor and Working Classes* (Glasgow: Wardlaw & Cunninghame, 1821), p. 1.

[5] *Ibid.*, p. 10.

[6] For a commentary on early British manufactures influenced by Owen's reform efforts, see Lee D. Parker, "Corporate Social Accountability through Action: Contemporary Insights from British Industrial Pioneers," *Accounting*, *Organizations and Society* 39 (8) (November 2014), pp. 632 - 659.

[7] *Idem*, *Life of Robert Owen*, pp. 136 - 137. The electric telegraph had not been invented; Owen used "telegraph" to mean viewing a record of performance from a distance.

[8] *Idem*, *A New View of Society*, *or*, *Essays on the Formation of the Human Character*: *Preparatory to the Development of a Plan for Gradually Ameliorating the Condition of Mankind*, 2nd ed. (London: Longman, Hurst, Rees, Orme, and Brown, 1816), pp. 72 - 73.

[9] *Ibid.*, p. 74.

[10] *Ibid.*, p. 77.

[11] John Butt, "Robert Owen as a Businessman," in *Robert Owen*, *Prince of Cotton Spinners*, ed. *idem*, (Bristol: David & Charles, 1971), pp. 199 - 201, 211 - 213.

[12] Frank Podmore, *Robert Owen*, *a Biography* (New York: Appleton, 1924), p. 642.

[13] George D. H. Cole, *Robert Owen* (Boston: Little, Brown, and Company, 1925), p. 149.

[14] John H. Hoagland, "Management before Frederick Taylor," in Billy Goetz, ed., *Proceedings of the Annual Meeting of the Academy of Management* (1955), pp. 15 - 24. See also *idem*, *Charles Babbage—His Life and Works in the Historical Evolution of Management Concepts* (Unpublished dissertation, Ohio State University, Columbus, OH., 1954); *idem*, "Historical Antecedents of Organization Research," in William W. Cooper, Harold J. Levitt, Maynard W. Shelly Ⅱ, eds., *New Perspectives in Organization Research* (New York: John Wiley & Sons, 1964), pp. 27 - 38.

[15] Maboth Moseley, *Irascible Genius*: *A Life of Charles Babbage*, *Inventor* (London: Hutchinson & Co., 1964).

[16] Charles Babbage, *Passages from the Life of a Philosopher* (London: Longman, Green, Longman, Roberts, & Green, 1864), p. 7.

[17] *Ibid.*, p. 314.

[18] Bertram V. Bowden, "A Brief History of Computation," in *idem*, ed., *Faster than Thought*: *A Symposium on Digital Computing Machines* (London: Sir Isaac Pitman & Sons, 1953), p. 18.

[19] Molly Gleiser, "The Looms of Lyons," *Datamation* 25 (9) (September 1979), p. 220.

[20] George E. Biles, Alfred A. Bolton, and Bernadette M. DiRe, "Herman Hollerith: Inventor, Manager, Entrepreneur A Centennial Remembrance," *Journal of Management* 15 (4) (December 1989), pp. 603 - 615.

[21] In computer terminology, conditional transfer refers to the "if" statement: that is, instructing the computer "if such and such occurs, follow this path; if not, proceed in the normal sequence of control."

[22] Daniel A. Wren, "A Calculating Genius," *Knowledge Management* 2 (5) (May 1999), p. 104.

[23] Details of Babbage's printing apparatus are provided in Harry W. Buxton, *Memoir of the Life and Labours of the Late Charles Babbage*, *Esq. F. R. S.*, ed. Anthony Hyman (Cambridge, MA: MIT Press, 1988), p. 182. Written between 1872 and 1880.

[24] Leopold Froehlich, "Babbage Observed," *Datamation* 31 (5) (March 1985), p. 122.

[25] Babbage, *Passages from the Life of a Philosopher*, p. 449. In 1991, a team at London's Science Museum succeeded in constructing a full-scale model of the Analytical Machine using Babbage's original drawings. It weighs 3 tons, is 11 feet long, 7 feet high, and 18 inches deep, with 4,000 parts and is capable of calculating numbers up to 31 digits. Doing so, however, requires turning a crank nearly 27,000 times. "Calculator Designed in 1894 Works," *Morning Advocate* (Baton Rouge, LA) December 13, 1991, p. 4A.

[26] A. A. L. [Augusta Ada Lovelace], "Translator's Notes to M. Menabrea's Memoir," *Scientific Memoirs, Selected from the Transactions of Foreign Academies of Science and Learned Societies and from Foreign Journals* 3 (12) (1843), p. 722.

[27] Margot Strickland, *The Byron Women* (New York: St. Martin's Press, 1974), pp. 209 - 210.

[28] Charles Babbage, *On the Economy of Machinery and Manufactures* (London: Charles Knight, 1832), pp. 94 - 96. It should be noted that although Babbage's discussion of expenses is somewhat similar to an early form of cost accounting, it differed from modern cost accounting, in that, it described costs rather than analyzing what costs ought to be, as under a standard cost system.

[29] *Ibid.*, pp. 93 - 97.

[30] *Ibid.*, p. 99.

[31] *Ibid.*, p. 192.

[32] *Idem*, *On the Economy of Machinery and Manufactures*, 3rd ed. (London: C. Knight, Pall Mall East, 1833), pp. 250 - 251.

[33] *Ibid.*, p. 254.

[34] For more about Anderson and Anderson's Institute, see James Muir, *John Anderson: Pioneer of Technical Education and the College He Founded* (Glasgow: J. Smith, 1950).

[35] Andrew Ure, *The Philosophy of Manufactures: Or an Exposition of the Scientific, Moral and Commercial Economy of the Factory System of Great Britain* (London: Charles Knight, 1835), p. viii.

[36] *Ibid.*, p. 20.

[37] *Ibid.*, p. 55.

[38] Factories Inquiry Commission, "First Report of the Central Board of His Majesty's Commissioners Appointed to Collect Information in the Manufacturing Districts, as to the Employment of Children in Factories, and as to the Propriety and Means of Curtailing the Hours of Their Labour," *Parliamentary Papers* 20 (450) (1833); *idem*, "Second Report of the Central Board of His Majesty's Commissioners Appointed to Collect Information in the Manufacturing Districts, as to the Employment of Children in Factories, and as to the Propriety and Means of Curtailing the Hours of Their Labour," *Parliamentary Papers* 21 (519) (1833); *idem*, "Supplementary Report of the Central Board of His Majesty's Commissioners Appointed to Collect Information in the Manufacturing Districts, as to the Employment of Children in Factories, and as to the Propriety and Means of Curtailing the Hours of Their Labour," 2 vols. (London: House of Commons, 1834).

[39] Wilfred V. Farrar, "Andrew Ure, F. R. S., and the Philosophy of Manufactures," *Notes and Records of the Royal Society of London*, 27 (2) (February 1973), pp. 318, 395.

[40] Ure, *The Philosophy of Manufactures*, pp. 385 and 395.

[41] Factories Inquiry Commission, *Supplementary Report of the Central Board of H. Maj. Commis-*

sioners Appointed to Collect Information in the Manufacturing Districts, as to the Employment of Children in Factories, and as to the Propriety and Means of Curtailing the Hours of Their Labour, pt. 1 (London: House of Commons, 1834), pp. 134 - 140.

[42] Andrew Ure, *The Cotton Manufactures of Great Britain Systematically Investigated*, vol. 1 (London: Charles Knight, 1836), pp. 334 - 342.

[43] *Ibid.*, vol. 2, p. 447. See also *Report from the Select Committee on Manufactures, Commerce, and Shipping; With the Minutes of Evidence, and Appendix and Index* (London: House of Commons, 1833), p. 319.

[44] Charles Dupin, *Voyages dans la Grande-Bretagne, entrepris relativement aux services publics de la guerre, de la marine, et des ponts et chaussés, en 1816, 1817, 1818 et 1819* [*Travel in Great Britain Undertaken in connection with the public services of war, navy, and bridges and highways, in 1816, 1817, 1818 and 1819*], vol. 3: *Commerciable de LaGrande-Bretagne* [*Commerce of Great Britain*] (Paris: Bachelier, 1824).

[45] Paul Tannery, "Dupin" in Brethelot Drefus, ed., *La Grande Encyclopedie: Inventaire Raisonné des Sciences, des Lettres et des Arts* [*The Great Encyclopedia: Inventory of Science, Letters and the Arts*], vol. 15, (Paris: Lamirault, 1886), p. 81. See also Académié des Sciences, *M. Le Baron Dupin: Discours Prononcés a ses Funéraillis le 21 Janvier 1873 et Éloge Historique lu a l'Académie des Sciences le 2 Avril 1883* [*Baron Dupin: Speeches at His Funeral on January 21, 1873 and Eulogies Read at the Academy of Sciences on April 2, 1883*] (Nevers, France: G. Valliére, 1902).

[46] CharlesDupin, *Discours sur le Sort des Ouvriers, Considéré dans ses Rapports avec l'Industrie, la Liberté et l'Ordre Public: Prononcé dans la Séance de Clôture de son Cours, le* 19 *Juin, au Conservatoire des Arts et Métiers* [*Lecture on the Fate of the Workers, Considered in its Relations with Industry, Freedom and Public Order: Pronounced in the Closing Session of its Course, June* 19, *at the Conservatory of Arts and Crafts*], (Paris: Bachelier Librairie, 1831), p. 1.

[47] "Conservatoire des Arts et Métiers [de Paris]," *Revue Encyclopédique, ou Analyse Raisonnée* 24 (10) (October 1824) p. 846.

[48] *Dupin, Discours*, pp. 12 - 13.

[49] John H. Hoagland, "Management before Frederick Taylor," p. 21.

[50] Roberto Romani, *National Character and Public Spirit in Britain and France, 1750 - 1914* (Cambridge, England: Cambridge University Press, 2002), p. 101.

[51] Charles Dupin, *Géométrie et Méchanique des Arts et Métiers et des Beaux-Arts* [*Geometry and Mechanics of Arts and Crafts and Fine Arts*], vol. 3 (Paris: Bachelier, 1826), p. 128.

[52] Dupin, *Discours*, p. 9.

第5章 美国的工业革命

美国的19世纪是蓬勃发展和快速扩张的时代。早在19世纪开始的24年前，美国还是强大的大英帝国的殖民地，19世纪中叶，美国又经历了5年残酷的内战。但是到1900年，美国已经成为这个世界上最重要的政治和工业力量。实际上，到20世纪初期，美国制造业的产出已经超过英国、德国和法国之和。[1]本章将关注美国的工业革命和工业发展，以及这个时代一些管理先驱的成果。

内战之前的工业和管理

1607—1776年，美国的疆域是英国殖民地的组成部分。对来到这13个殖民地（它们最终成为美利坚合众国最初的13个州）的定居者来说，诱惑是多方面的：社会改良、经济机会、宗教自由以及政治分立。但是，任何一个因素都无法解释整体情况，因为这个即将诞生的国家是一个由持各种不同观点和见解的人组成的混合体。早期的移民中既有贵族，也有罪犯和流浪汉，以及新兴的企业家。英国对于在这里的殖民地发展制造业并不赞成，因为它不希望对其他殖民地工厂生产的产品形成竞争。1699年的《羊毛法案》(Wool Act) 禁止殖民地人民出口羊毛，而1732年的《帽子法案》(Hat Act) 禁止在殖民地生产的帽子出口。这是限制殖民地商品的生产、销售和出口的众多立法中的两个突出例子。然而，1776年的两份文献为用来保护英国贸易商利益的重商主义敲响了丧钟：美国的《独立宣言》以及亚当·斯密的《国富论》。前者是一份国家独立宣言，而后者则是一份经济自由宣言。

1776—1787年，亚当·斯密的主张被美国的商业领袖和政治领袖广泛阅读和讨论。政治领袖，例如对亚当·斯密的《国富论》初稿提出意见的本杰明·富兰克林 (Benjamin Franklin)[2]，坚决反对政府在经济事务中发挥强有力作用。亚当·斯密的自由放任哲学符合美国开国元勋们所坚持的观点，其中包括詹姆斯·麦迪逊（Jarnes Madison)、亚历山大·汉密尔顿（Alexander Hamilton)、托马斯·杰斐逊（Tomas Jefferson）以及刚才说过的本杰明·富兰克林。美国宪法于1787年正式生效，第一条第八款授予美国国会定税、征税、借款、造币、规定度量衡、惩罚伪造货币者、颁发专利和“对州际及跨国商业进行管制”的权力。除了这些权力，联邦政府对经济事务采取了一种相对自由放任的方式，其主要职能是维持各州之间的统一和秩序。在19世纪，美国的政治环境和社会环境也有利于资本主义发展和经济扩张。美国是一个自然资源丰富、劳动力供应不断增长的国家。殖民地的许多商人从贸易中发家致富。这些财富，再加上早期清教徒崇尚节俭的作风，使得制造业能够获得越来越多的资本。这些富商中的三位，即罗得岛州普罗维登斯的威廉·阿尔米（William Almy)、史密斯·布朗（Smith Brown）以及摩西·布朗（Moses Brown)，提供了开创美国工业革命所需的资本。

早期的工业发展

英国的纺织制造商尤其担忧来自殖民地的竞争。为了保护自己国内的纺织工厂，英国禁止纺织设备出口以及训练有素的、知道如何建造和修理纺织设备的机械师移民到外国。[3]塞缪尔·斯拉特（Samuel Slater，1768—1835）是一位曾与理查德·阿克赖特（英国纺织业的先驱）一同工作的经验丰富的制造师和机械师，他在移民出境文件中声称自己是农民，才获得了前往美国的通行证。在这个时期，布匹是在家庭中制造的，供家庭使用，由家庭包工制下的各种商人来销售，只有很小的比例是由小型纺织厂用手工织布机来生产的。1789年，威廉·阿尔米（1761—1836）与摩西·布朗（1738—1836）创建了美国第一家由水力驱动的纺织厂。摩西·布朗预见到更加先进的阿克赖特水力纺织机所蕴藏的无数商机。了解到布朗很有兴趣使用水力来取代人力驱动纺机，塞缪尔·斯拉特来到他麾下效力，复制阿克赖特的水力纺纱机，其结果是1790年在罗得岛的波塔基特诞生了美国第一家技术先进的水力纺织厂。1798年斯拉特自立门户，开创了众所周知的“罗得岛体制”(Rhode Island System)。严格效仿英国的管理实践，罗得岛体制依靠独家或合伙经营的所有制形式，只在工厂里制造优质纱线，而将纺织工作分发到各个家庭，由所有家庭成员（包括儿童）在自己家中完成。斯拉特对工厂操作进行监管，他的几个儿子、一个兄弟以及其他亲属则为他提供帮助。

到1808年，美国出现了15家纺织厂，其中一半以上都与斯拉特及其搭档有关。与英国的另一次冲突——1812年战争——导致了美国纺织制造业的进一步蓬勃发展。弗朗西斯·卡伯特·洛厄尔（Francis Cabot Lowell）是新英格兰的一位杰出商人，他访问英国并注意到由水轮机驱动的新动力织布机。返回美国后，洛厄尔在马萨诸塞州的沃尔瑟姆成立了波士顿制造公司（Boston Manufacturing Company)，以应用这种新技术。沃尔瑟姆体制并没有效仿斯拉特的罗得岛体制，而是利用股份制公司及公司所有权形式；它不是将工作分发给各个家庭，而是将纺纱和织布一体化，以大规模制造产品；它雇用家庭成员之外的人手作为工厂的监工和管理者，而且它主要依赖成年女性劳动力。

到 1816 年，沃尔瑟姆体制成为纺织制造业的主导方法。斯拉特及其搭档却对变化反应迟缓，几乎 10 年后才开始放弃罗得岛体制。[4] 1827 年，斯拉特在自己位于罗得岛普罗维登斯的蒸汽式棉花制造公司（Steam Cotton Manufacturing Company）使用了蒸汽机驱动的纺织机，成为当时使用该项技术的少数几位工厂主之一。当其他工厂主依赖河流的水位时，斯拉特却能够通过蒸汽动力使生产和就业正规化。斯拉特也开始整合纺纱、织布和成布等制造工序，停止由各个家庭来完成工作。随着斯拉特的工厂变得更加成功，到 1835 年已经建立了大约 15 家单独的分厂，他开始雇用专业的管理者。他率先使用一种工厂分类账目来记录数据，以判断生产一码布需要花费的成本。斯拉特还开始对自己的业务进行纵向整合：一方面向下游扩展，前往纽约建立一个销售部门；另一方面向上游扩展，雇人前往原材料产地寻找和购买所需的原材料。斯拉特提供了一个很好的例子，生动了说明了一位早期的美国企业家如何战略性地应对技术压力以及来自国内外的竞争压力。

美国第一批纺织厂也提供了一些关于组织结构和管理的早期理念。如第 3 章所述，随着组织规模的发展以及分支机构数量的增加，作为所有者的企业家直接监管其所有雇员的能力被削弱，因此中间监管层成为必然选择。有证据表明，人事岗位正在不断出现，一位工厂管理者往往会“配备一名主管，即一名技术专员，以及一些承担技术责任、负责监督各个生产工序的监工，例如负责维修的监工……或负责包装的监工”[5]。举例来说，工厂会雇用机械工、木工以及其他各种有技能的员工，但是仍然会雇用其他人来担任主管和技术监工。这体现了杜宾对技术技能和管理技能所做的区分（见第 4 章），主管并不需要既具有技术能力又具有管理能力，他们可以依靠这些领域中的专业技术人员。

在劳动政策方面，斯拉特的罗得岛体制与洛厄尔的沃尔瑟姆体制也是不相同的。为了吸引足够多的工人为工厂效力，斯拉特的罗得岛体制效仿了英国的实践，即尽可能雇用一个家庭的所有成员作为工人，从而产生了更多的童工。与此相反，沃尔瑟姆体制则通过提供更宽敞的房间，设法吸引女性劳动力来工厂工作。这些“工厂女郎”主要是年龄在 15～30 岁之间的年轻女性。她们由招工代理机构从附近的农场带到工厂来，招工代理机构则主要在农村四处寻找目标，宣传工厂工作在道德和教育方面的优势。[6] 进入工厂的女工晚上 10 点钟必须回到宿舍，而且她们的品行受到一位女管家的仔细监督。

即使猛烈批评过英国工厂体制的英国作家查尔斯·狄更斯也称赞沃尔瑟姆体制。他指出，沃尔瑟姆工厂的女工是健康的和品行端正的。他认为英国的工厂主能够从沃尔瑟姆的工厂学到很多东西。[7] 然而，沃尔瑟姆体制在维持一支稳定的劳动力队伍方面似乎并不那么成功，据韦尔（Ware）估计，在新英格兰的那些棉纺织厂里，女工的平均工作时间只有 1 年。[8] 蒸汽机驱动的织布机的引进对童工在罗得岛的就业具有戏剧化的影响：“19 世纪 20 年代初期，随着分拣和纺织工作的机械化，罗得岛体制已经变得成熟，其结果就是越来越依赖成年工人。”[9] 因此，那些在英国纺织工厂普遍的弊端，在美国纺织工厂则越来越少见。雇主向雇员们支付高工资，以吸引和留住劳动力，童工现象也不像英国那么普遍，而且对童工的虐待没有英国那么频繁和严重。[10]

总体来说，与英国工人相比，美国工人对机械的引进并不十分抵制。美国工人对工会也持不同的立场。作为管理英国行会的法律的遗产，工人联合（combinations of workers）被认为是限制贸易的共谋，因而是非法的。在美国，地方性行会虽然取得了一些发展，但当它们试图举行罢工时，往往会遭遇法院颁布的禁令。在1842年的一件具有里程碑意义的案件（“英联邦诉亨特案”（Commonwealth v. Hunt））中，马萨诸塞州最高法院认为，工人联合本身并不违法，但如果这种联合是为了实现某个非法的目标，或者使用非法的方式来实现自己的目标，那么它就可以被禁止。[11]该法院的判决明确规定，工人有权举行罢工或者使用和平的威胁来提高工资。此外，该法院裁定，工会可以要求“企业不得雇用非工会会员”，即所有工人都被要求成为工会成员。虽然该判决只适用于马萨诸塞州，但是它阻碍了其他州试图以共谋罪起诉工会的尝试。简而言之，在鼓励工作、节俭、创新和竞争的美国，其经济的、社会的、政治的和技术的因素共同促进了其早期工业发展。美国的工业革命开始于纺织业，很快就扩展到其他所有行业。

美国制造系统

1851年，世界博览会在伦敦的水晶宫隆重举行。使参观者们倍感惊奇的是美国展品，尤其是艾尔弗雷德·霍布斯（Alfred Hobbs）的不可拆卸的锁、艾萨克·辛格（Isaac Singer）的缝纫机、塞缪尔·柯尔特（Samuel Colt）的连发手枪以及赛勒斯·麦考密克（Cyrus McCormick）的机械收割机。这些产品不仅品质优于其他国家，而且它们是以一种独特的方式被制造出来的——其零部件都有精确标准，从而使同类产品的零部件可以互换，这样一来就可以随意挑选零部件组装成一件完整的产品。这种新兴的生产技术被称为美国制造系统，并闻名天下。

然而，认为使用可互换的零部件来组装产品仅仅是美国工业的独享成果并不准确。早在1436年，（意大利）威尼斯的兵工厂就已经使用标准零部件来制造武器。例如，制造出来的弓和箭都是匹配的，战船的尾杆适用于所有的尾舵，战船甲板上的装备与索具也都是匹配的。[12]瑞士、法国和其他国家的武器制造商也应用该原则。不过，在霍布斯、柯尔特、辛格、麦考密克以及其他美国制造商这样做之前，没有一个国家将可互换零部件这一原则从武器生产领域扩展到工业。是什么原因使美国能够实现这种领先呢?

与其他国家一样，使用可互换零部件的原则在美国也是首先在武器制造领域被采用的。早期的私人承包商，例如伊莱·惠特尼（Eli Whitney）和西米恩·诺思（Simeon North），使用可互换的零部件生产小批量的武器，但效果不太理想。[13]位于马萨诸塞州的春田兵工厂（Springfield Armory）建于1795年，是一个将武器制造商聚集到一起制造武器装备的制造中心，但是直到1815年罗斯韦尔·李（Roswell Lee）上校担任主管之后，该兵工厂才真正开始改进管理技术。在李上校的领导下，兵工厂实施了一次集中工厂管理权的重组，并且确立了清晰的责任领域。在工资支付方面，建立了一种早期的计件统计制度，该制度后来还被用于控制工人花费的时间和消耗的材料。劳动分工的程度也提高了：1815年，有36种不同的岗位；1820年，已经有86种岗位；到1825年，增加到了100种。[14]可以说，武器是由专家而不是由普通的金属工和木工制造的。金属加工机械和工具获得了新的发展，用于加工枪管、打磨零配件等。经过改进的、用于测量零部件精确度的计量器也投入使用。因此，制造出来的零部件公差更小，从而提高了它们的可互换性。李上校还加强纪律，其中一项是禁止“打闹或者打球，或者其他各种可能妨碍工作进程的举动”。后来，他进一步宣布：“从 1816 年 4 月 15 日起，在本工厂的公共工作区域，禁止携带或饮用朗姆酒、杜松子酒、白兰地、威士忌以及其他任何酒精类饮品。”[15] 春田兵工厂是一家政府所有的工厂，但是它能够为我们提供关于现代私营工厂早期发展的深刻见解。武器制造系统所采用的劳动分工、权力结构、成本控制、工厂级别的会计系统、用来实施监督和保证质量的技巧，以及先进的金属加工方法，都是美国制造系统取得成功的关键所在。

无论是对政府部门还是私营部门来说，李上校在春田兵工厂所实施的改进都是独一无二的。1832 年，美国财政部部长路易斯·麦克莱恩（Louis McLane）发起了一次调查，这是针对美国当时的制造业进行的一次局部调查。在被调查的 10 个州，共有 106 家制造商的总资产规模在 10 万美元或以上，其中，88 家是纺织厂，12 家是制铁厂，其余 6 家制造商则分布于铁钉和铁环、斧头、玻璃、造纸、面粉以及液压设备（消防水泵和消防车）行业。只有 36 家公司雇用 250 名以上的工人，其中，31 家属于纺织行业，3 家属于制铁行业，一家生产铁钉和铁环，另外一家生产斧头。[16] 1832 年，春田兵工厂雇用了 246 名工人，毫无疑问，它处于当时规模最大的工厂的行列。除了一些纺织厂和几家制铁厂，绝大多数非政府的企业的规模都很小，平均雇用 10～12 名工人。调查报告还指出，绝大多数工厂都是以独资或合伙人形式由家庭所有和管理的，很少出现有限责任公司，而且蒸汽动力很少被使用，绝大多数制造商主要依赖水力。结合安德鲁·尤尔同时期对棉纺织厂进行的调查可以发现，英国和美国在工厂规模与工厂如何被管理这两个方面具有显著相似性，但是英国在蒸汽动力使用方面处于领先地位。

简而言之，1835 年之前美国私人制造业的特点是小型工厂、家庭经营和水力驱动。然而，19 世纪四五十年代，美国的企业家们大量生产了将改变整个行业的产品和设备。春田兵工厂和其他工厂率先采用的管理技巧为后来制造斧头、手套、缝纫机、锁具、挂钟、手表、蒸汽机、收割机及其他产品奠定了基础。1851 年在水晶宫参观世界博览会的人所称赞的产品是一系列发展的成果——始于春田兵工厂，逐渐扩展到私营企业。大规模生产仍然尚未完善，但是已经初见端倪。

铁路公司：美国管理的先驱

虽然纺织企业在 19 世纪初期代表了当时美国最大规模的私营企业，但是一场交通和通信革命已蓄势待发。1830 年前后，铁路、凸缘车轮以及“气喘吁吁”的蒸汽火车头开始出现。当时，运河和水路，无论是天然的还是人工开挖的，承载了最主要的商业货运。刚开始，铁路遭到了运河从业者们的反对，因为他们担心铁路带来的竞争。到 1850 年，铁路已经为美国人的生活开辟了一个新的疆域。铁路始于新泽西州霍博肯的约翰·史蒂文斯三世（John Stevens Ⅲ）上校，他在1815年从新泽西州立法机构获得了美国第一张铁路执照。[17]他被认为行为古怪，直到1830年修建23英里长的卡姆登-安博伊铁路时，他才获得了财政支持。因为建造美国第一台蒸汽动力火车头，史蒂文斯被尊称为“美国工程之父”。在卡姆登-安博伊铁路之后，其他一些铁路，例如切萨皮克-俄亥俄铁路和巴尔的摩-俄亥俄铁路，也被成功修建和不断延伸。到1850年，已经铺设了9 000英里的铁路线通往俄亥俄州。铁路将带来交通运输业的一次革命，正如我们将要看到的，它强调以一种系统的方式管理。不过，我们先来考察一下在通信领域发生的一次革命，即电报的出现。

通信革命

汤姆·斯坦达奇（Tom Standage）提醒我们，人类是以自我为中心的，也就是说，我们：

> ……是自尊自大的，总是认为自己这一代处于历史的浪尖上。今天，我们被反复告知我们正处于一次通信革命的浪潮中，但是相对于今天的科技进步对我们的影响来说，电报在许多方面使当时（19世纪）的居民感到惊奇的程度要强烈得多……毕竟，比空气重的飞行器被维多利亚时期的人们认为是完全不可能的。但是，对于“互联网”——他们（维多利亚时期的人们）倒是拥有自己的一套。[18]

斯坦达奇提到的“维多利亚时期的互联网”就是电报，它是塞缪尔·莫尔斯（Samuel F. B. Morse）的发明。莫尔斯的发明建立在一系列关于电学和磁力学的科学发现之上。莫尔斯在1832年就发现了通过金属线来进行“远距离信号传输”的可能性，但直到1837年才获得专利权。威廉·库克（William Cooke）和查尔斯·惠特斯通（Charles Wheatstone）也于同年在英国获得了一项专利，并沿着英国的大西铁路（Great West Railroad）用柱子架设了13英里的金属线。但是，通过制定一套由点和线构成的代码（这套代码成为传送电报信息的标准格式），莫尔斯赢得了竞争优势。

电报揭开了建设全国通信系统的序幕。1844年，纽约与华盛顿特区之间架设了一条实验性的电报线路；到1860年，美国东半部已经纵横交错地架设了5万英里的电报线路。电报线路通常沿着铁路线的右侧架设，它既促进了运输系统，又能够处理商业和个人信息。电报对商业通信的影响是极其显著的——以前收发信息可能需要几天、几星期，甚至几个月，而电报缩短了这个世界的距离。新闻信息可以通过电报传送，从而通过日报能够使读者及时了解全世界所发生的事件；股票价格能够通过收报机纸带从股票交易所传递给投资者；金钱也能够通过电报来邮寄；大西洋海底的一条海底电缆连接了美国与英国以及欧洲大陆。首次使用电子商务的荣誉属于理查德·西尔斯（Richard Sears），他在1886年从事电报员和火车站售票员的工作，他利用自己的岗位优势，通过密西西比-圣路易斯铁路沿线的车站销售了一批镀金手表。很快，西尔斯与阿尔瓦·罗巴克（Alvah C. Roebuck）形成合伙关系，共同创建了西尔斯-罗巴克公司（Sears，Roebuck & Co.）。

交通和通信领域的技术革命，即铁路和电报，将消除地方贸易限制，为移民们开辟新土地、扩展市场和重塑商品流通战略，并且为旅行和商业提供一种廉价、迅捷、全天候的方式。

铁路时代

实际上，铁路是美国的第一大行业。纺织业虽然在东北部发展迅速并且占据了主导地位，但从未出现过能与铁路公司的规模和范围相媲美的企业。纺织企业的规模仍然相对较小，春田兵工厂几乎没有雇用过 250 人以上，而且工业资本投资的规模也相对较小。然而，铁路的规模和复杂程度意味着必须有与此相匹配的巨额资金，建立一体化的铁轨与车站管理系统，分担高额的固定成本，以及管理分散在广泛地理区域的劳动力。这些因素要求管理者制定各种创新的方法和手段来管理美国的第一个全国性行业。与纺织厂及其他行业的工厂不同，铁路公司的业务是高度分散的，无法通过派遣人员视察和监督数百个车站与几千英里铁路的方法来进行控制，这使得沟通成为一个显著问题。铁轨和车辆的投资是极其巨大的，因此必须制订考虑周详的长期计划以防止巨额的固定资本投入错误的市场区域。对于铁路公司的成功运作来说，乘客的安全以及保护货物免遭损失或丢失至关重要。在行程安排方面的服务要求良好的规划和协调，而且必须制定长期稳定的规章制度和政策来指导分权式的运营。[19]

约翰·史蒂文斯那段 23 英里长的卡姆登-安博伊铁路对管理方法要求很低，但是其他铁路线的范围和距离在不断扩大。1841 年，在发生一系列事故（其中包括两列客运火车迎面相撞）之后，马萨诸塞州的西部铁路公司（Western Railroad）确定了具体的责任领域和清晰的权力结构，以防止类似事件再次发生。另一条主要的铁路线，即巴尔的摩—俄亥俄铁路线，在 1847 年被本杰明·拉特罗布二世（Benjamin Latrobe Ⅱ）实施重组，使铁路运营和财务分离开来，并且根据职能建立各种部门，例如机器车间、铁路维修部门等。虽然西部铁路公司和巴尔的摩—俄亥俄铁路线采用了新的组织结构来对成长作出应对，但是纽约-伊利铁路才是美国的系统管理的先驱。

丹尼尔·麦卡勒姆：制度和组织

丹尼尔·麦卡勒姆（Daniel C. McCallum）出生于苏格兰，1822 年来到美国。[20]他在纽约州罗切斯特接受了一些基本的学校教育，但是他决定不继承父业（裁缝），于是离开了家庭和学校，成为一名熟练的木匠和建筑师。1848 年，加入纽约-伊利铁路公司（New York and Erie Railroad Company）。在该公司，他显示出管理和工程方面的才干，并且成为萨斯奎汉纳分公司的主管。在这里，他制定了最初的一套程序来管理该分公司的运营。面对铁路整合导致的越来越多的问题以及高事故率，纽约-伊利铁路公司的老板于 1854 年 5 月任命麦卡勒姆为该公司的总管。1854 年 6 月，为抵制麦卡勒姆颁布的操作条例，该公司的铁路工人举行了为期 10 天的罢工，要求更短的工作时间或者获得更高的工资。

在麦卡勒姆看来，良好的管理需要良好的纪律、详细而具体的工作描述、经常而准确的绩效报告制度、基于价值的报酬和晋升制度、一种权责明确的层级权力结构，以及个人的责任和担当。他使用以下这些一般原则来确保纽约-伊利铁路公司实现有效率的管理：

(1) 正确划分职责；

(2) 授予充分的权力，确保职责能够被完全执行；

(3) 有办法知道职责是否被忠实执行；

(4) 极其迅速地报告一切玩忽职守的情况，从而使这些错误行为能够得到迅速纠正；

(5) 通过每日报告和检查制度获得的信息既不会使那些主要管理者为难，也不会削弱他们对下属的影响；

(6) 总的来说，采用一种使公司主管不仅能够立即发现错误而且可以找到失职者的制度。[21]

为了贯彻这些原则，麦卡勒姆首先要求该公司的所有员工穿戴一套能够标识其等级和主要工作任务的特定制服。接着，他制定了全面的规章制度来限制个人随心所欲地从事工作的权力。例如，条例 6 规定，“安全第一，速度其次”，要求火车司机“花费一切必要的时间来保证安全行驶……在驾驶过程中要假设每一个岔道都是错位的，每条主干道上都停放着一列火车”[22]。火车司机被告知，如果火车在岔道出轨，即使是扳道工人操作不当，火车司机也是有责任的。

最终，麦卡勒姆在 1855 年制定了一张组织图。该组织图采用树状形式，标识出该公司的权力链条、各个业务部门的劳动分工，以及用于报告和控制的沟通路径。这棵树的根部代表董事会和董事长；树枝是 5 个业务部门，以及机车维修部门、车厢部门、桥梁部门、电报部门、印刷部门、出纳办公室和秘书办公室；树叶是各个地方的货运和车票销售办公室；基层主管、乘务人员以及诸如此类的基层人员，则是更小的树叶。在麦卡勒姆看来，应该绝对服从正式的权力网络：

> 执行一项严格的纪律制度……对获得成功是不可或缺的。所有下属应该只对他们的直接上级负责，并且接受他们的指挥。如果直接负责的领班因为某上级领导直接向该领班的下属发布命令而受到干扰，那么该上级领导发布的命令不能被执行。[23]

麦卡勒姆认为，这种统一指挥的原则不应该存在任何例外情况，否则，他的基于个人责任的控制系统将会被破坏。

麦卡勒姆还开发了一种很有可能是当时最高水平的信息系统。他使用电报使铁路运行更加安全，通过要求每小时对每列火车的行驶地点进行汇报来协调铁路运输，每天报告旅客和货运情况，每月向管理层提交关于计划、定价以及市场分析的报告。他设计了一种聪明的交叉检查控制系统，要求货运和客运列车员报告列车运行、货物装载及损失等情况，通过比较这些报告，就能够很容易地发现矛盾之处和不诚实的行为。

从管理的角度来看，麦卡勒姆的一般原则是成功的，但是麻烦正在酝酿之中。因为“臭名远扬的条例 6”，该公司的火车司机永远不会原谅麦卡勒姆；29 名火车司机因为违反条例 6 和不执行他制定的其他安全规定而被解雇。随后，发生了一次长达 6 个月的罢工，而麦卡勒姆无法找到足够的工人来代替这些罢工的火车司机。他于 1857 年与公司总裁一起辞职。然而，麦卡勒姆赢得了《美国铁路杂志》(*American Railroad Journal*) 著名编辑、铁路行业代言人亨利·普尔 (Henry V. Poor) 的最高赞赏。普尔后来对麦卡勒姆的方法产生过一些质疑，但是他仍然认为，麦卡勒姆的一般原则有助于实现有效率的管理。

但是，麦卡勒姆的管理生涯并没有就此结束。在纽约-伊利铁路公司工作期间，他发明了一种固定结构的拱形桁架桥并获得了专利 (1851 年)。他在 1857 年成立了麦卡勒姆桥梁公司 (McCallum Bridge Company)，在美国各地建造桥梁。1862 年，陆军部长斯坦顿 (Stanton) 邀请他管理美国的铁路，有权征用和运营任何铁路线以确保联邦政府获得战争胜利。到战争结束时，他成为一名少将，其主要功绩是为威廉·特库姆塞·谢尔曼 (William Tecumseh Sherman) 指挥的长达 200 天的亚特兰大战役提供补给。在谢尔曼将军的"向大海进军"行动中，通过采用在纽约-伊利铁路公司开发的那些原则，麦卡勒姆"能够通过一条没有道岔的单线铁路为距离补给基地 360 英里的 10 万人和 6 万头牲口运输供给"[24]。南北战争之后，麦卡勒姆担任亚特兰大和大西铁路公司 (Atlantic and Great Western Railroad) 以及联合太平洋公司 (Union Pacific) 的顾问。不断恶化的身体状况使他在纽约市布鲁克林区提前退休，在这里他再也没有从事桥梁业务而是写诗。他最有名的一首诗是《水磨坊》，其中部分内容是这样的：

财产、权力以及活力四射的健康，
最终必然全部失去，
而奔流而去的水，
将再也不能推动磨轮。[25]

麦卡勒姆的管理方法并没有消失，尽管他在纽约-伊利铁路公司遭遇了挫折。亨利·普尔广泛宣传他的成果，而且其他许多人应用和扩展了麦卡勒姆的一般原则。例如，路易斯维尔、纳什维尔和大南铁路公司 (Louisville, Nashville, and Great Southern Railroad Company) 的副总裁兼总管艾伯特·芬克 (Albert Fink) 设计了一种使用信息流、成本分类以及统计控制方法的成本会计制度。该制度成为现代企业控制的一种模型。[26] 早在 1847 年，巴尔的摩-俄亥俄铁路公司 (Baltimore & Ohio Railroad) 就使用一名内部审计员来核查收据和支出的处理情况。由于与公司管理分离的股东想要核实和验证管理层提交上来的报告，所以由独立的公共审计公司进行的外部审计也早在 1854 年就开始出现了。[27]

组织的动态发展，以前联系在一起的工作活动如今分散在不同的地理位置，以及所有权和管理权的分离，这些都是推动铁路行业的管理系统化的力量。宾夕法尼亚铁路公司 (Pennsylvania Railroad) 最忠实地采用了麦卡伦的一般原则。埃德加·汤姆森 (J. Edgar Thomson) 和托马斯·斯科特 (Thomas A. Scott) 采用了麦卡勒姆在使员工队伍广泛分布在不同地理位置、正式的权力链条、沟通、直线与幕僚人员的职责、绩效测量以及成本会计等方面的理念。是宾夕法尼亚铁路公司而不是最初实施这些制度的纽约-

伊利铁路公司，享受了麦卡勒姆的一般原则所带来的利益。在宾夕法尼亚铁路公司，一位年轻的苏格兰移民从汤姆森和斯科特那里学会了麦卡勒姆的一般原则，他的名字叫安德鲁·卡内基（Andrew Carnegie），稍后他将再次出现在我们的故事中。

亨利·普尔：一种更广泛的管理观

亨利·普尔通过其《美国铁路杂志》编辑的职务，试图成为美国铁路行业的良知。麦卡勒姆谈论的是内部运营问题，而普尔采用更广泛的视角来评价铁路行业在这个国家的日常生活中所发挥的威力和关键作用。与麦卡勒姆相比，普尔受过更好的教育，其家庭背景也更好，他完全浸润在美国19世纪独有的浪漫主义和乐观主义之中。[28]作为前内战时期的《美国铁路杂志》的编辑，普尔使该杂志成为当时的顶级商业期刊，为铁路行业的投资者和管理者提供了一种可靠的信息来源。他撰写的社论不仅探讨铁路行业设备、设施、扩张以及立法，而且讨论各家铁路公司详细的财务状况。在内战之后，他的《美国铁路手册》（*Manual of Railroads in the United States*）继续记录全国各家铁路公司财务和运营状况。[29]他的一生见证了铁路公司从婴儿期走向成熟的关键时期，从铁路在开发和扩展美国西部所发挥的重要作用到使用铁轨网络最终将美国的平原、山脉和峡谷紧密连接起来形成一个整体。

在纽约-伊利铁路公司的早期岁月里，该公司管理不善，财务状况糟糕，这是普尔撰写文章时最喜欢探讨的。麦卡勒姆实施的管理改革很快使普尔成为纽约-伊利铁路公司最热烈的拥护者。普尔看到了通过发展一群职业管理者而不是通过投机者和鼓吹者来建设美国铁路系统的需要。普尔寻找一种管理科学或者管理系统。借鉴麦卡勒姆的一般原则，普尔提出了“管理科学”的三个基本原则：组织、沟通以及信息。[30]组织是所有管理的基础：从组织的最顶层到最基层必须具备一条清晰的指挥链，并且明确分配工作任务和职责。沟通意味着设计一种贯穿整个组织的报告方法，使最高管理层能够准确、持续地了解到组织的运行情况。最后，信息是“被记录的沟通”。普尔发现，组织有必要系统性地汇总和分析关于成本、收入和铁路运价的整套业务报告，以便了解和改进绩效。最后一个基本原则就是文献管理中“数据库”概念的雏形，通过数据库，重要信息被收集并且分析，以确定那些对组织取得成功至关重要的因素。麦卡勒姆对普尔的思想具有显而易见的影响，普尔的第三个基本原则可以追溯到艾伯特·芬克的成本会计制度，后者使用信息流、成本分类以及统计控制方法来实现公司控制。

正当麦卡勒姆的成果逐渐广为人知时（很大程度上归功于普尔在《美国铁路杂志》上的社论），普尔开始怀疑组织、沟通和信息这三个原则是否足以涵盖管理者工作的全部内容。1858年，普尔访问英国，考察其更加成熟的铁路系统。他在返回美国的途中写道：“以人的能力、当前的企业实践和制度来应付这样大型的管理部门，实现有效运行所需要的严格要求是极其困难的。”[31]在纽约-伊利铁路公司和在英国，普尔发现工人对“系统管理”所要求的纪律的抵制正在不断加剧。在混乱中建立秩序所要求的更严格控制，在执行任务时对个人判断力的限制，以及正式组织中严格的层级结构，都导致了工人们对该制度的抗议。虽然这种抗议在其他变革时期也是普遍现象，但是普尔认为这些抗议过于极端，并且他为制度化的需要进行了辩护。他指出，“我们无法找到任何其他方法使这样一台庞大的机器安全而成功地运转”[32]，也就是说，只有通过秩序、制度和纪律，才能够做到。

相应地，普尔开始寻找一些更广泛的原则来应对这种危险，即“将人仅仅视为机器，只要支付工资就能够使一个人具备做个好仆人所需要的全部品质。但是，任务无法始终被清清楚楚写在纸上，因此最有价值的工人往往是那些自愿的工人”[33]。按照普尔的观点，用来描述绩效标准的那些严格的规章制度，以及管理的官僚化，将抑制工人们的主动性，并且最终必然导致铁路行业面临军队和政府部门所面对的那些问题。普尔提出的解决办法是通过向组织灌输一种团队精神，形成一种能够克服迟钝和僵化的领导风格。最高管理层应该成为“企业的灵魂，将生命、智慧和服从注入和输送到企业的每个部门。这个灵魂不能是支离破碎的和互不相干的，它不能向头部发出一个命令，向手发出另一个命令，而向脚又发出另外一个命令。在缺乏一致性的地方肯定也将缺乏热情、智慧、生命、责任和服从”[34]。

普尔在60年前就预见了法约尔的统一指挥原则（见第10章），他认为最高管理层面对的挑战就是以一种全面的系统观来看待组织，以及使下属们也相信这种系统观。普尔相信，要想成为领导者，高层管理者不仅必须了解铁路运营和管理的所有方面，而且必须能够很好地与人打交道，以及防止能够破坏目标一致性的部门间冲突。他宣称，领导的崩溃有两个来源：根据能力或培训之外的其他某种因素来挑选人才，以及缺乏某种信息制度来发现能力差的管理者。普尔提倡使用职业管理者，这与亚当·斯密在大约100年前对“管理他人钱财”的人所持的悲观态度截然不同。

新兴的治理问题

早期的纺织厂主要是独资或由两三个合伙人所有和管理的。资金“全部在家里面”，因此对会计和财务报告的要求是很简化的。亚当·斯密提醒人们警惕股份有限责任公司的风险，因为这些公司的所有权和管理权通常是分离的，几乎没有人在看护他人钱财时能够像看护自己的财产那么谨慎和警惕。不过，当英国铁路系统获得蓬勃发展和这个问题最初出现时，亚当·斯密已经去世。铁路行业所需要的资本和负债，其规模都是前人无法想象的。

乔治·哈德逊（George Hudson）是英国铁路的先驱、改革家乔治·斯蒂芬森（George Stephenson）的朋友，他设想了一个覆盖英格兰、苏格兰和威尔士的铁路网络。1844年，哈德逊开始通过多种渠道筹集资本来建造新的铁路线和收购已建成的铁路线。根据英国法律，每家股份制公司都必须单独获得议会法案的批准，这导致每家股份制公司都拥有不同的公司章程，而且法律对每家公司的要求也不一样。当时，会计和财务报告方面并不存在任何通行规定，公司法也仅仅具备雏形。对投资者来说，铁路行业具有一种浪漫的魔力，这导致了对铁路股份的几波猛烈投机，或者用更现代的术语来描述，即“非理性繁荣”。据估计，到1845年，已经有7 100万英镑投资于铁路行业，而且另外620个新铁路项目的投资总计达到5.63亿英镑，相当于英国国债的2/3以上。[35]

哈德逊利用了这些投机冲动。到1849年，英国5 000英里的铁路中近1/3处于他的管理或控制之下。另外，他还筹集资金来购买土地，建造船只和码头，以及组建运河公司。所有英国人都知道，他就是“铁路之王”[36]。他的业务从英国东南部的布莱顿和南安普顿延伸到西北部的爱丁堡。遗憾的是，乔治·哈德逊的不当行为提供了一个关于最高管理层渎职行为的最早期例子。他用现有的和借来的资本支付股息，抬高铁路运输总量和收入，发布虚假的财务报告，而且他有一次以每根9美元的价格从他的一家公司购买铁轨，然后将这些铁轨以11美元的价格销售给他的另外一家公司，从而将6 000美元的利润装入自己的口袋。

1845年，英国议会通过了《公司条款合并法》（Company Clauses Consolidation Act），给公司章程带来一定程度的统一，它要求公司保存“完整和真实的”账目，并强制要求三位董事和总裁签署与核实公司的资产负债表。[37]然而，这次立法并未阻止哈德逊的欺骗行为，他的不诚实行为导致了股东调查和法律诉讼。据估计，他以不正当手段获得的收入高达598 785英镑。[38]哈德逊逃亡了，而他的债权人从来没有收回过全部贷款。

对乔治·哈德逊的简要描述如何嵌入美国的经济发展史和亨利·普尔对职业管理者（同时也作为领导者）的提倡呢？与国外的铁路发展保持同步，普尔在自己的社论中强调了治理问题。例如，他抱怨铁路行业没有将运营成本从建设成本中分离出来，从而向投资者隐瞒这些成本。将运营成本放在建设成本的账目里，导致更高的利润和额外分红，这是很普遍的现象。

那么，改革路径是什么？普尔认为“所有进步的根源是知识”[39]，在他看来：

> ……将诚实引入铁路公司管理的唯一方法是向公众公开每件与管理相关的事情。在任何情况下，隐瞒毫无疑问将导致弊病。除非存在严格的责任制度，否则诚实几乎无法维持。这种向公众负责的制度应该从铁路公司的董事们开始……对于铁路公司的管理中出现的不诚实和无能，铁路公司的股东们在很大程度上要责怪他们自己。他们让管理者掌管一群人，无须为任何权力负责任，因此这些管理者很快就会进行隐瞒和欺骗，以逃避错误或不诚实所导致的后果。只要这些管理者能够通过各种手段来保护自己，那么一直维持他们的权力就是一件轻而易举的事情。[40]

普尔猛烈抨击了铁路公司的发起人和投机者，并且通过提倡自由竞争来支持一种自由放任的经济哲学。他认为价格不应该由政府来管制，唯一必要的立法是保护“诚实的理性人”免受那些不诚实的公司发起人伤害的立法。他坚持认为，美国铁路系统的迅速发展是“在自由竞争条件下依靠个人利己主义能给最多的人带来最大利益的证据”[41]。通过向股东和公众公布完整的信息，通过雇用职业管理者，以及通过保护理性人免受非理性投资者的伤害，铁路公司能够扮演它们在国民经济中的正确角色。

普尔强调的这些事项不仅仍然是今天的管理者面临的问题，而且未来将继续存在。他认为政府的角色是保护而不是控制，这阐明了一个经久不衰的主题——管理权与政府职责。他努力寻找一种在不破坏个人动机和尊严的情况下在混乱中建立秩序的方法，这也仍然是一个历久弥新的挑战。

小结

1790年，美国的最大城市是纽约，纽约拥有的人口是33 131人；第二大城市是费城，人口为28 522人；接下来是波士顿，人口为18 300人。即使是当时最大的城市，其人口也少于今天某些州立大学的学生数量。1790年，全美总人口估计为3 231 533人，其中大约90%的人口从事农业。从独立之日到1860年，美国取得了无与伦比的进步。纺织工厂为一个全国性市场提供廉价的布料，从而取代了家庭包工制；铁路从东海岸不断向西部延伸并最终抵达太平洋，开拓了新土地和新机会；电报远距离传送信息；诸如缝纫机和收割机之类的机械设备赢得了其他人对美国制造系统的羡慕。

从当今现代企业的发展历程来看，19世纪是至关重要的。将工作带回家去完成的家庭包工制正在消失，它被由家庭和合伙人所有并经营的、由蒸汽机驱动的小型工厂取代。随着铁路公司的成长，对资本的需求不断增加，而电报则使公司的成长能够在规模和范围等方面获得经济性，而且这种成长创造了对职业管理者的需求。如果将企业视为一种投入—生产—产出系统，那么投入来自外部市场，以人力、资本、技术和其他资源的形式出现。通过一种新兴的管理者层级结构，公司获得成长，从而能够将更大规模的投入转化为市场产出以满足日益增长的消费者需求。通过思考这种动态发展，我们不难发现19世纪如何塑造当今企业的本质。

如果你是一名男性，并且于1789年出生在马萨诸塞州，那么你的预期寿命是34.5岁；如果你是一名女性，预期寿命是36.5岁。到1855年，男性和女性的预期寿命已经分别提高到38.7岁和40.9岁。在美国，人们不仅能够活得更长，而且能够活得更好：从1820年到1860年，真实工资（购买力）激增了16%（1913年为100）。[42]1860年，据估计有1 311 246人从事制造业工作，其中21%为女性。[43]早在1840年，制造业中的童工比例就开始下降。[44]时代在变化，生活在改善，这仅仅是美国工业革命的开端。

注 释

[1] Noam Maggor, Brahmin Capitalism: Frontiers of Wealth and Populism in America's Gilded Age (Cambridge, MA: Harvard University Press, 2017), p. ix.

[2] John F. Watson, *Annals of Philadelphia, Being a Collection of Memoirs, Anecdotes, & Incidents of the City and Its Inhabitants from the Days of the Pilgrim Founders* (Philadelphia, PA: E. I. Carey & A. Hart, 1830), pp. 514 - 515. See also Thomas D. Eliot, "The Relations between Adam Smith and Benjamin Franklin before 1776," *Political Science Quarterly* 39 (1) (March 1924), pp. 67 - 96.

[3] Theodore F. Marburg, "Aspects of Labor Administration in the Early Nineteenth Century," *Bulletin of the Business Historical Society* 15 (1) (February 1941), pp. 1 - 10.

[4] Barbara M. Tucker, *Samuel Slater and the Origins of the American Textile Industry, 1790 - 1860* (Ithaca, NY: Cornell University Press, 1984), pp. 99 - 124.

[5] Steven Lubar, "Managerial Structure and Technological Style: The Lowell Mills, 1821 - 1880," in Jeremy Atack, ed., *Business and Economic History* 13 (March 1984), p. 21.

[6] Thomas C. Cochran and William Miller, *The Age of Enterprise* (New York: Harper & Row, 1961), p. 19.

[7] Charles Dickens, *American Notes for General Circulation*, vol. 1 (London: Chapman and Hall, 1842), pp. 156, 163 - 164. Corroborating evidence for Dickens's observations may be found in William Scoresby, *American Factories and Their Female Operatives* (Boston, MA: W. D. Ticknor Co., 1845).

[8] Norman Ware, *The Industrial Worker: 1840 - 1860* (Gloucester, MA: Peter Smith Co., 1959), p. 149.

[9] Gary B. Kulik, *The Beginnings of the Industrial Revolution in America: Pawtucket, Rhode Island, 1672 - 1829* (Unpublished dissertation, Brown University, Providence, RI, 1980), p. 341.

[10] Ross M. Robertson, *History of the American Economy* (New York: Harcourt Brace Jovanovich, 1955), p. 184.

[11] *Commonwealth v. Hunt*, 45 Mass. 111 (1842).

[12] Frederic Chapin Lane, *Venetian Ships and Shipbuilders of the Renaissance* (Baltimore, MD: Johns Hopkins Press, 1934), pp. 211 - 212.

[13] More information about Eli Whitney and the American system of manufacturing can be found in Robert S. Woodbury, "The Legend of Eli Whitney and Interchangeable Parts," *Technology and Culture*, vol. 1 (1960), pp. 235 - 253. See also Robert C. Ford, "The Springfield Armory's Role in Developing Interchangeable Parts," *Management Decision* 43 (2) (2005), pp. 265 - 278.

[14] Merritt Roe, *Harpers Ferry Armory and the New Technology: The Challenge of Change* (Ithaca, NY: Cornell University Press, 1977), p. 83.

[15] Roswell Lee quoted in Alex MacKenzie, *Springfield Armory* (Charleston, SC: Arcadia Publishing, 2015), p. 19. See also Russell I. Fries, "British Response to the American System: The Case of the Small-Arms Industry after 1850," *Technology and Culture* 16 (3) (July), 1975, pp. 377 - 403.

[16] U. S. Congress, *Documents Relative to the Manufactures in the United States, Collected and Transmitted to the House of Representatives, in Compliance with a Resolution of Jan. 19, 1832* by the Secretary of the Treasury [McLane Report], 22nd Congress, 1st Session, H. R. Document 308, 2 vols. (Washington, DC: Printed by Duff Green, 1833). The data in this paragraph were compiled by Alfred D. Chandler Ⅲ, and reported in Alfred D. Chandler, Jr., "Anthracite Coal and the Beginnings of the Industrial Revolution in the United States," *Business History Review* 46 (2) (Summer 1972), p. 143.

[17] For an account of John Stevens's various activities, including his anticipation by 3 years of Fulton's steamboat, see Dorothy Gregg, "John Stevens: General Entrepreneur," in William Miller, ed., *Men in Business* (New York: Harper & Row, 1957), pp. 120 - 152. Across the Atlantic, Britain's George Stephenson demonstrated a locomotive able to pull 36 wagons of coal and flour 9 miles in 2 hours on a level track in 1825. Britain's first intercity line between Manchester and Liverpool opened in 1830.

[18] Tom Standage, *The Victorian Internet: The Remarkable Story of the Telegraph and the Nineteenth Century's On-Line Pioneers* (New York: Walker and Company, 1998), p. 213.

[19] Alfred D. Chandler, Jr., ed., *The Railroads: The Nation's First Big Business, Sources and*

Readings (New York: Harcourt, Brace & World, 1965), pp. 9 - 10.

[20] Personal data on McCallum are from [W. Jerome Arnold], "Big Business Takes the Management Track," *Business Week*, April 30, 1966, pp. 104 - 106; Charles D. Wrege and Guidon Sorbo Jr., "A Bridge Builder Changes a Railroad: The Story of Daniel Craig McCallum," *Canal History and Technology Proceedings* 24 (March 19, 2005), pp. 183 - 218.

[21] Daniel C. McCallum, "Superintendent's Report," in *Reports of the President and Superintendent of the New York and Erie Railroad to the Stockholders for the Year Ending September* 30, *1855* (New York: Press of the New York and Erie Railroad, 1856), p. 35.

[22] "Engineers' Strike on the New York and Erie Railroad," *The Engineer* 2 (October 31, 1856), p. 589. See also Walter Licht, *Working for the Railroad: The Organization of Work in the Nineteenth Century* (Princeton, NJ: Princeton University Press, 1983), pp. 246 - 247; Edward Harold Mott, *Between the Ocean and the Lakes: The Story of Erie* (New York: J. S. Collins, 1900), p. 433.

[23] McCallum, "Superintendent's Report," p. 40.

[24] Wrege and Sorbo, p. 207. For a further account of McCallum's wartime efforts, see Thomas Weber, *The Northern Railroads in the Civil War* (New York: Columbia University Press, 1952).

[25] Daniel C. McCallum, *The Water-Mill; and Other Poems* (Brooklyn, NY: Privately printed, 1870), p. 10.

[26] Albert Fink, "Cost of Railroad Transportation, Railroad Accounts, and Governmental Regulation of Railroad Tariffs," Extract from the *Annual Report of the Louisville & Nashville Railroad Company for the Year Ending June 30, 1874* (Louisville, KY: Printed by John P. Morton, 1875).

[27] James L. Boockholdt, "A Historical Perspective on the Auditor's Role: The Early Experiences of the American Railroads," *Accounting Historians Journal* 10 (1) (Spring 1983), pp. 69 - 86.

[28] Alfred D. Chandler, Jr., *Henry Varnum Poor: Business Editor, Analyst, and Reformer* (Cambridge, MA: Harvard University Press, 1956), p. 8. In a side note, Chandler was Poor's great-grandson.

[29] Poor established *Poor's Publishing* in 1860 to provide financial information about other industries; in 1941, a merger with *Standard Statistics* created the *Standard and Poor's Industry Surveys* of today.

[30] Chandler, *Poor*, pp. 146 - 147.

[31] *Ibid.*, p. 151.

[32] Henry V. Poor, "Lease of the Erie Railroad," *American Railroad Journal* 32 (July 2, 1859), p. 424.

[33] *Idem*, "New York and Erie Railroad" *American Railroad Journal* 32 (January 15, 1859), p. 41.

[34] Henry V. Poor, "English Railways and Their Management," *American Railroad Journal* 31 (September 4, 1858), pp. 561 - 562.

[35] John J. Glynn, "The Development of British Railway Accounting, 1800 - 1911," *Accounting Historians Journal* 11 (1) (Spring 1984), pp. 103 - 118.

[36] Richard S. Lambert, *The Railway King, 1800 - 1871* (London: George Allen and Unwin, 1934).

[37] Companies Clauses Consolidation Act, (8 Vict c. 16) (1845). Available at http://origin-www.legislation.gov.uk/ukpga/Vict/8-9/16/contents.

[38] *Ibid.*, p. 273.

[39] Henry V. Poor. , "Railroad Dishonesty and Remedy," *American Railroad Journal* 29 (April 26, 1856), p. 364.

[40] *Idem*, "How to Improve the Management of Railroads," *American Railroad Journal* 30 (June 20, 1857), p. 392.

[41] Chandler, *Poor*, p. 260.

[42] Edgar W. Martin, *The Standard of Living in 1860: American Consumption Levels on the Eve of the Civil War* (Chicago, IL: University of Chicago Press, 1942), pp. 220, 415.

[43] Bureau of the Census Library, *Manufacturers of the United States in 1860; Complied from the Original Returns of the Eighth Census, Under the Direction of the Secretary of the Interior* (Washington, DC: Government Printing Office, 1865,) p. 742.

[44] Claudia Goldin and Keith Sokoloff, "Women, Children, and Industrialization in the Early Republic: Evidence from the Manufacturing Censuses," *Journal of Economic History*, 42 (4) (December 1982), p. 748.

第6章 工业增长和系统管理

当美国在19世纪初期开启工业革命时，纺织业和机器制造业很快就受到了工业革命的影响，然后是运河行业和铁路行业。在美国迈向世界工业领先地位的道路上，1861—1865年的内战时期是一个悲剧性的停顿阶段。本章将描述美国企业在内战结束之后的持续成长，探讨由此出现的系统管理，并且考察科学管理时代前夕美国的经济、社会、政治和技术环境。

美国企业的成长

在所有研究美国商业史的人中，对于大型企业成长具有最敏锐洞察力的是小艾尔弗雷德·钱德勒（Alfred D. Chandler，Jr.）。[1]在他的一些早期著作中，钱德勒描绘了美国大型企业成长的四个阶段：（1）各种资源的初步扩充和积累；（2）资源的合理化或充分利用；（3）扩展到新的市场和线路，以帮助其继续充分利用资源；（4）能够使持续增长合理化的一种新结构的形成。对不同的公司，这些阶段的起止时间是不一样的，取决于技术状况以及该公司对市场机会作出反应和投资于市场机会的能力。19世纪后半叶，许多主要的工业企业正在形成，例如新泽西州的标准石油公司（Standard Oil）和美国食糖提炼公司（American Sugar Refining Company），它们符合钱德勒所描述的第一阶段，即各种资源的初步扩充和积累阶段。

钱德勒进一步提到工业增长的两个时间段：（1）1879—1893年的横向增长时期；（2）1898—1904年的纵向增长时期。当相似领域中的制造商通过合并、联营或托拉斯等方式联合起来，以获得制造业的规模经济时，横向增长就出现了。在1879—1893年，石油、牛肉、制糖、烟草、橡胶、酿酒等行业中的企业合并成更大规模的企业，以便更好地控制其市场，获得金融优势，并降低生产成本。当公司在生产流程方面前向或后向移动时，纵向增长就出现了。后向整合意味着获得原材料来源或供应商，前向整合意味着为公司自己的产品打开市场销路。例如，一家炼油厂进行后向整合以开展石油勘探，获得石油开采权、钻井，以及修建通向炼油厂的输油管道；进行前向整合以收购批发代理商，也许还会建立自己的零售加油站。

此外，钱德勒还发现，运输和通信所取得的进步（例如铁路和电报）与企业成长所必需的资源初步扩充和积累之间存在一种密切关系。当运输方式原始而缓慢时，产品市场在很大程度上局限于当地，因此很少或者根本不存在制造更多商品的需要。此时家庭包工制是完全适合的，因为它只需使用极少量资本，并且服务于有限的市场。当工业革命为火车机车和轮船提供了蒸汽动力时，市场得到扩展，从而需要更先进的机械来更大规模地生产商品。通信技术（例如电报）提供了一种能够在更大地域范围内联系供应商、生产商、销售商以及顾客的网络。更先进的运输和通信技术使大规模的生产和市场成为可能，因此，产品能够被批量或者持续地生产，公司能够在大规模市场上寻求大批量销售。这种更大规模的产出和流通要求更高的资本密集度。随着资本投资的增加，例如，随着大型鼓风炉用于炼钢，只有昂贵的设备能够发挥最高的生产效率时，成本才得以降低。用钱德勒的话说，这些资本密集型产业必须以一种“最小的有效规模”（即在产生最低单位成本的水平上）进行生产，以获得一种成本优势。有了成本优势，就会降低价格，扩展市场，并最终实现整体机械化、更高的产量和销售量，等等。更重要的是，这个循环是能够重复出现的。

当然，规模生产和批量销售所带来的成本优势也存在限度。一家公司只有能够降低生产成本时，它才能够有利润地获得市场份额。不过，根据钱德勒的解释，获得利润的关键并不是产能（生产或销售的潜在总量），而是如何妥善管理这家公司。员工、原材料、物资等方面的投入必须能够向生产过程（生产量）平衡流动，从而使所获得的产出的价值大于投入和生产成本之和。这些剩余收益是必要的利润，用以补充新的投入并且再次开始这个循环。钱德勒的分析表明，一家公司的长期成功（例如，有获得足够利润的能力）在很大程度上取决于它的投入—生产—产出循环被管理得有多好。当我们回顾19世纪后半叶的美国时，就会看到炼钢、制糖、粮食生产、谷物加工、罐头制造、包装等行业的先进生产工序以及其他进步是如何导致企业成长壮大的。正如钱德勒的分析所显示的那样，良好的管理将那些成功的公司与那些不成功的公司区分开来。安德鲁·卡内基以及成立于19世纪70年代中期的卡内基钢铁公司（Carnegie Steel Company）提供了最佳例子来诠释钱德勒视为成功企业之基石的投入—生产—产出循环。

卡内基和大企业的崛起

当人们想到安德鲁·卡内基这个名字时，脑海里就会浮现出一个建立了钢铁帝国和留下巨额财富的管理者形象。卡内基是从哪里学到了管理技能？与同时代的其他很多企业家一样，卡内基是一位移民，第一份工作是做报务员。宾夕法尼亚铁路公司西部分公司的主管托马斯·斯科特雇用卡内基担任其私人报务员，负责调度通过该分公司山区铁路主线的火车。卡内基善于学习，曾因为解决了一次火车出轨导致的铁路运行问题而出名。当时斯科特并不在场，卡内基就以斯科特的名义下达命令。他的这次越权行为受到了奖赏，而且他的主动性带来了规章制度的一次变动。根据之前的规章制度只有担任主管的斯科特有权发布调度命令。卡内基从斯科特和埃德加·汤姆森那里学会了铁路管理。前面已经提到，斯科特和埃德加·汤姆森在宾夕法尼亚铁路公司采用了麦卡勒姆的一般原则。卡内基 24 岁时成为西部分公司的主管，而该分公司在当时是美国最大铁路公司中的最大分公司。在卡内基的管理下，该分公司的铁路运输量增加了两倍，铁轨长度翻了一番，而且在美国所有铁路公司中保持着最低的吨英里成本。1865 年，卡内基被邀请担任宾夕法尼亚铁路公司总管，但他拒绝了这个职位，因为他想自立门户开创自己的一片天地。

要理解卡内基及其对管理思想的影响，就必须考察钢铁行业的发展。钢铁是所有工业经济的原动力。铁因为纯度不够，给早期的机器设计师和工厂主带来了许多问题。英国和美国之间改进铁制品的竞赛在同一时间分别采取了不同路径。肯塔基州的威廉·凯利（William Kelly）在 1847 年将铁放入特制的熔炉中，使之接受一阵热空气的处理。遗憾的是，凯利直到 1857 年才为此申请专利，而当时亨利·贝西默爵士（Sir Henry Bessemer）一年前在英国已经因为相同的工艺获得了专利。1865 年，美国的钢铁行业并没有纵向或者横向整合起来。一些公司拥有将铁矿石熔化炼成生铁的熔炉（铁通过铁矿石和焦炭制成），另一些公司拥有旋转粉碎机和将生铁加工成铁棍或铁板的锻造设备，还有一些公司则将铁棍和铁板加工成铁轨、铁片、铁钉、铁线或其他任何东西。中间商将这些各自独立的公司联系起来，从这种服务中获得利润。卡内基看到贝西默制造工艺之后，意识到它可以用于大规模制造钢铁。他决定将注意力从铁路行业转向钢铁行业，因为“资本或贷款的每一美元，每一种商业思想，都应该集中在某种已经有人从事的生意上。绝不应该分散自己的注意力……所谓的不要将所有鸡蛋放在同一个篮子里的规则并不适用于一个人的终生事业。将你所有的鸡蛋放在一个篮子里，然后看好这个篮子，这才是真正的原则——一切原则中最有价值的一条”[2]。

使用贝西默工艺，卡内基开始纵向整合制钢的各道工序，消除中间商的利润。他成功地降低了制造一吨钢所需花费的时间，从而能够降低售价并获得市场份额。卡内基利用成本会计来帮助设定价格，使产品的价格低于自己的竞争者，而大部分竞争者并不清楚自己的真正成本。他后向整合了铁矿、煤矿以及其他与钢铁相关的业务，以确保进入熔炉的原材料源源不断，从而更充分地利用这些熔炉的生产能力，更快速地将铁矿石转化为钢铁成品。通过将贝西默工艺与麦卡勒姆的一般原则相结合，卡内基开发了一种成功之道，这种方法很快被其他行业的公司模仿。

正是在宾夕法尼亚铁路公司，卡内基学会了如何测量绩效、控制成本以及授权，这些知识为他在钢铁行业中取得成功奠定了基础。[3]在 1908 年开放式熔炉炼钢工艺得到完善之前，贝西默工艺一直是世界钢铁工业的基础。在 19 世纪 70 年代中期，铁轨的价格是每吨 100 美元，到了 1900 年，钢轨的价格是每吨 12 美元。这或许就是卡内基最大的贡献，如同乔纳森·斯威夫特（Jonathan Swift）在《格列佛游记》（*Gulliver's Travels*）中所表达的："谁要是能够使本来只出产一串谷穗、一片草叶的土地长出两串谷穗、两片草叶来，那么他比所有政治家加起来都更有功于人类，对国家的贡献更大。"[4] 卡内基将技术与良好的管理结合起来，创造了更多就业岗位，降低了产品价格，扩展了产品市场，促进了工业发展。1868 年，美国生产了 8 500 吨钢，而英国生产了 110 000 吨；1879 年，这两个国家的钢产量几乎相等；但是到 1902 年，美国生产了9 138 000 吨钢，而英国的钢产量是 1 826 000 吨。美国工业正在显示它的无限活力。

系统管理的出现

钢铁行业很好地展示了美国内战后的工业增长规模和速度。不过，钢铁行业并不是将美国制造系统推向世界舞台的唯一行业。随着交通、通信、机械制造以及能源等领域的技术进步，各种古老的行业重新获得了生命力，新行业则不断出现，其中的许多企业成长为大型企业。如前所述，钱德勒将各种资源的初步扩充和积累视为美国企业发展的第一个阶段。

丹尼尔·麦卡勒姆将系统管理引入铁路公司，而安德鲁·卡内基很好地学会了麦卡伦的课程，并且创造了一家钢铁巨头。随着其他公司和其他行业开始成长，它们也面临着同样的挑战：如何管理大型组织。它们需要就如何获得劳动力、原材料、设备以及资本等事项来事先计划；通过劳动分工、授权、将工作活动组成工作部门等方式来组织；通过提供绩效激励和建立强有力的人际关系来领导和激励；通过比较所拟计划与实际结果以及在必要时采取矫正措施来控制。随着组织的成长，为了便于协调和沟通，出现了一种使沟通和传达正式化的需要，尤其是使用书面备忘录和书面报告的需要。耶茨（Yates）展示了商业沟通在 1850—1920 年如何从口头的、非正式的模式转变为书面文件和记录。[5] 然而，当时没人能够真正理解一位成功的管理者所需具备的技能。绝大部分注意力集中于技术或财务知识，而几乎不强调如何计划、组织、领导和激励以及控制。随着企业规模变得更大，管理者如何才能学会更好地管理?

工程师和经济学家

在修筑运河和铁路以及设计和安装工业设备等方面，工程师扮演了重要角色。他们经常会成为企业的管理者，我们已经讨论过很多这样的例子，其中包括塞缪尔·斯拉特、丹尼尔·麦卡伦以及其他一些人。工程师职业的专业化始于 1852 年美国土木工程师协会（American Society of Civil Engineers）的成立。接着，美国采矿工程师协会（American Institute of Mining Engineers）于 1871 年成立。然而，这两个协会都对当时的工厂管理者正面临的那些挑战不感兴趣。对于那些对工厂管理感兴趣的人来说，第一个论坛似乎是《美国机械师》（*American Machinist*），一份创办于 1877 年的"有插图的、展示实用机械和工程的杂志”。1878 年，詹姆斯・韦林・西伊（James Waring See）以柯达尔（Chordal）为笔名，给《美国机械师》的编辑写了一系列信件。[6]西伊拥有丰富的机器车间工作及管理经验。作为一名提供咨询服务的工程师，他获得了显著成功。他在写给编辑的信中描述了机器车间的工作及管理。他提倡一种基于两个原则的工作制度：“一个可以放置任何东西的地方和每件东西都处于恰当的位置”，以及“每个人都具有特定的职责”[7]。西伊注意到好工人很少能够成为好监工，好监工不应该欺负他们的工人，而应该是机智的和善解人意的。“磨洋工”，即工人有意放慢生产速度但同时使监工相信他正在快速工作，确实是存在的，但是如果监工“能够使工人明白每星期工作 5 天是为了获得收入，而‘磨洋工’1 天则要由他自己承担成本……工人每周休息 1 天将使他愉快地在工厂工作 5 天”[8]，那么“磨洋工”这种现象就能够得到最好的解决。西伊还提倡支付高于市场的工资以吸引更优秀的工人，并且提倡工具标准化以及其他更好地管理工厂的技术。除了《美国机械师》的读者，西伊的作品在一个世纪内几乎无人知晓。不过，事实将表明他的经验和建议可能已经影响了后来的作者，虽然他的作品并没有明确地被引用。

《美国机械师》还参与了当时另一个标志性事件，即 1880 年美国机械工程师协会（American Society of Mechanical Engineers，ASME）的成立。该协会的第一次会议在新泽西州霍博肯的史蒂文斯理工学院（Stevens Institute of Technology）召开，该协会的目标是解决被其他工程师协会忽略的工厂管理事项。该协会的一次划时代会议于 1886 年 5 月 25—28 日在芝加哥召开。5 月 26 日，工程师亨利・汤（Henry R. Towne，1844—1924）——耶鲁锁具公司（Yale Lock Company）的创始人之一、耶鲁和汤制造公司（Yale & Towne Manufacturing Company）的总裁，提交了一篇题为《作为经济学家的工程师》（The Engineer as An Economist）的论文。汤发现：

> 有许多优秀的机械工程师，也有许多优秀的商人，但是这两种特征几乎没有被综合到一个人身上。这两种品质的结合……对工业管理是至关重要的，而且如果被综合到一个人身上，则能够发挥最佳的效果……车间管理与工程这两个事项具有相同的重要意义……而且对工作的管理已经变成如此重要和意义深远的一件事情，以至于也许会被证明是一门现代艺术而确立自己的地位。[9]

由于没有任何其他协会关注“对工人的管理”，因此汤提议由美国机械工程师协会建立一个经济分部，为车间管理和车间会计提供一个信息交流场所和论坛。车间管理将处理组织、责任、报告，以及与工作管理、车间管理和工厂管理相关的所有事项。车间会计将处理工作时间和工资制度、成本的确定和分配、簿记方式，以及与制造业的会计相关的所有事项。

1886 年美国机械工程师协会会议上的第二篇重要论文是由亨利・梅特卡夫（Henry Metcalfe）上尉提交的。他是一位很有智慧的人，师承春田兵工厂的罗斯韦尔・李（见第 5 章）。1881 年，梅特卡夫在位于费城附近的法兰克福兵工厂（Frankford Arsenal）以及位于纽约州特洛伊的沃特弗利特兵工厂（Watervliet Arsenal）实施了一种车间订单会计制度。该制度使用卡片来帮助协调和控制车间的各项工作。[10]随着任务的推进，这些卡片被用来记录生产过程中的每个步骤所需要的劳动力和原材料。当订单完成之后，管理层能够轻易确定直接成本（例如劳动力和材料）和间接成本（行政费用）。在梅特卡夫演讲结束之后的会议讨论中，弗雷德里克·泰勒说，米德维尔钢铁公司（Midvale Steel Company）过去10年中一直在使用一种类似的制度，不同之处在于米德维尔钢铁公司由一个中心办公室及其职员而不是由各位主管来处理所有文书工作。

对于汤和梅特卡夫提交的论文，几乎所有的讨论都聚焦于车间订单会计制度，而汤提出的在美国机械工程师协会中建立一个经济分部的提议却没有引起太多注意。虽然有证据表明许多管理者来自技术学院，例如史蒂文斯理工学院，而且他们的工作任务侧重于管理方面而不是技术方面[11]，但是1887—1895年只有另外4篇有关管理主题的论文提交给美国机械工程师协会会议。[12]缺乏关注的原因很有可能是人们并不十分清楚一位成功的管理者需要具备哪些技能和能力。当时，作为一名管理者，其一部分职能是工程师，一部分职能是商人，还有一部分职能是会计师。人们关注的是车间，也就是说，是生产和制造，而不是整个组织。车间管理尤其关注机器车间，在这里，发展趋势是从产品的小批量生产转变为基于美国制造系统的大规模生产。车间管理者所面临的主要挑战来自技术方面，他们很少被要求展现其他管理技能。

一位早期作者注意到，大规模制造需要“最有效的制度……这是生产的经济性和标准化所必需的”[13]。这里所说的“制度”指的是制定规定、标准和程序，以应对生产车间里工作量的增加。它应该包括这样的话题，例如为工具设置标准、机器的误差、工作排班、工作的质量和数量、通过固定程序和计划来协调工作流、工资激励、成本会计、分配责任、以及处理诸如“磨洋工”之类的劳工问题。[14]

与美国机械工程师协会形成对照的是，经济学家们注意到了让-巴蒂斯特·萨伊的早期成果（见第3章），他们重新认可了把企业家和职业管理者视为一种生产要素的重要意义。这个时期的一位经济学家爱德华·阿特金森（Edward Atkinson）注意到：“在相同的地点、相同的时间，使用相似的机械，管理方面的差异将导致不同的结果。”[15]艾尔弗雷德·马歇尔（Alfred Marshall）和他的妻子玛丽·佩利·马歇尔（Mary Paley Marshall）都是经济学家，他们认为，要想取得成功，大型企业的管理者几乎总是需要更稀缺的能力和昂贵的培训，因为他“必须有远见，考虑周详，而且必须持续地改进方法以完成他的工作……（以及）全神贯注于进行计划和组织，预测未来并为未来做准备”[16]。

马歇尔夫妇指出管理者必须花费精力来预测、计划和组织，他们提到“管理职能”的时间要远远早于亨利·法约尔（见第10章）。马歇尔夫妇还提到了企业里的劳动分工，但是认为“当工作轻松，而且工作并不过量”时，劳动分工并不会导致单调的工作。[17]此外，他们讨论了规模经济以及通过更有效率的管理能够获得的内部经济性。根据这个观点，马歇尔夫妇认为允许企业在自由市场中运行是配置资源的最佳方式。这启发了诺贝尔经济学奖得主罗纳德·科斯（Ronald Coase）半个多世纪以后的作品（见第16章）。

这些思想是一个序幕，最终使艾尔弗雷德·马歇尔成为（英国）剑桥学派或新古典主义经济思想学派的奠基人。与让-巴蒂斯特·萨伊一样，马歇尔将组织视为一种生产代理商，并且认识到一位充满能量的、拥有优秀能力的管理者能够带来截然不同的优势。他解释说：

> 一位具有非凡能力和精力的制造商将采用比其竞争者更好的方法，而且也许会采用更好的机械；他将更好地组织公司的生产和营销，而且他将使制造和营销更好地联系起来。通过这些方式，他将能够扩展他的生意。这样，他将能够从劳动和工厂的专业化中获得更大的优势。因此，他获得的回报和利润将不断增加。[18]

当时，经济学家（例如马歇尔夫妇）对管理思想早期发展的影响力要弱于机械工程师。在汤、梅特卡夫以及泰勒等机械工程师们看来，一位管理者的主要挑战来自车间管理而不是管理整个企业。不过，另一个更广泛的问题涉及劳工与资本之间的关系，它也被称为“劳工问题”。

劳工问题

在第 4 章，我们回顾了对英国工厂生产体制的批评以及维多利亚时代关于反对女工和童工承受长的工作时间和恶劣工作条件的道德意识。出于真心和良知，美国的改革者也抨击美国制造系统。最直言不讳的批评家之一是华盛顿·格拉登（Washington Gladden），俄亥俄州哥伦布市的一名牧师、地方政治家和社会改革者，他将当时最主要的问题具体表述为劳资纠纷、酗酒、贫穷、贫民窟以及童工和女工。[19]在格拉登看来，解决劳资纠纷的办法很大程度上在于：（1）将劳工组织成强大的工会以抵制雇主要求；（2）与劳工分享公司利润；（3）对劳资争议进行仲裁。禁酒是最根本的：劳工的最大敌人是酒精，因为酒精将导致贫困和一种不断扩展的恶性循环，例如贫民窟、家庭破裂以及其他社会弊端。正如社会福音运动（Social Gospel Movement）（见第 9 章和第 12 章）的早期支持者之一理查德·埃利（Richard T. Ely）所说的：“喝酒往往是对穷人的一种诅咒，往往也是富人的一种耻辱。”[20]社会福音运动的提倡者认为，最重要的是社会必须被基督教化，而劳资双方都应该遵从“金箴”（Golden Rule）。他们认为有责任去改革社会状况和经济条件，尤其是在工作场所。不是等待逐渐改善更贫穷人们的生活质量，他们主张立即采取行动来改进人事管理规定和产业相关政策。他们呼吁利润分享、组织工会的权利、行业争议的仲裁、建立工人合作社的自由，还呼吁制定国家法律来规范对员工的雇用和解雇、女性与儿童的就业以及工作场所的清洁卫生。[21]

社会福音运动的改革者们从广义上定义劳工问题，工程师和经济学家则以一种更狭窄的方式来看待这个问题。方法和制度将改进工厂效率，但是必须提供某种激励来确保工人合作和绩效。这个时期的许多管理者，例如詹姆斯·韦林·西伊，认为工人的低生产率是由于他们对产量的有意限制。他认为许多工人往往以冲刺的速度干活，但当监工不在场时则松懈下来，不尽最大努力工作。为了解决这个问题，工程师和经济学家认为，自己能够做的一件事情仅仅是根据所完成的工作来支付报酬。

另一位英国经济学家戴维·施洛斯（David Schloss）指出，工人们并不喜欢为完成的每一单位工作任务支付固定报酬的计件工资制度，因为“令人满意地确定一种计件工资率是极其困难的”，而且往往取决于雇主认为工作应该多么迅速地被完成。[22]雇主往往倾向于对计件工资率“一点一点蚕食”，也就是说，逐渐增加相同工资报酬的预期工作量。施洛斯还报告了一种“工作总量”的不良现象，也就是说，工人们认为世界上的工作总量是固定的，而通过工作得更加缓慢，可以做的工作量就会在整个劳动力队伍中分配得更平均，从而使所有人都被雇用。施洛斯将这种称为“劳动合成谬论”（lump of labor fallacy）的错误思想归因于工人的预期产出是如何被设定的。[23]在太多情况下，一个工人每天的工作量体现了来自雇主的刺激与来自同伴要求生产更少的压力之间的一种权衡。如果该工人干活太少，就会导致雇主发怒，产生失去工作的风险；如果该工人干活太多，同事们要求其减少产出的压力将会增加。因此，每天的工作量是这两种针锋相对的力量之间的一种妥协。

虽然对基于结果而不是基于工作时间的报酬制度的功效存在怀疑，但是更高的工资、更低的单位成本、更高的生产率之间似乎存在某种联系。美国经济学家爱德华·阿特金森发现：“最便宜的劳动力其实是获得最好报酬的劳动力；正是由获得最好报酬的劳动力去操作机器，才能够保证与资本投入相对应的最大生产量。”[24]如果一位雇主支付低工资，那么将会导致低产出，但是，如果工人们获得丰厚报酬，并且与合适的工具结合起来，那么将会有高产出。另一位经济学家雅各布·舍恩霍夫（Jacob Schoenhof）对不同国家进行了比较，发现那些支付最高工资的国家拥有最低的劳动力成本。因此，匹兹堡的制钉工人获得的报酬相当于英国制钉工人的 10 倍，但是前者的铁钉价格仅仅相当于后者的一半。[25]高工资与低成本的这种矛盾在科学管理运动中会重新出现，我们将在第 11 章和第 12 章予以讨论。

如果高工资导致了更高的生产率，降低了单位成本，并且有可能实现更高的利润，那么最明显的解决方案就是将公司的利润与工人的绩效联系起来。公司根据工人的绩效来分享公司利润，这种方法能够带来的利益早在 1775 年就已经被法国经济学家杜尔哥（A. R. J. Turgot）认识到了，并且由巴黎的一家房屋粉刷公司 Maison Leclaire 实施过。支持者认为，利润分享能够鼓励工人以更低的成本生产更多的产品，因为他们将分享利润。到 1887 年，30 多家美国公司采用了某种形式的利润分享，其中包括约翰·沃纳梅克纺织品公司（John Wanamaker Dry Goods）、皮尔斯伯里面粉公司（Pillsbury Flour）、宝洁公司（Procter & Gamble）以及耶鲁和汤锁具公司（Yale & Towne Lock Company）。[26]不过，耶鲁和汤锁具公司的总裁亨利·汤认识到：“每位参与者在利润分享中的利益在很大程度上被他无法予以控制或影响的他人行为影响，他为了共同利益而努力赚取的利润或节省下来的成本，会因为不当管理或者其他人的浪费而被抵消。”[27]于是，汤主张确定一种产品的当前成本，并且分享由于每位工人提高效率或者提高材料使用的经济性而产生的成本降低。每一位工人将保证获得一份年工资，还将根据事先确定的比例来分享他在这一年中产生的成本结余。汤解释说：

> 假设在这一年结束时产品的单位成本从 1 美元降低到 95 美分，由此获得的成本收益总共是 800 美元。这一年支付的工资总额为 1 万美元。成本收益的一半是 400

美元，相当于本年度工资收入的4%，这相当于2周的额外工资，即便一位工人每天的收入是1.5美元，他在年末也能获得18美元的现金分红。[28]

弗雷德里克·哈尔西（Frederick A. Halsey）批评了利润分享计划和个人计件工资制度。[29]他认为任何根据集体努力而不是个人努力进行分配的利润分享计划都是不公平的，他还担心计件工资激励计划会滥用不合适的比率。根据哈尔西的“劳工奖金计划”，工人被期望每天完成一个具体规定的最低产出，而对于任何超出的产量，工人都会获得一份奖金，“奖金数量取决于超出的具体产量，其单位成本低于原先的工资成本”。哈尔西提供了以下这个例子：

> 为了方便而采用简单的数字来说明。假设一位工人每天工作10小时，生产一件特定产品，由此获得每天3美元的工资。生产一件产品的工资成本显然是3美元。现在，根据劳工奖金计划，雇主对工人说：“如果你能够减少生产一件产品的时间，那么我将为你所节省的每一小时支付10美分奖金。”如果工人节省1小时，那么雇主获得的结果是节省了30美分，它来自该工人节省的这一个小时。但是，雇主还需要支付10美分给这位工人作为奖金。因此，雇主获得的纯收益是20美分，而这位工人的收入获得了10美分的净增加。[30]

1895年，弗雷德里克·泰勒提出了一种工资率设置方法和一种计件工资制度，作为“迈向部分解决劳工问题的一步”[31]。我们在第7章将会把泰勒提出的解决方案与汤的计划以及哈尔西的计划进行比较。从这时起，系统管理前进的步伐越来越稳，而且具有了一个更加一致的方向。基础已经打好：一个用来分享管理实践的论坛已经建立，一系列新的作品正在出现，劳工问题正引起各方争论，对资源配置合理化的需要也变得明显了。系统管理成为后来举世闻名的“科学管理”的序幕。科学管理将成为我们接下来两章所讨论的主题。

大企业及其不断变化的环境

没有任何其他国家能够像美国在19世纪后半叶那样，在没有出现强烈震荡的情况下经历一次剧烈变迁。为了理解那些将塑造20世纪的因素，考察美国如何应对其内部不断变化的环境是非常必要的。我们已经考察了钱德勒所提出的大型企业发展的第一阶段（各种资源的初步扩充和积累）以及由此出现的系统管理。让我们看看这些发展之外的其他一些情况：企业、社会等概念的不断演变，美国劳工运动的开端，改变人们生活的新技术，以及政府与企业之间不断变化的关系。

企业和社会：是强盗男爵还是慈善家

正直的行为很少成为新闻。历史学家和记者敬畏出类拔萃的人物，而且往往过分强调那些残酷无情、没有道德的人物对那些沉默、健全、负责任的人造成的伤害，而这些平凡的后者才是真正高生产力的建设者。对企业领导者及其行为的批评最初涌现于19世纪的后1/3个世纪。虽然其起源并不十分清楚，但是一份早期资料将科尼利厄斯·范德比尔特（Cornelius Vanderbilt）描述成一位中世纪男爵，类似于那些沿着莱茵河畔修建城堡以便向来往行人征收通行费的封建领主。“强盗男爵”这个词是后来出现的。当时，这个词十分流行，以至于公众经常把任何一位富有的、著名的企业领导者等同于残酷无情、毫无道德的人。人们不可能考察所有被称为强盗男爵的人，但只需一些简单的例子就能揭示为什么创造“强盗男爵”这个词的马修·约瑟夫森（Matthew Josephson）认为某些企业领导者正在以毫无社会责任感的方式行事。[32]

海军准将科尼利厄斯·范德比尔特通过贿赂纽约州立法机构和操纵股票的办法，攫取了纽约-哈莱姆铁路线的控制权。丹尼尔·德鲁（Daniel Drew）据说是从事后来被称为“掺水股票”行当的第一人。德鲁用自己在内战期间获得的一笔服役津贴购买了一群牛，在将这群牛运往市场的途中，给它们喂食食盐，使它们口渴，然后让它们喝尽可能多的水。他将这群暂时增重的牛转手卖出，获得了一大笔利润。德鲁与杰伊·古尔德（Jay Gould）和吉姆·菲斯克（Jim Fisk）一起，转向了铁路行业，并且很快就使纽约-伊利铁路公司在丹尼尔·麦卡勒姆离开之后的日子里因管理不善而获得不好的名声。中央太平洋铁路公司（Central Pacific Railroad）的老板们——所谓的四巨头，柯林斯·亨廷顿（Collis P. Huntington）、老利兰·斯坦福（A. Leland Stanford，Sr.）、马克·霍普金斯（Mark Hopkins）以及查尔斯·克劳克（Charles Crocker）——贿赂了立法者以批准他们获得免费政府土地和铁路特许经营权以及通过对他们有利的立法。有一年，亨廷顿支付了200 000美元以使一部议案能够在国会通过，他后来对中央太平洋铁路公司的财务部主管大卫·科尔顿（David D. Colton）抱怨说，国会的一次会议就要花费他50万美元，“我担心这民主的国会将毁了我”[33]。

并不是所有的强盗男爵都是铁路主。约翰·洛克菲勒（John D. Rockfeller）在建立其南方改良公司（South Improvement Company）和标准石油托拉斯（Standard Oil Trust）时，综合表现了冒险和狡猾这两种特征。通过与铁路公司共谋，他能够在运输自己的石油时获得折扣，并能够从他的竞争对手所运输的石油中获得返利。安德鲁·卡内基一度拥有或控制了美国朝气蓬勃的钢铁行业的2/3。1892年，卡内基钢铁公司位于宾夕法尼亚州的霍姆斯特德工厂举行的一次罢工使卡内基在新闻界名声不良，因为当时他雇用了平克顿私人侦探事务所的一股力量来保护他的工厂以及对付工会罢工，而罢工的工人们狠狠殴打了这些侦探。根据该州州长罗伯特·帕蒂森（Robert E. Pattison）颁布的命令，宾夕法尼亚州的军队开进了工厂，在这个过程中，平克顿私人侦探事务所的4名成员死亡，双方总共有300人受伤。[34]诸如洛克菲勒和卡内基之类的人物展现出了——至少在约瑟夫森看来——美国企业领导者们最令人憎恶的行为。

是什么激励了这些强盗男爵？在一些社会历史学家看来，这是因为1859年查尔斯·达尔文（Charles Darwin）的著作《物种起源》（*On the Origin of Species by Means of Natural Selection, or the Preservation of Favoured Races in the Struggle for Life*）的

出版。[35]在这本著作中，达尔文提出了物种通过自然选择的过程来实现代际进化的理论。达尔文宣称，在自然中存在着一种持续的生存竞争，只有最适者才能生存。有些社会科学家试图将达尔文的理论应用于人类社会，其结果就是“社会达尔文主义”。[36]诸如“生存竞争”和“适者生存”之类的短语暗示了通过竞争或者战斗来获得生存所需的资源，只有最适合的人才能取得胜利。社会达尔文主义者认为，社会进步取决于一种选择过程，而该过程基于不受限制的竞争。他们使用达尔文的理论来证明阶级划分和财富不平等的正确性。他们认为那些用来阻止这一过程的立法和慈善会对整个社会造成伤害，因为它们会使人类这个物种被削弱。在有些人看来，强盗男爵的成功证明了在资源竞争中，只有最适合者将“爬上社会的成功阶梯”，而不适应者将处于阶级结构的底层，并且最终在自然选择中被淘汰。对于社会达尔文主义者来说，强盗男爵的不受限制的商业实践在道德层面也是站得住脚的，因为达尔文的理论断言社会进步取决于适者生存。不过，无论是在当时还是在现在，这种观点都饱受质疑。

正如一位观察家所述，19 世纪末 20 世纪初的商界人士都是注重实效的行为主义者，他们很少阅读过达尔文或者亚当·斯密的著作，而且很少在意抽象的社会和经济理论。[37]另一位观察家也同意这种观点：“认为对竞争的认同是基于达尔文主义这个看法是不正确的……在 19 世纪 70 年代或者 80 年代，几乎没有哪个商人对达尔文足够了解……以将生物学用于自我辩护。”[38]关于社会达尔文主义对那些商界人士的思想和行为的影响，能够得出什么结论呢？在强盗男爵时代，经济性导致了企业合并，而不是导致了如社会达尔文主义所预测的残酷竞争。例如，钱德勒将洛克菲勒创建标准石油公司的努力视为试图获得规模经济，而不是试图垄断该行业。在洛克菲勒的努力下，1 加仑煤油的成本从标准石油托拉斯成立之前的 1.5 美分下降到了 1885 年的不到 0.5 美分。[39]很难说这体现了独家控制和垄断利润。在发现和精炼石油之前，动物脂肪被用来润滑车轮和齿轮，而且在使用煤油之前，鲸油被用来照明。也许挽救鲸鱼并不是洛克菲勒的意图，但是煤油能够保护鲸鱼免于灭绝。前面我们已经发现卡内基使得钢铁的价格持续下降，这可以被视为卡内基最伟大的慈善成就。当腐败的政客想要把他们的投票权卖给出价最高者时，四巨头向他们行贿，把这视为支付一种正常的“生意成本”。与此类似，当埃兹拉·康奈尔（Ezra Cornell）为了从纽约州立法机构获得一张营业执照以在伊萨卡建立一所大学时，他不得不与“杰纳西奥大学（Geneseo College）的朋友们”达成一笔交易：作为向该大学提供 25 000 美元的回报，该大学将保证他获得所需的支持票数。正如康奈尔在他的“密码”本中所提及的，“这就是腐败的立法机构的影响”[40]。

认为企业领导者受社会达尔文主义的影响颇深的观点是非常值得怀疑的。毋宁说，在这个变革时代，所谓的强盗男爵是进步的社会批评的众矢之的。

> 强盗男爵是一套陈腔滥调，它的产生似乎是一种冲动的、流行的尝试所导致的结果。这种尝试是试图解释美国社会结构的改变……绝大多数批评家似乎都陷入了一种简单的庸俗化，即以“邪恶观”来看待历史，这种历史观率直地假设一切不幸都可以追溯到一些很容易被找到的恶棍们的诡计——在目前这种情况下，这些恶棍就是美国的大商人。[41]

反对社会达尔文主义的是另一套理论，这套理论更好地把握住了19世纪商界的政策和行为。思想源自社会福音运动，该运动被华盛顿·格拉登这样的人视为实践中的基督教。我们将会在第9章和第12章再次提到社会福音运动，并且讨论它如何导致人事方面的实践获得改进。

另一套观点也暗示，在19世纪末20世纪初企业领导者的慷慨程度要远远超过通常所描述的程度。商界人士的慈善事业与商业本身一样悠久。“业界巨头”[42]——由托马斯·卡莱尔（Thomas Carlyle）创造的一个词——一直以来资助艺术和文学，为社区项目提供资金，向教会捐赠，以及向教育机构捐款。没有人质疑这个时代的商业精英们放弃他们部分或所有财产的权利，毕竟，那是他们自己的钱，他们可以用来做他们乐意做的事情。但是，如果是由企业从事慈善活动（这是一种新现象），将会怎样呢？企业的管理者和董事们能否将企业的部分利润用于与企业无关的事情呢？

有限特许权的概念，以及管理者作为股东财产受托人的概念，综合起来形成了19世纪关于企业慈善活动的法律基础。1881年最先出现的一个案例涉及马萨诸塞州老殖民地铁路公司（Old Colony Railway）。该公司的管理者同意提供捐款以承担1872年在波士顿举行的“世界和平狂欢节和国际音乐节”造成的财务亏损。虽然该铁路公司由于该狂欢节提高了客运量而受益，但法院还是作出了有利于股东的判决，即这次捐款是越权行为(也就是说，超出了管理者的特许权)。[43]1883年，英国西科克铁路公司（West Cork Railroad Company）试图向那些因为公司解体而失业的员工发放补偿费。在否决该公司的做法时，英国最高法院法官鲍登（Bowden）阐述了指导原则：“慈善事业在董事会中没有发言席……如果董事会想要为与公司业务开展合理相关的目的而花钱，那么董事会只能花公司的钱，而不是他们自己的钱。”[44]至于什么是或者什么不是“合理相关的”，在施坦威父子公司（Steinway and Sons）的案例中得到了澄清。纽约州最高法院允许钢琴制造商施坦威父子公司购买一块与该厂相邻的土地为员工修建一座教堂、一座图书馆和一所学校。法院的推理是公司的员工们将受益，因此这显然等同于因为更好的员工关系而给公司带来利益。[45]简而言之，法律的立场是非常清楚的，即公司被授权从事具体的事情，管理者和董事们是股东财产的受托人，只有当捐赠财产能够给公司带来可衡量的利益时，公司董事才可以这样做。先前所述的所有这些判例都严格限制公司董事实施公司慈善的权力。不过，通过1953年的史密斯制造公司诉巴洛（A. P. Smith Manufacturing v. Barlow）等案件，这种权力被扩展了。[46]该公司的董事会捐赠了1 500美元给普林斯顿大学用于一般教学目的。该公司的一些股东提出了诉讼，声称这次捐赠超出了公司章程向董事会授予的权力。新泽西州衡平法院认为该公司的董事会是在其权力范围内行事，这次捐赠是出于公司（而不是个人的）目的。需要引起注意的是，在美国联邦层次，1935年的《税收法案》包含了一个条款，它允许公司扣除最多5%的净收入用于慈善捐赠。[47]公司董事会代表公司从事造福普通大众的一般慈善活动，现如今已经被广泛认可。

虽然公司慈善可能会被质疑，但是个人从事慈善事业是不大可能被阻止的。个人的慈善活动可能是19世纪企业家表达社会良知的方式。在这里，只能够提及那个时代一些伟大的慈善家商人。[48]埃兹拉·康奈尔是电报行业的先驱者，作为西部联合公司（Western Union Company）的创始人积累了自己的财富，并且赞助了康奈尔大学（Cornell University）；威廉·高露洁（William Colgate）制造出肥皂来帮助人们遵循约翰·卫斯理（John Wesley）的告诫"清洁近乎神圣"[49]，他和他的继承人向一所大学提供了巨额资金，该大学后来以他的名字命名；摩西·布朗是塞缪尔·斯拉特的合伙人，于1770年在普罗维登斯创建了罗得岛学院（Rhode Island College），它于1804年改名为布朗大学（Brown University）；约翰·霍普金斯是巴尔的摩-俄亥俄铁路公司的创始人，在巴尔的摩创建了一所以他的名字命名的著名大学；科尼利厄斯·范德比尔特在1873年留下了一大笔遗产，这笔遗产使得田纳西州纳什维尔的一所小卫理公会神学院发展为一所声名显著的大学。

名单上还有更多的人：约瑟夫·沃顿（Joseph Wharton），他的100 000美元捐赠使宾夕法尼亚大学（University of Pennsylvania）建立了美国第一所商学院；爱德华·塔克（Edward Tuck），1899年以他父亲的名义向达特茅斯学院（Dartmouth College）捐赠300 000美元以成立阿莫斯·塔克管理与金融学院（Amos Tuck School of Administration and Finance）；利兰·斯坦福，1891年以他儿子的名义创建了一所大学；约翰·史蒂文斯，1870年向位于费城的一所理工学院提供资金；詹姆斯·杜克（James B. Duke），成立了一个4 000万美元的信托基金以创建三一学院（Trinity College，后来以杜克家族命名）。巨额财富并不是总会落到那些希望慈善家捐献的大学头上。1867年，丹尼尔·德鲁曾经向新泽西州麦迪逊的一所卫理公会神学院捐献一张250 000美元的期票，但该神学院刚开始办学，丹尼尔·德鲁却破产了，无法兑现所承诺的那笔钱，不过，这所神学院还是被命名为德鲁大学。

其他一些慈善家更加有名。洛克菲勒在1896年向芝加哥大学（University of Chicago）捐赠，通过一家通识教育基金会提供了几百万美元为美国南部的黑人提供教育，资助了许多为黑人创办的学院和大学，例如佐治亚州亚特兰大的史贝尔曼学院（Spelman College），并且为如今改名为洛克菲勒大学（Rockefeller University）的教育机构提供了关键资助。到他1937年去世时，他捐赠了5亿美元，确保以其家族命名的基金会的未来发展。卡内基在一生中总共捐赠了3.5亿美元，许多以他的名字命名的图书馆、一所大学和一家基金会是纪念其主张的"财富管理员"哲学的不朽丰碑。[50]虽然洛克菲勒和卡内基如此慷慨，但是美国产业关系委员会（Commission on Industrial Relations）的主席弗兰克·沃尔什（Frank P. Walsh）仍然在1915年质疑他们两个人以及其他一些基金会是不是"对社会的潜在威胁"[51]。对于沃尔什，我们将在第11章予以更多介绍。1914年科罗拉多州煤矿工人罢工事件最终以勒德洛大屠杀（Ludlow Massacre）而告终，在这次悲剧中，数十名矿工及其家人被科罗拉多州国民警卫队在一家洛克菲勒家族所有的煤矿中杀害。在针对这一事件举行的听证会上，产业关系委员会的成员们表达了担忧，即"不恰当管理的"基金会可能实际上增加而不是减少了他们试图去补救的"邪恶"，而且如果它们在将来被"邪恶的双手"掌控，情况就更是如此。由公司赞助的基金会来实施慈善行为，被视为对政府职责的侵犯，并且反映了人们担心诸如洛克菲勒和卡内基之类的人物所掌控的巨额捐献可能会“对公共意识施加一种显著影响”，使得这些基金会增强对公共机构、学院和大学、政府以及整个社会的控制。[52]

时代已经改变，所得税和遗产税使人们难以像洛克菲勒或者卡内基那样积累如此巨额的财富，与公司慈善活动相关的法律问题已经获得澄清（我们在第 22 章就会看到），而且公众对企业在社会中扮演的角色的期望也发生了改变。不过，今天我们仍然在个体层面和集体层面受惠于所谓的强盗男爵创办的各种慈善事业。更现代的慈善家包括菲尔·奈特（Phil Knight），他向俄勒冈健康科学研究中心（Oregon Health Sciences Center）捐献的资金超过 5 亿美元，并且向斯坦福大学商学院研究生院（Stanford University Graduate School of Business）捐献了 1 亿多美元；前花旗集团（Citigroup）首席执行官桑迪·威尔（Sandy Weil），向康奈尔医学中心（Cornell Medical Center）捐赠的资金超过 6 亿美元；对冲基金经理约翰·保尔森（John Paulson），向纽约市中央公园保护协会（Central Park Conversancy）捐献了 1 亿美元。这样的例子不胜枚举。

企业和劳工：紧张关系

我们在第 5 章已经说过，1842 年马萨诸塞州最高法院在“联邦诉亨特案”的判决中已经承认工人有权罢工或使用和平的威胁来提高工资。这个时期，美国的手工业工人建立了劳工组织，例如在建筑行业以及所谓的铁路雇员兄弟会中。试图在不同行业或产业中组建综合工会的努力通常不是那么成功。由威廉·西尔维斯（William H. Sylvis，1828—1869）领导的全国劳工联盟（National Labor Union）试图用合作生产制度来代替雇主向雇员支付工资的制度。按照这种合作生产制度，工人积累自己的资源，提供自己的劳动力，并且管理工厂。1867 年成立的劳动骑士团（Noble Order of the Knights of Labor）试图实施每天 8 小时工作制，建立劳工统计局（Bureau of Labor Statistic），保护童工，实施累进所得税，实现对铁路线路和电报线路的政府所有，取消全国性银行，以及实施一种累进的联邦收入税来为政府服务和为项目筹集资金。

19 世纪八九十年代发生的劳工暴力事件激起了公众对工会的畏惧。莫莉·马圭尔斯（Molly Maguires）组织在宾夕法尼亚州煤田一带使用暴力手段为爱尔兰裔矿工的权利斗争。在 1886 年的干草市场事件中，劳动骑士团试图在芝加哥发起一次总罢工，结果导致数人死亡。由劳资双方之间的冲突导致暴力事件的另两个例子是 1892 年的霍姆斯特德罢工和 1894 年的普尔曼罢工。人们非常害怕激进主义者和无政府主义者，而这些人经常被视为合法的工会组织者。人们的这种恐惧使工会运动的发展在工会成员占劳动力总量的比例方面处于相对停滞状态。工会成员总数从 1870 年的 300 000 人增长到 1900 年的 868 000 人；然而，1870 年，仅有 5%的美国劳动力参加工会，这一比例在 19 世纪八九十年代出现了下降，不过到 1900 年有所恢复，上升到 4.8%。

与全国劳工联盟和劳动骑士团形成对照，一个成功的工会是 1886 年作为手工业工会联盟而成立的美国劳工联合会（AFL）。美国劳工联合会的目标聚焦于追求在职工人的直接经济利益，而不是长期的政治改革。在塞缪尔·冈珀斯（Samuel Gompers）的领导下，美国劳工联合会的会员人数从1887年的不到600 000人增加到1924年冈珀斯去世时的超过2 865 000人。[53]然而，想要使组织工会的尝试合法化，产业工人们还必须再等待一段时间以及公众观点的转变。

移民为这个时期工业的快速增长提供了源源不断的劳动力：中国人加入了修建铁路的劳工队伍，而爱尔兰人、德国人以及瑞典人则大量加入了美国的煤田和钢铁厂。1880年之后，由斯拉夫人、波兰人和意大利人构成的另一股移民流也加入了不断膨胀的劳动力队伍。劳动力供应的不断增加并没有使美国工人的工资下降。1860—1890年，美国制造业工人的日工资和年收入增加了59%，同期的实际工资（工人收入的购买力）增加了60%（即每年增加1.6%）。[54]简而言之，在就业和实际工资方面，美国工人从工业增长中获益匪浅。

发明与创新的冲动

前面我们了解了铁路公司在为产量日益增长的工业制成品创造一个全国性市场方面所起到的作用。当联合太平洋公司和中央太平洋铁路公司的铁路线于1869年在犹他州汇合时，利兰·斯坦福打造了一枚由黄金制成的道钉，用来纪念这条连接东部与西部的横贯大陆的铁路。美国铁路里程从1865年的35 000英里增加到了1900年的193 000英里。技术进步使铁路旅行变得更加惬意：钢轨代替了铁轨；乔治·普尔曼（George Pullman）在1865年引进了卧铺车；乔治·威斯汀豪斯（George Westinghouse）在1868年开发了风闸，使铁路旅行变得更加安全。我们将会发现，铁路行业通过为大规模流通创造更大的时间和地点效用，促进了一次零售业的革命。通过铁路，州际商业变得更加容易，但是同时也变得更加复杂，因为一个地区与另外一个地区之间并不存在标准时间。在芝加哥，可能是中午12：30，而在匹兹堡，却是上午11：45。对于发货人或者旅客来说，圣路易斯拥有最令人困惑的情况。解决方案是根据英国格林尼治西部75度、90度、105度以及120度子午线的太阳日设置4个时区。1883年，标准时间在铁路行业投入使用，但直到1918年，美国国会才接受标准时间。

发明与创新的冲动，这种非凡的精神塑造了美国的技术进步，这种精神应归因于一些主要的推动者，是这些人的想法和创意创造了新财富。正如洛克所表达的："为了使财富得以创造，人们必须创造它……那些主要的推动者……通过他们创造性的想象力、他们的热情与能量以及他们的能力所形成的合力，推动着社会向前发展。"[55]这个时期的这些人推动这个国家获得更强的能力，生产更多的产品，创造更多的工作岗位，以及设计各种方法来制造、运输和包装大量以前几乎不存在的消费品。

电报是铁路行业在这次前所未见的经济增长时期的同伴。钱德勒从规模和范围两个方面描述了这种增长：(1) 规模经济（economies of scale），指的是一个运营单位制造或流通越来越多的单种产品，使得单位产品的制造或流通成本降低；(2) 范围经济（economies of scope），被用来描述一个运营单位制造或流通多种产品。[56]卡内基在钢铁行业中的纵向一体化代表着规模经济，而利用他的工厂来生产不同类型的钢产品则代表着范围经济。随着规模与范围的扩展，需要更多的管理者来计划、协调和监督公司的各种职能。铁路网络、电报以及亚历山大·格雷厄姆·贝尔（Alexander Graham Bell）的电话使得在全国市场和国际市场上制造、运输和销售产品成为可能，从而进一步促进了规模经济和范围经济。

19世纪后半叶的大型企业完全不同于内战前地方性的、家庭所有和管理的劳动密集型企业。可能需要好几本书才能够详细介绍那些对19世纪后半叶的大型企业起主要推动作用的人物。例如，托马斯·爱迪生（Thomas Edison）以及乔治·威斯汀豪斯，改变了电力传输和控制的方式。约翰·洛克菲勒对煤油（用于照明）市场的统治将被电力取代。贝尔电话公司（Bell Telephone Company）创建于1875年，后来在1885年变成美国电话电报公司（AT&T）。1877年，伊莱沙·格雷（Elisha Gray）发明了第一台传真机，即通过电报来传送文字和图画的“电报传真机”。随着通信行业和交通行业的进步，出现了第一批大型销售商、连锁零售商、邮购公司以及诸如大西洋与太平洋茶业公司（Great Atlantic and Pacific Tea Company）之类的连锁食品商。1878年，大西洋与太平洋茶业公司已经运营了70家店铺。冷冻货车改造了肉类包装行业，能够将大量易腐烂的产品运输到遥远的市场。美国制造系统能够使艾萨克·辛格的缝纫机和赛勒斯·麦考密克的谷物收割机被大规模生产。克里斯托弗·莱瑟姆·肖尔斯（Christopher Latham Sholes）于1873年将自己的打字机专利转让给雷明顿父子公司（E. Remington & Sons）。安德鲁·卡内基的更坚固、更轻便的结构型钢材使得超高层建筑拔地而起，伊莱沙·奥提斯（Elisha Otis）的电梯使人们从建筑的底层上到最顶层变得更轻松、更安全。这些人只是那些主要推动者中的一部分。这些主要推动者的想法和创意为制造、通信、营销、蒸馏、精炼、运输和食品加工行业中的新兴大型企业奠定了坚实的基础，从而创造了世界历史上前所未有的物质丰富。

企业与政府：改革的种子

19世纪的美国政府并不以富于进取而闻名。自美国成立之日起，政党分赃制（spoils system，也就是说，选举获胜的政党将政府职位授予自己的朋友或亲属）就占据主导地位。要求政府改革的呼吁并未获得回应。最终，在美国总统詹姆斯·加菲尔德（James Garfield）被一名失意的谋求公职者刺杀之后不久，1883年美国国会通过了《公务员法案》（Civil Service Act），并且建立了永久的文官委员会（Civil Service Commission）。根据提出该法案的参议员的名字，该法案的另一个名称《彭德尔顿法案》（Pendleton Act）更广为人知。该法案的目的是将称职的雇员而不是政治幸运儿引入政府，并为公共事务管理提供一些稳定性。在这种新环境中，政府改革的种子从私营部门的系统管理运动中发现了肥沃的土壤。

将系统管理引入政府服务必须归功于伍德罗·威尔逊（Woodrow Wilsom），他当时是布林·莫尔学院（Bryn Mawr College）的一名年轻教授。1887年，威尔逊认识到公务员改革必须不仅仅局限于让合格的公务员来执行政府职能，而应该扩展到更深层次。为了实现这一点，威尔逊建议“行政管理研究首先要发现政府能够正确而成功地做什么事情，然后发现政府如何能够以最有效率、在金钱或精力方面成本最低的方法做这些正确的事情”[57]。在威尔逊看来，对政府的研究在太长时间内关注政治学，而对如何管理公共事务却没有给予足够重视。毕竟，“管理领域是一个商业领域……没有政治的仓促和斗争……行政管理研究的目标是挽救管理方法，使之避免经验主义的混乱和高昂的成本，并且使它们的基础深深扎根于稳定原则”[58]。后来，作为美国第 28 任总统（1913—1921），威尔逊将更好的制度和方法引入政府。

由于这个时期的联邦政府严格坚守美国宪法中的商业条款，很少对商业行为进行管控。管控商业行为的第一次尝试瞄准了铁路公司的不当行为。1869 年，马萨诸塞州通过立法建立了一个铁路委员会，该委员会有权设定和执行铁路运费；格兰杰法案系列（Granger laws）在 19 世纪 60 年代末期以及 70 年代初期被美国中西部的几个州通过，对农民被铁路公司和谷物升降机运营商收取的费用进行调控；1887 年《州际商业法案》（Interstate Commerce Act）成为第一部对铁路公司垄断行为进行管控的联邦法律。在铁路行业之外，1890 年《谢尔曼反托拉斯法案》（Sherman Antitrust Act）是第一部禁止那些“限制贸易”的垄断行为的联邦法律。由于该法案内容不明确，而且适用范围狭窄，因此总体上并没有取得什么效果。第一次在和平时期征收联邦所得税始于 1894 年《威尔逊-戈尔曼税后法案》（Wilson-Gorman Tariff Act），该法案规定，4 000 美元以上的所有收入须征收 2%的个人所得税，而且对企业的全部净收入征收 2%的所得税。1895 年，美国联邦最高法院宣布该法案的所得税条款违反宪法。《美国宪法第 16 条修正案》于 1913 年被通过，它允许国会征收所得税。简而言之，19 世纪的经济和政治环境仍然是相对宽松的，坚持亚当·斯密的观念。20 世纪将会与此形成鲜明对照。

第一部分小结

本书第一部分探讨了美国科学管理时代之前管理思想的发展。在简要介绍管理者在组织中的作用后，第一部分考察了早期文明中的最初管理尝试，讨论了不断变化的文化价值观如何为工业革命奠定基础。工业革命为作为所有者的企业家、领薪管理者以及整个社会带来了新挑战。我们讨论了四位人物的努力——罗伯特·欧文、查尔斯·巴比奇、安德鲁·尤尔以及查尔斯·杜宾，他们率先为这些挑战提出解决方案。第一部分的最后，我们考察了美国企业在内战之后的持续成长，系统管理的出现，以及科学管理时代之前美国的经济、社会、政治和技术环境。

图 6-1 形象地展示了早期管理思想的梗概。它首先指出，人具有多方面的需求和欲望，而且人们会设法通过有组织的努力来予以满足。然而，早期文明通常很不重视经济交换，并且对管理职能持一种狭隘的观点，但是文艺复兴为工业革命创造了先决条件。英国的工业革命刺激了工厂生产体制，它带来了前所未有的管理挑战。罗伯特·欧文、查尔斯·巴比奇、安德鲁·尤尔、查尔斯·杜宾以及其他人（例如丹尼尔·麦卡勒姆和亨利·普尔）努力应对这些挑战。最后，美国工业在内战之后的扩张导致了系统管理，它是科学管理时代的序幕。我们下一章的主题是科学管理。

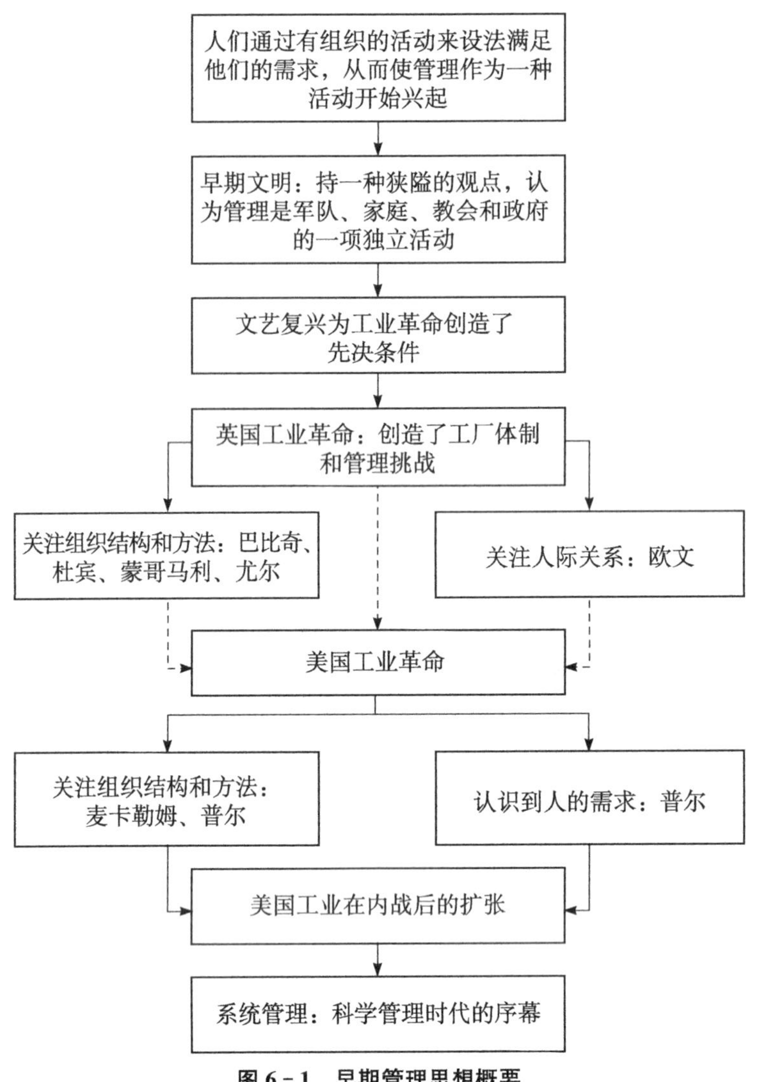

图 6-1 早期管理思想概要

注 释

[1] The subsequent discussion draws on Alfred D. Chandler, Jr., *Strategy and Structure: Chapters in the History of the Industrial Enterprise* (Cambridge, MA: MIT Press, 1962); *idem*, *The Visible Hand: The Managerial Revolution in American Business* (Cambridge, MA: Belknap Press of Harvard University Press, 1977); *idem* and Takashi Hikino, *Scale and Scope: The Dynamics of Industrial Capitalism* (Cambridge, MA: Belknap Press of Harvard University Press, 1990).

[2] Andrew Carnegie, *The Empire of Business* (Garden City, NJ: Doubleday, Page & Company, 1913), p. 74.

[3] Parallels between McCallum and Carnegie are discussed in Harold C. Livesay, *Andrew Carnegie and the Rise of Big Business* (Boston, MA: Little, Brown, 1975).

[4] Jonathan Swift, *Travels into Several Remote Nations of the World*, vol. 1 (London: Benjamin Motte, 1726), p. 129.

[5] Jo Anne Yates, *Control through Communication: The Rise of System in American Management* (Baltimore, MD: Johns Hopkins University Press, 1989).

[6] William F. Muhs, Charles Wrege, and Arthur Murtuza, "Extracts from Chordal's Letters: Pre-Taylor Shop Management," in Kae H. Chung, ed., *Proceedings of the Annual Meeting of the Academy of Management* (1981), pp. 96-100.

[7] James W. See, "Extracts from Chordal's Letters," *American Machinist* 2 (15) (August 16, 1879), p. 6.

[8] Idem, "Extracts from Chordal's Letters," *American Machinist* 3 (13) (March 27, 1880), p. 4.

[9] Henry R. Towne, "The Engineer as an Economist," *Transactions of the American Society of Mechanical Engineers* 7 (1886), pp. 428-429. See also Ion Georgiou, "Engineers as Economists: A Study in Gilded Age Sensibilities," *Management & Organizational History* 9 (1) (January 2014), pp. 69-91.

[10] Henry Metcalfe, "The Shop-Order System of Accounts," *Transactions of the American Society of Mechanical Engineers* 7 (1886), pp. 440-468. This paper was a summary of Metcalfe's pioneering book in cost accounting, *The Cost of Manufactures and the Administration of Workshops, Public and Private* (New York: John Wiley and Sons, 1885). See also William H. Reid, "The Development of Henry Metcalf's Card System of Shop Returns at Frankford Arsenal," *Journal of Management* 12 (3) (Fall 1986), pp. 415-423.

[11] The Stevens Institute of Technology had 600 graduates between 1872 and 1896; of these, 230 (38 percent) were in executive positions by 1900. William D. Ennis, "The Engineering Management of Industrial Works," *Engineering Magazine* 22 (November 1901), pp. 241-246.

[12] Hirose noted, however, that some mechanical engineers favored scientific management; only in 1920 did the majority of ASME members agree to a separate division of management. See Mikiyoshi Hirose, "The Attitude of the American Society of Mechanical Engineers toward Management: Suggestions for a Revised Interpretation," *Review of Economics and Business* (Kansai University) 25 (September 1996), pp. 125-148. See also *idem*, *The Management Thought of the Engineers: The Emergence of Industrial Management in America, 1880-1920* (Tokyo: Bunshindō, 2005).

[13] Oberlin Smith, "System in Machine Shops," *American Machinist* 8 (October 31, 1885), p. 1.

[14] Joseph A. Litterer, *The Emergence of Systematic Management as Shown by the Literature of Management from 1870 to 1900* (Unpublished dissertation, University of Illinois, Urbana, IL, 1959), released in book form by Garland Press, New York, 1986. See also *idem*, "Systematic Management: The Search for Order and Integration," *Business History Review* 35 (Winter 1961), pp. 461-476; *idem*, "Systematic Management: Design for Organizational Recoupling in American Manufacturing Firms," *Business History Review* 37 (4) (Winter 1963), pp. 369-391.

[15] Edward Atkinson, *The Distribution of Products; or, The Mechanism and the Metaphysics of Exchange* (New York: G. P. Putnam's Sons, 1885), p. 62.

[16] Alfred Marshall and Mary Paley Marshall, *The Economics of Industry* (London: Macmillan, 1879), p. 139.

[17] *Ibid.*, p. 56.

[18] Alfred Marshall, *Principles of Economics*, 8th ed. (New York: Macmillan, 1920), p. 614.

[19] Washington Gladden, *Working People and Their Employers* (Boston, MA: Lockwood, Brooks, and Company), 1876. See also Jacob H. Dorn, *Washington Gladden: Prophet of the Social Gospel*

(Columbus, OH: Ohio State University Press, 1966).

[20] Richard T. Ely, *The Labor Movement in America* (New York: Thomas Y. Crowell, 1886), p. ix.

[21] For the views of Social Gospel proponents, see the chapters in William E. Barns, ed., *The Labor Problem: Plain Questions and Practical Answers* (New York: Harper & Brothers, 1886); for an alternative view of the labor question, see Simon Newcomb, *A Plain Man's Talk on the Labor Question* (New York: Harper & Brothers, 1886).

[22] David F. Schloss, "Why Working-men Dislike Piece Work," *Economic Review* 1 (1891), p. 313.

[23] *Idem*, *Methods of Industrial Remuneration* (London: Williams and Norgate, 1892), p. 38.

[24] Atkinson, *Distribution of Products*, p. 63.

[25] Jacob Schoenhof, *The Economy of High Wages: An Inquiry into the Cause of High Wages and Their Effect on Methods and Cost of Production* (New York: G. P. Putman's Sons, 1892), p. 226.

[26] Nicholas P. Gilman, *Profit Sharing between Employer and Employee* (Boston, MA: Houghton Mifflin, 1889); Mary W. Calkins, *Sharing the Profits* (Boston, MA: Ginn, 1888).

[27] Henry R. Towne, "Gain Sharing," *Transactions of the American Society of Mechanical Engineers* 10 (1889), p. 600.

[28] *Ibid.*, pp. 504 - 605.

[29] Frederick A. Halsey, "Premium Plan of Paying for Labor," *Transactions of the American Society of Mechanical Engineers* 12 (1891), pp. 755 - 764.

[30] *Idem*, "Experience with the Premium Plan of Paying Labor," *American Machinist* 22 (9) (March 9, 1899), pp. 180 - 118.

[31] Frederick W. Taylor, "A Piece Rate System, Being a Step Toward Partial Solution of the Labor Problem," *Transactions of the American Society of Mechanical Engineers* 16 (1895), pp. 856 - 903.

[32] Matthew Josephson, *The Robber Barons: The Great American Capitalists, 1861 - 1901* (New York: Harcourt, Brace Jovanovich, 1934), p. vii.

[33] Letter from Collis P. Huntington to David D. Colton, August 1, 1876, p. 1. Collis Porter Huntington Papers, Box 140, Special Collections Research Center, Syracuse University Libraries, Syracuse, NY.

[34] Joseph F. Wall, *Andrew Carnegie* (New York: Oxford University Press, 1970), p. 559.

[35] Charles Darwin, *On the Origin of Species by Means of Natural Selection, or the Preservation of Favoured Races in the Struggle for Life* (London: John Murray, 1859).

[36] Richard Hofstadter, *Social Darwinism in American Thought* (Philadelphia, PA: University of Pennsylvania Press, 1944), p. 4.

[37] Edward C. Kirkland, *Dream and Thought in the Business Community, 1860 - 1900* (Ithaca, NY: Cornell University Press, 1956), pp. 14, 18. Another who shared this pragmatic view is Peter d'A. Jones, "Introduction," in *The Robber Barons* Revisited, *idem*, ed. (Boston, MA: D. C. Heath, 1968), pp. v - xi.

[38] Raymond J. Wilson, "Darwinism and Social Ethics" in *Darwinism and the American Intellectual: A Book of Readings*, *idem*, ed. (Homewood, IL: Dorsey Press, 1967), pp. 93 - 94.

[39] Alfred D. Chandler, Jr., "The Emergence of Managerial Capitalism," *Business History Review* 5 (4) (Winter 1984), pp. 473 - 503.

[40] Carl L. Becker, *Cornell University: Founders and Founding* (Ithaca, NY: Cornell University Press, 1943), pp. 103 - 107, 154.

[41] John Tipple, "The Anatomy of Prejudice: Origins of the Robber Baron Legend," *Business History Review* 33 (4) (Winter 1959), p. 521.

[42] Thomas Carlyle, *Past and Present* (New York: William H. Colyer, 1843), p. 149.

[43] *Davis v. Old Colony Railway Company*, 131 Mass. 258 (1881).

[44] *Hutton v. West Cork Railroad Company*, 23 Chancery Division Reports 654 (1883), pp. 426, 425.

[45] *Steinway v. Steinway and Sons*, 40 N. Y. S. 718 (1896).

[46] *AP Smith Manufacturing Co v. Barlow*, 98 A. 2d 581 (NJ 1953).

[47] *Revenue Act of 1935*, Pub. L. No. 74-407, 49 Stat. 1014, 1016, Section 102 (c), (1935).

[48] For an extensive list, see Daniel A. Wren, "American Business Philanthropy and Higher Education in the Nineteenth Century," *Business History Review* 57 (3) (Autumn 1983), pp. 321 - 346. See also Mark Sharfman, "Changing Institutional Rules: The Evolution of Corporate Philanthropy, 1883 - 1953," *Business and Society* 33 (3) (December 1994), pp. 236 - 269.

[49] Richard Watson, *The Life of the Rev. John Wesley, A. M.* (New York: S. Hoyt & Co., 1831), p. 180.

[50] Andrew Carnegie, "Wealth," *North American Review* 148 (391) (June 1889), pp. 653 - 665.

[51] *Industrial Relations, Final Report and Testimony Submitted to Congress by the Commission on Industrial Relations*, vol. 9 (Washington, DC: U. S. Government Printing Office, 1916), pp. 8110 - 8111, 8171, 8179, 8316.

[52] Trade or craft unions organize workers in a particular industry along trade or craft lines; examples include the carpenters' union, electricians' union, and painters' union. In contrast, industrial unions organize all the workers in a particular industry regardless of craft or trade; examples include automobile workers, steel workers, mine workers, and shipbuilders.

[53] Philip A. Taft, *The A. F. of L. in the Time of Gompers* (New York: Harper & Brothers, 1957), pp. 52, 362.

[54] Ross M. Robertson, *History of the American Economy*, 3rd ed. (New York: Harcourt Brace Jovanovich, 1973), pp. 379 - 380.

[55] Edwin A. Locke, *Prime Movers: Traits of the Great Wealth Creators* (New York: American Management Association, 2000), p. 7.

[56] Chandler and Hikino, *Scale and Scope*, pp. 17 - 28.

[57] Woodrow Wilson, "The Study of Administration," *Political Science Quarterly* 2 (2) (June 1887), p. 197.

[58] *Ibid.*, pp. 209 - 210.

第 二 部 分

科学管理时代

在第二部分，我们首先了解弗雷德里克·泰勒的生平。泰勒为管理学作出了不可磨灭的贡献。他的成果以前是，现在仍然是革命性的。不过，在传播效率的道路上，泰勒并不孤独。还有很多人与他并肩作战，他们应用、改变和精炼科学管理。例如，卡尔·巴思（Carl G. Barth）、亨利·甘特（Henry L. Gantt）、弗兰克·吉尔布雷斯（Frank Gilbreth）和莉莲·吉尔布雷斯（Lillian Gilbreth）夫妇、莫里斯·库克（Morris Cooke）、哈林顿·埃默森（Harrington Emerson）等是挥舞科学管理大旗的最杰出代表。虽然泰勒及其追随者的成果主导了科学管理的早期阶段，但是第二部分还将考察在同时期发挥作用的各种社会因素以及它们如何影响工业心理学、工业社会学以及产业关系。所有这些因素共同为后来的劳资关系、管理学的人际关系学派以及最终的组织行为学奠定了基础。第二部分还将考察法国管理者、工程师亨利·法约尔的理念，他是首位正式阐述管理要素和原则的作家；还将探讨德国经济学家、社会学家马克斯·韦伯的成果，他强调了一个更基础的主题：组织应该如何被架构。随着科学管理运动在美国的推进，它引起了世界上其他国家的关注，其中包括西欧、东欧、日本、中国以及澳大利亚。在第二部分的最后，针对构成科学管理文化环境的经济、社会和政治条件，提出了一种概括性观点。

第7章 科学管理时代的到来

在前几章，我们回顾了内战之后美国工业的转变。英国工业革命传播到北美，最初是从纺织制造业的机械化开始的。随着美国国境线的西进，工业革命在铁路行业表现得最为明显。人们需要一种廉价的交通运输模式，而铁路公司为运输工业制成品、原材料以及食品提供了一种划算的方式。现代工业公司的种子——今天《财富》500强企业的先驱——在这个时代已经得以播种。如同在第5章提到过的，美国铁路行业的先驱们最先意识到改进管理水平的迫切需求。丹尼尔·麦卡勒姆将系统管理引入纽约-伊利铁路公司，他的理念还影响了其他铁路公司的管理者和钢铁大王卡内基。铁路开辟了新的市场，电报使整个国家在金融、生产、市场以及其他事务方面联系起来。

19世纪后半叶，工业革命发展到一个全新的阶段。这是一个复杂的、不平衡的阶段，既是技术进步、能源变化和劳资关系演变相互作用的结果，也是强烈要求用更好的管理实践来推动这些因素协调作用的结果。由于在技术和能源的开发及应用方面，工程师起着至关重要的作用，他们很自然地成为关于如何应对新管理挑战的观点和理念的首要来源。例如，亨利·汤就号召工程师们不仅要专注于生产制造的技术，而且要思考如何提高工厂的管理效率。其中，有一位年轻的工程师回应了汤的号召，他就是弗雷德里克·泰勒，也是本章所要讨论的焦点人物。

弗雷德里克·泰勒：早年时光

弗雷德里克·泰勒（1856—1915）出生于宾夕法尼亚州日耳曼敦。他的父亲是桂格股份（Quaker Stock）一位相当成功的律师。母亲出生于一个有清教背景的家庭，其祖先于1629年来到美洲大陆，在马萨诸塞州普利茅斯定居。[1]泰勒接受的早期教育相当自由，除了阅读古典著作，学习法语和德语，还有三年半的时间在欧洲学习和旅行。父母希望他子承父业，成为一名律师，在1872年把他送进菲利普斯·埃克赛特中学（Phillips Exeter Academy），为进入哈佛大学（Harvard University）深造做准备。那里的竞争非常激烈，泰勒的其中一位教师乔治·温特沃斯（George A. Wentworth）使用秒表来判断哪一位学生能够最快速地解答数学问题。[2]泰勒很有学习热情，常常学习到深夜，这导致他视力下降并且经常头疼。虽然他以全班第一名的成绩毕业并且通过了哈佛大学的入学考试，戴上眼镜之后也解决了视力和头疼的问题，但泰勒还是决定放弃学业。他父母建议他成为一名工程师，因此在18岁时，他成为费城恩特普里斯水压工厂（Enterprise Hydraulic Works）的一名模具工和机工学徒。这家水泵制造公司的老板是泰勒家的老朋友。[3]泰勒决定去当一名学徒并不是什么稀罕事，费城上层社会的人长期以来都是这样接受教育的，这是培养精英机械工程师的惯常方式。依照富裕家庭子女接受学徒教育的惯例，泰勒最初的4年学徒期是没有工资的，但在第二年学徒期时，他每个星期赚1.5美元，到第四年，他每个星期的收入为3美元。在恩特普里斯，泰勒深刻体会到作为普通工人的感受，他和最优秀的工人一起嬉笑怒骂，被他们的精湛技艺深深折服，然而，他也注意到了他所说的“恶劣的工作条件”，即工人对产出的限制、糟糕的管理以及工人与管理者之间的紧张关系。

泰勒在米德维尔

结束自己的学徒期后，泰勒再次通过自己的家庭关系，在1878年加入费城的米德维尔钢铁公司。[4]该公司专门制造火车机车轮子和车轴。此时，1873年金融恐慌对经济的影响依然存在，工作非常难找。泰勒经常从事普通工人的工作。威廉·塞勒斯（William Sellers）执掌的米德维尔钢铁公司是19世纪机械工具领域最主要的发明者之一，也是当时钢铁工业的领头羊之一。在这家公司，泰勒从一名普通工人晋升为书记员，继而成为机工、技工们的班组长（gang boss）、机械车间的工长，再到负责整个工厂维修和保养的总机械师，最后成为总工程师——总共只用了6年时间。

在米德维尔钢铁公司的12年（1878—1890年）是泰勒积累经验的时期，在这期间他获得了宝贵的远见和洞察力，这为他以后发展自己的工厂管理理念奠定了基础。泰勒意识到自己缺乏“科学教育”，于是他在哈佛大学参加了一项数学和物理学自修课程。之后，他还报名参加了新泽西州霍博肯市史蒂文斯理工学院的一项自修课程。除了入学考试和每一次必修课考试，他从来不去学校上课，但他于1883年从史蒂文斯理工学院毕业，获得机械工程学位。得益于他在国外的经历以及广泛的阅读，泰勒能够很快通过法语、德语、历史等科目的许多考试，这使得他能够在两年半时间里毕业，而且在此期间仍然在米德维尔钢铁公司从事全职工作。

泰勒在米德维尔钢铁公司从未接受过管理学方面的正规培训，完全依赖自己的经验履行自己的监管职责。米德维尔钢铁公司当时已经建立了一套计件工资计划，但泰勒根据自己以前作为普通工人的经验，知道该计划是无效的。老板认为，如果按照一种固定的计件工资率来支付工资，而不是按固定的日工资率支付，工人们将会生产更多的产品。

当泰勒成为班组长后，他发现事实并非如此。他迅速认识到，由于存在一种被称为“磨洋工”的现象，即工人们故意放慢工作速度，同时却竭力使他们的老板认为他们正在努力工作（第6章已经描述过），工人们的产量变得较低。根据泰勒的估计，工人的产出只达到最大可能的1/3。

泰勒区分了两种类型的磨洋工。“本性磨洋工”（natural soldiering）来源于“人们的一种趋易避难的自然本能和倾向”；“系统磨洋工”（systematic soldiering）则来自工人们“与他人的人际关系所导致的更为复杂的二次思考和权衡”[5]。对于本性磨洋工，可以通过管理者激励或者强制工人们达到工作要求得以解决。系统磨洋工则是另一个问题，管理者多年来一直试图解决工人们故意放慢工作的倾向。根据泰勒的理解，工人们磨洋工出于以下几个原因。首先，他们担心如果更快速地工作，他们将很快完成工作而被解雇；其次，根据他们按照计件工资率获得工资的经验，如果他们生产更多产品，管理层很有可能会降低计件工资率来调整他们的工资，从而使得他们需要干更多活才可以获得相等的收入；最后，工人们一直沿用代代相传的、单凭经验的工作方法。[6]泰勒归咎于管理者而不是工人们，因为他认为合理分配工作、提供适当的绩效激励以克服工人们磨洋工的现象是管理者的职责。

在很大程度上，磨洋工是由一种“劳动合成”理论引发的。该理论假定世界上的工作量是固定的，每一位工人干的活多就意味着工作岗位减少。[7]固定的日工资率或小时工资率滋长了磨洋工，因为工人们没有今天比昨天生产更多产品的动力。报酬取决于出勤和职位而不是努力程度。努力工作得不到任何奖励，这种制度实际上是在怂恿工人变得懒惰。在泰勒时代之前，计件工资制由来已久，它试图通过按产出支付报酬来激励个人提高劳动生产率，但这样的制度通常都是失败的；标准设定往往是不合理的，当工人们的劳动生产率提高后，雇主就会降低计件工资率，因此，工人们为了保护自己，往往不会在工作中应用快捷手段或表现出技能的提高，从而将雇主蒙在鼓里，搞不清楚工作速度到底有多快。毫不奇怪，工人们在干多少活、挣多少钱等方面达成了共识，这不仅是为了保护自己的利益，也是为了避免被人嘲笑为能力不足。管理层似乎并没有意识到由此导致的效率损失。

在泰勒最初当上机械车间工长的一段时间内，他的一些做法遭到了该公司机械师们的强烈反对。他告诉这些机械师，他知道他们可以更快速地工作，而且他希望看到他们这样做。泰勒开始向他们示范如何在几乎不需付出额外努力的情况下使用机床获得更多产出。机械师拒绝遵循他的指示。之后，泰勒又开始培训学徒工。然而，面对已成惯例的产量标准，这些学徒工很快就放弃了泰勒教给他们的方法。泰勒承认：“我是在挑战一堵石墙。从心底里我并不责怪他们；相反，我始终都很同情他们。”[8]泰勒降低了计件工资率，希望促使机械师们更快速地工作以获得相同的日收入。他们捣毁和堵塞机器作为报复，并且“警告他最好不要沿着铁路线下班回家，免得被其他人攻击，或者随身带上武器”。对此，泰勒公开表示“他会继续沿着这条惯常的路线回家，而且赤手空拳不带武器”[9]，泰勒采用罚款制度来惩治他们破坏机器的行为（所得的罚款纳入一个工人福利基金）。三年之后，机械师们最终作出让步，同意采纳泰勒教导的方法。这些艰难的经历也给泰勒上了宝贵的一课。他看到一家企业就是一个人们彼此合作的系统，只有所有相关的人都朝着一个共同目标努力，企业才能够获得成功。从那以后，泰勒再也没有使用过罚款制度，随后又制定了严格规定以防止计件工资率的降低。更重要的是，泰勒意识到，要防止工人与管理者之间出现这样激烈的对抗，一套新的工业系统是不可或缺的。从此，泰勒开始致力于开发这样一套系统。

寻求科学管理

泰勒认为，通过确定如何以最有效率的方式完成每一项工作并且以此制定业绩标准，他可以解决工人磨洋工的问题。他相信，一旦工人看到业绩标准设定得科学合理，而不是基于传统，他们就不会产生埋怨，他们磨洋工的动机也会消除。问题的关键在于如何为每份工作确定一个公平的每日标准。泰勒开始着手测定工人们运用现有的设备和材料应该能够生产多少产品，这就是所谓的“科学管理”的开端，即运用科学的实况调查来确定每一位工人完成工作任务的最有效率的方法。泰勒得出结论，认为工人与管理者之间的冲突是因为双方对彼此不了解。管理层期待工人们提供“公平的每日工作量”和获得“公平的日收入”，而工人们也愿意这样做。然而，双方都不了解每日工作量的构成。双方都依靠模糊的感觉，这就导致双方持续不断的争端。

通过回忆自己在菲利普斯·埃克赛特中学从老师乔治·温特沃斯那里学到的方法，工时研究成为泰勒制的基础。通过使用秒表、磅秤以及绳子，泰勒严谨地测量了工人和原料移动的距离。他逐渐判断出，由于不合理的管理，人力和原料的很大一部分都被毫无必要地浪费掉了。有一些评论家质疑泰勒并不是第一个提出这种研究方法的人。查尔斯·巴比奇以前就用手表来记录工人在生产大头针时的操作动作和所需要的时间。[10]1912年，美国机械工程师协会的一个下属委员会发表了一份关于工时研究的报告，其中提到了亚当·斯密和查尔斯·巴比奇，但并没有提到泰勒的成果。为了使人们更明确地了解工时研究的概念，同时回应人们对他成果的原创性的质疑，泰勒参与了对这份报告的讨论。

> 工时研究始于1881年米德维尔钢铁公司的机械车间……表1和表2（引自巴比奇1835年的著作《机器与制造经济》（*Economy of Machinery and Manufacture*）的形式确实与记录工时研究的表格存在相似之处，但仅此而已。比如，在表2中，每一行都给出了一名技工操作大头针生产机器每天工作总量的平均值，但该表中没有给出任何关于工人操作的研究，也没有给出工人完成这些操作所需的时间。仅仅对一个人完成一项工作所需要的时间作出统计并不能构成工时研究。工时研究，顾名思义，是细致地研究一定时间内应该完成的工作……而不是完成某项工作实际花费的时间。[11]

和巴比奇不一样，泰勒使用工时研究是出于分析性目的而不是描述性目的。并不是简单地描述“是什么”，泰勒运用工时研究来发现在改进工作业绩时“可能会出现什么”。泰勒的工时研究分为两个阶段：分析（analysis）和综合（synthesis）。在分析阶段，每项工作都被拆分成最基本的动作。无关紧要的动作被抛弃，其余的动作经过仔细考察，确定最迅速、最高效的方式。然后，对这些基本动作进行明确的描述、记录并编入索引，再加上不可避免的延迟、细小事件以及休息所需花费的时间。在综合阶段，这些基本动作被按照正确的顺序组合起来，以确定完成一项工作所需的时间以及确切的方法。这个阶段还将促使人们不断改进工具、机器、材料和方法，以及使与该项工作相关的所有因素最终实现标准化。[12]

探索更好的激励机制

对有效激励机制进行探索的历史也许和人类的历史一样悠久。[13]根据绩效支付报酬是家庭包工制生产方式的基础，而计件激励机制一直沿用到工业革命时代。随着美国工业在内战后不断发展，各种各样的劳动报酬支付方案被制订出来，其中包括亨利·汤的收益分享计划和弗雷德里克·哈尔西的劳工奖金计划。泰勒在1895年向美国机械工程师协会提交的第一篇论文中抨击了汤和哈尔西的计划，并且提出了一种新的解决方案。[14]在泰勒看来，汤和哈尔西的计划中共同存在的一个缺陷是：他们将工人当前的产出作为绩效标准。泰勒对米德维尔钢铁公司的查尔斯·布林利（Charles A. Brinley）先前制定的一种计件报酬机制进行了扩展，在此基础上提出了一个全新的体系，它由三部分组成：(1) 通过工时研究来观察和分析，以制定产量标准和工资率；(2) 实施一种有级差的计件工资率，如果完成工作所花费的时间少于规定时间，将会获得更高的计件工资率，而如果花费的时间多于规定时间，则将获得较低的计件工资率；(3) 根据个人绩效而不是职位高低支付报酬。

泰勒认为，利润分享计划之所以失败，原因在于它不考虑个人贡献而让所有人都参与利润共享，这打击了个人积极性，而且“获得奖金的日子遥不可及”。泰勒意识到这个缺陷，表明他已经洞悉了亚里士多德的时间就近原则（principle of temporal contiguity）。所谓时间就近原则指的是刺激与反应之间的时间长短对鼓励特定行为的重要性。这也反映了泰勒的观点，即年底时的利润分享对改进日常表现几乎没有激励作用。

在1895年的那篇论文中泰勒就明确提出，管理层有责任制定每日产出标准而不是遵循已有的惯例，即允许工人自主决定如何完成工作。做完论文陈述之后，泰勒又在后续讨论中说：“确定工资率这个最基本的事项在这次讨论中没有受到太多关注，自己对此感到非常吃惊和失望。”[15]在泰勒看来，参与讨论的那些人明显没有意识到在制定一个公平的计件工资率之前必须首先确定合适的绩效标准。在泰勒的方案中，有一个专门的部门负责分析每一项工作，然后设置绩效标准和工资标准，而不是依靠猜测或传统来支付报酬。泰勒认为应该根据个人绩效而不是职位高低来支付报酬，之所以这样做，部分是为了解决磨洋工的问题，主要的还是为了奖励工人的积极主动性。泰勒明白，他不仅需要处理材料和机器的问题，还需要应付人的问题。他欣然承认：“这是另一种类型的科学调查……应该获得特别关注，也就是说，需要精确研究那些对人们产生影响的动机。”[16]

泰勒1895年提交给美国机械工程师协会的那篇论文还提纲挈领地诠释了他对工会的

早期观点，尤其是对调整工资和规范就业条件的看法：

> 在工会这个问题上，我的看法不同于许多制造商，他们认为工会除了对雇主和普通公众是有害的，对加入工会的人也是有害的。
>
> 工会……在缩短劳动时间、降低劳动强度、改善工人工作条件等方面，不仅对工会会员而且对所有人都作出了巨大贡献……
>
> 雇主们把所有的工人分成几个等级，向同一等级的所有工人都支付一样的工资，并且设法诱导他们更努力工作或者做得更好以超过平均水平。这些工人的唯一补救办法就是联合起来。面对雇主的侵犯，他们予以还击的办法通常就是罢工。
>
> 这是一种非常糟糕的状态，远不能令人满意。我认为，这种工资确定体系以及通过管理者、工会、制造商三方开会讨论来决定各级别工人地位的做法……远不如根据个人价值向工人支付报酬以激发他们的工作热情，而不应该拘泥于他的工作等级和他所在级别的平均报酬。[17]

泰勒的早期作品认为，在他的计件工资率激励计划下，工会是不必要的。工会为了促进集体团结，坚持要求所有工会成员获得同等对待。在泰勒看来，这种观念妨碍了工会成员去实现他们的个人理想。泰勒认为工会不是鼓励其成员追求上进，而是压抑了个体的积极主动性。不过，泰勒对工会的看法会随着时间而改变。

泰勒对设置合适的绩效标准和计件工资率激励机制以及建立和谐的劳资关系的评论，体现了他主张劳资双方互利关系的思想。与一般的观点不同，泰勒并不认为工人报酬的增加就意味着雇主收益的减少，他主张建立一种劳资双方都能够受益的系统。通过这个系统，泰勒解决了“高工资与低成本间的矛盾”，这是一对表面上看起来相互排斥的概念。雇主认为高工资率将会导致产品的单位成本更高，因而希望购买最廉价的劳动力和支付尽可能低的工资报酬，泰勒并不赞成雇主这样做，而且他证明高工资与低成本是可以共存的。泰勒主张向一等工人支付高工资，从而激励他们在标准、高效的条件下生产更多的产品，同时无须花费比以前更多的精力。这样一来将会获得更高的劳动生产率以及更低的单位成本，工人们也可以获得更高的工资。通过使用各种科学的原则来为每位工人确定最有效率的工作方法，高工资和低成本是可以同时实现的。纵观历史，人们理所当然地认为工人们只有更辛苦地工作或者更长时间地工作才能够生产更多产品。泰勒向人们表明，使得产量提高的真正潜力并不是“更辛苦地工作”而是“更聪明地工作”。为了实现这个目标，泰勒说，管理应该设法确保每一位工人，

> (1) 获得与其能力和体力相匹配的最高等级的工作。
>
> (2) 被鼓励向其所在等级中的一等工人看齐，努力产出最大工作量。
>
> (3) 当其工作速度达到一等工人水平时，应根据其工作性质，给予超出其所在等级平均工资 30%～100%的奖励。[18]

工人应该获得与其能力和体力相匹配的最高等级的工作，这种观点表明泰勒已经意识到使工人的能力和工作要求相匹配的需要，而且这种需要是一直持续的。泰勒解释说：

> 管理层有责任仔细研究每一个工人的特征、本性和工作绩效，这一方面是为了

> 找出他的局限性，另一方面，而且更重要的是，找出他未来发展的可能性；然后，对他进行尽可能仔细、系统的培训，以帮助和教导他，使他有机会获得晋升机会（如果可能的话）并最终使他能够从事他在本公司内可以获得的最高等级的、最有趣的、最高收益的工作岗位，使其与他的天赋能力相匹配。科学地遴选工人并促进其发展并不是一锤子买卖，应该经年累月地持续下去，这是管理层不断研究的课题。[19]

对此，泰勒还补充说："在公司的老板和所有管理者把员工的塑造和发展作为头等大事之前，科学管理无法成为现实。"[20]

不过，泰勒使用"一等工人"（first-class man）这个术语却给他带来了许多苦恼，尤其是向别人解释该术语时。在美国众议院负责调查"泰勒体制和其他工厂管理体制"的一个特别委员会举行的听证会上，泰勒在自己的证词中，通过描述一位不符合定义要求的工人，对自己所指的"一等工人"进行了界定：

> 我认为，只有那些有能力工作但不愿意工作的人才不属于我所界定的"一等工人"。我想说明的是，每种类型的工人都能在某种工作中做到一流水准，除了那些完全能够胜任工作但不愿意那样做的人。[21]

根据这样的解释，非一等工人只是这样的人：在体力上或者智力上不适合分配给他们的工作的人（在这种情况下，他们应该再次接受培训或者调配到适合他们的其他岗位上），或者是不愿意充分发挥自己的能力的人。在为每种工作设置工资率时，泰勒认为绩效标准应该是使一等工人"能够在长达数年的时间内按照这样的节奏工作，而不损害身体健康。在这样的节奏下，工作能够使工人心情更愉快和积极进取"[22]。泰勒的这种观点在今天被认为是优秀的人力资源管理，也就是说，应该使工人的能力与分配的岗位相匹配。

管理者的任务是：为工人找到最适合的工作，用制度来激励他们做到最好。泰勒对一等工人的看法和他个人的哲学理念"达到目的的意志力"密切相关，这种追求成功的驱动力也是自己的人生基础。他观察到，人与人之间的主要差别不在于智商，而在于渴望成功的意愿。[23]一等工人指的是那些拥有雄心壮志、从事适合自己的工作的人。一等工人并不是超人，后来却被用作此意。

任务管理

泰勒的任务管理扩展了19世纪由企业规模和范围不断成长导致的系统管理运动。任务管理聚焦于：建立一种有序的工作流，确定最快速、最有效率的方式来执行工作任务，训练工人使用更有效率的方式来完成工作任务，检查工作任务所花费的时间、成本以及质量情况。工时研究并不是要求工人以相同的方式做更多工作，而是使用最合适的动作和最好的材料和设备来实现被科学地确定下来的绩效标准。

泰勒将管理定义为"确切了解你想要下属做什么，并且让他们多快好省地完成任务”。泰勒还补充道，没有任何一个简明扼要的定义可以完全描述管理的艺术，但可以肯定的是，“雇主与工人之间的关系绝对是这门艺术中最重要的部分”[24]。他发现传统的车间管理和工长的水平参差不齐，而工长往往缺乏必要的特殊技能来计划、教导和监管工人。作为补救方法，泰勒建议由“职能工长”扮演老师的角色来教导工人，从而将所需的知识引入工作场所。[25]他还质疑这样的假设，即只要雇用正确的人选，就无须再费心管理，所有问题都将自行解决。作为米德维尔钢铁公司的一名工长，泰勒雇用了数名助理，让他们准备说明卡片，做一些相关的文书工作。随着时间的推移，泰勒将越来越多的职责和额外的工作任务分配给这些助理。在那个时期，典型的管理者通常并不被视为一名计划者，而泰勒却创建了一个计划部，通过这种方式来设法克服缺陷。

在计划部中，“工作流程管理员”（order of work route clerk）决定工作的流程，并对工人和机器进行最有效率的配置；“工作说明卡片管理员”（instruction card clerk）提供关于必要的工具和原料、计件工资率、绩效奖以及其他操作说明的书面信息；“工时和成本控制管理员”（time and cost clerk）负责保管工时记录卡，记录与每一道工序相关的各项成本；“车间纪检员”（shop disciplinarian）负责记录每位工人的优点和缺点，充当“和事佬”，以及在必要时遴选和解雇工人。

泰勒认识到，这种责任划分要求工人接受良好的培训。因此，他看到了“系统地教导工人如何以最佳方式工作的必要性”[26]。泰勒寻找“专家型教师”，根据他们的知识、技能和经验，安排他们成为职能工长。重点放在“教师”方面，并且为他们的任务赋予一个头衔：第一位教师（被称为“巡检员”）负责检查产出质量；第二位教师（被称为“班组长”）负责部件正式加工之前的所有工作；第三位教师（被称为“速度领班”）掌管原料被机器加工时的工作，决定工具、切割操作以及恰当的机器设备；第四位教师（被称为“维修领班”）负责机械的保养和维护。[27]

职能工长制（见图7-1）使用4位负责制订计划的职员和4位负责教导和检查车间绩效的教师来替代传统方法中的单一工长。教导应该是个体化的：“从事相同工作的所有工人并不需要相同的教导和关注。”这取决于每个工人的天赋和经验。泰勒补充说，这种安排使得工厂有机会获得工人建议：“无论何时，只要一名工人提出一种改进方法，管理层就应当仔细分析这种新方法……只要这种新方法明显优于老的方法，就应当被采用……提出建议的这名工人因为自己的聪明才智应该获得一笔现金奖励。”[28]

职能工长制适用于应用专业知识以及向工人们传授新的方法和动作。不过，它使协调不同车间的工作活动变得更加困难，因为没有人负责整体的车间绩效。此外，它似乎违背了统一指挥原则，也就是说，下属不应该对多个上司负责，从而避免下属可能从不同上司那里得到相互矛盾的命令。泰勒认为这种情况通常并不会发生，因为工人们的每一项工作活动只对一位上司/管理员负责。如果确实发生了冲突，那么可以咨询工长之上的管理者；如果该冲突仍然没有得到解决，一位副总管有权对任何显著的分歧作出裁决。在泰勒看来，虽然这种方法最开始可能比较耗时，但从长期来看，一种“关于车间如何被管理的不成文法”将被建立起来。[29]

泰勒的职能工长制并未在实践中得到广泛传播，它对计划只提供了一种狭隘的视角，

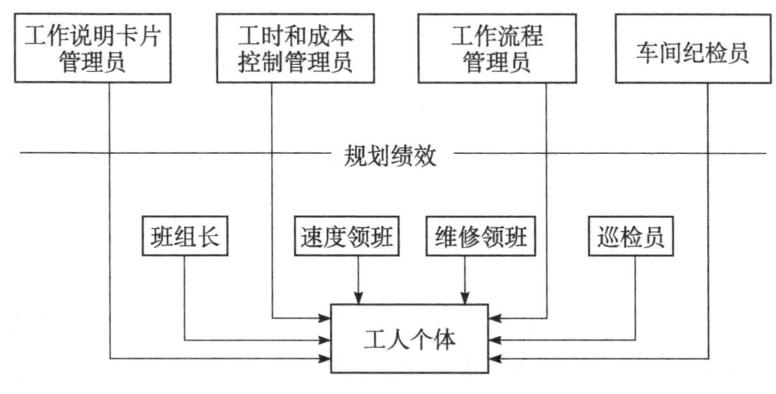

图 7-1 泰勒的职能工长制

资料来源：Adapted from Frank B. and Lillian M. Gilbreth, *Applied Motion Study*, New York: Sturgis & Walton Co., 1917, preceding p. 23.

而且泰勒认为可以建立起来的关于车间如何被管理的不成文法往往也难以成为现实。随着职能工长制发展至今，专业知识是由职能权威针对某项具体任务来应用的，而不是针对个体工人。职能专家的价值会得到认可，但主要体现在协助总经理应付大型组织中的各种问题和需求，尤其是当处理某个特定的专业领域（例如法律事务）或者预期出现的重大例外时，职能专家更是大有用武之地。按照这种方法，那些要求专业知识或立即关注（"例外原则"）的工作或任务可以被迅速、专业地完成。"例外原则"是泰勒更为重要的贡献之一：

> 在这个体系下，总经理收到的应该是简洁明了的、总结性的、对比性的报告，涵盖了……所有超出平均水平或不符标准的例外……既有特别好的也有特别差的例外……这样，他便有足够的时间考虑更宏观的政策，调查他手下重要人员的性格特点及其与工作的匹配性。[30]

在泰勒看来，一切权威都建立在知识而不是职位或头衔的基础上，例外原则能够使管理者有时间处理他们在长期和短期内所面临的最紧迫和重要的事项，因而提高了效率。

泰勒：管理者与管理顾问

泰勒在米德维尔钢铁公司的岁月是一段充实的时光：不断增加的职责和无数次的升迁；和姐夫克拉伦斯·克拉克（Clarence M. Clark）搭档，在 1881 年赢得了美国草地网球协会（U. S. National Lawn Tennis Association）业余组双打的首届冠军；1883 年获得史蒂文斯理工学院颁发的机械工程学位；1884 年与路易斯·斯普纳（Louise M. Spooner）喜结良缘；开展金属切割和机械传送带装置的科学研究；发展了任务管理系统的核心理念。这些内容充实了泰勒在米德维尔钢铁公司忙碌的 12 年。1890 年，泰勒离开米德维尔钢铁公司，加入制造业投资公司（Manufacturing Investment Company）。这是一家以木材产品为原料的纸纤维生产商，老板为金融家皮尔庞特·摩根（J. Pierpont

Morgan）及其他投资家。[31]泰勒在该公司位于缅因州麦迪逊的最新型工厂担任总管，但是这段经历并没有太多收获。泰勒认为该工厂的运转存在困难是因为它采用了新的造纸流程，公司老板却认为泰勒缺乏保证该流程顺畅进行所必需的深厚的行政管理经验。1893 年 5 月，泰勒从该公司辞职，而位于麦迪逊的工厂也在 6 月份倒闭。泰勒表达了自己对那些只关心“快速赚钱”而对“制造业毫无自豪感”的金融家的不屑。[32]在该公司的经历并不是他与企业所有者们的最后一次遭遇战，在泰勒看来，这些人抵制变革并且只对快速获得投资回报感兴趣。制造业投资公司于 1899 年提出破产申请。

虽然泰勒鄙视金融家，但他在离开制造业投资公司时也确实更全面地理解了管理会计，尤其是在管理和降低商业成本方面。在该公司时，一位前铁路公司经理萨默斯·海斯（R. Somers Hays）完善了公司的会计系统，并且雇用了威廉·巴斯利（William D. Basley），一位经验丰富的铁路公司会计，来操作这个系统。巴斯利曾在纽约-伊利铁路公司下属的纽瓦克-哈德逊铁路公司（Newark and Hudson Railroad）工作。在纽约-伊利铁路公司，丹尼尔·麦卡勒姆早在 19 世纪 50 年代就开发了会计系统和财务汇报制度（见第 5 章）。海斯和巴斯利的方法给泰勒留下了深刻印象，这也构成了后来泰勒自己的会计系统的基础。[33]因此，他在该公司的那几年也不是一无所获。由于自己的机械工程背景以及新近获得的财会知识，泰勒决定成为一名管理咨询工程师。

泰勒的客户之一是位于宾夕法尼亚州约翰斯敦的约翰逊公司（Johnson Company）。1896 年，泰勒受该公司邀请，提高斯蒂尔马达公司（Steel Motor Works）和洛兰·斯蒂尔铁路公司（Lorain Steel Railway Company）的效率，这两家公司都是约翰逊公司的子公司。泰勒制定了一套用于记录原材料成本的系统。他还绘制了一张流程图，显示所有的零部件如何组装成斯蒂尔马达公司的主要产品——电车马达。[34]泰勒与约翰逊公司创始人汤姆·约翰逊（Tom L. Johnson）、担任公司审计官的莫克塞姆（A. J. Moxham）以及公司总经理科尔曼·杜邦（Coleman du Pont）密切合作。后来，莫克塞姆和皮埃尔·杜邦（Pierre du Pont）在洛兰·斯蒂尔的协助下，在杜邦公司采用了泰勒的成本会计系统。[35]根据艾尔弗雷德·钱德勒的观点，通用电气公司（General Electric Company）可能也被泰勒的成本系统和工作流程影响。[36]

泰勒的另一个客户是位于马萨诸塞州菲奇堡市的西蒙德辊轧机公司（Simonds Rolling Machine Company）。在这里（1897 年），他对自行车滚珠轴承的生产进行了实验。在制造工序的最后阶段，120 名女工负责检查成品是否有瑕疵。在一段时期之内，泰勒逐渐将每天的工作时间从 10.5 小时缩短到 8.5 小时，并安排了上午和下午的休息时间，他挑选出最优秀的质检员，还将这 120 名女工纳入计件工资计划。这些变化的相互作用是非常复杂的，因此很难确定原因和结果。实验的结果是，35 名女工就能够完成先前 120 名女工的工作，而此时公司每个月的产量已经从 500 万个轴承增加到 1 700 万个，检查准确率提高了 2/3，在工时缩短的情况下工资平均要比以前高出 80%～100%，而且“每个女工都觉得自己获得了管理层的特殊照顾和关注”[37]。在该公司，泰勒还引进了海斯和巴斯利的会计系统，以建立成本分类、降低间接费用以及提高处理和控制原料的水平。

泰勒接手的最具挑战性也最具争议的咨询任务来自位于宾夕法尼亚州南伯利恒市的伯利恒冶铁公司（Bethlehem Iron Company）[38]，该公司后来更名为伯利恒钢铁公司（Bethlehem Steel Company）（以下简称伯利恒公司）。1898年，应公司最大股东约瑟夫·沃顿的邀请，泰勒进入该公司。作为美国第一所商学院（宾夕法尼亚大学沃顿商学院）的创建者，沃顿希望泰勒帮助公司降低运营成本和提高公司的整体效率。当时，伯利恒公司的管理层由于在一些国防合同中要价过高以及实行价格联盟而遭到联邦政府的调查。从泰勒进驻该公司之日起，公司的最高领导层就对泰勒的过分自信感到不满。泰勒认为最高管理层当中的许多人是不称职的，是通过家庭关系而不是自身能力获得目前的职位。在多次针锋相对之后，泰勒最终说服了公司的所有者们，使他们同意对公司进行重组，但这进一步激怒了公司的最高管理层。因此，这些高层管理者处心积虑地寻找机会来破坏泰勒的努力。

泰勒建立了一个中央计划部，组建了工具房和库房，还实施了他曾经在斯蒂尔马达公司采用过的成本会计系统。为了协助自己工作，泰勒还请来了一些助手，包括：他多次提到过的桑福德·汤普森（Sandford E. Tompson），后者所做的工时研究之多恐怕超乎泰勒的想象；亨利·甘特，与泰勒在米德维尔钢铁公司共事过；卡尔·巴思，数学专家；德怀特·梅里克（Dwight Merrick），工时研究领域的领军人物；詹姆斯·吉莱斯皮（James Gillespie），曾在西蒙德辊轧机公司从事工时研究；以及曼赛尔·怀特三世（Maunsell White Ⅲ），曾协助泰勒进行了一系列金属切割实验。

1899年，生铁价格急剧上涨，伯利恒公司迅速卖掉了库存中的一万吨生铁。通过铁路运输生铁，要求使用人力来将铁块装进车厢内。每锭生铁重92磅。当时，泰勒和汤普森正在起草一本关于工作的基本要素的手册。这些必不可少的装载工作提供了一个机会，使他们可以收集关于从事这种类型的工作所需时间的信息。泰勒派詹姆斯·吉莱斯皮和哈特利·沃利（Hartley C. Wolle）对生铁的装载进行一项工时研究，以收集所需的信息。装载生铁的工人被称为“生铁处理者”。他们被支付固定的计件工资（按每吨计算）。吉莱斯皮和沃利挑选了10名“最优秀的工人”，要求他们以“最快速度”干活。在第一天的10小时工作时间内，每个工人都装了75长吨（1长吨等于2 240磅），装满了一个火车皮。因为以前每个工人每天的平均速度是装载12.5长吨，所以这10名工人都累得筋疲力尽。基于这些数据，再考虑到不可避免的耽搁以及休息的时间，吉莱斯皮和沃利将新的产出标准设置为每个工人每天装载45长吨。然后，泰勒将计件工资率设置为每长吨0.037 5美元，这意味着达到新标准的工人每天可以获得1.687 5美元。由于当时伯利恒公司普通劳工的平均日工资率是每天工作10小时获得1.15美元，因此泰勒设置的新计件工资率意味着工资大幅增长。

泰勒使用生铁装载的故事来表明，节余可以来自对工作的精心考察，即便是微不足道的工作。1907年6月4日，一名速记员受雇来泰勒位于宾夕法尼亚州栗子山波士里（Boxly）的家中记录泰勒的一次谈话。其中，泰勒讲述了他如何挑选一名生铁装载工来作为吉莱斯皮和沃利的研究对象：“我挑选了一位荷兰裔宾夕法尼亚州男子……并且对他说‘诺尔（Noll），你是一名工资很高的人吗?’”[39]亨利·诺尔（Henry Knoll，后来被改为 Noll）在泰勒对如何使用计件工资激励计划以保证更高绩效发表意见时成为关键点。诺尔当时 27 岁，身高 5 英尺 7 英寸，体重 135 磅。他之所以被挑选出来，是因为他被观察到“每天晚上干完活后一路小跑回到 1 英里之外的家中……他还被广泛认为是一名对金钱看得很重的人”[40]。

在《科学管理原理》（*The Principles of Scientific Management*）这本著作中，泰勒描述自己如何使这位荷兰裔宾夕法尼亚州男子相信自己每天能够装载 47.5 长吨生铁时，诺尔的名字被改成了“施密特”（Schmidt）。虽然施密特的故事被写进了管理学文献中，作为泰勒对工作进行科学研究的例子，但这个故事的真实性受到质疑。雷吉（Wrege）和佩罗尼（Perroni）查看了泰勒讲述这个故事的各种版本，以及吉莱斯皮和沃利撰写的一份报告，发现其中有很多不一致。这些不一致包括伯利恒公司从库存中卖掉生铁的原因、被装载的生铁总量、装载方法、生铁装载工的数量、装载工如何被挑选出来等。雷吉和罗诺尼得出这样的结论，即施密特的故事是一个“生铁传说”（用他们两个人的话来说），是泰勒对真实情况的修饰和润色。[41]

这些年来，不断收集到的证据表明，正如巴思判断的那样，泰勒“显然夸大了在伯利恒公司所实现的事情”[42]。

泰勒的意图可能是使用生铁装载的例子来说明科学管理可以应用于那些最细微的、只需要体力劳动的工作，但是他忽略了那些能够更完整地描述真实情况的事实。如同吉莱斯皮和沃利在报告中所说的，正式记载的是 3 名一等工人而非 1 名。与诺尔（施密特）同属这个精英群体的还有约瑟夫·奥尔（Joseph Auer）和西蒙·康拉德（Simon Conrad）。有几次，康拉德比诺尔搬运了更多的生铁：1899 年 6 月 1 日，康拉德搬运了 70.7 长吨生铁，而诺尔只有 48 长吨；6 月 2 日，康拉德 55.7 长吨，诺尔 68.3 长吨；6 月 3 日，康拉德 70.9 长吨，诺尔 39.7 长吨，奥尔 30.1 长吨。施密特故事，随着泰勒的反复讲述，将在伯利恒公司发生的真实情况过于简单化了，但使得泰勒方法的威力更加令人印象深刻。有些人可能认为诺尔、康拉德和奥尔深受剥削，为了获得激励工资日复一日地劳作，但实际上他们能拿到激励工资的工作日不会超过 3 天，之后又将回到领取固定日工资的正常状态。在进行生铁研究的那段时间，从 1899 年 3 月 10 日到 5 月 31 日，记录显示诺尔和康拉德有 36 天时间拿到了计件激励工资，41 天领取固定的日工资。[43]

虽然泰勒常常把伯利恒公司的生铁装载研究引为一个成功的案例，但事实上，它的设计并不理想，因而难以得出关于新计件工资率究竟产生何种影响的明确结论。吉莱斯皮和沃利将工人们的耽搁和休息时间武断地设置为 40%；泰勒的做法也大同小异，随意设置每吨生铁的工资率；诺尔以及作为研究对象的其他装载工并不是以科学的方法遴选出来的。即便如此，产生的结果仍然令人瞩目：工厂的人工成本从实施日工资时的每吨 0.072 美元下降为实施计件工资时的每吨 0.033 美元；生铁装载工的平均工资也比以前增加了 60%。

虽然泰勒成功地降低了伯利恒公司的劳动力成本，但是该公司的高层管理者继续反对他的其他努力，尤其是他的成本会计系统。在 1898 年 9 月的写作中，泰勒将他正在伯利恒公司实施的这套成本会计系统描述成“为了适应制造业公司而调整和修改的现代铁路公司会计系统”[44]。这就是泰勒从制造业投资公司学到的海斯-巴斯利会计系统，后来他将该系统加以调整并运用于很多公司。泰勒讨厌事后记账系统，认为它毫无价值，年度报告、半年报告或者月度报告对于采取管理行动来说为时已晚。在伯利恒公司，泰勒将成本会计职能转移给新建立的计划部，由计划部生成与每日运营报告同步的成本数据，这样一来，成本就成为每天计划和控制的一部分，而不是发生很长一段时间之后才加以分析的问题。这个系统非常有效，事实上，已经有效到公司最高管理层竭力想要废除它的地步。很明显，他们并不喜欢这样精确、及时地评估他们的工作绩效。泰勒竭尽全力将更好的管理方法引入伯利恒公司，但他最终在与公司最高管理层的斗争中败下阵来，他的咨询合同在 1901 年结束。[45]

泰勒：逍遥哲人

弗雷德里克·泰勒和路易斯·泰勒夫妇没能生育自己的孩子。1901 年，即他们结婚 17 年之后，泰勒已经 45 岁，一场悲剧降临到佐治亚州萨凡纳的艾肯（Aiken）家庭，使 4 个孩子失去了他们的父母。艾肯家是泰勒夫人的亲戚，因此，泰勒夫妇收养了其中 3 个孩子：肯普顿（Kenpton）、罗伯特（Robert）和伊丽莎白（Elizabeth）。另一个孩子康拉德（Conrad）年纪较长，于是没有加入泰勒家——他后来成为一名诗人和文学评论家，还获得过普利策奖。[46]泰勒夫妇的新家庭从南伯利恒搬到了宾夕法尼亚州日耳曼敦，并且等待位于栗子山波士里的新家建成。在波士里，泰勒将开始自己职业生涯的另一个阶段。

不论是在米德维尔还是在伯利恒，泰勒都证明了他作为发明家和机械工程师的天赋。他发明了一种钢锤（用来铸造钢板）并获得专利，还发明了大量的机械用具，例如磨床和车床，他还和曼赛尔·怀特三世共同开发出一种使用高速、“自硬性”钢制切割工具的金属切割工艺。泰勒-怀特金属切割工艺在 1900 年获得专利，到 1909 年专利失效之前，泰勒获得的专利使用费分成达到了 5 万美元左右。[47]

随着泰勒的名声广泛传播，他有了大量追随者，他的任务管理系统被许多公司采用，其中包括詹姆斯·梅普思·道奇（James Mapes Dodge）在链式传动带工程公司（Link-Belt Engineering Company）以及威尔弗雷德·刘易斯（Wilfred Lewis）在铸模机制造商泰伯制造公司（Tabor Manufacturing Company）实施该系统。工作之余，泰勒美化和修整他们在波士里的家，为土壤开发新的肥料以提高高尔夫球场的草地质量，而且设计了一些高尔夫俱乐部。他开发了一种带“Y”形杆的轻击棒并获得专利，使用了长短不同、粗细各异的杆进行试验，还花费大量时间在球场的沙丘地带练习，或者说得更专业些，就是进行了大量实验。他开始打高尔夫球时已经年届 40（1896 年），但他的技术进步神速，达到低于标准杆 8 杆的水平，并且在 1902 年、1903 年以及 1905 年荣获费城乡村俱乐部（Philadelphia Country Club）的男子冠军。[48]

1906 年，泰勒当选为美国机械工程师协会会长。他的名气越来越大，那些宣扬泰勒思想的人也越来越多。除了早期的甘特和巴思，后来还包括亨利-路易斯·勒沙特利耶（Henri-Louis Le Chatelier）、霍勒斯·哈撒韦（Horace K. Hathaway）、莫里斯·库克、桑福德·汤普森、弗兰克·吉尔布雷斯以及其他一些人（我们后面将会讨论）。

哈佛大学邀请泰勒前去讲课（他讲学的地方即后来的哈佛大学商学院研究生院，创办于 1908 年），但泰勒拒绝了这一邀请，声称任务管理只有通过实践才能学会。即将成为研究生院院长的埃德温·盖伊（Edwin Gay）教授对泰勒说，科学管理这门课不管有他还是没有他都会开的。泰勒还是妥协了，但他自始至终都不满意课堂讲授这种方式。泰勒并不是反对商学教育，他只是认为学习他的方法的唯一途径是依靠实践。从 1909 年开始，泰勒每个冬天都在哈佛大学讲课，直到 1914 年。[49]泰勒在哈佛大学讲学没有收取一分钱的报酬，甚至往返旅行费用也是自己承担。

东部铁路运费案

泰勒还发现，任务管理获得了大张旗鼓的免费宣传。波士顿律师路易斯·布兰代斯（Louis D. Brandeis），后来成为美国联邦最高法院法官，在 20 世纪初期以“人民的律师”著称。[50]1910 年，当在俄亥俄州和波托马克河以北以及密西西比州以东运营的一些铁路公司（它们被集体称为东部铁路公司）向美国州际商业委员会（Interstate Commerce Commission）申请提高运费以覆盖用于改进车站、隧道和桥梁的投资时[51]，布兰代斯接受了将因运费增加而受到影响的托运商们（它们联合组成了大西洋沿海地区商业组织（Commercial Organizations of the Atlantic Seaboard））的委托。在此过程中，布兰代斯引发了一系列不寻常的听证会（被称为东部铁路运费案），使得泰勒的任务管理进入了公众的视野。

1910 年初，库克和泰勒向美国机械工程师协会的组委会提交了一篇论文：《管理哲学》（The Philosophy of Management）。库克回忆起泰勒曾经在波士里谈话中以及在 1903 年美国机械工程师协会会议上发表的论文《车间管理》（Shop Management）中使用过一个词语——“科学管理”，于是他建议泰勒考虑将这篇论文的标题从《管理哲学》改为《科学管理原理》。[52]泰勒作出了肯定答复：“至于我们这篇论文的标题……‘科学管理原理’听起来没那么夸夸其谈和自命不凡。我担心标题中的‘哲学’这个词语会使得事情听起来相当浮夸。”[53]

1910 年 8 月 15 日，美国州际商业委员会在纽约市的华尔道夫酒店（Waldorf-Astoria Hotel）召开公众听证会。作为托运商的代理律师，布兰代斯再次提起了泰勒 1903 年为波士顿 W. H. 麦克尔韦恩公司（W. H. McElwain Company）所提供的咨询工作。[54]该公司是一家鞋类制造商，宣称自己采用了泰勒指导的效率方法。在为东部铁路运费案准备总结陈词时，布兰代斯阅读了泰勒 1903 年在美国机械工程师协会会议上发表的论文，并且“研究了哈林顿·埃默森 1906 年在《美国工程师和铁路杂志》上就如何在艾奇逊、托皮卡与圣达菲铁路公司（Atchison，Topeka，and Santa Fe Railroad）的机车修理车间使用效率方法发表的一系列文章”[55]。

1910年10月，布兰代斯去泰勒的岳母家（位于马萨诸塞州普利茅斯）拜访了泰勒。他向泰勒询问了各行各业中“已经（或多或少）采用科学管理的公司名单”[56]。泰勒给了他一份“已经应用科学管理原理的各类型公司名单”[57]。11月1日，詹姆斯·梅普思·道奇带领布兰代斯参观了链式传动带工程公司——应用泰勒方法的最佳示例之一。[58]布兰代斯随后与库克会面，而后者向泰勒报告说：“我周二（11月8日）与他（布兰代斯）共进晚餐，席间向他解释了科学管理在我所知的那些企业中被应用的情况。他邀请我出庭作证，但是我以自己太忙为由拒绝了。”[59]

因此，当布兰代斯1910年11月20日与泰勒的一群追随者在纽约市大北方酒店（Great Northern Hotel）会面并且帮助他们准备东部铁路运费案听证会的证词时，他已经对“科学管理”这个词语相当熟悉了。亨利·瑞普·谢尔（Henry Riper Scheel）参加了这次会面，并且注意到布兰代斯“反复使用‘科学管理’这个术语，而这个称呼后来就成了标准名称”[60]。不过，在后来与贺瑞斯·德鲁里（Horace B. Drury）的通信中，布兰代斯写道：

> 采用“科学管理”这个术语，并不是将它作为泰勒体制的代名词，而是用来表示这次新运动的基本概念，当然，在这次新运动中，泰勒先生毫无疑问居功至伟。
>
> 我认为很重要的一点是，各位效率提倡者之间的用词差异应该被消除，某个术语应该被用来表达他们所有人共同持有的这个新理念，我要求所有这些受邀前来出庭作证的人士就这个事项达成一致意见。大家提出了几个名称，例如“泰勒体制”“职能管理”“车间管理”“效率”。在我看来，能够正确描述这次新运动并且富有想象力的唯一一个术语就是“科学管理”，当我提出这个观点时，在场的所有人最终都一致同意采用该术语。[61]

在听证会上，哈撒韦的证词陈述了科学管理如何在泰伯制造公司提高了工人们的工资；道奇提供证据证明科学管理给链式传动带工程公司带来的进步；弗兰克·吉尔布雷斯指出科学管理可以应用于那些工人限期加入工会的工厂。不过，埃默森11月22日的证词陈述在听证会上引起了轰动。作为顾问，埃默森为艾奇逊、托皮卡与圣达菲铁路公司制定了“标准单位成本”，将其他铁路公司的成本与这些标准相比较，他估计，通过采用泰勒的方法，这些铁路公司每年可以在人力成本上节省2.4亿美元，在原料和机械维护上节省6 000万美元。[62]他的计算方法非常复杂，其中忽略了各铁路公司之间的差异，也未曾检验泰勒的方法能否应用于运输行业以及是否行之有效。虽然存在这些潜在的缺陷，埃默森的证词仍然震惊了大众传媒，并且在第二天早晨的报纸上被广泛报道。[63]当泰勒被问及埃默森所说的每年节省3亿美元时，泰勒回答说：

> 我相信我们可以每天节省100万美元，正如他所说的，我们能够做到，但在华盛顿听证会上的报告还不够准确，实现这个目标不能一蹴而就，需要4～5年的时间。[64]

随着媒体的报道，“科学管理”一词流行开来，泰勒一夜之间也成为公众关注的焦点。听证会最终驳回了铁路公司提出的要求，所依据的理由是用于永久性改进措施的投资并不能视为运营成本而被用来提高铁路运费；不过，听证会同时也得出结论：判断科学管理的价值还为时过早。[65]然而，这次广泛宣传使得泰勒的观点为大众所知。短短 24 小时内，科学管理由一位相对默默无闻的工程师开发的一种鲜为人知的技术，成为国际新闻。虽然泰勒并没有在听证会上提供证词，但布兰代斯的绝大多数证人都承认泰勒是他们的老师。一夜之间，泰勒成为国民英雄。新闻报纸和杂志发表了数十篇文章介绍泰勒的工作和成果。这样的广泛宣传以及泰勒的著作《科学管理原理》于 1911 年出版，为他提倡的效率运动提供了新的推动力。在出版后的两年内，该书就被翻译成法语、德语、荷兰语、瑞典语、俄语、意大利语、西班牙语以及日语。人们组织各种学术会议，成立学术团体，研究泰勒的成果。

另外，实施集体谈判的工会，尤其是机械师工会和各种铁路工人兄弟会，全盘反对泰勒的方法，特别是工时研究。工会领导认为泰勒的计件工资计划是回归到“血汗工厂”式的剥削。此外，他们担心采用泰勒的更有效率的方法将会导致那些多余的工人被裁员。工会经历了长期艰难的斗争来增加自己的成员数量，而且工会本能地认为公司管理方面的任何新举措都有利于公司所有者而不利于劳动者。泰勒设法化解工会的抵制，表达对工会的支持：

> 我们欢迎来自工会的合作，并且因为工会的合作而向它们支付报酬；我们欢迎它们，并且需要它们。我们需要它们的帮助……我从来没想把工会踢出局。我从内心赞成工人联合。我并不寻求显著改变工会的现有原则；出于必要性，它们如今在很大程度上是好斗的组织；我盼望的是教育机构，盼望能够考虑双方利益的、有帮助的教育机构；我盼望它们作出重大调整，但从来没想过它们被废除。我只是寻求一次变革，工会能够使自己顺应这个新理念：有一种标准需要我们所有人都遵从，有一套法律凌驾于各方之上。[66]

在去世前不久，泰勒又提到这个主题，他号召工会和管理方共同合作，以实现更好的工资和工作条件。对此，他指出：“任何有正常思维的公司都很乐意让工会任命一名专家，而且该公司愿意为其支付工资。”此外，他还补充说：

> 如果工会愿意承担教育其会员的责任，那就是朝正确方向迈进一步。在我们能够与工会合作之前，工会必须迈出这一步。不是时刻准备斗争，相反，工会必须努力改善工作条件，这可能会给工人带来更高的工资。
>
> 工会已经实现了无数善行。工会带来了更好的工作条件，阻止了各行各业中大量的不公正现象，因此值得表彰。即便有人指出它们做的有些事情是错误的，也不意味着全盘反对它们所做的事情。[67]

因为泰勒坚信自己的方法是客观的，他从来没有完全理解工会对科学管理的敌视。此外，泰勒指出，历史已经证明那些有效率的方法（例如他提出的那些方法）可以增加就业而不是减少就业。然而，对于公司来说，引入科学管理意味着去工人那里招惹麻烦。

沃特敦与国会调查

1910年州际商业委员会的东部铁路运费案听证会使公众注意到弗雷德里克·泰勒以及科学管理，但同时也引起了未曾预料到的反响。在听证会期间，泰勒正在为布鲁克林海军造船厂（Brooklyn Navy Yard）和陆军军械部（U. S. Army's Ordnance Department）引入自己的方法。虽然反复尝试，但他在海军造船厂的努力基本上没有获得成功，因为他的方法遭到了海军官僚机构的抵制。[68]与此相反，陆军军械部的部长威廉·克罗泽（William Crozier）曾经读过泰勒的著作，发现他的体制适用于陆军兵工厂。[69]克罗泽挑选位于马萨诸塞州沃特敦的兵工厂以及位于伊利诺伊州罗克艾兰的兵工厂作为试验泰勒方法的基地。作为抗议，国际机械师联合会（International Association of Machinists，IAM）主席詹姆斯·奥康内尔（James O'Connell）在发给所有分会的一份通告中谴责工时研究，声称它使得工人们成为事实上的奴隶。[70]国际机械师联合会尤其反对基于工人产出的工资制度，认为这种做法强化了年轻工人与年长工人之间的较量，而后者会被视为可替代品。无论是在政府部门还是在非政府部门应用泰勒的方法，国际机械师联合会都予以反对。

泰勒建议克罗泽在沃特敦的兵工厂实施科学管理，不用考虑在罗克艾兰遭到的抵制，但是也提醒他在引入科学管理时要非常谨慎、循序渐进，其中包括首先摸清楚每个部门的工人情绪。卡尔·巴思试图遵循泰勒的建议，但是当德怀特·梅里克——他担任巴思的助手——使用一只秒表来为沃特敦兵工厂制模工人的工作流程（铸造子弹壳模具）进行计时时，麻烦就随之而来了。其中有一名制模工人以"组织"（国际机械师联合会）为由，拒绝梅里克对他的工作计时。兵工厂的指挥官查尔斯·惠勒（Charles B. Wheeler）向这名工人解释使用秒表计时的必要性，这名工人再次予以拒绝，于是因为"拒绝服从命令"而被解雇。[71]出于同情，兵工厂的其他制模工人也纷纷效仿他的做法，拒绝被计时。1911年8月，沃特敦兵工厂爆发了第一场反对实施科学管理的罢工。泰勒将其归咎于策略上的一次失误：事先未搞清楚制模工人的情绪，也没有向他们说明进行工时研究的目的。泰勒并没有怪罪制模工人或者工会，而是责备梅里克过早地尝试对各种工作进行工时研究，没有遵循他推荐的技巧，首先征询工人们的意见。泰勒在进行任何工时研究之前都会这样做。此外，他们也没有对兵工厂实施重组，以使工人们遵循他的方法。这次罢工持续了一周，然后制模工人们回到自己的岗位上，再未作任何进一步的抵制。

不过，在这次罢工之后，国际机械师联合会请求国会对沃特敦兵工厂的工人们抱怨恶劣的工作条件和受到屈辱对待展开调查。[72]因此，美国众议院任命了一个特别委员会来调查所谓的"泰勒制"。该委员会的成员包括威廉·威尔逊（William B. Wilson），之前在美国矿工联合会（United Mine Workers Union）任职，在11岁时就加入工会，当时担任众议院劳工委员会（House Labor Committee）主席，后来伍德罗·威尔逊总统执政时担任美国劳工部部长；威廉·雷德菲尔德（William C. Redfield）——一名制造商——后来在威尔逊总统执政期间担任商务部部长；约翰·蒂尔森（John Q. Tilson），委员会中唯一的共和党人，担任仲裁员。

听证会于1911年10月开始，直到1912年2月才结束。在4天的作证时间里，泰勒断断续续在证人席上待了12个小时。正如考普力（Copley）所言，“充满了恐怖气氛”，工会想方设法攻击泰勒。[73]听证会的手稿记录了提问和回答之中的刀光剑影。例如，在经过一系列关于科学管理对工人失业产生影响的问题和讨论之后，接下来的冲突源于泰勒对“一等工人”的定义。

主席（威尔逊）：一个不够优秀的工人，也许他并不应该为自己的不优秀负责，难道他不应该和一个优秀的工人享受同样的待遇吗？

泰勒：是的，他们不应该享受同等待遇，否则，就意味着，世界上所有人都有权利享受同样的待遇，不管他们是在认真工作，还是游手好闲。这显然是不对的。所以，他们不应当享受同等待遇。

主席：你认为，在科学管理下，如果一个人不能成为“一等工人”，那么在这个世界上就没有立足之地了——如果他在某一方面不是一流的，就应该被毁灭甚至被去除吗？

泰勒：主席先生，我想我应该解释一下我所认为的“一等工人”的含义。我的书中曾对“一等工人”作过大量的说明。我发现，大家普遍对“一等”这个词的使用存在误解。

主席：在你对你心目中的“一等工人”下定义之前，我想听听你认为科学管理下，在某个具体的岗位上，什么样的工人算不上“一等工人”。

泰勒：如果不对什么是“一等”下定义，我就无法回答你的问题。我们对这两个字的理解存在很大分歧，所以，我想请你允许我阐释我所指的含义。

主席：事实上，当你特指“一等”的时候，就意味着你的心目中还有除了“一等”之外的其他等级。

泰勒先生：如果你允许我先给这个词下个定义，我想我可以把事情解释清楚。

主席：你说一名“一等工人”正常条件下可以受到照顾。这是你刚刚说过的话。现在，你心目中非“一等”的其他等级的工人，请问你的体制打算如何照顾他们呢？

泰勒：主席先生，我无法回答这个问题。我无法回答任何与“一等工人”相关的问题，除非你先了解我对这个词的定义，因为我在论文中使用这个词只是出于技术上的考虑。我不愿意回答这种问题，因为你认为我关于“一等”的回答适用于我书中所说的一切。

主席：你自己插入了“一等”一词，你说你不知道会有这样的状况：在正常条件下一名“一等工人”会找不到工作。

泰勒：我并不认为我使用了“一等”这个词。

雷德菲尔德先生：主席先生，我认为刚刚证人已经四次申请允许他给出他所指的“一等”的定义，但没有得到任何答复，因为他说的“一等”是一回事，而你想的“一等”是另一回事。

主席：我的问题和“一等”这个词的定义没有任何关系。我的问题是关于非

“一等”而不是“一等”。“一等”的定义对我的问题没有任何意义，因为我问的不是关于“一等”的问题，而是关于其他非“一等工人”的问题。

泰勒：如果不先说明我所说的“一等”的含义，我无法对其他问题加以说明。

雷德菲尔德：正如我刚刚打断你们的对话时所说的，证人已经说明了他不能回答主席的问题，因为主席所用的词语，即“一等”，在主席的心目中和在证人的心目中不是同一个意思，于是证人要求对这个词加以定义，这样双方才能理解这个词语的意义。现在，我认为，应该允许证人为他所说的下定义，这是合乎法律并且完全适当的。在证人给出他的定义以后，如果还存在任何误解，我们还可以继续。[74]

之后，调查委员会主席威尔逊与雷德菲尔德和蒂尔森陷入了一场激烈的争论，争论的焦点是泰勒是否应该被允许定义他的术语。雷德菲尔德和蒂尔森胜出，然后泰勒解释了他对“一等工人”这个术语的使用，最后他总结道：

……在每一个级别的工人当中，都有这样一些停滞不前的工人——我并不是指那些不能工作的人，而是那些事实上可以工作的人，只是因为懒惰，不管对他们如何进行教育和指导，不管如何体贴地对待他们，都无法把他们培养成“一等工人”。这就是我所说的“二等”。他们在事实上是有可能成为“一等”的，但是他们顽固地拒绝这样做。现在，主席先生，在清楚了我所说的两种类型的“二等工人”以后，我非常乐意回答你的问题。他们一类是事实上可以工作但拒绝工作的人；另一类是在体能或智力上不适合某一项工作的人。这就是两类“二等工人”。

主席：那么，科学管理准备如何处理这些在某项工作中不属于“一等”的工人呢？

泰勒：我放弃。

主席：在科学管理中没有这些人的一席之地吗？

泰勒：对一只可以歌唱但拒绝歌唱的小鸟，科学管理毫无帮助。

主席：我所说的跟鸟没有任何关系。

泰勒：在科学管理中，没有那种能够工作而拒绝工作的人的位置。

主席：这不是一个“能够工作而拒绝工作的人”的问题，这是一个在某个工作岗位上非“一等工人”的问题，根据你的定义。

泰勒：我不知道有如此类型的工作。对于每个人来说，都能够找到一种他可以成为“一等”的工作。[75]

还有一次，泰勒被约翰·奥利里（John R. O'Leary，北美国际模工联合会（International Molders'Union of North America）的第三副会长）质问他在米德维尔钢铁公司对工人罚款的问题：

奥利里：我想你说的是，事实上那套体系得到了工人们的允许和合作，对吗？

泰勒：是的……工人们实施了这个体系，建立了各种基金，来照顾生病的人，还配备了医生和护士……

奥利里：他们为受伤的工人治病收取多少费用呢？

泰勒：分文不取，这些服务都是免费的。

奥利里：那你是否知道，许多人对米德维尔钢铁公司提出控告，要求退回这些罚款，而且这些罚款实际上被退回了呢？

泰勒：我不知道。

奥利里：那你是否知道工人去上厕所也要被罚款1美元呢？

泰勒：我认为这根本不是事实。说这句话的人讲的并非事实。我在米德维尔钢铁公司期间，没有发生过任何这类事情。[76]

在其他任何证词中，都找不到证据支持奥利里的指控。正如艾达·塔贝尔（Ida M. Tarbell）——她那个时代最突出的“丑闻揭发者”——宣称的那样：

在这个国家，最堂堂正正的人就是泰勒先生，他心甘情愿地承受着工会领导、国会议员以及调查人员出于误解、怀疑或者恶意的各种诘问和烦扰。对于像泰勒先生这样受过良好训练的智者来说，对于一个把1/4个世纪的时间都奉献于艰难的真理探索的人来说，这样的质问一定会让人发狂。有时候他还不得不对此屈服。[77]

塔贝尔对泰勒给予了很高的评价。泰勒受尽了折磨和侮辱，并被视为野兽。他在作证结束离开证人席时几乎站不稳。在那里，他的自尊受到了极大伤害，他一生的心血也遭到了国会委员会的贬斥。在某个时刻，泰勒和作为对立方的工会似乎要相互厮杀，对话是如此愤懑，以至于从这份记录中被摘除出去了。[78]在这个委员会的最后报告中没有赢家。报告中充满了含糊其词的政治语言，其中写道，“准确地确定（泰勒和其他人的科学管理体系）对工人的健康和报酬的影响，以及对工资和劳动力成本的影响”还为时尚早。[79]委员会没有找到任何虐待工人的证据，也没有找到补充立法的任何必要性。虽然它指出虐待可能存在，也许是为了给反对者提供稍许慰藉，却没有提出任何相关的确凿证据。

虽然该报告建议没有必要进行立法，但来自沃特敦和罗克艾兰地区的国会代表还是成功地通过了一项国会决议，禁止在政府的军事机构中使用工时测量设备和报酬激励机制。[80]不过，在考虑1914—1915年的军费拨款预算时，参议院爆发了一场激烈的争论。反对泰勒、支持附加条款的是亨利·卡伯特·洛奇（Henry Cabot Lodge）——马萨诸塞州早期纺织业大亨的后代，他声称诸如泰勒之类的人带来了“奴隶时代”，他们认为“榨干奴隶们的最后一滴血之后任凭他们死去是有利可图的事情”，而他要终结这个奴隶时代。[81]这种具有煽动性的话语明显表明，他对泰勒希望达到的目的一无所知。附加条款未能在参议院通过，只好交由两院联席会议裁定并获得通过。禁止使用联邦资金来“利用秒表或其他计时设备进行工时研究”的法律从1916年开始一直有效，直到1949年才被废止。[82]值得一提的是，在泰勒亲自负责实施科学管理的所有公司，不曾发生过一次罢工，在他的体制下工作的工人也从来没有感到有必要组织工会。

心理革命

泰勒认为劳资双方应该努力寻找共同点。他写道：“科学管理……的基础源自这个坚定信念：（1）双方（劳方和资方）的真正利益是相同的、一致的；（2）资方的繁荣无法长期持续下去，除非它伴随着劳方的繁荣，反之亦然；（3）劳方获得最想要的高工资以及资方获得最想要的低成本是有可能在公司内同时实现的。”[83] “管理的首要目的，”泰勒说，“应该是保证雇主最大限度的富裕（the maximum prosperity），以及每名工人最大限度的富裕[84]。”泰勒倡导“心理革命”，以使“劳资双方不要将目光仅仅盯着如何分配盈余……而是共同将注意力转向扩大盈余的规模”[85]。这样一来，如同泰勒设想的那样，劳资双方在考虑各种事项时就将基于双方的共同利益。简而言之，泰勒主张雇员的目标与雇主的目标协调一致，从而实现“对所有各方的公平……通过不偏不倚地、科学地调查该问题的所有相关因素”[86]。用泰勒自己的话来说：“可以肯定地说，如果不能在长期内为雇主和雇员带来满意，如果不能明确地表明雇主和雇员的最佳利益是相互的，如果不能使得双方进行真诚、彻底的合作，这样的管理系统或计划就不应该予以考虑。”[87]泰勒意识到，那些自封的“效率专家”正在损害科学管理的名誉。他警示大家，“不能把管理的机制误当成管理的本质，或者它的哲学基础”[88]。它的哲学基础体现双方的共同利益，共有四项基本原则：

第一，发展真正的科学；

第二，科学地选拔工人；

第三，工人的科学教育和发展；

第四，管理者与工人之间亲密、友好的合作。[89]

在泰勒看来，任何单个要素都无法构成科学管理。毋宁说，科学管理是所有这些要素的整合，它可以被简要总结为：

它是科学，而不是单凭经验的方法。

它是和谐，而不是冲突。

它是合作，而不是个人主义。

它以最大产出代替有限产出。

它让每个人达到最高效率和获得最大富裕。[90]

泰勒的观点引起了人们很大的兴趣，然而遗憾的是，许多模仿者打着他的旗号，却对他的方法偷工减料，承诺自己能够在一半时间内实现相同效果。泰勒对这些假冒者深感痛惜，同时担心他们只是承诺立竿见影的灵丹妙药，却不能完全理解需要加以改变的根本态度，也不懂得必须获得工人对其方法的认可和接受。泰勒明确区分了真正的科学管理和盲目的效率追求，后一种行为突然之间就成为一种时髦。真正的科学管理要求雇主和雇员之间进行一场“心理革命”，它来自劳资双方长期以来的相互尊重，而不是来自生搬硬套地采用所谓的效率装置或措施。在沃特敦兵工厂罢工后举行的国会听证会上，泰勒试图首先澄清什么是科学管理，他所用的方法是解释什么不是科学管理：

> 科学管理不是任何效率策略，不是确保效率的任何措施，也不是任何效率策略的组合。它不是一套新的成本核算制度，不是新的报酬支付方案，不是计件工资制、分红制度，不是奖金制度。它绝不是任何报酬支付方案，它不是用于实时监控、记录工人的行为，不是工时研究，不是动作研究，也不是对工人动作的分析。它不是一大堆表格的复制和制作，然后放在一组工人面前，说：“这就是你的制度，拿去用

吧。”它不是工长分工制或者职能工长制，不是提及科学管理时人们通常联想到的任何策略。听到“科学管理”这个词，通常人们会想到一个或几个策略，但它并不是其中的任何一个。我并不鄙视成本控制系统、工时研究、职能工长制，也不鄙视任何新改进的报酬支付方案或者效率策略，如果这些策略的确是为了提高效率而制定的。我相信这些策略，但我所强调的是，这些策略不完全是或者完全不是科学管理。它们是科学管理有用的附件，正如它们也是其他管理系统有用的附件一样。

从本质上说，科学管理对于在具体公司或者行业工作的工人来说，将会是一场彻底的心理革命——关于他们对工作的责任、对同事的责任、对雇主的责任的心理革命。同样，对于管理层——工长、主管、企业所有人和董事会——也将是一场彻底的心理革命——关于他们对管理层同事的责任、对工人的责任、对日常出现的问题的责任的心理革命。如果没有双方彻底的心理革命，科学管理就无从谈起。

这就是科学管理的本质——伟大的心理革命。[91]

泰勒认为他的方法的主要反对者是工会领导而不是工会的普通成员。他相信工会领导们达成了一种反对科学管理的共谋。1914 年 4 月 26 日，在威斯康星州劳动联合会（WSFL）和密尔沃基同业公会联合会（MFTC）共同举行的一次高层管理者会议上发表演讲时，泰勒展示了关于工时研究、被改进的工作方法以及基于产出给予工人报酬的案例。美国劳工联合会金属行业部第 44 分区（海军造船厂和兵工厂）主席纳尔逊·阿里法斯（Nelson P. Alifas）被邀请上来对泰勒的发言作出回应。在 1911 年罗克艾兰兵工厂罢工期间，阿里法斯是一名参与罢工的机械师，他还在 1911—1912 年调查泰勒体制的听证会上提供证词。阿里法斯陈述了金属行业部的立场：

一些人可能不明白为什么我们反对工时研究……原因是，过去工人防止被雇主压迫的最后一根救命稻草就是，雇主不知道他们究竟在干什么。工人要获得足够的时间，以他们认为适当的速度工作，唯一的方法就是不让雇主确切知道工作所需的时间。美国公众有权利说，我们希望以这样的速度工作。我们不希望工作得越快越好。我们希望按照一个尽可能快的、使我们感到舒服的速度工作……我们正在努力调节我们的工作，使其成为我们生活的辅助，并从中受益。[92]

泰勒曾多次邀请美国劳工联合会主席塞缪尔·冈珀斯参观那些正在应用其方法的工厂，从而亲自了解实际情况，但冈珀斯都拒绝了。[93]在泰勒看来，工会的哲学与科学管理的哲学是针锋相对的。工会支持“斗争、敌视”，而科学管理则鼓励“共同利益”。[94]在冈珀斯看来，“更多，更多，更多”意味着劳工的收益来自雇主的口袋；在泰勒看来，通过提高生产力，双方的收益都会“越来越多”。[95]确实，通过寻求技术突破，科学管理使得以相同的投入获得更多产出，从而实现更高利润成为可能。同时，使用更好的技术和工作方法，科学地挑选和培训工人，自然而然会导致每小时产出的提高。在一个竞争性的劳动力市场中，对具有更高生产力的劳动力的需求不断增加，这会抬高他们的工资。很明显，公司效率提高，雇主和雇员都可以从中获益：一方可以获得更高工资，另一方可以获得更高利润。如果公司失败，雇主和雇员都遭受损失。泰勒认为自己无法说服工会接受科学管理是自己最大的失败。[96]

泰勒与人的因素

有人指责科学管理是冷漠的、非人性化的，漠视人的因素。作为回应，泰勒对制度和人作出了论述：“没有任何制度可以脱离真实的人的需求而存在。制度和优秀的人都是必要的，引入最好的制度以后，成功与否将取决于管理层的能力、恒心以及受人尊敬的权威。”[97]泰勒完全明白，他不仅仅要处理原料和机器，还要解决人的需求。在撰写《车间管理》一书时，他引用了1895年他向美国机械工程师协会提交的论文《计件工资系统》：

> 任何管理系统，无论多么完善，都不应该以机械的方法加以应用。应该使雇主和工人永远保持恰当的人际关系，在处理他们的关系时，还应该考虑到工人们所持的一些偏见。
>
> 如果一个雇主在工作中还戴着羊皮手套，双手和衣服永远干干净净，说话永远像自己是救世主一样，扮出一副屈尊的样子，诸如此类，他就永远没有机会知道工人真正的想法和感受。
>
> 最重要的是，应该鼓励级别较高的人平等地和工人对话。应该鼓励每个工人与上级讨论遇到的问题，无论是不是工作中的问题。他们宁愿受老板责怪，尤其是带着一点人性或者感情的“教训”，也不愿意每天被当作机器零件，遭受冷落和忽略。
>
> 让人人拥有自由表达想法的机会，拥有向雇主倾吐的机会，这是一个安全阀。如果主管通情达理，懂得倾听，怀有敬意地对待他们所说的话，就绝不可能发生工会罢工。
>
> 建立起工人和雇主之间友好联系的纽带不是大笔的慈善捐款（不管雇主在这里表现得多么慷慨），而是一些小小的个人友好和同情的行为。
>
> 这个制度对人的道德效果是显著的。如果工人觉得自己得到的待遇是真正公正的，他们总体上就会更加坦率、正直、真实。他们会更加愉快地工作，对待同事和雇主也会更加亲切。在这样的系统中，他们不会像在过去的体制下那样因为受到不公待遇而愤愤不平，也不会把工作之余的空闲时间用来痛骂雇主。[98]

关于抵制变革：

> 几辈人痛苦的遭遇让工人阶级学会了把所有变革都视为他们最大利益的敌人。不管变革的目的是什么，只要是变革，他们就抵制。因此，最初的变革应该致力于减少工人的疑虑，在实际接触中让他们相信，改革不仅没有坏处，最终还会让大家都受益。[99]

泰勒认为，要完全应用他的方法需要花费4～5年的时间，这可以从他对埃默森在听证会上所提供证词的答复中得到印证——科学管理不是立竿见影的灵丹妙药。实施科学管理需要勤奋精神和对泰勒的管理哲学的理解。即便如此，也从来不曾只有“一条康庄大道”：

> 科学管理本质上包含了一些宽泛的原则，它是一种特定的哲学，可以通过多种方式加以应用……我在此声明，没有任何一种灵丹妙药可以解决所有关于工人或者雇主的问题……没有一套管理体系，也没有任何人和任何人群控制下的权宜之计，可以保证工人或者雇主的持续富裕。[100]

1915年，在去世前的三个星期，泰勒在克利夫兰广告俱乐部（Cleveland Advertising Club）发表演说：

> 科学管理的每一步都是一次进化的过程，都不是一个固定的理论。在任何情况下，都是先有实践，后有理论……我所知道的关于科学管理的人都会随时准备抛弃任何计划、任何理论，只要能够找到更好的方法。在科学管理中，没有任何事情是固定的。[101]

泰勒承认不存在唯一的康庄大道，意识到应该通过科学的调查来坚持不懈地改进管理方法。他妻子越来越差的健康状况令他非常担忧，工会组织的敌对让他倍感苦恼，各种模仿者打着他的旗号却对他的方法偷工减料和将他的哲学抛到脑后，也让他颇受打击，泰勒的人生终点越来越近了。在一次演讲的归途中，在一间漏风的火车休息室里，泰勒患上了肺炎。1915年3月21日，在59岁生日的第二天，泰勒因肺炎去世。[102]他被安葬在费城西劳雷尔山公墓，墓碑上刻着：“弗雷德里克·泰勒，1856—1915，科学管理之父”。

小结

弗雷德里克·泰勒是管理思想发展过程中的一位核心人物。泰勒走上美国工业舞台时，正值由企业家创立和管理的小公司和中型公司向大规模、完全一体化的、由职业管理者掌管的企业转变，泰勒推动了这个转变的形成，并为管理成为一门独立的科学和学科提供了可信度。那个时代的工程师们已经为有效率地利用资源开辟了渠道，转而关注技术问题，泰勒等人便沿着他们开辟的道路，开始推广后来众所周知的科学管理。当时美国工业的特点是：不断提高的技术水平，持续发展的市场，劳动者的不满，以及管理知识的匮乏。美国各个行业中的大小企业都热切渴望获得更好的方法来制造和销售产品。为了满足这种需求，泰勒提供了一种声音、一种精神，迅速吸引了公众的注意力，包括陆军和海军、商界领袖、政府改革者、农场主、立法者、医务工作者、教会人员、俱乐部女郎、家政学家、教育者以及学者。[103]颇具讽刺意味的是，虽然泰勒在布鲁克林海军造船厂的努力基本上没有奏效，但是美国海事委员会（U. S. Maritime Commission）认可了泰勒的贡献，在1943年以他的名字命名了一艘第二次世界大战期间的自由轮（Liberty Ship）。[104]

虽然泰勒离开人世已经100多年，但他仍被视为“20世纪最具影响力的商界宗师”[105]。在一篇对泰勒的观点进行评论的文章中，洛克总结说：“泰勒的记录令人叹为观止……他的绝大部分见解至今仍然有效。”[106]不过，在许多人眼中，泰勒是一个制造争端的人。他的传记作者写道，泰勒“所拥有的天性并不认为习以为常有多么可爱”，并且承认“绝大多数和我讨论弗雷德里克·泰勒及其工作的人要么显得非常矜持、克制，要么非常严厉地谴责泰勒，有时候其严厉程度令人印象深刻”[107]。泰勒有时候是固执己见的，而且表达自己观点的方式使得他很容易成为当代社会批评家们的攻击目标。例如，他曾经评论说，对生铁装载工的首项要求就是他应该像一头牛那样迟钝，而一头“聪明的大猩猩”，如果接受正确的训练，将更适合从事这项工作。[108]当然，他的真实意图是想说明节省可以来自仔细考察那些即便只要求体力劳动的简单工作岗位，以及强调一个不值得大惊小怪的事实：有些工人适合这种类型的工作，而其他工人则并不适合。[109]不过，他选择的比喻显得有些粗俗，不那么具有外交辞令色彩，而这样的评论很容易会被别人误解。不过，泰勒清晰地理解“劳动工人”与那些“不属于劳动工人的人”具有“相同的感受，相同的动机，相同的雄心壮志，相同的缺陷，相同的美德”，并且具有相同的需求，也就是说，这两类人都想要获得“高薪水和晋升机会”。[110]虽然泰勒描述“劳动工人”的言语稍显尖酸刻薄，但是他在描述那些无法领会其“心理革命”的商界人士时更是缺乏外交辞令。一位鞋类制造商曾经质疑是否有必要因为工人们保持绩效标准而向其支付35%～50%不等的奖金，在他看来，20%就相当不错了。“嗯，”泰勒回答说，透过自己的眼镜凝视着对方，“你就是一头该死的蠢猪。”[111]

纳尔逊注意到，每个流派的社会科学家都把泰勒视为假想敌，认为科学管理代表一种等级森严、专制独裁的管理风格，导致工人们数十年的抗争，但他们忘记了科学管理是“对知识、理性的执着以及对细节的持续关注，与旧式的实证主义以及新式的万能法则都是对立的”[112]。对此泰勒解释说，他把自己的努力视为一种改善工人生活的方法，因而：

> 所有人都应该能够明显看出，没有其他人会终其一生且花光自己的收益来追求这个目标，甚至许多与其没有丝毫利益瓜葛的公司能够实现更高的分红……我几乎已经倾注我所有的时间和金钱来推进科学管理事业。我这样做完全是为了使工人获得更高工资，为了使在我们系统中工作的人都能够获得发展并且提升到更高层次，为了更好地教育他们，帮助他们过上更好的生活，而且最重要的是，为了使他们更幸福、更满意。[113]

要想真正理解泰勒的努力，就必须认识到泰勒所处时代不同于当今时代。此外，还必须认识到泰勒的理念，其中包括主张雇员和雇主应该立足于“共同利益”，远远超越了他的时代。泰勒的成果在当时是，现在仍然是，革命性的。当初他播撒的种子已经遍地开花，芳香满天下。他的成果已经从他职业生涯早期重点研究的机械操作领域传播到诸如雇员招聘和培训、工作设计、库存控制以及薪酬管理之类的活动中。泰勒的成果开启了一次经济革命，不仅使工人可以获得高更的工资，还使企业得到快速发展，在一些使用该方法的地区，帮助贫困人口摆脱贫困和促进经济发展。[114]

此外，泰勒的成果使管理者们看待自己的方式发生了变化。陈旧的“凭经验管理”和“闭门造车”的形象被“一种探索、研究、精心调查的态度……一种探求正确知识并且根据所发现的事实来决定行为的态度”所取代。[115]科学管理成为一种追求更高生产率、更高购买力和更高生活水平的工具。从这方面讲，科学管理的影响已经扩展到现代生活的所有方面，包括公共政策、艺术以及文学。[116]

总而言之，泰勒在他那个时代和我们的时代都留下了不可磨灭的印记。他对效率的强调仍然是当代管理的一种主流价值观。[117]他并不孤独，还有许多人加入了他的行列，应用、修改、提炼和传播科学管理的思想。泰勒犹如一颗北极星，为所有那些追随其脚步、将专业的管理引入工厂并且用事实替代主观判断的人指引着方向。

注 释

[1] The life of Taylor is a popular subject for biographies. A much-cited source is Frank Barkley Copley's authorized biography, *Frederick W. Taylor: Father of Scientific Management*, 2 vols. (New York: Harper & Brothers, 1923). Other useful sources are Charles D. Wrege and Ronald G. Greenwood, *Frederick W. Taylor, the Father of Scientific Management: Myth and Reality* (Homewood, IL: Business One Irwin, 1991); Daniel Nelson, *Frederick W. Taylor and the Rise of Scientific Management* (Madison, WI: University of Wisconsin Press, 1980); and Robert Kanigel, *The One Best Way: Frederick Winslow Taylor and The Enigma of Efficiency* (New York: Viking, 1997).

[2] Aleksey Tikhomirov, " 'The First Case of Scientific Time-Study That I Ever Saw...'," *Journal of Management History* 17 (4) (2011), pp. 356 - 378. Wentworth was one of the era's foremost mathematicians and the author of textbooks that sold well over a million copies. He taught at Phillips Exeter for more than 40 years. See "Wentworth, George Albert," in *The National Cyclopœdia of American Biography*, vol. 10 (New York: James T. White & Company, 1900), p. 106.

[3] Robert Kanigel, "Frederick Taylor's Apprenticeship," *Wilson Quarterly* 20 (3) (Summer 1996), pp. 44 - 51. See also Andrew Dawson, *Lives of the Philadelphia Engineers: Capital, Class and Revolution, 1830 - 1890* (Burlington, VT: Ashgate, 2004), pp. 226 - 246.

[4] Charles D. Wrege and Ronald G. Greenwood, "The Early History of Midvale Steel and the Work of Frederick W. Taylor: 1865 - 1890," *Canal History and Technology Proceedings* 11 (1992), pp. 145 - 176.

[5] Frederick W. Taylor, *Shop Management* (New York: Harper & Brothers, 1903), p. 30. Originally published in the *Transactions of the American Society of Mechanical Engineers*, 24 (1903), pp. 1383 - 1456.

[6] Frederick W. Taylor, *The Principles of Scientific Management* (New York: Harper & Brothers, 1911), pp. 15 - 16. Originally written in 1909 for publication in the *Transactions of the American Society of Mechanical Engineers*, but was withheld because, in part, the Meetings Committee felt it overstated the "universal applicability" of its claims. Taylor subsequently circulated the book privately in 1911 and arranged for it to be serialized as three installments in *The American Magazine*, March, 1911, through May, 1911. For further details, see Carol Carlson Dean, "The Principles of Scientific Management by Frederick W. Taylor: The Private Printing," *Journal of Management History* 3 (1), 1997, pp. 18 - 30.

[7] John Wilson, "Economic Fallacies and Labour Utopias." *Quarterly Review* 131 (261) (1871), pp. 229 - 263.

[8] *Hearings before Special Committee of the House of Representatives to Investigate the Taylor and Other Systems of Shop Management under Authority of House Resolution* 90 (Washington, DC: U. S. Government Printing Office, 1912), vol. 3, p. 1413.

[9] "The Father of Scientific Management," *The Outlook* 109 (March 31, 1915), p. 755.

[10] Charles Babbage, *On the Economy of Machinery and Manufacturers* (London: Charles Knight, 1832), pp. 138 - 152.

[11] *Ibid.*, p. 226.

[12] Taylor, *Shop Management*, pp. 149 - 176.

[13] E. Brian Peach and Daniel A. Wren, "Pay for Performance from Antiquity to the 1950s," *Journal of Organizational Behavior Management* 12 (1) (Spring 1991), pp. 5 - 26.

[14] Frederick W. Taylor, "A Piece-Rate System, Being a Step Toward Partial Solution of the Labor Problem," *Transactions of the American Society of Mechanical Engineers* 16 (1895), pp. 856 - 883. See also Wrege and Greenwood, *Frederick W. Taylor, the Father of Scientific Management*, p. 20.

[15] Taylor, "Piece-Rate System," pp. 902 - 903.

[16] *Idem*, *Principles of Scientific Management*, p. 119.

[17] *Idem*, "Piece-Rate System," p. 882; also in *idem*, *Shop Management*, pp. 185 - 186.

[18] *Idem*, *Shop Management*, pp. 28 - 29.

[19] *Hearings before Special Committee of the House of Representatives to Investigate the Taylor and Other Systems of Shop Management*, vol. 3, p. 1394.

[20] Frederick W. Taylor, "Competitive Profit Sharing," *Greater Efficiency*: *Journal of the Efficiency Society* 3 (6) (March 1914), pp. 25 - 26.

[21] *Hearings to Investigate the Taylor System*, vol. 3, p. 1451.

[22] Taylor, *Shop Management*, p. 25.

[23] Copley, *Taylor*, vol. 1, p. 183.

[24] Taylor, *Shop Management*, p. 21.

[25] *Ibid.*, p. 138. The term "foreman" dates to the fourteenth century, originating in the trade guilds of Europe. "In those days when the men wanted to talk to management, there was always someone of mature judgment, probably a little older, a well-skilled man, who could talk a little on his feet. When the men got together, they referred to 'John Anderson, fore'; and he became the foreman; he was the man who came to the fore; therefore, he was a foreman." Testimony of Clarence C. Carlton, Hearings Before the Committee on Military Affairs, U. S. House of Representatives, 78th Congress, 1st sess. on H. R. 2239, H. R. 1742, H. R. 1728, and H. R. 922, *Full Utilization of Manpower*, March 31, 1943 (Washington, DC: Government Printing Office, 1943), p. 104.

[26] Taylor, *Principles of Scientific Management*, p. 122.

[27] *Ibid.*, pp. 123 - 124.

[28] *Ibid.*, pp. 125 and 128.

[29] *Idem*, *Shop Management*, pp. 108 - 109.

[30] *Ibid.*, p. 126.

[31] Daniel Nelson, "Scientific Management in Transition: Frederick W. Taylor at Johnstown, 1896," *Pennsylvania Magazine of History and Biography* 99 (4) (October, 1975), pp. 460 - 475. See

also *idem*, "The Making of a Progressive Engineer: Frederick W. Taylor," *Pennsylvania Magazine of History and Biography* 103 (4) (October, 1979), pp. 446 - 466.

[32] Copley, *Taylor*, vol. 1, p. 388.

[33] Charles D. Wrege, "Nineteenth Century Origins of 'Bookkeeping under the Taylor System'," in Kae H. Chung, ed. , *Proceedings of the Annual Meeting of the Academy of Management* (1983), pp. 106 - 110. See also Nelson, *Taylor*, pp. 54 - 55.

[34] Michael Massouh, "Technological and Managerial Innovation: The Johnson Company, 1883 - 1889," *Business History Review* 50 (1) (Spring 1976), pp. 66 - 67.

[35] H. Thomas Johnson, "Management Accounting in an Early Integrated Industrial: E. I. Du Pont de Nemours Powder Company, 1903 - 1912," *Business History Review* 49 (2) (Summer 1975), p. 194. See also Rosita S. Chen and Sheng-Der Pan, "Frederick Winslow Taylor's Contributions to Cost Accounting," *Accounting Historian's Journal* 7 (2) (Fall 1980), pp. 1 - 22; Murray C. Wells, "Taylor's Contributions to Cost Accounting: A Comment," *Accounting Historian's Journal* 9 (2) (Fall 1980), pp. 69 - 77.

[36] Alfred D. Chandler, Jr. *The Visible Hand: The Managerial Revolution in American Business* (Cambridge, MA: Belknap Press of Harvard University Press, 1977), p. 430.

[37] Taylor, *Principles of Scientific Management*, pp. 95 - 96. See also Chris Nyland, "Taylorism and Hours of Work," *Journal of Management History* 1 (2) (1995), pp. 8 - 25.

[38] Daniel Nelson, "Taylorism and the Workers at Bethlehem Steel, 1898 - 1901," *Pennsylvania Magazine of History and Biography* 101 (4) (October, 1977), pp. 487 - 505.

[39] Charles D. Wrege, "F. W. Taylor's Lecture on Management, 4 June 1907, an Introduction," *Journal of Management History* 1 (1) (1995), pp. 4 - 7; the stenographer's transcript follows on pp. 8 - 32.

[40] Taylor, *Principles of Scientific Management*, pp. 43 - 44. See also James Gillespie and H. C. Wolle, "Report on the Establishment of Piecework in Connection with the Loading of Pig Iron, at the Works of the Bethlehem Iron Co. , South Bethlehem, PA," June 17, 1899, Frederick Winslow Taylor Collection, Samuel C. Williams Library, Stevens Institute of Technology, Hoboken, NJ, Files 32A and 32J.

[41] Charles D. Wrege and Amadeo G. Perroni, "Taylor's Pig-Tale: A Historical Analysis of Frederick W. Taylor's Pig-Iron Experiment," *Academy of Management Journal* 17 (March 1974), pp. 6 - 26. Later, Wrege and Greenwood, in *Taylor*, p. 102, wrote that the "pig-tale" was "prepared by Taylor's assistant, Morris L. Cooke" . The mystery remains: the penmanship was Cooke's, but were the words Cooke's or Taylor's? See also Charles D. Wrege and Regina Ebert Greenwood, "Frederick W. Taylor's 'Pig Iron Loading Observations' at Bethlehem, March 10. 1899 - May 31, 1899: The Real Story," *Canal History and Technology Proceedings* 17 (1998), pp. 159 - 201; Charles D. Wrege and Beulah M. Wrege, "Searching For the Insignificant: Thirty-Eight Years of Successful Historical Research in Bethlehem, Pennsylvania, and Elsewhere: 1957 - 1995," *Canal History and Technology Proceedings* 23 (2004), pp. 155 - 212.

[42] Letter from Carl G. Barth to L. Arthur Sylvester, December 21, 1925, Charles D. Wrege Research Papers, 1925 - 2013, Box 6, Folder 65, Kheel Center for Labor-Management Documentation and Archives, Cornell University Library. See also Kanigel, *The One Best Way*, p. 397.

[43] Charles D. Wrege and Richard M. Hodgetts, "Frederick W. Taylor's 1899 Pig Iron Observations:

Examining Fact, Fiction, and Lessons for the New Millennium," *Academy of Management Journal* 43 (6) (December 2000), p. 1287.

[44] Frederick W. Taylor quoted in Copley, *Taylor*, vol. 1, p. 364 and vol. 2, p. 142.

[45] It has also been noted that Taylor prompted further top-management opposition as his time studies led to a 25 percent reduction in the Bethlehem workforce, thereby, depopulating the surrounding community. As a result, Bethlehem's top managers, who owned rental houses and most of the local stores, were upset because "what was gained in the factory" was "lost in the city". See Stéphane Castonguay, "Engineering and Its Discontents: Taylorism, Unions, and Employers," *Social Epistemology* 7 (3) (1993), pp. 301 - 302.

[46] John A. Bromer, J. Myron Johnson, and Richard P. Widdicombe, "A Conversation with Robert P. A. Taylor: Interview Conducted in Providence, Rhode Island, October 14 and 15, 1976," Chapter 2, pp. 1 - 3, typescript dated July, 1978, Frederick Winslow Taylor Collection, Samuel C. Williams Library, Stevens Institute of Technology, Hoboken, NJ. For details on the aforementioned tragedy, see "Killed Wife and Himself," *New York Times* (February 28, 1901), p. 1.

[47] Thomas J. Misa, *A Nation of Steel* (Baltimore, MD: Johns Hopkins University Press, 1995), pp. 197 - 198, 204 - 205. For White's unsung contribution to the Taylor-White process, see Christopher P. Neck and Arthur G. Bedeian, "Frederick W. Taylor, J. Maunsell White Ⅲ, and the Matthew Effect: The Rest of the Story," *Journal of Management History* 2 (1) (1996), pp. 20 - 25. See also Charles D. Wrege, Ronald G. Greenwood, and Ti Hsu, "Frederick W. Taylor's Early Work at Bethlehem Steel Company: First Phase; 1898 - 1899—Some Insights," *Canal History and Technology Proceedings*, 12 (1993), pp. 102 - 138; *Idem*, "Frederick W. Taylor's Work at Bethlehem Steel, Phase Ⅱ, The Discovery of High-Speed Tool Steel, 1898, Was It An Accident?," *Canal History and Technology Proceedings*, 13 (1994), pp. 115 - 161; *Idem*, "Frederick W. Taylor's at Bethlehem Steel, Phase Ⅲ: Sale of the "Taylor-White' Patent and the Initiation of the High Speed Steel Patent Suit: 1902 - 1905," *Canal History and Technology Proceedings*, 14 (1995), pp. 105 - 127; *Idem*, "Frederick W. Taylor at Bethlehem Steel Company, Phase Ⅳ: The High-Speed Steel Patent Suit, 1906 - 1908," *Canal History and Technology Proceedings*, 15 (1993), pp. 125 - 164; and Charles D. Wrege, Ronald G. Greenwood, and Regina Ebert Greenwood, "A New Method of Discovering Primary Management History: Two Examples Where 'Little Things Mean a Lot'," *Journal of Management History*, 1997, 3 (1), pp. 59 - 92.

[48] Shannon G. Taylor and Arthur G. Bedeian, "From Boardroom to Bunker: How Fred Taylor Changed the Game of Golf Forever," *Management & Organizational History*, 2 (3) (2007), pp. 195 - 218. Taylor was an avid sportsman who also participated in baseball, rowing, skating, gymnastics, cricket, and croquet. See *idem*, "The Fred Taylor Baseball Myth: A Son Goes to Bat for His Father," *Journal of Management History* 14 (3) (2008), pp. 294 - 298.

[49] Frederick W. Taylor, "An Outline of the Organization of a Manufacturing Establishment under Modern Scientific or Task Management," a lecture given at Harvard University, Boston, 1909 - 1914. Reprinted in Sasaki Tsuneo and Daniel A. Wren, ed. , *Intellectual Legacy of Management Theory*, ser. 2, pt. 2, vol. 2 (London; Pickering and Chatto, 2002), pp. 259 - 303.

[50] Oscar Kraines, "Brandeis and Scientific Management," *Publications of the American Jewish Historical Society* 41 (1) (September 1951), pp. 41 - 60.

[51] On this point, see Keith D. Revell, *Building Gotham: Civic Culture and Public Policy in New York City, 1898 - 1938* (Baltimore, MD: Johns Hopkins University Press, 2003), pp. 64 - 69.

[52] Letter from Morris L. Cooke to Frederick W. Taylor, March 27, 1910. Frederick Winslow Taylor Collection, Samuel C. Williams Library, Stevens Institute of Technology, Hoboken, NJ.

[53] Letter from Taylor to Cooke, March 29, 1910, Frederick Winslow Taylor Collection, Samuel C. Williams Library, Stevens Institute of Technology, Hoboken, NJ.

[54] Horace B. Drury, *Scientific Management: A History and Criticism* (New York: Columbia University, 1915), p. 17 references Brandeis's retainer with the W. H. McElwain Company. Edward L. Prescott, McElwain Company Treasurer, discussed the manufacturer's experiences with Taylor's methods at the Amos Tuck Conference in 1911. See *Addresses and Discussion at the Conference on Scientific Management Held October 12, 13, 14 Nineteen Hundred Eleven*, Hanover, NH, Dartmouth Press, 1911, pp. 204 - 214.

[55] Oscar Kraines, "Brandeis' Philosophy of Scientific Management," *Western Political Quarterly*, vol. 13 (1), March, 1960, p. 192.

[56] Letter from Louis D. Brandeis to Taylor, October 26, 1910, Item 098J001, Frederick W. Taylor Digital Collection, Samuel C. Williams Library, Stevens Institute of Technology, Hoboken, NJ. Accessible at http://stevens. cdmhost. com/cdm/compoundobject/collection/p4100coll1/id/472/rec/1.

[57] Letter from Taylor to Brandeis, November 4, 1910, Item 098J004, Frederick W. Taylor Digital Collection, Samuel C. Williams Library, Stevens Institute of Technology, Hoboken, NJ. Accessible at http://stevens. cdmhost. com/cdm/compoundobject/collection/p4100coll1/id/478/rec/36.

[58] Letter from James Mapes Dodge to Taylor, November 3, 1910, Item 098J007, Frederick W. Taylor Digital Collection, Samuel C. Williams Library, Stevens Institute of Technology, Hoboken, NJ Frederick W. Taylor Digital Collection. Accessible at http://stevens. cdmhost. com/cdm/singleitem/collection/p4100coll1/id/481/rec/1.

[59] Letter from Morris L. Cooke to Taylor, November 10, 1910, Item 098J011, Frederick W. Taylor Digital Collection, Samuel C. Williams Library, Stevens Institute of Technology, Hoboken, NJ. Accessible at http://stevens. cdmhost. com/cdm/compoundobject/collection/p4100coll1/id/512/rec/1.

[60] Henry van Riper Scheel, "Some Reflections of Henry Laurence Gantt," *Journal of Industrial Engineering*, 12 (May - June, 1961), p. 221. In addition to Scheel and Brandeis, the meeting was attended by Gantt, Gilbreth, and Robert T. Kent. It should be noted that U. S. Navy Commander Holden A. Evans used the term "scientific management" in *The American Machinist* 3 months before this October 1910 meeting. In doing so, he suggested that the term was already in general use: "The term 'scientific management' is now generally accepted as referring to the type of management advocated by Fred W. Taylor and those who have been associated with him. " See Evans, "Scientific Factory Management," *American Machinist* 33 (June 16, 1910), p. 1108. For more on Evans, who in his own words "had become a worshiper at the Taylor shrine," see his *One Man's Fight for a Better Navy* (New York: Dodd, Mead & Company), p. 182.

[61] Letter from Brandeis to Horace B. Drury, January 13, 1914, reprinted in Louis D. Brandeis, *Letters of Louis D. Brandeis*, vol. 3, eds. , Melvin I. Urofsky and David W. Levy (Albany, NY: State University of New York, 1973), pp. 240 - 241.

[62] *Evidence Taken by the Interstate Commerce Commission in the Matter of Proposal Advances in*

Freight Rates by Carriers, Senate Document 725, 61st Cong., 3rd sess., vol. 4 (Washington, DC: U. S. Government Printing Office, 1911), pp. 2829 - 2830, 2836. See also Louis D. Brandeis, *Scientific Management and Railroads: Being part of a Brief Submitted to the Interstate Commerce Commission* (New York: Engineering Magazine, 1911), pp. 83 - 86.

[63] See, for example "All Scoff at Brandeis: Officials Say Railroads Are Economically Managed," *New York Times* (November 23, 1910), p. 4 and "Invite Brandeis to Manage Their Roads: Westerners Wire Lawyer to Name His Salary if He Can Save $300,000,000," *New York Times* (November 24, 1910), p. 8. See also "Railways Can Save $300,000,000 a Year," *New York Times* (November 16, 1910), p. 10.

[64] Frederick W. Taylor, "The Conservation of Human Effort," *City Club Bulletin* [City Club of Philadelphia] 4 (1) (January 18, 1911), pp. 35 - 36.

[65] Having lost their 1910 - 1911 bid for a hike in freight rates, the Eastern Railroads filed a new second petition on May 14, 1913, asking for an average five per cent increase. Rather than representing either the railroads or shippers, Brandeis was retained, as special counsel, by the ICC "to undertake the task of seeing all sides and angles of the case are presented of record" . Letter from James S. Harlan (ICC Commissioner) to Brandeis, August 15, 1913, reprinted in *Nomination of Louis D. Brandeis: Hearings on the Nomination of Louis D. Brandeis to be an Associate Justice of the Supreme Court of the United States before the Subcommittee of the Senate Commission on the Judiciary*, 64th Congress, 1st Session (1916), p. 158. The railroads' second petition for a rate advance was partially approved with Brandeis's concurrence. See "Willard Cheered by Rate Decision," *New York Times* (December 31, 1914), p. 13.

[66] *Industrial Relations, Final Report and Testimony Submitted to Congress by the Commission on Industrial Relations*, vol. 1 (Washington, DC: U. S. Government Printing Office, 1916), pp. 789 and 810.

[67] Frederick W. Taylor, "Scientific Management and Labor Unions," *Bulletin of the Society to Promote the Science of Management* 1 (1) (December 1914), p. 3.

[68] Peter B. Petersen, "Fighting for a Better Navy: An Attempt at Scientific Management (1905 - 1912)," *Journal of Management* 16 (1) (March 1990), pp. 151 - 166.

[69] *Idem*, "The Pioneering Efforts of Major General William Crozier (1855 - 1942) in the Field of Management," *Journal of Management* 15 (3), 1989, pp. 503 - 516.

[70] James O' Connell, "Official Circular No. 12," Office of the International President, International Association of Machinists, April 26, 1911, Washington, DC. Reprinted in *Hearings to Investigate the Taylor System*, vol. 2, pp. 1222 - 1223.

[71] Copley, *Taylor*, vol. 2, p. 344.

[72] Hugh G. J. Aitken, *Scientific Management in Action: Taylorism at Watertown Arsenal, 1908 - 1915* (Princeton, NJ: Princeton University Press, 1985).

[73] Copley, *Taylor*, vol. 2, p. 347.

[74] *Hearings to Investigate the Taylor System*, vol. 3, pp. 1452 - 1453.

[75] *Ibid.*, vol. 3, pp. 1455 - 1456.

[76] *Ibid.*, vol. 1, pp. 745 - 746.

[77] Ida M. Tarbell, *New Ideals in Business: An Account of Their Practice and Their Effects upon*

Men and Profits (New York: Macmillan, 1916), p. 315.

[78] Copley, *Taylor*, vol. 2, p. 348.

[79] *Hearings to Investigate the Taylor System*, vol. 3, p. 1930.

[80] U. S. House of Representatives, Labor Committee, Hearings on House Resolution 8662, *A Bill to Prevent the Use of Stop Watch or Other Time-Measuring Devices on Government Work and the Payment of Premiums or Bonuses to Government Employees* (Washington, DC: Government Printing Office, 1914).

[81] Senator Henry Cabot Lodge, February 23, 1915, *Congressional Record Containing the Proceedings and Debates of the Sixty-Third Congress*, Third Session, vol. 52, pt. 5 (Washington, DC: Government Printing Office, 1915), p. 4352. Mary Barnett Gilson, an early employment counselor and later lecturer at the University of Chicago, called Senator Lodge an "exhibitionist" who tilted at windmills. See Gilson, *What's Past Is Prologue* (New York: Harper & Brothers, 1940), p. 55.

[82] Milton J. Nadworny, *Scientific Management and the Unions: 1900 - 1923* (Cambridge, MA: Harvard University Press, 1955), pp. 82 and 103.

[83] Taylor, *Principles of Scientific Management*, p. 10.

[84] *Ibid.*, p. 9. See also Chris Nyland, "Taylorism and the Mutual-Gains Strategy," *Industrial Relations* 37 (4) (October 1998), pp. 519 - 542.

[85] *Hearings to Investigate the Taylor System*, vol. 3, p. 1387.

[86] Taylor, *Principles of Scientific Management*, p. 139.

[87] Taylor, *Shop Management*, p. 21.

[88] Taylor, *Principles of Scientific Management*, p. 128.

[89] *Ibid.*, p. 130n.

[90] *Ibid.*, p. 140.

[91] *Hearings to Investigate the Taylor System*, p. 1387.

[92] Frederick W. Taylor and Nels P. Alifas, "Scientific Shop Management" (Milwaukee, WI: Milwaukee State Federation of Labor, 1914) in John R. Commons, ed., *Trade Unionism and Labor Problems*, 2nd ser. (Boston, MA: Ginn, 1921), pp. 148 - 149. For more on the Taylor-Alifas exchange, see "Report of Frank J. Weber," *Proceedings of the Twenty-second Annual Convention of the Wisconsin State Federation of Labor* (Milwaukee, WI, 1914), pp. 29 - 30. Further details regarding Alifas's views on scientific management, or what he considered "merely a name for an ingenious set of oppressive practices," are available at U. S. House of Representatives, Labor Committee, *Method of Directing the Work of Government Employees: Hearings Before the Committee on Labor, Sixty-fourth Congress, First Session on H. R. 8665, a Bill to Regulate the Method of Directing the Work of Government Employees. March 30, 31, April 1 and 4, 1916* (Washington, DC: Government Printing Office), p. 203.

[93] Copley, *Taylor*, vol. 2, pp. 403 - 404. In his testimony before the committee to investigate the Taylor System, Gompers categorically denied the existence of soldiering and labor resistance. *Hearings to Investigate the Taylor System*, p. 27. Gompers's biographer, Philip Taft, has suggested that Gompers was not unalterably opposed to scientific management, but yielded to the influence of IAM president William H. Johnson because the machinists were the largest and most powerful affiliate in the American Federation of Labor. See Philip Taft, *The A. F. of L. in the Time of Gompers*

(New York: Harper & Brothers, 1957), pp. 299 - 300.

[94] Copley, *Taylor*, vol. 2, p. 407.

[95] Robert F. Hoxie, "President Gompers and the Labor Vote," *Journal of Political Economy* 16 (10) (December 1908), p. 694.

[96] Trombley, *The Life and Times of a Happy Liberal*, p. 258.

[97] Taylor, *Shop Management*, p. 148. See also *idem*, "A Piece-Rate System," pp. 880 - 881.

[98] *Idem*, *Shop Management*, pp. 184 - 185.

[99] *Ibid.*, p. 137.

[100] *Ibid.*, pp. 28 - 29. Taylor made a similar statement in his presentation at the first conference on scientific management: Frederick W. Taylor, "The Principles of Scientific Management," in *Scientific Management: First Conference at the Amos Tuck School*, p. 54.

[101] *Idem*, "The Principles of Scientific Management," *Bulletin of the Taylor Society* 2 (5) (December 1916), p. 15. Address before the Cleveland Advertising Club, March 3, 1915, published posthumously.

[102] Karen Pennar and Christopher Farrell, "Micromanaging from the Grave," *Business Week* (May 15, 1995, p. 34) reported that Frederick W. Taylor was "micromanaging from the grave" with a gift of $10 million to the Stevens Institute of Technology. Rather than coming from Taylor, the gift came from his son, Robert P. A. Taylor, and was given in the name of his father.

[103] Samuel Haber, *Efficiency and Uplift: Scientific Management in the Progressive Era, 1890 - 1920* (Chicago, IL; University of Chicago Press, 1964), pp. 51 - 74.

[104] "5 Ships to be Named for Noted Engineers," *New York Times* (December 5, 1943), p. 67.

[105] Geoffrey Colvin, "Managing the End of an Era," *Fortune* (March 6, 2000), p. F-8. See also Arthur G. Bedeian and Daniel A. Wren, "Most Influential Management Books of the 20th Century," *Organizational Dynamics* 29 (2001), pp. 221 - 225; Daniel A. Wren and Robert D. Hay, "Management Historians and Business Historians: Differing Perceptions of Pioneering Contributions," *Academy of Management Journal* 20 (1977), pp. 470 - 475.

[106] Edwin A. Locke, "The Ideas of Frederick W. Taylor: An Evaluation," *Academy of Management Review* 7 (1982), pp. 22 - 23.

[107] Frank Barkley Copley, "Frederick W. Taylor, Revolutionist," *The Outlook* 111 (September 1, 1915), p. 41.

[108] Taylor, *Principles of Scientific Management*, pp. 40 and 59.

[109] Lyndall F. Urwick, "The Truth about 'Schmidt': Reflections of Col. Lyndall F. Urwick," *Working Paper Series*, 3, No. 1, Management History Division, Academy of Management, 1978, pp. 8 - 9, 12. Reprinted in Arthur G. Bedeian, ed., *Evolution of Management Thought*, vol. 1 (London: Routledge, 2012), pp. 252 - 271.

[110] Frederick W. Taylor, "The Working Man," a lecture given at Harvard University, Boston, 1909 - 1914. Reprinted in Ernest Dale, ed., *Readings in Management: Landmarks and New Frontiers*, 3rd. ed. (New York: McGraw-Hill, 1975), pp. 100, 102.

[111] Trombley, *The Life and Times of a Happy Liberal*, p. 9.

[112] Daniel Nelson, "Epilogue," in *idem*, ed., *A Mental Revolution: Scientific Management since Taylor* (Columbus, OH: Ohio State University Press, 1992), p. 239.

[113] Copley, *Taylor*, vol. 2, pp. 237 - 238.

[114] Peter F. Drucker, "The New Productivity Challenge," *Harvard Business Review* 67 (6) (November - December), 1991, p. 71 and *idem*, "The Coming Rediscovery of Scientific Management," *Conference Board Record* 13 (6) (June 1976), p. 26.

[115] Majority Report of Sub-Committee on Administration, "The Present State of the Art of Industrial Management," *Transactions of the American Society of Mechanical Engineers* 34 (1912), p. 1137.

[116] Richard G. Olson, *Scientism and Technocracy: The Legacy of Scientific Management* (Lanham, MD: Lexington Books, 2016).

[117] Daniel A. Wren, "The Centennial of Frederick W. Taylor's *The Principles of Scientific Management*: A Retrospective Commentary," *Journal of Business and Management* 17 (1) (2011), pp. 11 - 22.

第8章 传播效率真理

衡量一个人和他的成就往往会受到空间和时间的局限。对于泰勒是如此，对于那些与泰勒一起和继泰勒之后宣传科学管理的人也是如此。本章将着重介绍六位围绕在泰勒周围并在科学管理诞生之初产生了重大影响的人物，他们是：卡尔·巴思、亨利·甘特、弗兰克·吉尔布雷斯和莉莲·吉尔布雷斯夫妇、哈林顿·埃默森和莫里斯·库克。他们是传播效率真理的先锋。

最正统的门徒：卡尔·巴思

在科学管理运动的所有门徒中，卡尔·巴思（1860—1939）是最正统的。巴思出生于挪威奥斯陆，在利勒哈默尔地区的公共学校接受了最初的教育。后来，他进入位于霍尔滕地区的皇家挪威海军技术学校（Royal Norwegian Navy's Technical School）接受教育，在1876年毕业时获得众多荣誉，此时他才16岁。随后，巴思在卡尔约翰韦恩岛海军造船厂成为一名机械工学徒，最开始充当一名铁匠的助手，后来成为锅炉车间一名车床和开槽机操作员。他的机械技能很快获得了认可，并且被任命为机械部的一名副教官以及皇家挪威海军技术学校校长的办公室助理，拿着每小时不到3美分的工资。1881年，巴思移居美国，希望在那里挣到更多工资。他到美国的第一份工作是在费城的威廉·塞勒斯公司（William Sellers & Company）——机械工具制造领域的一家龙头企业。在这里，他最初是作为一名绘图员，每天可以挣到2美元。他的才华迅速显露出来，薪水很快就增加到每星期20美元。1881—1895年，除去1891年在亚瑟·法尔肯诺机器公司（Arthur Faulkenau Machine Company）担任工程师和首席绘图员，巴思在威廉·塞勒斯公司工作了13年，晋升为总机械设计师。从1882年开始，他在费城富兰克林学院（Franklin Institute）开办的夜校里教机械绘图，持续了6年时间。[1]有一段时间，他还提供私人的机械课程，甚至开办了自己的夜校来教机械绘图。从1895年开始，巴思在圣路易斯的兰金&弗里奇铸造与机器公司（Rankin & Fritsch Foundry & Machine Company）工作了2年时间，担任工程师和首席绘图员。随后，他在圣路易斯水务委员会（St. Louis Water Commission）从事临时性的工作，作为一名机器设计师。然后在宾夕法尼亚州斯克兰顿的国际通信学校（International Correspondence Schools）工作了1年半时间，为学校的国际技术图书馆（International Library of Technology）修改关于机器设计的论文，并为该学校下属的《家庭学习杂志》（*Home Study Magazine*）撰写月度文章，其标题往往是《一种销接头的设计》《锥形滑轮和后齿轮装置》之类的。

1899—1900年巴思在纽约的一家私立学校——伦理文化走读学校（Ethical Culture Day School）执教，他在威廉·塞勒斯公司的一名前同事威尔弗雷德·刘易斯把他推荐给弗雷德里克·泰勒，泰勒当时正在寻找一个帮手，为他在伯利恒公司进行的金属切割实验解决复杂的数学问题。1899年末巴思来到伯利恒公司加入泰勒的研究，第一个任务就是帮助亨利·甘特解决与金属切割相关的数学问题，这些问题自泰勒在米德维尔钢铁公司时就一直困扰着他。巴思的解决方案是一种循环形式的初级对数计算尺，它可以为切割深度、机器速度及原料进料之间的相关关系提供几乎即时的解决办法。[2]在金属切割实验中，巴思摒弃仅凭经验的生产工艺，确定了机器速度、原料进料以及工具等要素的一种最佳组合。对于巴思卓越的分析能力，泰勒极为赞赏。

在以后的岁月里，泰勒倚重巴思来帮助他开发新的工程技术和方法。巴思协助泰勒在泰伯制造公司、链式传动带工程公司、费尔班克斯衡器公司（Fairbanks Scale）、耶鲁和汤锁具公司以及沃特敦兵工厂进行科学管理的最初应用。1908—1912年他还协助乔治·巴布科克（George Babcock）在富兰克林汽车公司（Franklin Motor Car Company）应用科学管理，从而成为汽车产业合理化运动的先驱之一。在生产流水线兴起之前，所有零部件都要送到一个固定的工作区等待装配。富兰克林汽车公司共生产三种类型的汽车——旅行车、轻便汽车和小轿车，并根据销售预测来决定生产哪些车型、何时生产以及生产的数量。每个月可以生产100辆汽车。由于高昂的制造成本以及惊人的工人辞职率（425%），富兰克林汽车公司并没有赚到什么利润。在巴思应用了科学管理以后，富兰克林汽车公司每天可以生产45辆汽车，工人们的工资增加了90%，工人辞职率降到50%以下，公司盈利也变得非常可观。[3]1908—1913年福特汽车公司（Ford Motor Company）逐渐完善可以大规模制造汽车的生产流水线，从而替代过去的小批量装配方法（见第9章）。

巴思还分别在芝加哥大学（1914—1916年）和哈佛大学（1911—1916年和1919—1922年）讲授科学管理，并且“对被指为泰勒先生最正统的门徒感到无比自豪”[4]。他拒绝对泰勒的方法做任何篡改，坚持认为只有那些曾经与泰勒先生共事的人才充分理解任务管理系统。巴思对管理思想的贡献仅限于他忠诚地执行泰勒的方法。他在实验和分析中表现得非常有耐心与准确。虽然他也许并没有学到泰勒的想象力，但他完成了大量的技术工作，这对科学管理的形成是不可或缺的。从这方面看，泰勒和巴思在性格和技能方面是相辅相成的。巴思后来创建了卡尔·巴思父子公司（Carl G. Barth & Son），与儿子联手从事管理咨询工作。

绘制其他路径：亨利 · 甘特

亨利・甘特（1861—1919）出生于马里兰州卡尔维特郡一个富裕的农场主家庭。内战使得甘特的家庭支离破碎。在很小时，甘特就明白，要在这个世界上出人头地，就要努力工作、节俭生活和自我约束。[5]甘特在马里兰州奥因斯米尔斯的麦克多纳学校（McDonagh School）接受大学预科教育。该学校创建于 1872 年，是一所为“拥有良好品行的贫穷男孩”提供教育的“农场学校”。1880 年，年仅 19 岁的甘特以优异成绩从约翰・霍普金斯大学（Johns Hopkins University）毕业，然后回到麦克多纳学校教授自然科学和力学，历时 3 年，并且从史蒂文斯理工学院获得了机械工程学位。甘特后来成为巴尔的摩一家工程公司的制图员，并且在 1886 年又返回麦克多纳学校从事教学工作。1887 年甘特加入米德维尔钢铁公司，担任工程部门的一名助理，在这里，26 岁的甘特遇见了对他未来事业产生巨大影响的泰勒，并开始和泰勒共事。

泰勒和甘特组成了一个不同寻常的团队，他们具有对科学的共同兴趣并将科学作为一种改进管理方法的手段，对彼此的工作都深感佩服。甘特抓住了泰勒思想的本质，他成为泰勒最优秀的门徒之一。他和泰勒在米德维尔钢铁公司有着紧密合作，并跟随泰勒来到西蒙德辊轧机公司担任一名主管，后来在伯利恒公司再次加入泰勒团队。1901 年，甘特另立门户，成为一名“提供咨询服务的工业工程师”，虽然他对科学管理的原则表示赞同，但后来他将自己的视野扩展到整个国家的经济增长。在他一生中，共有 150 多部作品，其中包括 3 部最主要的著作；他在美国机械工程师协会发表过无数次演讲（于 1914 年成为该协会副主席）；取得了十多项发明专利；在许多大学讲学，其中包括史蒂文斯理工学院、哥伦比亚大学（Columbia University）、哈佛大学和耶鲁大学（Yale University）；成为第一批成功的管理顾问之一。

任务和奖金系统

甘特对机器、工具和方法的初始看法是他与弗雷德里克・泰勒共事时产生的。泰勒的许多观点，例如认识到劳资双方的共同利益，科学地招聘工人，实施激励工资率以刺激绩效，详尽的任务指示，等等，在甘特的早期工作中得到了体现。甘特意识到，劳动工人，“一个有生命的组织中的个体”，是管理中最重要的元素。他认为，如果管理想要体现社会价值观和服务于社会目标，那么对工人的剥削是不可容忍的。用他的话说：“唯一健康的工业条件是这样的：雇主能够让最优秀的工人愿意留下来为他工作，而且工人感觉自己的劳动是以最高的市场价格出售的。”[6]

在探寻高工资、低成本的道路上，甘特开发了一种任务和奖金系统来支付报酬，该系统要比泰勒的差别计件工资率激励计划更加简单。他对工会的看法与泰勒类似，但在阐述这个问题时，他更具有说服力和哲理性：

> 如果世界上财富的总量是一定的，那么占有这些财富的斗争必然会产生敌对关系，然而，（因为）……财富的总额并不是固定的，而是不断增加的。一个人变得富裕并不一定意味着其他人变得贫穷，情况恰恰相反，尤其是当前者是财富的创造者时……除非一方——不论哪一方——企图获得所有可能获取的新增财富而不顾另一方的权利，冲突才会持续下去。[7]

在甘特看来，工会的“更多，更多，更多”的立场使其成为一股敌对力量，除非工会采取合作态度，制造更多产出，从而实现劳资双方的共同利益。甘特并不完全相信泰勒赞成的差别计件工资率激励计划能够确保工人们的合作态度。[8]甘特的任务和奖金系统保证，如果工人们完成了他们当天所有的任务，将可以获得一天的工资和 50 美分的奖金。不过，甘特后来发现这个方案几乎无法激励工人们付出额外努力去超越标准。为了克服这个缺陷，他修改了他的任务和奖金系统，规定如果工人在标准时间以内完成工作任务，就可以享受该系统的报酬标准。按照规定，如果一名工人在 3 小时以内完成一项 3 小时的工作，那么他可以获得 4 小时的报酬。[9]

在完善自己的任务和奖金系统时，甘特采纳了伯利恒公司机器车间主管厄尔（E. P. Earle）的意见，如果有一名工人达到设置的工作标准，就向一线工长支付一份奖金；另外，根据被监管的那些工人获得的奖金总量，再向该工长支付一份额外奖金。这样一来，如果一个部门 10 名工人中有 9 名在事先确定的标准时间之内完成了所分配的工作任务，他们的工长就可以获得每位工人 10 美分的奖金，也就是 90 美分；如果这 10 名工人都达到标准，该工长将获得每位工人 15 美分的奖金，总共获得 1.5 美元。甘特把这个额外奖金视为一种鼓励一线工长教导和帮助工人们提高绩效的方法。从自己曾经作为一名教师的经历中，甘特懂得了教育的重要性。他认为任务和奖金系统将使得一线工长从驱赶者转变为车间领袖。[10]甘特相信，强迫并不能成为实施领导的基础。更高的生产力只有通过知识才能实现。像泰勒那样，甘特遭遇到一线工长（想要保护他们的权威）的抵制更甚于工人们的抵制。在甘特看来，一家企业内的所有成员必须共同合作，以实现有效率的绩效。此外，他认为对车间的奖励应该根据每一位参与者的贡献来进行公平分配。

工业习惯

作为一名提供咨询服务的工业工程师，甘特在去世（1919 年）之前总共服务了大约 50 家客户，其中包括美国机车公司（American Locomotive Company）、罗宾斯传送带公司（Robins Conveying Belt Company）、布莱顿工厂（Brighton Mills）。泰勒时不时地会推荐甘特去做一些需要一名工程师管理者的工作。塞勒斯漂白公司（Sayles Bleachery），位于罗得岛州林肯地区的一家纺织染料工厂，是甘特的早期客户之一。虽然发明了 3 种不同的棉布染色机器并申请了专利，但甘特遭遇了来自管理层和工人们的双重抵制。最终，折叠车间的工人们举行罢工。这个车间的工人每天折叠 155 块布，每周工资为 10 美元。他们反对甘特的工作方法，要求工资增长 10%，当加薪要求被拒绝后举行了罢工。罢工蔓延开来，甘特不得不雇用和培训新工人以作为替代。这次经历迫使甘特重新思考如何最好地培训工人。从此之后，甘特认为密集的雇员培训将成为一项重要的管理职责。

在培训雇员时，甘特觉得一线主管要做的不只是提高工人的技能和知识，他给培训增加了另一项内容，称为“工业习惯”。这些习惯包括勤劳与合作，它们有助于工人学习和获得各种知识。甘特认为，如果工人们发挥自己的全部能力，迅速、高效地完成自己的工作，那么他们将因此产生自豪感，这来自其工作的质量以及产量。[11]甘特举了一个例子，在任务和奖金系统下，一群女工成立了一个“奖金生产者”协会，其成员资格仅仅向那些持续获得每日奖金的人开放。在甘特看来，这是劳资关系的理想情况。不过，甘特认为只有在管理层创造了一种车间合作与信任的合理氛围之后，这样的劳资关系才会形成。这样的结果将会是一种双赢局面：雇员们获得更高工资，由于生产率提高，雇主则获得更低的成本和更高的利润。

用图解来辅助管理

甘特并不热衷于像泰勒或巴思那样辛勤地进行实验，他使用图解的方法来记录和表达运营信息。他早期所绘的图形之一是使用横条来比较预期绩效与实际绩效。图中的条形可以为管理层和工人提供业绩反馈，实际产出与标准产量之间的差额会得到清晰、显著的强调，以便未来采取措施。甘特对他的图形进行了扩展，把图表也包括进来，以表明每日产出、生产成本、每台机器和每个工人的产出及它们与计划的对比，以及由于机器闲置产生的损失。[12]

甘特在图表方面的最大突破是在第一次世界大战期间担任陆军部的顾问（他的年薪是 1 美元）时取得的。[13]美国工业在转向战时生产方面既不迅速也不顺利。美国具有强大的生产能力，但私人工业部门与政府部门的协调与合作是杂乱无序的。工厂零散地分布在美国各地，运输缓慢滞后，仓库拥挤无序，军事部门对各种资源缺乏高效利用。甘特在第一次世界大战之前就为政府提供过咨询服务。1911 年，甘特与查尔斯·戴（Charles Day）、哈林顿·埃默森一起接受美国海军部部长乔治·迈耶（George Meyer）的邀请，组建一个平民委员会来研究海军位于纽约市、波士顿、费城、诺福克、朴茨茅斯、马雷岛、普吉特海湾的各家造船厂缺乏效率的问题。该委员会认为，如果这些造船厂里的工作“被充分地标准化和规划”，那么成本可以减少一半。[14]不过，他们的努力最终归于徒劳，因为在海军部部长试图将科学管理引入海军造船厂时遭到了基层管理者们的强烈抵制。[15]就在第一次世界大战爆发之前，甘特还担任了美国军械部部长威廉·克罗泽的顾问。[16]克罗泽对甘特的图表印象深刻，制作了一系列工作进度和绩效表来帮助管理军队的兵工厂。当甘特放弃赚钱的咨询工作转而服务于战争工作时，他对如何在如此多的地方开展海量国防工作感到头痛不已。制定进度表显然是至关重要的，但管理部门缺乏必要的信息规划和协调私人承包商和政府部门的努力。甘特花了 3 个月时间试图理顺这种混乱状况，随后，他意识到“一直以来，我们都错误地基于数量来制定进度表，在当前情况下，最根本的因素是时间，时间应该是制订一切计划的基础"[17]。

甘特提出的解决办法是使用条形图来计划和协调工作。虽然其后发展出了众多形式，但后来变得众所周知的甘特进度图（Gantt progress chart）的核心是表明工作是如何规划和安排的，直到最后顺利完成。例如，管理者可以从图8-1的甘特图中发现被检查的这个项目进度落后了，于是可以采取矫正措施以使该项目跟上进度。此外，甘特图还可以帮助协调各类活动和劳动力调度。

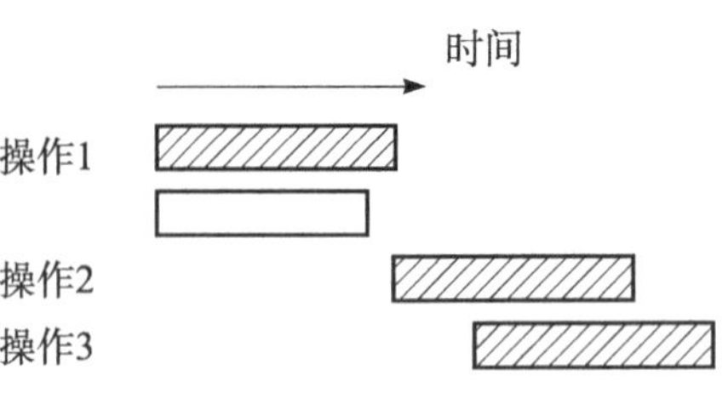

图8-1 甘特图的简化形式

通过在法兰克福兵工厂（Frankford Arsenal）应用自己新开发的解决方案，甘特找到了一种有效的方式来调度和协调私人承包商和军队兵工厂之间的军需品生产和供应。在战争最激烈的时候，德国潜艇击沉商船的速度要快于用新商船顶替的速度。与另外两位咨询师哈林顿·埃默森以及沃尔特·波拉科夫（Walter N. Polakov）一起，甘特与紧急舰队公司（Emergency Fleet Corporation）通力合作，共同弥补这个缺口。"到停战之日，美国拥有341家造船厂，350 000名造船厂工人，总共有1 284艘船建成下水。"[18]华莱士·克拉克（Wallace Clark）——甘特咨询公司的一名员工（稍后还会谈到）——担任美国海运委员会（U.S. Shipping Board）调度部门的负责人，他使用甘特图来为12 000艘船规划路线并加以监控。调度方法的改进使得船只的发货时间从4周减少到2周。[19]由于甘特的显著贡献，第一次世界大战的形势明显好转。随着兵工厂和造船厂的蓬勃发展，美国的生产潜力被充分释放出来，结出丰硕果实。毫无疑问，这肯定为甘特提供了某种安慰，因为仅仅几年之前，他试图改进海军造船厂的管理却被拒之门外。甘特和埃默森的战时努力在1943年获得表彰，当时美国海事委员会（U.S. Martime Commission）以他们的名字为自由轮命名。[20]

甘特从来没有为他的条形图申请专利，也从未以此牟利，他因为"对美国政府的卓越贡献"而被授予"杰出社会服务奖章"（Distinguished Civilian Service Medal）。华莱士·克拉克在一本后来被翻译成8种语言的著作中推广了甘特图。[21]甘特图构成了苏联1928年第一个五年规划的基础，并且在20世纪30年代美国建造胡佛水坝的过程中也派上了用场。[22]以后所有生产控制图表的发明者都从甘特的条形图中获得灵感。现代的版本变成了计划评审技术（PERT），一种更为复杂的、电脑化的计划方案，用以对时间和成本进行规划和控制。

甘特：晚年

早在1916年，甘特拓宽了自己对工业的见解以及工业工程师在为祖国服务方面扮演的角色。他对美国工业领先地位的衰退感到痛心，在他看来，这是因为许多人执掌权力依靠的不是自身能力而是关系或特权。甘特主张一种“新型”的领导制度，由工业工程师而不是金融家或工会领导来领导人们迈向基于机会平等的工业民主，因为只有工业工程师才能解决创造财富的复杂问题，他们是接受过良好教育、能够领导美国前进的精英分子，他们不是为了谋取利益，而是追求更高的生产效率。索尔斯坦·凡勃伦（Thorstein B. Veblen）对自由放任经济学的评论以及他关于大型企业对塑造现代社会的作用的评论都影响了甘特的观点。[23]甘特发现企业家和工程师之间存在一种冲突：企业家想要维持现状，而工程师努力推动进步。纽约的作家、新闻记者查尔斯·弗格森（Charles Ferguson）“希望调和个人主义、自由机会的传统理念与对合作和社会控制的更高需求”，他的很多观点对甘特影响颇大。[24]

1916年末，甘特成立了一个名为“新机械”（New Machine）的组织，其成员包括工程师和其他寻求政治与经济权利的改革者。[25]新机械的成立和运行是基于这样的前提条件，即工程师们将组成弗格森所说的“能人集团”，承担为大众谋福祉的繁重思考工作。该组织呼吁伍德罗·威尔逊总统“把那些巨型的精密机器（例如，工业）的控制权转交到知道如何操作它的人手中”，建立职业介绍所来更好地安置雇员，成立“公共服务银行”以使个人信用根据个人能力和品格而不是财产来确定。[26]

甘特很快就对单纯的工厂问题失去了兴趣，而是在更广阔的领域寻求改革。甘特的最后一本著作写于1919年，他在序言中写道：

> 如果我们现行的体制不能实现让工商业为社会服务这个目标，将是非常危险的。[27]

甘特认为，企业具有一种将社区服务融入其工作活动的社会责任。他说：“商业体系必须接受它的社会责任，并且致力于服务社会，否则社会最终会将它推翻，使之按社会自身的利益来运转。”[28]为了实现这个结果，甘特进一步主张：“工程师通常很少高谈阔论，但注重事实和实际行动，应该被授予经济领导权，这是工程师在我们经济体制中的正确位置。”[29]1919年11月，甘特突然患上“消化紊乱”，不治身亡，终年58岁。[30]

甘特去世之后，新机械组织失去了它的旗帜而解散。亨利·甘特在他有生之年未能看到管理思想在20世纪20年代以及之后的发展方向。工程师并没有如同新机械提倡的那样获得经济领导权，商业体系将致力于改进和完善人力资源管理措施、劳资合作以及雇员代表计划等，在整体上对工作中人的因素有了更好的理解。对于这样的结果，关注劳动工人的甘特应该会感到开心。1929年，甘特被管理学院（Institute of Management）和美国机械工程师协会共同授予首届“亨利·甘特奖章”（Henry L. Gantt Medal）——“由于他对工业管理的教化以及甘特图的发明”。

终身伴侣：吉尔布雷斯夫妇

弗兰克·吉尔布雷斯（1868—1924）和妻子莉莲·吉尔布雷斯（1878—1972）是弗雷德里克·泰勒同时代的人，也是科学管理最初开创者这个小型群体中的成员。[31]他们的成就主要来自他们对一个目标的热情和奉献，那就是消灭浪费和发现一种完成工作的“最佳方法”。吉尔布雷斯夫妇认为，有许多不同的方法来完成一项特定工作，但是只有一种最佳方法，他们的工作就是找到它。这个理想成为他们的信条，他们竭尽全力来结束这个悲剧（在他们看来），即在政府、工业、家庭以及个人生活中随处可见的浪费。他们探索一种“最佳方法”，并将之视为可以使个人潜力最大化并使自身和社会都获益的方法。

弗兰克是缅因州费尔菲尔德一个五金商人的儿子，从小就养成了新英格兰地区清教徒所倡导的节俭美德。他 3 岁时，父亲去世，全家搬到了马萨诸塞州安多佛市。1878 年，全家搬到了波士顿，弗兰克先后进入赖斯小学（Rice Primary School）和英格里希高中（English High School）学习，在 1885 年毕业。虽然他通过了麻省理工学院（Massachusetts Institute of Technology）入学考试，但他不愿意进入大学深造，因为他母亲经营一家旅馆来供养他和他的两个姐妹，日子过得很艰辛。他的主日学校教师伦顿·惠登（Renton Whidden）推荐他从事砌砖工作，给他支付每天 3 美元的高工资。弗兰克需要这些钱，因此接受了这份工作。为了胜任这份新工作，他研究了砌砖匠是如何工作的，他发现他们以三种方法来完成任务：当精心而缓慢地干活时，他们使用第一套动作，当快速干活时使用第二套动作，而教一名学徒工时使用第三套动作。就是这些简单的观察，形成了弗兰克动作研究（motion study）的最初规则。如同弗兰克推理的那样，如果某一套动作是正确的，那么其他两套动作肯定是错误的。[32]

弗兰克决心学会以“正确的”方法砌砖。刚开始时，他是砌砖速度最慢的学徒工，但他很快就开始形成自己的方法。通过设计自己的脚手架，并且为所有事项——从砂浆的黏稠度到泥刀的使用——设计新的工作方法，弗兰克把砌一块砖所需的 18 个动作减少到 6 个。不到 1 年，他的砌砖速度比任何同事都要快。据估计，一位熟练工人每小时可以砌 175 块砖，弗兰克很轻松就可以砌 350 块砖。总之，到 20 岁时，他可以在多个行业中获得熟练工人的工资。

几年之后（1910 年），弗兰克在州际商业委员会就东部铁路运费案举行的听证会上出席作证。他如此解释自己的砌砖学问：

> 4 000 年来，砌砖的方法始终未变。人们做的第一件事情是弯腰和拿起一块砖头。泰勒指出，每块砖头的平均重量是 10 磅，而每个人腰部以上的平均重量是 100 磅。与其弯腰并且抬起这两种重量，砌砖匠不如搭建一种可调节的架子，使砖头位于他伸手可及的地方。一个男孩可以让这些架子始终处于正确高度。当砌砖匠把砖头拿在手中时，他用自己的泥刀来检验它。然而，这比弯腰去拿砖头更加愚蠢。如

果手中的砖头质量不好，他就会将之丢弃，但在这个过程中，砖头也许是从地面被搬运到6层楼来，然后还必须搬运下去。这样使得一个每天赚5美元的砌砖匠花费了许多时间，而一个每星期挣6美元的男孩在地面上就可以对砖头进行检验。砌砖匠接下来要做什么？他将砖头放置在砂浆上面，然后开始用他的泥刀不断敲击砖头。为何需要不断敲击？这是为了给砖头提供一点额外的重量，以使砖头沉入砂浆中，从而紧密结合。然而，这比其他任何动作都更加愚蠢，因为我们知道砖头的重量，调整砂浆的黏稠度以便砖头本身的重量就可以让砖头沉入正确的位置，这在工业物理学上是一件简单的事情。这样一来，结果如何？在砌一块砖时不再需要18个动作，仅仅需要6个动作。砌砖匠现在砌2 700块砖所花费的精力明显不会超过以前砌1 000块砖的精力。[33]

前所未有的成功

1895年，弗兰克在波士顿创建了自己的建筑公司，将“快速工作”（speed work）作为公司的座右铭。为了确保成本计划能够使公司的顾客感到满意，弗兰克设计了一种“成本加一个固定金额的合同”（cost-plus-a-fixed-sum contract）。很快，弗兰克的业务就从缅因州扩展到新墨西哥州，从伦敦扩展到柏林。他拥有的员工曾经多达10 000名。他甚至还在伦敦保留了一个办公室，为英国海军部和陆军部提供服务。

为了及时了解他的公司正在进行的所有工作，弗兰克要求每周都拍下照片，以显示每一项工作的进展情况。作为补充，他还要求每日通信联系以及一系列其他辅助措施。吉尔布雷斯公司（Gilbreth Company）的业务范围包括建造水坝、房屋、工厂、运河、摩天大楼，甚至整个城镇（例如，缅因州的伍德兰）。在旧金山发生大地震和火灾（1906年）之后，吉尔布雷斯公司的许多业务都在这里开展。

弗兰克创纪录的公司业绩给他带来了巨大名声，使他获得了越来越多的关注。他最著名的（同时也是最不常规的）举措之一是在合同签订之前就将各种建筑材料运往工作地点。这样的话，一旦签订合同，就可以在几小时之内开始动工，足以让人们惊讶得目瞪口呆。弗兰克很快就成为世界上最著名的建筑承包商之一。

随着弗兰克的观点在实践中表现突出，它们也获得了人们的认同。一种体制，如果没有书面写下来，就不能获得如此称呼，于是弗兰克着手将自己的观点和理念撰写成书。[34]他与莉莲合作，在1908年出版了《现场法》（*Field System*）和《混凝土法》（*Concrete System*），后来又出版了《砌砖法》（*Bricklaying System*，1909）、《动作研究》（*Motion Study*，1911）、《疲劳研究》（*Fatigue Study*，1916）以及《应用动作研究》（*Applied Motion Study*，1917）。

《现场法》是一个不用账簿的会计系统，它被设计用来帮助建筑承包商显示成本，包括预期成本以及每项工作从上周四到本周六所消耗的全部成本。这种方法不需要簿记员，因为可以直接把原始的记录或者收据归档，所以也用不着分类账。吉尔布雷斯还开发了现场法的其他方面，并且为该方法的使用提供了详尽的指示和说明，甚至包括规定工作中禁止吸烟，提示上班和下班的鸣笛时间不应该超过 4 秒钟。另外，他制定了一个建议制度，每个月都设有 10 美元的头等奖，用于奖励雇员就如何改进工作、向客户提供更好的服务以及确保获得其他建筑合同等提供最好的见解。通过这项措施，他证明了工人们参与工作改进的价值。现场法中还包括一些条款，例如规定在发生任何事故时都要对工地现场拍照，用于法律诉讼或其他措施。虽然他的建议注重细节，并且在很大程度上只适用于建筑业，但这表现出吉尔布雷斯希望使工作合理化的渴望。

《混凝土法》中包含了对混凝土承包商的详细建议。[35]在这本书中，弗兰克同样谈到了如何激励工人，其中包括把一项完整的工作划分给几个人数相等的工作小组，让他们以竞争的方式完成一堵墙或浇注水泥柱。《砌砖法》同样是技术性的，但对吉尔布雷斯来说，它带来了一个新的研究角度。吉尔布雷斯最初的想法是将其用于培训年轻的学徒，他看到那种由有经验的工人手把手传授技能的方法产生的浪费。例如，他主张首先通过动作研究找到最佳的砌砖方法，接下来制定操作指南，他坚持认为，在要求一名新的砌砖匠达到最大产量之前，应该首先强调学会正确的砌砖方法。以一种创纪录的速度，弗兰克的有些工人每天能砌 3 000 块砖。[36]早期的这些成果是日后深入进行动作和疲劳研究的一个序曲。在这方面，弗兰克设计了一个系统，用来把手部动作划分为 17 种最基本的分解动作，称之为“动作要素”（therbligs）。这个词语的拼写是吉尔布雷斯（Gilbreth）把自己名字的字母顺序颠倒过来，但其中 th 这两个字母的顺序不变。[37]

随着弗兰克的接触面拓宽，他的兴趣也随之扩展。作为美国机械工程师协会的成员，弗兰克遇见了泰勒以及新兴的科学管理运动的其他领导者——例如巴思和甘特。

加入科学管理

到 1912 年，弗兰克已经完全放弃建筑业务，开始将全部精力投入管理咨询。他曾经全心全意地研究砌砖，现在他带着这种专注来研究新兴的科学管理领域。弗兰克越来越坚信“世界上最大的浪费来自不必要的、不恰当的以及无效的动作”[38]，积极寻找新的方法以发现和消除这种浪费。1892 年，他是首个使用电影摄像机来分析工人动作的人。他还为蒙哥马利·沃德公司（Montgomery Ward）的办事员配置了四轮轮滑鞋，以减少他们的疲劳和提高投递速度。根据前战争部部长雅各布·迪金森（Jacob M. Dickinson）的建议，他开发了一种更好的方法来摘棉花。[39]在另一个实验中，他观察了 150 例阑尾切除手术，以发现一种“最佳方法”。与莉莲合作，他撰写了许多文章，例如《科学管理在护士工作中的应用》《外科手术中的动作研究》以及《医院中的科学管理》。[40]有一次，他甚至还研究了癫痫病患者的动作。[41]带着与以前一样的专注，他又与沃尔特·坎普（Walter Camp）合作，对高尔夫球冠军们（例如吉尔·尼古拉斯（Gil Nichols）和詹姆斯·巴恩斯（James Barnes））的挥杆动作进行了拍摄和分析。1913 年，弗兰克还对费城人队（Phillies）与巨人队（Giants）在后者的主场马球球场（Polo Grounds）进行的一场棒球比赛进行拍摄和分析。[42]弗兰克拥有许多工业客户，其中包括伊士曼·柯达公司（Eastman Kodak）、李佛兄弟公司（Lever Brothers）、刺剑汽车公司（Pierce Arrow Motor Cars）以及美国橡胶公司（U. S. Rubber）。

弗兰克使用电影摄像机来研究动作，这对新兴的科学管理是一个重大贡献。起初他和莉莲拍摄一位工人如何完整地做完自己的工作。然后，他们会反复观看这些胶片，以研究这位工人的动作。他们将这称为“微动作研究”。后来，他们设计了一种方法：将一些很小的电灯泡系在工人身上，这样一来，通过拍摄工人的动作，他们就可以获得这名工人一系列动作产生的连续白光轨迹，他们将之称为“操作活动轨迹的灯光示迹摄影记录法”。为了重现每一个动作花费的时间，他们又对灯光示迹摄影记录法进行了改进，以使它能够展现一系列光点，而不是连续白光轨迹。不同的光点形式——密集扎堆（这里的动作最为缓慢）或者以更大的间距散开——能够表明工人每个单独的动作花费的时间。后来更进一步精炼，他们使用一台立体照相机，从三个维度来观察工人的动作。最后，他们开发了一种精密计时器，能够使时间精确到千分之一分钟。[43]

虽然提出了快速工作的口号，但弗兰克仍然是一位理想主义者。据称，“没有什么比这个更能够激起他的怒气：雇主想要在自己的工厂内采用所有最新的管理措施，但妄想独自霸占所有收益，一分一毫都不留给工人”[44]。与这个时期流行的“黑名单”相反，弗兰克制定了一份“白名单”，用来奖励那些表现良好的人。为了提高员工的技能，弗兰克制定了一种“三级职位晋升方案”（three-position plan of promotion）。[45]根据这个方案，每个工人应该从事自己的工作，同时也把他下面的工人培养为他的继任者，并且学习他可能会晋升到的更高一级职位所需的知识和技能。这些努力是他的目标——使员工们发挥他们最大的潜力——的组成部分。如同弗兰克所说：“我们想要找到一名员工能够年复一年持久从事并且使他丰衣足食和幸福快乐的最高级任务。员工想要的不仅仅是变得肥胖，他想要幸福快乐。”[46]

弗兰克和泰勒的工作本质上是相似的，虽然他们使用的术语不同。泰勒将自己的工作称为“工时研究”，而弗兰克则称自己的研究为“动作研究”。在实践中，他们测量的都是工人的动作，为了同一个目标：减少不必要的动作以提高生产率。与泰勒不同的是，弗兰克认为秒表并不是不可或缺的组成部分。《儿女一箩筐》（*Cheaper by the Dozen*）这本记载了吉尔布雷斯家庭诸多趣闻的书中，他的儿子小弗兰克和女儿欧内斯廷写道，弗兰克对时间测量非常痴迷，不论是在家里还是在工作中，他都是一个效率专家。他扣衬衣的纽扣是自下而上而不是自上而下，因为前一种方法只需要 3 秒钟，而后一种方法需要 7 秒钟。他尝试用两把剃刀，发现这样可以把刮胡子的时间总共缩短 45 秒钟，但他最终还是放弃了这种方法，因为他需要花 2 分钟时间用绷带包扎割破的伤口。他的孩子们认为，是这失去的 2 分钟而不是被割破的伤口，令他感到不满。[47]

支持科学管理运动

弗兰克是科学管理运动最热诚的拥护者之一。在《科学管理原理》中，泰勒用了 8 页的篇幅介绍弗兰克对砌砖匠进行的动作研究。1911 年，《科学管理原理》在《美国杂志》（*American Magazine*）连载发表后，泰勒还邀请弗兰克和莉莲代为回复收到的所有来信。《美国杂志》拒绝刊登他们对来信的回复，担心这样做可能会冒犯自己的订阅者。意识到泰勒的作品正在产生的巨大流行度，D. 范诺兰德公司（D. Van Nostrand Company）同意以书籍的形式出版弗兰克和莉莲撰写的回复，但是莉莲的名字不能出现在书的封面上，因为公司不希望大家知道弗兰克的秘密合作者是一位女性。吉尔布雷斯夫妇同意了这个条件，并且放弃了所有版税，以便使这本书能够以更低的价格出售，从而产生尽可能广泛的影响。[48]弗兰克（实际上还包括莉莲）撰写的回复成为他的《科学管理入门》（*Primer of Scientific Management*）的基础。在总计 103 页的《科学管理入门》中，弗兰克提出了许多关于科学管理的常识问题并且提供答案，以解释泰勒的工作场所哲学。下列问题和答案就是很生动的例子：

> 问：难道（科学管理）不是要把人变成机器吗？
>
> 答：……优秀的拳击手、击剑手或高尔夫球手难道都成了机器吗？从动作研究专家的角度来看，他们都接近于完美。与其争论他们是不是机器，不如想一想我们是否希望把一个人训练得趋于完美……
>
> 问：难道单调乏味、高度专业化的分工不会使人精神失常吗？
>
> 答：……不，这不会使人精神失常。如果这项工作并没有使他的大脑运转达到最高水平，那么他就会晋升到其他工作中。在科学管理中，每个人都会受到专门的训练，他所在的职位就是他能最大限度发挥自己能力的职位……
>
> 问：难道“速度领班”（speed boss）不会让工人加快工作速度，有损他们的健康吗？
>
> 答：“速度领班”和“任务”一样，是一个不合适的词……速度领班并不会告诉工人他们的动作应该达到什么样的速度，（但他确实）告诉工人们机器应该按什么速度运转……
>
> 问：如果科学管理对工人是件好事，为什么工会领导都要反对它呢？
>
> 答：并不是所有的工会领导都反对。一些反对者仅仅是因为他们不理解这个体制，还有一些人认为科学管理会有损他们工作的价值——因为过去工人们遭受了非常恶劣的待遇，大家担心科学管理只是“换汤不换药”，取了个比以前更动听的名字罢了……他们只是不能想象泰勒博士和其他实干家在为工人们的利益而努力，使工人们能从中得到回报……[49]

弗兰克还观察到，不应该把泰勒的思想和科学管理与亨利·福特（Henry Ford）正在使用的流水线生产方式混淆。他参观了福特汽车公司的一家流水线工厂，完全不理解工作是如何被设计的：

> 在福特工厂里，他（弗兰克）看见工人们在过于矮小的机架台前工作，还要尽力去够到很远的地方，装后轮的工人要保持很不舒服的姿势，还有其他一些方面都证明了是工人们在适应机器，而不是让流水线变得符合人们的最佳需求。管理层声称工人们能够适应这些并且毫不介意这样工作，正如建筑承包商总是说砌砖匠并不介意弯腰去捡砖头一样。[50]

虽然弗兰克曾经是泰勒最虔诚的门徒之一，但是从1912年开始，这两个人之间变得越来越疏远了。[51]一部分原因是泰勒不愿意将动作研究独立于工时研究之外，以及泰勒怀疑弗兰克是否有足够的耐心，愿意花费4～5年时间（泰勒认为必须花费这么长时间才能够在一家公司成功实施他的方法）在一家公司实施科学管理。此外，泰勒还担心弗兰克在普通大众的认识中变得越来越与他自己并驾齐驱，而他对弗兰克的资格还持有某种保留态度。[52]他们最终的决裂发生在1914年，当时弗兰克在位于新泽西州的一家手帕制造商赫尔曼和奥肯公司（Herrmann，Aukam & Company）实施泰勒的方法，在该过程中遇到了困难。米尔顿·赫尔曼（Milton C. Herrmann）向泰勒抱怨弗兰克收费过高，并且让一些低级别的助手代替他工作，他自己却跑去德国从事另一份工作。泰勒给弗兰克写信转告了这些抱怨，并且在信的末尾写道："在这件事情上你希望我做什么吗?"[53]随后，泰勒到吉尔布雷斯夫妇家中与他们共进晚餐，得到了莉莲亲自签名的一本《管理心理学》（*The Psychology of Management*），并且进一步讨论了赫尔曼和奥肯公司的事情。我们并不知道当晚的情景，但是霍勒斯·哈撒韦接管了在赫尔曼和奥肯公司的咨询工作。自然而然地，弗兰克感到非常痛苦和愤怒。在以后的岁月，吉尔布雷斯夫妇开创了一条他们自己的道路，全身心地投入动作、技能和疲劳问题的研究。

管理界第一夫人

随着弗兰克脱离泰勒系统，莉莲对他的帮助越来越大。莉莲，一个德裔炼糖厂商的女儿，幼年在加利福尼亚州奥克兰市度过。她进入加州大学伯克利分校（University of California，Berkeley）学习，专业为英语和现代语言。她在1900年毕业，获得优等毕业生的荣誉称号，成为该大学历史上第一位发表毕业典礼演说的女性。在获得英语文学硕士学位之后，她开始攻读心理学博士学位。1903年中期，她中断学业以进行一次海外旅行，在抵达波士顿准备登船时，她被人介绍给弗兰克。她从欧洲返回之后不久，弗兰克就向她求婚并计划生12个孩子。根据弗兰克的计算，12是最有效率的数字。[54]莉莲和弗兰克在1904年结婚。结婚之后，莉莲的学术研究重点转向了工业心理学，因为她认为这个领域对她丈夫的事业最有帮助。除了要照顾丈夫和越来越多的孩子（他们最终一共育有12个孩子）、协助丈夫的事业之外，莉莲继续准备她的博士学位论文《管理心理学》，并且在1912年提交。加州大学通知她论文可以接受，但如果要拿到博士学位，她必须回学校学习一年。莉莲认为学校应该对她这样的情况通融一下，但学校方面态度很坚决。弗兰克对此非常生气，于是开始为她的论文，该领域的开创性成果之一，寻找出版商。《工业工程和工程文摘》（*Industrial Engineering and The Engineering Digest*）以连载的方式发表了这篇论文（1912年5月—1913年5月），而且论文最终以图书的形式由斯特奇斯&沃尔顿出版社（Sturgis & Walton）出版，不过条件是她同意作者署名缩写为L. M. 吉尔布雷斯，以及出版社不公开宣布作者是一名女性。[55]最终，加州大学同意莉莲可以在任何一所能够授予工业心理学或管理学高等学位的学校学习一年。当时，这样的学校很难找到，但弗兰克发现布朗大学正计划在应用管理学领域授予教育心理学博士学位。

在布朗大学，莉莲撰写了一篇新的博士学位论文《减少教学中浪费的几个方面》（Some Aspects of Eliminating Waste in Teaching），并且最终在1915年达到了获得博士学位的要求。[56]

通过她的专业训练、洞察力以及对工人福祉的关注，莉莲给科学管理注入了人的因素。在《管理心理学》中，她将自己的主题定为："在工作中，指导者的心理对被指导的工作产生的影响，以及获得指导的工作和未获得指导的工作对工人心理活动的影响"[57]。在此之前，人们都认为，如果天生就没有继承管理的"诀窍"，就不要指望在管理领域有所作为。这种主流观点体现在托马斯·卡莱尔的著名论调"世界历史是伟大人物的传记"之中，他认为领导者是天生的而不是后天培养的。[58]与此形成对照的是，科学管理使管理"有法可依"和在课堂上学习管理成为可能。莉莲观察到，成功的管理"在于人，而不在于工作"[59]，科学管理提供了一种能够最大限度利用人的方法。正如泰勒所说的：

> 在过去，主流观点非常形象地体现在这句话中："企业的领导者是天生的，而不是后天培养的。"一直以来的观点是如果能够找到那个正确的人，正确的方法自然而然就会找到他。在未来，获得认可的将会是另外一种观点，即领导者不仅要具备天赋，还必须接受正确的培训，而（旧管理体制之下的）一个优秀的人无法与一些被正确地组织起来开展高效合作的普通人相抗衡。[60]

莉莲概括了历史上的三种管理风格：传统型、过渡型和科学型。传统型管理是驱使型管理，类似于昆斯伯里侯爵规则（Marquis of Queensbury），其风格是遵循单一的指挥链，而且往往是中央集权。莉莲采用了职业拳击中的术语"昆斯伯里侯爵规则"，她觉得这体现了工人和管理者之间像是"依照拳击比赛的规则"进行身体和心理上的竞赛。过渡型管理指的是所有介于传统型管理和科学管理之间的管理形式。科学管理或者说泰勒的管理方案，描绘了所有公司都应该努力追求的目标。

根据对个性、职能化、测量、分析和综合、标准化、记录和项目、培训、激励以及福利的影响，莉莲对这三种不同风格的管理进行了对比分析。在个性方面，她注意到一直以来心理学家们主要关注的是群体心理学，几乎没有开展个体心理学的相关研究。在传统型管理中，个性均受到核心人物权力的压制；在科学管理中，无论是雇用工人、激励工人还是从整体上考虑工人福利，即"心理的、身体的、道德的和经济方面的整体状况"，个性都是最根本的因素。[61]科学管理的目标是通过加强和巩固个人特点、特殊才能和工作技能，使每个人都发挥出最大潜能。其重点是管理者使个人的发展符合互利原则，而不是像昆斯伯里侯爵型管理那样利用和剥削工人。

通过实施专业化来提高技能，职能化可以促进和改善工人福利，使工人们从更高的产出和工资中获得更大的自豪感；测量可以保证每个工人都获得他们劳动的成果。标准化可以鼓舞士气，同时防止工人们变成一台机器；培训可以帮助工人们克服恐惧，使他们建立起自信心和自豪感。传统型管理仅仅依靠奖励和处罚，而科学管理尝试寻求工人们的合作。科学管理下的奖励是截然不同的，这种奖励是既定的（确保工人不必担心工资率会降低）、迅速的（而不是像利润分享制那样延迟支付）、个别化的（工人获得奖励是因为他们工作努力，而不是因为其工作级别）。在科学管理中，工人可以获得"心理上的平衡和安全感”，而不必像在传统型管理中那样焦虑不安。在福利方面，科学管理推广常规工作时间，鼓励良好的个人习惯，并促进工人们在身体、心理、道德和经济方面的发展。

莉莲全心全意地想成为一名执业心理学家，不过，她很快就发现她必须将绝大部分时间用来照顾家里的12个孩子。通过最畅销的书籍和电影——《儿女一箩筐》《群梦乱飞》(*Bellson Their Toes*) 以及后来的《永远幸福》(*Time Out for Happiness*)，吉尔布雷斯夫妇的科学管理以及他们位于新泽西州蒙特克莱市的家成为人们脑海中永恒的记忆。[62]

1924年6月14日，悲剧发生在吉尔布雷斯夫妇身上。就在打算前往欧洲参加6月30日至7月1日在伦敦举办的第一届世界权力会议（World Power Conference）以及7月20日至24日在捷克斯洛伐克布拉格举办的第一届国际管理大会（International Management Conference）的3天前，弗兰克因为心脏病发作而去世，当时他正在蒙特克莱火车站的一个电话亭给莉莲打电话。在召开了一次家庭会议之后，莉莲决定完成弗兰克的欧洲之行承诺。5天之后，她乘船前往伦敦。在世界权力会议上，莉莲以弗兰克的名义发表演讲。[63]在布拉格，她主持了一场关于教育的学术会议，参加了美国代表团的多项活动，以弗兰克的名义参加了一次纪念活动，并且当选为捷克斯洛伐克马萨里克劳动研究院（Masaryk Academy of Labor）的成员，这是捷克斯洛伐克的最高科学荣誉。[64]

回到蒙特克莱之后，莉莲决心继续弗兰克的事业。她成为吉尔布雷斯公司的总裁，并且在1924年秋天加入普渡大学（Purdue University），成为一名讲师。1935年，她成为普渡大学机械工程学院的一名管理学教授，是第一位获得此头衔的女性。

在莉莲的所有作品中，有一条明显的心理研究脉络贯穿其中。她在很多领域作出了贡献，例如将管理和动作研究的技巧用于家庭（例如，为了方便存取和节省时间，为电冰箱增添专用配置，从而更适合放置鸡蛋、牛奶和黄油；为了尽量减少动作和疲劳，发明了一种用脚踩踏的垃圾桶，高度合适的架子、洗涤池和桌椅）[65]，用于残疾人的康复[66]，用于消除疲劳，利用闲暇时间营造“欢乐时刻”[67]，以及用于设计和推广面向女性消费者的产品[68]。由于弗兰克在第一次世界大战期间曾经担任过陆军少校，因此他和莉莲很关注如何使用动作研究来设计工作以重新培训士兵，尤其是被截肢的士兵，使他们能够在战争结束之后重新开始一种可以劳动的生活。弗兰克和莉莲开发了一些装置来帮助残疾者，例如供只有一只手的人使用的打字机，莉莲还与通用电气公司合作，为身患残疾的家庭主妇设计家用电器。[69]吉尔布雷斯夫妇还参与游说国会通过保护残疾士兵的《战争风险保险法案》(War Risk Insurance Act)。后来，该法案开启了为那些并非在战争中受伤但同样需要专业康复的人立法的先河。[70]

在修复弗兰克的动作研究和泰勒的工时研究之间的裂痕方面，莉莲也功不可没。1921年，这时泰勒已经去世多年，吉尔布雷斯夫妇在《泰勒学会公报》(*Bulletin of the Taylor Society*) 上发表了一篇“控诉”工时研究的文章，他们攻击泰勒的追随者（卡尔·巴思、德怀特·梅里克以及桑福德·汤普森），称他们仍在倡导使用秒表进行工时研究是因为他们热衷于销售有关工时研究的计时工具、表格和图书。此外，工时研究不够精确，因而不够科学，而动作研究却提供了绝对精确的时间和“最佳方法”。[71]其实，这样的攻击大可不必。在泰勒去世后，他的追随者们开始认识到，为了消除工会的抵制，他们需要强调这种广泛传播的观点，即工时研究等同于弗兰克的“快速工作”。在弗兰克去世之后，莉莲在《泰勒学会公报》上写文章说，工时研究和动作研究是相辅相成的，吉尔布雷斯夫妇的追随者在合适的情况下也会使用秒表，但是通过摄影机来进行研究更加精确和有效。[72]

从弗兰克的影响中迈出，莉莲继续在如今被称为人力资源管理的领域中开拓。她对如何科学地遴选、安置和培训工人产生了浓厚兴趣。随着自己思想的不断进步，她展示了对工业中人的因素的深刻见解。早在1914年她就写道，科学管理“是基于一个基本原则，即认为员工个体不仅是一个经济单位，而且是活生生的、拥有不同习性的人”[73]。虽然她的许多成果如今被视为理所当然，但在当时显得极为超前。早在50多年前，莉莲就公开敦促消除在雇用和保留员工时对40岁以上人员的歧视。[74]她相信雇用和培训“老年”工人的计划是“良好的企业行为”，提倡人们展开研究，以测量和比较不同年龄工人的工作绩效。在更大的公共舞台上，莉莲在胡佛（Hoover）、罗斯福（Roosevelt）、艾森豪威尔（Eisenhower）、肯尼迪（Kennedy）和约翰逊（Johnson）执政期间曾就职于许多处理民防事务、战时生产、老龄化以及残疾人康复的特别委员会。

除了在普渡大学执教以及在全世界发表演讲之外，莉莲还在威斯康星大学麦迪逊分校（University of Wisconsin at Madison）、罗格斯大学新布伦瑞克分校（Rutgers University at New Brunswick）以及纽瓦克工程学院（Newark College of Engineering）执教。以弗兰克和莉莲命名的吉尔布雷斯奖章于1931年授予莉莲，她也是迄今为止获得该奖章的唯一女性。她还是获得令人羡慕的甘特金质奖章（1944年）、大名鼎鼎的国际管理科学委员会（CIOS）金质奖章（1954年）的唯一女性。她一生中获得过24个荣誉学位，是荣膺美国机械工程师协会荣誉会员称号（1926年）的第一位女性，同时也是美国国家工程院（National Academy of Engineering）的第一位女性成员（1965年）。1987年，美国邮政服务公司（U. S. Postal Service）发行了一张邮票纪念她的成就。她被称为管理界第一夫人，难道还有什么疑问吗？

吉尔布雷斯夫妇是一对完美的搭档。作为工程师的弗兰克和作为心理学家的莉莲贡献了全部智慧来探索一种“最佳方法”。他们的兴趣极其广泛，对材料处理、工作方法、动作研究、疲劳研究、技能迁移理论以及现代人力资源管理都作出了贡献。他们的贡献直到今天仍然在发挥作用。实际上，在美国国家宇航局（NASA）“阿波罗”号飞船的指挥舱和服务舱中，机组舱、机组座椅和仪表板的构造都使用了由弗兰克和莉莲开创的技术。[75]

通过组织实现效率：哈林顿·埃默森

哈林顿·埃默森（1853—1931）出生于新泽西州特伦托，在巴黎、慕尼黑、锡耶纳、雅典等欧洲城市的私立学校接受教育。[76]他的父亲是一位政治经济学教授，在欧洲的许多大学执教过，他的外祖父是安德鲁·杰克逊（Andrew Jackson）总统执政期间的财政部部长塞缪尔·英厄姆（Samuel D. Ingham)。1875 年，他在慕尼黑的皇家理工大学（Royal Polytechnic）获得工程学学位。1876 年，他返回美国，在内布拉斯加大学（University of Nebraska）教现代语言，直到 1882 年因为赞成学生和教职员工在个人行为方面获得更大自由以及主张将宗教从课堂讲学内容中移除出去而被学校解雇。[77]在从事了一系列不同的工作之后，埃默森 1901 年在纽约市创建了埃默森研究所（Emerson Institute)，后来改名为埃默森效率工程师公司（Emerson Efficiency Engineers)。埃默森是新一代效率工程师（他创造的一个词语）的标志性人物，正是这一代工程师为美国工业带来了全新的工时测量和成本节约的方法。铁路是美国第一大行业，但当时正处于阵痛期。机车和轨道车的修理和保养车间是瓶颈所在，限制了铁路车辆的充分使用。埃默森最初在伯灵顿铁路公司（Burlington Railroad）担任总经理的纷争解决者，之后在 1904 年成为艾奇逊、托皮卡与圣达菲铁路公司的一名顾问。埃默森对原料和工具进行标准化，对生产调度和生产流程实施集中化管理，启动了工时研究，并且实施一种绩效激励计划。两年之后，该铁路公司的产出提高了 57%，成本降低了 36%，工人平均工资增加了 14.5%。虽然与工会工人之间存在一些冲突（工会工人的反抗并未获得成功)，埃默森的方法仍然被誉为美国铁路公司可以从科学管理中获益的典范。[78]

到 1925 年，埃默森的名声已经传到德国、日本、英国、印度、肯尼亚和乌干达。他的创新成果帮助铁路公司（包括伦敦地铁）通过使方法、材料和设备标准化而降低成本，使运营的停机时间降至最低，并且减少资本需求量。[79]随着他在艾奇逊、托皮卡与圣达菲铁路公司以及其他一些铁路公司获得成功，埃默森的公司在许多行业和城市应用他的理念，其中包括西雅图、密尔沃基以及纽约。虽然埃默森在为客户提供服务时应用了泰勒的许多方法，但是他“强调自己的灵活性，这不同于泰勒僵化的处方”[80]。

像吉尔布雷斯夫妇一样，埃默森发现浪费和低效是普遍存在于整个美国工业体系中的两大问题。他发现铁路修理车间的效率平均只有 50%，每年可避免的人力和材料浪费竟高达 3 亿美元（他在东部铁路公司中提出众所周知的每天节省 100 万美元的证词，就是由此而来)。[81]在埃默森看来，效率低下不仅存在于铁路公司，而且存在于制造业、农业和教育业。国家的富裕程度并不是一个关于各个国家自然资源丰裕或贫瘠的函数，而是一个关于该国工人们的“雄心壮志、对成功和财富的渴望”的函数。[82]埃默森认为，美国拥有丰富的资源和一支具有雄心壮志的劳动力队伍，这使得美国成为世界第一大工业强国，但是由于在利用各种资源时效率低下，美国正在失去自己的优势。他相信只有通过对人力、机器和原料的合理组织，才能够减少浪费。

直线与幕僚组织

埃默森并不认同泰勒的“职能工长”理念。他与泰勒达成一致的观点是幕僚人员的专业化知识是不可或缺的，但对于如何最好地利用这些知识，他们却各执己见。受其欧洲教育的影响，埃默森十分钦佩毛奇（Helmuth Karl Benhard Graf von Moltke）。毛奇在1857—1888年担任普鲁士总参谋长期间发明了现代的参谋部概念。[83]参谋部概念背后的逻辑是直截了当的，对军事行动至关重要的每一个项目，都会由幕僚专家独立进行全方位的研究，而这些专家组成一个最高参谋部为该国的元帅们提供相关的军事建议。

埃默森尝试把毛奇的参谋部概念应用于工业实践中。他的目标是实现“直线与幕僚的完全平行，直线上的每个成员都可以随时获益于幕僚们的知识和帮助”[84]。在埃默森的构思中，每一家公司有一位首席幕僚，主管四个主要的小组：第一个小组负责对一切与员工福利有关的事宜进行计划、指导和建议；第二个小组负责对结构、机器、工具和其他设备问题进行计划、指导和建议；第三个小组负责对原料，包括原料的采购、保管、发放和处理，进行计划、指导和建议；第四个小组负责对工作方法和工作条件，包括工作标准、记录和会计，进行计划、指导和建议。直线上的每一位成员都可以获得幕僚的知识和建议：“幕僚的职责不是完成工作，而是确定标准和理想状况，使直线能够更高效地运转。”[85]由此看出，埃默森的组织体系与泰勒的职能工长制之间的区别是非常明显的：埃默森不是让某位幕僚对某项车间操作负责和行使职权，而是依赖直线上的监督和权力，由直线上的管理者们从幕僚那里获得专业化的知识和建议。这种转变既保持了专业化的知识和便利的合作等优势，又避免了与违反统一指挥原则相关的劣势。

效率原则

具有讽刺意味的是，埃默森的效率成果在某种程度上被泰勒的任务管理系统在东部铁路运费案听证会上获得的广泛名声掩盖了光芒。在听证会之后，埃默森出版了《效率的12项原则》（*Twelve Principles of Efficiency*），该书成为管理思想史上的另一个里程碑。他分别用一章来逐项介绍12项原则中的每一项。从广义上看，前5项原则涉及与人的关系，其余7项则是关于方法、制度和系统。这些原则被认为是相辅相成的，共同组成一个完整结构，用于建立一个管理系统。在该书的序言中，埃默森阐述了基本前提：“创造了现代的财富和现在正在创造财富的并不是劳动力、资本或者土地。是思想创造了财富，我们需要的是更多的思想——人的天然思想库开发得越充分，单位生产所需要的劳动力、资本和土地就越少。”[86]

没有哪位现代作者能把今天的全球组织所面临的挑战阐述得更加中肯了。在埃默森看来，思想是消除浪费和创造国家繁荣的最重要力量。他的12项效率原则是达到这个目标的手段，而直线-幕僚形式的组织能够确保管理者获得专业的知识和建议。埃默森认为“组织不力”是“工业钩虫病”[87]。埃默森12项效率原则的第一项是“明确界定的理想”。这项原则明确表明了需要雇主和员工就组织目标（理想）达成一致，以及所有人齐心协力为实现目标而奋斗的重要性。埃默森希望减少组织内的矛盾、含糊、不确定和无目的性，当人们不理解或者不赞同一个共同目标时，这些现象就会出现。第二项原则是常识判断，劝告管理者用更广阔的视野看待问题，尽可能寻求专业知识和建议。每一个级别的员工，只要能够贡献某种价值，都应该被鼓励参与问题的解决。[88]第三项原则是有能力的议事机构，该原则与第二项原则是相关的，因为它涉及组建一个有经验的、知识渊博的幕僚团队。第四项原则是纪律，有了纪律，才会服从和遵守组织规定。它是其他 11 项原则的基础，有了它，组织才能避免混乱，成为一个系统。第五项原则，也是最后一项与人有关的原则，是公平对待。和平、和谐以及高绩效都取决于公平的雇员-雇主关系。雇员-雇主关系并不是恩赐型的或者利他型的，而应该基于互惠互利。

与工作方法相关的其他七项原则更加机械化，意思基本上不言自明：可靠、迅速、精确、永久的记录（信息和会计系统）；调度（工作计划和流程）；标准和进度（任务的方法和时间）；标准化的环境；标准化的操作；书面的标准行为说明；效率奖励（与效率相匹配的奖励）。每项原则中都包含了埃默森咨询经验的案例，对他的工厂哲学进行了虽然有些冗长但十分透彻的说明。

埃默森的效率工程和实践

埃默森对成本会计也作出了贡献。他运用霍列瑞斯（Hollerith）穿孔制表机来记录账目，并设置标准来评价工人和车间效率。在成本会计中，埃默森明确区分了历史成本会计（描述性的）和在完工前用以估算浪费被消除之后所需成本的“新式成本会计”。虽然其他人也有成本会计方面的著述，但埃默森似乎在历史上首次开发了一种标准化成本系统来更加精确地评估原料和服务的相对效率。[89]查特·哈里森（G. Charter Harrison）利用埃默森的理念，于 1911 年在位于伊利诺伊州基瓦尼的波斯制造公司（Boss Manufacturing Company）创建了第一个成熟的标准成本会计系统，当时，该公司是美国规模最大的劳保手套和靴子制造商。[90]早在 1920 年，埃默森就在标准成本会计中使用甘特图来测量和监测成本。

埃默森还设计了一种激励计划，如果工人的效率达到 100%，工人将获得一份占工资额 20%的奖金；如果超过 100%，工人将获得节余时间的标准工资，以及占工资额 20%的奖金。例如，在效率为 100%时，奖金是工资的 20%；在效率为 120%时，奖金将达到工资的 40%（40%等于 20%的奖金加上由于工作效率超出 20%而获得的 20%的节余）。[91]在实践中，负责调度和排班的专家对生产率的持久影响要超过激励性奖金对生产率的影响，因为激励性奖金通常会导致工人抗议，“往往有利于熟练工人，但受限于不精确的工时研究”[92]。在实施绩效工资的过程中，埃默森也像其他那些实施科学管理的咨询师一样遭遇了员工抵制。在巴尔的摩-俄亥俄铁路公司，埃默森发现了高达 99%的员工离职率，并且意识到由此带来的与招募、培训以及其他有关成本的浪费。在 1900—1919 年巴尔的摩-俄亥俄铁路公司出现的这种现象非常典型，当时美国年度员工离职率超过了 100%。[93]

埃默森的咨询公司是一个摇篮，培养了许多杰出的顾问和管理者，例如后来成为通用汽车公司生产副总裁的厄尔·文纳隆德（Earl K. Wennerlund），后来成立了自己的咨询公司并发明了“利润曲线图”（盈亏平衡图的前身）的查尔斯·诺普尔（Charles E. Knoeppel），以及把效率方法和科学管理引入英国的赫伯特·卡森（Herbert N. Casson）。[94]

1925 年，在与合伙人之间出现一系列分歧之后，埃默森从他创办的这家公司辞职。公司最初名为埃默森效率工程师公司，虽然公司里没有一位成员是工程师，后来，公司改名为埃默森咨询公司（Emerson Consultants）。

由于在减少工业浪费方面付出的努力，埃默森被誉为“效率主教”。[95]埃默森在调查泰勒体制和其他效率系统的众议院特别委员会出席作证（1911—1912 年）；帮助创建效率学会（Efficiency Society）（1912 年）；供职于美国工程协会联合会（Federated American Engineering Societies）的消除工业浪费委员会（Committee on the Elimination of Waste in Industry）（1921 年）；为成立管理咨询公司协会（Association of Management Consulting Firms）（1929 年）作出了显著贡献。在倡导直线-幕僚组织形式、为成本会计制定标准、预见对就业专家的需求等方面，他的贡献是独一无二的。他在东部铁路运费案的听证会上提供的证词使得科学管理运动获得了全世界的关注。

公共部门组织的福音：莫里斯·库克

泰勒、巴思、吉尔布雷斯夫妇、甘特和埃默森都在消除工业企业中的浪费和效率低下，而莫里斯·库克（1872—1960）把效率福音扩展到了公共部门的组织。库克在宾夕法尼亚州伯利恒先后就读于理海预备学校（Lehigh Preparatory School）和理海大学（Lehigh University），1895 年大学毕业，获得机械工程学位。在费城的克莱普造船厂（Cramp's Shipyard）结束学徒生涯后，库克先后在周边地区的许多家公司工作。在他遇见或听说弗雷德里克·泰勒之前很久，他就已经应用一种“质疑方法”来解决身边的浪费现象。随着泰勒的著作变得广为人知，库克成为泰勒作品的热情读者和泰勒方法的积极辩护者。终于，他遇见了泰勒，并且给泰勒留下了深刻印象，泰勒邀请库克加入泰勒正在组建的一个委员会，将科学管理应用于美国机械工程师协会的行政管理。泰勒当时是该协会的主席，他私人赞助了这项研究，并且向库克支付薪水。在这项为期一年半的研究中，他们结下了深厚友情。库克很快成为科学管理运动的参与者之一。

由于不信任所谓的新生代效率工程师，泰勒认为只有四个人——他们都曾在他的领导下开展工作——有资格介绍他的方法：巴思、甘特、哈撒韦以及库克。[96]库克被认为是劳工的朋友，有一次他看见工厂入口处的一块牌子上写着“人手入口”（hands entrance），于是他就问老板：“那头和心从哪里进入呢?”这个标志牌很快就被撤下了。[97]也许他会被看成是油腔滑调的，但这表明了他的观点——科学管理需要的不仅仅是人手。

1909 年，卡内基教学促进基金会（Carnegie Foundation for the Advancement of Teaching）主席亨利·普利切特（Henry S. Pritchett）邀请泰勒推荐一个人来对高等教育进行一项经济研究，以帮助判断大学的教职员工和教学设施是否获得了最好的利用。泰勒推荐了库克。库克提交的那份报告犹如一颗炸弹在学术界引起了巨大反响。[98]库克参观了九所大学的物理系，它们被认为代表了现行的大学教学和研究的总体水平。在最后的报告中，库克尝试做了一件很少有人愿意尝试的研究，即测量教学和研究的成本投人以及相关产出。

库克的发现相当令人苦恼：学术近亲繁殖（聘用本校的毕业生）十分普遍；教育中的管理活动比公认糟糕的工业管理活动更加不堪，委员会管理方式就是罪魁祸首，各系享有过大的自主权，影响了大学对课程设置和进度的统一协调；薪酬是基于资历而不是贡献的价值；应该废除教授终身制，不称职的教授就应该退休。库克认为教授们应该花更多时间用于教学和研究，将行政管理职能交给专家而不是教职工委员会。应该更广泛地聘用助理，让获得更多报酬的、有才干的人承担更复杂的工作，教学和研究的成本应该由大学的最高管理机构来实施更加严格的控制。库克得出结论："在工业和商业世界中应用的管理原则几乎全部适用于高等教育领域，但是迄今为止还没有发现任何一项管理原则在该领域获得广泛应用。"[99]人们对这篇报告的初始反应是可以预见的：麻省理工学院校长理查德·马克劳林（Richard C. Maclaurin）反问道：如果库克的观点得以实施，那么花费 14 年时间来研究重力理论的艾萨克·牛顿将以何谋生？马克劳林认为聚焦于效率会偏离大学的基本目的，将会导致更高的行政管理成本，而库克的这篇报告"像是习惯于胶水厂或肥皂厂效率的人根据自己的视角来撰写的"[100]。无论如何，正如罗伯特·卡尼格尔（Robert Kanigel）所说的，库克这份报告的影响"在今天仍然存在，这一点可以由那些填写过一份政府强制要求的教职工生产率表格的大学教授来证明"[101]。

波士里谈话

在这个时期，泰勒继续在位于宾夕法尼亚州栗子山波士里的家中发表他的"波士里谈话"。泰勒始终有兴趣完善自己的谈话内容，因此要求库克对谈话的草稿进行分析，同时注意改进它的流畅度和内容。他们雇用了一名速记员来记录泰勒在 1907 年 6 月 4 日的谈话。有人建议，把泰勒的讲话记录下来，也许可以为库克撰写一本关于泰勒体制的书奠定基础。在谈话的开场白里，泰勒就向听众保证，他的任务管理（在"科学管理"这个名称普及之前他喜欢使用这个术语）要优于以前的各种思想："我希望你们相信任务管理的思想，因为它是我们做任何事情的支柱和基础，从实践结果的角度来讲，它与普通管理相比具有压倒性优势。"[102]

在两个小时的谈话以及随后的问答时间里，泰勒的措辞激烈，还讲述了他老生常谈的生铁搬运故事。当泰勒阅读速记员记录的内容时，他对自己说的话感到十分惊讶，并且问道："我说过这样的话吗？"[103]他发誓在以后谈到任务管理时对说话的内容和方式更加谨慎。

在库克拿到波士里谈话的稿件之后，他告诉泰勒，他打算撰写一本关于泰勒体制的书，书名暂定为《工业管理》（*Industrial Management*），以使人们更完整地理解泰勒的方法。由于诸多原因，库克计划撰写的书并没有出版，但雷吉（Wrege）和斯多卡（Stotka）声称，这本书就是后来泰勒的《科学管理原理》。在他们两个人看来，泰勒"在别人的作品上署了自己的名字"，是库克"创作了一本经典之作"[104]。"科学管理之父"泰勒难道是抄袭者吗？还是泰勒和库克之间为传播泰勒的思想达成了协议？这件事错综复杂，但由于这本书的价值，我们有必要查明证据。

库克的《工业管理》的基础是泰勒的波士里谈话，库克对这次谈话的文字记录进行了改进和完善。1907年，库克在给泰勒的信中写道，他打算“编辑《工业管理》……因为我认为，写一本关于泰勒体制的通俗读本是一件很有价值的事情”[105]。从这个角度讲，泰勒和库克应该是合著者，因为库克“提炼了波士里谈话”。库克编辑了波士里谈话的初始手稿，重新撰写了泰勒62页的波士里谈话中的31页，加入了43页来自其他资料的内容。库克完成的这份稿件从未出版，但《工业管理》（始于速记员对泰勒谈话的记录）中有69页被纳入泰勒的《科学管理原理》中。[106]基于这个事实，雷吉和斯多卡得出结论：是库克“创作了这部经典之作”，“泰勒使用库克手稿只是以他的名字出版别人所著作品的一个例子”[107]。

这件事还有另一面吗？在《工业管理》手稿中，库克有如下评价：

> ……这一章（第二章）大部分都是复述泰勒先生在发展科学管理时的个人经历，因此，这就像他亲自所著一样。[108]

库克告诉泰勒他愿意放弃《工业管理》一书的所有收益，但泰勒回答说，他将把《科学管理原理》的所有版税交给库克。出版商哈珀兄弟（Harper & Brothers）的档案表明，1911年7月（出版之日）到1913年第四季度，出版商共付给库克3 207.05美元。[109]根据迪恩的叙述：

> ……版税对泰勒和库克都不重要，他们都不需要这笔钱，有资料显示库克每年通过泰勒（咨询介绍费）可以赚到大约5万美元——这在当时是一笔非常可观的收入。给库克的版税像一种姿态，是泰勒对库克对于《科学管理原理》一书作出贡献的肯定。[110]

合理的解释是，库克为《科学管理原理》一书作出了努力，但并不是他创作了这本书。他在波士里编辑并充实了泰勒的发言，也因他的付出得到了版税。这是他们一致同意并实现的约定，体现了他们之间深厚的情谊。

公共管理

除了与泰勒紧密合作以及为许多公司提供咨询服务，库克还投身于公共管理。1911年，改革派候选人鲁道夫·布兰肯伯格（Rudolf Blankenburg）当选为费城市长，他邀请泰勒担任该市公共工程部门的负责人。考虑到自己不断恶化的健康状况，泰勒推荐库克担任该职位。一直以来，库克都对改革非常感兴趣，在担任一名选举监察员时，他曾被一名操纵政党活动的政客威胁。他发现公共工程部门充满了腐败。库克坚持认为政府管理应该是非政治性的，应该利用科学和技术来实现公共利益。

在担任公共工程部门主任的4年中，他为该市节省了100多万美元的垃圾收集成本，减少了125万美元的行政开支，解雇了1 000名低效的员工，建立了养老金和福利基金，开辟了工人和管理者之间的交流渠道，把市政管理从遮遮掩掩中暴露到阳光底下。虽然不能应用工时管理或者激励工资，但是库克调整了预算编制流程，聘用了许多专家来代替政客的亲信，主张聘用一位专业的城市管理者来管理城市，还尝试用既承担责任又行使职权的个人来取代委员会的职能。在《我们城市的苏醒》（*Our Cities Awake*）一书中，库克倡导所有级别的雇员共同合作和充分参与管理决策：

> 现在有一项工作，一项我们大家都能在其中发挥作用的工作，如果这项工作仅仅靠上层的一些受过良好教育和高级培训的人去做，那么效率总是很低……行政管理领导者今后应越来越多地动员尽可能多的人发挥作用，让绝大多数雇员在对自己的工作以及周围的工作，发挥越来越关键的作用。[111]

在费城的任期结束之后，库克于1916年创建了自己的咨询公司。像科学管理运动的其他先驱一样，他也在第一次世界大战中为战争部贡献自己的知识，担任美国海运委员会的主管助理。由于对获得工会的合作始终非常关注，他对国内持续高涨的工人运动越来越感兴趣，并且成为美国劳工联合会主席塞缪尔·冈珀斯的亲密朋友和顾问。库克发现有必要在工会和管理方的关系处于敌对状况时把双方团结起来。[112]

1928年在他担任泰勒学会主席的就职演讲中，库克表达了对并不是由其成员自由组建的“公司工会”的质疑：“毋庸置疑，如果组织工会的要求并不是源于工人自己，那么在这种情况下所建立的组织并不会代表工人们的利益。”[113]他认为对“管理特权”和“劳工不妥协”的顽固坚持必须让位于双方的合作。库克认为工会和管理方一样对生产承担责任，并且强调更高的产量是防止失业和低工资的一种有效手段。库克的最后一部书是与菲利普·穆里（Philip Murray）合著的，他在书中建议管理者“摸摸工人们的脑袋”，听取他们的看法和见解，主动让他们参与制定工作流程和政策，以改进产品和服务的产量和流通。[114]菲利普·穆里是那个时代最重要的工会领导之一：钢铁工人组织委员会（SWOC）的第一任主席、美国钢铁工人联合会（USWA）的第一任主席以及产业工会联合会（CIO）任职时间最长的主席。

在富兰克林·罗斯福（Franklin D. Roosevelt）执政期间，库克担任了许多职务，其中主要担任乡村电气化管理局（Rural Electrification Administration）的行政官（1935—1937年）。1950年，哈里·杜鲁门（Harry S. Truman）总统任命库克为水资源政策委员会（Water Resources Policy Commission）的主席。当库克的传记作家请他列出自己一生的成就时，他回答道：

1. 乡村电气化；
2. 廉价的家庭用电；
3. 劳资关系的进展；
4. 水土保持；
5. 工业中的科学管理。[115]

对于这个回答，库克的传记作家补充了另外一项成就：“为政府服务”。总而言之，“库克的兴趣在于将科学管理更广泛地应用于社会机构和政治机构”[116]。他竭力促进劳资合作，支持工人们更多地参与工厂决策。如果科学管理想要在20世纪获得进一步发展，就需要像库克一样的人在公共管理领域开创一片新天地以及获得美国工会运动的支持。

小结

一场运动的青春期就像一个人成长中十几岁的那段时光，它是一种反叛，是一种对成熟的探索。从泰勒在米德维尔钢铁公司和伯利恒公司开始萌生科学管理的意识，到 20 世纪 20 年代这场运动的成熟，科学管理的青春期所表现出的多样性在本章讨论的这些个体的生平故事中得到了体现。卡尔・巴思这位真诚的科学管理信仰者成了泰勒正统思想的忠实执行者。亨利・甘特在泰勒的引导下开始其管理生涯，作出了重大贡献，并且发展了自己独特的思想。吉尔布雷斯夫妇把动作研究和泰勒的工时研究综合起来，研究了疲劳，并且强调了科学管理中的心理学。哈林顿・埃默森接受了泰勒的效率理念，但舍弃了泰勒的"职能工长"概念和差别计件工资激励计划。莫里斯・库克在泰勒的栽培下，把科学管理引入公共部门，并且探索劳资双方和平共处。这些先驱者是在科学管理运动初期传播效率福音的排头兵。不过，我们将会看到，不同的时代将会有崭新的挑战。

注 释

[1] Biographical data are from "Testimony of Carl G. Barth, of Philadelphia, PA," *Hearings before Special Committee of the House of Representatives to Investigate the Taylor and Other Systems of Shop Management under Authority of House Resolution 90* (Washington, DC: U. S. Government Printing Office, 1912) vol. 3, pp. 1539 - 1543. See also Florence M. Manning, "Carl G. Barth: A Sketch," Master's Thesis, University of California, Berkeley, 1927; *idem*, "Carl G. Barth, 1860 - 1930: A Sketch," *Norwegian-American Studies and Records* 13 (1943), pp. 114 - 132; and Kenneth Bjork, *Saga in Steel and Concrete: Norwegian Engineers in America* (Northfield, MN: Norwegian-American Historical Association, 1947), pp. 278 - 312.

[2] Carl G. Barth, "Supplement to Frederick W. Taylor's 'On the Art of Cutting Metals' - I," *Industrial Management* 58 (3) (September 1919), pp. 169 - 175.

[3] George D. Babcock, *The Taylor System in Franklin Management: Application and Results* (New York: Engineering Magazine, 1917).

[4] Carl G. Barth, "Discussion," on "The Present State of the Art of Industrial Management: Majority and Minority Report of Sub-Committee on Administration," *Transactions of the American Society of Mechanical Engineers* 34 (1912), p. 1204.

[5] Biographical data are from Leon P. Alford, *Henry L. Gantt: Leader in Industry* (New York: American Society of Mechanical Engineers, 1934). See also Alex W. Rathe, *Gantt on Management* (New York: American Management Association, 1961); Peter B. Petersen, "A Further Insight into the Life of Henry L. Gantt: The Papers of Duncan Lyle," in Dennis F. Ray, ed., *Proceedings of the Southern Management Association* (1984), pp. 198 - 200.

[6] Henry L. Gantt, *Work, Wages, and Profits*, 2nd ed. (New York: Engineering Magazine, 1916), p. 33.

[7] *Ibid.*, p. 55.

[8] Alford, *Gantt*, pp. 85 - 106.

[9] *Ibid.*, p. 165. For a detailed explanation and the computations necessary for implementing Gantt's "task and with a bonus" system, see Charles W. Lytle, *Wage Incentive Methods* (New York: Ron-

ald Press, 1942), pp. 185 - 200.

[10] Henry L. Gantt, *Industrial Leadership* (New Haven, CT: Yale University Press, 1916), p. 85.

[11] *Idem*, *Work*, *Wages*, *and Profits*, p. 154.

[12] Peter B. Petersen, "The Evolution of the Gantt Chart and Its Relevance Today," *Journal of Managerial Issues* 3 (2) (Summer 1991), pp. 131 - 155.

[13] For a discussion of Gantt's contributions to the War Industries Board in World War I, see Kyle Bruce, "Scientific Management and the American Planning Experience of WWI: The Case of the War Industries Board," *History of Economics Review* 23 (Winter 1995), pp. 37 - 60.

[14] "Navy Yard System Is Declared Faulty," *New York Times* (March 9, 1912), p. 16.

[15] Peter B. Petersen, "Fighting for a Better Navy: An Attempt at Scientific Management (1805 - 1912)," *Journal of Management* 16 (1) (March 1990), p. 159. For background into the politics surrounding Myer's decision, including Fred Taylor's meeting with President Howard Taft at the White House to offer his services to personally train Naval Constructor Holden A. Evans for introducing scientific management in the nation's navy yards, see his *One Man's Fight for a Better Navy* (New York: Dodd, Mead & Company), pp. 251 - 259.

[16] *Idem*, "The Pioneering Efforts of Major General William Crozier (1855 - 1942) in the Field of Management," *Journal of Management* 15 (3) (September 1989), pp. 503 - 516.

[17] Alford, *Gantt*, p. 207.

[18] *Ibid.*, p. 199.

[19] Daniel A. Wren, "Implementing the Gantt Chart in Europe and Britain: The Contributions of Wallace Clark," *Journal of Management History* 21 (3) (2015), pp. 309 - 327.

[20] "5 Ships to Be Named for Noted Engineers," *New York Times* (December 5, 1943), p. 67.

[21] Wallace Clark, *The Gantt Chart*: *A Working Tool of Management* (New York: Ronald Press, 1922).

[22] For further information on the worldwide impact of Wallace Clark's work, see Pearl Franklin Clark, *Challenge of the American Know-How* (New York: Hillary House, 1957).

[23] Alford, *Gantt*, p. 264.

[24] Robert D. Cuff, "Woodrow Wilson's Missionary to American Business, 1914 - 1915: A Note," *Business History Review* 43 (4) (Winter 1969), p. 546.

[25] Peter B. Petersen, "Henry Gantt and the New Machine (1916 - 1919)," in Jack A. Pearce II and Richard B. Robinson, Jr., eds., *Proceedings of the Annual Meeting of the Academy of Management* (1986), pp. 128 - 132. See also *idem*, "Correspondence from Henry L. Gantt to an Old Friend Reveals New Information about Gantt," *Journal of Management* 12 (3) (Fall 1986), pp. 339 - 350; *idem*, "Henry Gantt's Last Hurrah," unpublished paper presented at the annual meeting of the Academy of Management, San Antonio, TX, August 16, 2011.

[26] Alford, *Gantt*, pp. 269 - 277.

[27] Henry L. Gantt, *Organizing for Work* (New York: Harcourt Brace Jovanovich, 1919), pp. iv - v.

[28] *Ibid.*, p. 15.

[29] *Ibid.*, p. 20.

[30] For commemorative comments by Gantt's colleagues Harrington Emerson, Walter N. Polakov, and Wallace Clark, see "Henry Laurence Gantt: In Appreciation," *Industrial Management* 58 (6)

(December 1919), pp. 488 - 491. See also Peter B. Petersen, "The Followers of Henry L. Gantt (1861 - 1919)," in Dorothy P. Moore, ed., *Proceedings of the Annual Meeting of the Academy of Management* (1993), pp. 174 - 178.

[31] Biographical data are from Edna Yost, *Frank and Lillian Gilbreth: Partners for Life* (New Brunswick, NJ: Rutgers University Press, 1949); Laurel D. Graham, *Managing on Her Own: Dr. Lillian Gilbreth and Women's Work in the Interwar Era* (Norcross, GA: Engineering & Management Press, 1998); Jane Lancaster, *Making Time: Lillian Moller Gilbreth—A Life Beyond "Cheaper by the Dozen"* (Boston, MA: Northeastern University Press, 2004); and Julie Des Jardins, *Lillian Gilbreth: Redefining Domesticity* (Boulder, CO: Westview Press, 2013). See also Lillian M. Gilbreth, *As I Remember* (Norcross, GA: Engineering and Management Press, 1998). Originally written in 1941.

[32] Lillian M. Gilbreth, *The Quest for the One Best Way* (New York: Society of Industrial Engineers, 1924), p. 16.

[33] Frank B. Gilbreth quoted in Paul U. Kellogg, "A National Hearing for Scientific Management," *The Survey* 25 (December 3, 1910), pp. 411 - 412. This testimony does not appear *ad verbum* in the official 10-volume *Evidence Taken by the Interstate Commerce Commission in the Matter of Proposal Advances in Freight Rates by Carriers*, Senate Document 725, 61st Cong., 3rd sess. (Washington, DC: U. S. Government Printing Office, 1911).

[34] Gilbreth, *Quest for the One Best Way*, p. 22.

[35] Jane Morley, "Frank Bunker Gilbreth's Concrete System," *Concrete International: Designed Construction*, 12 (November 1990), pp. 57 - 62.

[36] Leland W. Peck, "A High Record in Bricklaying Attained by Novel Methods," *Engineering News* 62 (August 5, 1909), pp. 152 - 154.

[37] Frank B. Gilbreth and Lillian M. Gilbreth, "Classifying the Elements of Work: Methods of Analyzing Work into Seventeen Subdivisions," *Management and Administration* 8 (2) (August 1924), pp. 151 - 154 and 8 (3) (September 1924), pp. 295 - 298.

[38] Frank B. Gilbreth and Lillian M. Gilbreth, "Motion Study and Time Study Instruments of Precision," *Transactions, International Engineering Congress*, 1915, vol. 2 (San Francisco, CA: 1916), p. 473.

[39] "Efficiency Expert Will Lecture on Waste of Effort," *New Orleans Times-Picayune* (April 17, 1916), p. 5.

[40] For more on the Gilbreths' pioneering work in the medical field, see Charles D. Wrege, "The Efficient Management of Hospitals: Pioneer Work of Ernest Codman, Robert Dickinson, and Frank Gilbreth, 1910 - 1918" in Richard C. Huseman, ed., *Proceedings of the Annual Meeting of the Academy of Management* (1980), pp. 114 - 118; *idem*, "Medical Men and Scientific Management: A Forgotten Chapter in Management History," *Review of Business and Economic Research* 18 (3) (Spring 1983), pp. 32 - 47; and Caitjan Gainty, " 'Going After the High-Brows': Frank Gilbreth and the Surgical Subject, 1912 - 1917," *Representations* 118 (1) (Spring 2012), pp. 1 - 27.

[41] Frank B. Gilbreth, "Discussion," on "Job Specification—Job Analysis," *Proceedings, Annual Convention, Industrial Relations Association of America* (Newark, NJ, 1920), pp. 206 - 207.

[42] Arthur G. Bedeian, "Frank B. Gilbreth, Walter C. Camp, and the World of Sports," *Management*

& *Organizational History* 7 (4) (November 2012), pp. 319 - 335.

[43] Bruce Kaiper, "The Cyclegraph and Work Motion Model," in Lew Thomas and Peter D'Agostino, eds., *Still Photography: The Problematic Model* (San Francisco, CA: NFS Press, 1981), pp. 57 - 63.

[44] Frank B. Gilbreth, Jr. *Time Out for Happiness* (New York: Thomas Y. Crowell Company, 1970), p. 140. See also Arthur G. Bedeian, "Finding the 'One Best Way'," *Conference Board Record* 13 (6) (June 1976), pp. 38 - 39.

[45] Frank B. Gilbreth and Lillian M. Gilbreth, "The Three Position Plan of Promotion," *Iron Age* (November 4, 1915), pp. 1657 - 1659 and *idem*, "The Three Position Plan of Promotion," *Annals of the American Academy of Political and Social Science* 65 (May), pp. 289 - 296.

[46] Frank B. Gilbreth quoted in Milton J. Nadworny, "Frank and Lillian Gilbreth and Industrial Relations," *Journal of Industrial Engineering* 13 (2) (May 1962), p. 122.

[47] Frank B. Gilbreth, Jr., and Ernestine Gilbreth Carey, *Cheaper by the Dozen* (New York: Crowell, 1948), p. 3.

[48] Brian C. Price, *One Best Way: Frank and Lillian Gilbreth's Transformation of Scientific Management, 1885 - 1940* (Unpublished dissertation, Purdue University, West Lafayette, IN, 1987), p. 141. See also *idem*, "Frank and Lillian Gilbreth and the Motion Study Controversy, 1907 - 1930," in David Nelson, ed., *A Mental Revolution: Scientific Management since Taylor* (Columbus, OH: Ohio State University Press, 1991), pp. 58 - 76; Carol Carlson Dean, *Primer of Scientific Management* by Frank B. Gilbreth: A Response to Publication of Taylor's *Principles* in *The American Magazine*, 3 (1) (1997), pp. 31 - 41.

[49] Frank B. Gilbreth, *Primer of Scientific Management* (New York: D. Van Nostrand, 1912), pp. 49, 53 - 54, 65, 87 - 88.

[50] Yost, *Frank and Lillian Gilbreth*, p. 246.

[51] See Milton Nadworny, "Frederick Taylor and Frank Gilbreth—Competition in Scientific Management," *Business History Review* 21 (1) (Spring 1957), pp. 23 - 34; Daniel Nelson, *Frederick W. Taylor and the Rise of Scientific Management* (Madison, WI: University of Wisconsin Press, 1980), pp. 131 - 136.

[52] Hugo J. Kijne, "Time and Motion Study: Beyond the Taylor-Gilbreth Controversy," in J.-Spender and Hugo J. Kijne, eds., *Scientific Management: Frederick Winslow Taylor's Gift to the World?* (Boston, MA: Kluwer Academic), p. 69.

[53] Frederick W. Taylor to Frank B. Gilbreth, March 11, 1914, Taylor Collection, file 59A.

[54] For more on Gilbreth family life, see Arthur G. Bedeian and Shannon G. Taylor, "The *Übermensch* Meets the 'One Best Way': Barbara S. Burks, the Gilbreth Family, and the Eugenics Movement," *Journal of Management History* 15 (2) (2009), pp. 216 - 221.

[55] Lillian M. Gilbreth, *The Psychology of Management: The Function of the Mind in Determining, Teaching and Installing Methods of Least Waste* (New York: Sturgis & Walton, 1914). Originally serialized in *Industrial Engineering and The Engineering Digest*, May through December 1912 and January through May 1913.

[56] Ronald G. Greenwood, Charles D. Wrege, and Regina A. Greenwood, "Newly Discovered Gilbreth Manuscript," in Kae H. Chung, ed., *Proceedings of the Annual Meeting of the Academy of*

Management (1983), p. 111.

[57] Gilbreth, *The Psychology of Management*, p. 1.

[58] Thomas Carlyle, *Heroes, Hero Worship and the Heroic in History* (London: Chapman and Hall, 1840), p. 27.

[59] Gilbreth, *The Psychology of Management*, p. 3.

[60] Frederick W. Taylor, *The Principles of Scientific Management* (New York: Harper & Brothers, 1911), pp. 6-7.

[61] Gilbreth, *The Psychology of Management*, p. 30.

[62] Frank B. Gilbreth, Jr., and Ernestine Gilbreth Carey, *Cheaper by the Dozen* (New York: Crowell, 1948); Frank B. Gilbreth, Jr. and Ernestine Gilbreth Carey, *Belles on Their Toes* (New York: Crowell, 1950); Frank B. Gilbreth, Jr., *Time Out for Happiness* (New York: Crowell, 1970).

[63] For Lillie's review of papers presented at the conference, see Lillian M. Gilbreth, "A Review of the Papers Presented before the First World Power Conference," *American Machinist* 61 (6) (August 7, 1924), p. 222.

[64] International Management Congress, *Report of the Proceedings of the First International Management Congress in Prague (PIMCO)*, July 20-24, 1924 (Prague, Czechoslovakia: Institute for the Technical Management of Industry, Masaryk Academy of Work, 1925), pp. 29, 53-54, 102-103, 110.

[65] Anne M. Perusek, "The First Lady of Management," *SWE* [Society of Women Engineers] *Magazine* 46 (1) (January-February, 2000), p. 88.

[66] See J. Michael Gotcher, "Assisting the Handicapped: The Pioneering Efforts of Frank and Lillian Gilbreth," *Journal of Management* 18 (1) (March 1992), pp. 5-13; Franz T. Lohrke, "Motion Study for the Blinded: A Review of the Gilbreths' Work with the Visually Handicapped," *International Journal of Public Administration* 16 (5) (1993), pp. 667-682.

[67] Mario Krenn, "From Scientific Management to Homemaking: Lillian M. Gilbreth's Contributions to the Development of Management Thought," *Management & Organizational History* 6 (2) (May 2011), pp. 145-161.

[68] Laurel D. Graham, "Lillian Gilbreth's Psychologically Enriched Scientific Management of Women Consumers," *Journal of Historical Research in Marketing* 5 (3) (2013), pp. 351-369.

[69] Lillian M. Gilbreth, *The Home-Maker and Her Job* (New York: Appleton-Century-Crofts, 1927); and *idem*, *Management in the Home: Happier Living through Saving Time and Energy* (New York: Dodd, Mead, 1955). See also Elspeth H. Brown, "The Prosthetics of Management: Motion Study, Photography, and the Industrialized Body in World War I America," in Katherine Ott, David Serlin, and Stephen Mihm, eds., *Artificial Pasts, Practical Lives: Modern Histories of Prosthetics* (New York: NYU Press, 2002), pp. 249-281; Nicholas Sammonds, "Picture This: Lillian Gilbreth's Industrial Cinema for the Home," *Camera Obscura* 21 (3, 63) (December 2006), pp. 102-133.

[70] Daniel A. Wren and Ronald G. Greenwood, *Management Innovators: The People and Ideas That Have Shaped Modern Business* (New York: Oxford University Press, 1998), p. 146. Like Taylor, Gantt, and Emerson, Frank was also honored by the U. S. Maritime Commission in 1943 with a Liberty Ship named in his honor, see "5 Ships to be Named for Noted Engineers," *New York*

Times (December 5, 1943), p. 67.

[71] Frank B. and Lillian M. Gilbreth, "An Indictment of Stop-Watch Time Study," *Bulletin of the Taylor Society* 6 (3) (June 1921), pp. 99 - 108. See also the discussion that followed the Gilbreths' paper (pp. 109 - 135).

[72] Lillian M. Gilbreth, "The Relations of Time and Motion Study," *Bulletin of the Taylor Society* 13 (3) (June 1928), pp. 126 - 128.

[73] *Idem*, *Psychology of Management*, pp. 18 - 19.

[74] Lillian M. Gilbreth, "Scrapped at Forty," *The Survey* 62 (7) (July 1, 1929), pp. 402 - 403; *idem*, "Hiring and Firing: Shall the Calendar Measure Length of Service?" *Factory and Industrial Management* 79 (2) (February 1930), pp. 310 - 311.

[75] Norman J. Ryker, Jr., "Man-Equipment Task System for Apollo," in *The Frank Gilbreth Centennial* (New York: American Society of Mechanical Engineers, 1969), pp. 4 - 36.

[76] For further biographical data, see Edward J. Mehren, "Harrington Emerson's Place in Industrial Engineering," *Society of Industrial Engineers Bulletin* 13 (7) (June - July 1931), pp. 4 - 8; Sidney Brooks, "Harrington Emerson: Some Glimpses of His Life," *Society of Industrial Engineers Bulletin* 13 (7) (June - July 1931), pp. 9 - 11. See also Morgan L. Witzel, ed., *The Biographical Dictionary of Management*, vol. 1 (Bristol, England: Thoemmes Press, 2001), pp. 276 - 282.

[77] William F. Muhs, "Harrington Emerson as Professor," unpublished paper presented at the annual meeting of the Academy of Management, Detroit, Mich., August 11, 1980, p. 4.

[78] Carl Graves, "Applying Scientific Management Principles to Railroad Repair Shops—The Santa Fe Experience, 1904 - 1918," in Jeremy Atack, ed., *Business and Economic History*, 2nd ser., vol. 1 (1981), pp. 276 - 282.

[79] Mark Aldrich, "On the Track of Efficiency: Scientific Management Comes to Railroad Shops, 1900 - 1930," *Business History Review* 84 (3) (Autumn, 2010), pp. 501 - 526.

[80] James P. Quigel, Jr. *The Business of Selling Efficiency: Harrington Emerson and the Emerson Efficiency Engineers, 1900 - 1990* (Unpublished dissertation, Pennsylvania State University, State College, PA, 1992), pp. 301, 421.

[81] Harrington Emerson, "Preventable Waste and Losses on Railroads," *Railroad Age* 45 (June 5, 1908), p. 12.

[82] Harrington Emerson, *Efficiency as a Basis for Operations and Wages* (New York: Engineering Magazine, 1911), p. 37. Originally serialized in *The Engineering Magazine*, July, 1908, through March, 1909.

[83] *Ibid.*, pp. 64 - 66. After the unification of the German Empire in 1871 Prussian General Staff's title was changed to "Great General Staff". Karl von Clausewitz commented on the Prussian Army's General Staff as early as 1793. Karl von Clausewitz, *On War* (New York: Random House, 1943), p. 489. Originally published in 1832.

[84] Emerson, *Efficiency as a Basis for Operations and Wages*, p. 69.

[85] *Ibid.*, p. 112.

[86] Harrington Emerson, *The Twelve Principles of Efficiency* (New York: Engineering Magazine, 1913), p. x.

[87] *Ibid.*, p. 29. Originally serialized in *The Engineering Magazine*, June, 1910, through September,

1911.

[88] William F. Muhs, "Worker Participation in the Progressive Era: An Assessment by Harrington Emerson," *Academy of Management Review* 7 (1) (January 1982), pp. 99 - 102.

[89] Emerson, *The Twelve Principles of Efficiency*, pp. 167 - 201; and *idem*, "Standardization and Labor Efficiency in Railroad Shops," *Engineering Magazine* 33 (5) (August 1907), pp. 783 - 786.

[90] David Solomons, "Retrospective: Costing Pioneers, Some Links with the Past," *Accounting Historians Journal* 21 (2) (December, 1994), pp. 135 - 149.

[91] Emerson, *Efficiency as a Basis for Operations and Wages*, pp. 193 - 196.

[92] Quigel, "The Business of Selling Efficiency," p. 424; Aldrich, "On the Track of Efficiency," p. 525.

[93] Laura Owen, "History of Labor Turnover in the U. S.," *EH Net Encyclopedia*, ed., Robert Whaples, April 29, 2004. http://eh.net/encyclopedia/history-of-labor-turnover-in-the-u-s/.

[94] William F. Muhs, "The Emerson Engineers: A Look at One of the First Management Consulting Firms in the U. S.," in John A. Pearce Ⅱ and Richard B. Robinson, Jr., eds., *Proceedings of the Annual Meeting of the Academy of Management* (1986), pp. 123 - 127. For insights into the life and work of Herbert N. Casson and Charles E. Knoeppel, see Morgan L. Witzel, ed., *The Biographical Dictionary of Management*, vol. 1 (Bristol, England: Thoemmes Press, 2001), pp. 137 - 144 and pp. 539 - 540, respectively.

[95] [W. Jerome Arnold] "Famous Firsts: High Priest of Efficiency," *Business Week*, June 22, 1963, pp. 100, 104.

[96] Frank B. Copley, *Frederick W. Taylor: Father of Scientific Management*, vol. 2 (New York: Harper & Brothers, 1923), p. 357.

[97] Kenneth E. Trombley, *The Life and Times of a Happy Liberal: A Biography of Morris Llewellyn Cooke* (New York: Harper & Brothers, 1954), p. 10.

[98] Morris L. Cooke, *Academic and Industrial Efficiency* (New York: Carnegie Foundation for the Advancement of Teaching Bulletin No. 5, 1910).

[99] *Idem* quoted in "Scores Management of Our Universities," *New York Times* (December 19, 1910), p. 1.

[100] Richard C. Maclaurin, "Educational and Industrial Efficiency," *Science*, Series 2, 33 (838) (January 20, 1911), p. 101.

[101] Robert Kanigel, *One Best Way: Frederick Winslow Taylor and the Enigma of Efficiency* (New York: Viking, 1997), p. 490.

[102] "Report of a Lecture by and Questions put to Mr. F. W. Taylor: A Transcript," *Journal of Management History* 1 (1) (1995), p. 8.

[103] Copley, *Taylor*, vol. 2, p. 284.

[104] Charles D. Wrege and Anne Marie Stotka, "Cooke Creates a Classic: The Story behind F. W. Taylor's *Principles of Scientific Management*," *Academy of Management Review* 3 (4) (October 1978), pp. 736 - 749.

[105] *Ibid.*, p. 738.

[106] Wrege and Greenwood, *Taylor*, p. 182.

[107] Wrege and Stotka, p. 749.

[108] *Ibid.*, pp. 746 - 747. The Cooke manuscript is preserved in the Charles D. Wrege Research Papers Regarding History of Management # 5618. Kheel Center for Labor-Management Documentation and

Archives, Cornell University Library, Collection Number: 5930 mf.

[109] *Archives of Harper & Brothers (1817 - 1914)*. Reels 31 and 32 of microfilm published by permission of Harper & Row and the Butler Library, Columbia University. Index compiled by Christopher Feeney, University Press, Cambridge, 1982. We are indebted to Carol Carlson (Dean) Gunn for a photocopy of this material.

[110] Carol Carlson Dean, "The Principles of Scientific Management by Fred Taylor: Exposures in Print beyond the Private Printing," *Journal of Management History* 3 (1) (1997), pp. 11 - 12.

[111] Morris L. Cooke, *Our Cities Awake: Notes on Municipal Activities and Administration* (Garden City, NJ: Doubleday, Page: 1918), p. 98.

[112] For more on Cooke's involvement with Gompers see Chris Nyland, "Taylorism and the Mutual-Gains Strategy," *Industrial Relations* 37 (4) (October 1998), pp. 519 - 542.

[113] Morris L. Cooke, "Some Observations on Workers' Organizations," *Bulletin of the Taylor Society* 14 (1)(February 1929), p. 7. "Company unions" were outlawed in the United States by the 1935 National Labor Relations Act (the Wagner Act), 29 *U. S. C.* § 8 (a) (2). Cooke's contact with labor leaders was extensive. For details, see Sanford M. Jacoby, "Union-Management Cooperation in the United States: Lessons from the 1920s," *Industrial and Labor Relations Review* 37 (1) (October 1983), pp. 20 - 24.

[114] Morris L. Cooke and Philip Murray, *Organized Labor and Production: Next Steps in Industrial Democracy* (New York: Harper & Brothers, 1940), p. 211. As for the actual authorship of this book, see: Jean Christie, *Morris Llewellyn Cooke: Progressive Engineer* (New York: Garland Publishing, 1983), p. 244n. Originally an unpublished dissertation, Columbia University, New York, NY.

[115] Trombley, *Cooke*, p. 249.

[116] Edwin T. Layton, Jr. *The Revolt of the Engineers: Social Responsibility and the American Engineering Profession* (Baltimore, MD: Johns Hopkins University Press, 1986), p. 157.

第 9 章 人的因素：开辟道路

在强调把科学作为一种生活方式的时代，科学管理得以诞生并且发展成熟。如同第 7 章提到的，在 20 世纪头 10 年，美国总统西奥多·罗斯福（Theodore Roosevelt）以及其他一些人对美国自然资源的损耗表示了极大关注。这种关注引出了一个更大的问题，即国家效率以及对于人力和物力资源的不合理使用。人们对“工业和制造业组织”的效率以及“在这些组织中工作的人”忧心忡忡，就是从一个侧面体现了这种关注。在弗雷德里克·泰勒以及围绕在他周围的科学管理开创者们看来，管理者们使用的“笨拙”方法是“牛头不对马嘴”，应该对人力的巨大浪费负责。[1] 为了消除这种浪费，他们提出的解决办法是精心挑选和培养一等工人。简单来说，他们的目标是让“正确的人处于正确的位置”。本章将探讨现代人事管理（或者我们今天所说的人力资源管理）如何从“福利工作”和科学管理这两个方面发展壮大。[2] 在这个时期，各种更广泛的社会力量也在发挥作用，对工业心理学、工业社会学以及产业关系产生了影响，我们在本章也会对此进行探讨。这些因素共同为劳资关系的发展、人际关系学派以及组织行为领域奠定了基础。

人事管理：一种双重继承

现代人事管理继承了双重遗产，这双重遗产可以追溯到 19 世纪 80 年代初期以及科学管理和社会福音运动的几乎同时兴起。科学管理起源于一种聚焦于“最节约地使用工人”[3] 的工程学哲学。与此相反，社会福音运动的根源是宗教和慈善以及提高“美国人的整体生活水平以及贫困和不幸者的生活标准”的愿望。[4]

作为福利工作的人事管理

家长式管理，无论由国家、教会还是企业实施，其历史都与人类文明史一样悠久。

中世纪的封建制度就是基于家长式观念，许多早期的工厂主，例如罗伯特·欧文，通过提供各种福利待遇，例如娱乐活动、舞蹈课、膳食、住房、教育以及卫生，设法缓解劳动生活的痛苦和“鼓舞”雇员。纺织制造业中的沃尔瑟姆体制在19世纪初期非常流行，它就具有家长式管理的味道，因为管理层关心自己雇员的教育、住房以及道德水准（见第5章）。1832年，对美国制造业进行调查的《麦克莱恩报告》（McLane Report）发现典型的制造业工厂是家庭所有的，只拥有很少雇员。[5]在美国工业发展的这个阶段，也就是说，当公司规模较小时，公司的所有者还要管理公司。然而，19世纪最后30多年，美国经济迅速发展，工业和制造业公司在人力和物力资源方面有了前所未有的积累。这种迅猛增长推动生产方式从小型作坊和家庭包工制转变为可以大规模制造产品的工厂制，同时，也改变了作为管理者的所有者与其雇员的关系。19世纪80年代，社会福音运动以反对社会达尔文主义（见第6章）的姿态出现。社会福音活动家认为他们有义务对社会和经济状况进行改革。与其坐等按部就班地提高贫困标准和贫民窟居民的生活质量，他们主张立刻采取行动来改进人事管理和产业关系政策。在很大程度上，这个时代的管理者作出的反应建立在过去的家庭传统基础上，以“工业改良”或者“福利工作”的形式出现。[6]

借鉴社会福音运动，国家收银机公司（National Cash Register Company）于1897年建立了第一个“福利工作办公室”。该公司的创建者和主席约翰·帕特森（John H. Patterson）任命莉娜·特蕾西（Lina H. Tracy）为该公司首位福利主任。[7]约瑟夫·班克罗夫特父子公司（Joseph Bancroft and Sons）在1899年任命了一位福利秘书，亨氏公司（Heinz Company）于1902年雇用了一名社会秘书，科罗拉多燃料与制铁公司（Colorado Fuel and Iron Company）于1901年采取了类似做法，国际收割机公司（International Harvest Company）于1903年效仿这一做法。其他一些例子包括法林百货公司（Filene's Department Stores）、天然食品公司（Natural Food Company）、普利茅斯绳索公司（Plymouth Cordage）、约翰·B. 斯泰特森公司（John B. Stetson Company）以及西屋电气公司（Westinghouse Electric）。

虽然实施雇员福利计划部分是为了应付持续高涨的工会运动，但也源自人们意识到“雇员们的生产率在很大程度上取决于他们10小时工作之外剩余14小时的环境和生活”[8]。因此，许多福利计划将范围从工厂扩展到雇员的家庭，包括他们的配偶和子女。于是，“福利秘书”的工作任务就是改善雇员的生活，包括工作以及下班之后的生活。福利秘书处理雇员申诉，管理医务室，提供娱乐和教育活动，安排转岗，管理膳食设施，设计有营养的菜谱，并且监督雇员的品行，尤其是未婚女雇员。[9]这个时代的许多福利秘书都是由具有职业指导或社会工作背景的女性担任。除了国家收银机公司的莉娜·特蕾西，担任福利秘书的其他女性还包括国际收割机公司的格特鲁德·比克斯（Gertrude B. Beeks）、约瑟夫·班克罗夫特父子公司的伊丽莎白·布里斯克（Elizabeth Briscoe）、新泽西制锌公司（New Jersey Zinc）的弗洛伦斯·休斯（Florence Hughes）、格林哈特-西格尔公司（Greenhut-Siegel）的劳拉·罗伊（Laura Roy）、亨氏公司的阿姬·邓恩（Aggie Dunn）、西屋电气公司的露西·班尼斯特（Lucy Bannister）以及法林百货公司的戴安娜·希尔施勒（Diana Hirschler）。[10]

不过，从亨利·甘特在约瑟夫·班克罗夫特父子公司的经验来看，福利秘书的职责通常没有被明确界定。该公司的第一任福利秘书——伊丽莎白·布里斯克于1902年被任命。1903年，该公司遭遇严重的生产问题，于是公司老板约翰·班克罗夫特（John Bancroft）雇用甘特作为公司顾问。甘特提出的建议很快就与布里斯克的福利工作背道而驰。例如，当甘特建议解雇效率低下的雇员时，布里斯克予以反对。她坚持所有工人，无论是否效率低下，都应该保留。甘特争辩说，对于目前的生产问题，糟糕的人事遴选和分配难辞其咎，他来到这里就是为了解决该问题。虽然甘特能够改善工作方法，改进培训，并且在一个部门实施奖金体系，从而提高生产率，但是他无法完全实施他的建议。当甘特于1909年完成自己的咨询任务时，似乎福利工作在与科学管理的竞赛中胜出了。[11]不过，在后来的岁月中（1911—1927年），该公司把福利制度和科学管理加以融合，以继续提高效率和符合公司老板关于对待公司雇员的贵格会（Quaker）信仰。因此，甘特也许输掉了开局，但从长期来看，福利工作和科学管理可以通过改善雇员关系和生产率来实现彼此互补。

虽然时间并不精确，但是在1910年左右人们开始减少“福利工作”（welfare work）这个短语的使用，取而代之的是另外一个短语“就业工作”（employment work）。迈耶·布龙菲尔德（Meyer Bloomfield）是组建一个早期的就业工作管理者协会的关键人物，在他看来，就业工作能够实现更多的好处，因为“福利工作……通常缺乏分析、自我批评和对人性的洞察力。此外，福利工作能够带来的益处往往会被员工们的多愁善感——如果不是自欺欺人的话——削弱”[12]。此外，随着福利工作逐渐深入雇员们的私人生活，它变得令人厌恶，雇员们不喜欢雇主告诫他们在自己的私人时间和家中可以或者不可以做什么。虽然福利秘书和福利工作办公室不再是现代公司的组成部分，但是它们的遗产在当代人力资源管理计划中的“附加福利”和产业关系政策中得以延续。

科学管理和人事管理

19世纪和20世纪之交，在美国各地许多工厂的大门口，非熟练工人每个早晨都会排着长队，一位工长出来雇用当天的劳动力。不过，这样往往意味着会雇用朋友或者关系密切的人，在某些情况下甚至还会出售工作。由于工长有权力雇用工人，他们也就有权力解雇工人。弗雷德里克·泰勒谴责了这种做法，并且主张工人遴选应该“不仅仅由工作任务繁重的工长走出工厂大门并且说道：‘快点说，你想要什么？如果你足够便宜，我就让你试一试。’这是陈旧的方法”[13]。早在1903年，泰勒就建议设立就业办公室（Employment Bureau），作为计划部的组成部分，而且他确定的专业化职能之一就是“车间纪检员”。泰勒列出了车间纪检员的任务：遴选和解雇工人，保管绩效记录，处理纪律问题，负责工资支付，以及充当和事佬。[14]泰勒最早期的门徒当中，有几个人也曾创建过“就业部”（employment department），其中包括亨利·肯德尔（Henry P. Kendall）在普林顿出版社（Plimpton Press）设立的就业部以及理查德·菲斯（Richard A. Feiss）在服装制造商约瑟夫 & 菲斯公司（Joseph & Feiss Company）设立的就业和服务部。

普林顿出版社的就业部成立于1910年，由简·威廉姆斯（Jane C. Williams）担任主管。[15]简而言之，就业部的目的是通过使人力成本最小化来实现节余。威廉姆斯的任务包括确定申请工作者是否适合，培训和安置工人，保管绩效记录，每月一次与员工们面谈，每六个月对效率等级进行评定以确定工资增长程度，听取雇员申诉，在员工发生事故或疾病的情况下提供一名护士，管理一个拥有流行杂志、技术杂志以及书籍的图书馆，向员工的家庭提供金融咨询，以及经营一个餐厅。毫无疑问这是那个时期最先进的就业部。

约瑟夫 & 菲斯公司的就业和服务部成立于1913年，它率先在雇用新员工时使用一种遴选测试。据当时担任该部门负责人的玛丽·巴内特·吉尔森（Mary Barnett Gilson）描述，员工遴选测试"需要反复试错，而且在大多数情况下是错误的"[16]。为了证明与就业部相关的成本是有价值的，理查德·菲斯——该公司联合创建人之一尤里乌斯·菲斯（Julius Feiss）的儿子——重复了爱德华·阿特金森在30多年前观察到的现象，即"在相同的地点、相同的时间，使用相似的机械，管理方面的差异将导致不同的结果"。菲斯解释说：

> 假定两家公司处于同一个行业，处于相同的地理位置，拥有相同的建筑物，配备相同的机械，使用相似的方法来操作这些设备和材料，然而，随着时间的推进，这两家公司的产出数量和质量都会出现差异。之所以会出现这种差异，是因为它们的人事举措的质量存在差异……如果其中一家公司采用普通的或者传统的管理方法，而另外一家公司的管理者充分认识到人事举措的重要意义，并且秉承一种积极的哲学来解决人事问题，那么这两家公司所取得的实际效果将会出现显著的差异，以至于前一家公司简直不敢相信。实际上，这种差异往往会导致前一家公司失败而后一家公司取得成功。[17]

奥德韦·蒂德（Ordway Tead）判断，现代人事部门的出现"大约是在1912年"，当时几十家公司已经建立了清晰、明确的人事工作职能。[18]第一个涉及人事问题的全国性组织是全国企业学校协会（National Association of Corporation Schools），成立于1913年，该协会的目标是促进与推动产业工人的培训与教育。到1917年该协会已经扩展了自己的研究领域，把"人际关系"（也就是雇员关系）纳入进来。该协会后来改名为全国企业培训协会（NACT）。第二个全国性的组织是成立于1918年的全国人事经理协会（NAEM），它是从一个地方性的人事经理协会发展起来的组织。全国人事经理协会由迈耶·布龙菲尔德于1911年在波士顿成立。全国人事经理协会后来改名为美国产业关系协会（IRAA）。1922年，全国企业培训协会与美国产业关系协会合并，组成了全国人事协会（National Personnel Association）。1923年，全国人事协会成为美国管理协会（American Management Association）。

1915年，哈洛·柏森（Harlow Person）率先在达特茅斯学院阿莫斯·塔克管理与金融学院（Amos Tuck School of Administration and Finance）引入了人事经理的培训课程。该课程要求学员准备“一篇关于解决某个具体工厂中的具体管理问题的毕业论文”[19]。通过自己在科学管理促进会（SPSM，后来改名为泰勒学会）中扮演的角色，柏森能够推动就业管理（到了20世纪20年代被称为人事管理）的发展，使之成为一种手段，能够让雇员们受到有尊严的公平对待，这也是雇员们应该享受的权利。[20]

虽然专业化水平不断提高，但这个时代的人事工作仍然普遍体现了先前的福利工作。例如，1913年3月，福特汽车公司创建了一个社会问题部（Sociological Department），以提高雇员们的生活标准。该部门雇用了100名“顾问”访问工人们的家庭，以确保他们的家里干净整洁，在工作之余不酗酒，生活检点，明智地利用他们的闲暇时间。该公司的法律部提供的服务是免费的，帮助员工解决生活中方方面面的事情，从申请成为美国公民到购买自己的房子。不过，福特汽车公司对雇员私人生活的关注仅仅维持了不到两年，结束于1915年11月，当时亨利·福特让他的圣公会牧师塞缪尔·马奎斯（Samuel S. Marquis）教长掌管社会问题部，福特告诉马奎斯：“我们对私事管得太宽了。我们应该把社会问题部改为教育部。”[21]从此之后，家访工作停止了，福特汽车公司将注意力转向对雇员们提供建议和教育。福特汽车公司维持了10名内科医生和100名护士的人员配置来帮助照料受伤或生病的员工，并且率先雇用残疾人、有犯罪前科者以及少数族裔作为员工。

面对紧张的劳动力市场和工厂内每年超过370%的工人流动率，亨利·福特于1914年1月5日宣布将最低工资从每天工作9小时获得2.34美元提高到每天工作8小时获得5美元，这相当于底特律地区平均工资的2倍。[22]此外，他还宣布为雇员实施一项1 000万美元的利润分享计划，涵盖30 000多名雇员。[23]超过15 000名工作申请者聚集在福特汽车公司的底特律工厂，竞争大约5 000个工作岗位。后来，不得不使用消防水带驱散拥挤的人群。3天之后，找工作的人蜂拥而至，丝毫没有人数减少的征兆，全国各地的新闻报纸都被要求发文提醒广大工人不要前往底特律，因为福特汽车公司的工作岗位只面向底特律的居民。[24]福特汽车公司的创建者亨利·福特把每天5美元的工资视为“既不是慈善也不是工资，仅仅是利润分享”。不过，他确实承认：“在某种程度上，这也是一种效率工程。我们期望由此获得更好的工作，更有效率的工作。”[25]实际上，亨利·福特这种前所未有的举动立即刺激了装配流水线生产率的急剧提高，在员工心中树立了对公司的自豪感和忠诚感。在1922年，当时制造业工人的平均工作时间是每周47.9小时[26]，而福特汽车公司的50 000名员工享受每周工作5天，总共工作40小时的待遇。亨利·福特的儿子埃德塞尔·福特（Edsel Ford）解释说：“每个人都需要每周一天以上的时间来休息和娱乐……福特汽车公司始终努力促进其员工享受一种理想的家庭生活。我们相信，为了生活更幸福，每个人都应该有更多时间与其家人在一起。”[27]福特汽车公司倡导的新举措——每周工作5天，总共工作40小时很快成为其他公司的标准做法。

据估计，1915—1920年在美国至少有200个人事部被创建。[28]蒂德和亨利·梅特卡夫（Henry C. Metcalf）在1920年写道：“现在的发展，是受到一种新科学和新艺术的引导：人事管理科学和艺术。”[29]美国劳工统计局在1913—1919年进行的一项研究表明，现代人事管理降低了劳动力的流动率，从而减少了培训费以及其他费用，也为工人们提供了更为稳定的就业，尤其是在规模更大的公司中。这项研究还发现，公司规模越大，流动率就越低。这部分是因为规模更大的公司可以支付更高的工资，提供更好的工作条件，并且保证稳定的就业，它们也更有可能设置一个核心部门来负责雇员福利。[30]对改善人事工作感兴趣的并不仅仅是美国。例如在英国，在 20 世纪 20 年代，约克郡可可制品厂（Cocoa Works）的老板本杰明·西博姆·朗特里（Benjamin Seebohm Rowntree）为工厂的心理学部雇用了一名社会学家来主管雇员教育、卫生、饮食、住房以及娱乐活动。[31]该工厂如今是雀巢公司的组成部分。

人事管理拥有提高雇员生产率的潜力，人们对这种潜力的兴趣导致了关于人类行为的假设发生显著变化。例如，蒂德部分放弃了自己先前提出的“本能”行为理论，转而与亨利·梅特卡夫合著了一本人事管理教科书——《人事管理：原则和实践》（*Personnel Administration：Its Principles and Practice*）。[32]他们得出结论：本能（天生的倾向）仍然对人的行为具有显著影响，但是人事研究领域取得的进展正在开辟新的境界，从而能够更科学地招聘、安置和培训雇员。蒂德还写道，管理者应该采取一种“心理学的视角”来寻求“行为中的因果关系”。他相信对这样的关系予以研究，可以更好地指导人的行为。[33]此外，他还认为对这些关系的认识和理解将鼓励正确的工作习惯。蒂德同罗伯特·瓦伦丁（Robert G. Valentine）以及理查德·格雷戈（Richard Gregg）一起创造了一种最初被称为“行业顾问”的职业。[34]

总之，人事管理的两种渊源在 20 世纪 20 年代走上了一条共同的道路。虽然雇员福利运动意识到生产率部分取决于雇员的态度和忠诚，但是它缺乏维持现代组织不断成长所必需的严谨和专业化。通过与工业心理学相结合（这一点我们很快会讨论），激发整个国家对人事管理专业的兴趣，以及在大学培养人事专家，科学管理在某种程度上促成了这些。福利主义并没有消亡，后来以非主流形式继续存在。另外，科学管理也将发现，自己的目标和方法被行为学与社会科学重新塑造。总之，科学管理和社会福音运动共同为现代的人力资源管理开辟了道路。

心理学与个体

经济理论的主流在很大程度上致力于研究人类如何努力满足自己的需求和欲望。快到 19 世纪中叶时，英国经济学家威廉·赫恩（William E. Hearn）提出了一种在当时显得非常新奇的理论来解释这些需求和欲望如何成为人类行为的主要驱动力：

> 食物、饮用水、空气和温暖是（我们人类）最急需的必需品……人类与其他所有动物共享（这些东西）……因此，满足自己的基本欲望对人类来说是必要的……首先是欲望满足的程度……以及哪种欲望要最先得到满足……人类不仅能够满足自己的基本欲望，而且能够发明各种方法来实现更彻底的满足……因此，人类欲望的相对范围是迅速扩大的……试图满足基本欲望的努力将产生新的欲望……而且，在获得了这种满足时，他们也会对付出的代价感到痛苦，但是已经获得的满足并不能

阻止他们渴望满足进一步的欲望。[35]

对人类需求层次的这种预期（大约80年前）以及“一旦较低层次的需求获得满足，就会追求更高层次的需求”的假定，并不是实证研究的结果，而是观察和逻辑推理的结果。在科学管理出现以前，心理学建立在内省的、脱离实际的或者演绎的基础上。各种伪科学，例如占星术、人相学、颅相学以及笔迹学，被管理者们普遍使用，他们根据天空中星体的运行和位置、雇员的人体特征、颅骨的隆起情况以及笔迹来挑选员工。[36]

即便在埃默森效率工程师公司这样声名卓著的咨询公司里，以内科医生自称的凯瑟琳·布莱克福德（Katherine M. H. Blackford）也强调把人相学和笔迹学研究作为挑选雇员的一种辅助手段。她声称自己的观点是基于两个“定律”：

第一，人的身体在九个方面不同：颜色、形状、尺寸、结构、质地（texture）、密度、比例、外在表现、状态。

第二，人的特征会根据身体在这九个方面的不同而发生相应的变化。[37]

布莱克福德的观点在当时被很多人认为是科学的，为了描述其观点的实质，布莱克福德声称，“有些工作需要积极的能量和驱动力才能够完成，而有些工作则需要一种缓慢的、持久的速度。如果一个人拥有高的颧骨和鼻子，通过侧面轮廓可以看出来，他拥有这种积极的能量。如果他还拥有高的额头、大的脑袋以及好的质地，那么他能够在脑力工作中最好地利用他的能力。如果他的额头低，肩膀宽，腰围小，质地粗糙，那么他最适合体力工作”[38]。到20世纪20年代，由于大量研究否定了布莱克福德的推断，即身体特征与合适的工作之间存在某种相关性，布莱克福德的特征分析让位于新的员工遴选方法。[39]

迈向科学的心理学

在其他国家，心理学正在摆脱内省的、伪科学的初始状态。威廉·冯特（Wilhelm Wundt）于1879年在德国莱比锡大学（University of Leipzig）建立了世界上第一个心理学实验室，科学方法首度出现在心理学中。冯特并没有完全舍弃内省法，但是他开始通过受控制的实验来研究人类行为。作为实验心理学的奠基人，冯特为应用心理学开辟了道路，并且通过他的学生们，最终为我们今天所称的“工业与组织心理学”开辟了道路。通过确定人类意识的各组成部分，冯特努力探索“心理自我”。他对人类行为的观察，以及西格蒙德·弗洛伊德（Sigmund Freud）心理分析理论的出现，很快就使冯特得出了这种解释：行为和思想基于本能。冯特认为，人不是理性的，而是受各种固有的（或者说天生的）本能控制。他相信通过理解“本能的行为”，就能揭开和研究迄今尚未探索过的意识秘密。[40]以后，经济学家索尔斯坦·凡勃伦（Thorstein B. Veblen）将确定三种正面的人类本能——工作质量意识、父母本性、随心的好奇心（这三种本能促进社会的集体福祉），以及三种负面的人类本能——竞赛、好斗、掠夺（这三种本能破坏社会的集体福祉，提倡个人主义）。在这个时期，其他一些学者提出了更丰富的人类本能清单。例如，奥德韦·蒂德确定了10种本能，其中包括性、自主、服从以及玩耍。“美国心理学之父”

威廉·詹姆斯（William James）确定了37种本能，其中包括愤怒、爱、好奇和社交。[41]

各种本能清单的不一致和分歧很快就证明这种方法是徒劳的，而本能理论也被抛弃，因为人们认识到，这种观点在解释行为时过于简单化。不过，在试图确定一套普遍的人类本能时，研究者们发现各种成果之间差异显著，这使他们认识到不同个体之间存在相当大的心理差异。泰勒已经认识到科学地挑选雇员以使人员与工作岗位相匹配具有非常重要的意义；同样地，心理学家们也逐渐明白，一门关于人类行为的科学必须研究个体而不是人天生的本能。正是在这里，应用心理学家和科学管理形成了一个联盟。随着时间的推移，"本能理论"引发了领导特质理论（见第15章），后者认为人类行为是由个人特征决定的，因而人们的生活是由他们自己决定的。

工业心理学的诞生

科学管理为工业心理学提供了研究范畴和研究方向。追随科学管理的价值理念，工业心理学的最早期目标是促进"个体在工业中的最大效率"以及"个体在工业环境中的最优调整"[42]。虽然工程师研究机械的效率，工业心理学家研究人的效率，但他们的目标是一样的：消除浪费和低效，并且确保雇员们获得最大的个人满足感。

雨果·芒斯特伯格（Hugo Münsterberg，1863—1916）通常被誉为工业心理学的创始人。芒斯特伯格称赞弗雷德里克·泰勒为"科学管理运动才华横溢的创始人"，认为泰勒"提出了最有价值的建议，值得整个工业世界重视"[43]。在推进工业心理学时，芒斯特伯格汲取了泰勒的成果，并且强调使用真正的科学方法来实现生产效益的重要性。他也清醒地意识到工业心理学所具有的社会意义。他指出：

> 我们一定不要忘记通过运用心理学知识和改善心理状况来提高工业效率，这不仅有利于雇主，更加有利于雇员；雇员们的工作时间将被缩短，工资将增加，生活水平逐渐提高。除了雇员和雇主都可以获得纯粹的商业利润之外，更重要的是精神方面的收获。只要每个人被放在最合适的位置，可以发挥自己最大的能力和获得最大的个人满足感，这种精神收获就将出现在国家的整个经济生活中。经济领域的实验心理学提供的最激动人心的观点就是，通过工作和精神的调节，在工作中产生的不满、沮丧和挫折可以在我们的社会组织中被欢乐以及完美的内心和谐取代。[44]

芒斯特伯格出生于德国但泽，在冯特的莱比锡大学实验室接受过教育，被美国心理学家威廉·詹姆斯招揽到哈佛大学。他兴趣广泛，包括将心理学原理应用于犯罪侦查、教育、法律、道德、工业、艺术以及哲学。[45]为了给科学管理奠定一个更广泛的基础，他拜访了美国总统伍德罗·威尔逊、商务部部长威廉·雷德菲尔德以及劳工部部长威廉·威尔逊，鼓动他们建立一个政府机构对工业中的心理问题进行科学研究。整个国家对科学管理的兴趣很高，芒斯特伯格设法使合格的科学家来研究工人的行为，并且成为全国关注的焦点。在芒斯特伯格看来，"今天人们最关注的是原料和设备问题，但是关于心理的所有问题……例如疲劳、单调、兴趣、学习……工作中的乐趣……奖励……以及许多类似的心理问题，都是由不具备任何科学知识的外行人来处理的"[46]。

虽然芒斯特伯格提倡的政府机构始终未能成立，但是他对应用心理学的兴趣不断提高。为了更好地理解“工业生活”，他在寻求三个主要问题的答案时再次响应了泰勒的观点：

> 我们要问，第一，如何找到这些人，他们的心理素质使得他们最适合从事他们要做的工作；第二，在什么心理条件下，我们能够保证每个人都实现最高、最令人满意的产出；第三，怎样才能对人的心理产生最彻底的影响，使其对企业利益最有利。换句话说，我们要问的是，如何尽可能找到最合适的工作，以及如何尽可能保证最好的效果。[47]

芒斯特伯格的工作方向与泰勒的科学管理是直接相连的，它包括三个部分：(1) 最合适的人；(2) 最合适的工作；(3) 最理想的效果。第一部分是研究工作对人的要求以及这种必要性，即找到具有最合适的心理素质来从事这份工作的人。第二部分试图确定在什么心理状况下能够使每个人都实现最高、最令人满意的产出。第三部分研究这种必要性，即对那些符合企业利益的人的需求施加影响。对于每一个部分，芒斯特伯格都提出了明确的建议，其中涉及使用测验法来挑选工人，培训员工时使用心理学在学习方面的研究成果，掌握心理学技能来提高工人的心理动机。为了更具体地论证自己的建议，芒斯特伯格利用了自己以前对电车司机、电话接线员和高级船员的研究获得的证据。

泰勒曾经号召人们进行可以为“对人产生影响的动机”提供见解和洞察力的研究。芒斯特伯格回应了这个号召。他聚焦个体，强调效率，意识到应用科学方法来调查工厂里的人的行为可以为社会创造利益，这些都清晰地体现了科学管理的精髓。此外，芒斯特伯格的卓越声誉使人们将心理学应用于日常生活的兴趣越来越强烈。这种日益增长的兴趣促使《应用心理学杂志》(*The Journal of Applied Psychology*) 于 1917 年创立。他的追随者包括查尔斯·迈尔斯 (Charles D. Myers)，他是英国工业心理学的先驱；沃尔特·斯科特 (Walter D. Scott)，他在第一次世界大战期间为美国陆军设计了人员分类测试；塞西尔·梅斯 (Cecil A. Mace)，他完成了第一个将目标设置当作一种激励技巧的实验；沃尔特·范德克·宾厄哈姆 (Walter Van Dyke Binghamton)，卡内基理工学院 (Carnegie Institute of Technology) 应用心理学系在他的领导下成立了人事研究办公室 (Bureau of Personnel Research)；莫里斯·维特利斯 (Morris S. Viteles)，他撰写的教科书成为“工业心理学的圣经”；还有其他许多人。[48]不过，是芒斯特伯格通过界定工业心理学的目标和范畴，为工业心理学铺平了道路。

社会人时代：理论、研究和实践

科学管理塑造了它所在的时代，反过来也为时代所塑造。它为人事管理、工业心理以及制度劳动经济学（稍后将讨论）提供了理性基础。另外一种力量，与科学管理的联系仅仅是在时间方面，将会把基督教的准则应用于整个社会，包括日常工作。19 世纪末期标志着“社会人”时代的开始。

工业社会学的先驱

如前所述，社会福音运动是作为社会达尔文主义的对立面兴起的。我们在第6章讨论了华盛顿·格拉登以及基督教社会联盟（Christian Social Union）的一位创始人理查德·埃利倡导的社会改革。社会福利活动家（主要是新教徒，也有天主教徒和犹太教徒）认为他们有义务改革社会和经济状况，尤其是在工作场所。社会福音运动的拥护者之一是怀廷·威廉姆斯（C. Whiting Williams，1878—1975）。威廉姆斯出生于一个相对富裕的家庭，在欧柏林学院（Oberlin College）接受教育，于1899年毕业。在1918年担任俄亥俄州克利夫兰市液压钢公司（Hydraulic Pressed Steel Company）的副总裁和人事经理之前，他尝试过多种工作。仅仅一年之后他就辞去了这个职位，因为他认为自己并没有充分了解工人以及他们的生活，无法胜任人事经理工作。由于社会福音运动主张直接参与社会和政治行动，因此威廉姆斯放弃了自己的白领职位，成为一名普通工人，亲临现场研究工业条件。[49]他认为，要想完全熟悉工人们的日常生活，唯一的方法就是在参与的同时进行观察。他解释说："人的行为源于他们的感觉而不是他们的思想，而他们的感觉是无法被采访的。"[50]他的第一份工作是在一家炼钢厂清理炼钢平炉，以使钢炉可以重新利用和重新点燃。这是一份高温、很脏的工作，每日工作时间长达12小时，而工资是每小时45美分，每天8小时之外的工作时间，工资增加50%。这是威廉姆斯初次进入工人们的世界。在7个月的时间里，他在多家煤矿、一个铁路机车库、一个造船厂、一个炼油厂以及多家炼钢厂工作过。

在威廉姆斯看来，工人们祈祷的是"今天请赐给我们一份工作吧"，因为一份工作意味着面包，意味着可以维持工人及其家庭的生计。他发现所有工人，也包括管理者，都根据自己的工作来衡量自身的价值以及对社会的价值。工作影响工人的社会地位，他们的谋生方式决定了他们的家庭在哪里生活以及如何生活。没有工作，人们不仅在经济上孤立无援，也会被隔离于社区乃至社会之外："（工人）对自己、朋友、雇主以及整个世界的看法都是由他们的工作决定的。"[51]因此，工作对于人们的生活方式、朋友、家庭居住在何处、如何度过闲暇时间以及如何看待自己都至关重要。"工作地位与社会地位之间的这种紧密联系意味着工人们在工厂内的各种实际关系根本就无法与工厂外的一般社会关系这个整体分隔开来。"[52]威廉姆斯深刻意识到工作的重要意义，它不仅提供经济支持，而且提供社会意义和心理慰藉。这种洞察力使得他领先于其他理论家，他们才刚刚开始将劳动场所视为一个更广泛的社会系统的组成部分，在该系统中，工作提供了一种成就感和幸福感，同时也是身份特征和自尊的一种来源。在1918年的作品中，威廉姆斯率先探讨了"每个工人在工作中想要获得什么"。[53]

在工厂里，威廉姆斯还观察到一种工作层级在起作用。这种工作层级与收入之间只有很少的关联或根本无关，但相当强调个体的工作性质。在一家炼钢厂工作时，他被晋升为技工助理，每小时收入增加2美分，他以前的同事们嫉妒他并不是因为他的收入增加了，而是因为他的工作性质从一份高温、很脏的工作变为一份干净、舒适的工作。这使得威廉姆斯对"如果向工人们支付更多工资，他们必然会更加努力工作"的观点持怀疑态度。他认识到社会地位是由一个人的职业或者从事的工作类型决定的：

> 当我们认为金钱是使人们勤奋的原因时，我们把它放到了一个过于重要的位置上……金钱仅仅是一种极其方便和简单的方式，用来帮助衡量一个人与其同事中最无足轻重者之间的距离……超过了某个点之后，工资的增加很可能会降低而不是提高努力程度。[54]

威廉姆斯观点的独特之处在于他将收入确定为一种社会比较的方式，也就是说，不是从绝对数量上考虑一个工人获得的收入，而是根据与其他人的收入比较来考虑。通过将金钱作为自我评价的计量单位，可以帮助一个人"摆脱一无是处的感觉"。这并不意味着金钱不重要，而是意味着它是社会价值的一种载体，当人们将自己和别人比较时可以改善或降低对自己的看法。如果忽略了这个事实，激励工资计划作为激励办法就不那么有效。工人的主要动力是他们"希望享受这种感觉，即作为一个群体中的成员并发挥价值"[55]。对工人来说，在群体中共同思考、共同感受和共同工作是非常重要的。从那些具有相同身份和地位的同伴那里，工人获得了社会支持、安全感以及自我价值感。工人选择与同事交往是因为他们虽然总能找到另外一份工作，但并不总能脱离所在的社区。他们期望从雇主尤其是从他们的监工那里获得有益于维护自尊的认可和对待。赢得工人的忠诚并不是靠提供各种服务的俱乐部、咖啡馆以及娱乐活动，而是靠作为管理层代表的监工与工人们之间的良好关系。威廉姆斯建议在《圣经》十诫之外再增加第十一诫，"不要不把你的邻居当一回事"，督促管理者改变做法，从借助恐惧转变为借助"希望和有保证的奖励"。在威廉姆斯对工人日常生活的研究中潜藏着查尔斯·库利（Charles H. Cooley）的"镜像自我"观点（这个观点认为，当一个人对其他人的看法作出回应时，自我会反射性地出现）以及这种认识，即一个人的自我嵌入在他的工作群体中，而工作群体是体现他社会重要性的一个主要载体。[56]

威廉姆斯的朴素实证主义的其他研究发现包括：(1) 工人们之所以限制产出（"工作时拖沓"），是因为他们认为缺乏工作机会，而且雇主往往不分青红皂白就雇用和解雇工人；(2) 工会的兴起源自工人们对于工作安全的渴望，如果雇主证明他们关注工人们的这种需求，那么工会就不会取得多大发展；(3) 长时间工作（例如，炼钢厂是12小时一个轮班）使工人和监工都变得疲惫和不满，容易导致人际冲突；(4) 工人们之所以倾听激进者的鼓动，是因为雇主没有提到"计划和宗旨，目标和理想，而这些是公司的特征"[57]。威廉姆斯根据自己作为一名工人的经历，踏上了演讲、咨询和写作的职业生涯。在后来的岁月中，他偶尔会乔装打扮成工人，以研究罢工者和罢工破坏者、失业以及英国和欧洲大陆的劳资关系。

虽然威廉姆斯在今天我们所称的工业社会学这个领域中取得了开创性的成果，但是他的努力总体来说没有获得广泛认可。在传统上，人们把工业社会学的根源追溯到霍桑实验（我们将在第13章讨论）。[58]也许有几个原因导致威廉姆斯的成果在很大程度上被忽视，其中一个原因是它被科学管理在这个时代的耀眼光芒遮盖了。不过，马尔登（Muldoon）提醒说，认为同时代的人不了解威廉姆斯的成果似乎并不正确，相反，他认为威廉姆斯的成果局限于他自己的个人经历，被认为是非常主观的，因而也是不科学的。[59]这或许解释了威廉姆斯的成果几乎没有在这个时期的学术期刊上获得学者们的评论或者引用。此外，作为一个较新的领域，社会学正在设法获得更多重视和尊重。来自顶级大学的社会学家们所拥有的学术声望可以为这门学科提供一件正统的“外衣”，这正是威廉姆斯的成果所欠缺的。

社会学的基础

作为其上级学科——哲学的一个分支，而不是作为一个应用型研究领域，社会学研究始于19世纪末期。马克斯·韦伯、埃米尔·涂尔干（Emilé Durkheim）以及维尔弗雷多·帕累托（Vilfredo Pareto）的观点将显著影响后来管理学者的思想。在第10章我们将讨论马克斯·韦伯的学术成果如何为经济学、社会学以及一种官僚理论作出贡献。涂尔干将社会团结（societal solidarity，社会连带）划分为两种主要的类型：机械的，即拥有一种集体意识并且被其主导；有机的，其特征为劳动分工、专业化以及社会相互依存。在涂尔干看来，机械的社会是通过友谊、邻居关系以及亲属关系联结到一起的。不过，缺乏有机社会中的那种团结将导致失范，或者“缺乏规范状态”，这种状态只有通过一种要求社会协作和为实现团结而向集体作出自我牺牲的新“集体意识”才能够恢复。[60]通过借鉴涂尔干的失范概念，埃尔顿·梅奥（见第13章）将为工作场所的社会团结寻找一种新处方。

帕累托认识到，社会是由各个相互依存的部分构成的，他将其称为一个“社会系统”。根据他的理解，社会状态可以通过两种方法来分析：一是考察某个特定时间点；二是考察社会在一段时期内的持续变迁以及在此期间社会如何使其各个组成部分达成均衡。我们在接下来的几章中将会看到，如果没有哈佛大学生理学家劳伦斯·亨德森（Lawrence J. Henderson）付出的努力，帕累托的理念很可能仍然保持曲高和寡、令人费解的状态。通过举办被称为“帕累托圈子”（Pareto Circle）的学术研讨会，亨德森影响了许多学者，例如塔尔科特·帕森斯（Talcott Parsons）、乔治·霍曼斯（George Homans）、埃尔顿·梅奥、弗里茨·罗斯利斯伯格以及切斯特·巴纳德（Chester Barnard）。[61]

早期的一些实证研究

在怀特·威廉姆斯实施独特的“朴素实证主义”之前，其他一些人已经对工人们的日常生活进行了研究，其中有两项研究，由于其独特见解和国际视角，值得我们在这里简要介绍。比威廉姆斯大约早25年，当时还是一名年轻的神学院学生，后来担任德国福音教派大会（Evangelical-Social Congress）秘书长的保罗·格雷（Paul Göehre）于1891年在德国开姆尼茨的一家机器制造厂以学徒身份工作了3个月，以探查工人们为何被社会民主吸引。社会民主是一种主张从资本主义和平转变为社会主义的思想体系。[62]格雷观察到，与生产一件无法识别的零部件相比，生产一件完整的产品使工人们感到更自豪；

当监工们灌输一种群体相互依赖和团队合作的感觉时，更高的生产率就会出现；存在非正式的群体压力，要求工人们遵守各种规范。当工人们被分隔开来和感到缺乏一种“集体劳动”时，就会导致更低落的士气和更低的效率。格雷的发现预示着人们将会对工作设计与生产率之间的关系进行研究，这种研究将在 20 世纪 40 年代首次出现（见第 15 章）。

凭借同样超前的洞察力，比利时心理学家亨德里克·德曼（Hendrik de Man）在 1924 年和 1926 年要求 78 名在法兰克福大学听他讲学的“来自德国各地的男、女性蓝领工人和白领工人”完成一份详尽的调查问卷，并且提供“关于他们对自己日常工作的感受的书面报告”[63]。基于这些完整的调查报告，他得出结论：人们有一种发现“工作中的乐趣”的本能冲动。按照他的解释，这种冲动反映了人们对活力、玩耍、成就、好奇心和自主的渴望，以及对“掌控”（权力）的追求。导致工人们厌恶工作的消极因素，部分源自工作元素，例如工作分得过细而导致工作单调，工人主动性的降低，疲劳，以及恶劣的工作条件。此外，还有一部分源自“社会障碍”，例如依赖感，不公正的工资体系，提速，缺乏保障的生活，社会团结的缺乏。德曼的主要结论是：工人对待工作的心理态度是“令人舒适的元素与令人不舒适的元素”的一种混合。这个结论非常类似于弗雷德里克·赫茨伯格（Frederick Herzberg）大约 30 年后提出的双因素激励理论（见第 20 章）。与赫茨伯格非常类似，德曼认为工作本身就是一种激励，而管理层的工作就是消除那些阻止工人们在工作中寻找乐趣的“障碍”。在这方面，德曼相信“从心理角度来说，不可能剥夺任何一种工作中的所有积极的情感元素”，人类在从事任何工作时都会寻找“在某种范围内发挥主动性以勉强满足其玩耍天性和创造性冲动”[64]。

工厂民主化

在 20 世纪前 20 年，关于工业生活各个方面的理论和研究获得了稳步发展。美国第 16 任总统亚伯拉罕·林肯曾发表宣言：“一个民有、民治、民享的政府。”[65]被其中蕴含的民主精神鼓舞，美国劳资关系也出现了进展。在工会运动以及性质不断改变的劳资合作中，这种进展表现得最为明显。

工会运动

1886 年发生了一些重大事件。当亨利·汤鼓励工程师们从经济方面考虑问题时，美国劳工联合会在塞缪尔·冈珀斯的领导下组建起来。美国劳工联合会是由多家工会组成的一个联盟，它将在劳动骑士团和全国劳工联盟曾经失败的地方取得成功（见第 6 章）。1886 年的另一个重要事件是经济学家理查德·埃利出版了《美国劳工运动》(*The Labor Movement in America*）一书。如同埃利解释的那样，这部书是一支号角，号召广大的工人阶级通过结社联合起来，与雇主展开集体谈判，从而“有计划地保护和促进广大工人阶级的利益”[66]。

虽然曾经与社会福音运动有千丝万缕的联系，但埃利对工会作用的看法融合了基督教和社会主义的元素。他主张独立的工人联合会，主张对国家的铁路、天然气、电力、电话和电报行业实施公共所有权。他后来改变了把私有财产转变为公有和公共经营的看法，但仍然把资本家雇主视为一个单独的社会阶级。[67]不过，他坚持认为，工人们自愿组建联合会和雇主进行谈判能更好地促进劳工事业。

在1910年东部铁路运费案听证会上科学管理获得广泛宣传之前，工会已经留意到弗雷德里克·泰勒及其追随者们。1911年众议院调查泰勒制才尘埃落定，国会就在1912年成立了一个产业关系委员会“调查美国主要行业中劳工的总体状况”[68]。该委员会的一位成员是约翰·康芒斯（John R. Commons），它是埃利以前的学生和威斯康星大学的同事。康芒斯提倡社会正义，认为精心设计的立法可以导致社会变革，他在早期认为，“聪明的报酬体系设计”（由泰勒、甘特、埃默森以及其他人提出）会分化工人和使得单个雇主与单个雇员进行工作谈判。[69]康芒斯强烈地意识到，工人们需要组织起来进行集体谈判，以抵消雇主强大的经济力量。

作为产业关系委员会的一名成员，康芒斯有机会与泰勒见面，并且“逐步意识到，更好的管理方法和人事管理是解决劳工问题和改善产业关系的另一种有价值的方法”[70]。在参观了一些实施泰勒方法的工厂后，康芒斯得出结论：科学管理和工会可以合作，但仅仅是在某些特定情况下。普林顿出版社——康芒斯参观过的实施科学管理最成功的公司之一，是一家工会化的公司，但几乎没有发生劳资冲突。与此类似，约瑟夫 & 菲斯公司的布艺工厂是实施泰勒制的另外一个典范，并没有被工会化，它的管理是如此之好，以至于康芒斯认为工会是不必要的。不过，根据康芒斯的判断，这样的公司少之又少。实际上，他认为美国有75%～90%的公司是如此“低效或贪婪……以至于只有工会的大棒政策或政府立法”才能够使工人利益得到保证。[71]

在《产业信誉》（*Industrial Goodwill*）一书中，康芒斯认为工人们需要进行工会化，这样他们才可以在工厂治理中发出自己的声音。他号召雇主们将工人视为“人力资源”。[72]虽然康芒斯公开称赞泰勒，但是他认为科学管理忽略了“劳工团结”，工作知识掌握在雇主手中而不是工人们手中，并且具有“独裁统治的各种缺陷”[73]。在其自传中，康芒斯解释说：“通过使资本主义变得更好……变得尽可能美好而不是邋遢，我竭尽全力来挽救资本主义……同时，我也想尽我的最大能力使工会变得更好。”[74]

基于自己在产业关系委员会的工作以及与泰勒的接触，康芒斯以一种更广泛的观点来看待劳资关系。他注意到雇主相对于雇员来说具有更为强大的力量。为了应对个体工人单独进行工作谈判时的劣势，他尝试通过提倡产业信誉、良好的管理行为以及政府立法和监督来加强劳工的力量。后来，康芒斯被人们视为“产业关系之父”[75]。对于将人事管理扩展为包括产业关系在内，其他一些杰出的经济学家也扮演了重要角色，其中包括参议员（伊利诺伊州）保罗·道格拉斯（Paul H. Douglas）和哈佛大学教授萨默·斯利克特（Summer H. Slichter）。[76]

实践者和咨询师也影响了产业关系的重塑，尤其是在第一次世界大战之后。美国劳工联合会在塞缪尔·冈珀斯的领导下，所持的哲学理念是通过力量而不是合作来实现劳工的利益。[77]在这个时期，工会认为科学管理是专制和独裁的，因为它强迫雇员们依附于雇主的公平概念。在设置标准、确定工资率或者决定与工作相关的其他事项时，雇员们没有发言权。当被问及工会想要什么时，冈珀斯只是回答："更多，更多，更多。"[78]

性质不断改变的劳资合作

为了理解泰勒 1915 年去世之后最终得以实现的劳资合作，我们有必要回顾一下社会福音运动。这一运动赞成工业改良，并且尝试通过成立一些组织来解决劳资领域的动荡局面，例如成立于 1900 年的国家公民联合会（National Civic Federation）。[79]国家公民联合会设法调解争议，向公众传授劳资关系方面的知识，改善产业关系，以及证明劳资双方具有共同利益。在这个时代，号召改善劳资关系的最强音来自伍德罗·威尔逊总统，他在 1919 年 5 月 20 日向国会发表的年度咨文中宣称："必须有一种以充分尊重工人权利为基础的真正的工业民主……无论处于何种级别，工人们有权以某种方式参与每一项直接影响他们福利或其工作内容的决策。"[80]在第一次世界大战期间，威尔逊总统的全美战争劳工委员会（National War Labor Board）（成立于 1918 年）进一步推动了工会的许多目标，例如，它禁止雇主参与反工会行动，要求为每天 8 小时之外的工作时间支付 1.5 倍的工资，确定由员工选举产生车间委员会并与管理层协商解决员工申诉的原则，提出为所有工人实行一种"生活工资"原则（在实践中，这成为一种早期的最低工资），承认女性拥有同工同酬的权利，并且提供调解和仲裁服务以解决悬而未决的劳动争议。[81]

在威尔逊总统执政期间（1912—1920 年），工会名单上几乎增加了 150 万名工人。不过，工会主义的这段鼎盛时期之后，经济、社会和政治潮流开始改变。1921 年发生的一次短暂但严重的经济萧条削弱了工会的力量。管理层强烈呼吁"自由雇用企业"，即并不把工人加入工会或者从财政上支持工会作为招聘和保留工人的必要条件。政府和各级法院对组织工会者的侵略性策略变得越来越敌视。如同第 8 章所述，公众还存在这样一种担忧：1917 年"激进派"和布尔什维克在俄国已经夺取政权，正在工会运动中获得立足之地。公众对此提高了警觉。[82]工会成员数量受到影响，从 1920 年的约 500 万名会员下降到 1921 年的 350 万名会员。为了应付工会谈判力量的削弱，工会没有多少选择，只能降低对抗程度和变得更加合作。

1922 年发生了众所周知的铁路工人大罢工，导致全国范围内的铁路瘫痪，引起人们的强烈抗议。于是，在巴尔的摩-俄亥俄铁路公司董事长丹尼尔·威拉德（Daniel Willard）和美国劳工联合会铁路工人部主席伯特·朱厄尔（Bert M. Jewell）的领导下，制订了一项劳资合作计划。作为这次罢工的后果，许多公司组建了工会，从而将美国劳工联合会扫地出门。工会领导人发现，威尔逊总统时代的亲工会政府已经一去不复返了，于是号召工会结束在工业领域的消耗，支持几项劳资联合倡议以提高生产率，并且舍弃早先所坚持的一些政策，同意将工人们的工资与生产率增长挂钩。[83]

在接下来的时间里，在服装行业和铁路行业可以找到成功的劳资合作。在西德尼·

希尔曼（Sidney Hillman）的卓越领导下，服装行业中的工会是所有工会中第一批同意进行劳资合作和实施科学管理方法的工会。希尔曼领导着美国制衣工人联合会（Amalgamated Clothing Workers of America），是创建美国产业工会联合会的一位关键人物。铁路行业也制订了广泛的合作计划，首先是在巴尔的摩-俄亥俄铁路公司，接下来是切萨皮克-俄亥俄铁路公司（Chesapeake & Ohio）、芝加哥-西北铁路公司（Chicago and North Western）、加拿大国家铁路公司（Canadian National Railways）以及其他公司。[84]在每家公司，铁路工会都明确接受科学管理，并且通过劳资双方联合组成的车间委员会，参与改进工作流程、日程安排、招聘活动以及工作分析。

当威廉·格林（William F. Green）1924 年当选为美国劳工联合会主席时，科学管理获得了更广泛的接受。在 1925 年召开的大会上，美国劳工联合会“宣布无条件地与进步管理（progressive management）展开合作计划，以消除工业浪费”。科学管理将获得支持，只要它“第一，承认工人有权组建负责任的工会；第二，关注提高产量，同时对工人的福利予以同样的关注；第三，承认工会的潜在价值，即作为生产中一项有建设意义的因素；第四，愿意参与创建劳资双方合作机制，以便在这些条件下提高生产率”。美国劳工联合会很快就开始明确阐述相关的一套原则，后来发展为“进步管理”的 16 项原则。这些原则在 1930 年出版，其题目为《工会的科学管理原则》。[85]为了进一步促进劳资双方的合作，美国劳工联合会保留了一个工程服务部门和一个教育部门，以便为雇主提供服务。[86]这两个部门的目标是展示劳资合作如何使雇主和雇员都获得更多利益。这种“新工会主义”认识到弗雷德里克·泰勒先前提出过的“共同利益”，完成了劳资关系的一个循环。现在，科学管理为劳资双方共同接受。

员工代表计划

虽然劳资合作计划把工会包括进来，但是以车间委员会形式出现的员工代表和参与计划成为实现合作的另外一种方法。员工代表运动部分源于工业改良运动；部分源于寄希望于恢复第一次世界大战之前的自由企业状态，当时工会只有很低的影响力；部分源于之前的社会福音主旨，即只要劳资双方认识到共同目标，那么双方可以和平共存。在威尔逊总统的任期快结束时，他任命了 2 个产业委员会来调查 1919 年发生的工业冲突次数为何如此之高。其中一个产业委员会的副主席是赫伯特·胡佛（Herbert Hoover），他提出的建议是由工人自己选举的车间委员会来代表他们。车间委员会能够向工人们提供一个选择：在无须加入工会以及支付会费的情况下获得代表。胡佛不同意工会分子的观点，后者认为车间委员会是反工会的。胡佛认为车间委员会向那些希望在国家的经济系统中拥有发言权和选择权的工人们提供了一种替代方法。[87]

从 1919 年 7 月到 9 月，约翰·康芒斯以及他在威斯康星大学的 8 位同事研究了 30 家员工选举的车间委员会，其中包括法林百货公司、丹尼森制造公司（Dannison Manufacturing Company）、福特汽车公司、怀特汽车公司（White Motor Company）和约瑟夫 & 菲斯公司中的车间委员会。其中一位同事称赞约瑟夫 & 菲斯公司是“我们在美国发现的最伟大的工业心理学实验室”[88]。另外一位同事说怀特汽车公司要求所有工长和管理人员每天花1小时在公司的体育馆进行锻炼。她观察到，“他们与其他员工一样脱掉衣服锻炼，熟悉彼此；锻炼能够使他们保持优秀的身体状态，而且能够使他们摆脱高高在上的姿态，与工人们嬉笑怒骂，共同挥洒汗水”[89]。通过这些管理措施来改进劳资关系，其效果如何并没有被记录在案。

丹尼森制造公司的员工代表计划也许更加能够体现关于工人参与的尝试。1911年，该公司启动了一项员工工业伙伴计划（Employee's Industrial Partnership Plan），通过一种股票分红的方式来分享公司利润。5年之后，它成立了美国第一家由公司赞助的失业补偿基金，以稳定员工就业和向员工提供保障。它在1919年组建了一个工作委员会。[90]

在同一时期，由玛丽·冯克利克（Mary van Kleeck）领导的罗素·塞奇基金会（Russell Sage Foundation）赞助了大量针对员工代表计划的研究，它们通常都报告了更低的员工离职率，对于雇员和雇主双方更有利，更有效的员工申诉处理，以及工人们的发言权。[91]到1924年，大约有814个员工代表计划被实施，覆盖了150多万名工人。[92]虽然工会反对这些所谓的“公司工会”，但是这些计划为这个观点，即工人能够在从事工作的同时还实质性地参与设计其工作的性质，铺平了道路。需要承认的一点是，有些员工代表计划确实被用来防止工会化。1935年的《国家劳动关系法案》（《瓦格纳法案》）取缔了员工代表计划，认为这种计划是某种形式的公司工会，代表们无法与雇主开展集体谈判（因为他们通常无法签署具有法律效力的劳动协议）以及罢工权没有获得承认。

当萨默·斯利克特回顾20世纪20年代的劳动政策时，他惊讶于雇主为什么没有利用第一次世界大战之后出现的劳动力过剩来剥削工人。如今在很大程度上已经被遗忘的1920—1921年经济萧条在当时制造了一种劳动力买方市场。雇主面临着劳动力供给过剩的局面，本可以从中精挑细选，不过这个时代的显著标志反而是员工福利的增加。员工离职率较低，就业稳定政策提高了工作保障，真实工资增长了11%，300家公司具有某种形式的员工持股计划，370家公司提供了公司退休金计划，而且在非工会化的公司中，劳资关系获得的改善程度要强于工会化的公司。实际上，工会成员数量下降了30%。斯利克特注意到，通过实施群体保险计划，鼓励员工购买房屋并提供贷款，提供带薪假期，雇主创造了“产业信誉”。[93]对于雇员和雇主双方来说，20世纪20年代是繁荣昌盛的10年。

小结

现代人事管理的双重遗产可以追溯到19世纪80年代初期以及科学管理和社会福音运动的几乎同时兴起。科学管理起始于一种工程学哲学，聚焦于如何最经济地使用工人，而福利工作的拥护者则竭力提高美国人的整体生活水平以及贫困和不幸者的生活标准。科学管理启迪了心理学家和社会学家，使他们投身于工作场所动力学（workplace dynamics）的研究。随着人们越来越了解工作与工人们工作之内、之外的生活之间的关系，劳资双方之间的关系也出现了进展。在工会运动以及性质不断改变的劳资合作中，这种进展表现得最为明显。总之，前方道路已经铺平，我们可以进一步了解工作中的人。

注 释

[1] Frederick W. Taylor, *The Principles of Scientific Management* (New York: Harper & Brothers, 1911), pp. 5 - 8.

[2] Henry Eilbirt, "The Development of Personnel Management in the United States," *Business History Review* 33 (3) (Autumn 1959), pp. 345 - 364. See also Guy Alchon, " 'The World We Seek as Christians': Mary van Kleeck, Philanthropy, and Early Social Science Initiatives," in Theresa Richardson and Donald Fisher, eds., *The Development of the Social Sciences in the United States and Canada: The Role of Philanthropy* (Stamford, CT: Ablex, 1999), pp. 59 - 73.

[3] Ordway Tead and Henry C. Metcalf, *Personnel Administration: Its Principles and Practices* (New York: McGraw-Hill, 1920), p. 27.

[4] Eilbirt, "Development of Personnel Management," p. 348.

[5] U. S. Congress, *Documents Relative to the Manufactures in the United States, Collected and Transmitted to the House of Representatives, in Compliance with a Resolution of Jan. 19, 1832* by the Secretary of the Treasury [McLane Report], 22nd Congress, 1st Session, H. R. Document 308, 2 vols. (Washington, DC: Printed by Duff Green, 1833).

[6] Edwin E. Witte, *The Evolution of Managerial Ideas in Industrial Relations*, Bulletin 27 (Ithaca, NY: New York State School of Industrial and Labor Relations, Cornell University, 1954). See also Homer J. Hagedorn, "A Note on the Motivation of Personnel Management: Industrial Welfare 1885 - 1910," *Explorations in Entrepreneurial History* 10 (3 - 4) (April 1958), pp. 134 - 139; Oscar W. Nestor, *A History of Personnel Administration, 1890 - 1910* (Unpublished dissertation, University of Pennsylvania, 1954), released in book form by Garland Press, New York, 1986.

[7] See Lena Harvey Tracy, *How My Heart Sang: The Story of Pioneer Industrial Welfare Work* (New York: R. R. Smith Publisher, 1950); John H. Patterson, "Altruism and Sympathy as Factors in Works Administration," *Engineering Magazine* 20 (January 1901), pp. 577 - 602; and Samuel Crowther, *John H. Patterson: Pioneer in Industrial Welfare* (Garden City, NY: Doubleday, 1923).

[8] Witte, *Evolution of Managerial Ideas*, p. 8.

[9] For more on the duties of social secretaries, see William H. Tolman, *Social Engineering* (New York: McGraw, 1909), pp. 48 - 59. See also Stuart D. Brandes, *American Welfare Capitalism: 1880 - 1940* (Chicago, IL: University of Chicago Press, 1976); and Nick Mandell, *The Corporation as Family: The Gendering of Corporate Welfare, 1890 - 1930* (Chapel Hill, NC: University of North Carolina Press, 2002).

[10] Lee Anne G. Kryder, "Transforming Industrial Welfare Work into Modern Personnel Management: The Contributions of Gertrude B. Beeks," Paper presented at the Annual Academy of Management meeting, Dallas, August 16, 1983; Charles D. Wrege and Bernice M. Lattanzio, "Pioneers in Personnel Management: A Historical Study of the Neglected Accomplishment of Women in Personnel Management," *Working Paper Series*, Management History Division, Academy of Management, 1977.

[11] Daniel Nelson and Stuart Campbell, "Taylorism versus Welfare Work in American Industry: H. L. Gantt and the Bancrofts," *Business History Review* 46 (1) (Spring 1972), pp. 1 - 16. Nelson and Campbell concluded that Gantt lost this battle at Bancroft; however, there is other evidence that Gantt introduced Bancroft's senior management to options they would pursue later. For this lat-

ter viewpoint, see Peter B. Petersen, "Henry Gantt's Work at Bancroft: The Option of Scientific Management," in John A. Pearce Ⅱ and Richard B. Robinson, eds., *Proceedings of the Annual Meeting of the Academy of Management* (1985), pp. 134 - 138. For more on Briscoe's contributions, see Peter B. Petersen, "A Pioneer in Personnel," *Personnel Administrator* 33 (6) (June 1988), pp. 60 - 64.

[12] Meyer Bloomfield, "Man Management: A New Profession in the Making," *Bulletin of the Taylor Society* 6 (4) (August 1921), p. 161.

[13] Frederick W. Taylor, "The Principles of Scientific Management," *Bulletin of the Taylor Society* 2 (5)(December 1916), p. 17. Address before the Cleveland Advertising Club, March 3, 1915, published posthumously.

[14] *Idem*, "Shop Management," *Transactions of the American Society of Mechanical Engineers* 24 (1903), p. 1404.

[15] Jane C. Williams, "The Reduction of Labor Turnover in the Plimpton Press," *Annals of the American Academy of Political and Social Science* 71 (May 1917), pp. 71 - 81. For a discussion of the role played by other women in the early growth of personnel as an occupation, see Frank B. Miller and Mary Ann Coghill, "Sex and the Personnel Manager," *Industrial and Labor Relations Review* 18 (1) (October 1964), pp. 32 - 44.

[16] Mary B. Gilson, *What's Past Is Prologue* (New York: Harper & Brothers, 1940), p. 61. See also Charles D. Wrege and Ronald G. Greenwood, "Mary B. Gilson—A Historical Study of the Neglected Accomplishments of a Woman Who Pioneered in Personnel Management," in Jeremy Atack, ed., *Business and Economic History*, 2nd ser., vol. 11 (Urbana, IL: College of Commerce, University of Illinois, April 1982), pp. 35 - 42.

[17] Richard A. Feiss, "Personal Relationship as a Basis of Scientific Management," *Annals of the American Academy of Political and Social Science* 65 (May 1916), p. 27.

[18] Ordway Tead, "Personnel Administration," in Edwin R. A. Seligman, ed., *Encyclopedia of the Social Sciences*, vol. 12 (New York: 1934), p. 88.

[19] Harlow S. Person, "University Schools of Business and the Training of Employment Executives," *Annals of the American Academy of Political and Social Science* 65 (May 1916), p. 126.

[20] Witte, *Evolution of Managerial Ideas*, p. 9.

[21] John R. Commons, "Henry Ford, Miracle Maker," *The Independent* 102 (May 1, 1920), p. 160. Other facets of Ford's employment policies, including hiring the handicapped, those with criminal records, minorities, and "those past middle life" are found in John R. Lee, "The So-Called Profit Sharing System in the Ford Plant," *Annals of the American Academy of Political and Social Science* 65 (May 1916), pp. 297 - 310.

[22] Boyd Fisher, "Methods of Reducing the Labor Turnover," *Annals of the American Academy of Political and Social Science* 65 (May 1916), pp. 144 - 154.

[23] "Gives $10,000,000 to 26,000 Employees," *New York Times* (January 6, 1914), p. 1.

[24] "No Jobs for Outsiders: Ford Co. Warns That 5,000 Places Are Only for Detroiters," *New York Times* (January 9, 1914), p. 1.

[25] Henry Ford quoted in "Ford Gives Reasons for Profit Sharing," *New York Times* (January 9, 1914), p. 1.

[26] Ethel B. Jones, "New Estimates of Hours of Work per Week and Hourly Earnings, 1900 - 1957," *Review of Economics and Statistics* 45 (4) (November 1963), Table 1, p. 375.

[27] Edsel Ford quoted in "5-Day, 40-hour Week for Ford Employes," *New York Times* (March 25, 1922), p. 1. Although the Ford Company is often cited as the first major employer in the United States to introduce a 5-day work week, this innovation was introduced at Joseph & Feiss Company in 1917. See Richard A. Feiss, "Why It Paid Us to Adopt the Five-Day Week," *Factory: The Magazine of Management* 25 (4) (August 15, 1920), pp. 523 - 526.

[28] Daniel Nelson, " 'A Newly Appreciated Art': The Development of Personnel Work at Leeds & Northrup, 1915 - 1923," *Business History Review* 44 (4) (Winter 1970), pp. 520 - 535.

[29] Tead and Metcalf, *Personnel Administration*, p. 1.

[30] Paul F. Brissenden and Emil Frankel, *Labor Turnover in Industry* (New York: Macmillan, 1922), especially pp. 54 - 79.

[31] Lyndall F. Urwick, "The Father of British Management," *The Manager* 30 (2) (February 1962), pp. 42 - 43; Morgan L. Witzel, "Benjamin Seebohn Rowntree," in *idem*, ed., *The Biographical Dictionary of Management*, vol. 2 (Bristol, England: Thoemmes Press, 2001), pp. 863 - 865.

[32] Tead and Metcalf, *Personnel Administration: Its Principles and Practice*. See also *idem*, *Instincts in Industry: A Study of Working-Class Psychology* (London: Constable, 1919). Tead's thinking on instincts "stemmed indirectly" from Thomson J. Hudon's *The Law of Psychic Phenomena: A Systematic Study of Hypnotism, Spiritism, and Mental Therapeutics, Etc* (Chicago, IL: A. C. McClurg, 1893), among other influences. See Ordway Tead, "Ordway Tead," in Louis Finkelstein, ed., *Thirteen Americans: Their Spiritual Autobiographies* (New York: Institute of Religious and Social Studies, 1953), pp. 17 - 30.

[33] Ordway Tead, *Human Nature and Management: The Applications of Psychology to Executive Leadership* (New York: McGraw-Hill, 1929), p. 9.

[34] Richard Washburn Child, "The Human Audit," *Harper's Weekly* 61 (July 17, 1915), pp. 52 - 54. See also Henry P. Kendall, "The First Industrial Counselor-Robert G. Valentine, 1871 - 1916," *The Survey* 37 (November 25, 1916), pp. 189 - 190; "Labor Problems in Scientific Management," *Iron Age* 94 (December 10, 1914), pp. 1369 - 1372 and Charles D. Wrege, Ronald G. Greenwoood, and Racquel A. Frederiks, "New Insights into the Contributions of the First Industrial Counselor: The Private Papers of Robert G. Valentine 1912 - 1916," in Kelly A. Vaverek, ed., *Proceedings of the Southwest Academy of Management* (1992), pp. 69 - 73.

[35] William E. Hearn, *Plutology, or the Theory of the Efforts to Satisfy Human Wants* (Melbourne, Australia: G. Robertson, 1863), pp. 12 - 15.

[36] See Mary H. Booth, *How to Read Character in Handwriting* (Philadelphia, PA: John C. Winston, 1910); Gerald E. Fosbroke, *Character Reading through Analysis of the Features* (New York: G. P. Putnam's Sons, 1914).

[37] Katherine M. H. Blackford, "The Science of Character Analysis—What It Is and What It will Do For You" quoted in Arturo F. Ratti, "Secrets of the Psyche," *American Mercury* 19 (February 1930), p. 140. See also Katherine M. H. Blackford and Arthur Newcomb, *Analyzing Character: The New Science of Judging Men; Misfits in Business, the Home and Social Life* (New York: Blackford, 1916); *idem*, *The Job, The Man, The Boss* (New York: Doubleday, 1916).

[38] Katherine M. H. Blackford quoted in Floyd Taylor, "What Do Your Hands Tell?" *Popular Mechanics* 47 (1) (January 1927), pp. 21 - 22.

[39] For a full critique of the "Blackford Employment Plan," see Elspeth H. Brown, *The Corporate Eye: Photography and the Rationalization of American Commercial Culture 1884 - 1929* (Baltimore, MA: Johns Hopkins University Press, 2005), pp. 23 - 64. Originally prepared as a dissertation, Yale University, New Haven, CT, 2002.

[40] The notion that people are not rational, but controlled by innate (i. e. , inborn) instincts, may be traced to Charles Darwin who wrote that "the very essence of an instinct is that it is followed independently of reason" . See Charles Darwin, *The Descent of Man, and Selection in Relation to Sex*, vol. 1 (New York: D. Appleton and Company, 1872, pp. 95 - 96).

[41] Thorstein Veblen, *The Instinct of Workmanship, and the State of the Industrial Arts* (New York: B. W. Huebsch, 1914), pp. 1 - 37; William James, *The Principles of Psychology*, vol. 2 (New York: H. Holt, 1890), pp. 383 - 441; Tead, *Instincts in Industry*, p. 11. For more on Veblen's notion of "good" and "bad" instincts, see Phillip A. O'Hara, "Thorstein Veblen's Theory of Collective Wealth, Instincts and Property Relations," *History of Economic Ideas* 7 (3) (1999), pp. 153 - 179.

[42] Morris S. Viteles, *Industrial Psychology* (New York: W. W. Norton, 1932), p. 4.

[43] Hugo Münsterberg, *Psychology and Industrial Efficiency* (Boston: Houghton Mifflin, 1913), pp. 166, 50. Originally published in 1912.

[44] *bid.*, pp. 308 - 309.

[45] Jeremy T. Blatter, "Screening the Psychological Laboratory: Hugo Münsterberg, Psychotechnics, and the Cinema," *Science in Context* 28 (1) (2015), pp. 53 - 76.

[46] Margaret Münsterberg, *Hugo Münsterberg: His Life and Work* (New York: Appleton-Century-Crofts, 1922), p. 250. See also Merle J. Moskowitz, Hugo Münsterberg: A Study in the History of Applied Psychology, *American Psychologist* 32 (10) (October 1977), pp. 824 - 842; Frank J. Landy, "Hugo Münsterberg: Victim or Visionary?" *Journal of Applied Psychology* 77 (6) (December 1992), pp. 787 - 802; Jutta Spillman and Lothar Spillman, "The Rise and Fall of Hugo Münsterberg," *Journal of the History of the Behavioral Sciences* 29 (4) (October 1993), pp. 322 - 338; and Erik J. Porfeli, "Hugo Münsterberg and the Origins of Vocational Guidance," *Career Development Quarterly* 57 (3) (March 2009), pp. 225 - 236.

[47] Münsterberg, *Psychology and Industrial Efficiency*, pp. 23 - 24.

[48] See Geoff Bunn, " 'A Flair for Organization': Charles Myers and the Establishment of Psychology in Britain," *History & Philosophy of Psychology* 3 (1) (2001), pp. 1 - 13; Edmund C. Lynch, "Walter Dill Scott: Pioneer Industrial Psychologist," *Business History Review* 42 (2) (Summer 1968), pp. 147 - 170; Paula Phillips Carson, Kerry D. Carson, and Ronald B. Heady, "Cecil Alec Mace: The Man who Discovered Goal-Setting," *International Journal of Public Administration* 17 (9) (January 1994), pp. 1679 - 1708; Michelle P. Kraus, *Walter Van Dyke Bingham and the Bureau of Personnel Research* (Unpublished dissertation, Carnegie Mellon University, 1982, released in book form by Garland Press, New York, 1986); Morris S. Viteles, "Morris S. Viteles," in Edwin G. Boring and Gardner Lindzey, eds. , *The History of Psychology in Autobiography*, vol. 5 (New York: Appleton-Century-Crofts, 1967), pp. 417 - 449; *idem*, ll Industrial Psychology: Reminiscences of an Academic Moonlighter," in Theophile S. Krawiec, ed. , *The Psycholo-*

gists: *Autobiographies of Distinguished Living Psychologists* (New York: Oxford University Press, 1974), pp. 440 - 500. See also Peter B. Petersen, "Early Beginnings: Occupational Safety Management 1925 - 1935," *Journal of Managerial Issues* 11 (4) (Winter 1990), pp. 382 - 405, Jesüs F. Salgado, "Some Landmarks of 100 Years of Scientific Personnel Selection at the Beginning of the New Century," *International Journal of Selection and Assessment* 9 (1 - 2) (March/June, 2001), pp. 3 - 8 and Ben Shepherd, "Psychology and the Great War, 1914 - 1918," *The Psychologist* 28 (11) (November 2015), pp. 944 - 946.

[49] Daniel A. Wren, *White Collar Hobo*: *The Travels of Whiting Williams* (Ames, IA: Iowa State University Press, 1987).

[50] Whiting Williams, *What's on the Worker's Mind? By One Who Put on Overalls to Find Out* (New York: Charles Scribner's Sons, 1920), p. vi.

[51] *Idem*, "What the Worker Works For," *Collier's* 66 (6) (August 7, 1920), p. 8.

[52] *Idem*, "Theory of Industrial Conduct and Leadership," *Harvard Business Review* 1 (3)(April 1923), p. 326.

[53] *Idem*, *Human Relations in Industry* (Washington, DC: U. S. Department of Labor, 1918). See also *idem*, "What Every Worker Wants," in Herbert J. Chruden and Arthur W. Sherman, Jr., eds., *Readings in Personnel Management* (Cincinnati, OH: South-Western, 1961), pp. 239 - 250.

[54] *Idem*, *What's on the Worker's Mind*, p. 323.

[55] *Idem*, *Mainsprings of Men* (New York: Charles Scribner's Sons, 1925), p. 147. Originally serialized in *Scribner's Magazine* 73 (January through April 1923).

[56] Charles H. Cooley, *Human Nature and the Social Order* (New York: Charles Scribner's Sons, 1902), p. 152.

[57] Williams, *What's on the Worker's Mind*, p. 289.

[58] Daniel A. Wren, "Industrial Sociology: A Revised View of Its Antecedents," *Journal of the History of the Behavioral Sciences* 21 (4)(October 1985), pp. 311 - 320. See also Steven R. Cohen, "From Industrial Democracy to Professional Adjustment," *Theory and Society*, 12 (1)(January 1983), pp. 47 - 67; Mark Pittenger, " 'What's on the Worker's Mind': Class Passing and the Study of the Industrial Workplace in the 1920s," *Journal of the History of the Behavioral Sciences* 39 (2) (Spring 2003), pp. 143 - 161.

[59] Jeffrey Muldoon, "The Hawthorne Legacy: A Reassessment of the Impact of the Hawthorne Studies on Management Scholarship, 1930 - 1958," *Journal of Management History* 18 (1) (2012), pp. 105 - 119.

[60] Emilé Durkheim, *The Division of Labor in Society*, trans. George Simpson (New York: Free Press, 1947). Originally published in 1893.

[61] Barbara S. Heyl, "The Harvard 'Pareto Circle'," *Journal of the History of the Behavioral Sciences* 4 (4) (October 1968), pp. 316 - 334.

[62] Paul Göehre, *Three Months in a Workshop*: *A Practical Study*, trans. A. B. Carr [pseudonym of Elizabeth Nelson Fairchild] (London: Swan Sonnenschein, 1895). Originally published in 1891. See also Richard J. Whiting, "Historical Search in Human Relations," *Academy of Management Journal* 7 (1) (March 1964), pp. 45 - 53.

[63] Hendrik de Man, *Joy in Work*, trans. Eden and Cedar Paul (London: G. Allen & Unwin, 1929),

p. 9. Originally published in 1927.

[64] *Idem*, *The Psychology of Socialism*, trans. Eden and Cedar Paul (London: G. Allen & Unwin, 1928), p. 9. Translated from the second edition originally published in 1927.

[65] Abraham Lincoln, "Gettysburg Address," delivered November 19, 1863, Gettysburg, PA, pp. 2 - 3. Available at http://americanhistory.si.edu/documentsgallery/exhibitions/gettysburg_address_1.html#.

[66] Richard T. Ely, *The Labor Movement in America*, new ed. (New York: Thomas Y. Crowell, 1886), p. 92.

[67] *Idem*, *Social Aspects of Christianity, and Other Essays* (New York: T. Y. Crowell, 1889), pp. 72 - 78; and *idem*, *Ground Under Our Feet: An Autobiography* (New York: Macmillan, 1938), pp. 251 - 252.

[68] *Final Report of the Commission on Industrial Relations*, Senate Document no. 415, 64th Cong., 1st sess. (Washington, DC: U. S. Government Printing Office, 1916), vol. 1, p. 3.

[69] John R. Commons, "Organized Labor's Attitude Toward Industrial Efficiency," *American Economic Review* 1 (3) (September 1911), pp. 463 - 472.

[70] Bruce E. Kaufman, "The Role of Economics and Industrial Relations in the Development of the Field of Personnel/Human Resource Management," *Management Decision* 40 (10) (2002), p. 970.

[71] John R. Commons, "The Opportunity of Management," in John R. Commons, Willis Wisler, Alfred P. Haake, Otto F. Carpenter, Jennie McMullin Turner, Ethel B. Dietrich, Jean Davis, Malcolm Sharp, and John A. Commons *Industrial Government* (New York: Macmillan, 1921), p. 263.

[72] *Idem*, *Industrial Goodwill* (New York: McGraw-Hill, 1919), pp. 129 - 130.

[73] *Ibid.*, pp. 18 - 19.

[74] John R. Commons, *Myself* (New York: Macmillan, 1934), p. 143.

[75] Bruce E. Kaufman, *The Origins and Evolution of the Field of Industrial Relations in the United States* (Ithaca, NY: ILR Press, 1993); *idem*, "John R. Commons: His Contributions to the Founding and Early Development of the Field of Personnel/HRM," *Proceedings of the 50th Annual Meeting Industrial Relations Research Association* (Madison, WI: IRRA, 1998), pp. 328 - 341.

[76] *Idem*, "Personnel/Human Resource Management: Its Roots as Applied Economics," in Roger E. Backhouse and Jeff Biddle, eds., *Toward a History of Applied Economics* (Durham, NC: Duke University Press, 2000), pp. 229 - 256; *idem*, "Human Resources and Industrial Relations: Commonalities and Differences," *Human Resource Management Review* 11 (4) (Winter 2001), pp. 339 - 374; *idem*, "The Theory and Practice of Strategic HRM and Participative Management: Antecedents in Early Industrial Relations," *Human Resource Management Review* 11 (4) (Winter 2001), pp. 505 - 533.

[77] Jean Trepp McKelvey, *AFL Attitudes toward Production: 1900 - 1932* (Ithaca, NY: New York State School of Industrial and Labor Relations, Cornell University, 1952), pp. 6 - 11.

[78] Samuel Gompers quoted in Florence Thorne, *Samuel Gompers: American Statesman* (New York: Greenwood, 1969), p. 41.

[79] Marguerite Green, *The National Civic Federation and the American Labor Movement, 1900 - 1925* (Washington, DC: Catholic University Press, 1956).

[80] Woodrow Wilson, *The Papers of Woodrow Wilson: May 10 - 31, 1919: May 10 - 31, 1919*,

vol. 59, ed. Andrew S. Link (Princeton, NJ: Princeton University Press, 1988), p. 291. Wilson had been a student of Richard Ely's at Johns Hopkins University. See Ely, *Ground under Our Feet*, pp. 108 - 119.

[81] Valerie Jean Conner, *The National War Labor Board* (Chapel Hill, NC: University of North Carolina Press, 1983). The seeds planted by the National War Labor Board would bear fruit for more than half a century through legislation such as the Fair Labor Standards Act (FLSA; 1938), the National Labor Relations Act (1947), and the Equal Pay Act (1968), an amendment to FLSA.

[82] Sanford M. Jacoby, "Union-Management Cooperation in the United States: Lessons from the 1920s," *Industrial and Labor Relations Review* 37 (1) (October 1983), p. 22.

[83] *Ibid.*, p. 24.

[84] Otto S. Beyer, Jr., "Experiences with Coöperation between Labor and Management in the Railway Industry," in *Wertheim Lectures on Industrial Relations, 1928* by Otto S. Beyer, Jr., Joseph H. Willits, John P. Frey, William M. Leiserson, John R. Commons, Elton Mayo, and Frank W. Taussig (Cambridge, MA: Harvard University Press, 1929), pp. 3 - 31.

[85] Geoffrey C. Brown, "Labor's Principles of Scientific Management," *The American Federationist* 37 (2) (February 1930), pp. 194 - 195.

[86] *Idem*, "What the Union Offers the South," *The American Federationist* 37 (9) (September 1930), pp. 1068 - 1073. See also Rexford Guy Tugwell, *Industry's Coming of Age* (New York: Harcourt, Brace, 1927), p. 41; Tom Tippett, *When Southern Labor Stirs.* (New York: Jonathan Cape & Harrison Smith, 1931), p. 183.

[87] Robert H. Zieger, "Herbert Hoover, the Wage-Earner, and the 'New Economic System', 1919 - 1929," in Ellis W. Hawley, ed., *Herbert Hoover as Secretary of Commerce* (Iowa City, IA: University of Iowa Press, 1981), pp. 84 - 85, 96 - 98.

[88] Alfred P. Haake, "The Measurement of Motives," in Commons, *Industrial Government* Commons *et al.*, *Industrial Government*, p. 46. See also Richard A. Feiss, "Personal Relationship as a Basis for Scientific Management," *Annals of the American Academy of Political and Social Science* 65 (May 1916), pp. 27 - 56.

[89] Jennie McMullin Turner, "Thinking and Planning," in Commons, *Industrial Government*, p. 11.

[90] W. Jack Duncan and C. Ray Gullett, "Henry Sturgis Dennison: The Manager and the Social Critic," *Journal of Business Research* 2 (2)(April 1974), pp. 133 - 143. See also Kyle Bruce, "Activist Manager: The Enduring Contribution of Henry S. Dennison to Management and Organization Studies," *Journal of Management History* 21 (2) (2015), pp. 143 - 171.

[91] See, for example, Ben M. Selekman's study of the Partnership Plan at Dutchess Bleachery Inc., Wappingers Falls, NY: *Sharing Management with the Worker* (New York: Russell Sage Foundation, 1924).

[92] Harold B. Butler, *Industrial Relations in the U. S.* (Geneva: International Labor Office, 1927), pp. 84 - 105.

[93] Sumner H. Slichter, "The Current Labor Policies of American Industries," *Quarterly Journal of Economics* 43 (3) (May 1929), pp. 393 - 435. See also Robert F. Foerster and Else H. Dietel, *Employee Stock Ownership in the United States* (Princeton, NJ: Princeton University Press, 1926).

第10章 管理过程和组织理论的出现

在一个人的有生之年，很难对其贡献作出全面的考量。有些人，例如本章将要讨论的这两位，他们的墓志铭太过草率和简单，以至于后来的岁月里人们总是要不断地因为他们以前未获得认可的成就而增加对他们的欣赏和钦佩。这两个人都生活在19世纪末20世纪初，都是在科学管理时代撰写自己的著作，都是欧洲人，都对管理思想的演变作出了不朽的贡献。其中一位是从事实践活动的管理者，另外一位是学者；其中一位受过物理学训练，另外一位接受过社会科学训练；他们作出的贡献都是在去世几十年之后才获得全面认可。亨利·法约尔，法国的一名管理者和工程师，是首位对管理要素和原则进行正式阐述的作者。马克斯·韦伯，德国的一位经济学家和社会学家，解决了组织应该如何被构建这个更为基础的事项。法约尔和韦伯都尝试把理论和实践结合起来，他们的思想影响了后来的几代管理者和学者，即便在今天仍然对管理思想具有显著的影响。

亨利·法约尔：生平及职业生涯

亨利·法约尔（1841—1925）出生于君士坦丁堡（现在的伊斯坦布尔）。他的父亲是一名工程师，在这里服兵役，供职于一家根据法国与土耳其之间的一项协议而建立的大炮制造厂。[1]亨利的父母——安德烈·法约尔（André Fayol）和尤金妮雅·卡丁·法约尔（Eugénie Cartin Fayol），在安德烈服完兵役后返回了法国。他们住在拉武尔特，安德烈前往工厂工作。亨利1858年从瓦伦斯的帝国高等学校（Lycée Ampère）毕业。亨利追随他父亲的足迹，17岁时进入圣埃蒂安的矿业学校就读，以期成为一名采矿工程师。他于1860年毕业，然后被法国中部的科芒特里煤矿（Commentry）雇用。该煤矿由不莱格兰伯公司（Société Boigues，Rambourg et Cie）所有。这是一家有限责任合伙公司，另外还拥有几家炼钢厂、几家铸造厂、一家锻造厂以及位于贝里的一个铁矿。由于几位合伙人在1874年去世，这家公司被改组为科芒特里-富查博特公司（Commentry-Fourchambault），成为一家股份制公司。[2]

1860—1866年法约尔一直在该公司担任采矿工程师并进行地质研究，就含煤岩层的形成提出了一种新理论，而且在防治令公司颇感头痛的地下煤矿火灾方面取得了显著的技术进展。他的努力获得了回报，在25岁时被晋升为科芒特里煤矿的经理；6年之后，他开始主管几家煤矿。1888年，该公司陷入严重的财务困境：自1885年起，公司就再没有分发过红利，公司位于富查博特和蒙吕松的几家工厂正在不断亏损，而科芒特里和蒙维克的煤矿储量几乎枯竭。就在1888年，法约尔被任命为该公司的总经理（首席执行官），担负起让公司起死回生的使命。法约尔关闭了位于富查博特的铸造厂，将生产集中到位于蒙吕松的工厂，以实现规模经济。他在布列萨克和德卡斯维尔两地获得了新的煤矿，并且在茹德勒维尔获得了铁矿石储备。在约瑟夫·卡莱奥茨（Joseph Carlioz）——负责该公司的商业部——的协助下，法约尔对公司进行了充分整合，既进军上游产业煤矿和铁矿，也进军下游产业——将生铁炼制成钢铁，还销售煤和粗钢。[3]法约尔成立了研究部门，以提高公司的技术能力；与其他公司建立联盟或者收购其他公司；筹建新的工厂，以扩展公司的地理疆域；招聘研究、制造和销售领域的专业人才；同时，还将公司重新定位为一家特种钢材供应商，以获得一种竞争优势。

虽然法约尔接受的是工程学教育，但是他意识到，管理一家拥有10 000名雇员、生产基地遍布全国各地的公司所需要的技能不同于他之前学到的那些知识。他认为管理并不仅仅是设计制度和方法以提高生产速度（如同科学管理所做的），在他看来，管理包括与制造、流通以及产品销售有关的所有活动。一名管理者需要制订计划，对设备和工厂进行组织，与人打交道，以及履行其他更多职责。工程学校从来没有教过这些技能。[4]

根据自己担任总经理的经历，法约尔开始形成自己对管理的看法。“法约尔从自己日常的管理实践中总结出他的理论，他之所以进行理论化是因为他明白，如果某个理论是正确的，那么可以解释许多实际情况……随着他的理论经受事实的检验，该理论变得更加清晰了，考虑到法约尔作为管理者的所作所为，该理论具有深度和灵活性。”[5]自从在科芒特里煤矿担任采矿工程师，他就开始记录发生在煤矿并且影响产量的事情。例如，早在1861年法约尔就观察到，由于一匹马在圣埃蒙德煤井劳动时摔断了腿，所有的工作不得不停止。由于煤矿经理不在，所以找不到另外一匹马来替代，而且马厩管理员拒绝提供替代马匹，因为他没有权力自作主张。[6]法约尔对这个问题的解决办法并非来自他受到的技术训练，而是来自一种管理眼光：责任和权力必须对等，否则就会导致延迟或紊乱。法约尔似乎预见到了现代的工作团队理念，让矿工们根据他们自己的意愿组成团队。这样既增强了团队凝聚力，又降低了人员流动率。此外，由于各个团队拒绝接受不合格的成员，工作团队的产出也得以提高。他还预感到约50年之后的工作再设计运动（见第15章），发现有些工作可以扩展，以便克服工作单调和提高技能水平。在科芒特里煤矿从事管理工作时，法约尔还将用木材加固矿井巷道（从而使巷道的墙壁和顶部不会坍塌）的责任授予矿工，而不是交给架子工来完成。[7]

SIM矿业公司成立50周年纪念大会于1908年6月16日在法国圣埃蒂安召开，法约尔在会议上发言时表达了这种观点："一家企业中的所有员工都或多或少地参与管理职能……（而且）偶尔有机会来施展自己的管理才能并因此受到注意。（那些）尤其有才能的人能够从最低职位稳步晋升到该组织层级结构中的最高层。"[8]在这个简单的陈述中，法约尔开始区分管理能力和技术知识。他注意到，管理对企业活动的影响没有被人们完全理解，而专业的技术知识"会被有缺陷的管理程序彻底毁掉"。法约尔进一步观察到，"对企业来说，一位管理能力出色而技术知识平庸的领导人往往比一位技术能力出色而管理能力平庸的领导人要有用得多"。因此，在法约尔看来，一家企业的业绩更多取决于其领导者的管理能力而不是技术能力。在 1908 年的这次发言中，法约尔还提出了一份早期的管理原则目录，其中包括：统一指挥、命令通过层级结构传达、不同部门之间的权力分离以及集权 / 分权。除了这些原则，法约尔也论述了"预见力"，即预期未来、作出计划和准备预算的行为。他还强调了组织结构图、会议、报告以及一种精确、迅捷的会计制度等因素的价值。[9]虽然法约尔 1908 年的这次演讲展现了他思想上的进步，但是与他后来的管理学巨著《工业管理与一般管理》相比，还缺乏深度和理论素养。

法约尔的代表作《工业管理与一般管理》于 1916 年首先发表在法国的一本技术期刊上。[10]1917 年，由杜诺德兄弟图书公司（H. Dunod et E. Pinat，Éditeurs）以图书的形式出版后[11]获得了整个法国的好评，被誉为"总经理教育的教科书"[12]。"法约尔主义"从此牢牢屹立在法国的管理思想领域，如同泰勒主义在美国的地位。从 1918 年到 1925 年去世之前的这段时间，法约尔创建了管理研究中心（Centre d'Etudes Administratives）并主持该研究中心的会议。管理研究中心的宗旨是促进法约尔主义的发展和进步。1926 年，在法约尔去世后不久，管理研究中心与法国组织大会（Conference de l'Organisation Française）合并成为至今仍然存在的法国组织全国委员会（Comité National de l'Organisation Française）。[13]这次合并使得法国最主要的两个管理学会联合起来。

由于第一次世界大战，法约尔的思想在法国之外的传播被延缓，几乎要在 40 年之后，他的开创性成果才在英国和欧洲的一个小学术圈内获得重视和欣赏。[14]对法约尔和泰勒的早期解读是将他们的成果对立起来。泰勒着手从车间或者技术层次研究管理，而法约尔则从更高管理层的视角来研究管理。法约尔强调高层管理，这反映了他 50 多年来担任工业公司高层领导者的经历。即便如此，法约尔仍坚持认为他和泰勒的成果是相互补充的，因为他们都在设法改善管理行为。

对管理理论的需要

在早期作品中，法约尔提到过管理能力对于组织的成功至关重要。不过，如果管理能力具有重要意义，那么为什么学校和大学却忽视管理教育而只注重传授技术方面的技能？在法约尔看来，答案就在于缺乏管理理论。法约尔将理论定义为"经过具有普遍性的经验尝试和检验的原则、规律、方法及程序的集成"[15]。在根据自己的长期经验写作时，法约尔注意到许多管理者对管理进行了理论化，但与实践中的管理活动存在许多矛盾之处，而且严重缺乏系统性思考。法约尔认为，缺乏管理理论使管理学的教学和实践变得更加困难，因为管理者的实践经验都是局部的或带有地域局限性，不容易被其他管理者及管理专业的学生们理解。

每个组织都需要管理："无论是在商业、工业、政治、宗教、战争还是慈善事业中，在每一件事情上都会有一种管理职能被执行。"[16]因此，像查尔斯·杜宾（见第 4 章）一样，法约尔认为管理是一门特殊的研究，应该与技术事项分开，而且随着管理理论的发展和系统化，能够在学校和大学中传授管理知识。

在法约尔看来，管理能力取决于一些特定的素质和知识：

- 身体素质：健康，精力充沛，谈吐不凡。
- 智力素质：理解和学习的能力，判断力，精神饱满，适应能力。
- 道德素质：干劲，坚定的意志，承担责任的意愿，主动性，忠诚，机智，尊严。
- 通识教育：对专业技能之外的一般知识的大致了解。
- 特殊知识：某种职能特有的知识，可以是技术、商业、金融、管理或者其他方面的知识。
- 经验：从工作中获得的知识；个体从各种事情中获得的经验教训。[17]

法约尔还根据不同层次雇员的职权，用图表说明了技术能力和管理能力对他们的相对重要性。他解释说，在普通工人这个级别，技术能力最为重要。随着个体在组织等级链中的位置上升，管理能力的相对重要性就会提高，而对技术能力的需求则会降低。职权越高，对管理能力的需求越会占主导地位。随着管理者的职权增加，处理商业、金融、安全和会计事项的能力的重要性就会逐渐降低。考虑到企业规模的差异，法约尔认为小公司的管理者比大公司的管理者需要相对较多的技术能力，而在规模更大的公司，级别更高的管理者更加需要管理能力而不是技术能力。

总而言之，法约尔主张所有涉及管理活动的雇员，从工长到主管，都应该获得某种程度的管理训练。他认为学校和大学不教授管理学是因为人们通常认为经验是获得管理能力的唯一途径。法约尔发现绝大多数高层管理者"既没有时间也没有意愿来写作"[18]，利用自己的经验和观察，他提出了一套知识体系，其中包括为思想和实践提供指导的原则，以及描述管理者职能的管理要素。他的目标是倡导一次普遍的讨论，以便孕育出一个管理理论。

管理原则

法约尔发现原则（principle）这个术语经常被误解。在某些观察者看来，它意味着一种不容置疑或僵化的做事方法，犹如物理学中的定律。因此，法约尔小心翼翼地解释了他所指的"原则"：

> 因为偏好的缘故，我也使用原则这个术语，但是我在使用它时一点都不严谨，因为在管理事项中，没有任何东西是僵化的或绝对的，这完全是一个"恰到好处"的问题。在完全相同的情况下，我们很少两次运用同一个原则；我们必须考虑到各种不同的和不断变化的情况……

> 因此，原则是灵活的，能够适用于每种需要，重要的是要知道如何使用它们，这是一门困难的艺术，它需要智慧、经验、决断力和平衡。平衡融会了机智和经验，是管理者最重要的品质之一。[19]

此外，法约尔强调，在提出一系列管理原则时并不意味着这个名单已经涵盖所有，人们还可以确定其他管理原则。他选择的这些管理原则仅仅是他在自己的职业生涯中发现对他最为有用的原则。法约尔关注的 14 项原则是：

- 工作分工
- 权力
- 纪律
- 统一指挥
- 统一领导
- 个人利益服从整体利益
- 报酬
- 集权
- 等级链（权力链）
- 秩序
- 公平
- 稳定的员工任期
- 主动性
- 团结精神

工作分工（division of work）就是著名的劳动分工思想，指的是将各种不同的任务分配给拥有不同专业技能的人，希望“以相同的努力获得更多、更好的成果”。法约尔发现，工作分工会导致更高的专业技能，从而提高生产率。他还注意到，源自劳动分工的专业化，可以使工人们更迅速地工作，因为工人们不需要耗费时间从一种工作转到另一种工作中去。同时，法约尔敏锐地察觉到，工作分工产生的利益必须要超过由此导致的明显缺陷，例如枯燥和单调等消极因素。他明确地阐述：“工作分工具有各种局限性，而经验和尺度感告诉我们，我们不能越过这个界限。”[20]

权力（authority）被定义为“下达命令的权利和要求服从的力量”。法约尔对正式权力和个人权力进行了区分：前者是管理者依靠职务或级别而拥有的，后者则是由“智慧、经验、精神价值、领导能力、以往的服务等因素综合形成的”[21]。法约尔远远超出同时代的学者，他意识到优秀的管理者应该通过个人权力来补充正式权力。他还进一步认识到权力和责任从某种意义上看是一种必然的关系，因为当行使权力时，责任就会出现。法约尔阐述了权力和责任相称的经典问题，这个原则出现在所有的管理文献中。

纪律（discipline）实质上指的是公司与其员工之间的相互尊重和服从。法约尔认为纪律对于公司的良好运行和繁荣兴旺至关重要。他把糟糕的纪律视为公司管理者愚蠢无能的结果。良好的纪律源自得力的管理、令管理者和雇员都满意的劳动协议以及惩罚措施的正确使用。

统一指挥（unity of command）被表述为："无论何种行动，一名员工应该只接受一位上司的命令。"[22]在法约尔看来，双重指挥对权力、纪律和稳定都是一种威胁。

统一领导（unity of direction）指的是"具有相同目标的一组活动应该只有一个领导和一个计划"[23]。它可以为公司集中精力提供不可或缺的协调。统一领导来自良好的组织结构，并且对"统一行动"至关重要。

个人利益服从整体利益（subordination of individual interests to the general interest）是呼吁消除"无知、野心、自私、懒惰、软弱以及人类所有的狂热"[24]。在法约尔看来，把个体或群体的利益置于公司的整体利益之上，必然会导致相关各方之间的冲突。法约尔对这方面的观察体现了对代理理论（agency theory）所称的"机会主义"的一种早期表述。机会主义指的是一种利己主义行为（见第19章）。法约尔意识到，仅仅为自己服务的个体或群体不仅会损害其他同事的利益，而且会损害整个公司的利益。

报酬（remuneration）涉及日工资、计件工资率、奖金以及利润分享。法约尔得出结论：妥当的雇员报酬取决于许多因素。然而，从总体上来说，一家公司支付的报酬应该是公平的，应该通过奖励良好的绩效来发挥激励作用，而且不应该一掷千金，导致过度支付。他还非常赞同将非经济激励（例如住宿和食物）作为一种报酬形式。

集权（centralization）在法约尔看来是始终显而易见的一项原则，因而属于"自然规律"。他认为集权是一个平衡问题，其尺度取决于每家公司的独特情况。他还意识到，当信息沿着组织的等级链逐级传输时，往往会产生失真或扭曲。这些观点仍然为今天的管理者们提供有价值的见解：

> 集权本身并不是一个好的或者坏的管理制度；根据管理者的主观意愿或客观情况，可以决定采用集权或放弃集权；集权总会或多或少地存在。集权或分权的问题是一个简单的平衡问题或比例问题，即为一个具体公司找到最合适的程度。在小公司，管理者的命令能够直接传达给下属，这就是绝对的集权；在大公司，管理者和下级员工之间有一个冗长的等级链，命令和反馈信息也需要经过一系列的中间媒介才能完成。每位员工，有意或无意地，在传达和执行收到的命令与信息时都会加入某些自己的东西。他并不仅仅是机器上的一个齿轮。管理者的个性和道德品质、下属的可靠性以及该企业的条件，决定了中间媒介的主动性。集权的程度必须根据不同的情况进行调整，其目的是最大限度地利用员工的所有才能。[25]

等级链（scalar chain）指的是"从最高权力的负责人直到最基层所形成的链条"[26]。法约尔解释说，这条路径表明了一家公司的权力链条，以及信息从公司最顶层传达到最底层以及从最底层传递到最高层的链条。为了克服统一指挥原则可能会引起的信息延误，法约尔提出了自己的"跳板"观点，即允许信息越级汇报。如果工长F想与工长P沟通，那么他可以直接与P联系而无须先向上级报告（即F通过上级A）后将信息按等级秩序从A传达给P。通过跳板（见图10-1），可以使用最短路径进行横向沟通，避免使公司的等级链不堪重负。

秩序（order）侧重于物质方面，就是确保"每件东西都有一个位置，每件东西都处于正确位置"，使得事情井井有条。法约尔发现，对于企业员工也适用同样的方法："正

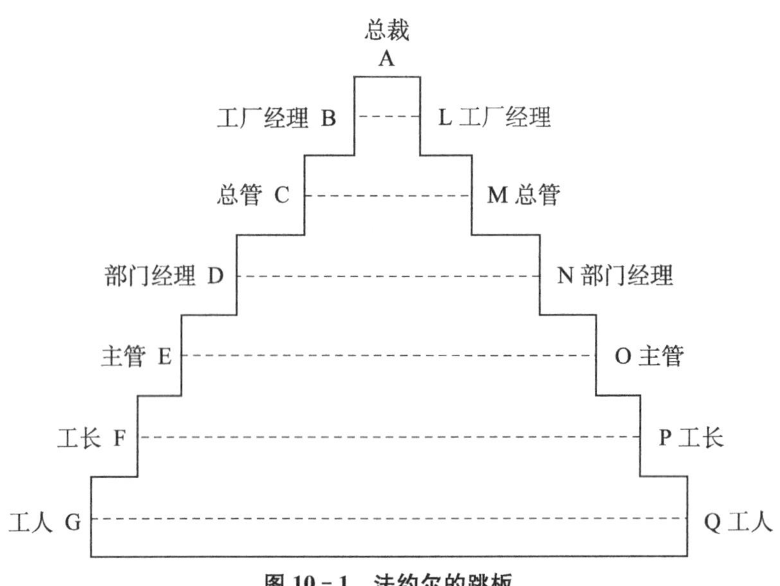

图 10-1 法约尔的跳板

确的人处在正确的位置上”。物质秩序（material order）的目标是避免资源浪费。法约尔认识到，社会秩序（social order）要想得以实现，需要通过良好的组织和选拔，而且在必要时需要使公司的人员配置与它可以获得的各种物质资源相匹配。法约尔认为野心、裙带关系、偏袒或者无知都会产生不必要的职位或者使不称职的员工占据职位，从而破坏社会秩序。

公平（equity）在法约尔看来，来自仁慈和公正的综合。公平可以为如何对待员工以及向他们灌输奉献和忠诚提供基础。法约尔精心区分了公平和平等（equality），并且预见到现代的公平理论（见第 20 章）。法约尔认识到在公司的所有级别上都创造一种公平感是非常艰巨的任务，他还观察到（毫无疑问这也反映了他个人的经历），为了满足员工对公平的渴求，“企业的首脑必须经常鼓舞他的高层管理者”[27]。

稳定的员工任期（stability of tenure of personnel）是法约尔的第 12 项原则，公司应努力提供有秩序的人力资源招聘和配置计划，以确保公司的员工们拥有必要的技能来完成工作任务。法约尔深刻体会到，掌握必要的技能以高质量地完成工作任务需要耗费许多时间。他也认识到，管理者和员工群体形成一个高绩效的团队需要耗费许多时间，尤其是，管理者必须逐渐了解自己的员工，这样才会让自己感到踏实，而根据自己以往的经验，法约尔知道这是一项长期工作。

主动性（initiative）是一项督促员工在所有工作中发挥热情和干劲的原则。法约尔观察到，“拟订一个计划并且确保它的成功是……激励人们发挥最大努力的最有效利器之一……而这就是人们所称的主动性”。法约尔认为，“提出建议并且实施”的自由是人们发挥主动性的关键方面，对下属获得满足感至关重要。因此，法约尔意识到，“所有人的主动性，再融合管理者的主动性，并且在必要时给予增补，代表着企业的一股强大力量”[28]。

团结精神（esprit de corps）是法约尔的最后一项原则，它强调在公司内构建和谐团结。基于自己几十年担任管理者的经验，法约尔明白：“协调努力、鼓励敏锐、利用每一个人的能力，以及奖励每一个人的价值而不引起嫉妒或破坏和谐关系，这些都需要发挥真正的智慧才可以做到。”法约尔引用《伊索寓言》里的话“团结即力量”（union is strength），指出：“分化敌人的力量以削弱他们是明智的，但分化自己的团队则是一种对公司不利的严重过失。”[29]

法约尔解释说，他的原则用来指导理论和实践工作，其内容并不详尽，在运用时也不应该被当作僵化的教条。工业革命期间发展起来的工厂生产制度（见第 3 章）在实践中已经体现了其中的许多原则，然而，是法约尔首次将它们编撰成一套一般管理原则。

管理要素

法约尔还被誉为第一个确定和描述管理要素或管理职能的人。这些要素或职能构成了一位管理者的工作。他把这些管理要素称为计划、组织、命令、协调和控制。这五项管理要素共同代表了人们通常所称的“管理过程”。

计　划

法约尔认为计划（planning）通过定义一家公司的目标，为其他管理要素奠定了基础。当他讨论这项要素时，在许多时候使用了 prévoyance（意思是远见或深思熟虑）这个法文单词来代替 préparer（计划）。在法约尔看来，管理意味着向前看，因此远见是一个极为重要的管理要素。根据法约尔的描述，一家公司的行动计划是否体现了“所设想的结果”应该取决于：（1）该公司的资源，包括建筑物、工具、原料、员工、销售渠道以及公共关系；（2）目前正在进行的工作的性质；（3）公司业务的未来发展趋势（虽然无法对其准确预测）。用现代的术语来说，法约尔描述的是一种初步的战略审计，它评估公司现在的能力和实力，以及通过仔细分析周围环境来预期未来的市场机会。

法约尔还对现代管理权威所称的“权变计划”（contingency planning）的重要性了然于胸。法约尔担任总经理长达 30 年，他在该岗位上见证了无数的技术变革、政治变化、社会变化和经济变化，这些变化都要求企业采取相应的调整。“通过始终面向未来，法约尔宣扬了一个理念，即一家持续发展的公司需要在当前拥有的资产变得落伍时对它们进行更新换代。在科芒特里煤矿赚取的利润被用来投资于该公司的未来，重新强化该公司在采煤和钢铁行业的位置，确保公司在接下来半个世纪继续发展。”[30]法约尔观察到：

> 一个人无法精确地预期在较长时期内将会发生的每一件事情，但是他可以使不确定性最小化，从而实现自己的计划……任何长期计划都应该根据事件的多样性、复杂性和不稳定性而随时准备进行调整。像任何有生命的东西一样，工业企业也会经历持续的转变——人员、工具、方法的转变，甚至企业的目标都会改变；只要尚未停止，计划就必须尽可能地与环境保持和谐。[31]

法约尔在对自己在科芒特里-富查博特公司使用的预测系统的优点、缺点进行评论时，强调了让公司所有管理者都参与预测的好处。法约尔很早就意识到后来变得众所周知的参与式管理：

> 要想充分研究公司的各种资源、未来的种种可能性以及用来实现公司目标的手段，需要公司所有部门主管在他们的职权范围内作出贡献，群策群力，每个人都将自己的经验贡献给这项研究，并且认识到自己在执行计划时将要承担的责任。[32]

这样的参与保证了任何资源都不会被忽略，而且促进了管理者对公司未来成功的兴趣。此外，法约尔认识到，基层管理者将会越来越关注计划，因为他们必须执行自己先前制订的计划。法约尔发现，一个好的行动计划将会促进公司更有效率地使用它的各种资源，并且具备一些特征：统一性（一个整体计划，而且每一项辅助活动有具体的计划）；连续性（融合了短期计划和长期计划）；灵活性（能够应对各种意外事件）；精确性（消除尽可能多的不确定性）。考虑到这些特征，法约尔建议公司制订一系列单独的计划，这些计划合并起来将构成公司实现其目标的一个整体计划。他建议公司准备每日、每周、每月、每年、五年以及十年的预测（或计划），而且要随着时间的推移或当情况发生变化时予以调整。

法约尔对长期计划的强调是对管理思想的一个独特贡献。不管是对于他那个时代，还是对于今天，他的观点和思想都具有同样重要的意义。他还对在国家层次上制订计划提供了创新性的见解。法国政府的计划和预算都是以年度为基础的，很少或者根本不考虑长期的发展，其结果是国家财政捉襟见肘，而政府首脑和部长们很少承担财政责任。政府的部长们没有进行长期预测，法约尔将之归咎于部长们任期太短，“你方唱罢我登场”，从而“没有时间获得足够的专业能力、企业经历和管理能力，而这些是制订一个计划不可或缺的要素”[33]。因此，他主张延长政府部长的任期，从而使部长有更多时间从事他们的工作，并且使他们产生一种对法国未来负有道德责任的感觉。

组 织

组织（organizing）是法约尔提出的第二项管理要素或职能。在法约尔看来，组织意味着为公司提供实现其目标所需的每一件东西。其中包括经典的生产要素：土地、劳动力以及原料。以后的作者把法约尔的组织要素划分为两种单独的职能：组织和人事（人力资源管理）。在法约尔看来，确保公司的“人力和物力的组织与公司目标、资源和要求相一致”是管理者的任务。[34]从这方面讲，公司的管理者应该提供统一指挥和明确定义的任务，鼓励主动性和责任，对行动和努力进行协调，抵制“过度的管制、繁文缛节和空头文件”[35]。法约尔认识到，组织结构本身并不是目的，不能忽视人的因素。

为了创建一个有用的组织，仅仅把人们组织成各个部门并且分配任务并不够，还必须具有下列知识：知道如何根据要求来调整有机整体，如何发现核心人员并把他们放到最能发挥其才能的位置上……外表看起来相似的两个组织，可能是一个表现卓越，而另一个表现拙劣，这取决于其员工的个人素质。[36]

像之前的爱德华·阿特金森以及马歇尔夫妇一样（见第6章），法约尔认识到，是人而不是结构导致了其他方面相似的两家公司获得截然不同的结果。在回顾过去的基础上，法约尔预见了今天的权变管理理论（见第20章）。

法约尔注意到，组织内的权力层级（也就是所谓的组织金字塔）是组织的职能和等级增长的一种产物。“职能增长”指的是公司的横向结构，随着公司的工作负荷不断增加，需要增加员工来行使职能。与此相反，“等级增长”是垂直方向的，是因为需要增加管理层级以领导和协调不同部门之间的各种行动。法约尔描述了随着公司员工数量的增加，公司的结构将会发生什么变化。作为一个例子，他设想了这样一家公司的职能和等级增长情况：15 名雇员需要 1 名一线主管，而 4 名一线主管接受 1 名高级主管或者经理的领导，依此类推，60 名雇员需要 4 名一线主管，而这 4 名主管又需要 1 名共同的经理。

法约尔举例说明了管理层级是如何形成的，但是在实践中，法约尔“不得不额外考虑其他一些因素，包括专业化的技术职能与管理层级中其他部门之间的合作”[37]。法约尔认识到 1 名经理能够有效监管的下属数量是有限的，这被称为“管理跨度”，但这个数量并不是一成不变的，在实践中有必要根据具体情况加以调整。

在幕僚人员方面，法约尔主张使用一批“有实力、知识和时间”的人员来协助直线管理者，充当“该管理者的一种延伸”。幕僚人员应该只听从公司总经理的命令，并且为直线管理者处理日常事务，例如通信、会谈以及提供“辅助”，还要帮助协调当前和未来的计划。基于自己担任高级管理者的经历，法约尔认为直线管理者通常既没有时间也没有精力来潜心思考长期规划。幕僚人员不承担与管理一个部门相关的日常压力，能够“探索工作方法的改进”，及时发现公司内外部状况正在产生的变化，并且思考公司更长期的发展趋势。[38]

法约尔指出他对如何使用幕僚人员的观点与泰勒的职能工长制之间的差异。法约尔同意泰勒的目标，即提供专业化的帮助，但是不认同泰勒的方法。职能工长制否定了统一指挥原则，而在法约尔看来，这是行走在一条危险的道路上。必须保持秩序，这只有在下属只向一名上司汇报的情况下才可能实现：“因此……我们要格外重视这种尊重统一指挥原则的传统组织方式。毕竟，这种组织方式可以很容易……使（幕僚人员）向总管和工长提供的协助保持一致。”[39]在扩展自己的评论时，法约尔表达了这个观点：组织结构图——展现一家公司的所有职位以及它们之间的联系——能够帮助整个公司维持统一指挥原则。他观察到，与冗长的文字描述相比，组织结构图使管理者更容易抓住公司的“有机整体”。遗憾的是，法约尔关于组织的完整思想的作品在他去世多年之后才得以出版。[40]

聚焦于他所称的“企业主体”，法约尔认为雇员选拔和培训对于公司的前途与命运至关重要。法约尔认为选拔有能力的雇员是“商业活动中最为重要和困难的事项”之一。意识到糟糕的雇员选拔导致的后果的严重程度“与该雇员的级别息息相关”，法约尔建议选拔一位雇员的时间长度应该随着将要被填充的职位级别提高而增加。总而言之，像泰勒一样，法约尔对于评估公司雇员的看法是有限的，反映了那个时代的基本措施。与此相反，法约尔对培训论述得非常详尽，这主要是因为他拥有一种深远的动机。如前所述，法约尔主张年轻的工程师应减少技术培训，增加对管理要素的关注。在法约尔看来，当时法国学校的教育主要基于两种幻觉：“工程师和企业领导的价值几乎仅取决于技术能力，并且与潜心学习数学的时间长短具有一种直接关联。”[41]法约尔认为后一种“幻觉”

与前一种同样“恐怖”，但是很有可能比前一种更加难以消除：“长期的个人经验告诉我，使用高等数学与管理企业毫无关联。”[42]基础数学有助于训练头脑，但是进一步的学习应该放在管理上，而不是更加偏重数学。法约尔努力寻求平衡，建议年轻的工程师们对工人进行研究，包括“他们的行为、特征、能力、工作，甚至他们的个人兴趣”[43]。实际上，法约尔认为每个人都应该学习管理要素，因为它们在工作以及家庭中都非常必要。

命令、协调和控制

法约尔认为，一家公司组建之后，就必须实施各种行动，他将之视为“命令使命”，是该公司的管理者们普遍具有的职责。法约尔在自己的作品中使用了法语中的命令（commander）和指挥（diriger）。由于“命令”在英文中具有更加明确的含义，因此对于管理的第三项要素，更好的翻译也许应该是“指挥”或“指导”。法约尔认为“从所有雇员那里获得最大回报”是每一位管理者的任务，要做到这一点则需要一些特定的个人品质和管理原则。法约尔认为管理者应该：

- 全面了解他们的员工；
- 淘汰不合格的员工；
- 对约束企业及其员工的各种协议非常熟悉；
- 为其他人树立良好的榜样；
- 对企业的绩效进行定期审计；
- 通过会议方式将助手们凝聚成一个团队，以实现统一指挥和集中努力；
- 避免沉溺于琐碎事务；
- 努力使员工团结、积极、主动和忠诚。[44]

法约尔在1898年7月29日的日记中写道：“在企业管理中，关于（如何管理）人的问题占全部问题的一半以上。”[45]作为一名年轻的管理者，法约尔在科芒特里煤矿中建立了有效的工作团队，停止了诸如检查员工的教堂出席率之类的家长式管理，在当地已有商家的地方关闭了公司开办的商店，并且展示了使他获得晋升的其他管理技能。法约尔明白，由于人构成了管理者面对的一半问题，所以沟通技能极其重要。法约尔告诫管理者应该避免过度沉溺于琐碎事务，但这并不是反对管理者及时了解各种信息，而是警示他们不要因小失大，捡了芝麻丢了西瓜。在法约尔看来，为了鼓励员工们的主动性，管理者应该允许下属“最大限度地参与与其职位和能力相符的活动，即使以出现一些错误为代价”[46]。此外，法约尔认为应该向员工授权，以发展他们的能力并避免“主动性和忠诚度的枯竭”。

协调是法约尔的第四项管理要素。在法约尔看来，协调意味着“使公司的所有活动协调一致，从而促进公司的运转和帮助公司获得成功”[47]。后来的作者都强调协调在所有管理要素中存在的必要性，而不是将其作为单独的一项要素。在法约尔看来，协调是一种平衡行为，它要求平衡收支，平衡设备维护保养和生产目标的实现，以及平衡生产和销售。通过明确规定任务、制定进度表以及使责任聚焦于实现组织的目标，计划和组织职能可以促进协调。命令可以逐渐灌输主动性，而管理者与下属之间举行的会议为开诚布公地讨论问题、提升自己和计划提供了一个平台。法约尔建议直线管理者使用幕僚人员来促进协调，但是也提醒幕僚人员并不能代替直线管理者承担的直接责任，即实现公司的目标。

控制，法约尔的最后一项管理要素，指的是“检验所进行的每件事情是否符合制订的计划、发布的指示和既定的原则”[48]。在法约尔看来，控制意味着积极地监控计划和绩效，以确保行进在实现公司目标的正确道路上。控制适用于人、目标和行动，其目标是查明和确定错误，以纠正它们并防止再度发生。有效的控制以迅速行动为基础，在必要时还需要实施惩戒。法约尔认为，控制对其他四项管理要素具有一种综合的影响，因为它可以用来刺激更好的计划，简化和加强公司的组织结构，提高命令的效率，促进协调。实际上，控制使管理行为的整个循环得以完成，随着管理过程的继续，管理行为也将获得改进。

最后一点说明

法约尔具有的是高层管理者的定位。他认为“一般管理的职责是以最优的方式利用各种资源，从而使企业迈向它的目标。制订行动计划、选拔员工、评估绩效，以及确保和控制所有行动的顺利实施，则是行政管理的职责”[49]。法约尔被任命为公司总经理时，该公司正处于破产边缘。法约尔使公司重新焕发生机并且蓬勃发展，在这期间，外部环境正经历着无数的技术变革、政治变化、社会变化和经济变化。从各个方面来看，在战略家这个术语变得流行之前，法约尔就已经是一名战略家。[50]法约尔的各种观点被人们不断重复，这显示了它们如何彻底地渗入了当代管理思想之中。虽然其中许多观点在今天看来是理所当然的，但在它们第一次被提出时则是革命性的。这些观点仍然极其重要，这并不仅仅因为法约尔深刻影响了之后几代的管理者，更是因为他的管理方法至今仍然行之有效。如同管理实践的一名敏锐观察者所写的：“无论人们是否承认，很明显，今天绝大多数管理者在本质上都是法约尔主义者。”[51]因此，法约尔被尊称为“现代管理之父”。法约尔于 1925 年逝世。他在一生中获得过多种荣誉，如被授予法国科学院德雷塞奖章、全国工业促进会金质奖、矿业学会金质奖和荣誉奖，并且被任命为荣誉团军官以及罗马尼亚的皇家勋章指挥官。

官僚制度：马克斯·韦伯

马克斯·韦伯（1864—1920）与亨利·法约尔和弗雷德里克·泰勒在同一个时期生活并发表成果。韦伯出生于普鲁士埃尔福特市的一个拥有广泛社会和政治关系的富裕家庭，是一位卓越的学者，对社会学、宗教、经济学和政治科学都有浓厚的兴趣。1904年，在构思其经典著作《新教伦理与资本主义精神》[52]（对资本主义为何在 17、18 世纪欧洲的某些地区而不是其他地区欣欣向荣作出解释）的最后阶段，韦伯访问了美国，并认为美国是所有国家中最资本主义化的国家。韦伯接受弗莱堡大学（University of

Freiburg）前同事雨果·芒斯特伯格的邀请，在艺术与科学国际大会（International Congress of Arts and Sciences）上发表演讲，其题目为《农村社会与社会科学其他分支之间的关系》。[53]这次会议是因圣路易斯正在举办的 1904 年世界博览会而召开的。韦伯因参加这次会议，在纽约停留了一段时间，在哥伦比亚大学和纽约公共图书馆（New York Public Libraries）进行了一些深入研究，而且在北卡罗来纳州的芒特艾里稍作停留，看望自己的亲属。为考察资本主义精神如何在美国繁荣发展，韦伯还访问了美国的许多城市，其中包括费城、华盛顿特区、巴尔的摩、波士顿、芝加哥、新奥尔良、亚拉巴马州的塔斯基吉，以及俄克拉何马州的马斯科吉印第安人区。[54]

他所观察到的美国经济发展在某种程度上与德国的经济发展是不一样的。美国的制造和营销已经与遍布全国的交通和通信网络紧密结合，从由所有者管理的小型企业成长为由专业人士管理的大型企业。在德国，大型企业只出现在化工行业、冶金行业以及制造复杂机械的行业。[55]在这些行业中已经形成卡特尔，控制价格和占有市场。在美国，这种行为受到了反托拉斯法案的限制。但是在德国，卡特尔可以在无须担心政府干预和没有竞争威胁的情况下运作。与德国相反，美国的资本主义精神鼓励创新和竞争。

作为理论的官僚制度

韦伯的作品从本质上说是规范性的，这与泰勒和法约尔的以实践者为导向的建议形成有趣的对比。韦伯的主要贡献是勾画出了他所称的“官僚制度”的主要特征。官僚制度指的是通过官职或职位来进行管理。[56]在评论韦伯的作品时，非常重要的是以下四点：

（1）韦伯使用“官僚制度”这个术语，并不是以一种讽刺、贬低的态度来叙述繁文缛节、无休止的强调以及循规蹈矩所导致的无效率。他将该术语作为一种非批判性的标签，用来称呼被他视为最现代、最有效率的组织形式。用韦伯的话说：

> 普遍来说，经验总是表明实行纯粹官僚制度的行政组织——也就是说，各种独裁式的官僚机构——从一种纯粹技术的视角来看，能够获得最高限度的效率，而且从这个角度来说，是已知的对人实行必要控制的最理性方法。在精确性、稳定性、可靠性以及纪律的严格程度等方面，它比其他任何形式都要更胜一筹。因此，它使组织的领导人以及与组织有关的人有可能对结果作出尤其精确的计算。归根结底，这种组织在提高效率和活动范围方面都要更胜一筹，而且能够正式应用于所有类型的行政管理任务。[57]

经常不被人们了解的是，官僚制度的出现是为了反对以前的各种管理体系（例如君主制和独裁制）中存在的屈从和残酷，以及反复无常的主观判断。在之前的那些管理体系中，所有人的生命和财产完全取决于专制者的随心所欲，唯一法律就是专制者自己的意愿。因此，当与官僚制度所代替的其他管理体系相比较时，韦伯赋予官僚制度的优点也许能够获得最好的理解。“举例来说，包税制，即由地方上的收税者征集税收并且获得一定比例的税收，被由领取薪水的全职税收官员构成的官僚机构取代；内部承包，即设备和原料的所有者与工长就劳动力缔结合同，让位于现代管理的层级结构。”[58]当与之前的各种管理实践相比较时，官僚制度所具有的效率就变得容易理解了。

根据韦伯的观察，世界毫无疑问是不公正的。在这个世界上，阶层意识和裙带关系占据了主导地位。想要在军队、政府或者工业领域中成为一名领导者，意味着必须拥有优越的家庭背景。在韦伯看来，这是对人力资源的无端浪费，也违背了自己的信念，即劳动阶层既可以产生追随者，也能够产生领导者。官僚制度强调法定权力，力图终结对雇员们的剥削，并且确保所有人获得公平机会和公平待遇。

（2）在韦伯看来，官僚制度是一种理论形式，在现实当中并不存在。[59]它是一种知识架构，可以被用来对不同管理结构的相对绩效进行广泛的历史比较。从这个意义上讲，韦伯的官僚制度模式是假设性的而不是真实存在的，它既不意味着一个实用模式，也不意味着与现实相符。

（3）韦伯的官僚制度是基于法定（legal）权力，与此形成对照的是另外两种权力：基于传统（tradition）的权力以及基于超凡魅力（charisma）的权力。[60]韦伯认为，法定权力源于规则与其他控制措施，组织利用它们来确保自己的目标实现。通过自己的职位，管理者被授予解释和执行这些规则与其他控制措施的权力。下属服从的并不是某一个人，而是一个职位拥有的非个人化的权力。权力依附于具体职位而不是个人。这是非常必要的，因为权力往往要比职位拥有者的任期更加长久。关于法定权力结构的例子包括军队、选举产生的政治官员、政府机构、大学或学院以及企业（尤其是那些特定规模之上的企业）。

（4）在韦伯看来，人们需要有效率地进行组织，这种需求与文化无关。依赖理性和对法律的尊重，公民平等的理念以及现代国家提供的广泛服务使得某种形式的专家治理在所难免。此外，不断增长的公司规模、先进的技术以及全球化的市场，使得官僚制度成为必然。因此，官僚制度在政府中出现之后，在企业、工会、教会、服务群体以及志愿者组织当中也逐渐普及。今天，无论处于何种文化，无论规模多大，所有组织在某种程度上都实行了官僚制度。

官僚制度的优点

韦伯确定了他理想中的官僚制度的本质特征，并且相信这些特定的优点将会被那些实施官僚制度的组织获得。这些特征和相应的优点包括：

● 劳动分工（division of labor）。劳动被划分，从而使权力和责任被明确定义。

优点——通过专业化，效率（efficiency）将会提高。

● 管理层级（managerial hierarchy）。将各种职务或职位组织成权力层级。

优点——从一个组织的最高级别到最低级别将会形成一条清晰的指挥链（法约尔的等级链原则），从而定义不同的权力级别以及个人权限，同时，还可以导致更好的沟通和交流。

● 正式选拔（formal selection）。所有员工的选拔都是基于由正式考试、教育或者培训证明的技术资质。

优点——员工们的雇用以及晋升将基于他们的价值和技能，这样一来员工以及他们的雇主都将受益。

● 职业定位（career orientation）。虽然选举未来代表选民群体（例如，市民群体或者董事会）意愿的高层官员具有可测量的灵活性，但员工是专业人员而不是“政治家”，他们从事专业工作以获得固定薪水，并且在他们各自的专业领域中追求职业发展。

优点——雇用专业人员将保证在无须考虑外来压力的情况下被分配的任务得以完成，同时也将保证各项运作在选举周期中的连续性。

● 正式的规则以及其他控制措施（formal rules and other controls）。所有员工都须遵从与其工作任务有关的正式规定和其他控制措施。

优点——由于实施与员工的行为表现有关的正式规定和其他控制措施，效率得以提高。

● 非个人化（impersonality）。规则以及其他控制措施是非个人化的，毫无例外地适用于所有情况。

优点——当规则和其他控制措施被非个人化地、毫无例外地实施时，个人色彩和个人偏好将得以避免。于是，下属们将获得保护，从而免受上司的武断行为的伤害。此外，由于规则是固定的，而且事先已经颁布，因此能够清晰预见权力将会如何在各种具体情况下被使用，从而可以根据这些知识来制订计划。[61]

官僚制度的缺点

虽然韦伯认为官僚制度是最有效的组织方式，但是他自己的经验以及后来的研究都表明官僚制度具有一些缺点。其中包括：

● 官僚机构往往倾向于自我保护，并且将其内部成员的晋升视为头等大事。例如，变革可能会提高效率和创新，进而使工作岗位承受风险，因而很少受到官僚机构的衷心欢迎。当计划没有产生预期效果时，它们仍然会被继续下去，并且声称只需要提供更多预算、更多规则以及更大的权力就能够获得成功。因此，官僚机构可能会变得臃肿，会妨碍而不是帮助解决一个计划中的问题。在政府的官僚机构中，当抵制变革的官僚无须及时响应供求关系，也无须像管理自己家庭生计那样精心管理政府工资簿和预算，而且他们的工作是否取得成功也并不总是会被监测到，情况就更是如此。

● 规则以及其他控制措施可能会受到过度重视，成为目的本身。例如，员工可能会指责预算人员更加热衷于运用各种政策和规定而不是关注公司的主要目标。此外，虽然规则是固定的和事先宣布的，这确实提高了未来结果的可预测性，但是超过某个程度后，它们也提高了复杂性，进而增加犯错的可能性。

● 极端拘泥于规则和其他控制措施可能会导致这样的情况：盲目地重复以前作出的决定，而没有察觉或者考虑到情况已经发生变化。这种“僵化的官僚主义”会导致管理者因为按照教条而不是通过思考来做事而受到奖励。这样一来，结果就是照章办事而不是依靠常识。

● 虽然向下属授权可能会提高运行效率，但是这样做也会导致员工只关注本部门的事务而不关注组织的整体目标，引起各部门之间的矛盾和降低有效性。在许多大学中可以发现这样一个典型例子：各个院系常常就开设什么课程产生矛盾，导致许多科目不必要的重复以及各种资源不必要的浪费。

● 虽然规则和其他控制措施试图克服员工的冷漠，但是规定不可接受的行为，并且详细规定可接受的行为的最低限度，实际上有可能助长这种现象。也就是说，一旦规则被确定，员工们很有可能仍然保持冷漠的态度，因为他们现在知道规则能够做的极其有限，他们仍然可以安枕无忧。这就是人们所熟知的“合法怠工”，规则没有涵盖到的领域毫无疑问就不属于员工的职责范围。在教育机构中，诸如“所有学生在一个学期内必须至少参加 50%的课程才能获得通过”或者“毕业的最低要求是所修的所有课程平均成绩为 C”之类的陈述，就是这种现象的实例，它们明确规定了可接受的行为的最低限度。不幸的是，在这样的情况下，管理者的典型反应是制定额外的官僚主义规定（例如强制的课堂出勤率），而这样做又会使已经变得糟糕的情况进一步恶化。除非谨慎对待，这样的情况可能会导致“官僚制度的恶性循环”，即规则产生出更多的规则。此外，一旦员工们发现按章办事的效应，他们可能就会推出更多的规则来进一步限制管理层的权力和保护他们自己的特权、权力和工作岗位。这样一来，规则在某种意义上是有效的，但是在另外一种意义上（虽然是无意的），它们只要求雇员参与，但并没有要求他们的情感认同。

虽然存在这样那样的批评，但是官僚主义的管理是现代社会的一个核心特征。因此，很重要的一点是认识到刚才简要叙述的缺点并不必然存在于官僚制度当中。如同韦伯设想的那样，官僚制度模式既是理性的，又是有效率的。然而，要想获得它的益处，就需要足够了解它的各项特征，以避免被它控制。

虽然许多人可能会认为我们生活在一个官僚主义的世界——充满各种令人困惑的规则和其他控制措施，但是我们也不应该忘记，官僚制度使得我们有可能持久地获得可饮用的水，几秒钟之内就可以拨通一个国际长途电话，并且使包裹一夜之间就递送到另外某个地区。实际上，在今天的社会，我们认为理所当然的所有好处——现代医学、现代科学、现代工业——都建立在官僚制度的基础之上。从这个意义上讲，韦伯的观点已经非常成功地经受了时间的检验。他的开创性成果，像法约尔的作品一样，刺激了大量对管理过程进行研究的成果，并且仍然是管理思想演变过程中的一个里程碑。人们认可韦伯对发展官僚制度的原则作出的贡献，尊称他为“组织理论之父”。韦伯的目标并不是完美而是系统化，即推动管理实践和组织设计迈向更符合逻辑的运行方式。在 20 世纪 20 年代末期被翻译成英文之前，韦伯关于官僚制度的作品没有被讲英语的读者们普遍知晓。像法约尔一样，韦伯不得不等待，等待文化条件创造出这种需要，即以理论的形式进行思考。随着企业在规模和复杂程度上的发展，人们开始了对于组织理论的探索，这导致研究者和实践者注意到了马克斯·韦伯以及他的官僚制度模式。

小结

管理过程和组织理论以两种形式出现：法约尔贡献的管理原则和管理要素，以及韦伯探索的一种理想的组织方式。从不同的背景和视角，法约尔和韦伯都尝试提出管理大型组织的方法。法约尔强调管理教育而不是技术培训，他还强调计划、组织、命令、协调和控制的重要性。韦伯尝试用法定权力代替基于传统和超凡魅力的权力，并且提出以一种非个人化的、基于价值的标准来选拔、雇用和晋升员工。法约尔和韦伯在历史上都运气欠佳，他们被其他人的光辉遮蔽，并且不得不等待，直到他们去世之后才由后人对他们在管理思想演变过程中的功绩作出正确评价。

注 释

[1] For biographical details on Fayol's life, see Amédée Fayol, "Henri Fayol (1841 - 1925): Ingénieur, Géologue, Administrateur" ["*Engineer. Geologist, Manager*"], *La Nature: Revue des Sciences et de Leurs Applications* No. 3144 (September 15, 1947), pp. 303-304; John D. Breeze, "Harvest from the Archives: The Search for Fayol and Carlioz," *Journal of Management* 11 (1) (Spring 1985), pp. 43 - 47; Tsuneo Sasaki, "Henri Fayol's Family Relationships," *Journal of Management History* 1 (3) (1995), pp. 13 - 20; *idem*, "The Comambault Company Revisited," *Journal of E-conomics* (College of Economics, Nihon University, Tokyo, Japan) 68 (January 1999), pp. 33 - 50; Jean-louis Peaucelle and Cameron Guthrie, *Henri Fayol*, *The Manager* (London: Pickering & Chatto, 2015). See also John D. Breeze and Arthur G. Bedeian, *The Administrative Writings of Henri Fayol: A Bibliographic Investigation*, 2nd ed. (Monticello, IL: Vance, 1988).

[2] Tsuneo Sasaki, "Fayol and Comambault," *Enterprises et Histoire*, No. 34 (December 2003), pp. 8 -28; *idem*, "The Comambault Company Revisited," *Journal of Economics* (College of Economics, Nihon University, Tokyo, Japan) 68 (January 1999), pp. 113 - 128. Reprinted in Sasaki and Wren, *Henri Fayol and the Process School*, series 3 of the *Intellectual Legacy of Management Theory* (London: Pickering and Chatto, 2004).

[3] John D. Breeze, "Administration and Organization of the Commercial Function by J. Carlioz," in Kae H. Chung, ed., *Proceedings of the Annual Meeting of the Academy of Management* (1982), pp. 112 - 116.

[4] Norman M. Pearson, "Fayolism as the Necessary Complement to Taylorism," *American Political Sciences Review* 39 (1) (February 1945), p. 73.

[5] Peaucelle and Guthrie, *Henri Fayol*, *The Manager*, p. 1. See also Daniel A. Wren, "Henri Fayol: Learning from Experience," *Journal of Management History* 1 (3) (1995), pp. 5 - 12.

[6] Henri Fayol, diary entry of July 29, 1898, in Frédéric Blancpain, ed., "Les Cahiers Inédits d'Henri Fayol," *Bulletin de l'Institute International d'Administration Publique* 28/29 (1973), p. 23.

[7] Donald Reid, "Fayol: From Experience to Theory," *Journal of Management History* 1 (3) (1995), pp. 21 - 36.

[8] Henri Fayol, "L'Exposé des Principes Généraux d'Administration," in Daniel A. Wren, Arthur G. Bedeian, and John D. Breeze, "The Foundations of Henri Fayol's Administrative Theory," *Management Decision* 40 (9) (2002), p. 911.

[9] *Ibid.*, p. 910, pp. 912 - 916. For a full treatment of Fayol's contributions to contemporary accounting, see Lee D. Parker and Philip Ritson, "Accounting's Latent Classicism: Revisiting Classical Management Origins," *Abacus* 47 (2) 2011, pp. 234 - 265.

[10] Henri Fayol, "Administration Industrielle et Générale," [*General and Industrial Administration*] *Bulletin de la Société de l'Industrie Minérale*, 5th series, 10 (3) (1916), pp. 5 - 162. See also Bennett H. Brough, "The Mining and Metallurgical Congress at St Etienne," *Journal of the Iron and Steel Institute* 76 (1) (1908), pp. 203 - 208.

[11] Available online at http://bibnum-stendhal.upmf-grenoble.fr/files/original/77990.pdf.

[12] Charles de Fréminvillé, "Henri Fayol: A Great Engineer, A Great Scientist, and A Great Management Leader," *Bulletin of the Taylor Society* 12 (1) (February 1927), p. 304.

[13] John D. Breeze, "Henri Fayol's Centre for Administrative Studies," *Journal of Management History* 1 (3) (1995), pp. 37 - 62.

[14] See Henri Fayol, *Industrial and General Administration*, trans. John A. Coubrough (Geneva: International Management Institute, 1930); *idem*, "The Administrative Theory of the State," trans. Sarah Greer, in Luther Gulick and Lyndall Urwick, eds., *Papers on the Science of Administration* (New York: Institute of Public Administration, Columbia University, 1937), pp. 99 - 114; and *idem*, *General and Industrial Management*, trans. Constance Storrs (London: Sir Isaac Pitman and Sons, 1949).

[15] *Idem*, *General and Industrial Management*, trans. Storrs, p. 15. Except where specifically noted, the Storrs translation will be referenced, as it is the most readily available English translation.

[16] *Ibid.*, p. 41.

[17] *Ibid.*, p. 7.

[18] *Ibid.*, p. 15.

[19] *Ibid.*, p. 19.

[20] *Ibid.*, p. 20.

[21] *Ibid.*, p. 21.

[22] *Ibid.*, p. 24.

[23] *Ibid.*, p. 25.

[24] *Ibid.*, p. 26.

[25] *Ibid.*, p. 33.

[26] *Ibid.*, p. 34.

[27] *Ibid.*, p. 38.

[28] *Ibid.*, p. 39.

[29] *Ibid.*, p. 40. The moral of Aesop's fable "The Old Man and His Sons" is more generally rendered "Unity is strength". See *Three Hundred and Fifty Aesop's Fables*, trans. by George Fyler Townsend (Chicago, IL: Belford, Clarke & Co, 1884), p. 267.

[30] Peaucelle and Guthrie, *Henri Fayol*, *The Manager*, pp. 52 - 53.

[31] Henri Fayol, "L'Exposé des Principes Généraux d'Administration," reproduced and translated in Wren, Bedeian, and Breeze, "The Foundations of Henri Fayol's Administrative Theory," p. 915.

[32] *Idem*, *General and Industrial Management*, p. 48.

[33] *Ibid.*, p. 52.

[34] *Ibid.*, p. 53.

[35] *Ibid.*, p. 54.

[36] *Ibid.*, p. 57.

[37] Peaucelle and Guthrie, *Henri Fayol*, *The Manager*, p. 63.

[38] *Ibid.*, p. 63.

[39] *Ibid.*, p. 70.

[40] See Jean-LouisPeaucelle, *Henri Fayol*, *Inventeur des Outils des Gestion*: *Textes Originaux et Recherches Actuelles* (Paris: Economica, 2003). See also Fayol's previously unpublished typescript "Personal Observations and Experiments" in Peaucelle and Guthrie, *Henri Fayol*, *The Manager*, pp. 183 - 221.

[41] Fayol, *General and Industrial Management*, pp. 83 - 84.

[42] *Ibid*, p. 84. By "higher mathematics" Fayol meant "special mathematics", such as differential and integral calculus.

[43] *Ibid.*, p. 91.

[44] *Ibid.*, pp. 97 - 98.

[45] *Idem*, in Blancpain, "Les Cahiers Inédits d'Henri Fayol," p. 24.

[46] *Idem*, *General and Industrial Management*, pp. 102 - 103.

[47] *Ibid.*, p. 103.

[48] *Ibid.*, p. 107. In *Henri Fayol*, *The Manager*, p. 260, Peaucelle and Guthrie suggest "to verify" is a more accurate translation.

[49] *Ibid.*, pp. 61 - 62; see also p. 6.

[50] Daniel A. Wren, "Henri Fayol as Strategist: A Nineteenth Century Corporate Turnaround," *Management Decision* 39 (2001), pp. 475 - 487. See also Lee D. Parker and Philip A. Ritson, "Revisiting Fayol: Anticipating Contemporary Management," *British Journal of Management* 16 (3) (September 2005), pp. 175 - 194; Daniel A. Wren, "The Influence of Henri Fayol on Management Theory and Education in North America," *Enterprises et Histoire*, No. 34 (December) (2003), pp. 98 - 107.

[51] [W. Jerome Arnold], "Famous Firsts: Discoveries from Looking Inward," *Business Week* (June 6, 1964), p. 152.

[52] Max Weber, *The Protestant Ethic and the Spirit of Capitalism*, trans. Talcott Parsons (London: Allen & Unwin, 1930). Originally published in 1904.

[53] *Idem*, "The Relations of the Rural Community to Other Branches of Social Science," Carl W. Seidenadel, trans., in Howard J. Rogers, ed., *Congress of Arts and Science*, *Universal Exposition*, St. Louis, vol. 7. (Boston, MA: Houghton, Mifflin, 1906), pp. 725 - 746.

[54] Henry W. Brann, "Max Weber and the United States," *Southwestern Social Science Quarterly* 25 (2) (June 1944), pp. 18 - 30. See also Larry G. Keeter, "Max Weber's Visit to North Carolina," *Journal of the History of Sociology*, 3 (2) (Spring 1981), pp. 108 - 114; Lawrence A. Scaff, "Remnants of Romanticism: Max Weber in Oklahoma and Indian Territory," *Journal of Classical Sociology* 5 (1) (2005), pp. 53 - 72, and *idem*, *Max Weber in America* (Princeton, NJ: Princeton University Press, 2011).

[55] Alfred D. Chandler, Jr., "The Emergence of Managerial Capitalism," *Business History Review* 58 (4) (Winter 1984), pp. 498 - 501.

[56] The word "bureaucracy" was coined by Frenchman Vincent de Gournay in 1745. See Fred Riggs, "Shifting Meanings of the Term 'Bureaucracy'," *International Social Science Journal* 31 (4) (November 1979), pp. 563 - 584.

[57] Max Weber, *The Theory of Social and Economic Organization*, trans. A. M. Henderson and Talcott Parsons, ed. Talcott Parsons (New York: Free Press, 1947), p. 337. Originally published in 1922.

[58] Marshall W. Meyer, "Organizational Structure as Signaling," *Pacific Sociological Review* 22 (4) (October 1979), p. 484.

[59] Max Weber, *The Methodology of the Social Sciences*, ed. and trans. Edward A. Shils and Henry H. Finch (Glencoe, IL: Free Press, 1949), p. 90. Originally published from 1914 to 1917.

[60] *Idem*, *The Theory of Social and Economic Organization*, p. 328. See also Max Weber, "The Three Types of Legitimate Rule," trans. Hans Gerth, *Berkeley Journal of Sociology* 4 (1) (Summer 1958), pp. 1 - 11. Originally published in 1922.

[61] *Idem*, *From Max Weber: Essays in Sociology*, ed. and trans. Hans H. Gerth and C. Wright Mills (New York: Oxford University Press, 1946), pp. 329 - 333. Originally published from 1906 to 1924.

第 11 章 科学管理的理论与实践

泰勒以及同时期其他先驱为科学管理运动提供了早期的推动力，另一些人则帮助使该运动迈向成熟。这些人在许多不同的方面各自努力。第一，遵循亨利·汤和亨利·法约尔的敦促，越来越多的人认识到在大学里正式学习管理学课程以及教育实践中的管理者正确运用科学管理原则的必要性。第二，随着科学管理在美国的发展，它也引起了世界上其他国家的广泛关注，其中包括西欧和东欧国家、日本、中国以及澳大利亚。第三，超越了科学管理对工厂层次的强调，已经变得非常明显的一个趋势是，无须统一采用一种传统军队的命令-控制型组织风格，公司应当根据自己的具体目标以及所处行业的独特需求来采用相应的组织方式。

对科学管理的研究和实践

沃顿商学院（Wharton School of Finance and Economy）于 1881 年在宾夕法尼亚大学成立，它是世界上第一所成功的本科商学院。沃顿商学院是由约瑟夫·沃顿创建的。约瑟夫·沃顿，费城的一位慈善家和工业家，建立了一个冶金行业的工业帝国，经营着伯利恒钢铁集团和美国镍业公司。直到 17 年之后（1898 年），芝加哥大学和加州大学伯克利分校才分别建立了美国第二所和第三所商学院。达特茅斯学院的阿莫斯·塔克管理与金融学院成立于 1900 年，是第一所商学院研究生院；第二所商学院研究生院于 1908 年在哈佛大学成立。阿莫斯·塔克管理与金融学院是第一所授予如今我们所称的工商管理硕士（MBA）学位的教育机构。虽然泰勒认为有抱负的优秀管理者必须进行实践和通过数年的工厂经验来学习管理，但是人们迅速认识到将一般管理作为一门正式学科来加以学习和研究可以带来的好处。[1]

工业管理方面的教育

管理从什么时候开始成为一门学科并没有明确的记录。[2]在 1886 年提交给美国机械工程师协会的论文中，亨利·汤观察到对管理的研究和教育完全是杂乱无章的，没有可供交流经验的手段和平台，也没有成立专业协会，因此，这篇论文很明显具有深远意义，它号召对这种糟糕的情况采取某种补救措施。[3]1895—1896 年一位工程师约翰·理查兹(John Richards) 根据自己的工作经验对斯坦福大学的学生进行了一系列关于工厂管理的演讲，总共有 10 场。[4]康奈尔大学西布利工程学院（Sibley College of Engineering）的院长德克斯特·金博尔（Dexter Kimball）赞扬了泰勒在 1903 年撰写的关于车间管理的论文，称其启发了自己讲授的工作管理课程。从 1904—1905 学年的春季学期开始，金博尔的课程首次讲授现代生产的经济基础。他于 1913 年出版的教科书《工业组织原理》（*Principles of Industrial Organization*）就是脱胎于他的课程教案。[5]该课程把科学管理运用于工厂的选址、设备政策、生产控制、员工报酬以及其他许多事务。金博尔强调对科学管理的需求，认为“随着工业企业规模不断扩大，随着流程变得越来越精炼以及竞争越来越激烈，组织的问题也变得越来越重要了”[6]。尤其值得提及的是密苏里大学工程学院（University of Missouri's School of Engineering）1909—1910 年开办的两门关于“科学的车间管理”的早期课程。这两门课程涵盖的主题包括职能工长制、工时研究、人际关系原则的培训、组织的创建和维持以及管理者的遴选和培训。[7]

哈佛大学商学院首任院长埃德温·盖伊（Edwin F. Gay）曾经质疑在大学里能够学到什么实用的管理知识，后来在哈佛大学应用科学学院（Applied Science）院长华莱士·萨拜恩（Wallace Sabine）的建议下阅读了泰勒的《车间管理》。随后，盖伊参加了泰勒在位于波士里的家中的一次谈话，参观了当地一些应用泰勒方法的工厂，并且邀请泰勒为哈佛大学商学院的学生们演讲。哈佛大学的“工业管理”课程开始于 1908 年；泰勒在 1909 年春季进行了两次讲座，并且将每年进行一次讲座，直到 1914 年。伯特兰·汤普森（C. Bertrand Thompson）——一位教育家，一位福音传教士——承担了 1911 年“工业管理”课程的职责，并且负责安排泰勒及其他科学管理先驱人物的讲座。汤普森编撰了那个时期关于科学管理的最广泛的参考书目，以学徒的姿态向泰勒及其门徒请教，并且做了大量工作来推动科学管理运动在学术领域和工业实践中的影响。[8]汤普森拥有哈佛大学教职身份，认为管理是一门经得起科学方法检验的学科，这为正式学习管理学提供了可信度，虽然仍然有人对此持反对态度，认为商学教育太过务实而难登大雅之堂，不适合大学学生。到 1913 年，科学管理课程已经在以下大学的商学院或者工程学院开办：卡内基理工学院、康奈尔大学、达特茅斯学院、哈佛大学、西北大学(Northwestern，1912 年开始讲授人事管理)、俄亥俄州立大学（Ohio State University）、宾夕法尼亚州立大学（Pennsylvania State University）、匹兹堡大学（University of Pittsburgh）以及威斯康星大学。[9]

随着工程师和普通大众越来越广泛地认识到科学管理的重要性，并且越来越强调科学管理，美国机械工程师协会经历了一次身份危机：它的目标究竟是促进机械工程学，还是为绩效激励、成本会计以及良好管理的其他方面提供一个展示平台？由于该协会内部对泰勒的成果持不赞同意见，该协会拒绝在自己的学报上刊载泰勒的《科学管理原理》。于是，泰勒以个人名义出版了这本书。[10]直到1919年，在泰勒去世4年之后，美国机械工程师协会才承认工业工程学作为该协会的一个正式的研究对象。1920年，该协会还成立了一个管理学分会。[11]到1922年，管理学分会成为该协会中规模最大的分会。随着泰勒、吉尔布雷斯、甘特以及其他人的成果促使工效学产生，即在工作设计中研究人的因素以使得员工的工作实现最优的效率和质量，工业工程和工业管理的内容在大学教育中得以延续下来。

在研究生层次上，达特茅斯学院的阿莫斯·塔克管理与金融学院引领潮流，到1910年，达特茅斯学院的课表上列出了商业管理课程。作为该学院的院长，哈洛·柏森主持了美国第一次科学管理研讨会。[12]作为泰勒学会（前身是科学管理促进会）的主席，柏森努力扩展人们对科学管理的兴趣。他扩展了该协会的成员数量以及关注范围，并且以一种开阔的视野来看待商业教育。他极力淡化当时盛行的这样一种观点：科学管理仅仅是使用秒表。在他看来，教育者应该强调科学管理的哲学思想，并且关注培养有创造力的工业领导者。柏森还认识到，让社会科学家投入管理研究当中是很有价值的。他的观点是：管理者和工人在日常活动中十分紧密地结合在一起，以至于他们看不到更高层次的联系，然而，社会科学家能够采取一种更高层次的、更客观的视角来看待工作场所动力学，从而可以为研究和实践制订未来的行动方针。[13]

利昂·奥尔福德（Leon P. Alford）也是对管理教育作出贡献的早期成员之一。[14]他接受的是成为一名电气工程师方面的训练，在工业企业中工作，后来他成为《美国机械师》《工业工程学》《管理工程学》《制造业》等颇具影响力的学术期刊的主编。他还编撰了许多早期的管理学手册。他在管理教育领域中的作用并没有获得管理史学家的普遍承认，然而，通过担任学术期刊编辑，在各种专业委员会中任职，并且编辑和撰写了许多作品，他产生了相当显著的影响。[15]在他的早期作品中，他试图对管理科学提出一种恰当的诠释。在与英国人亚历山大·汉密尔顿·丘奇（Alexander Hamilton Church）合著的作品中，他对“科学管理”这个术语表示遗憾，因为这种诠释意味着它是“一种科学，而不是一种管理艺术”[16]。

在奥尔福德和丘奇看来，泰勒方法的缺陷在于以一种“精巧的机制”或制度取代了领导艺术。他们并不是说机制是无用的，而是说这样做忽视了有效领导的动态潜能。奥尔福德认为，泰勒这些所谓的原则过于机械。为了弥补这个缺陷，他（和丘奇）提出了三大原则：（1）对经验的系统使用；（2）对有组织的活动的经济控制；（3）对个人效力的促进和推广。第一个原则既强调管理者的个人经验，也强调科学研究；第二个原则以劳动分工、协调、节约（以最少的努力实现一个特定目标）以及报酬等细分原则为基础；第三个原则强调个人奖励，使更多员工感到满意，以及增进员工们的身心健康。正如丘奇后来所解释的：“这门新科学的真正目标……并不是把方正的楔子钉进圆形的孔洞里，而是恰如其分地把圆形的楔子钉进圆形的孔洞里，把方正的楔子钉进方正的孔洞里。”[17]

奥尔福德和丘奇认为，从这三个广泛的、规范性的原则出发，就可以为管理艺术找到一种真正科学的基础。

奥尔福德提倡管理中的艺术和科学，这反映了他对亨利·甘特的钦佩。他还为甘特撰写了一本非常精彩的传记。沿袭甘特的风格，奥尔福德呼吁工业工程师投身于社区服务，并且努力促进更好的劳资关系。在成为美国工程委员会（AEC）的成员之后，奥尔福德继续强调这些观点，并且为该委员会的一些广为人知的报告作出了贡献，其中包括 1921 年的《工业中的浪费》（Waste in Industry）、1922 年的《12 小时轮班制》（The Twelve Hour Shift）以及 1928 年的《安全与生产》（Safety and Production）。

国际上的科学管理运动

法国和英国

虽然工业革命始于英国，并从英国扩展到美国，但科学管理运动始于美国，并从美国扩展到其他国家，被这些国家的具体情况和文化影响。早在 1907 年，泰勒已经就金属切割、工时研究以及将科学管理引入法国等事项，与法国索邦大学（Sorbonne）教授亨利·勒沙特里耶（Henry Le Chatelier）有过接触。[18] 1907 年，泰勒的《车间管理》由里昂·德克鲁瓦（Leon Descroix）翻译成法文并且刊登在勒沙特里耶的《冶金评论》（*Revue de Métallurgie*）期刊上。[19]当泰勒夫妇于 1912 年和 1913 年两次访问欧洲时，勒沙特里耶把泰勒介绍给了雷诺兄弟汽车公司（Société Renault Frères）的创建者路易斯·雷诺（Louis Renault）以及米其林轮胎公司（Michelin Tire Company）的创建者爱德华·米其林（Edouard Michelin）和安德烈·米其林（André Michelin）。在第一次世界大战之前，米其林兄弟并没有应用泰勒的原则，不过他们在第一次世界大战之后开始把科学管理应用于自己的工厂，并且组建了米其林委员会来推动泰勒主义在法国的传播。[20]

路易斯·雷诺以前就去波士里拜访过泰勒，并且被告知需要 3～5 年才可以成功实施泰勒的理念。[21]处于福特汽车公司和德国几家汽车制造商的竞争压力之下，雷诺寻求一种“快速装置”并且雇用了一位纸上谈兵的工程师乔治·德兰姆（George de Ram）在自己的比扬古工厂进行工时研究。[22]随后，工厂的计件工资率被降低，于是导致在 1912 年 12 月发生了一次罢工。雷诺对此作出了妥协，将预期产出降低 20%，但是在 1913 年 2 月又发生一次罢工，这次罢工演变成一次闭厂行动，经过 6 周的僵持之后，雷诺取得了最终胜利。[23]在 1913 年的这次罢工之后，泰勒给勒沙特里耶写信说：“如果一个人（雷诺）故意与行家里手们的正确经验背道而驰，而且拒绝听取以一种友善、正确的方式提供的建议，那么在我看来，他就活该倒霉。”[24]

巴黎-奥尔良铁路前任总工程师查尔斯·德弗雷米维勒（Charles de Fréminville）通过勒沙特里耶翻译的泰勒作品对科学管理有所了解。德弗雷米维勒成为法国第二位主要的泰勒主义提倡者。[25]他试图将科学管理的原则应用于法国的汽车制造商潘哈德和勒瓦瑟公司（Panhard et Levassor），这家公司是法国汽车行业的先驱。遗憾的是，这家公司的管理者抵制他的努力，或者仅仅采用科学管理中能够以极低成本获得迅速回报的那些部分。不过，德弗雷米维勒并没有放弃自己的兴趣，他和勒沙特里耶一起帮助法约尔的管理研究中心与法国组织大会合并，组建成至今仍然存在的法国组织全国委员会。

在第一次世界大战期间，科学管理获得了更广泛的传播，当时法国战争部部长乔治·克列孟梭（Georges Clemenceau）命令所有的军工厂都采用泰勒的原则。[26]因此，伯特兰·汤普森和德弗雷米维勒在位于马恩河畔的查隆斯、盖里尼以及克莱蒙费朗的海军兵工厂实施了泰勒的方法。法国海军部部长乔治·莱格（Georges Leygues）下令在位于图尔的兵工厂采用这些相同的方法。[27]科学管理在法国的最初经历并不尽如人意：管理者们学到了方法和技巧，但忘记了“心理革命”。总之，如同在美国发生的那些令泰勒感到厌恶的事情一样，管理者们曲解了泰勒所描述的科学管理。[28]虽然法国使用“泰勒主义”这个术语来称呼科学管理，但实际上，在其运用过程中并没有真正体现泰勒的思想精髓。

1905年，阀门制造商约瑟夫·霍普金斯公司（Joseph Hopkinson & Company）首次将“泰勒主义”引入英国。[29]在厄威克（Urwick）和布雷克（Brech）看来，“泰勒教条”在英国并没有获得很好的认同。泰勒以前就曾经因为高速钢材加工工艺的专利权问题与英国制造商发生过许多不愉快，而且英国工会反对他的方法。[30]不过，惠特森（Whitson）发现英国的工程期刊非常频繁地引用泰勒的作品，而且通常持肯定看法。[31]反对意见也不少，行业期刊《工程师》（*The Engineer*）在1911年的一篇社论中写道：“我们毫不犹豫地说，泰勒主义是不人道的。它以非人性化的方式来对待人，竭力消灭能够使人胜过一台机器的唯一区别之处——他的智力。”[32]

制造商们持有截然不同的看法。链带制造商汉斯·雷诺德公司（Hans Renold Co.）在1908年引入了科学管理。[33]雷诺德和泰勒在美国见过三次面，对泰勒的方法在美国链式传动带工程公司的实施印象深刻。雷诺和他的儿子查尔斯（Charles）成功地实施了科学管理，但是一位权威人士认为，他们的优秀示范“似乎并没有使科学管理（在英国）获得更加广泛的接受”[34]。掌管巧克力制造公司吉百利公司（Cadbury）的爱德华·吉百利（Edward Cadbury）对科学管理的方法及其对待工人的方式持批评态度，但是罗林森（Rowlinson）认为吉百利并没有接触到该公司车间层次的工作实践，并且已经使用了科学管理的核心元素。[35]

德国、奥地利、波兰和俄国

在德国，浓厚的工程学传统为泰勒主义的引入提供了有利条件。早在1907年，泰勒的作品就被翻译成德文，德国许多咨询顾问都宣称应用了泰勒的原则。弗兰克·吉尔布雷斯在德国完成过很多咨询任务。1913年，亨利·甘特和美国机械工程师协会的一些成员共同前往德国。1910年，工时研究被用于弗里德里希·克虏伯公司（Friedrich Krupp AG），使得劳动力成本降低25%。[36]在所谓的合理化运动中，包括西门子公司（Siemens）、波尔齐克公司（Borsig）、奥萨姆公司（Orsam）和博世公司（Bosch）在内的一些公司也设法应用泰勒的原则。行业工会的态度是相当抵制的，例如博世公司在1912年和1913年都爆发了罢工事件。在第一次世界大战之后，德国成立了国家效率委员会（The National Board of Efficiency），采取一种全国普遍推广的方式来实施科学管理。由国家资助的国家效率委员会是一个广泛的交流平台，便于德国学术界和工业界的专业人士在魏玛共和国期间研究和推广工业效率。[37]当阿道夫·希特勒（Adolf Hitler）掌权之后，工会被取消，国家效率委员会被用来控制工业实践。战争、经济萧条以及法西斯主义显著影响了科学管理在德国的发展历程。

在奥地利，奥地利工程师和建筑师协会（Organization of Austrian Engineers and Architects）在 1914 年首次公开讨论泰勒主义。当 1914 年 8 月的枪声宣告第一次世界大战爆发时，德国和奥地利对泰勒主义的探讨很快被打断。[38]不过，战争结束之后，这些讨论重新恢复，当时一家致力于探讨泰勒主义的期刊《泰勒杂志》于 1920—1929 年在奥地利公开发行。[39]

1896 年，在俄国接受过教育的波兰工程师卡罗尔·阿达梅茨基（Karol Adamiecki）提出了一种“和谐法”来解决生产瓶颈问题。这是一种图解方法，即同时以图表说明几种复杂操作，从而使它们得到系统的解决。阿达梅茨基的这种和谐法具有甘特图的元素，也类似于计划评审技术的工作流网络。[40]和谐法在波兰和俄国的一些轧钢厂得到了某种程度的认可和使用，但是俄国反资本主义的社会政治意识形态阻止了该方法的更广泛传播。在阿达梅茨基的有生之年，他的作品从未被翻译成英文，但是通过 1923 年在华沙成立波兰科学管理学会（Polish Institute of Scientific Management），向在布拉格召开的第一届科学管理国际大会提交一篇论文，以及积极参与国际劳工组织（ILO）和科学管理国际委员会的事务，他成为欧洲科学管理运动的一位领军人物。

在 1917 年俄国革命推翻最后一位沙皇的统治之后，弗拉基米尔·列宁（Vladimir I. Lenin）主张使用科学管理原则使本国工业系统化。在列宁看来，科学管理是实现经济进步的最先进方法。[41]

列宁的目标是向人们表明，如果工人们掌握了先进的生产方式，整个社会都将获益。1920 年，亚历克斯·盖斯塔夫（Alexsei K. Gastev）——科学管理的一位主要提倡者——成为莫斯科劳动学会（Institute of Labor）的创始人和负责人。1921 年，劳动学会与活劳动实验研究学会（Institute for the Experimental Study of Live Labor）合并，组建了中央劳动学会（Central Institute of Labor）。盖斯塔夫与科学管理委员会（Council on Scientific Management）的负责人柏拉图·凯尔任采夫（Platon M. Kerzhentsev）发生了矛盾，后者指控盖斯塔夫“完全照搬泰勒主义，意图剥夺广大工人群众的积极性和参与合理化运动的热情”[42]。虽然召开了无数次会议和成立了许多机构，并且进行了大量尝试，以实施泰勒系统，但由于布尔什维克对资本主义的不信任，因此几乎没有获得什么进展。[43]作为替代，“超级工人”的理念兴起。因为在煤矿中的卓越表现，阿列克谢·格里戈里耶维奇·斯达汉诺夫（Alexei Grigorevich Stakhanov）成为举国皆知的英雄人物。斯达汉诺夫及其班组汇报上来的产出（5 小时 45 分钟达到 102 吨）确实是卓尔不群的——据称，相当于每日标准产量 7 吨的 14 倍，因此，他被树立为其他人学习的榜样。[44]无论是否真实，这项成绩是如此非凡，以至于他的照片出现在 1935 年 12 月 16 日美国《时代》杂志的封面上。[45]苏联工人的更高生产力并非来自工作分析和更高的工作方法，而是源于无私忘我的辛勤劳动和对苏联的奉献精神。不过，根据描述，“那些斯达汉诺夫分子因为提高了产出标准而被工人同事们排斥”[46]。

1924年列宁去世之后，他的继任者约瑟夫·斯大林（Joseph Stalin）试图制订一项全国经济计划。为了完成这个任务，斯大林聘请了甘特的一名弟子沃尔特·波拉科夫（Walter N. Polakov）作为顾问。波拉科夫于1879年在俄国出生，1902年在德累斯顿（德国）的皇家理工学院（Royal Institute of Technology）获得机械工程学学位，并且在莫斯科大学继续深造，从事心理学和工业卫生学领域的研究工作。他在图拉机车部件工厂（Tula Locomotive Works）工作过，还曾担任俄国航运和海港部（Department of Navigation and Harbors）的总工程师和舰船指导员。1906年，他移民到美国。他因发电厂管理专家的身份而广为人知。波拉科夫为华莱士·克拉克的作品《甘特图：一种有效的管理工具》撰写了一份附录，其标题为《测量人的工作》。[47]从1929年12月到1931年3月，他以一位独立咨询师的身份在苏联工作，使用甘特图来规划和控制工业产出，以使苏联1928年公布的五年计划目标得以实现。波拉科夫把甘特图引入苏联的努力被苏联最高国民经济委员会（Soviet Supreme Council of the National Economy）"热情推荐给"全国所有工厂。[48]在波拉科夫看来，虽然存在各种缺陷，但是苏联的五年计划取得了"令人印象深刻的成就"，而甘特图也为之作出了贡献。[49]

其他欧洲国家的科学管理

泰勒主义也被引入了其他欧洲国家，其成功程度因各国的具体情况不同而不同。[50]捷克斯洛伐克科学管理运动的领导者是托马斯·马萨里克（Tomáš G. Masaryk）和爱德华·贝奈斯（Edvard Beneš），他们后来都担任过该国的总统。[51]在意大利，经济条件妨碍了科学管理的广泛应用，但是那些大型的企业，例如打字机制造商好利获得公司（Olivetti）以及汽车制造商菲亚特公司（Fiat）和玛涅蒂·马瑞利公司（Magneti Marelli），都引入了科学管理。[52]意大利共产党的创始人安东尼奥·葛兰西（Antonio Gramsci）对科学管理持批判态度，认为它消灭了工人自主性。[53]意大利全国科学工作组织（Italian National Organization of Scientific Work）成立于1926年，它积极发表关于科学管理的信息和作品。

1912年，盖斯塔夫·阿克塞尔·杰登霍尔姆（Gustav Axel Jæaderholm）将泰勒主义引入瑞典。泰勒的《科学管理原理》在1913年被翻译成瑞典语，并且由在斯德哥尔摩的皇家理工学院执教的艾瑞克·奥古斯特·福斯博格（Erik August Forsberg）为瑞典版撰写前言。福斯博格之前在阿法拉伐公司（Alfa Laval）离心机工厂担任技术总管时曾经将泰勒的方法引入该工厂。[54]《科学管理原理》于1914年在芬兰出版，根据雅各布·德朱林（Jacob de Julin）的描述，很快就成为"芬兰几乎每一家追求进步的工厂所使用的福音"[55]。不过，1918年持续3个月的混乱，延缓了该国推行泰勒原则的步伐。

通过出版自己的作品《理性的劳动管理》（*Rational Labor Management*），挪威工业家雅金·莱姆库尔（Joakim Lehmkuhl）于1920年将科学管理引入挪威。不过，科学管理在20世纪50年代之前都没有在挪威留下什么痕迹。[56]科学管理在1905年进入丹麦，它被引入NKT公司位于米德法特的电缆工厂。[57]不过，科学管理在该国并没有广泛传播，因为该国经济主要是由中小型公司构成，在这些公司里，雇主和雇员之间的关系主要体现为合作和商谈。[58]荷兰的情况似乎也是如此。虽然亨德里克斯（H. J. Hendrikse）

在 1909 年翻译了《车间管理》，并且在 1913 年翻译了《科学管理原理》，西奥·范·德·瓦尔登（Theo van der Waerden）在 1916 年出版了《泰勒系统以及现代计件工资系统导论》，但是直到第二次世界大战之后泰勒主义才在该国达到自己的鼎盛时期。[59]此外，泰勒的《车间管理》在 1914 年出现了一个西班牙翻译版本。[60]虽然最初获得了热情欢迎，但是科学管理被西班牙的知识分子视为具有强迫色彩，消灭了员工的主动性。其他人则质疑泰勒主义能否实现它所宣称的目标。[61]

科学管理在欧洲的正规化

在欧洲，对科学管理的兴趣持续升温，以各种不同但又相互联系的途径扩展到各个领域。1924 年第一届科学管理国际大会在布拉格召开，这次大会的美国参与者包括代表泰勒学会的哈洛·柏森，以及代表自己丈夫参加的莉莲·吉尔布雷斯。为了继续组织这种会议来交流关于管理的观点和意见，国际管理科学委员会在 1925 年组建。后来，国际管理科学大会分别在布鲁塞尔（1925 年）、罗马（1927 年）、巴黎（1929 年）、阿姆斯特丹（1932 年）、伦敦（1935 年）以及华盛顿特区（1938 年）召开。1941 年的会议原计划在柏林召开，但由于第二次世界大战被取消。科学管理国际委员会直到第二次世界大战结束之后才重新开始运作。[62]

从 20 世纪 20 年代开始，由波士顿的百货商场老板爱德华·法林（Edward A. Filene）赞助的 20 世纪基金会（Twentieth Century Fund）以及洛克菲勒基金会（Rockefeller Foundation）都设法在第一次世界大战之后进行重建的欧洲工业领域推广更好的管理，尤其是科学管理。国际管理学会（IMI）是总部位于日内瓦的国际劳工组织的一个副产品，组建于 1927 年，被人们期待能够提供一个互动平台，以交流和收集关于更好的管理实践的研究成果。法国人保罗·德维纳特（Paul Devinat）被任命为国际管理学会的第一任主席。[63]1928 年，他的职位由英国人、陆军中校林德尔·厄威克（Lyndall Urwick）接替。国际管理学会仍然面临许多问题，例如，与一些全国性的雇主群体之间的争端、战争威胁、法西斯主义在欧洲的抬头，以及随后出现的一次全球范围内的经济萧条导致该学会的财政支持被削减。1934 年 1 月，国际管理学会停止运作，当时 20 世纪基金会停止了对该学会的财政支持。[64]

使科学管理正规化并成为一个学科的步伐似乎为一种观点所阻挠，即认为通过实践经验才能够最好地学习管理。在德国，泰勒的追随者包括一些工业家和技术学会成员，但是他们对高等教育机构的影响极其有限。凯泽（Kieser）注意到，企业经济学、法学、外国语言、会记、公文写作等课程都有开办，但是它们都“没有提供一种类似于管理理论的东西”[65]。在法国，科学管理课程进入了该国历史最悠久的理工大学，即创办于 1794 年的法国国立工艺学院（CNAM）。该学院的院长朱尔斯·阿马尔（Jules Amar）将泰勒的原则应用于工作生理学领域，并且为伯特兰·汤普森组织了关于科学管理的课程。[66]该学院的教职人员就关于“泰勒主义”的正式课程展开了讨论，但是直到 1929 年才达成一致意见，当时法国劳动科学组织（l'organisation scientifique du travail）的主席职位被授予路易斯·丹笛-拉弗朗斯（Louis Danty-Lafrance）。丹笛-拉弗朗斯是科学管理领域的一位权威，法国国立工艺学院则“成为法国高等教育机构传播泰勒思想和实践的重镇，到 1955 年又有其他高校加入该行列”[67]。

日本、中国和澳大利亚

1868 年的明治维新标志着日本从封建社会向资本主义的转型。不过，它的工业化进展缓慢，1870 年，日本 80%以上的人口是农业人口，从事制造业的人口不足 5%。工业主要由只雇用少数几名工人的家族企业和企业主控制，生产技术普遍非常落后，并且缺乏现代的管理方法。[68]

日本首次引入泰勒主义似乎是在 1911 年下半年，当时日本记者池田俊朗（Ikeda Tōshirō）在新闻报纸上发表了一系列文章。[69]当 1910—1911 年东部铁路运费案在美国闹得沸沸扬扬时，池田俊朗在美国对泰勒主义的兴趣日益浓厚，考虑到自己这一系列文章受到了广泛欢迎，于是池田俊朗在 1913 年自行出版了一本名为《消除无用劳动的秘诀》的小册子，更详细、具体地阐述泰勒的理念。据称，这本小册子销售了大约 150 万册。情况与此类似，当泰勒的《科学管理原理》1911 年在美国出版时，日本鹿岛银行（Kajima Bank）的行长星野幸则（Hoshino Yukinori）恰好在美国。星野幸则获得了泰勒《科学管理原理》的翻译许可，该书的日文版在 1913 年畅销日本，书名为《科学管理方法的原则》。[70]由于播种在肥沃的土壤里，科学管理这颗种子茁壮生长。更早的是，一位知名的日本教师、作者和咨询顾问上野阳一（Yōichi Ueno）在 1912 年发表了一篇题为《论效率》（On Efficiency）的论文，该论文介绍了泰勒、弗兰克·吉尔布雷斯以及伯特兰·汤普森的作品。上野阳一翻译了泰勒的许多文章，参加了很多国际会议，在 1922 年创建了工业效率学会并亲自担任主席。1925 年，他帮助组建了泰勒学会在日本的一个分会，并且在 1927 年组建了日本管理协会联合会（JFMA）。1931 年，该联合会与日本工业协会（JIA）合并，组成了日本管理协会（JMA）。上野阳一被尊称为“日本管理科学之父”。[71]

在日本工业领域，将科学管理运用得最好的是钟渊棉纺公司（Kanegafuchi Cotton Textile Company）在兵库县的工厂。该工厂由武藤山治（Mutō Sanji）担任经理，他曾经在美国接受教育，发现支付高工资与获得高利润之间并不存在本质冲突。[72]像泰勒和甘特一样，武藤山治开始支付更高工资以吸引更优秀的工人，对这些工人进行培训，并且改进工厂的监管和组织。武藤山治后来成为该棉纺公司的董事长，带领该公司成为日本当今最主要的纺织企业之一。武藤山治和科学管理的其他拥护者都明白，更高的生产率是高工资与高利润之间的纽带，而更高的生产率是通过技术、资本以及更好的工作方法来实现的。许多流行作者所称的“日本式管理”并不是最近才出现的，而是日本在明治维新后期引进科学管理之后的直接产物。[73]在上野阳一等学者以及武藤山治等实践者的影响下，科学管理为日本工业的现代化奠定了基础。

1911 年 10 月武昌起义爆发，推翻清朝统治之后，中国工程师、实业家、政府官员以及知识分子对科学管理的兴趣与日俱增。科学管理被穆湘玥（字藕初，人多称为穆藕初）引入中国。[74]穆藕初 1913 年在伊利诺伊大学（University of Illinois）获得农学学位，1914 年在得克萨斯 A&M 大学获得棉花种植与制造的硕士学位，并且在该校了解到泰勒的作品。也正是在该校期间，他写信给泰勒，要求泰勒允许他将《科学管理原理》翻译成中文。[75]穆藕初 1914 年返回中国，1 年后在上海创建了德大纱厂（Teh Dah Cotton

Spinning Company)。他与董东苏合作翻译的《科学管理原理》在 1916 年出版发行。该中译本的内容被上海的一份期刊《中华实业界》连载。穆藕初又创建了两家传统的纱厂，并且在 1921 年成立了上海华商纱布交易所（Chinese Cotton Goods Exchange)。1921 年，他在上海创办了中华劝工银行（Chinese Industrial Bank)。穆藕初后来担任了各种政府职务。[76] 20 世纪 20 年代，中国许多公司尝试应用泰勒的方法。[77] 穆藕初开创性地将科学管理引入中国，他是中国著名的实业家，中国现代企业管理的先驱。[78]

20 世纪 20 年代初，泰勒的原则被首次应用于澳大利亚，其中以服装制造商皮尔逊·劳公司（Pearson Law and Company）以及新南威尔士铁路公司（New South Wales Railways）为代表。[79] 20 年代末期，一些跨国企业，例如通用汽车公司、固特异轮胎公司（Goodyear Tire & Rubber Co.）以及标准电话与电缆公司（Standard Telephones & Cables）在澳大利亚的分支机构引入了科学管理。塔斯卡（Taska）记录了科学管理如何扩展到澳大利亚的教育领域，“导致了一种管理文化的传播，直到今天仍然存续”[80]。通过广泛分析科学管理的应用，塔斯卡得出结论：“科学管理在不同国家中的传播取决于两个相互关联的先决条件：一个流动性相对较强的社会阶层结构，它使得从事不同职业的人有机会实现社会流动；一种一体化的教育系统，它能够支持这种社会流动。”而且“在 20 世纪前期，这两个先决条件恰好在澳大利亚存在，当时该国最优秀的专业人士、政府官员和知识分子都日益青睐美国的工业改革理念”[81]。

其 他

史蒂文斯理工学院泰勒纪念馆（Taylor Collection）中的记录非常详细地记载了泰勒的《车间管理》和《科学管理原理》的早期传播和翻译，但是这份记录可能并不完整。这两本著作以不同的形式和内容出现在世界各地。1911 年《科学管理原理》的译本在墨西哥出版发行。拉脱维亚政府驻伦敦代表亨利·西森斯（Henri Simsons）在 1912 年与泰勒联系，希望获得将《科学管理原理》翻译成拉丁文的许可。[82] 与此类似，安布森液压结构公司（Ambursen Hydraulic Construction Company，位于波士顿）总裁威廉·丘奇（William L. Church）在 1911 年写信给泰勒，以新英格兰世界语协会（New England Esperanto Association）的名义询问是否可以将《科学管理原理》翻译成世界语。[83] 丘奇所要求的世界语版本是否存在仍然未知。

评价科学管理在美国以及世界其他地方的传播时，有一个关键点需要牢记，如同邓福德（Dunford）所说的：“不要把科学管理作为一个词语的存在与科学管理作为一种具体行为的存在混为一谈，这非常重要。”[84] 他进一步提醒道，科学管理在澳大利亚的应用程度是否真如所宣称的那样，相关证据尚不具备说服力。以新南威尔士铁路的工人为例，他们举行了罢工，以抗议实施一种“卡片系统”，即在一张卡片上记录每一位工人花多少时间从事自己的工作，而该系统被认为是科学管理的应用。毋庸置疑，无论是泰勒还是他的追随者都不会认为这是实施泰勒方法的例子。根据多年来在欧洲从事咨询工作的经验，伯特兰·汤普森应该会同意邓福德的论断。汤普森也说过，存在着“一大帮厚颜无耻的骗子，其中绝大多数是失业的簿记员，挨家挨户地去寻找客户，而且以极低的优惠价格招揽到许多客户”[85]。根据汤普森的陈述，他甚至发现，“安装一台额外的机器，甚至是一部电话，就将之称为‘泰勒主义’”[86]。以新南威尔士铁路工人罢工事件为例，工人们“对泰勒主义的敌意来自他们担心泰勒方法将可能会采取的措施，而不是基于实际上已经采取的措施”[87]。

科学管理在工业中的实践

伯特兰·汤普森的成果以及华莱士·克拉克遍布欧洲各地的咨询公司都体现了科学管理在国际上的实践。汤普森的“泰勒-汤普森系统”对泰勒的理念进行调整，以适合他所面临的具体情况，尤其是在与工会打交道时。例如，他与工会代表合作，在通用电气公司位于法国南锡的工厂里成功实施了泰勒主义，但拒绝前往该公司位于德国的工厂，因为该工厂的劳动合同禁止员工奖金计划。汤普森的公司是其他人效仿的榜样，他培养了一大批训练有素的咨询师，其中包括法国第一位女性管理咨询师苏珊·加尔森-古内特(Suzanne Garcin-Guynet)。[88]

华莱士·克拉克曾经效力于亨利·甘特的咨询公司，在甘特逝世之后成为其理念的首席代言人。克拉克证明了甘特图在销售、人事、生产、金融和预算等领域的普适性。克拉克的咨询工作基本上都取得了成功，只有少数例外，例如他拒绝接手波拉科夫的工作，因为他认为“政治因素将占据主导地位，无法进行充分的研究和执行”[89]。受过泰勒和甘特的训练，汤普森和克拉克能够更好地理解科学管理在国际环境中的实践。

许多美国公司被认为是实施科学管理的典范，例如普林顿出版社、链式传动带工程公司、约瑟夫 & 菲斯公司的制衣厂以及泰伯制造公司。亨利·肯德尔是普林顿出版社（马萨诸塞州诺伍德）的经理，也是科学管理在印刷行业的一位早期推广者。他认为工厂可以通过系统化而变得有效率，但是只有科学管理的哲学理念被各方完全认可和接受，才能够获得一种更好的长期效果。[90]普林顿出版社还成立了一个先进的人事部，专门负责雇用员工、执行纪律和解雇员工。该出版社的人事部经理简·威廉姆斯把工人流动率的下降——从1912年的186%降为1916年的13%——归功于科学管理。[91]道奇开发了链式传动带，它后来成为链式流水线装配作业的基础，而链式传动带工程公司（费城）则是实施泰勒方法的典范。[92]

威尔弗雷德·刘易斯，机器和工具制造商泰伯制造公司（费城）的董事长，是传动装置领域的一位权威，同时也是度量衡改革的支持者。在泰伯制造公司，泰勒体制使得公司产出增加了250%。[93]霍勒斯·哈撒韦是泰伯制造公司的总经理，他主张在实施泰勒体制之前进行精心规划，包括制订一项广泛的计划来教育工人和主管，使他们了解科学管理的原则和目标。在约瑟夫 & 菲斯公司（俄亥俄州克利夫兰）的制衣厂，理查德·菲斯和玛丽·巴内特·吉尔森认识到科学管理对于劳动密集型制衣行业的价值。菲斯实施了工时研究和动作研究，根据绩效和出勤来支付奖金，成立了一个计划部使工作流程变得顺畅，而且雇用了一名整形外科医生来设计桌椅以使工人们更舒适，从而减少疲劳和提高效率。吉尔森掌管人事和服务部（她不喜欢“福利部”这种说法），她负责员工测试，正确地挑选和安置员工，把女性员工提拔到主管职位，并且实施其他的先进措施。

这些举措使得吉尔森成为那个时代最著名、最有影响力的人事经理。[94]在制衣厂，泰勒体制与新兴的人事管理运动中涌现的最佳理念实现了融合。

伯特兰·汤普森认为，员工队伍稳定性的提高是科学管理在实践中带来的许多利益之一。[95]他指的是通过改进生产计划，员工的选拔、安置及工作培训带来的就业稳定性。科学管理致力于减少浪费，而导致成本增加的一个主要因素就是员工流动。首次对员工流动现象进行统计分析的是通用电气公司的马格努斯·亚历山大（Magnus Alexander)。[96]他发现，1912 年通用电气公司的 12 家工厂中有 22 031 名员工是原本不必要招聘的新员工，员工流动率超过 55%。据估计，员工流动导致的成本总计高达 831 030 美元，其中包括雇佣成本、培训成本以及新雇员在熟悉其工作的过程中由于较低的生产率而导致的其他损失。沃顿商学院的一名教师约瑟夫·威利茨（Joseph Willits）在研究费城的纺织工厂的员工流动现象时效仿了亚历山大的研究。他发现员工流动率在50%～100%之间，偶尔甚至达到 500%。[97]威利茨建议实施更好的员工选拔、安排、培训以及工资激励措施来维持员工队伍的稳定。简而言之，泰勒的“一等工人”以及芒斯特伯格对“最佳工人实现最佳效果”的探索都有助于降低员工流动率和稳定员工队伍。无论是对于员工还是雇主来说，员工流动都意味着高成本，而科学管理则设法消除这种浪费现象。

霍克西报告

工会最初对科学管理所持的反对立场在美国产业关系委员会的一份调查中得到了进一步宣扬。[98]这次调查的目的是考察工会和科学管理倡导者对泰勒系统下的工作条件所持的针锋相对的观点。该调查是在罗伯特·霍克西（Robert F. Hoxie）的领导下完成的。霍克西是芝加哥大学的政治经济学副教授。另外两位成员是：罗伯特·瓦伦丁（Robert G. Valentine)，劳动领域的一名调查员和咨询顾问，时任马萨诸塞州最低工资委员会(Massachusetts Minimum Wage Commission）主席，代表雇主的观点；约翰·弗雷(John P. Frey)，《国际铸工杂志》的一名编辑，代表工会的立场。1915 年 1—4 月，调查员们一起或者单独对 30 家完整或者部分实施科学管理的工厂进行了调查。[99]

当霍克西坚持不对科学管理的理论和实践进行区分时，出现了争论的端倪。在霍克西看来，任何公司如果将自己的行为称为“科学的”，那么该公司的行为就是科学管理；而在泰勒看来，如果在实践中违反了科学管理的原则和理念，那么科学管理就不复存在。霍克西的逻辑并没有使泰勒屈服，这毫无疑问导致泰勒对这份调查报告的不认同，因此该报告附加了一份阐述泰勒立场的独立声明。[100]

霍克西报告发现，被调查的各家工厂存在非常明显的差异。第一，调查员们发现，工厂在实践中违背了在实施任何效率制度之前进行仔细研究和分析的规则。那些提供服务的效率专家只关注短期效果，却没有“能力或意愿根据泰勒的方案和理念来实施科学管理”[101]。第二，职能工长的概念在实践中很少得到拥护。一些公司做了尝试，但很快就改回旧式的直线型组织形式。第三，调查员们发现，在科学地选拔工人方面只取得了很小的进展或根本没有进展。“工人的领导”，对人事经理的一种早期称呼，几乎没有受过培训，而且“其经验和能力都值得质疑”[102]。

对工人们的指导和培训是实践远远落后于理论的另一个领域。学习是在不断试错的过程中摸索前行的，在这方面尤其缺乏训练有素的培训师，而且传授的重点往往是达到标准而不是学习工作技能。虽然存在这些缺陷，但霍克西仍然得出结论，认为总的来说，在实施科学管理的工厂中，培训工作要优于产业中的其他地方。调查关注的第五个领域，也是招致较多批评的一个领域，是工时研究的使用和任务设置。工厂往往只在一次草率的调查之后就确定各种标准和工资率，导致各种各样的不准确和不公正。总的来说，进行工时研究的人员没有受过良好训练，也没有经验，他们往往根据管理层的意愿，而不是真正的科学调查和观察，来设置工资率。激励计划也受到了详细审查。霍克西发现并没有工厂纯粹地采用泰勒、甘特或者埃默森的计划。泰勒在米德维尔钢铁公司实施的差别计件工资制很少被其他工厂采用，大多数计划都是甘特计划和埃默森计划的变体。

从一个更广泛的视角，霍克西试图调和泰勒和工会对于工业民主所持的对立观点。泰勒认为科学管理是工业民主的精髓。他的观点强调劳资双方的和谐与共同利益。应该根据员工们的努力程度向他们支付报酬；纪律措施源于科学地推导出的规律，而不是基于独裁的、驱使型的管理；对申诉和抗议的处理将依赖科学的调查和双方共同解决。在工会看来，通过否认工人对设置工作标准及确定工资率和工作条件具有发言权，科学管理使得管理层垄断了知识和权力。通过强调工人个体，科学管理使工人们产生了一种相互猜疑的情绪，破坏了工人群体的团结和合作精神。此外，科学管理破坏了工会以及工会向工人们提供的保护，这又会破坏劳工运动。

站在劳工的角度，霍克西得出结论：只有通过集体谈判程序，才能够实现工业民主。他并没有看到其他路径的可行性，包括一支受过良好教育的、开明的管理队伍，而且他似乎赞同这种观点，即员工的利益和管理层的利益在所有时间与所有地方都必然是对立的。他并没有真正地提出方案来禁止工会官员或工会成员抵制工作场所的改进措施。从这方面讲，他的调查并不怎么公正。不过，霍克西确实谴责了管理层试图通过捷径来获得效率，责备泰勒竭力将自己用来处理机器和车间的经验推广到所有类型和规模的企业，并且指出所谓的“效率专家”向那些强烈渴望提高员工绩效的雇主兜售灵丹妙药是一种严重过错。

那些进行批评的人也要公开接受批评。对于霍克西团队的研究方法，可以作何评论？通过说明实践远远落后于理论，霍克西和他的助手们努力公平地对待泰勒。然而，霍克西、瓦伦丁和弗雷对工会的偏袒导致了一种不可避免的研究偏见。有证据表明，该研究团队所采用的方法并不严谨。约瑟夫 & 菲斯公司（它的一个工厂被调查）的人事经理玛丽·巴内特·吉尔森写道，当霍克西和弗雷访问工厂时，他们与理查德·菲斯以及一些经理进行了一次简短会谈，做了一些笔记，却没有参观厂区。他们承诺将回来视察工作条件，但并未兑现承诺。[103]如果这种会谈也是调查员调查其他公司的方式，那么必然可以得出结论，霍克西团队的调查并不彻底。这次调查仅仅持续了4个月（1915年1—4月），而且只能够以一种肤浅的方式进行。这些人有最好的机会对处于早期阶段的科学管理进行一次彻底的实证调查，却因为狭隘的意识和匆忙的脚步而挥霍了这次机会，真可谓不幸。

尼兰（Nyland）认为，霍克西报告“严重倾向于”工会的立场，因此，“公开地以许多罪名控告泰勒主义分子，并且发现没有人是无辜的，其中许多人是有罪的”[104]。挑选罗伯特·瓦伦丁作为资方代表就明显体现了亲劳工的偏向。虽然瓦伦丁认为自己是一位不偏不倚的劳动专家，能够将工人和管理者联结到一起，但是他也主张政府发挥作用，保护工人免受工业化带来的负面影响。[105]考虑到瓦伦丁缺乏企业经验和不熟悉科学管理，泰勒反对由瓦伦丁担任调查员的任命。当被要求在产业关系委员会前提供证词时，瓦伦丁承认自己关于效率制度的唯一经验是，“在一些案例中遇到过效率制度……大约 6 个案例”。当被问及在引进“任何效率制度”时雇员是否应该参与时，他的回答是：“我不仅认为雇员个体应该参与，而且认为雇员应该作为某家工会的一部分来参与。”[106]实际上，在实施这次调查的三位调查员当中，没有一位科学管理的代表。

在哥伦比亚大学的一个口述史项目中，约翰·弗雷“承认当他和霍克西碰到有证据不支持美国劳工联合会的主张时，他会对资料作出修改，直到该资料能够证实他预想中的观点”[107]。弗雷也有对瓦伦丁不利的回忆：瓦伦丁对参观工厂、参加他们的会议以及撰写调查报告“并不关心”；而对于霍克西，弗雷认为他对实践所知甚少，而对“工作、工人和工业的了解甚至更少”[108]。

约翰·康芒斯，产业关系委员会的一名成员，回忆了其他两件对该委员会的决定具有重要影响的事件。查尔斯·麦卡锡（Charles McCarthy），该委员会研究中心主任，同时也是弗雷德里克·泰勒的支持者，负责监督霍克西领导的这次调查。产业关系委员会主席弗兰克·沃尔什，来自密苏里州堪萨斯城的一位劳资纠纷律师，很快就找到了不同意麦卡锡的理由，并且解除了对麦卡锡的任命。第二个事件是，“在对科学管理进行调查的中期”，沃尔什着手对康芒斯雇用的所有人重新分配任务或者直接解雇。[109]霍克西也属于被解雇者行列。这解释了为什么霍克西报告并没有被包括在产业关系委员会的最终报告之中，而是在 1915 年以一本书的形式单独出版。霍克西报告招致了学术界以及科学管理倡导者们的尖锐批评。英国经济学家查尔斯·米克斯特（Charles W. Mixter）评论说：“总的来说，（霍克西）这本书的影响将数倍放大对科学管理行为的误会和误解。”[110]巴思、哈撒韦、甘特、桑福德·汤普森以及其他一些人对霍克西报告所持的“批判态度”以及书中的虚假陈述感到极其不快。令巴思尤其感到失望的是，调查者们根据“许多不合格者或者冒牌货在企业中所做的事情，而不是根据货真价实者所做的工作，来评判科学管理，并且得出他们的许多观点”[111]。霍克西和他的同事们失去了一个对工会与科学管理之间的关系进行评估的绝佳机会，并且有意误导了几代学者对他们调查结果的看法。

汤普森和纳尔逊的研究

其他两项研究——其中一项在科学管理运动期间进行，另外一项则相对较晚——都考察了使用“泰勒的科学管理系统”的组织，它们获得的发现与霍克西报告形成鲜明对照。哈佛大学的伯特兰·汤普森研究了 172 家“毫无疑问”应用了科学管理的组织，它们分属于80种组织，例如，市政府、百货公司以及出版社。大多数应用（149家）发生在工厂，其中113家工厂中科学管理在实施中取得的进展足以让汤普森进行一番分析，59家工厂被认为是完全成功的，20家取得了部分成功，而34家失败了。汤普森将失败归咎于“咨询工程师的个性和……管理层的特性”[112]。咨询工程师的失败很大程度上是因为他们“缺乏经验和能力”，而管理层的失败可以归因于以下几个方面：草率地实施，由于初期效果不显著而没有耐心，管理群体内部的意见不合，管理层完全无法控制的一些外部因素（例如商业周期）。毫无例外，失败从来都不是工人本身所导致的。[113]

汤普森了解霍克西的报告，对他们把没有实施科学管理的工厂包括在内作出评价：

> 如果工厂中的这个制度是由泰勒先生亲自制定的，或者是由他的任何助手或与他有关的同事制定的，那么泰勒制可以对导致的各种结果负责，否则，无须负责。
>
> 当头脑中记住这个限制条件时，一位中立的调查员必须承认，无论是从雇主、雇员还是公众的视角来看，泰勒制已经被证明是成功的。[114]

此外，丹尼尔·纳尔逊（Daniel Nelson）研究了29家由泰勒最亲密的追随者们指导实施科学管理的组织，他发现虽然出现了各种变体，但存在一种普遍模式，即“大体坚持泰勒的理念”[115]。最不容易被接受的两种理念是：差别计件工资制（即使泰勒自己也转而使用甘特的计划）和职能工长制。纳尔逊还提到了科学管理与工业效率之间的一种“显著的正相关”。除了使用热能的行业（饮料、石油加工和化工行业），科学管理是“与增长而不是停滞联系在一起的”[116]。科学管理主要在批量装配（加工车间）和劳动密集型的非装配操作中得到使用。但是，在资本密集程度更高的行业（例如原生金属冶炼行业），科学管理被应用的可能性较低。在汽车行业，科学管理是在亨利·福特的装配线出现之前而不是之后被使用的（我们将在第12章探讨福特的生产技术）。例如，卡尔·巴思和乔治·巴布科克在富兰克林汽车公司获得了成功，但是一旦流水线和大规模生产技术进入汽车行业，科学管理方法就变得不那么有用了。[117]

纳尔逊注意到，泰勒制被视为“对劳工问题的一种不完善的解决方案”，可以在一定程度上为绩效激励提供一种“科学的”基础。[118]在工会看来，科学管理“试图排除熟练工人……降低熟练工人的重要性……（而且）取代熟练工人，迫使他们与非熟练工人竞争”[119]。认为熟练工人将被工作场所的各种改进措施取代的观点，其历史与那些抗议引进水力来代替手动织布机的卢德分子一样悠久（见第3章）。不过，就科学管理来说，对工会造成威胁的不是机器而是获得改进的工作程序。后来的作者，例如大卫·蒙哥马利（David Montgomery）和哈里·布雷弗曼（Harry Braverman），使人们记住了一种观点，即工人们工作的“去技能化”，或者说将工作分解为一些容易掌握的任务，使管理层降低对熟练工人的依赖程度。[120]

这种观点的证据是什么？如果科学管理使得工作“去技能化”，那么我们应该发现这个时期的熟练工人数量减少和非熟练工人数量增多。不过，美国人口普查局（U. S. Census Bureau）的数据显示，“熟练工人及类似工人”的数量（不包括监工的数量）在1900—1920年增加了72%（从2 900 000人增加到4 997 000人）；1900—1930年增加了96%（从2 900 000人增加到5 695 000人）。与此类似，“操作工及类似工人”

（半熟练工人）的数量，1900—1920 年增加了 77%（从 3 720 000 人增加到 6 587 000 人）；1900—1930 年增加了 107%（从 3 720 000 人增加到 7 691 000 人）。非熟练工人的数量（不包括农民和矿工）增长速度则相对较慢：1900—1920 年增加了 35%（从 3 620 000 人增加到 4 904 000 人）；1900—1930 年增加了 47%。[121]

社会学家道格拉斯·艾夏（Douglas Eichar）做了一项不同的研究，即研究不同技能水平的蓝领工人占劳动力总量的比例。1900 年熟练工人占劳动力总量的 10.5%，1920 年时则占 13%；半熟练工人从 1900 年的 12.8%增加到 1920 年的 15.6%；非熟练的非农劳动力从 1900 年的 12.5%减少到 1920 年的 11.6%。[122]无论是从绝对数量还是从占劳动力总量的百分比来看，熟练工人和半熟练工人的数量都在持续增加，而非熟练工人的数量则以一种缓慢得多的速度增加。声称科学管理使工人“去技能化”的观点是一种应该被抛弃的荒诞说法。

总而言之，科学管理在 20 世纪前 20 年中成为一种国际运动。不过，在评估那些实施科学管理的组织时，汤普森提出警示，认为必须意识到一种区分，这种区分就是“泰勒系统”和“泰勒精神”之间的差异。在这方面，汤普森观察到：“泰勒系统已经充当而且应该继续充当一种象征，或者如果你喜欢的话，也可以是一种理念和一种模式；如果没有这种体制，管理原则往往就会化为一种不那么剧烈的影响或‘精神’，而这在很大程度上已经发生。”[123]汤普森的观察至今仍然真实可信，因为泰勒原则的“精神”仍然在影响着全世界的现代工业。

一般管理的出现

虽然科学管理是 19 世纪末 20 世纪初的主流思想，但就在这个时期，一种更广泛的管理思想逐渐显示了它的早期迹象。从大的方面讲，这种更广泛的管理思想扎根于科学管理，并且进一步扩展了对企业运行进行系统化和合理化的需要。科学管理是对大规模组织的成长和对检查与细化组织行为的需要作出的一种响应，记住这一点很重要。通过这种响应，科学管理启发了其他学科，例如公共管理、办公室管理、市场营销以及会计，它还激发了人们对组织设计的理论和实践的兴趣，为商业政策研究提供了一个基础，并且酝酿了一种管理哲学。

科学管理对其他学科的影响

在科学管理的刺激下，其他学科开始探索通过科学来获得效率。威廉·莱芬韦尔（William H. Leffingwell）将科学管理的原则应用于办公室管理。[124]芝加哥大学的伦纳德·怀特（Leonard D. White）在莫里斯·库克遗留的领域中继续前进，并且对公共管理作出了巨大贡献。怀特是在课堂上讲授公共管理的第一人，而且对政府机构的人事管理作出了开拓性的贡献。[125]拉尔夫·斯达·巴特勒（Ralph Starr Butler）、路易斯·韦尔德

(Louis D. H. Weld) 以及保罗·康弗斯 (Paul D. Converse) 则把科学管理扩展到市场营销领域。[126]

在会计学领域，埃默森和泰勒在使用铁路公司的会计制度时提出了标准成本核算。在将工程经济学与会计的思想相结合的过程中，管理者首先在财务规划和控制方面遇到了难题。长期以来，一个令人苦恼的管理问题是产量、固定成本、可变成本、销售额以及利润之间的关系。1903 年，工程师亨利·赫斯 (Henry Hess) 设计了一种"交叉"图表，该图表能够显示这些变量以及它们之间的关系。[127]在该图表中，总成本与总收入相等的地方就是交叉点，也就是扭亏为盈的临界点。哥伦比亚大学教授沃尔特·劳滕施特劳赫 (Walter Rautenstrauch) 在 1922 年创造了"收支平衡点"这个术语来描述同一种现象。[128]同一年，会计师约翰·威廉姆斯 (John H. Williams) 提出了"弹性预算"的观点，用以说明管理层如何在不同产出水平上进行计划和控制。[129]这些工具为管理层预测、控制和解释不可预测的市场发展提供了方法和手段。

詹姆斯·麦肯锡 (James O. Mckinsey) 开创性地把预算发展为计划和控制的辅助手段。像泰勒一样，麦肯锡对于传统的事后会计方法感到失望。麦肯锡并不是将会计作为结果，而是把会计信息视为管理决策的一种辅助方法。在麦肯锡看来，预算并不仅仅是一组数字，而是一种落实责任和衡量绩效的方法。[130]麦肯锡曾经在芝加哥大学担任教授，后来成为麦肯锡咨询公司 (Mckinsey and Co.) 的一名资深合伙人，而且在早期的美国管理学会 (AMA) 中颇具影响力。美国管理学会成立于 1923 年，当时有点类似于管理实践者们的一所成人教育大学。该学会的目标是扩展管理研究的范围，使之不仅包括生产控制和人事管理，而且包括销售、财务以及管理任务的其他方面。以一种缓慢但不可阻挡的步伐，管理教育开始从强调生产车间管理转变为一种涵盖了所有商业领域的更广泛的管理。

早期的组织理论

在 20 世纪 20 年代，组织研究主要关注为个体与部门之间的权力-行为关系设计一种正式结构。早期的工厂体制建立在劳动分工的基础上，要求对工人们的努力进行协调；把各种活动集中到各个部门去完成，就可以满足这种要求。前面已经指出，早期的企业都是由家庭所有和管理的企业，只雇用很少量的雇员，它们由个人亲自监管以协调各种努力。美国（以及整个世界）的大型企业首先出现在铁路行业。1896 年，英国人约瑟夫·斯拉特·刘易斯 (Joseph Slater Lewis) 撰写了一本"可供对如何以流畅、有序的方式来对公司进行组织感兴趣的制造商、领导者、审计员、工程师、管理者、秘书、会计师、出纳员、估价师、最初成本核算师、簿记员、绘图员和学生等形形色色的人使用的手册"[131]。它被称为"第一本用英文撰写的管理著作"[132]。随着这些进展，人们逐渐认识到，为了满足规模和业务达到空前程度的大型组织的要求，新的组织形式不可或缺。

1909 年，拉塞尔·罗布 (Russell Robb) 在成立不久的哈佛大学商学院进行了一系列关于"组织"的演讲。罗布在这些演讲中主张，与其整齐划一地运用军队中传统的命令-控制型组织风格，公司更应该根据它们的目标以及所在的具体行业的独特要求，采用最适合自己的组织方式。当罗布提到“所有组织在某种程度上都是互不相同的，因为它们的目标、追求的结果，以及为了确保这些结果而采用的方法都是截然不同的……不存在任何‘康庄大道’，也不存在任何方程式，能够保证一旦掌握就放之四海而皆准，保证获得彻底和谐、有效和经济的结果，并且确保一条明确的道路通向预期的主要目标”，他预料到了现代的权变理论。[133]追求的目标不同，而且为实现这些目标使用的方法（今天我们可能会说是“战略”）也不同，导致组织结构和进行组织的方式也不尽相同。根据这个前提，罗布形成了他的理论：企业的目标不同于军事组织的目标，因此企业的组织重点也必定不同。从军事组织的组织风格中确实可以学到很多东西，例如明确的责任和权力、明确界定的任务和沟通途径，以及有保障的秩序和纪律。然而，军事组织对控制的强调程度在工业领域是不必要的。根据罗布的判断，工业组织建立在广泛的劳动分工基础上，需要对各种努力进行协调，其对协调的要求程度要高于军事组织。工业领域的成功并非建立在服从的基础之上，而是依靠对各种努力的节约。因此，企业的组织必须不同于军事机构的组织。企业必须强调员工的选拔和培训，必须设计更好的工作程序以实现效率最大化，管理者必须意识到“组织的一个重要因素是‘系统’，即整体机制”[134]。从系统的角度出发，罗布的演讲在当时的确不同凡响，这要早于 20 世纪 50 年代初期被众人熟知的“一般系统理论”（见第 21 章）。

杜邦公司和通用汽车公司的科学管理

对于管理史学家来说，没有任何故事比大型企业的兴起更令人着迷。使杜邦公司和通用汽车公司这两家工业巨头得以繁荣发展的因素中就有科学管理的重要贡献。如同第 7 章所述，泰勒在 1896 年与约翰逊公司创始人汤姆·约翰逊、担任公司审计官的莫克塞姆以及公司总经理科尔曼·杜邦密切合作，共同创建一套会计系统来监测原材料成本。1902 年，在他们的表兄弟、杜邦公司时任总裁 E. I. 杜邦逝世之后，科尔曼·杜邦、皮埃尔·杜邦和艾尔弗雷德·杜邦（Alfred I. du Pont）收购了杜邦公司，以保证该公司的控制权仍旧归属于杜邦家族。杜邦家族的这几位兄弟对泰勒在约翰逊公司的工作非常了解，尤其是担任杜邦公司总裁的皮埃尔，设法扩展了泰勒的成本会计制度，使之包含对公司绩效的全面衡量，而不仅仅是对生产率的衡量。早在 1903 年，杜邦公司就开始使用“投资收益”（净利润与总投资额之间的比率）来衡量公司创造利润的效率。这显然是人们首次使用该比率来评估一家公司的盈利能力。[135]通常认为是公司总裁皮埃尔实施了这些不可或缺的金融、经营和管理技术，使得杜邦公司发展为世界上规模最大的多事业部组织之一。皮埃尔从泰勒和卡内基（他在宾夕法尼亚铁路公司工作时学会了麦卡勒姆的会计制度）那里学到了成本会计的诀窍。[136]皮埃尔的一位关键助手是汉密尔顿·麦克法兰·巴克斯达勒（Hamilton M. Barksdale）——杜邦公司的总经理。巴克斯达勒开创性地将直线职能和幕僚职能分离；为杜邦公司的各个事业部制定统一的目标和政策；并且在杜邦公司实施分权，将权力下放到事业部级别。[137]

杜邦公司的另外一名关键人物是巴克斯达勒的表弟——唐纳森·布朗（Donaldson Brown）。布朗的贡献在于把投资收益的概念转化成一种测量和比较各部门绩效的标准（而不仅仅是衡量公司的整体投资收益）。布朗提出了这样一个公式：$R=T\times P$。式中，R 为各部门的投资收益率；T 为一个部门所投资金的周转率；P 为利润占该部门销售额的百分比。[138]布朗还提出了著名的杜邦图表系统，（DuPont Chart System），在半个多世纪里，它被用来制定公司决策，直到新的信息技术出现并用于处理财务数据。[139]

于 1908 年成立的正处于发展初期的通用汽车公司采用了杜邦公司的多事业部结构。威廉·杜兰特（William C. Durant）想出这样一个主意：把生产汽车和汽车零部件的制造商们组合起来，创建通用汽车公司。这种组合是非常难操作的，1920 年通用汽车公司获得杜邦家族注入的一笔资金之后，才摆脱财政极度困难的局面。杜兰特辞职后，已经处于半退休状态的皮埃尔走马上任，担任通用汽车公司的总裁。皮埃尔至少作出了两项关键的人事决定：一是将唐纳森·布朗带到通用汽车公司；二是提拔小艾尔弗雷德·斯隆（Alfred P. Sloan，Jr.）作为自己的继任者。斯隆于 1923 年执掌通用汽车公司。他集中管理权和分离经营权，并把那些有共同关系的事业集合在一起。通过分离经营权并且实施集中控制，该公司的各个产品事业部（例如，雪佛兰、别克、庞蒂克、凯迪拉克）能够更加迅速地对竞争作出应对。这种多事业部结构（M 型结构）通过把生产某种产品所需的各类员工集合到一起，可以更有效率地对越来越多样化的专业技能予以整合。[140]通过 M 型结构，每一条主要的生产线都是通过一个单独的、半自治的事业部来进行管理。每一个事业部都作为一家微型公司来运营，有自己的部门来负责生产、营销、财务以及其他职能。通过分权为产品事业部，公司可以使用布朗的 $R=T\times P$ 方程式来测量和比较各个事业部的绩效。

从泰勒的成本会计系统那里汲取知识，皮埃尔开发了一种测量公司整体绩效的方式。运用这种知识，他把杜邦公司和通用汽车公司打造成世界上规模最大、最为成功的两家企业。因此，泰勒以及科学管理为创造我们今天所称的“现代企业”发挥了作用。

商业政策

随着一般管理的概念在 20 世纪 20 年代逐渐兴起，商学院的概念也开始迅速传播。经济学，曾经称为伦理学，后来又称为政治经济学，是孕育这门新兴的商业学科的摇篮。亨利·汤曾经提倡的“工程师成为经济学家”的主张虽然未曾在美国机械工程师协会中得以实现，但在全美的商学院中得到了响应。商学院发展迅速，并于 1916 年成立了商学院协会（ACSB），也就是今天的美国商学院联合会（AACSB）。1926—1927 年，商学院协会拥有 38 家成员，开设的课程包括会计、经济学、金融、营销、商业法、物流、统计、物理环境、社会控制和道德规范、生产、人事以及劳动。[141]

虽然商业教育在 20 世纪的前 25 年里发展迅猛，但教育者们很少意识到有必要对开设的课程进行整合，以提供一般管理的视角。不过，有一个例外是阿奇·肖（Arch W. Shaw），他是芝加哥的一位卓越的商业领袖，也是《系统》（*System*）的编辑和发行人。《系统》是一本顶级期刊，致力于探讨“在一流工厂使用的、使得产量和利润不断增加的方法和手段”。1908年，肖在西北大学新成立的商学院讲学；1910年，又在哈佛大学商学院研究生院讲学。在哈佛大学，他逐渐熟悉了疑难问题教学法，这种方法脱胎于哈佛大学法学院的克里斯托弗·兰德尔（Christopher Langdell）在19世纪70年代讲授法学时使用的案例法。在1911—1912学年，肖在哈佛大学开设了一门基于疑难问题教学法（或者说案例法）的商业政策课程。这门课程的目的是“解决最高层的管理问题，而且希望将学生在第一学年学过的课程进行整合”[142]。肖邀请企业的高层管理者来到他的课堂，让他们描述自己公司正面临的一个难题，然后要求学生们进行讨论和分析，写出报告，这些报告将会提交给那些管理者。虽然肖实施了独特的教学方法，对各种课程进行整合，但在1925年仅有两所商学院（哈佛大学和密歇根大学（University of Michigan））要求学习商业政策，而且直到1959年，一门从最高管理层的视角出发的课程才成为美国商学院联合会的成员们开设的必修课。

在科学管理时代，主流的管理思想更多地体现在亚历山大·汉密尔顿·丘奇及其导师里昂·阿福德（Leon P. Alford）的作品中。丘奇在英国开始自己的职业生涯，成为成本会计系统方面的一位咨询顾问，在1900年左右前往美国。在约瑟夫·斯拉特·刘易斯（我们先前已经讨论过）的指导下，丘奇试图找到一种比泰勒的方法更加广泛适用的方法来研究管理。[143]在他研究了管理成本（即那些难以归到任何单种产品或活动的成本，例如管理层的薪酬）的分摊之后，他开始对从更广泛的视角来看待管理产生了兴趣。在丘奇看来，每个工业组织都由两种要素构成：（1）决定要素，它决定公司的生产和流通政策；（2）管理要素，它把公司制定的政策作为确定因素，通过采购、生产和销售赋予政策以实际意义。[144]用现代管理的术语来说，丘奇描述的就是政策制定（policy formulation）（决策要素）和执行（implementation）（管理要素）。[145]按照丘奇的解释，为了使这两项要素具有可操作性，管理者需要使用两种基本的工具：分析（analysis），包括成本会计、工时研究和动作研究、路径设计、机器的安排和布局以及计划；综合（synthesis），即把工人、职能、机器以及所有活动有效地组合起来，以实现某种有用的结果。简而言之，管理者进行分析以发现更好的方法，然后对各种活动进行协调（综合）。

在丘奇看来，泰勒对管理者的工作的看法存在局限性。丘奇认为管理应该关注公司的整体效率。他在撰写的书和论文中体现了一种高层管理者的视角，并且强调这种挑战，即管理一家公司的各个部门需要考虑到其他部门以及整个公司。在自己的著作《如何成为一名总经理》（*The Making of an Executive*）中，丘奇裹足不前，并没有如同亨利·法约尔那样提出一种一般管理思想，但无论如何，他扩展了泰勒以及泰勒时代的其他人的观点，而且为政策制定和执行提供了早期的真知灼见。[146]

虽然泰勒以及他那个时代的其他人的作品提出了一套价值理念或者信念，不过，是英国人奥利弗·谢尔登（Oliver Sheldon）首次提出要发展一种明确的管理哲学。谢尔登的整个职业生涯都是在约克郡的可可制品厂度过的，该工厂是英国的一家巧克力制造商（现如今归属于雀巢公司），由本杰明·西博姆·朗特里执掌（见第9章）。毫无疑问，谢尔登非常熟悉甘特的观点，即企业具有社会责任，需要把社区服务纳入工作活动中。谢尔登认为，管理者“应该形成一种管理哲学，即一套被科学地制定出来并获得普遍接受的原则，它建立在终极目标的基础上，可以为日常的管理活动提供一种指南”[147]。

谢尔登鼓励管理者形成共同的动机、共同的目标、一种共同的信念以及一套共同的知识。像甘特主张的那样，谢尔登的管理哲学的基本前提是社区服务：

> 企业应该提供美好的社区生活所必需的商品和服务，而且根据对它们的需求量来予以提供。这些商品和服务必须以最低廉的价格提供，符合适当的质量标准，并且其流通方式能够直接或间接地促进社区最高福利。[148]

在谢尔登看来，把科学管理对效率的强调与为社区提供服务结合起来是所有管理者的责任。为实现这个目标，谢尔登认为管理者必须采用三条原则：(1)“企业的政策、条件和方法应该有利于社会整体福利”；(2) 通过将社会正义应用于工业实践，“管理者应该努力从整体上诠释社区的最高道德约束”；(3)“管理层应该采取措施……以提高整体的道德标准和社会正义概念”[149]。谢尔登认为，在应用这些原则时，管理者必须同时考虑到人的效率和技术的效率。他支持科学的工作分析方法，也认为应该对最大限度地开发人的潜力予以足够重视。在谢尔登的管理哲学看来，服务的经济性基础、对人和技术的效率的双重强调，以及管理层应该提供社会正义的责任，将产生一种对各方均有利的“工业管理科学”。

小结

科学管理显著地影响了：(1) 对管理的正式研究；(2) 美国、西欧和东欧的大部分国家、日本、中国以及澳大利亚的管理实践；(3) 早期的组织理论；(4) 在其他商业学科的应用；(5) 一门正规的商业政策课程；(6) 一种明确的管理哲学。由泰勒播下的种子提供了关键的推动力，通过许多人的努力，科学管理才得以广泛传播。在实践中，科学管理并不是总能够真正实现其创始人的理想：工会抵制它，将其视为对工会自治权的威胁；各个国家对它的方法进行调整和改动，甚至歪曲它的精神；更普遍的是，各种类型的公司掌握了它的技巧和方法，却遗忘了它的哲学理念。不过，科学管理并没有失败。源于对企业行为进行系统化的需求，科学管理得以兴起，它旗帜鲜明地宣扬效率和理性，为管理实践提供目标，并且为管理理论提供内容。它的青年期是充满活力的，它的成熟期是硕果累累的，而且它为全世界孵化了众多才华横溢的人才，他们至今仍在对科学管理进行论述、研究和实践。科学管理反映了它所在的那个时代的精神，并且为后来的管理思想发展铺平了道路。

注 释

[1] Frederick W. Taylor, “Why Manufactures Dislike College Students,” in Henry S. Munroe, Arthur L. Williston, and Henry H. Norris, eds., *Proceedings of the Seventeenth Annual Meeting of the Society for the Promotion of Engineering Education* 17 (1910), pp. 79 - 92.

[2] John F. Mee, “Management Teaching in Historical Perspective,” *Southern Journal of Business* 7 (2) (May 1972), pp. 21 - 29. See also Daniel Nelson, “Scientific Management and the Transforma-

tion of University Business Education," in *idem*, ed., *A Mental Revolution: Scientific Management since Taylor* (Columbus, OH: Ohio State University Press, 1992), pp. 77 - 101.

[3] Henry R. Towne, "The Engineer as an Economist," *Transactions of the American Society of Mechanical Engineers* 7 (1886), pp. 428 - 429.

[4] Richard J. Whiting, "John Richards—California Pioneer of Management Thought," *California Management Review* 6 (2) (Winter 1963), pp. 35 - 38.

[5] Dexter S. Kimball, *I Remember* (New York: McGraw-Hill, 1953), p. 85.

[6] *Idem*, *Principles of Industrial Organization* (New York: McGraw-Hill, 1913).

[7] H. Wade Hibbard and Herbert S. Philbrick, "Teaching of Scientific Shop Management, with Use of Engineering School Shops as the Laboratory," William G. Raymond, Arthur N. Talbot, and Henry H. Norris, eds., *Proceedings of the Nineteenth Annual Meeting Society for the Promotion of Engineering Education* 19 (1911) (Ithaca, NY: 1912), pp. 91 - 92.

[8] Daniel A. Wren, Regina Ebert Greenwood, Julia Kurtz Teahen, and Arthur G. Bedeian, "C. Bertrand Thompson and Management Consulting in Europe, 1917 - 1934," *Journal of Management History* 21 (1), pp. 15 - 39. See also C. Bertrand Thompson, ed., *Scientific Management: A Collection of the More Significant Articles Describing the Taylor System of Management* (Cambridge, MA: Harvard University Press, 1914) and *idem*, *The Theory and Practice of Scientific Management* (Boston, MA: Houghton Mifflin, 1917).

[9] Daniel Nelson, "Scientific Management and the Transformation of University Business Education," in Daniel Nelson, ed., *A Mental Revolution: Scientific Management since Taylor* (Columbus, OH: Ohio State University Press, 1992), pp. 77 - 101. For more on early scientific-management education at Harvard University, and especially the role of Henry H. Farquhar, see Hindy L. Schachter, "Frederick Winslow Taylor, Henry Hallowell Farquhar, and the Dilemma of Relating Management Education to Organizational Practice," *Journal of Management History* 22 (2) (2016), pp. 199 - 213.

[10] Carol Carlson Dean, "*The Principles of Scientific Management* by Frederick W. Taylor: The Private Printing," *Journal of Management History* 3 (1) (1997), pp. 18 - 30.

[11] Mikiyoshi Hirose, "The Attitude of the American Society of Mechanical Engineers toward Management: Suggestions for a Revised Interpretation," *Kansai University Review of Economics and Business* 25 (1 - 2) (September 1996), pp. 125 - 148.

[12] *Addresses and Discussions at the Conference on Scientific Management held October 12, 13, 14, Nineteen Hundred and Eleven* (Hanover, NH: Amos Tuck School of Administration and Finance, Dartmouth College, 1912).

[13] Harlow S. Person, "The Manager, the Workman and the Social Scientist," *Bulletin of the Taylor Society* 3 (1) (February 1917), pp. 1 - 7.

[14] William J. Jaffe, *L. P. Alford and the Evolution of Modern Industrial Management* (New York: New York University Press, 1957).

[15] Leon P. Alford, ed., *Management's Handbook* (New York: Ronald Press, 1924); and later, *idem*, ed., *Cost and Production Handbook* (New York: Ronald Press, 1934) and coedited with John R. Bangs *Production Handbook* (New York: Ronald Press, 1944). See also Alford, *Laws of Management Applied to Manufacturing* (New York: Ronald Press, 1928) and *Principles of*

Industrial Management (New York: Ronald Press, 1940).

[16] A. Hamilton Church and Leon P. Alford, "The Principles of Management," *American Machinist* 36 (22) (May 30, 1912), pp. 857 - 861.

[17] A. Hamilton Church, *The Science and Practice of Management* (New York: Engineering Magazine, 1914), p. 227.

[18] Ralph E. Oesper, "The Scientific Career of Henry Louis Le Chatelier," *Journal of Chemical Education* 8 (3) (March 1931), p. 456.

[19] George G. Humphreys, *Taylorism in France, 1904 - 1920: The Impact of Scientific Management on Factory Relations and Society* (New York: Garland, 1986), p. 59. Originally an unpublished dissertation, University of Oklahoma, Norman, OK, 984.

[20] Francesca Tesi, "Michelin et le Taylorisme" [*Michelin and Taylorism*], *Histoire, Économie, et Société* 27 (3) (September, 2008), pp. 111 - 126; *idem*, "The Application of Taylorism in France: The Role of the Michelin Family in the Rationalization of French Work," *Business and Economic History On-line* 7 (New Series), 2009, pp. 1 - 22.

[21] Patrick Fridenson, "*Un tournant taylorien de la société française* (1904 - 1918)" ["*A Taylorian Turning Point in French Society*"], *Annales, Histoire, Sciences Sociales* 42 (5) (Sept. - Oct., 1987), p. 1042.

[22] Georges de Ram, "Sur Essai D'Application du Système Taylor: Dans un Grand Atelier de Mécanique Français" ["A Test of the Taylor System in a Large French Works"], *Revue de Métallurgie* 6 (9) (September 1909), pp. 929 - 930.

[23] Gary S. Cross, *A Quest for Time: The Reduction of Work in Britain and France, 1840 - 1940* (Berkeley, CA: University of California Press, 1989), p. 107.

[24] Frederick W. Taylor to Henry le Chatelier, March 20 1913, *Frederick Winslow Taylor Collection* (Correspondence Series), Special Collections, Samuel C. Williams Library, Stevens Institute of Technology, Hoboken, NJ.

[25] Lyndall Urwick and Edward F. L. Brech, *The Making of Scientific Management: Thirteen Pioneers*, vol. 1 (London: Sir Isaac Pitman & Sons, 1951), pp. 105 - 111.

[26] Clemenceau's February 26, 1918, order is reprinted at "Taylor Methods in French Industries," *Bulletin of the Taylor Society* 4 (3) (June 1919), pp. 29 - 35.

[27] Devinat, *Scientific Management in Europe*, p. 237.

[28] Humphreys, *Taylorism in France*, p. 105.

[29] Angelo Pichierri, "Diffusion and Crisis of Scientific Management in European Industry," in Salvador Giner and Margaret Scotford Archer, eds., *Contemporary Europe: Social Structures and Cultural Patterns* (London: Routledge & Kegan Paul, 1978), p. 58.

[30] Urwick and Brech, *The Making of Scientific Management*, p. 111. See also Steven Kreis, *The Diffusion of an Idea; A History of Scientific Management in Britain, 1890 - 1945* (Unpublished dissertation, University of Missouri, Columbia, MO, 1990).

[31] Kevin Whitson, "The Reception of Scientific Management by British Engineers, 1890 - 1914," *Business History Review* 71 (2) (Summer 1997), pp. 207 - 229. Also see *idem*, "Scientific Management and Production Management Practice in Britain between the Wars," *Historical Studies in Industrial Relations*, No. 1 (March 1996), pp. 47 - 75.

[32] "Taylorism," *The Engineer* 111 (May 19, 1911), p. 520. See also "Taylorism Again," *The Engineer* 113 (April 12, 1912), p. 382.

[33] Trevor Boyns, "Hans and Charles Renold: Entrepreneurs in the Introduction of Scientific Management Techniques in Britain," *Management Decision* 39 (9) (2001), pp. 719 - 728.

[34] Edward F. L. Brech, *The Evolution of Modern Management*, vol. 2: *Productivity in Perspective, 1914 - 1974* (Bristol: Thoemmes Press, 2002), p. 30.

[35] Michael Rowlinson, "The Early Application of Scientific Management by Cadbury," *Business History* 3 (4) (October 1988), pp. 384, 391.

[36] Bruce Kogut and David Parkinson, "The Diffusion of American Organizing Principles to Europe," in Bruce Kogut, ed., *Country Competitiveness: Technology and the Organizing of Work* (New York: Oxford University Press, 1993), pp. 184 - 187.

[37] J. Ronald Shearer, "*The Reichskuratorium für Wirtschaftlichkeit*: Fordism and Organized Capitalism in Germany, 1918 - 1945," *Business History Review* 71 (4) (Winter 1971), pp. 569 - 602.

[38] Mary Nolan, *Visions of Modernity: American Business and the Modernization of Germany* (New York: Oxford University Press, 1994), pp. 41 - 44.

[39] André Pfoertner, "The Americanization of Austrian Business" in Günter Bischof and Anton Pelinka, eds., *The Americanization/Westernization of Austria* (New Brunswick, NJ: Transaction Publishers, 2004), p. 63.

[40] John Mee, "History of Management," *Advanced Management-Office Executive* 1 (10) (October 1962), pp. 28 - 29. See also Theodore Limperg and Lyndall F. Urwick, "Charles Adamiecki (1866 - 1933)," *Bulletin of the International Management Institute* 3 (1)(January, 1929), pp. 102 - 103; Arthur G. Bedeian, "The Writings of Karol Adamiecki: A Reflection," upublished paper presented at the annual meeting of the Academy of Management, Minneapolis, MN, August 20, 1974; Edward R. Marsh, "The Harmonogram of Karol Adamiecki," *Academy of Management Journal* 18 (2) (June 1975), pp. 358 - 364; Zdzislaw P. Weslolowski, "The Polish Contribution to the Development of Scientific management," in Jeffrey C. Susbauber, ed., *Proceedings of the Annual Meeting of the Academy of Management* (1978), pp. 12 - 16, and Bart J. Debicki, "Forgotten Contributions to Scientific Management: Work and Ideas of Karol Adamiecki," *Journal of Management History* 21 (1), 2015, pp. 40 - 67.

[41] Vladimir I. Lenin, "The Urgent Problems of the Soviet Union," *Pravda* (April 28, 1918), pp. 3 - 5. (Abstracted in "What Lenine Said About the 'Taylor Society'," *Bulletin of the Taylor Society*, 4 (3) (June 1919), pp. 35 - 38.) Lenin's 1918 sentiments regarding scientific management stand in stark contrast to his earlier views. See, for example, his "Taylor's System: The Enslavement of Man to the Machine," *Put' Pravdy* No. 35 (March 13, 1914), p. 1, trans. Bernard Isaacs and Joe Fineberg in Lenin, *Collected Works: December 1913 - August* 1914, vol. 20 (Moscow: Progress Publishers, 1972), pp. 152 - 154. Also see Judith A. Merkle, *Management and Ideology: The Legacy of the International Management Movement* (Berkeley, CA: University of California Press), pp. 103 - 135; Andrey A. Semenov, "The Origin of Scientific Management Systems in Russia," Report No. 6, Graduate School of Management, St. Petersburg State University, 2010, and Mikhail Grachev and Boris Rakitsky, "Historic Horizons of Frederick Taylor's Scientific Management," *Journal of Management History* 19 (4) 2013, pp. 512 - 527.

[42] Platon M. Kerzhentsev quoted in Kendall E. Bailes, "Alexei Gastev and the Soviet Controversy Over Taylorism, 1918 – 1924," *Soviet Studies* 29 (3) (July 1977), p. 390. See also Mark R. Beissinger, *Scientific Management, Socialist Discipline, and Soviet Power* (Cambridge, MA: Harvard University Press, 1988), p. 54.

[43] Daniel A. Wren and Arthur G. Bedeian, "The Taylorization of Lenin: Rhetoric or Reality?" *International Journal of Social Economics* 31 (3) (2004), pp. 287 – 299. See also Zenovia A. Sochor, "Soviet Taylorism Revisited," *Soviet Studies* 38 (2) (April 1981), pp. 246 – 264; Mikhail Grachev and Boris Rakitsky, "Historic Horizons of Frederick Taylor's Scientific Management," *Journal of Management History* 19 (4) (2013), pp. 512 – 527.

[44] Arthur G. Bedeian and Carl R. Phillips, "Scientific Management and Stakhanovism in the Soviet Union: A Historical Perspective," *International Journal of Social Economics* 17 (10) (1990), pp. 28 – 35.

[45] The accompanying story is titled "Heroes of Labor," *Time* 26 (25) (December 16, 1935), pp. 25, 28.

[46] Victor Kravchenko, *I Choose Freedom: The Personal and Political Life of a Soviet Official* (New York: Charles Scribner's Sons, 1946), pp. 187 – 205, 298 – 302.

[47] Walter N. Polakov, "The Measurement of Human Work," in Wallace Clark, *The Gantt Chart: A Working Tool of Management* (New York: Ronald Press, 1922), pp. 150 – 157.

[48] Daniel A. Wren, "Scientific Management in the U. S. S. R., with Particular Reference to the Contribution of Walter N. Polakov," *Academy of Management Review* 5 (January 1980), pp. 1 – 11; Diana J. Kelly, "Marxist Manager amidst the Progressives: Walter N. Polakov and the Taylor Society," *Journal of Industrial History* 6 (2) (November 2004), pp. 61 – 75; *idem*, (2016) The Scientific Manager and the FBI: The Surveillance of Walter Polakov in the 1940s, *American Communist History* 14 (1) (2016), pp. 1 – 23; and *idem*, "Perceptions of Taylorism and a Marxist Scientific Manager," *Journal of Management History* 22 (3) (2016), pp. 341 – 362.

[49] Walter N. Polakov, "The Gantt Chart in Russia," *American Machinist* 75 (August 13, 1931), pp. 261 – 264.

[50] Frank B. Gilbreth and Lillian M. Gilbreth, "Scientific Management in Other Countries than the United States," *Bulletin of the Taylor Society* 9 (3) (June 1924), pp. 132 – 142.

[51] John Mihalasky, "Scientific Management in Central Eastern Europe—Czechoslovakia, Hungary, and Poland," in J.-C. Spender and Hugo J. Kijne, eds., *Scientific Management: Frederick Winslow Taylor's Gift to the World?* (Boston, MA: Kluwer, 1996), pp. 133 – 162.

[52] Perry R. Willson, *The Clockwork Factory: Women and Work in Fascist Italy* (Oxford, England: Clarendon Press, 1993), p. 41.

[53] Antoinette S. Phillips and Arthur G. Bedeian, "Understanding Antonio Gramsci's Ambiguous Legacy," *International Journal of Social Economics* 17 (10) (1990), pp. 36 – 41.

[54] Esbjorn Segelod and Leif Carlsson, "The Emergence of Uniform Principles of Cost Accounting in Sweden 1900 – 1936," *Accounting, Business & Financial History* 20 (3) (November, 2010), pp. 327 – 363. See also Nils Runeby, "Americanism, Taylorism and Social Integration," *Scandinavian Journal of History* 3 (1 – 4) (1978), pp. 21 – 46.

[55] Jacob de Julin, "American Industrial Methods in Finland," *Industrial Management* 58 (1) (July, 1919), p. 51.

[56] Francis Sejersted and Madeleine B. Adams, *The Age of Social Democracy: Norway and Sweden in the Twentieth Century* (Princeton, NJ: Princeton University Press), p. 45.

[57] Jørgen Burchardt, "Introduktion af nye ledelsesformer—da Scientific Management kom til Danmark 1905 - 1920," *Tidsskrit for Arbejdsliv* 3 (2) (2001), pp. 69 - 90. See also *idem*, "Introduction of New Management Concepts: When Scientific Management Came to Europe," Unpublished paper presented at the 2009 Business History Conference, Milan, Italy, June 13, 2009.

[58] Frans Bévort, John Storm Pedersen, and Jon Sundo, "Denmark," in Ingrid Brunstein, ed., *Human Resource Management in Western Europe* (Berlin: Walter de Gruyter, 1995), p. 31.

[59] Wiemer Salverda, Maarten van Klaveren, and Marc van der Meer, "The Debate in the Netherlands on Low Pay," in *idem*, eds., *Low-Wage Work in the Netherlands, 1900 - 1930* (New York: Russell Sage Foundation), p. 26. See also Erik S. A. Bloemen, *Scientific Management in Nederland 1900 - 1930* (Amsterdam: Nederlandsch Economisch-Historisch Archief, 1988).

[60] Frederick W. Taylor, *La Dirección de los Talleres: Estudio Sobre la Organizatción del Trabajo* [*The Direction of Workshops: Study of the Orgniazation of Work*]. trans. Eduardo Lozano (Barcelona: Libreria de Feliu y Susana, 1914).

[61] Mauro F. Guillén, *Models of Management* (Chicago, IL: University of Chicago Press, 1994), pp. 158 - 159.

[62] Erik Bloeman, "The Movement for Scientific Management in Europe between the Wars," in J.-C. Spender and Hugo J. Kijne, eds., *Scientific Management: Frederick Winslow Taylor's Gift to the World?* (Boston, MA: Kluwer, 1996), pp. 111 - 131.

[63] Charles D. Wrege, Ronald G. Greenwood, and Sakae Hata, "The International Management Institute and Political Opposition to its Efforts in Europe, 1925 - 1934," *Business and Economic History*, 2nd series 16 (1987), pp. 249 - 265.

[64] Trevor Boyns, "Lyndall Urwick at the International Management Institute, Geneva, 1928 - 1934: Right Job, Wrong Man?" Paper presented at the European Business History Association, 11th Annual Conference, Geneva, 13 - 15 September 2007.

[65] Alfred Kieser, "The Americanization of Academic Management Education in Germany," *Journal of Management Inquiry* 13 (2) (June 2004), p. 92.

[66] Jules Amar, *The Human Motor, or, The Scientific Foundations of Labour and Industry*, trans. Elise P. Butterworth and George E. Wright (London: G. Routledge, 1920). Originally published in 1914.

[67] Jean-Louis Peaucelle and Cameron Guthrie, "The Private Life of Henri Fayol and His Motivation to Build a Management Science," *Journal of Management History* 18 (4) (2012), p. 481.

[68] Koji Taira, "Factory Legislation and Management Modernization during Japan's Industrialization, 1886 - 1916," *Business History Review* 44 (1) (Spring 1970), pp. 84 - 109.

[69] William M. Tsutsui, *Manufacturing Ideology: Scientific Management in Twentieth-Century Japan* (Princeton, NJ: Princeton University Press, 1998), pp. 18 - 19.

[70] Toshikazu Nakase, "The Introduction of Scientific Management in Japan and Its Characteristics—Case Studies of Companies in the Sumitomo Zaibatsu," in Keiichiro Nakagawa, ed., *Labor and Management* (Toronto: University of Toronto Press, 1979), pp. 171 - 202.

[71] Ronald G. Greenwood and Robert H. Ross, "Early American Influence on Japanese Management Phi-

losophy: The Scientific Management Movement in Japan," in Sang M. Lee and Gary Schwendiman, eds., *Management by Japanese Systems* (New York: Praeger, 1982), pp. 43 - 54. See also William M. Tsutsui, "The Way of Efficiency: Ueno Yōichi and Scientific Management in Twentieth-Century Japan," *Modern Asian Studies* 35 (2) (April 2001), pp. 441 - 467 and Tamotsu Nishizawa, "Business Studies and Management Education in Japan's Economic Development," in Rolv Petter Amdam, ed., *Management, Education and Competitiveness: Europe, Japan and the United States* (Oxon, England: Routledge, 1996), pp. 96 - 110.

[72] Taira, "Factory Legislation," pp. 103 - 105. See also M. T. Vaziri, Joe Won Lee, and Joseph L. Krieger, "Onda Moku: The True Pioneer of Management through Respect for Humanity," *Leadership and Organization Development Journal* 9 (1) (1988), pp. 3 - 7.

[73] Balázs Vaszkun and William M. Tsutsui, "A Modern History of Japanese Management Thought," *Journal of Management History* 18 (4) (2012), pp. 368 - 385.

[74] In Chinese, names are sequenced last name, first name. Mu is, thus, Xiangyu's surname.

[75] Hsiang Y. Moh to Frederick W. Taylor, April 23, 1914; Taylor to Moh, May 4, 1914; Moh to Taylor. May 15, 1914. Frederick Winslow Taylor Collection, Samuel C. Williams Library, Stevens Institute of Technology, Hoboken, NJ.

[76] Mu's career is profiled in Isaac F. Marcosson, "The Changing East: The Industrialization of China," *Saturday Evening Post 195* (November 4, 1922), pp. 18 - 19, 116 - 118, 121 - 122.

[77] Stephen L. Morgan, "Transfer of Taylorist Ideas to China, 1910 - 1930s," *Journal of Management History* 12 (4) (2006), pp. 408 - 424.

[78] Chunhong Yan, *Zhongguo jin dai shi ye jia* (Beijing: Beijing ke xue ji shu chu ban she, 1995).

[79] Chris Wright. "Taylorism Reconsidered: The Impact of Scientific Management within the Australian Workplace," *Labour History*, No. 64 (May 1993), p. 39.

[80] Lucy Taksa, "The Cultural Diffusion of Scientific Management: The United States and New South Wales," *Journal of Industrial Relations* 37 (3) (September, 1995), pp. 427 - 461.

[81] *Idem*, "Uniting Management and Education in Pursuit of Efficiency: F. W. Taylor's Training Reform Legacy," *Economic and Labour Relations Review* 17 (2) (April 2007), p. 133.

[82] Frederick W. Taylor, *Frederika Vinslova Teilora Zinātniskās Rīcības Principi* [*Frederick Winslow Taylor's Principles of Scientific Management*], trans. Henri Simsons (Rigâ: Apgahdajis A. Gulbis, 1912).

[83] William L Church to Frederick W. Taylor, June 19, 1911; Taylor to Church, June 22, 1911; Church to Taylor, June 26, 1911, *Frederick Winslow Taylor Collection* (Box 63, Folder 3), Special Collections, Samuel C. Williams Library, Stevens Institute of Technology, Hoboken, NJ.

[84] Richard Dunford, "Scientific Management in Australia: A Discussion Paper," *Labour & Industry* 1 (3) (October 1988), p. 506.

[85] C. Thompson, "The Taylor System in Europe," *Advanced Management: Quarterly Journal* 5 (4) (October - December 1940), p. 173.

[86] *Ibid.*, p. 172.

[87] *Dunford*, "*Scientific Management in Australia: A Discussion Paper*," p. 507.

[88] Daniel A. Wren, Regina A. Greenwood, Julia Teahen, and Arthur G. Bedeian, "C. Bertrand Thompson and Management Consulting in Europe, 1917 - 1934," *Journal of Management History* 21 (1)

(2015), pp. 15 - 39.

[89] Daniel A. Wren, "Implementing the Gantt Chart in Europe and Britain: The Contributions of Wallace Clark," *Journal of Management History* 21 (3) (2015), pp. 309 - 327.

[90] Henry P. Kendall, "Unsystematized, Systematized, and Scientific Management," in Thompson, ed., *Scientific Management*, pp. 103 - 131.

[91] Jane C. Williams, "The Reduction of Labor Turnover in the Plimpton Press," *Annals of the American Academy of Political and Social Science* 71 (May 1917), pp. 71 - 81.

[92] See George P. Torrence, *James Mapes Dodge* (New York: Newcomen Society of North America, 1950); James M. Dodge, "A History of the Introduction of a System of Shop Management" in Thompson, ed., *Scientific Management*, pp. 226 - 231.

[93] Wilfred Lewis, "An Object Lesson in Efficiency," in Thompson, ed., *Scientific Management*, pp. 232 - 241. See also H. K. Hathaway, "Wilfred Lewis," *Bulletin of the Taylor Society* 15 (1) (February 1930), pp. 45 - 46.

[94] David J. Goldberg, "Richard A. Feiss, Mary Barnett Gilson, and Scientific Management at Joseph & Feiss, 1909 - 1925," in Daniel Nelson, ed., *A Mental Revolution: Scientific Management since Taylor* (Columbus, OH: Ohio State University Press, 1992), pp. 40 - 57.

[95] C. Bertrand Thompson, *The Taylor System of Scientific Management* (New York: A. W. Shaw, 1917), p. 27.

[96] Magnus W. Alexander, "Hiring and Firing: Its Economic Waste and How to Avoid It," *Annals of the American Academy of Political and Social Science* 65 (May 1916), pp. 128 - 144. See also Kyle Bruce, "Magnus Alexander, The Economists and Labour Turnover," *Business History* 47 (4) (October 2005), pp. 493 - 510.

[97] Joseph H. Willits, "The Labor Turn-Over and the Humanizing of Industry," *Annals of the American Academy of Political and Social Science* 61 (September 1915), pp. 127 - 137.

[98] This section draws on Chris Nyland, "Taylorism, John R. Commons and the Hoxie Report," *Journal of Economic Issues* 30 (4) (December 1996), pp. 985 - 1016.

[99] Robert F. Hoxie, *Scientific Management and Labor* (New York: Appleton-Century-Crofts, 1915), p. 4.

[100] *Ibid.*, Frederick W. Taylor, "Appendix Ⅱ: The Labor Claims of Scientific Managment According to Mr. Frederick W. Taylor," pp. 140 - 149. Gantt in Appendix Ⅲ (pp. 150 - 151) and Emerson in Appendix Ⅳ (pp. 152 - 168) also filed statements taking exception to Hoxie's claims. The three statements do not present a unified theory of the scientific-management movement, but do agree on its fundamental aims.

[101] *Ibid.*, p. 29.

[102] *Ibid.*, p. 32.

[103] Mary B. Gilson, *What's Past Is Prologue* (New York: Harper & Brothers, 1940), p. 93.

[104] Nyland, "Taylorism, John R. Commons and the Hoxie Report," p. 1007.

[105] Brad Snyder, *The House of Truth: A Washington Political Salon and the Foundations of American Liberalism* (New York: Oxford University Press, 2017), pp. 63 - 64. See also Ordway Tead, "Industrial Counselor, A New Profession," *The Independent* 88 (3548) (December 4, 1916), pp. 393 - 395.

[106] *Industrial Relations, Final Report and Testimony Submitted to Congress by the Commission on Industrial Relations*, Vol. 1 (Washington, DC: U. S. Government Printing Office, 1916), p. 853.

[107] John P. Frey, *Reminiscences of John Phillip Frey*. Interview conducted December 22, 1954, Washington, D. C. (New York: Columbia University Oral History Collection, Columbia University, 1953), p. 290. For Frey's contemporaneous account of the Hoxie-Valentine-Frey investigation, see *idem*, *Scientific Management and Labor* (New York: Efficiency Society, 1916) or "Scientific Management and Labor," *American Federationist* 23 (4) (April 1916), pp. 257 - 268 and (May 1916), pp. 358 - 368.

[108] *Ibid.*, pp. 287 - 288.

[109] John R. Commons, *Myself* (New York: Macmillan, 1934), pp. 176 - 177.

[110] Charles W. Mixter, [Review of the book *Scientific Management and Labor*], *American Economic Review* 6 (June 1916), p. 376.

[111] See the comments on Horace B. Drury's "Scientific Management and Progress" *Bulletin of the Taylor Society* 2 (4) (November 1916), pp. 1 - 10 and 3 (1) February 1917, pp. 7 - 22.

[112] Thompson, *The Taylor System of Scientific Management*, p. 13.

[113] C. Bertrand Thompson, *The Theory and Practice of Management* (Boston, MA: Houghton Mifflin, 1917), pp. 100 - 101.

[114] *Thompson, The Taylor System of Scientific Management*, pp. 13, 25.

[115] Daniel Nelson, "Scientific Management, Systematic Management, and Labor, 1880 - 1915," *Business History Review* 48 (4) (Winter 1974), p. 500. Also see *idem*, "Industrial Engineering and the Industrial Enterprise, 1890 - 1940," in Naomi R. Lamoreaux and Daniel M. G. Raff, eds., *Coordination and Information: Historical Perspectives on the Organization of Enterprise* (Chicago, IL: University of Chicago Press, 1995), pp. 35 - 50.

[116] Daniel Nelson, "Taylorism," *Proceedings of the International Colloquium on Taylorism* (Paris: Éditions la Découverte, 1984), pp. 55 - 57.

[117] Charles B. Gordy, *Scientific Management in the Automobile Industry* (Unpublished dissertation, University of Michigan, Ann Arbor, MI, 1929), pp. 5 - 7.

[118] Nelson, "Scientific Management, Systematic Management, and Labor, 1880 - 1915," p. 479.

[119] Hoxie, *Scientific Management and Labor*, p. 16.

[120] David Montgomery, *The Fall of the House of Labor: The Workplace, the State and American Labor Activism, 1865 - 1925* (Cambridge, England: Cambridge University Press, 1987), pp. 214 - 256; Harry Braverman, *Labor and Monopoly Capitalism* (New York: Monthly Review Press, 1974), pp. 85 - 168.

[121] *Historical Statistics of the United States: Colonial Times to 1970*, pt. I (Washington, DC: Bureau of the Census, 1975), pp. 139 - 142.

[122] Douglas M. Eichar, *Occupation and Class Consciousness in America* (New York: Greenwood, 1989), p. 47.

[123] Thompson, "The Taylor System in Europe," p. 172.

[124] William Henry Leffingwell, *Scientific Office Management* (Chicago, IL: A. W. Shaw, 1917).

[125] Leonard D. White, *Introduction to the Study of Public Administration* (New York: Macmillan, 1926); *idem*, *The City Manager* (Chicago, IL: University of Chicago Press, 1927).

[126] For the extent of the influence of scientific management on these and other pioneers, see Joseph C. Seibert, "Marketing's Role in Scientific Management," in Robert L. Clewett, ed., *Marketing's Role in Scientific Management* (Chicago, IL: American Marketing Association, 1957), pp. 1 - 3; Robert Bartels, *The Development of Marketing Thought* (Homewood, IL: Irwin, 1962), and 2nd ed., published as *The History of Marketing Thought* (Columbus, OH: Grid, Inc., 1976); and Paul D. Converse, *The Beginnings of Marketing Thought in the United States* (Austin, TX: Bureau of Business Research, University of Texas, 1959).

[127] Henry Hess, "Manufacturing: Capital, Costs, Profits, and Dividends," *Engineering Magazine* 26 (December 1903), pp. 367 - 379.

[128] Walter Rautenstrauch, "The Budget as a Means of Industrial Control," *Chemical & Metallurgical Engineering* 27 (9) (August 30, 1922), pp. 411 - 416.

[129] John Howell Williams, *The Flexible Budget* (New York: McGraw-Hill, 1934).

[130] James O. McKinsey, *Budgeting* (New York: Ronald Press, 1922); *Organization* (New York: Ronald Press, 1922); *Budgetary Control* (New York: Ronald Press, 1922); and *Managerial Accounting* (Chicago, IL: University of Chicago Press, 1924). See also William B. Wolf, *Management and Consulting: An Introduction to James O. McKinsey* (Ithaca, NY: Cornell University Press, 1978).

[131] Joseph Slater Lewis, *The Commercial Organisation of Factories: A Handbook for the Use of Manufacturers, Directors, Auditors, Engineers, Managers, Secretaries, Accountants, Cashiers, Estimate Clerks, Prime Cost Clerks, Bookkeepers, Draughtsmen, Students, Pupils, etc.* (London: E. & F. N. Spon Books, 1896).

[132] Joseph A. Litterer, *The Emergence of Systematic Management as Shown by the Literature of Management from 1870 to 1900* (unpublished dissertation, University of Illinois, Urbana, IL, 1959), p. 248, released in book form by Garland Press, New York, 1986.

[133] Russell Robb, *Lectures on Organization* (Privately printed, 1910), pp. 3, 14. Further insights into Robb's life and writings may be found in Edmund R. Gray and Hyler I. Bracey, "Russell Robb: Management Pioneer," *SAM Advanced Management Journal* 35 (2) (April 1970), pp. 71 - 76.

[134] Robb, *Lectures on Organization*, p. 173.

[135] H. Thomas Johnson, "Management Accounting in an Early Integrated Industry: E. I. Du Pont de Nemours Powder Company, 1903 - 1912," *Business History Review* 49 (2) (Summer 1975), p. 189.

[136] Alfred D. Chandler, Jr., and Stephen Salisbury, *Pierre S. du Pont and the Making of the Modern Corporation* (New York: Harper & Row, 1971), p. xxi.

[137] Ernest Dale, *The Great Organizers* (New York: McGraw-Hill, 1960). See also Ernest Dale and Charles Meloy, "Hamilton McFarland Barksdale and the Du Pont Contributions to Scientific Management," *Business History Review* 36 (2) (Summer 1962), pp. 127 - 152.

[138] F. Donaldson Brown, *Some Reminiscences of an Industrialist* (Unpublished manuscript, Hagley Museum and Library, Wilmington, DE, 1957), pp. 26 - 28. See also: Ernest Dale, Regina S. Greenwood, and Ronald G. Greenwood, "Donaldson Brown: GM's Pioneer Management Theorist and Practitioner," in Richard C. Huseman, ed., *Proceedings of the Annual Meeting of the Academy of Management* (August 1980), pp. 119 - 123.

[139] American Management Association, *How the Du Pont Organization Appraises Its Performance*:

A Chart System for Forecasting, *Measuring and Reporting the Financial Results of Operations*, Financial Management Series, no. 94 (New York: American Management Association, 1950). See also JoAnne Yates, "Graphs as a Managerial Tool: A Case Study of Du Pont's Use of Graphs in the Early Twentieth Century," *Journal of Business Communication* 22 (1) (Winter 1985), pp. 5 - 33.

[140] The development General Motors is examined by, among others, Alfred D. Chandler, Jr., ed., *Giant Enterprise*: *Ford*, *General Motors and the Automobile Industry* (New York: Harcourt Brace & World, 1964); Peter Drucker, *The Concept of the Corporation* (New York: John Day Company, 1946); and Alfred P. Sloan, Jr., *My Years with General Motors* (New York: Doubleday & Company, 1963).

[141] Frances Ruml, "The Formative Period of Higher Commercial Education in American Universities," *Journal of Business* 1 (2) (April 1928), pp. 253 - 254.

[142] Melvin T. Copeland, "The Genesis of the Case Method in Business Instruction," in M. P. McNair, ed., *The Case Method at the Harvard Business School* (New York: McGraw-Hill, 1954), p. 26.

[143] Joseph A. Litterer, "Alexander Hamilton Church and the Development of Modern Management," *Business History Review* 35 (2) (Summer 1961), p. 214.

[144] Alexander H. Church, *The Science and Practice of Management* (New York: Engineering Magazine, 1914), pp. 1 - 2.

[145] Mariann Jelinek, "Toward Systematic Management: Alexander Hamilton Church," *Business History Review* 54 (1) (Spring 1980), p. 72.

[146] Alexander H. Church, *The Making of an Executive* (Scranton, PA: International Textbook Company, 1923).

[147] Oliver Sheldon, *The Philosophy of Management* (London: Sir Isaac Pitman and Sons, 1923), p. 284.

[148] *Ibid.*, p. 285.

[149] *Ibid.*, pp. 285 - 286.

第12章 对科学管理的回顾

只有考虑其所处的时代背景，才能够完整了解科学管理运动。自泰勒1915年逝世之后，在科学管理成为一种全球现象的过程中，一系列经济的、技术的、社会的以及政治的因素塑造了科学管理。在研究科学管理的文化环境时，为了便于阐述，这些因素是分别叙述的，但实际上它们是相互交织在一起的。到了20世纪，更广泛的文化环境从整体上，以及不断发展的管理从具体层面上，延续和强化了这些因素中的每一项。

艾尔弗雷德·钱德勒提到过，“资源的初步扩充和积累阶段”标志着美国大型企业发展的第一个阶段（见第6章），该阶段在第一次世界大战之前已经完成。管理大型企业会面临许多前所未见的挑战，因此对“资源的合理化或充分利用”的需求就变得非常明显。根据钱德勒的描述，企业在20世纪初期面临两个基本挑战：(1) 改进生产技术和流程以实现规模经济，从而降低生产或流通的单位成本；(2) 对计划、协调以及绩效评估进行改进。[1]

这两个基本挑战的出现标志着钱德勒所阐述的大型企业发展的第二个阶段：资源的合理化或充分利用。随着这个阶段在全美范围内引起关注，科学管理运动站在了这股潮流的最前沿。泰勒的《科学管理原理》开篇就引用美国总统西奥多·罗斯福1908年发出的倡导：“保护我们的自然资源”，科学管理可以作为一种提高“国家效率”的方式。[2]西奥多·罗斯福认为应用科学管理来保护本国的自然资源是一种爱国行为。[3]为了响应罗斯福的倡导，泰勒列出了撰写《科学管理原理》的三个原因：

> 第一，通过一系列简明的例证，指出由于我们几乎所有日常行为的效率低下而使整个美国遭受到的巨大损失。
>
> 第二，试图说明根治效率低下的良药在于系统化的管理，而不在于收罗某些独特的或不同寻常的人物。
>
> 第三，证明最先进的管理是真正的科学，说明其理论基础是明确定义的规律、准则和原则，并进一步表明可把科学管理原理应用于几乎所有类型的人类活动中。

> 从最简单的个人行为到那些需要紧密合作的大型公司的活动，都可以找到其应用。简而言之，通过一系列实例，让读者相信，无论何时，只要正确地运用这些原理，就能立竿见影，其成效着实令人震惊。[4]

随着20世纪画卷的展开，人们更加憧憬美好的前景，即一个更好、更有效率的世界。本章考察科学管理运动致力于消除浪费和保护世界物质资源的同时对科学管理产生影响的经济因素、技术因素、社会因素和政治因素。

经济环境：从农场到工厂

在科学管理成为一种全球现象的过程中，工业增长对世界经济环境的影响是塑造科学管理的一种最初力量。随着美国发展成为一个工业化国家，数以百万计的工作岗位被创造出来。成千上万的人口离开自己的农场去寻找新生活。1800年美国90%的人口以农业为生，1900年这一比例降为33%，1929年降为20%。从农业国向工业国的转型使美国在产品和服务的产出、工资收入以及居民的生活水平方面都位居世界领先地位。一般的居民在1900年1月1日清晨醒来时并没有看出新旧两个世纪之间有什么变化，然而，变化是有的，美国现在已经是世界上最领先的工业国家，而且已经迈入一个新的经济时代。

来自欧洲和亚洲的源源不断的移民背井离乡来到美国，希望改善自己的生活。与其他工业化国家——例如英国、法国、德国、意大利和日本——形成对照的是，19世纪末期和20世纪初期的美国人口是非常多元化的，而且变得越来越多元化。移民或者移民的后裔分别占据了纽约市、芝加哥、密尔沃基以及底特律80%以上的人口总量，纽约市的意大利裔美国人数量超过了意大利本土除罗马之外的任何一个城市；芝加哥的波兰裔居民数量超过了波兰首都华沙；到1920年，移民到美国的爱尔兰裔居民数量超过了留在爱尔兰本土的所有人口数量。[5]这些人以及其他许许多多的人都在响应爱玛·拉扎勒斯(Emma Lazarus)被镌刻在纽约港自由女神像基座上的著名诗句："交给我吧，那些疲乏贫困的、渴望自由呼吸的、被遗弃在熙熙攘攘的海岸上的人们；交给我吧，那些无家可归的、饱受颠沛流离之苦的人们；我在金色之门高举起自由的火炬。"[6]

1910年，采矿业中48%的工人、制造业中31.9%的工人和运输业中26.3%的工人是外国移民。[7]1913年，福特汽车公司高地公园工厂（密歇根）的全部工人中，71%是外国移民，来自22个不同的国家。东欧和欧洲南部是工人的主要来源，但是来自全世界其他国家和地区的工人也不少，其中包括亚美尼亚、匈牙利、加拿大、克罗地亚、丹麦、英国、法国、德国、荷兰、爱尔兰、意大利、日本、立陶宛、波兰、俄国、罗马尼亚、西西里岛、苏格兰、塞尔维亚以及土耳其。[8]发布安全告知时，需要使用42种不同的语言。[9]由于如此高比例的工人不会讲英语，为了解决这个问题，福特汽车公司在1914年为工人们开办了"福特英语学校"，为相互之间的沟通建立起共同的基础。除了教英语之外，还教授公民教育、数学、历史，以及灌输各种美德，例如勤奋、整洁、礼貌以及守时。

与经济理论作出的预测相反，从 19 世纪 80 年代到 20 世纪 20 年代的这种大规模劳动力流入并没有使工资下降。前面说过，制造业的日工资和年收入在 1860—1890 年增加了 59%，而真实工资（工人收入的购买力）在此期间增加了 60%（平均每年增加 1.6%）。[10]此外，每周的平均劳动时间也开始缩短：1890 年每周的平均劳动时间是 60 小时；1910 年减少到 55 小时；1920 年减少到 50 小时。[11]大约在同一时期，每单位产出的工人劳动时间投入也从 1919 年的指数 74 下降到 1929 年的指数 42（1899 年为指数 100），相当于 43%的效率收益。[12]

与大型企业相关的范围经济和规模经济对管理人才的需求更加迫切。资源的大规模积累是满足大规模市场和大规模流通需求的必备条件。随着大型企业的发展，那些建立第一批现代企业的企业主们正在交出对企业的控制权，并由一批新的职业管理者代替。家族企业个性化的、非正式的结构让位给企业管理的逻辑性。企业所有者再也无法只靠自己来进行监管。技术需要专业化的知识，各种职能部门也不断成立起来，以处理人事、工程、生产、采购、法律事务和其他职能活动。梅尔曼（Melman）发现，从事管理的员工数量与从事生产的工人数量的比率在 1899—1929 年几乎翻了一番（从 1899 年的 9.9%上升到 1929 年的 18.5%）；1929—1947 年这一比率又从 18.5%上升到 22.2%。[13]

技术：开拓新的前景

在科学管理成为一种全球现象的过程中，技术是塑造科学管理的第二股力量，它开拓了新的商业前景。美国总统卡尔文·柯立芝（Calvin Coolidge）于 1925 年 1 月 17 日在美国新闻编辑协会发表的演讲中一针见血地指出了这个时代的精神：

> 毕竟，美国人民最关注的是企业。企业考虑如何生产、采购、销售、投资以及在全世界获得繁荣……财富是勤奋、不知疲倦的努力、雄心及品质的产物……只要财富被当作方法和手段而不是目的，我们就无须太担心。[14]

这个时期的美国经济迈入这样一个时代：史无前例的发明创新浪潮提高了美国的生活水平。在第 6 章中，我们看到交通和通信行业的发展如何刺激了美国企业在内战之后的最初成长。随着 20 世纪的来临，各种技术进步此起彼伏，交相辉映，刺激了美国经济的进一步增长。在 1900 年的钢铁行业，贝西默炼钢法让位给平炉炼钢法。如果德国人卡尔·本茨（Karl Benz）没有完善第一台可以有效工作的内燃机，那么奥维尔·莱特（Orville Wright）就无法于 1903 年在北卡罗来纳州的基蒂霍克首次试飞世界上第一架飞机“飞行者一号”。在 1908 年的石油行业，石油精炼工艺取得的进展能够为汽车和飞机提供充足的燃料。杜邦公司的研究带来了人造材料的产生，例如人造纤维。查尔斯·凯特林（Charles F. Kettering）在为汽车设计一种电动式启动装置时，通过使用一种手摇启动柄，消除了启动内燃机时存在的危险。李·德福里斯特（Lee De Forest）和古列尔莫·马可尼（Guglielmo Marconi）首创了真空管和无线电技术，例如收音机。有时候通过在海洋之间开辟航线，也能带来改进：巴拿马运河（1914年）连接了大西洋和太平洋。这个时期的发展给我们的前人带来的震惊与今天的发展对我们所造成的效果是一样的。人类所处的状况已经发生翻天覆地的变化。归功于各种技术突破，成年人的身体状况和预期寿命获得了显著改善和延长。例如，电冰箱的广泛使用消除了通常在冬季之后发生的、因为人们在冬季无法食用绿色蔬菜而导致的“春季疾病”（spring sickness）。由于各方面取得的进展，1860年出生在马萨诸塞州的男性预期寿命为46.4岁，女性为47.3岁。[15]到1930年，在美国的总人口中，男性的预期寿命延长到58.1岁，女性延长到61.6岁。[16]

这个时期的能源发展也值得注意。在此之前，水车、马匹以及煤是工业机器的最主要动力来源。虽然煤继续占据主导地位，但新发现的石油资源很快将改造美国的能源基础。更具影响力的是，托马斯·爱迪生（Thomas A. Edison）于1879年10月10日为白炽灯泡发明了一种碳化棉丝作灯丝。1882年，爱迪生在纽约市创建了美国第一家中心发电厂。到1920年，美国1/3的工业能源来自电力，一半的城市家庭用上了电。在农村地区，98%的家庭仍然用煤油灯和蜡烛，但不会持续很久。

汽车是另一项技术进步，它为这一时期带来了巨大的经济和社会变化。汽车给人们提供了一种新的机动性、一种移动的自由，这促进了卫星社区的发展。1900年，美国只有8 000辆汽车登记备案。到1930年，共有2 680万辆汽车行驶在路上。前面我们已经说过，1908—1913年福特汽车公司完善了流水生产线来大规模制造汽车，其结果是非常显著的：1900年（应用流水生产线之前），2 773名工人生产了18 664辆汽车（平均每位工人生产6.73辆）；1914年（应用流水生产线之后），12 880名工人生产了248 307辆汽车（平均每位工人生产19.28辆）。[17]随着生产率的提高，汽车的价格降低了：在1908年和1910年，一辆拥有完整配置的T型汽车售价950美元；1914年，其售价为490美元；1916年，售价降低到360美元。[18]

需要指出的是，虽然有人声称“福特主义”是泰勒方法的一种延伸[19]，但是泰勒周围最亲密的人会坚定地认为泰勒的理念不应该与福特的大规模生产相混淆。除弗兰克·吉尔布雷斯对科学管理与福特汽车公司流水生产线之间的区别进行评论之外（见第8章），泰勒学会执行主任哈洛·柏森也认为泰勒“从来没有赞同过”大规模生产以及它“不受约束的发展”。此外，在进一步的评论中，柏森明确指出科学管理不同于“效率工程学”，后者是泰勒憎恨的一个术语，而泰勒的门徒们认为它是对泰勒方法的一种“恶劣扭曲”。[20]虽然有迹象表明福特汽车公司的工程师们“毫无疑问掌握了泰勒的一些理念……（而且）接触了像泰勒这样的人的思想和观点”[21]，但是没有记录显示泰勒或者被授权实施其方法的其他四位工程师（卡尔·巴思、亨利·甘特、哈撒韦以及莫里斯·库克）向亨利·福特或者福特汽车公司提出过建议。[22]此外，当被直接问到这个问题时，亨利·福特否认了“对科学管理的任何依赖”，声称这完全是基于他自己的灵感。[23]

信息被亨利·普尔定义为“被记录的通信”。在这种精神的指引下，美国的信息技术也在不断发展。小型企业可以依靠非正式的沟通、账簿和面对面的交流来记录它们的经营活动。然而，随着组织规模的扩大，管理层级不断增加，从公司最高层到最基层以及从最基层到最高层的沟通传递路线是相当长的。虽然法约尔主张的“跳板”（见第 10 章）允许跨越权力等级链的沟通，但是用来收集、记录和保存信息的更正式系统已经出现。第 6 章说过，克里斯托弗·莱瑟姆·肖尔斯在 1873 年将自己的打字机专利卖给了雷明顿父子公司。不过，对打字机的需求直到 19 世纪末期才会暴涨，那时候不断扩展的业务需要快捷、清晰的通信。直立式档案柜有利于排列和摆放信件与记录。A. B. 迪克公司（A. B. Dick Company）购买了托马斯·爱迪生的“文字复制”设备，并把它转化为一台油印机，它能用一张已经刻好字的蜡纸油印出许多复印件。在许多工厂和零售商场中还设计和安装了气动导管，以便在各层之间或不同部门之间传送现金、收据和其他文件。[24]它的出现远早于奈基地空导弹，第一个“呼”声是通过气动导管传送信息的声音。

信息技术的这次革命无意中产生了这样一种影响：使文职工作从男性手中转到了女性手中，而且创造了办公室工作，使女性在工厂工作之外又多了一种选择。1880 年，美国的文职雇员中女性比例低于 5%，到 1900 年，女性比例超过 30%。用手写笔和墨水撰写信件和其他文件的男性文职雇员在很大程度上被女性打字员和速记员替代。同时，女性也进入了之前全部由男性构成的办公室岗位，充当出纳员、簿记员和秘书，使用诸如滚筒油印机、录音电话机、收银机、计算器以及速记打字机之类的新式设备。[25]简而言之，不断进步的技术正在改造工作的性质，主要表现在增加了熟练工人和半熟练工人的数量，为女性创造了可供选择的职业道路，以资本（例如，工厂和设备）替代劳动。

社会环境：从成就到归属

在科学管理成为一种全球现象的过程中，塑造科学管理的第三股力量最明显体现为该时代社会环境中不断变化的价值观和文化结构。1868—1900 年小霍雷肖·阿尔杰（Horatio Alger，Jr.）撰写了 100 多本适合男孩子阅读的书，书名都很有意思，例如《注定会出人头地》（*Bound to Rise*）、《运气和勇气》（*Luck and Pluck*）、《沉或浮》（*Sink or Swim*）、《擦鞋童汤姆》（*Tom，the Bootblack*）等。他的这些书至少销售了 2 000 万本，而“小霍雷肖·阿尔杰”也成为成功故事的同义词。这些小说的典型情节是一个年轻而贫穷的主人公，为形形色色的肆无忌惮的人所困扰，但是他依靠勤奋、正直、坚毅和节俭等美德，历经重重困难之后终于获得了财富。他常常会得到一位仁慈的恩人的帮助，这位恩人看到了他积累财富的潜在才能，并帮助他攀登上财富世界的顶峰。阿尔杰书中的主人公是大卫·麦克莱兰（David C. McClelland）所宣称的“极大成就者”的一种化身。主人公展示了新教伦理中自律、勤奋和节俭等美德（见第 2 章）。[26]他们被艰苦生活磨砺，从苦难和挫折中学习，正规的学校教育对他在商业中的成功并没有帮助。安德鲁·卡内基的一位门生查尔斯·施瓦布（Charles M. Schwab）描述了这种情况：

> 如果大学生认为他受到的教育使他具有一种更高的社会地位，那他就是自寻麻烦。一些大学生……对自己的智力十分自负，他们目中无人。雇主发现难以控制、

指导和培训这样的人。他们的自我优越感阻碍了他们前进的道路。[27]

早期的科学管理理论与对个人努力进行奖赏的社会价值观以及受自我利益引导的理性人的传统美德是一致的。当时非常热门的实用主义经济学认为，人们会谋求舒适和避免劳累[28]，在此基础上理性地计算什么最符合自己的利益。工人和所有人一样，他们的所有行为都是为了自身的利益。在古典经济学中，这种自身利益主要来自工作的货币报酬，并由此产生了“经济人”的概念，经济人始终理性行事以使自身福祉最大化。[29]在泰勒之前，通过计件工资计划来进行管理之所以失败，在很大程度上是因为管理者通常没有合理地设置绩效标准，或者在认为工人收入变得太高时一味地削减工资率。这两种行为其实都不符合管理方的自身利益，因为这样做只会鼓励工人实施系统性的磨洋工。根据泰勒的设想，管理的主要目标是确保雇主和工人双方的最大繁荣。泰勒所提倡的心理革命承认双方的共同利益。通过科学地、不偏不倚地确定一种“公平的日工作量”，各方都能够实现公正。简而言之，科学管理的思想与该时代的主流价值观（例如奖励个体绩效）以及强调自身利益的传统美德是相一致的。

文化思想：碰撞效应

文化思想的变化总是难以精确捕捉。随着20世纪画卷的展开，科学管理运动缓慢吸收了新的维度，它们将影响管理思想发展历程。两种并无联系但性质相似的维度正在形成，它们将标志着美国文化思想的一个新时代。这两种力量是：西部边疆的封闭；社会福音运动及其继承者进步主义学派（progressivism）。关于美国西部边疆的封闭，著名历史学家弗雷德里克·杰克逊·特纳（Frederick Jackson Turner）认为，有几种文化因素正在改变美国这一时期的经济、社会和政治观念：（1）土地免费供应的枯竭和西部地区的封闭，而在以前土地和西部的开放是推动美国发展的有效因素；（2）资本集中控制了基础产业，这标志着美国经济发展的一个新阶段；（3）美国在政治上和商业上向境外的国家和地区扩张。[30]在特纳看来，美国西部地区典型地表现出个人主义、经济平等、发挥个人主动性的自由等理念。每当社会环境变得过于压抑，资本压迫劳工，或者政治限制太多时，西部地区就提供了一条逃避的通道。特纳认为，当西部地区提供的安全阀被关闭之后，就必须形成新的制度安排来维持本国的文化特质。

斯科特为美国历史中的这个时代贴上了“碰撞时期”的标签。[31]他认为，除非加以疏导，否则人们会陷入一种无法逃避的接近和相互依赖关系之中。特纳发现正在重塑美国价值观的各种因素之间将不可避免地发生冲突，最终导致美国的文化蜕化，他把这种文化蜕化称为“碰撞效应”。斯科特认为，并不是导致混乱，随着美国西部边疆的封闭，美国的理念已经被一种新的价值体系取代，他把这种新的价值体系称为“社会伦理”。这种伦理用人与人之间的协作代替彼此之间的竞争，并且将“群体”——不同于群体内的个体成员——作为这种伦理的主要关注点。这对管理思想产生了深远的影响。在这方面，通过强调雇主和雇员之间的共同利益，并且坚持认为每个工人都应该被提供与自身能力相匹配的最高等级的、最有趣的工作，科学管理在强调人类协作的社会伦理与作为美国建国之根基以及美国西部地区所表现出的个人主义之间架起了一座桥梁。虽然并不被视为社会哲学家，也不以社会哲学家著称，但弗雷德里克・泰勒以及科学管理的其他倡导者完全领悟了美国社会环境中正在发生的变化，并且将科学管理视为确保雇主和雇员都获得最大繁荣的一种方式。

社会福音

社会福音运动及其继承者进步主义学派是标志美国文化思想进入新时代的第二个维度。如同第 6 章和第 9 章所述，作为社会达尔文主义的一个对立面，社会福音运动于 19 世纪末兴起。社会福音倡导者（最主要的是新教徒，也有罗马天主教徒和犹太教徒）认为自己有责任去改革社会和经济条件，尤其是在工作场所。他们不是坐等贫穷者生活质量的逐渐改善，而是主张立即采取行动来改进人事管理和产业关系政策。通过呼吁利润分享、组织工会的权利、劳动仲裁以及工人合作，要求制定相关法律来规范员工招募和解雇、女性和儿童的就业以及工作场所公共卫生条件，社会福音运动是工业社会学的“先行者”，同时也是进步主义的“前辈”。

在社会福音运动的倡导者看来，工会是进行社会和经济改革的工具，而罗伯特・瓦伦丁（见第 11 章关于霍克西报告的讨论）等人则认为，在向真正的工业民主发展的过程中，工会以及劳资冲突将被开明的“行业顾问”取代，他们不代表任何一方的利益，而是站在雇主、雇员以及大众整体的角度来提出自己的见解。[32]在这个时代，有一些“参与管理”计划获得了工会同意和合作，而另外一些公司则通过各种形式的员工代表计划来为员工提供发言权和选择权。瓦伦丁将这些计划视为向真正的工业民主迈进的一部分努力。这个演变过程始于 19 世纪 90 年代末期追求进步的公司（例如我们在第 9 章讨论过的国家收银机公司、约瑟夫・班克罗夫特父子公司）率先成立第一批福利工作办公室。这些早期的努力是慈善事业、人道主义和公司商业考虑的一种不均匀的混合体。

通过将效率和道德有机联系起来，科学管理补充了社会福音倡导者的成果。在泰勒看来，努力工作就会产生道德和福利；在社会福音倡导者看来，道德和福利导致了努力工作。努力工作与道德的这种互惠是科学管理和进步主义学派之间“罗曼史”的核心。

在社会福音倡导者当中，通过效率使社会进步的观念正在盛行，他们希望在美国社会的所有方面都显著提高效率。关于如何在家庭、教育、自然资源保护、教会以及企业中获得效率的通俗材料和专业文献大量涌现。[33]泰勒甚至还为玛丽・帕蒂森（Mary Pattison）的《家内工程学原理》（*Principles of Domestic Engineering*）撰写了一篇序言，他认为这本书是“家居工程学或家内工程学领域的开山之作”[34]。这个新领域的成员们预测到科学管理将使得“未来的家”发生革命性的变化，让女性从繁重的家务劳动中解脱出来并且在社会中自由承担平等的角色。[35]泰勒的原则对美国国民的心态产生了一种空前的影响。

不过，对效率的文化迷恋很快就消退了。到 20 世纪 20 年代，随着美国工厂生产出大量的物资，效率提升的福音正在逐渐消逝。到处是繁荣的景象，一种新的消费福音出现了，强调所有人成为中产阶层的重要性。这时，怀廷・威廉姆斯、埃尔顿・梅奥和玛丽・帕克・福莱特（Mary Parker Follett）等人开始强调一个人人平等的工作场所可以带来的益处。在这样的工作场所中，通过形成可以互动、参与和沟通的群体，能够最好地实现人的进步。人事部门认为，福利项目和工人的快乐既是公司资产，也是社会资产。对归属感的需要正在上升，人们越来越意识到社会联系的重要性，而不那么渴望个人收益的最大化。西部边疆被封闭了，小霍雷肖・阿尔杰笔下白手起家终获成功的人物日益被视为一种虚构，各种新的社会价值观正在取代作为建国根基的个人自由承诺。社会人时代的种子已经播下，这也是我们对管理思想演变研究的下一个主题。

政治环境：进步主义学派的出现

在科学管理成为一种全球现象的过程中，美国政治环境的变化是塑造科学管理的第四股力量。最显著的变化发生在政府在商业中的角色。在这个时代，政府和政治制度的任务始终围绕着如何平衡两个基本主题展开：（1）建立平等和秩序，以保护个人权利免受他人侵犯；（2）限制政府权力，以保护个人权利免受国家侵犯。政治理论家们，例如马基雅维利和霍布斯，发现政府在第一个基本主题方面扮演了核心角色；在第二个主题方面，卢梭和洛克试图建立一种使个人能够制止政府权力被过度使用的平衡制度（见第2章）。卢梭和洛克的主张在美国得到了明确表达，立宪制政府或代议制政府以被治理者同意作为所有立法权力的正当来源。19世纪末期的美国正在努力完善民主。“碰撞效应”推动了一系列立法的出现，用来改变个体与政府之间的关系，以及企业与政府之间的关系。美国建立在这些理念之上：有限政府、私有财产、个人自由、不受政府过多管控的企业运营。不过，美国如今遭遇了这些理念与现实之间的不平衡。

科学管理和进步主义

社会福音运动的政治含义可以在它的继承者进步主义学派身上看到。所谓的进步主义运动试图为民主奠定更广泛的基础，从而减少碰撞效应产生的危险。这在历史上是一个奇怪的转折点，泰勒本来是永远不会被现代的评论家们视为革新论者的，但是他的作品和哲学最终融入了进步主义学派的思想中。社会福音运动倡导“工业改良”或者福利计划，该运动的根基是宗教和慈善。进步主义的根基是“城市、中产阶层和整个国家”[36]。对于这个时代的进步主义来说，核心挑战是重新恢复机会平等，方法就是消除有利于规模资本的政府干预，并代之以有利于穷人的政府干预。[37]进步主义者谋求使女性拥有选举权，通过公民直接投票来选举美国参议员，帮助低收入群体，建立最低工资制度，颁布工人报酬法案，鼓励工会，以及颁布联邦所得税法案。

在1910年东部铁路运费案的听证会上，科学管理吸引了进步主义运动的注意力。布兰代斯，一位最主要的进步党人，帮助创造了具有诱惑力的称谓（“科学管理”），从而使效率成为道德和社会秩序的同义词。[38]如果科学管理的原则被应用于全国的铁路公司，那么托运商们（它们联合组成了大西洋沿海地区商业组织）可以避免承受一次运费增长，公众就无须承受由此导致的消费品价格增长。在进步党人看来，由于更低的成本将允许更高的工资，每个人都将受益，唯一要做的事情就是公司接受泰勒的方法。就是从这里，进步主义和科学管理开始了彼此之间的“罗曼史”。然而，有一些改革者，例如社会主义者尤金·德布斯（Eugene Debs），想要取代整个资本主义制度。持较温和立场的人，例如路易斯·布兰代斯和沃尔特·李普曼（Walter Lippman），则认为通过科学实现的效率和通过专家实现的领导力，将带来社会秩序与和谐。他们都设想新的时代能够使商业脱离“营利主义的污水坑”，并且使企业管理者成为“企业中的政治家”[39]。科学管理的吸引力在于：它要求通过专家和知识来提供领导力，从而超越阶层偏见以及不再通过强迫和心血来潮来实施管理。通过应用泰勒的原则，为雇员带来高工资和为雇主带来低成本将成为可能。科学管理使雇主和雇员的利益变得一致，那么劳资冲突就变得没有必要了。

企业界和进步党人

1901 年，在威廉·麦金利（William Mckinley）总统遇刺以及西奥多·罗斯福接任总统之后，政府与企业的关系发生了该时代最重大的变化。最初，新任总统的进步主义倾向并没有作出使工业巨头和金融界感到恐慌的事情。他向国会提交的第一份国情咨文措辞得体，使他的进步党人倾向和亲企业界的立场达成了一种很好的平衡。[40]不过，在 1902 年，美国司法部（在罗斯福的领导下）援引 1890 年通过的《谢尔曼反托拉斯法案》对北方证券公司（Northern Securities Company）提出法律诉讼，希望拆分该公司。北方证券公司是由皮尔庞特·摩根、爱德华·哈里曼（Edward H. Harriman）以及他们的伙伴为了控制北太平洋铁路公司（Northern Pacific Railway）、大北铁路公司（Great Northern Railway）以及芝加哥、伯灵顿和昆西铁路公司（Chicago，Burlington and Quincy Railroad）而组建的一家托拉斯。美国司法部对该公司的这次直接打击翻开了政府-商业关系的新篇章。美国司法部随后针对牛肉托拉斯（Beef Trust，1905），新泽西州标准石油公司（1906），美国烟草公司（American Tobacco Company，1907）提出了一系列类似的法律诉讼。罗斯福总统还发起了新的立法来管控铁路公司（例如 1903 年的《埃尔金斯法案》（Elkins Act）以及 1906 年的《赫普本法案》（Hepburn Act））和电话、电报和无线电行业（例如 1910 年的《曼恩-埃尔金斯法案》（Mann-Elkins Act））。其他一些联邦法律试图限制工作时间以及规范女工和童工。1914 年的《克莱顿反托拉斯法案》（Clayton Antitrust Act）以及 1914 年的《联邦贸易委员会法案》（Federal Trade Commission Act）强化了之前的《谢尔曼反托拉斯法案》。1913 年的《联邦储备法案》（Federal Reserve Act）加强了美国联邦政府在美联储中的影响，并且削弱了纽约市的那些银行对现金和储备的掌控。1913 年美国国会通过的《安德伍德-西蒙斯关税法案》（Underwood-Simmons Tariff Act）对个人收入满 3 000 美元者课税 1%，而且对 500 000 美元以上的收入，征收的最高税率累进到 6%。

早期科学管理时代的美国政治环境变化使商业权力和政府权力之间实现了一种新的平衡。虽然泰勒在政治领域的遭遇，尤其是他与州际贸易委员会（1910）以及产业关系委员会（1915）之间的关系不那么令人满意，但是他坚持主张使用科学管理来取代依靠特权进行的管理。泰勒加入西奥多·罗斯福总统以及其他具有类似观点的人的行列，设法消除浪费和保护世界的人力资源和物质资源。

第二部分小结

图 12-1 形象地概述了科学管理时代的脉络。科学管理并不是一项发明，它是一种综合，是管理思想发展过程中的一个阶段。查尔斯·巴比奇有正当理由宣称是他构造了一种理性和系统的管理方法，但是使系统管理获得发言权的是弗雷德里克·泰勒。泰勒是那种在紧要关头突然出来扭转局面的人，他是这种思想的关键人物。

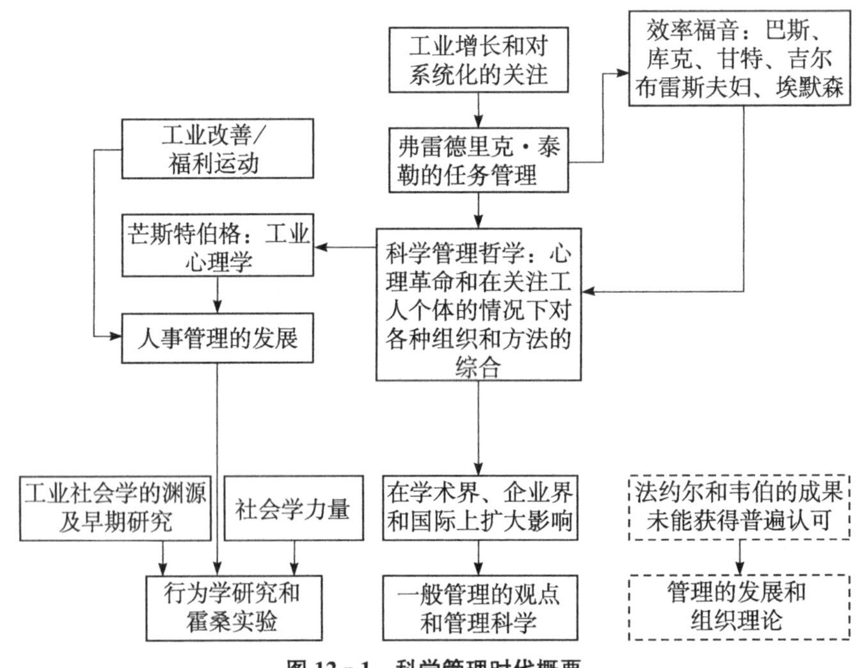

图 12-1 科学管理时代概要

科学管理不仅仅是工时和动作研究，也是一种关于在技术先进的世界里——在这个世界人们对周围环境的控制能力比以往任何时候都要强——如何对人力资源和物质资源进行管理的非常深刻的哲学。工业革命提供了推动力，泰勒则把它们综合起来。随着人们对自己生活的控制能力越来越强，并且享受一种之前无法想象的生活水平，人们追求一种最有意义的人类繁荣愿景。对于如何做到这一点，泰勒有一个想法，一个伟大的想法，那就是各方进行一次基于科学而不是基于心血来潮的心理革命，从而产生和谐与合作。也许这是空想主义的观点，甚至是乌托邦的观点，但是因为他主张实现产业和谐、个人状况的改善和更高的生产力等，对他进行批评是错误的。

在科学管理成为一种全球现象的过程中，由于经济、技术、社会和政治因素共同影响了科学管理，泰勒的一些追随者偏离了他的正统学说，其中有些人是在历史上留下了深刻足迹的重要人物，另一些人则只留下了一点痕迹。泰勒在一个不断变革、工业化程度更高的世界里寻找理性，所有追随他脚步的人都受到他这种精神的影响。与泰勒同时代的两个人，法约尔和韦伯，只能在后来获得人们的赞誉。

对于究竟是英雄造时势还是时势造英雄，我们无法贸然断定。在整个历史上，二者无疑是相辅相成的力量，有着作用和反作用的关系。泰勒及其追随者是一个时代的产物。在这个时代中，经济方面力求实现资源利用的合理化，社会方面认可了个人报酬和努力，而政治方面则鼓励通过效率实现进步；反过来，通过主张实现物质繁荣和产业和谐来抑制碰撞效应，使美国成为世界重要的经济和政治力量，个体也能够影响时代。科学管理是这个时代的文化的产物，反过来，它又哺育了一个具有经济、社会和政治活力的新时代。泰勒及其追随者的努力仍然在塑造我们今天的生活。

注 释

[1] Alfred D. Chandler, Jr., *Strategy and Structure: Chapters in the History of the Industrial Enterprise* (Cambridge, MA: MIT Press, 1962), pp. 386 - 390.

[2] Theodore Roosevelt, "Address by the President," in *Proceedings of a Conference of the Governors in the White House*, Washington, DC, May 13 - 15, 1908. Newton C. Blanchard, James Franklin Fort, James O. Davidson, John C. Cutler, and Martin F. Ansel, eds., (Washington, DC: Government Printing Office, 1909), p. 12.

[3] Henry Beach Needham, "Roosevelt on *Efficiency in Business*: 'Scientific Management is the application of the Conversation Principle to Production' [An Interview with Theodore Roosevelt]," *System: The Magazine of Business* 19 (6) (June 1911), p. 586.

[4] Frederick W. Taylor, *The Principles of Scientific Management* (New York: Harper & Brothers, 1911), p. 7.

[5] Thomas K. McCraw, "American Capitalism," in *idem*, ed., *Creating Modern Capitalism* (Cambridge, MA: Harvard University Press, 1997), p. 307.

[6] Emma Lazarus, "The New Colossus," November 2, 1883. Available online at http://www.mcny.org/story/new-colossus. See also "In Memory of Emma Lazarus," *New York Times* (May 6, 1903), p. 9.

[7] Sumner H. Slichter, "The Current Labor Policies of American Industries," *Quarterly Journal of Economics* 43 (3) (May 1929), p. 394.

[8] "Automobile Trade Notes," *New York Times* (November 15, 1914), p. 6. See also Allan Nevins (with the collaboration of Frank Ernest Hill), *Ford: The Times, the Man, the Company* (New York: Charles Scribner's Sons, 1954), p. 648; Joyce Shaw Peterson, *American Automobile Workers, 1900 - 1933* (Albany, NY: State University of New York Press, 1987), p. 17.

[9] Robert A. Shaw, "Discussion," *Proceedings of the National Safety Council*, Sixth Annual Safety Congress, New York City, September 12, 1917 (Chicago, IL: The Council, 1917), pp. 236 - 237. See also Horace Lucien Arnold and Fay Leone Faurote, *Ford Methods and the Ford Shops* (New York: Engineering Magazine, 1915), pp. 56, 59.

[10] Ross M. Robertson, *History of the American Economy*, 3rd ed. (New York: Harcourt Brace Jovanovich, 1973), pp. 379 - 380.

[11] Edgar W. Martin, *The Standard of Living in 1860* (Chicago, IL: Chicago University Press, 1942), p. 220.

[12] U. S. Dept. of Commerce, Bureau of the Census, *Historical Statistics of the United States: Colonial Times to 1970* (Washington, DC: U. S. Government Printing Office, 1975), pt. 1, p. 162.

[13] Seymour Melman, "The Rise of Administrative Overhead in the Manufacturing Industries of the United States, 1899 - 1947," *Oxford Economic Papers* 3 (1)(February 1951), pp. 66 - 68, 91. Melman used the U. S. Census of Manufactures' definition of management as salaried employees (i. e. , line and staff) and others as wage earners.

[14] Calvin Coolidge, "The Press under a Free Government," address before the American Society of Newspaper Editors, Washington, DC, January 17, 1925; reprinted in Calvin Coolidge, *Foundations of the Republic: Speeches and Addresses* (New York: Charles Scribner's Sons, 1926), pp. 187 - 188.

[15] Maris A. Vinovskis, "Mortality Rates and Trends in Massachusetts before 1860," *Journal of Economic History* 32 (1) (March 1972), Table 9, p. 211.

[16] Elizabeth Arias, "United States Life Tables, 2004," *National Vital Statistics Reports* 65 (9) (December 28, 2007), p. 35.

[17] Nevins, *Ford: The Times, the Man, the Company*, pp. 644, 648.

[18] Karel Williams, Colin Haslam, and John Williams, "Ford versus 'Fordism': The Beginning of Mass Production?" *Work, Employment & Society* 6 (4) (December 1992), p. 519.

[19] For a discussion that considers "Fordism" to be an outgrowth of Taylor's methods see Ed Andrew, *Closing the Iron Cage: The Scientific Management of Work and Leisure* (Montréal: Black Rose Books, 1981), p. 98.

[20] Mark Sullivan, *Our Times: The United States 1900 - 1925*, vol. 4: *The War Begins, 1909 - 1914* (New York: Charles Scribner's Sons, 1932), p. 76n.

[21] Daniel Nelson, "Scientific Management, Systematic Management, and Labor, 1880 - 1915," *Business History Review* 48 (4) (Winter 1974), pp. 489 - 490.

[22] Kenneth E. Trombley, *The Life and Times of a Happy Liberal: A Biography of Morris Llewellyn Cooke* (New York: Harper & Brothers, 1954), p. 9.

[23] Horace Lucien Arnold and Fay LeoneFaurote, *Ford Methods and the Ford Shops* (New York: Engineering Magazine Company, 1915), p. 20.

[24] For more on these and other similar developments during this era, see JoAnne Yates, *Control through Communication: The Rise of System in American Management* (Baltimore, MD: Johns Hopkins University Press, 1989).

[25] Elyce J. Rotella, "The Transformation of the American Office: Changes in Employment and Technology," *Journal of Economic History* 41 (1)(March 1981), pp. 51 - 57. Also see Angel Kwolek-Folland, *Engendering Business: Men and Women in the Corporate Office, 1870 - 1930* (Baltimore, MD: Johns Hopkins University Press, 1994), pp. 4 - 6.

[26] David C. McClelland, *The Achieving Society* (Princeton, NJ: Van Nostrand, 1961).

[27] Charles M. Schwab, "The College Man in Business," in Alta Gwinn Saunders and Hubert Le Sourd Creek, eds. , *The Literature of Business* (New York: Harper & Brothers, 1920), p. 5.

[28] Jeremy Bentham, *An Introduction to the Principles of Morals and Legislation* (London: Printed

for T. Payne and Son, 1789). Originally published in 1780.

[29] The term "*homo economicus*" or "dollar-hunting animal" was coined by Charles S. Devas in *The Groundwork of Economics* (London: Longmans, Green, & Co, 1883), p. 27.

[30] Frederick Jackson Turner, *The Frontier in American History* (New York: H. Holt and Company, 1920), pp. 244 - 247.

[31] William G. Scott, *The Social Ethic in Management Literature* (Atlanta, GA: Bureau of Business and Economic Research, Georgia State College of Business Administration, 1959), p. 9.

[32] Robert G. Valentine, "Scientific Management and Organized Labor," *Bulletin of the Society to Promote the Science of Management* 1 (2) (January 1915), pp. 3 - 9. See also *idem*, "The Progressive Relation between Efficiency and Consent," *Bulletin of the Society to Promote the Science of Management* 2 (1) (January 1916), pp. 7 - 20.

[33] Among others, see Joseph M. Rice, *Scientific Management in Education* (New York: Hinds, Noble and Eldredge, 1914); Ernest J. Dennen, *The Sunday School under Scientific Management* (Milwaukee, WI: Young Churchman Co., 1914); Eugene M. Camp, *Christ's Economy: Scientific Management of Men and Things in Relation to God and His Cause* (New York: Seabury Society, 1916); Samuel P. Hays, *Conservation and the Gospel of Efficiency* (Cambridge, MA: Harvard University Press, 1959); Samuel Haber, *Efficiency and Uplift: Scientific Management in the Progressive Era 1890 - 1920* (Chicago, IL: University of Chicago Press, 1964); and Raymond E. Callahan, *Education and the Cult of Efficiency* (Chicago, IL: University of Chicago Press, 1962).

[34] Frederick W. Taylor, "Foreword," in Mary Pattison, *Principles of Domestic Engineering or the What, Why and How of a Home* (New York: Trow Press, 1915), p. 17.

[35] Mary Pattison, *Principles of Domestic Engineering*, p. 149. Pattison, who conducted motion studies of housekeeping chores at her Experimental Housekeeping Station at Colonia, New Jersey, was also influenced by, but, in turn, influenced, the work of the Gilbreths. See Charles D. Wrege, "Untold Gilbreth Stories," *The Quest* [Newsletter of the Gilbreth Network] 2 (2) (Summer 1998), p. 1.

[36] Richard Hofstadter, *The Age of Reform: From Bryan to F. D. R.* (New York: Alfred Knopf, 1955), p. 131.

[37] Eric F. Goldman, *Rendezvous with Destiny: A History of Modern American Reform* (New York: Alfred Knopf, 1952), p. 59.

[38] David Savino, "Louis D. Brandeis and His Role Promoting Scientific Management as a Progressive Movement," *Journal of Management History* 15 (1) (2009), pp. 38 - 49.

[39] Walter Lippman, *Drift and Mastery: An Attempt to Diagnose the Current Unrest* (New York: Mitchell Kennerley, 1914), pp. 8, 328. See also Louis Brandeis, *Business—A Profession* (Boston MA: Small, Baynard & Company, 1914).

[40] Theodore Roosevelt, "First Annual Message to Congress," December 3, 1901. Available at http://americanhistory.si.edu/documentsgallery/exhibitions/.

第 三 部 分

社会人时代

管理思想的时代绝不会有以具体的年份表示的起止时间，就像一首音乐作品，存在各种融合，各种主题在大调小调中变换。“社会人时代”的概念更多地反映了当时出现的一种管理哲学，而不是为了管理行为所确立的标准。“社会人”诞生于科学管理时代的后期，但直到 20 世纪 30 年代才引起更多关注。“社会人”的主导思想是：员工满意度和生产率取决于员工之间以及员工与其上司之间良好的社会交往和互动，因而实现效率和工作场所和谐的关键在于支持性的人际关系。第三部分首先考察霍桑研究，它为人际关系运动提供了学术可信度。其次，介绍玛丽·帕克·福莱特和切斯特·巴纳德的生平和思想，他们在权力和职责、对协调活动的需求、冲突解决，以及如何对组织进行构建和设计以使得效力和效率最大化方面作出了卓越贡献。再次，我们将考察人际关系运动在微观和宏观阶段的发展和细化，其时间为 20 世纪 30 年代到 50 年代初期。最后，我们来看看人际关系的理论和实践，并对社会人时代的经济、社会和政治环境进行讨论。

第13章 霍桑研究

在管理思想史中，没有任何一项研究能够像美国西方电气公司霍桑工厂（Hawthorne Works of Western Electric Company，位于伊利诺伊州西塞罗市）从1924年开始进行的研究那样获得如此多的关注，被人们作出如此多的不同解释，在获得广泛赞誉的同时也遭到彻底的批评。西方电气公司是美国电话电报公司（AT&T）的设备供应商。这项研究持续了8年时间，揭示了先前未曾预料到的员工行为模式。也许这次研究的最显著特征在于：足以与进行物理科学研究所需资源相媲美的各种资源首次被用来研究管理中人的方面，从而其贡献与先前的科学管理时代对车间管理的研究相当。这项研究被人们称为“霍桑研究”（又称霍桑实验），它对人际关系运动产生了深远影响。

在研究期间，占地面积113英亩的霍桑工厂拥有大约40 000名形形色色的员工，几乎所有工种都是每周工作6天。[1]许多员工是当地捷克裔、匈牙利裔或者波兰裔的第一代或者第二代移民。该工厂因为开明的人力资源政策和慷慨的福利待遇而闻名遐迩。它为员工们赞助体育、娱乐和人际交往项目；经营着一家百货商店，员工们可以以优惠的折扣价购买各种各样的商品，而且办了一所夜校。它维持着一个员工建房和购房贷款协会、一个无须员工缴费的福利计划、一个储蓄计划以及一个员工购股计划。它还经营一家公司餐馆、几家食堂以及大量的午餐柜台，员工们可以在这里以成本价购买饭菜。在该工厂，员工们士气高昂，从来没有发生过劳工动荡。由于霍桑工厂实际上是美国电话电报公司唯一的电话机供应商，因此完成生产计划的压力很大，需要竭力避免任何形式的工作中断。[2]

霍桑研究的开始

照明实验（1924—1927年）

源于和工业照明委员会（Committee on Industrial Lighting，全国研究委员会（National Research Council）的一个分支）的合作，我们现在所称的照明实验（Illumination Study）由通用电气公司资助，是在麻省理工学院电气工程学教授杜格尔·杰克逊（Dugald C. Jackson）的领导下进行的，由他的两位同事约瑟夫·巴克（Joseph W. Barker）和范内瓦·布什（Vannevar Bush）予以协助。[3]电灯泡的发明者托马斯·爱迪生是工业照明委员会的荣誉主席。该研究的最初意图是调查工作场所的照明度与员工生产率之间的关系。基于以前的研究，人们猜测随着工作场所照明度的提高，员工生产率会随之提高。[4]在1924年冬季，麻省理工学院的研究团队在西方电气公司的冲床部、绕线部和继电器装配部调查了当时的照明条件和工作绩效，以确定工人绩效的基线水平，再根据基线水平来测量员工生产率（即产出）在长期内的潜在变化。他们改变每个部门的照明度，得到的结果是："产量的上下浮动与照明度并无直接关联"[5]。

在1925年夏天，这些研究者挑选了两组具有相同经验和绩效水平的绕线工人，将其中一组设定为变量组（也就是说，照明度将会发生变化），另外一组设定为控制组（照明度将不会发生变化）。这两个组被安排在不同的建筑物中，与他们之前所属的部门分隔开。研究者们系统地改变变量组所在的建筑物的照明度，满心期待员工的产出会随着照明度的变化而改变。然而，结果表明并不存在这样的影响。无论照明条件是更加明亮、更加昏暗或者保持不变，产出都普遍提高。其他作出了改动的研究也得出了同样未曾预料到的而且似乎彼此矛盾的结果。例如，西方电气公司的一名员工霍默·希巴格（Homer Hibarger）对两名操作工进行了研究，把照明度逐渐降低到月光程度（0.06尺烛光），而他们的产出仍然增加。贝尔福斯（Beilfus）——其中的一名操作工——回忆说：

> 杰里（杰拉尔丁·索奇奥（Geraldine Sirchio））……和我一起。我们被带到一个小房间。希巴格先生当时和我们一起，情况并不那么糟糕。光线有点暗，但我们能够看清我们要做的工作……他们发现，即便在照明条件糟糕的情况下，我们也能够做得同样好。[6]

1927年4月，照明实验被放弃了。有两个结论似乎是显而易见的：（1）照明仅仅是影响员工产出的众多因素之一；（2）照明和员工生产率之间并不存在简单的因果关系。于是，人们意识到必须考察其他一些因素，而且更好的实验控制是必不可少的。在为该研究的发现撰写报告时，由杰克逊任命为现场工程师来进行照明实验的麻省理工学院研究生查尔斯·斯诺（Charles E. Snow）得出结论：由于有太多影响因素存在，无法确定照明度与员工的生产率之间具有直接关联。斯诺承认，虽然其中的许多影响因素可以被控制或者消除，但“剩下的最大一块绊脚石是人的心理状态问题”[7]。这个时候，人们似乎会很轻易就放弃整个研究项目，将注意力投向别处，然而，由于对这些未曾预料到的而且似乎彼此矛盾的研究结果非常感兴趣，希巴格认为这项研究应该继续下去。霍桑工厂的监管部主管乔治·彭诺克（George Pennock）以及工厂经理克拉伦斯·斯托尔（Clarence Stoll）同意了希巴格的建议。在他们两个人的支持下，希巴格设计和进行了第二次研究。

继电器装配实验室研究（1927—1932年）

1927年初期，开始了第二次研究，试图解决在照明实验中由于获得相互矛盾的结果而产生的谜团。这次研究的目标是判断工作条件对员工生产率的影响，例如休息时间、工作日时间长度，公司提供的上午餐，以及支付报酬的方法。霍桑研究的这个阶段被称为继电器装配实验室研究，持续了5年时间。最初的研究参与者是5名继电器装配工人——阿德琳·伯格托维奇（Adeline Bogotowicz）、艾琳·莱巴斯基（Irene Rybacki）、特雷莎·莱曼（Theresa Layman）、安娜·豪格（Anna Haug）以及参与了先前照明实验的贝尔福斯，1名流程配置操作工比伊·斯特德里（Bea Stedry），他为装配工人提供零部件，以及身兼实验者和观察者身份的霍默·希巴格。图13-1的照片记录了继电器装配工人在工作台工作的情况。工人对面的托盘里放着继电器的零配件。每名装配工人的前面是一个夹具，用来组装继电器。[8]

图13-1 继电器装配实验

资料来源：Ronald G. Greenwood Collection，courtesy of Regina A. Greewood，University Archives，Alvin Sherman Library，Nova Southeastern，Fort Lauderdale，FL.

参与这次实验的装配工人的数量被记录设备的容量限制。记录设备是五孔电报机纸带，每当一台继电器装配完成并被放入一个用来收集继电器的凹槽时，就会在纸带上打一个孔。观察者的职能是逐日记录重大事件、员工交谈以及他自己的印象。这些工人的工作是组装电话继电器。电话继电器的重量只有几盎司，由一个线圈、一个支架、接触簧片以及绝缘体构成，还需要几颗螺钉把它们固定。这需要大约 1 分钟的时间来完成组装。研究参与者们被选中的方式可以使我们略微了解 20 世纪 20 年代末期的工作生活。继电器装配部门的主管弗兰克·普拉滕卡（Frank Platenka）告诉贝尔福斯该部门计划进行一项研究，并让她“找一些近期内不会结婚”并且愿意在一间用来进行研究的专门房间里从事工作的女工。[9]这些装配工人被邀请到彭诺克的办公室，“向她们解释了这次研究的计划和目的……她们爽快地同意参加这次研究”[10]。

在这些装配工人进入一间专门的实验室之前，实验者用了两周时间来观察她们在原有工作岗位上的表现（她们并不知晓）。[11]在专门的实验室里，工作条件可以得到更加严密的控制。此外，还对许多因素进行了仔细测量，例如脉搏、血压、天气状况以及实验室中的温度和湿度。每六个星期，这些装配工人将接受一次全面的身体检查，以记录她们的健康状况和月经周期。此外，被记录的还有每位工人前一天晚上的睡眠时间、吃的什么食物、家庭条件以及其他的外部影响。作为观察者的希巴格还要每个小时都记录该实验室中发生的主要事件，并且创造和维持一种友好的氛围。与她们原来所在的部门不同，这里允许她们随意地相互交谈和离开她们的工作台。她们在这里并没有主管，而在原来的部门则有主管。希巴格最多只是行使了一种类似于主管的职能。在大约 6 周以后，对这些装配工人实行一种激励计划，使她们的收入与该小组的绩效挂钩，而不是继续使用她们原来所在部门的工资制度。她们被告知要以一种“舒适的节奏”工作，而她们在收入方面并不会受损，获得的收入有可能高于原来可以获得的最高工资。因此，实验者们报告说：“我们很容易就使这些装配工人相信，产量提高导致的所有收益都将全部返还给她们，这样一来，我们有理由相信获得了她们的合作。”[12]

在该研究的前 7 个阶段（1927 年 4 月 25 日—1928 年 1 月 21 日），实验者们改变了各种工作条件，以判断它们对产出的影响（如果存在任何影响的话）。先是引入了两个 5 分钟的休息时间，接着是两个 10 分钟的休息时间，然后又改为 6 个 5 分钟的休息时间，而且后来公司餐厅还提供一顿午餐。当计划作出某种改变时，会向她们解释其目的，并且听取她们的意见。没有获得她们同意的改变都被放弃了。在这个期间，最令人惊讶的发现是，她们的生产率“总体上保持着上升趋势，无论工作条件作出何种改变”[13]。不过，实验者们对阿德琳·伯格托维奇和艾琳·莱巴斯基的生产和行为表示了关注。希巴格有证据表明，伯格托维奇正在限制产出（她和莱巴斯基两个人一直是产出量最低的），而且坐在伯格托维奇旁边的特雷莎·莱曼报告说，伯格托维奇和莱巴斯基两个人只彼此交谈，拒绝和其他人交谈。莱巴斯基和伯格托维奇被要求退出该实验，重新回到原来的继电器装配部，给出的理由是：她们“缺乏合作精神”“糟糕的产出量”“讲话问题”。[14]不过，一份未标明日期的霍桑报告指出，该实验开始时莱巴斯基是很合作的，只是在她的健康状况下降后才变为抵制态度。医疗检查表明，莱巴斯基患上了严重的贫血症：她获得了治疗和两周的带薪病假，后来恢复了健康并且重新回到继电器装配部上班。[15]

两位经验丰富的继电器装配工人，玛丽·沃兰格和杰拉尔丁·索奇奥顶替了伯格托维奇和莱巴斯基在该实验室中的位置。随着沃兰格和索奇奥的到来，第8阶段的产量迅速提高，超过了最初5名装配工人的绩效水平。索奇奥成为该工作团队的非正式领导，虽然产量在不同时期略有波动，但总体趋势是继续上升，不断超过之前的最高绩效水平。于是，在实验开始1年多之后的第12阶段，休息时间被取消，工作日和工作周的时间长度也恢复到她们原来在继电器装配部时的标准，而且她们又需要自己准备午餐了。随着工作周增加到五天半时间（48小时），总产量增加了，但每小时的产出有所下降。在第13阶段，休息时间恢复，每小时和每周的产出达到了一个创纪录的高度。

彭诺克、希巴格以及其他人都明显察觉到，某种不同寻常的事情正在发生。1927年冬天，彭诺克拜访了他的母校麻省理工学院以寻求专家的建议。麻省理工学院的校长朱利叶斯·斯特拉顿（Julius A. Stratton）建议他去找克莱尔·特纳（Clair E. Turner），麻省理工学院生物学和公共健康领域的一名教授。特纳很快就作为一名顾问加入了这项研究。根据特纳的建议，疲劳、健康习惯以及心理态度被当作这些装配工人生产率不断提高的潜在解释而加以研究。[16]特纳能够证实，疲劳减少是休息时间所导致的结果，但并非装配工人产出增加的原因。不过，休息时间使工人有更多机会进行互动，而心理态度似乎比其他任何因素更能解释她们工作绩效的提高。按照重要程度的顺序，特纳将产量的增加归因于：（1）在小群体中工作；（2）更宽松、友好的监管风格；（3）更高的收入；（4）成为实验参与者的新鲜感；（5）公司管理者和研究者对她们投入的关注。[17]

彭诺克首先注意到了监管风格对她们生产率的影响。这些装配工人意识到她们在该实验室中的产量要高于她们原来在继电器装配部时的产量，而且她们说产量增加并不是她们有意为之的结果。她们提出了两种解释。首先，在该实验室中工作“很有趣”。她们享受成为众人关注的焦点。其次，新的监管风格，或者更准确地说，旧式监管风格的缺失，使得她们可以在没有焦虑的情况下更无拘无束地工作。例如，在实验室中允许她们相互交谈，而在她们原来的部门交谈是被禁止的。希巴格努力在实验室中创造一种友好的氛围，这使得她们获得了大量周到的和个人的关注。简而言之，实验室中的监管要比她们原来的监管更为体贴，并且不那么独裁。此外，实验室中的氛围也更加自由，不容易引起她们的焦虑。这与继电器装配部的主管弗兰克·普拉特卡的监管风格以及他在该部门创造的氛围截然不同。其中的一名装配工人特雷莎·莱曼这样解释：“我们感到更加放松。我们没有看到上司（普拉特卡），也没有听到他的声音……他很坏。要是他死了，我都不会去看他。”另外一名装配工人贝尔福斯补充说：“它（实验室）就是一个家庭，你知道的，非常友善。”[18]特纳对这些结果进行了总结：“监管方面发生了根本性的变化……这个小组中没有主管……取而代之的是一名‘友善的观察者’……纪律是通过领导力和相互理解来予以保证的……在该小组内形成了一种团结精神。”[19]

从这个角度来说，监管风格以及拥有团结精神的小团队的形成，被认为可以解释生产率的提高。另外一个因素，即工资激励计划，也被认为发挥了影响，但还没有获得实证研究的检验。由于她们的报酬是基于她们6个人的产出而不是根据100名或者更多装配工人的产出来计算的，因此她们的报酬与她们的个人努力程度具有更为紧密的联系。在进入实验室之前，她们的平均工资是每周16美元，在进入实验室之后，她们的平均工资达到了每周28～50美元。收入的显著增加能否解释产量的提高？

为了检验这种可能性，研究者们组建了两个新的小组：由5名继电器装配工人构成的一个小组，以及由5名分离云母片的操作工人构成的另一个小组（见图13-2）。在实验之前，5名继电器装配工人享受的是继电器装配部的集体激励计划。在实验的前9周，对她们实行了小组激励计划。最初，产出总量上升，然后逐渐趋于平稳（只有一名装配工人的产量下降），并且一直维持在这种新的更高水平上（确定的基准线为100%，而她们的产量为112.6%）。在接下来的7个星期，对她们恢复了最初的集体激励计划，她们的产量下降到基准线的96.2%。云母片分离组始终实行个人激励制度，在进入一间专门的观察室之后，云母片分离组的休息时间和工作日时间长度不断发生变化，就如同之前在继电器装配实验室中实施的那样。这个组的产量变化也被以类似的方法记录下来。对这个组的研究持续了14个月，它每小时的平均产出提高了15%。

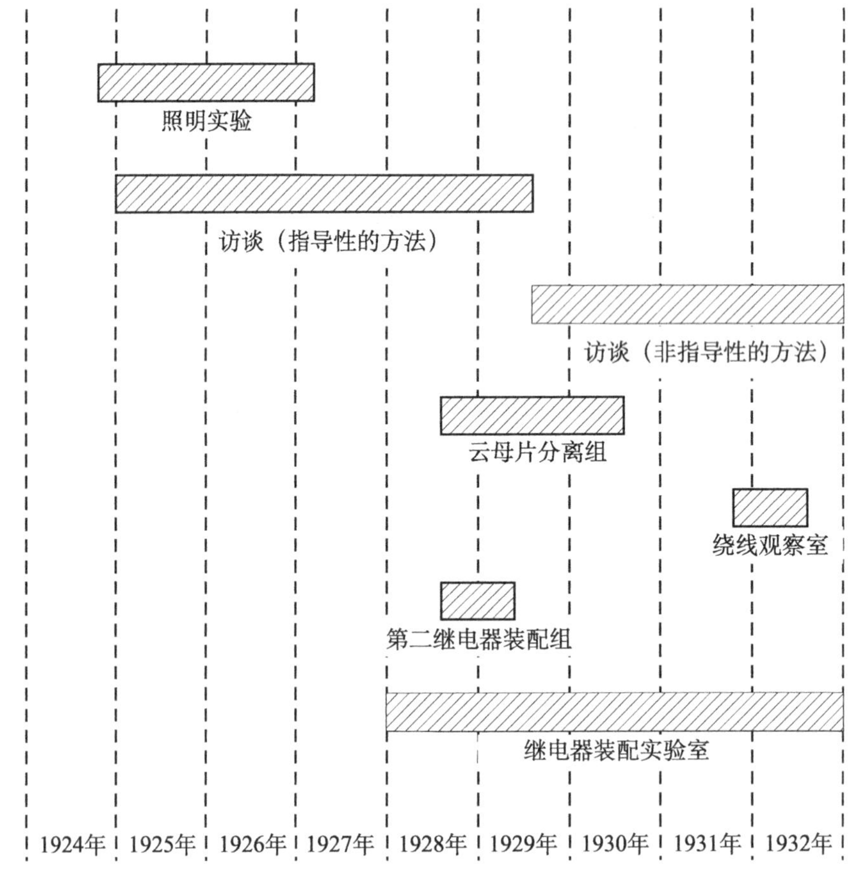

图13-2　对霍桑研究的概述

注：关于打字组的一个实验被删去，因为没有发表报告。

资料来源：Based on Appendix A of Greenwood，Bolton，and Greenwood，“Hawthorne，” pp. 229-230。

尽管这两个组的产量都增加了（除了继电器装配组重新实行集体激励计划时的情况），但特纳还是对把产量增加归因于不同的报酬制度犹豫不决："不同的收入激励计划可能是导致产量增加的一个因素，但毫无疑问它并不是唯一的因素。"[20] 1929 年 5 月的一份中期研究报告总结了对这三个组的研究结果：装配工人的产量增加幅度为 35%～50%；疲劳的降低并不是导致产量增加的因素；基于小组的报酬制度"是对产量增加具有重要作用的一个因素"；由于"体贴的监管"所产生的"更舒适、更自由和更快乐的工作条件"，工人们都感到更加"满意"。[21]

访谈计划（1925—1932 年）

在照明实验期间，查尔斯·斯诺和霍默·希巴格就已经开始对西方电气公司的员工们进行访谈，以获得对员工-监管者关系的真知灼见。[22]他们使用了一系列问题，其中包括：你的总体健康状况如何？你在工作中开心吗？来自同事的压力会影响到你吗？由于这些问题均可以用"是"或者"不是"来回答，因此他们从这些问题的回答中几乎没有获得什么有用的信息。很显然，如果想要如预期那样获得对员工-监管者关系的真知灼见，他们需要使用另一种方法。

1927 年 10 月，西方电气公司的人事部负责人斯蒂文森（T. K. Stevenson）听了哈佛大学教授埃尔顿·梅奥关于"在接下来 10 年心理学能够为工业做什么"的演讲。在这次演讲之后，斯蒂文森向梅奥讲述了继电器装配实验室研究结果，并且建议他参观霍桑工厂。[23]梅奥是澳大利亚人，1899 年在阿德莱德大学（University of Adelaide）获得逻辑学和哲学学士学位，他想在阿德莱德大学和爱丁堡大学研究医学，但没有成功。1911 年，他成为昆士兰大学（University of Queensland）的一名讲师，教授道德哲学。[24]在苏格兰期间，他成为一名从事精神病理学（对精神紊乱的科学研究）研究的副研究员，这一经历为他日后成为一名工业研究者奠定了基础。

1922 年，梅奥移居美国。到达美国之后，他很快成为宾夕法尼亚大学沃顿商学院的一名副研究员，随后获得了劳拉·斯皮尔曼·洛克菲勒纪念基金会（Laura Spelman Rockefeller Memorial Fund）的赞助，研究"个体的工业效率"。在研究澳大利亚工业的员工动荡时，梅奥发现无法用任何一个单独因素来解释工人们在工作场所中经历的那些个人困难，而必须使用他所称的"整体情境的心理学"方法。[25]这是格式塔（德文"整体"的音译）心理学的一个概念，它成为梅奥将组织视为一个社会系统的基础。这也表明，梅奥认识到了解各个局部并不等同于了解整体。此外，这个概念强调，除了需要了解一个社会系统的每个组成部分如何发挥作用之外，还有必要预测这些组成部分之间的互动将如何产生不可预料的结果。在一项与霍桑研究的最初目标极其类似的研究中，梅奥遵循了当时的传统智慧，在费城附近的大陆工厂（Continental Mills）探究工作条件与员工产出之间的关系。[26]通过引入休息时间，梅奥能够将走锭纺纱部的员工流动率从 250%降低到 5%，并且提高员工们的工作效率。用梅奥的话来说，休息时间减少了员工们"悲观主义的幻想"（pessimistic reveries），从而提高了他们的工作士气和生产率。所谓“悲观主义的幻想”，梅奥指的是一种特定的意识状态：忧郁的情绪或思想支配着一个人的意识，并且完全压制了其他一切情绪。[27]梅奥认为员工们悲观主义的幻想是一种轻度的心理疾病，或是精神病理学的症状，它是由工业社会引起的。[28]梅奥在大陆工厂的研究吸引了哈佛大学商学院研究生院院长华莱士·多纳姆（Wallace B. Donham）的关注，1926 年梅奥成为哈佛大学的一名工业研究副教授。

梅奥先是在 1928 年花了 2 天时间参观霍桑工厂，后来在 1929 年用了 4 天时间进行参观，接着在 1930 年开始更深入地参与研究。不过，1929 年的参观对于彭诺克的访谈计划十分重要。梅奥认为，“小组中心理态度的显著变化”是解释霍桑谜团的关键因素。在梅奥看来，这些继电器装配工人已经组成一个社会单元，享受着实验者们越来越多的关注，并且因参与该项研究而产生了显著的自豪感。在梅奥看来，“西方电气公司在其‘实验室’中引入的最主要改变与实验结果之间仅仅存在一种偶然的关系。公司为这个小组真正做的事情是彻底重建了该小组的整体工作状况”[29]。

为了理解一个群体的“整体状况”，梅奥认为在进行访谈时应该使用一种对话式的或非指导性的方法。这种方法的基本前提是：一种“新的”监管角色不可或缺。这种新的监管角色应该是坦率的、关怀的、愿意倾听的。在霍桑实验中，研究者们注意到，这些装配工人“害怕权力”，不过一旦研究者对她们的个人需求表示更多关注，她们就不会羞怯或畏惧，并会更加直率地与公司管理者和观察者进行交谈。此外，这些装配工人表现出了更高的工作热情，而且形成了私人友谊，无论是上班时还是下班后。她们开始在下班后彼此走动，到彼此的家中参加聚会，而且一起去剧院或电影院。总而言之，她们成为一个有凝聚力的群体，强调忠诚和合作。这似乎提高了她们的工作士气，再加上一种更友善的监管风格，所有这些导致了她们生产率的提高。监管、士气以及生产率之间可能存在的这种联系，成为人际关系运动的基础。

按照梅奥的建议，在访谈中运用非指导性的方法，可以使工人们更自由地表达自己的感受。访谈者的任务就是让工人不断交谈，而每次访谈的平均时间从 30 分钟延长到 90 分钟。在作出这次调整之后，工人们在随后的访谈中表示，工作条件得到了改善（虽然事实上并无变化），工资报酬也得到了改善（其实工资等级仍然保持未变）。简而言之，“发牢骚”的机会使工人们认为他们的处境改善了，即便事实上并无变化。

研究者们全面考察了访谈中收集到的抱怨，结果发现工人们的抱怨一般来说与事实并不相符。这种事实与情绪的不符使研究者们区分了抱怨中的外在（物质的）内容和潜在（心理的）内容。例如，一位受访者对其工作部门中的噪声、湿度和烟尘表示深切担忧，但进一步的考察表明，他潜在担忧的是这样一个事实：他的兄弟不久前死于肺炎，所以他担心自己的健康也可能受到了损害。在另外一个例子中，受访者抱怨计件工资率太低，但是后来的调查证明这并非事实，事实是：这名工人在为妻子生病需要支付医疗费而忧心忡忡。实际上，“有些抱怨从没有被当作事实来对待，而是作为个人或社会情况的征兆或指标。我们需要对这些个人或社会情况进行探究”[30]。在研究者们看来，工人对自己私人问题的过度关注会限制他们的工作绩效，梅奥在早期的研究中将这个结论称为“悲观主义的幻想”。访谈计划得出的结论是：对主管进行培训，使他们能够倾听和理解工人们的私人问题。通过培训，使主管成为访谈者，去倾听而不是说教，并且“在他们与工人们的接触中不要带有道德说教、劝告或情绪”[31]。

运用这种非指导性的访谈技巧，可以使主管们更明智地处理工人的私人问题，找到对工人绩效产生消极影响的因素，并消除社会环境或物质环境中对工人的生活具有不良影响的事件或因素。这种新型的主管将更加以人为本、更加关心下属、更加热情，并善于处理各种情况。这种注重人际关系的管理风格所导致的结果是：更高的工作士气、更少的“悲观主义的幻想”以及更高的产出。

绕线观察室研究（1931—1932年）

克莱尔·特纳在1930年末给马克·帕特南（Mark Putnam）写信说，对云母片分离组的研究并没有获得多少有用的信息，并建议“最好用男工组成一个实验组”，以更加广泛地探究什么因素影响集体产量。[32]于是，研究者们挑选了整个绕线部作为一个组，以进行研究。不过，由于绕线部主管亨利·沃尔夫（Henry S. Wolff）及其他部门的主管反对，研究者们打算采取另外一种形式。这些管理者之所以反对，是因为担心这次研究的目的是提高产量，就如同在继电器装配实验室中产生的结果，而这将会反映出目前的监管水平和产量水平不尽如人意。威廉·迪克森（William J. Dickson），霍桑工厂员工关系研究部的主管，总结了这些管理者的心态：

> 他们觉得，由于提供了一种特殊的小组工资率，（继电器装配实验室中的）那些女孩获得了特殊激励，平时的生产困难被精心消除了，而那些操作工人也是从一开始就获得了特别的宠爱和关照。“当然，”他们说，“任何人都可以用这种方法来获得更高产量，但是我们（绕线部的管理者）不能让这样的事情发生。”[33]

为了消除这些管理者的担忧，研究者们同意对研究计划作出一些改动：从绕线部挑选出一组工人，他们将被隔离在一个特殊区域以便进行观察，而且不允许参观者进入；他们的收入与该小组的产出挂钩，但同时也考虑绕线部其他工人的产出；他们的监管者保持不变，并且实验观察者待在不引人注目的地方，而不是像希巴格那样“友善地对待和帮助”继电器装配工人。另外，他们工作场所的布局以及生产程序都将保持不变。简而言之，它与继电器装配实验室仅有的相似之处是：把工人们安置在一个单独的房间内以及安排一名实验观察者。

被挑选出来的14名男性操作工组成一个小组，其中包括9名接线工、3名焊工以及2名检查员。他们的工作是组装电话交换机。早期的调查很清晰地发现，这些操作工人构成了一个复杂的社会群体，具有明确的规范和一套共同的信念，而这并不是他们从事的工作正式要求的。他们对于“公平的日工作量”具有自己的概念，而且劝说彼此要成为一个群体，不要超过这个产出水平。[34]如果有操作工人超过了这个获得一致同意的产出水平，那么他将被称为“工作定额破坏者”。这些操作工人担心，那些无法跟上“工作定额破坏者”工作速度的工人有可能会被管理层“扫地出门”。他们还担心，如果“工作定额破坏者”的产出被采用作为每日产出标准，那么管理层预期的每日产出就会提高，而工人们将不得不更辛苦地工作以获得相同的收入。[35]同时，他们还强烈地认为每一位工人的产出都不应该比群体标准低太多。如果有哪名工人是这样，就会被称为“挖墙脚者”。此外，他们认为每个人都不应该说或者做任何将会伤害某位同事的事情，如果有谁这样做，那就是“打小报告者”。他们还参与了几项违反公司政策的事情。例如，虽然是被禁止的，但是他们常常换岗。他们还常常在工作中非正式地“拉彼此一把”，这也违反了公司政策。因此，没有人针对同事打小报告就尤为重要。他们还认为每个人不应该在人际关系方面刻意与其他人保持距离。例如，如果某个人是一名检查员，那么他就不应该表现得像一名检查员。[36]

绕线观察室的这些操作工人已经形成了各种方法来强化他们的规范。群体中的成员采取一些微妙的措施来施加压力，例如嘲笑、讽刺和“给一下”。“给一下”指的是在那些讨厌的人的上臂上用力打一下，以表达对他的不满。超过获得一致同意的产出标准就会招致这样的惩罚，还会被冠以“速度王”或“奴隶”的绰号。这些措施的价值并不在于使惩罚对象在身体上受到伤害，而是在于得知自己的同事们对自己的行为不赞同时产生的精神伤害。

发现这些操作工人已经形成的“非正式组织”以及他们对产量的限制，研究者们倍感惊讶。弗雷德里克·泰勒曾敏锐地意识到系统性的磨洋工和群体压力；怀廷·威廉姆斯也曾描述过自己关于非正式联系和工作态度的经验；斯坦利·马修森（Stanley Mathewson）已经对导致产量限制的各种压力进行了广泛研究。[37]虽然存在这些关于集体压力的早期认识，但是研究者们发现，值得注意的是“这样一个事实，即工作部门中的社会群体能够对成员个体的工作行为施加强有力的控制”[38]。对这些研究者来说，产量限制是一个新发现，因为他们“迄今尚未意识到这种产量限制对于管理活动和员工满意度的意义”[39]。知识在于积累，这些研究者事前并未了解以前关于非正式群体行为的作品是一个失误，因此受到了严厉的批评[40]，虽然这并未影响他们自己研究的重要意义。

继电器装配工人与绕线操作工人之间的产量差异应该作何解释？就继电器装配工人来说，她们提高了生产率，但是这些绕线操作工人把产量限制当作规范。这两组工人都有观察者，但观察者的角色是不同的。在继电器装配实验室研究中，观察者信任工人，向她们征求建议，并鼓励她们参与那些影响她们福利的决策。然而，在绕线观察室中，观察者只是进行观察，工人则继续实行以往的那一套非正式规则。研究者们对产量差异的最终解释为他们对新型管理技能的主张补充了理由。通过解释绕线操作工的行为，研究者们为把组织视为社会系统提供了新的真知灼见。

研究者们发现，非正式工作群体具有两种功能：（1）保护工人免受群体内部成员轻率行为的伤害，例如产量冒尖或严重落后；（2）保护工人免受管理层的外部干预，例如提高产量标准、削减工资率或挑战该工作群体的规范。实际上，非正式群体是工人用来控制彼此行为和情绪，同时避免雇主实施干预措施的一种工具。如同霍桑工厂的访谈计划已经发现的那样，在研究集体行为时，必须把事实和情绪区分开来。为了达到这个目标，研究者们开始对工人认为的“事实”与公司管理者眼中的公司管理实践进行比较和探讨。在产量限制方面，研究者们得出结论：对经济不景气和解雇的担忧并不是磨洋工的唯一原因，因为工人在经济景气或不景气时都对产量进行限制。产量限制实际上对工人不利，因为它提高了单位成本，使得工资率降低，产量标准提高，或者采用新技术以抵消高成本。由于西方电气公司长期以来都实施开明的公司政策和慷慨的福利待遇，因此研究者们认为，工人认为限制产量符合他们最佳利益的观点是“不合逻辑的”，是基于对现实的误解。

研究者们得出结论，认为管理不当或整体的经济状况与非正式群体规范并无关联，他们试图通过把绕线观察室视为一个更大的、公司层次的社会系统中的一部分并且被群体情绪和群体行动影响来寻求一种解释。根据研究者们的推理，与部门成员之外的其他人（例如效率专家或其他技术人员）的互动被工人视为干扰因素，因为这些人的行为能够影响工人的福利。这些人往往会遵循“效率逻辑”，按照这种逻辑，使产出最大化和成本最小化是从事工作的终极目标。毫不奇怪，工人把这种方法视为对其自主权的干预。此外，主管（作为一个阶层）代表了权威，他们有权对工人进行纪律处罚以确保工人遵守管理规定。意识到工人对这种权威持反感态度，研究者们认为，虽然主管设法使工人的行为符合效率原则，但工人予以抵制。研究者们再次得出结论，认为工人的这种行为也是不合逻辑的。但研究者们也强调，管理层必须认识到这种现象，在考虑效率逻辑的同时，还要考虑工人的情绪。因此，研究者们对管理者提出忠告，应该把每个组织视为一个社会系统。根据他们的理解，用来管理技术系统的严格效率逻辑不可避免会失败，因为它忽视了一个组织的社会系统中的各种情绪以及非逻辑成分。

作为社会系统的组织

哈佛大学的劳伦斯·亨德森以及意大利经济学家维尔弗雷多·帕累托的作品影响了埃尔顿·梅奥将组织视为社会系统的观点。虽然梅奥从来都不是一位彻底的帕累托主义者，但他确实接受了帕累托的许多观点。[41]不过，梅奥的学生，弗里茨·罗斯利斯伯格所持的观点与帕累托更为接近，尤其是关于社会系统的结构。罗斯利斯伯格于1921年在哥伦比亚大学获得文学学士学位，并于1922年在麻省理工学院获得理学学士学位。1922—1924年，他作为一名化学工程师投身于工业实践活动；1925年，他又回到哈佛大学攻读文学硕士学位。后来他在哈佛大学工业研究所任职，并且很快参与了霍桑实验。[42]

罗斯利斯伯格和威廉·迪克森一起为霍桑研究撰写了一份最广为人知的报告——《管理和工人》(Management and the Worker)。在这份报告中，可以非常明显地看到帕累托思想的影响，尤其是在社会系统的结构方面。在罗斯利斯伯格和迪克森看来，技术方面对效率和经济回报的追求，与每个组织对人的因素的关注是密不可分的。员工们具有物质需求，但他们也拥有社会需求。这些需求源于早期的社会条件，而且始终存在于他们与同事及组织中其他人的联系和交往中。这两位作者认识到，具体工作环境中的事件和物体“不能仅仅被视为它们本身，它们必须被理解为社会价值的载体”[43]。例如，一张桌子没有什么社会意义，但是如果拥有这张桌子的人能够对其他人实施监管，那么这张桌子就成为一种地位象征以及一种社会价值的载体。其他事物，例如衣服式样、年龄、性别和资历等，也都具有社会意义。这两位作者得出结论：因为人们不是被事实和逻辑支配，所以在与员工们（或者更普遍意义上的其他人）打交道时，必须考虑他们对具体工作环境中的事件和物体产生的情绪。

这两位作者认识到，当一个组织的正式结构及其规定、政策和程序与其成员们组成的非正式群体的规范发生抵触时，那么必然会出现权衡和冲突。不过，两位作者强调，这样的非正式群体不应该被视为“坏人”，而应被视为正式组织内的社会系统的一个必然部分。把组织视为一个社会系统，有助于管理层平衡正式规则、政策和程序要求的“效率逻辑”与作为非正式组织之基础的“情感逻辑”之间的矛盾。[44]因此，两位作者认为管理者必须努力在组织的技术要求与人的要求之间达成一种平衡。沿着这个思路就很容易推断出，为了维持生存，组织必须以一种方式来确保实现其经济目标，该方式就是“员工们通过为这个共同目标作出贡献来获得个人满足感，这种满足感促使他们愿意合作”[45]。

简而言之，霍桑研究的结果是提倡一种新型的管理技能组合。仅仅凭借技术技能不足以应付在霍桑工厂中发现的员工情绪和行为，还需要另外一套技能：首先是，用来理解人类行为的诊断技能；其次是，用来和工人交流以及劝告、激励和领导工人的人际技能。效率的经济逻辑必须与对员工情绪的全面认识实现平衡。

人际关系、领导和激励

长期以来，人们对霍桑研究中发生的事情进行了各种各样的解释，这成为一个不断发展的故事。尤其是，有一种现象被称为霍桑效应（Hawthorne Effect），它在社会科学的研究文献中已有多年历史。对于继电器装配工人的产量增加，有一种早期解释是员工获得了更多关注。研究者们将她们从原来的常规工作部门转移到专门的实验室中，并且采取一种新的监管风格。较为宽松的控制为她们创造了一种新的社会环境。研究者们还就将要实施的改变请她们提出建议和咨询，倾听她们的意见，而且她们的身心健康也成为研究者和公司管理者极为关注的重大事项。随着霍桑研究的进行，它越来越不像一个拥有良好控制的实验，而更像是创造一种新的社会环境，使工人们能够自由表达意见并且与同事和主管建立新型人际关系。

这些装配工人感觉自己是某种特殊事务的组成部分，并且因为参与继电器装配实验室研究而产生一种强烈的自豪。从心理学角度来看，她们已经全身心地投入她们的工作中。这些变化招致了这样的指责，即研究者们的行为（实际上，恰恰就是研究者们的存在）改变了他们希望进行调查的情况，并扭曲了他们的研究发现。尤其是，很多人认为这些装配工人的产量之所以提高，是因为她们被挑选出来，使她们感觉自己很重要。虽然定义各不相同，但“霍桑效应”（这个术语由在哈佛大学受训的心理学家约翰·弗莱奇

(John R. P. French) 创造) 背后的核心理念是认为实验参与者们在实验期间的行为变化可能“仅仅与特殊的社会情境以及她们获得的特殊对待有关联”，而与研究者们之前假设的原因或影响无关。[46]言简意赅地说：你很少能够在不对其产生某种影响的情况下近距离观察一种现象。这种“特殊性”与“该研究当中的自变量混为一体，进而对因变量产生一种促进作用，从而导致含混不清的结果”[47]。梅奥很早就意识到了这种现象，他写道：在解释继电器装配工人的行为时，“很显然，更多的个人兴趣，再加上摆脱了命令式的监管，要比工资激励、工作日时间长度、休息时间以及类似因素发挥重要得多的作用”[48]。罗斯利斯伯格进一步承认，“如果一个人正在被研究，他很可能会知道这一点。因此，在决定自己如何应对局面时，他对这个实验和实验者的态度就成为非常重要的因素”[49]。

是否存在一种使得实验结果产生偏差的霍桑效应？继电器装配工人的产量之所以增加是因为她们始终受到观察并获得某种近乎名人的身份吗？特雷莎·莱曼——其中的一名装配工人——回忆说：“不，我们一直在工作。谁在观察我们或者谁与我们交谈并不重要。”唐纳德·奇普曼（Donald Chipman）后来接替希巴格成为继电器装配实验室的观察者，他回忆说：“我同意……在研究初期，它有某种影响，但是……这很快就消失了。”[50]克莱尔·特纳阐述说：“我们刚开始时认为，实验室条件所带来的新鲜感可能在一定程度上导致了产量的增加，但是在 4 年多时间里产量的持续增加表明，新鲜感并不具有重要影响。”[51]对工业 / 组织领域以及组织行为领域的教科书进行的一次调查发现：“长期以来，学生们对霍桑研究……以及霍桑效应所持的观点很有可能是一种不适宜的传统。”[52]虽然霍桑效应被广泛提到，但对于“受到观察是否对员工绩效产生持续影响”这个问题仍然存在相当大的质疑。[53]

人际关系和人际合作

1929 年 10 月华尔街股市崩盘（见第 18 章），随之而来的是 1929—1933 年的经济大萧条，在霍桑工厂，工人的工作时间被削减，继电器装配实验室研究也最终被放弃。随着时间的推移，梅奥改变了自己对霍桑实验的解释。[54]早在 1931 年 10 月，梅奥就开始强调对“有效合作”和在一个不断变化的世界中恢复“社会团结”的需要。这个不断变化的世界使人们丧失了稳定、目标或规范。当梅奥开始诠释他的社会哲学时，他赢得了更广泛的听众。学术界和商业领袖都被他的这个观点吸引：政治分歧和劳工动荡是精神病理学的症状，由不适当的工作环境所导致。相反，虽然克莱尔·特纳更多地参与了霍桑研究并作出显著贡献，但是对该研究的结果进行解释时，他的观点却缺乏影响力。于是，麻省理工学院的明星黯然坠落，而哈佛大学的明星则发出了耀眼光芒。罗斯利斯伯格回忆说：“梅奥是思想领域中的一名探险者……（霍桑研究的）数据并不是他的功劳，获得的结果也不是他的功劳，但是对于结果的解释以及从中得出的新问题和新假设是他的功劳。”[55]

梅奥接受的教育以及他的经历为他对人类行为的新解释奠定了基础。他曾经有一段时间学习医学，虽然从未获得过医学学位，但是他对精神病理学产生了兴趣。当时，有几位学者是精神病理思想分析领域的排头兵，例如法国的神经病学家让-马丁·沙可(Jean-Martin Charcot)、瑞士的精神病专家卡尔·荣格（Carl G. Jung)、法国心理学家皮埃尔·让内（Pierre M. F. Janet)，以及精神分析学的创始人、奥地利人西格蒙德·弗洛伊德。梅奥对皮埃尔·让内的作品尤其感兴趣。他在退休前的最后一本著作就专门探讨了皮埃尔·让内的强迫性思维理论。[56]皮埃尔·让内认为强迫性思维是心灵受到创伤的病人表现出的初步精神紊乱。弗洛伊德的门徒将之称为强迫症。梅奥认为，皮埃尔·让内和弗洛伊德在这方面的成果是互为补充的。[57]梅奥对强迫性思维或强迫症的解释，核心是认为个体由于被自己的强迫症影响到某种程度，以至于他们无法灵活地对生活作出反应，包括他们个人的、社会的和工作中的行为。在工作方面，梅奥认为强迫症会降低一个人对生活的总体满意度，这又会使得他的生产率降低，辞职率和缺勤率提高。

虽然梅奥从来没有得出这样的结论，即认为霍桑工厂中有许多工人是心灵受到严重创伤的病人，但他的确认为访谈计划已经证明存在轻度的强迫症（或“先入成见”（pre-occupation)），因为“工作条件往往以某种方式阻止而不是促进一种令人满意的个人适应能力”[58]。在梅奥看来，有些工人找不到适当的途径来表达他们工作、生活中的私人问题和不满，这种阻塞导致他们潜在的“悲观主义的幻想”和对私人问题的“先入成见”，表现为对权威的反感、对产量的限制，以及其他各种降低士气和产量的行为方式。在梅奥看来，人们在一起工作时必须遵循的技术要求导致了一种个人无能为力的感觉，这种感觉导致了社会失调，并最终导致强迫性的、非理性的行为。他对此解释说：

> 在原始社会和发达社会中，为了社会的永存，人们在工作中的合作始终取决于一套非逻辑的社会规范的发展，这套社会规范调节人们之间的关系以及他们对待彼此的态度。坚持一种纯粹经济性的生产逻辑……会干扰这套社会规范的形成和发展，从而导致群体内产生一种挫败感。这种挫败感会导致形成一套较低水平的社会规范，并且与经济逻辑相对立，它的一种症状就是“产量限制”。[59]

人们在一起工作时必须遵循的技术要求导致了一种个人无能为力的感觉，这种感觉导致了社会失调，并最终导致强迫性的、非理性的行为。基于这种观点，梅奥和罗斯利斯伯格为人际关系运动构建了哲学的基本原理。人际关系运动的目标是通过平衡一家组织的经济目标和雇员们的个人需求，重新恢复一套社会规范来帮助实现有效的人际合作，无论是工作中还是生活中的人际合作。

失范和社会解组

为了发展关于工作场所有效人际合作的观点，梅奥借用埃米尔·涂尔干的术语“失范”（来源于希腊语，意思为“没有规范”）作为他的基本前提。[60]涂尔干使用这个术语来描述一种缺乏规范的状态，该状态会导致有些个体感觉自己与社会断开联系。[61]根据涂尔干的观点，在传统社会中，个体在联系紧密的、分享共同情绪和价值观的社区中进行互动。围绕家庭和血缘关系而建立的一种社会团结，能够为个体（他们通常终其一生都从事同一种工作）提供一种工作身份以及社会生活中的一种个人身份。工业革命兴起之后，劳动分工、不断增加的社会流动和物质流动以及大型组织的成长和发展，将这种社会团结破坏殆尽。在大型组织中，处理人际关系的方法从一种私人的、基于友谊的方式转变为一种非私人性质的、公事公办的方式。社会团结被破坏，其结果是一种无规范、无根基的生活方式。在这种生活方式中，个体的同一性随着社会联系一起消失了，而正是这些社会联系为人类的存在提供了连续性和目的性。这种失范导致个人生活和社会解组（social disorganization），并使个体产生一种无能为力、挫败和幻想破灭的普遍感觉。用来应付工业变革的社会发明（social inventions）赶不上技术发展的步伐，这种社会滞后造成了普遍的无能为力感和由此发生的社会解组。美国于1900年之前和之后所经历的快速经济增长破坏了“公共的完整性”（communal integrity）。

梅奥认为，技术导向型社会的发展过于强调工程技术，并从技术的角度来诠释工作的意义，认为成就建立在追求经济性的效率逻辑之上。个体的社会需求被放在不受重视的位置，从而削弱了人们“在工作中进行合作的能力”[62]。管理方对效率逻辑的强调窒息了个体获得集体认同、社会满意和社会目的的愿望，而这些内容只有通过公共生活才能够获得。源于帕累托的“经济精英”（由企业主和拥有大量财产的人构成）概念，梅奥率先提出了管理精英概念，认为他们不仅强调技术，而且对人的本质有深刻理解。[63]他希望管理精英能够真正认识到人们对社会团结的需求，从而重建人们在工作和生活中进行合作的机会。根据梅奥的设想，管理者可以通过采取以下措施来帮助人们实现这个目标：接受专门培训，以更好地了解工业组织中人和社会的方面；开发倾听和咨询的技能；承认和理解社会规范中的非逻辑方面。梅奥指出，问题在于管理者们认为实现有效人际合作的唯一方式是技术效率，而实际上，他们所面临的挑战也涵盖了人和社会的方面。

培养人际关系导向的管理者

埃尔顿·梅奥和弗雷德里克·泰勒拥护同一个目标：工业中的合作和协作。虽然他们对实现该目标的手段持不同见解，但他们都相信劳资关系应该是互惠互利的。不过，梅奥则走得更远，他认为这个世界必须放弃由一个中央来源（它可能是政府、教会或企业领导）发布一元命令的想法。深受切斯特·巴纳德（见第14章）的影响，梅奥认为用来确保合作的权力应该以人际关系技能为基础，而不是基于技术能力或技术特长。为了进一步促进合作努力以实现共同目标，以人际关系为导向的领导者将扮演社会情感的调查员角色。梅奥认为，因为人们在群体中度过的时间如此之长，而且他们大部分的满足感都是共同工作的产物，所以管理层必须花费许多心思来维持群体的完整和团结。群体是一种通用的溶剂，而管理者的任务就是找到一种通用的容器。

作为工人与管理层之间的第一个接触点，一线监工对维持群体完整性和社会团结起到了一种尤其重要的作用。例如，在绕线观察室中，一线监工并没有强制推行管理层的期望——每名工人一天完成7 312个接线端，而是接受了平均每天6 000～6 600个的产量水平。该监工的两难困境在一份中期项目报告中得到了解释：

> 处于这样的情况时，一线监工发现自己处于一种两难的境地。他只能在二者之中择其一：支持管理层的理念和制度，并且通过驱使工人或使用其他方法来予以执行；或者站在工人这边，向他的上司隐瞒真实情况。在继电器装配实验室中，监工认为站在工人这边更为合适，这也许是正确的。如果他站在工人们的对立面，则极有可能只会使情况恶化。[64]

一线监工被罗斯利斯伯格称为“两头受气的人”，夹在“两个针锋相对的世界中间”，既要承受来自上级管理者的压力，又要承受来自下属工人的压力。[65]因此，在确保梅奥所设想的劳资合作方面，一线监工必然处于不利位置。如同梅奥所预料的，当一线监工坚持一种严格的效率逻辑，无法意识到自己所面临的挑战也涵盖了人和社会的方面，那么情况会变得更糟糕。梅奥认为，要想使（各个层级的）管理者有效发挥自己新的人际关系角色，可以通过两种方式：训练他们理解其下属非逻辑性的情绪，以及在本组织的经济目标与员工的个人需求之间维持一种均衡。在梅奥看来，实现这种均衡是高效组织的主旨。这是一种新型领导方式，能够在效率的经济逻辑与对员工情绪的全面认识之间实现平衡。后来由密歇根大学进行的研究以及由俄亥俄州立大学进行的研究将确认，有效的领导融合了对生产的关注和对人的关注（见第 15 章）。

人际关系和激励

如同我们将在第 17 章中看到的，人际关系导向的领导者如何激励员工成为一个备受争议的话题。霍桑研究的早期报告提供了一些证据来支持这个结论，即改变为小组激励工资计划是解释继电器装配实验室中产量增加的一个因素。西方电气公司工业研究部主任马克·帕特南（Mark L. Putnam）告诉《商业周刊》，霍桑工厂的雇员们在 1930 年的访谈中表示，收入是他们最为关心的。[66]当那些装配工人被问及喜欢实验室中的什么时，其中一位回答说：“我们在实验室中挣到了更多钱。”[67]雷吉引用了 1930 年 11 月 12 日写给梅奥的一份霍桑研究备忘录：“在实验室中，经济和财务因素具有相当重要的意义。雇员们渴望获得高收入。显然，实验室消除了她们头脑中的疑问，使她们相信公司允许她们获得非常高的收入。”[68]在霍桑研究中，关于经济激励和产出关系的证据是可以找到的，但是公开出版的研究结果采用了一种不同的解释。[69]

有证据表明，对霍桑研究的正式阐述受到了梅奥的影响。梅奥的作品以及他对正式报告撰写者罗斯利斯伯格和迪克森的影响，导致了对霍桑研究的一种不同解释。关于梅奥对霍桑研究的影响，一个早期迹象体现在罗斯利斯伯格撰写的一份备忘录中。在这份备忘录中，他报告说生理因素与产出之间似乎存在一种显著关系。在罗斯利斯伯格看来，这使梅奥感到非常高兴，因为“与经济激励这样幼稚的事物相比，实验室中的女工们似乎更多地受生理因素的制约。这符合梅奥在过去 5 年一直阐述的观点，因此我们感到非常高兴”[70]。

在正式报告《管理和工人》中，罗斯利斯伯格和迪克森说：“工资激励的功效如此依赖于它与其他因素的关系，以至于不能认为它本身对个体具有某种单独的影响。”[71]也就是说，基于绩效的工资激励仅仅是一个无法单独被强调的因素。随着时间的推移，罗斯利斯伯格提到了能够解释人类动机的其他因素：

> 一个人是否愿意全身心地为一个集体服务，在很大程度上取决于他以何种方式来看待工作、同事以及上司……（一个人想要的是）社会认同……证明自己在社会上具有重要意义的切实证据……以及一种安全感。安全感在很大程度上并不来自我们在银行中的存款数量，而是源于自己被接纳为某个群体的成员。[72]

在此之后，“经济人”观点似乎被罗斯利斯伯格抛弃了：

> 在人类的商业行为中，经济利益绝不是最主要的和唯一的推动力，它在使人们愿意工作的激励要素名单上排名是很靠后的……工作中的人是一种社会动物，同时也是一个“经济人”。他既有个人需求和社会需求，同时也有经济需求。工作为他提供了一种生活方式，同时也是一种谋生手段……随着我们抛弃“经济人”观点，我们也开始质疑这个概念，即企业仅仅是一个符合逻辑的、以高效生产商品为目标的运营组织。[73]

人际关系主义者对动机的看法是什么？在早期的报告中，雇员实际上对访谈者说他们之所以更努力工作是因为“他们能挣更多钱”，或者说收入是他们关心的“头等大事”。不过，随着罗斯利斯伯格和梅奥对霍桑实验数据的研究，经济激励的重要性如日落西山般黯淡下去。简而言之，霍桑研究受到了太多的操纵和误读，以至于它的真实结果被掩盖在神话和鼓吹之中。[74]梅奥想要宣扬劳资合作而不是基于绩效的工资制度。这就对下一代学者提出了一项要求，需要他们来指出：社会人是对经济人的补充而不是取代。

小结

除了对当时流行的许多假设提出质疑外，霍桑研究还显著增加了我们对员工态度和动机的认识和理解。[75]霍桑研究的结果是：

- 人们清晰地认识到，金钱并不是工人的唯一激励因素。个人因素和社会因素在激励和员工态度（对其工作的每个方面的态度）中的重要性得以彰显。
- 个人态度对决定员工行为的重要性变得无可辩驳。
- 有效监管对维持员工的工作满意度和更高生产率的重要意义变得无可争议。

霍桑研究是一个学术金矿，永远改变了管理理论和实践的“景致”。霍桑研究对人际关系方法的兴起和发展所作出的重大贡献无法被忽视。仿佛是响应泰勒的号召——“研究那些对工人产生影响的动机”（见第 7 章），研究者们系统地论证了组织中人的因素的本质和内容。通过对关于工作之基础因素的假设进行检验，而不是任由它们继续无可置疑地让人们接受，研究者们开创了一条至今仍在继续的探索旅程。对霍桑研究的批评意见认为，按照现在的标准来说，霍桑研究是不科学的，也就是说，得出的许多结论并不必然源自既有的证据。这些批评意见以及其他一些批评意见将会在第 17 章得到进一步讨论。

注 释

[1] For more on the particular "context" in which the Hawthorne studies were conducted, see John S. Hassard, "Rethinking the Hawthorne Studies: The Western Electric Research in Its Social, Political and Historical Context," *Human Relations* 65 (11) (2012), pp. 1431 - 1461.

[2] Joseph M. Juran, "Early SQC: A Historical Supplement," *Quality Progress* 30 (9) (September 1997), p. 74.

[3] Dugald C. Jackson, "Lighting in Industry," *Journal of the Franklin Institute* 205 (3) (March 1928), pp. 285 - 303; and Joseph W. Barker, "Technique of Economic Studies of Lighting in Industry," *Transactions of the Illuminating Engineering Society* 23 (1928), pp. 174 - 188. See also Charles D. Wrege and Ronald G. Greenwood, "Dugald C. Jackson: The Forgotten First Director of the Hawthorne Studies," unpublished manuscript, Charles D. Wrege Research Papers, 1925 - 2013, Box 3, Folder 31, Kheel Center for Labor-Management Documentation and Archives, Cornell University and on Vannevar Bush, the cover story, "Yankee Scientist," *Time* 43 (14)(April 3, 1944), pp. 52 - 57. As Director, U. S. Office of Scientific Research and Development during World War Ⅱ, Bush was a central figure in organizing scientific and engineering talent to develop the atomic bomb, microwave radar, mass produced antibiotics, and other technologies crucial to the Allied victory.

[4] Total intensity of illumination consisted of artificial and natural illumination. The General Electric Company funded the Illumination Study because it was interested in research that would convince its customers to use artificial illumination in conjunction with natural illumination and, thereby, increase sales of lamps, fixtures, and wiring.

[5] Charles E. Snow, "Research on Industrial Illumination: A Discussion of the Relation of Illumination Intensity to Productive Efficiency," *Tech Engineering News* 8 (7) (November 1927), p. 272.

[6] Wanda Beilfus (née Blazejak) quoted in Alfred A. Bolton, "Relay Assembly Testroom Participants Remember: Hawthorne a Half Century Later," *International Journal of Public Administration* 17 (2) (1994), p. 377.

[7] Snow, "Research on Industrial Illumination," p. 282.

[8] T. North Whitehead, "Social Relationships in the Factory: A Study of an Industrial Group," *The Human Factor* 9 (11) (November 1935), p. 383.

[9] Ladialas "Wanda" Beilfus quoted in Bolton, "Relay Assembly Test Room Participants Remember," p. 361.

[10] Claire E. Turner, "Test Room Studies in Employee Effectiveness," *American Journal of Public Health* 23 (6) (June 1933), pp. 577 - 584.

[11] Much of the following section is based on the seminal research of Charles D. Wrege, *Facts and Fallacies of Hawthorne: A Historical Study of the Origins, Procedures, and Results of the Hawthorne Illumination Tests and Their Influence on the Hawthorne Studies*, 3 vols. (unpublished dissertation, New York University, NY, 1961), released in book form (2 vols.) by Garland Press, New York, 1986. See also Ronald G. Greenwood, Alfred A. Bolton, and Regina A. Greenwood, "Hawthorne a Half Century Later: Relay Assembly Participants Remember," *Journal of Management* 9 (2) (Fall 1983), pp. 217 - 231.

[12] Western Electric Company, "An Investigation of Rest Pauses, Working Conditions, and Industrial

Efficiency," supplementary program report as of May 11, 1929, p. 144. Reproduced in Fritz J. Roethlisberger, Hawthorne Study Records, Microtext Collection, University of Wisconsin—Milwaukee Library, Milwaukee, WI, 1977.

[13] George A. Pennock, "Industrial Research at Hawthorne: An Experimental Investigation of Rest Periods, Working Conditions and Other Influences," *Personnel Journal* 8 (5) (February 1930), p. 297.

[14] T. North Whitehead, *The Industrial Worker: A Statistical Study of Human Relations in a Group of Manual Workers*, vol. 1 (Cambridge, MA: Harvard University Press, 1938), p. 117; Fritz J. Roethlisberger and William J. Dickson (with the collaboration of Harold A. Wright), *Management and the Worker: An Account of a Research Program Conducted by the Western Electric Company, Hawthorne Works, Chicago* (Cambridge, MA: Harvard University Press, 1939), p. 53. In a historical aside, the Roethlisberger and Dickson's 1939 book should not be confused with either the earlier or the similarly titled book by George F. Johnson *et al*. *The Management and the Worker* (Chicago, IL: A. W. Shaw Company, 1920) or Roethlisberger and Dickson's preliminary report on the Hawthorne studies *Management and the Worker: Technical vs. Social Organization in an Industrial Plant* (Boston, MA: Bureau of Business Research, Graduate School of Business Administration, Harvard University, 1934). According to Richard Trahair, George F. F. Lombard recalled that Roethlisberger and Dickson's 1939 full report, which drew on department reports prepared by various Hawthorne managers, was delayed as the manuscript "sat on the lawyer's desk at Western Electric for years because at the time the company did not want it known that so much money had been spent during the Depression on personnel matters, and that perhaps if it were known, shareholders would want to know why" (Richard C. S. Trahair to Charles D. Wrege, personal communication, dated March 4, 2011).

[15] "Explanation of Removal of Two Operators," no date. Reproduced on Reel 3, Box 5, Folder 2, of the Microfilmed Records of the Industrial Relations Experiment Carried Out by the Western Electric Company at the Hawthorne Works, Hawthorne, IL. Hawthorne Studies Collection, Baker Library, Harvard University Business School, Boston, MA.

[16] Claire E. Turner, *I Remember* (New York: Vantage Press, 1974), pp. 83 - 87; Charles D. Wrege, "Solving Mayo's Mystery: The First Complete Account of the Origin of the Hawthorne Studies—The Forgotten Contributions of C. E. Snow and H. Hibarger," in Robert L Taylor, Michael J. O'Donnell, Robert A. Zawacki, and Donald D. Warwick, eds., *Proceedings of the Annual Meeting of the Academy of Management* (1976), pp. 12 - 16.

[17] Turner, "Test Room Studies," p. 583.

[18] Greenwood, Bolton, and Greenwood, "Hawthorne," pp. 222, 224.

[19] Turner, "Test Room Studies," p. 579.

[20] *Ibid*, p. 582.

[21] Western Electric Company, "Investigation," pp. 126 - 128.

[22] William J. Dickson, "The Hawthorne Plan of Personnel Counseling," *American Journal of Orthopsychiatry* 15 (2) (April 1945), pp. 343 - 347; Scott Highhouse, "The Brief History of Personnel Counseling in Industrial-Organizational Psychology," *Journal of Vocational Behavior* 55 (3) (December 1999), pp. 318 - 336.

[23] Richard Gillespie, *Manufacturing Knowledge: A History of the Hawthorne Experiments* (Cam-

bridge, England: Cambridge University Press, 1991), p. 70. See also Richard C. S. Trahair and Kyle D. Bruce, "Human Relations and Management Consulting: Elton Mayo and Eric Trist," in Matthias Kipping and Timothy Clark, eds., *Oxford Handbook of Management Consulting* (Oxford: Oxford University Press), p. 57.

[24] For a biography of Mayo's life, see Richard C. S. Trahair, *The Humanist Temper: The Life and Work of Elton Mayo* (New Brunswick, NJ: Transaction Books, 1984). See also Lyndall F. Urwick, "Elton Mayo—His Life and Work," in *Papers and Proceedings* Ⅻ *th International Congress of Scientific Management* (Melbourne: CIOS, 1960), n. p. Reprinted in Arthur G. Bedeian, ed., *Evolution of Management Thought*, vol. 3 (London: Routledge, 2012), pp. 113-136.

[25] Elton Mayo, "The Basis of Industrial Psychology: The Psychology of the Total Situation Is Basic to a Psychology of Management," *Bulletin of the Taylor Society* 9 (6) (December 1924), pp. 249-259. See also Elton Mayo, "The Irrational Factor in Human Behavior: The 'Night-Mind' in Industry," *Annals of the American Academy of Political and Social Science* 110 (November 1923), pp. 117-130. For more on Mayo's research on industrial unrest in Australia, see Helen Bourke, "Industrial Unrest as Social Pathology: The Australian Writings of Elton Mayo," *Australian Historical Studies* 20 (79) (1982), pp. 217-233.

[26] Elton Mayo, "Revery and Industrial Fatigue," *Personnel Journal* 8 (December 1924), pp. 273-281. See also Robert L. Duffus, "Satisfactory Rest Periods Solve Labor Turnover," *New York Times*, November 16, 1924, p. X8.

[27] George C. Homans, "Report of the Committee," in National Research Council, Committee on Work in Industry, *Fatigue of Workers: Its Relation to Industrial Production* (New York: Reinhold, 1941), p. 71.

[28] Mark A. Griffin, Frank J. Landy, and Lisa Mayocchi, "Australian Influences on Elton Mayo: The Construct of Revery in Industrial Society," *History of Psychology* 5 (4)(November 2002), pp. 356-375.

[29] Elton Mayo, *The Human Problems of an Industrial Civilization* (New York: Macmillan, 1933), p. 73.

[30] Roethlisberger and Dickson, *Management and the Worker*, p. 269.

[31] *Ibid.*, p. 323.

[32] Claire E. Turner to M. L. Putnam, October 13, 1930. Reproduced on Reel 7, Box 17, Folder 3, of the Microfilmed Records of the Industrial Relations Experiment Carried Out by the Western Electric Company at the Hawthorne Works, Hawthorne, IL. Hawthorne Studies Collection, Baker Library, Harvard University Business School, Boston, MA. Although Turner planned these studies, the primary investigator was W. Lloyd Warner, a Harvard University anthropologist who moved to the University of Chicago in 1935. See Dietrich Herzog, *Klassengesellschaft ohne Klassenkonflikt: Eine Studie über William Lloyd Warner und die Entwicklung der neuen amerikanischen Stratifikationsforschung* [*Class Society Without Class Conflict: A Study on William Lloyd Warner and the Development of New American Stratification Research*] (Berlin: Duncker & Humblot, 1965).

[33] William J. Dickson, "Procedure in Establishing Bank Wiring Test Room," undated, but circa mid-July, 1931. Reproduced on Reel 3, Box 7, Folder 1, p. 3, of the Microfilmed Records of the In-

dustrial Relations Experiment Carried Out by the Western Electric Company at the Hawthorne Works, Hawthorne, IL. Hawthorne Studies Collection, Baker Library, Harvard University Business School, Boston, MA.

[34] For more on the use of performance incentives at Hawthorne, see Stanley S. Homes, *Extra Incentive Wage Plans Used by the Hawthorne Works of the Western Electric Company, Inc.*, Production Executives' Series, No. 17 (New York: American Management Association, 1925).

[35] William F. Hosford, "Wage Incentive Applications in the Western Electric Company," *N. A. C. A. Bulletin* 12 (21) (July 1, 1931), p. 1769.

[36] Roethlisberger and Dickson, *Management and the Worker*, p. 522.

[37] Stanley B. Mathewson, *Restriction of Output among Unorganized Workers* (New York: Viking Press, 1931).

[38] Roethlisberger and Dickson, *Management and the Worker*, p. 379.

[39] *Ibid.*, p. 380.

[40] Mary B. Gilson, [Review of the book *Management and the Worker*]. *American Journal of Sociology* 46 (1) (July 1940), pp. 98 - 101.

[41] See, especially, Vilfredo Pareto, *The Mind and Society*, vol. 4: *The General Form of Society*, Trans. Arthur Livingston (New York: Harcourt, Brace and Company, 1935). Originally published in 1916.

[42] Fritz. J. Roethlisberger, *The Elusive Phenomena*. George F. F. Lombard, ed., (Cambridge, MA: Harvard University Press, 1977). See also George F. F. Lombard, ed., *The Contributions of F. J. Roethlisberger to Management Theory and Practice* (Cambridge, MA: Graduate School of Business, Harvard University, 1976).

[43] Roethlisberger and Dickson, *Management and the Worker*, p. 557.

[44] *Ibid.*, pp. 556 - 564. "Logic of sentiments" is actually a contradiction because Roethlisberger and Dickson concluded that sentiments were "non-logical".

[45] *Ibid.*, p. 569. The authors acknowledged their indebtedness to Chester I. Barnard (who is discussed in the next chapter) for this distinction.

[46] John. R. P. French, Jr., "Field Experiments: Changing Group Productivity," in James G. Miller, ed., *Experiments in Social Process: A Symposium on Social Psychology* (New York: McGraw-Hill, 1950), p. 82.

[47] Desmond L. Cook, "The Hawthorne Effect in Educational Research," *Phi Delta Kappan* 44 (3) (December 1962), p. 118. Italics omitted.

[48] Elton Mayo, "Psychology and Industry: The Problem of Working Together," in Walter V. Bingham, ed., *Psychology Today: Lectures and Study Manual* (Chicago, IL: University of Chicago Press, 1932), Appendix, p. 23.

[49] Fritz J. Roethlisberger, *Management and Morale* (Cambridge, MA: Harvard University Press, 1942), p. 14.

[50] Greenwood, Bolton, and Greenwood, "Hawthorne," p. 223.

[51] Turner, "Test Room Studies," p. 584.

[52] Ryan Olson, JessicaVerley, Lindsey Santos, and Coresta Salas, "What We Teach Students about the Hawthorne Studies: A Review of Content within a Sample of Introductory I-O and OB Text-

books," *The Industrial-Organizational Psychologist* 41 (3) (January 2004), pp. 34 - 35. See also Charles D. Wrege and Arthur G. Bedeian, "... thumbs down for the Hawthorne effect," *The Psychologist* 21 (11) (November 2008), p. 990.

[53] Stephen R. G. Jones, "Was There a Hawthorne Effect?" *American Journal of Sociology* 98 (3) (November 1992), pp. 451 - 468.

[54] Trahair, *Humanist Temper*, p. 254.

[55] Roethlisberger, *Elusive Phenomena*, pp. 50 - 51.

[56] Elton Mayo, *Some Notes on the Psychology of Pierre Janet* (Cambridge, MA: Harvard University Press, 1948). See also Yeh Hsueh, "The Hawthorne Experiments and the Introduction of Jean Piaget in American Industrial Psychology, 1929 - 1932," *History of Psychology* 5 (2) (May 2002), pp. 163 - 189.

[57] Mayo, *Human Problems of an Industrial Civilization*, pp. 107 - 110.

[58] *Ibid.*, p. 114.

[59] *Ibid.*, pp. 120 - 121.

[60] *Ibid.*, p. 129.

[61] Émile Durkheim, *Le suicide: étude de sociologie* [*Suicide: A Sociological Study*] (Paris: F. Alcan, 1897), p. 363.

[62] Mayo, *Human Problems of an Industrial Civilization*, p. 166.

[63] *Ibid.*, p. 177.

[64] Arthur C. Moore and William J. Dickson, "Report on Bank Wiring Test Group for the Period November 9, 1931 to March 18, 1932," March 21, 1932. Reproduced on Reel 3, Box 7, Folder 3, of the Microfilmed Records of the Industrial Relations Experiment Carried Out by the Western Electric Company at the Hawthorne Works, Hawthorne, IL. Hawthorne Studies Collection, Baker Library, Harvard University Business School, Boston, MA.

[65] Fritz J. Roethlisberger, "The Foreman: Master and Victim of Double Talk," *Harvard Business Review* 23 (3) (Spring 1945), p. 290.

[66] "Human Factor in Production Subject of Unique Research," *Business Week*, January 21, 1931, p. 16.

[67] Greenwood, Bolton, and Greenwood, "Hawthorne," p. 220.

[68] Richard S. Meriam to Elton Mayo, November 12, 1930, Elton Mayo Papers, Folder 3, Baker Library, Graduate School of Business Administration, Harvard University, Boston. Quoted in Charles D. Wrege, "Review of 'Why the Hawthorne Myth Dies Hard: A Case Study of Class Bias in Psychology'," addressed to William Bevan (Editor, *American Psychologist*), August 1, 1979, p. 15, Charles D. Wrege Research Papers, 1925 - 2013, Box 4, Folder 23, Kheel Center for Labor-Management Documentation and Archives, Cornell University.

[69] See, for example, Stuart Chase, "What Makes the Worker Like to Work?" *Reader's Digest* 38 (February 1941), pp. 15 - 20.

[70] Fritz J. Roethlisberger to Emily Osborne, April 5, 1932, F. J. Roethlisberger Papers, Folder 1, Baker Library, Graduate School of Business Administration, Harvard University, Boston, quoted in Richard Gillespie, *Manufacturing Knowledge*, p. 88.

[71] Roethlisberger and Dickson, *Management and the Worker*, p. 160.

[72] Roethlisberger, *Management and Morale*, pp. 15, 24 - 25.

[73] Fritz J. Roethlisberger, "A 'New Look' for Management," *Worker Morale and Productivity*, General Management Series, no. 141 (New York: American Management Association, 1948), pp. 12-13, 16.

[74] Lyle Yorks and David A. Whitsett, "Hawthorne, Topeka, and the Issue of Science versus Advocacy in Organizational Behavior," *Academy of Management Review* 10 (1) (January 1985), pp. 21-30.

[75] William J. Dickinson, "Hawthorne Experiments," in Carl Heyel, ed., *The Encyclopedia of Management*, 2nd. ed. (New York: Van Nostrand Reinhold, 1973), p. 301.

第14章　寻求组织整合

霍桑研究刺激了人们将组织视为社会系统的兴趣，随着社会人时代的逐渐成形，这种兴趣将变得日益浓厚。本章考察两位人物的生平和思想，虽然他们处于不同时期，但都对权力和责任、协调组织活动的需要、冲突的解决方案以及如何设计组织以获得最大化的效率和效力提出了精辟的见解，为管理思想的发展作出了重大贡献。这两个人中，有一位是转为商业智者的政治哲学家，但她终身未曾接受任何企业开出的报酬；另一位是一家电话公司的总裁，其爱好是古典钢琴和约翰·塞巴斯第安·巴赫（Johann Sebastian Bach）的音乐作品。他们是整合的缔造者，在科学管理时代和社会人时代之间建立了睿智的联系。

玛丽·帕克·福莱特：政治哲学家

玛丽·帕克·福莱特（Mary Parker Follett）1868年出生于马萨诸塞州昆西市，小时候过着非常艰难的生活。她父亲是一名酒鬼，很早就去世了；她母亲热衷于社交生活而不务正业。[1]她从外祖父那里继承了一笔相当可观的遗产，这为她的生存提供了经济保障。不过更重要的是，福莱特在阅读和教育方面非同凡响，获得了长足进步。她进入位于马萨诸塞州布伦特里的塞耶学院（Thayer Academy）学习，这所预科学院的招生对象都是极有可能进入大学深造的学生。在塞耶学院，她还找到了一位导师，她的历史老师安娜·博因顿·汤普森（Anna Boynton Thompson）。汤普森向福莱特介绍了德国唯心主义哲学学派，其中包括约翰·费希特（Johann Fichet）和乔治·黑格尔（George W. F. Hegel）的作品。后来，福莱特曾这样告诉她的朋友、古典学学者梅里安·斯塔维尔（F. Melian Stawell）：

这些（生意）人中有一位简要谈到他和员工之间一团糟的关系，他希望我能够解决这些问题。我用约翰·费希特的话直截了当地回答了他，他当然不知道费希特是谁，但我知道，而且费希特的话似乎很适合他的这种情况。[2]

1883 年从塞耶学院毕业之后，福莱特进入哈佛大学安内克斯学院（Annex，1894 年更名为拉德克利夫学院（Radcliffe College））继续深造。在那里，她除了保持对哲学和历史的兴趣之外，还对心理学产生了浓厚兴趣，尤其是当时新兴的格式塔运动，这促使她从模式或整体的角度去思考问题。安娜·博因顿·汤普森鼓励福莱特中断在安内克斯学院的学业，去英国剑桥大学纽罕姆学院（Newnham College）学习。在纽罕姆学院，福莱特的兴趣又扩展到法律、政治科学和政府等领域。在剑桥大学期间，她继续进行研究，以完成她的第一本著作《众议院发言人》（*The Speaker of the House of Representative*）。这本著作仍然被认为是对众议院发言人这个角色最具有洞察力的分析之一，奠定了她作为政治哲学家的声望，并将她带入波士顿知识界。[3]该书于 1896 年出版，两年之后，福莱特从哈佛大学拉德克利夫学院获得了文学学士学位。

在那个时代，女性的学术机会极为有限，福莱特早年的大部分时间是在各种社区服务团体中工作，这些团体致力于为波士顿地区一些运气不太好的年轻人提供职业指导、教育、娱乐和工作安置援助。这些主要由志愿者组成的组织，其运作方式几乎不依赖于正式的权力，因此福莱特认识到，需要重新思考当时对权力、组织、领导以及冲突解决所持的主流观点。通过对各种服务组织进行观察并在其中工作，福莱特很好地理解了群体动力学以及团队工作的重要性。在波士顿就业安置局（Boston Placement Bureau）工作时，福莱特遇到了许许多多的企业领导，并且在泰勒去世之后的泰勒学会中发挥了积极作用。如果按照年代划分的话，福莱特属于科学管理时代，但是从学术和哲学层面来看，她是社会人时代的成员。立足科学管理的原则，又预见到与后来的人际关系运动密切相关的许多观点和理念，福莱特的成果充当了这两个时代之间的一个纽带。

群体原则

受到格式塔理论的影响，福莱特思想的基础是“完整人”（whole man）以及“完整人”在群体内彼此的关系。通过对哲学、心理学、政治科学和法学著作的广泛阅读以及对费希特哲学思想的理解，福莱特形成了她所称的“群体原则”（group principle）。福莱特的导师安娜·博因顿·汤普森撰写过一本关于费希特的书。[4]费希特信奉个人自由服从集体利益的国家主义，他认为个人无法摆脱社会环境的影响，而据此延伸开来，个体的自我（ego）从属于一个更广泛的自我（egos）世界。费希特还进一步认为存在一个“大自我”（Great Ego），这个“大自我”支配着所有人共同生活的这个世界。[5]

在 1918 年出版的第二本著作《新国家：作为大众政府解决方案的集体组织》（*The New State*：*Group Organization the Solution of Popular Government*）中，福莱特指出，她所称的“群体原则”的本质是显示出个体差异并把它们整合成为统一体。她引用了公元前 6 世纪古希腊哲学家赫拉克利特（Heraclitus）的话：“自然追求对立的东西，它是用对立的东西制造出和谐，而不是使用类似的东西。"[6] "万物皆流"，这是赫拉克利特的哲学思想（他还有另外一句广为人知的名言："人不能两次踏进同一条河流"）。在这种哲学思想中，黑格尔的"正题、反题和合题"辩证法得到了表达。福莱特并不是纯粹的黑格尔信徒，但她觉得，把黑格尔的思想理解为国家"高于和超过"个人的那些人其实误解了黑格尔的逻辑。福莱特解释说：

> 当我们说"一"源于"多"时，并不意味着这个"一"就在"多"之上。生活中最深刻的真理在于：二者正是通过彼此之间的相互关联而形成，而这种相互关联是持久不变的。[7]

这种"相互关联"和"形成"等模糊的用语构成了福莱特的"循环反应"（circular response）概念。基于这些哲学观念，福莱特质疑了那个时代盛行的政治假设。她认为，"只有通过群体组织，才能成为真正的人。个人的潜能在被群体生活释放出来之前只是一种潜能。只有通过群体，人们才能够发现自己的真正本质，获得真正的自由"[8]。

福莱特的群体原则近乎成为一种新的心理学趋势，来替代那种认为个体独立地思考、感受和行动的旧有观念。福莱特认为群体和个体是同时存在的，而且"群体中的个体彰显群体中的权利"[9]。这种观点表明了福莱特对格式塔运动的接受，也反映出查尔斯·库利的"镜中我"概念以及他的这种认识，即一个人的自我被镶嵌在他的工作群体中，而工作群体则是体现他重要性的主要社会单元（见第9章）。[10] 福莱特使用"团结精神"（togetherness）、"群体思维"（group thinking）和"集体意志"（collective will）这类术语，寻找一种基于群体而不是个体的新型社会。

福莱特的潜在基本前提是认为只有通过群体个体才能够找到他们"真实的自我"。基于她的群体原则，福莱特得出结论：一个人的"真正自我是群体我"，因而"个体无权与社会分离，或独立于社会，或反社会"[11]。福莱特反对"政府的目标是保护个人的权利"这种观念，并提出了一种新的民主概念："民主是一种伟大的精神力量，它由人类发展而来。它利用每个人，通过在成员众多的社区生活中把所有人交织到一起，使个体的不完整性得以补充，而这种社区生活才是真正的神迹。"[12]

福莱特认为："在现代政治理论中，基于个人权利的政府理论已经不再有任何地位。"[13] 在这个位置上，一种集体主义的民主将得以建立，它从小的邻里群体中发展出来，并逐渐扩展到社区群体、州群体、国家群体，最终成为一种群体意愿。这是对费希特"大自我"概念的响应。将潜在的群体冲突搁置在一旁，福莱特相信社会可以创造出一种新的"社会意识"，而且人们可以在她所称的"世界状态"中和平共处。[14] 她对投票箱式的民主并没有什么信心，认为这只是群众心理的反映，并且纯粹以数量多少作为权重来定义"权利"。

冲突解决

在第三本著作《创造性经验》（*Creative Experience*）中，福莱特提出了以下观点：通过会议、讨论和合作，人们可以彼此激发潜在的思想，并在追求共同目标的过程中彰显他们的统一性。深深植根于格式塔理论（该理论认为每种心理状况都有与组成部分的纯粹性质截然不同的具体特性，也就是说，整体是大于部分之和的结构），福莱特认为通过群体经验，可以使个体的创造力得到更大程度的释放。[15]在福莱特看来，群体努力的目标是一种融合统一，它凌驾于个人努力的目标之上。从本质上说，她开始回答自己在《新国家》一书中未作考察的关于群体冲突的问题。福莱特认为，爆发的冲突将导致以下四种结果中的一种："（1）其中一方自愿服从；（2）通过斗争，一方胜过另一方；（3）妥协；（4）整合。"[16]很明显，第一种和第二种结果是不被接受的，因为为了占据支配地位，需要动用力量或权力。妥协同样是无效的，因为它只是推迟了对问题的解决，而且"真理并不总是处于两方'之间'的位置"[17]。整合方法涉及发现令双方都满意的解决方案，没有妥协，也没有支配。福莱特举了一些例子来诠释她所称的"整合"。有一个例子是由福莱特的一位朋友讲述的，涉及造纸业中的价格竞争：

> 在我们的制造委员会最近召开的一次会议上，以下问题被提出。我们制造的纸一直是每张 6 美分，而竞争公司把纸的价格降低到每张 5.75 美分。相应地，我们把价格降低到每张 5.5 美分，而该公司则以每张 5.25 美分的价格予以还击。因而摆在我们面前的问题是：我们是否应该进一步降价。在这个问题上，一部分人同意，另一部分人反对。当人们提出各种不同的建议时解决办法出现了：我们应该支持和追求更高质量的纸张，并为它制定一个合适的价格。[18]

虽然福莱特认识到整合并不适用于所有情况，但她认为可以使用整合的情况要远远超乎人们的预期。正如福克斯（Fox）所解释的：

> 她（福莱特）……坚持认为，尽管整合并非在每种情况下都有可能，但是在比我们所认为的更多的情况下，它是可能的。也许它目前不可能，但随后就会变得可能……重要的是，要致力于把事情做得更好……我们不必担心差异，而应该欢迎它，将它视为社会新产物产生的机会。她给我们带来了一个关于人类互动的理论。这个理论指出，引起变化的那些因素同样也为解决由这些变化带来的问题提供了方法。这个理论还告诉我们，健康的冲突解决方案是可能存在的，它是人类正常互动过程中的一部分。[19]

福莱特全身心地探究融合统一、意愿的共同性以及人类合作，这为她赢得了作为政治哲学家的国际声望。不过，到 1924 年，福莱特对政治科学失去了兴趣，转而对以结果为导向的商业世界产生了日益浓厚的兴趣。根据她的解释，政治科学"似乎并未真正捕捉到我们（当前）的问题"。在转向商业世界和企业领导时，福莱特解释说："在那里，我发现了未来的希望。在那里，人们不是学究式的或教条式的人，他们在思考他们实际上做了什么，而且他们愿意尝试新的方式。"[20]1925 年 1 月，在纽约市人事管理局（Bureau of Personnel Administration）的赞助下，福莱特受邀到纽约市进行一次演讲，这次演讲是一系列演讲（四场）中的第一场。这些演讲的主旨是促进和谐的劳资关系。从这些演讲开始，福莱特逐渐完成了从政治科学家到商业哲学家的转型。

商业哲学家

福莱特将管理视为一种普遍行为，认为在政治领域适用的那些原则同样适用于商业领域。这两个领域存在相同的挑战，例如统一行动，定义权力和责任，解决冲突，展现领导力，等等。通过这种理解，福莱特一头扎进了商业世界。首先，从自己的著作《创造性经验》出发，她进一步扩展了对“建设性冲突”和统一行动的看法。支配和妥协，作为解决冲突的方法，会导致进一步的冲突。因此福莱特认为整合能够为相互冲突的利益提供解决办法，应该在所有商业事务中扮演最重要的角色。当涉及劳工问题时，福莱特对集体谈判的概念表示遗憾，因为它依靠的是权力的相对平衡，而且不可避免会以妥协告终。谈判意味着存在相互竞争的利益，在这种一方所得即为对方所失的斗争中，冲突双方往往会忽略彼此的共同点。例如，在劳资谈判中，当固执己见地坚持亲劳工或亲资方的立场时，冲突双方往往都不会意识到双方是合作伙伴，共同付出努力和共同承担责任以实现共同目标。福莱特认为，集体责任（collective responsibility）应该首先从群体责任（group responsibility）开始；通过承担责任，员工们成为伙伴，共同影响工作场所的政策。在纽约市人事管理局向企业管理者发表演讲时，福莱特解释说：

> 当你让员工们感到他们在某种程度上是经营伙伴时，他们会提高工作质量，节省时间和减少物质的浪费，但这并不是因为什么“金科玉律”，而是因为他们的利益与你的利益是一致的。[21]

在福莱特看来，这并非一种互惠互利的安排，而是劳资双方都真实地感觉到双方在为一个共同目标努力。她指出，过去人们在管理者和被管理者之间画出了一条人为的分界线，实际上，并不存在这条界线。在一个组织内，在所有层次上承担工作职责的所有成员都对她所称的“功能整体或融合统一”作出了贡献：

> 如果劳工坚持认为存在一种资本家观点，而资本家坚持认为存在一种劳工观点，那么劳方和资方就永远无法达成和解。实际上，这些观点并不存在。在劳方和资方能够合作之前，这些假设的观念必须被打破。[22]

福莱特的“融合统一原则”涉及发现使各方都满意的解决办法，没有支配、投降或妥协。该原则呼吁发生冲突的各方重新思考他们的关系；开诚布公地分享信息；避免一方所得即为另一方所失的权宜之计；发挥创造力，从多个角度来考察彼此之间的差异，并且将困难视为“我们大家的”困难，而不是“你们的”困难。在福莱特看来，要想使冲突成为建设性冲突，就需要尊重、理解、充分的讨论以及双赢的解决办法。

福莱特不是简单地把企业视为工作场所，她认为劳资双方都应该认识到他们与债权人、股东、客户、竞争者、供应商以及整个社会之间的相互关系。这种更广泛的视角将使人们认识到社会和更广泛意义上的经济性是密切合作的而不是“彼此毫不相干”。在福莱特看来，整合是可以应用于所有生活层面的一项原则。

权威、职责和权力

按照福莱特的推理，除非人们重新思考他们对于权威、职责和权力的观念，否则，作为一项行为原则，整合将无法充分发挥其效果。在这个领域，福莱特试图用“共享的权力”（power-with）来代替“统治的权力”（power-over），用“共同行动”（co-action）来代替同意和强制。福莱特认识到，当存在“发号施令者”（order giver）和“接受命令者”（order taker）时，整合就难以实现。“老板”和“下属”的观念为彼此认识到共同利益制造了障碍。为了克服这种困难，福莱特提出要把命令去个性化，并把服从转变为“情境规律”（law of situation）：“一个人不应该对另一个人下命令，但双方都应该同意从情境中接受命令。如果命令只是情境的一部分，那么发号施令者和接受命令者之间的问题就不会出现。”[23]福莱特注意到，情境要求始终在变化，从而要求人们持续不断地投入努力以保持一种有效的工作关系。福莱特观察到，“不同的情境需要不同类型的知识。如果某个人拥有处理某个特定情境所需的知识，那么他有可能是在管理得最好的企业工作，如果其他条件他也具备，他往往会成为领导者”[24]。

以相同的方式，弗雷德里克·泰勒主张遵循由研究确定的事实而不是服从有缺陷的经验法则，福莱特“情境规律”的基本原理也是基于事实而不是头衔或职位。在一篇提交给泰勒学会的论文中福莱特这样写道：“如果权威来自职能，它就几乎和职位等级没有关系，比如……我们会发现部门领导的权威、专家的权威……一位调度员在其本职工作方面就比总经理更有权威……权威应该与知识和经验相关联……”[25]

福莱特明白，通过把权威转向知识，个体之间的冲突可以减少到最低限度。她赞赏科学管理的这个层面，因为它将人与情境分离。在福莱特看来，良好的人际关系的本质就是形成与某人在一起工作的感觉，而不是在某人的领导下工作的感觉。实际上，用她的话来说，这就是“共享的权力”而不是“统治的权力”。福莱特认为，管理层不应该对工人行使统治的权力，而工人也不应该通过工会对管理层行使统治的权力。共同行使的权力是“共同行动的”，而不是强制性的。福莱特对于权力从心理学的角度表达了许多真知灼见，她既反对独裁主义者对于权力的谋求，也反对莫罕达斯·甘地（Mohandas K. Gandhi）的非暴力不合作政策，将它们视为权力在暗地里的运用。福莱特认为，甘地通过谦卑和非暴力而获得权力的观念，仍然是一种对“统治的权力”的渴求，他设法反抗英国殖民当局以实现印度独立。福莱特坚持认为，当冲突双方中的一方或双方竭力想支配对方时，就无法通过整合来实现建设性的冲突。

在福莱特看来，在所有的人类互动中——从人际冲突到国际纠纷，统治的权力都必须减少，而服从则必须转为情境规律，这种转变的基础就是福莱特所称的“循环反应”。所谓“循环反应”，指的是一种持续的互惠过程，该过程基于冲突各方对彼此产生影响的机会，例如，通过一段时间的开放性互动，就可能会实现“共享的权力”。对劳资双方来说，“共享的权力”将来自对成本、价格以及利润的完全公开。福莱特是 20 世纪 20 年代非常普遍的员工代表计划的坚定支持者。按照这种计划，员工们选举代表组成车间或工作委员会，这些代表参与决策，在与管理层打交道时表达员工们的意见。从这些计划中，福莱特发现了相当光明的前景，因为“管理层已经注意到，通过赢得员工的合作，企业可以更成功地运行……（此外）员工代表计划的目标……不应该是分享权力，而是从整体上增加权力”[26]。按照福莱特的设想，员工代表计划不应该是就谁来作出决定以及利润如何分配而进行的斗争，而应该是实现整合的一个步骤。不过，《国家劳动关系法案》在1935年禁止了这种计划。员工代表计划被视为公司工会的一种形式，按照这种计划，员工们选举的代表无法与雇主进行平等的集体谈判，因为他们通常没有权利签署具有法律效力的协议，而且工人们的罢工权不被承认。

福莱特认为，最终权威是基于对权力的错误前提假设的一个幻想，是情境而不是个人或地位带来了权威。同样，最终职责也是一个幻想。职责是在完成工作或职能时所固有的内容，它是可以累加的，因为它是一个组织中所有个人责任和群体责任的总和。在个人层次上，个体对工作负责而不是对某个人负责。在部门层次上，工作职责由所有付出努力的人共同承担，而管理者只是把各种个人职责与群体职责结合在一起。进而，组织的领导者也具有累加的责任，他把各部门的工作结合到一起。

福莱特有关权威和职责的观点打破了传统观念。军队或其他组织的传统观念认为权威就是“统治的权力”，否认最终的权威来源于承担职责。福莱特坚定地认为，权威归于情境，而不是个人或职位。因而，从逻辑上说，职责就是所从事的工作中固有的，而且可以通过职能的结合被累加。这是这位商业哲学家在纽约市人事管理局发表的一系列演讲中为企业管理者提供的丰盛大餐。

领导的任务

我们已经探讨了福莱特哲学的两个层面：（1）通过利益的整合来减少冲突；（2）遵循情境规律。其哲学思想的第三个层面关注的是构建深层的心理过程，它对于人们通过协作和控制活动以实现目标是不可或缺的。福莱特的控制观反映了她的格式塔心理学思想，即从功能整体或整个情境着手，以实现统一性。福莱特认为，在一个既定的情境中，除非所有的要素（材料和人员）实现统一和合作，否则就不可能实现控制。从这种意义上说，当相互冲突的利益没有调和时，情境就失去了控制。在福莱特看来，控制的基础存在于自我调节和自我管理的个人与群体中，这些个人和群体认识到彼此的共同利益并控制他们的行动以实现获得一致同意的目标。

福莱特认识到，管理者并不是控制个别的要素而是控制复杂的相互关系；管理者控制的不是人而是情境；他们期望获得的结果是整个情境中的统一和合作。如何获得这种统一和合作？福莱特呼吁一种新的控制哲学，这种控制是“以事实来控制而不是以人来控制”，是“相互关联的控制”（correlated control）而不是“自上而下的强加控制”（super-imposed control）。她认为每种情境都能产生自己的控制，正是情境中的事实以及许多群体在情境中的交织决定了什么是合适的行为。绝大多数情境都过于复杂，以至于最高层的集中控制无法有效地发挥作用，因而，应该在一个组织的许多点上实施集中控制或关联控制。这种交织和相互关联将基于组织的四项基本原则：

1. 协调是一个情境中所有因素之间的互惠关联。
2. 通过相关责任人之间的直接接触进行协调。
3. 在初期阶段进行协调。
4. 协调是一个持续的过程。[27]

福莱特得出结论：组织就是控制，因为组织和协调的目的就是确保受控制的绩效；协调是为了实现统一，而统一就是控制。福莱特列举了一名采购人员与生产经理之间的一次冲突作为示例。采购人员建议采购某种有缺陷的材料，他认为这也能够满足标准，而且它们的价格更低，可以达到节省资金的目的。然而，生产经理坚持认为，如果使用这种材料，他将无法生产令人满意的产品。在福莱特看来，如果他们先前遵循了在初期阶段协调和持续协调的原则，那么彼此都会注意到互惠问题，并把他们的注意力转向以更低的价格购买质量合格的材料，这样一来就实现了对各自目标的整合，并使双方都感到满意。这种利益的综合就是一种通过协调来实现整合的自我调节过程。[28]

在福莱特看来，领导力不应该基于权力而应基于在当前的情境中领导者对于下属以及下属对于领导者的互惠影响。领导者的首要任务是界定组织的目的，他“应该使他的同事们认识到，这并非他个人想要实现的目的，而是一个共同目的，源于这个集体的愿望和行动。最好的领导者并不会要求人们为他服务，而是为共同目的服务。最好的领导者没有随从者，只有同他一起工作的人”[29]。福莱特还进一步阐述：

> 领导者是可以把群体的经验组织起来……从而获得群体的完整权力的人。领导者建设团队。这是一种卓越的领导品质，即把企业中的所有力量组织起来并使它们为共同目的而服务的能力。具备这种能力的人可以产生群体力量而不仅仅是个人力量……当领导能力达到极致时，就有能力把经验转换成权力。这就是经验的用途，它能转变成权力。伟大的领导者不仅创造权力，而且指挥权力……领导者和下属都遵从不可见的领导者——共同目的。最优秀的高层管理者能够在他们的群体面前清晰、明确地表达这一共同目的。[30]

按照福莱特的推理，一个组织的目标应该与个体和群体的目标进行整合，而这种整合需要最有才干的领导者。这种领导者并不依靠命令和服从，而是依靠这样一些技能：协调、明确定义目标以及激发人们对于情境规律的响应。福莱特认识到，仅仅倡导并不能实现这种领导，她呼吁对高层管理者进行培训，使他们掌握“有条理地思考的能力”。这种思考方式不会寻求支配或操纵其他人或其他各方，而且意识到一种更广泛的义务：催生一种利用知识为他人服务的“管理职业”。对那些渴望成为管理者的人，福莱特建议：

> 人们必须像对待其他任何一种职业那样来严肃地对待这种职业。他们必须认识到，与所有的专业人士一样，他们承担着重大责任，他们在社会的众多职能中承担着一种创造性的职能。我相信，只有训练有素的人，才能在将来承担这种职能，并获得成功。[31]

在福莱特看来，用服务动机来替代利润动机是一种过于简单化的观点；相反，她认为这两种动机应该被整合成一种更广泛的职业动机：

> 我们为利润而工作，为服务而工作，为我们自己的发展而工作，为对创造的热爱而工作。确实，在任何时候，我们中的大多数人都不是直接或即刻为这些事情中的任何一件而工作，而是尽可能以最好的方式顺利完成手头工作……再回到专业人士的问题上：在这个具体问题上，我们不能吸取一些经验和教训吗？专业人士并没有放弃金钱动机。我不在乎你多少次看到人们声明这一点……专业人士渴望更多的收入，但他们也有其他的动机，他们经常为了其他事情而愿意牺牲一些收入。在我们最深层的愿望里，都希望自己的生活最大限度地富裕。我们可以净化和提升我们的愿望，我们可以补充我们的愿望，而遏制愿望并不会让个人或社会有多少改进。[32]

最后一点说明

1933年12月18日，福莱特去世。托恩（Tonn）评论说："虽然福莱特的名字可能不那么引人注目，她的思想却不是这样。"[33]彼得·帕克爵士（Sir Peter Parker）非常赏识她对管理思想的诸多贡献，他幽默地说："人们常常对谁是管理之父感到迷惑。我也不知道谁是父亲（管理之父），但我很肯定谁是母亲（管理之母）。"[34]通过提倡参与式管理、团队（或者说群体）利益、合作性的冲突解决方案以及权威应该与知识相关联，福莱特神奇地预见到了许多当代管理思想家的观点。

不过，批评者们会认为福莱特商业哲学的那些要素是一位政治哲学家田园牧歌式的思想。人们无须使用强制，不必通过妥协来牺牲自己的要求，就可以在一起生活和工作，这种自然主义的质朴当然令人心动。整合可以在一个更广泛的平台上为问题提供解决办法，因此所需要的创造力和想象力要高于人们在日常生活中通常看到的层次。权威的去个性化以及对情境规律的服从，毫无疑问将敲响暴君和独裁者的丧钟。此外，以人们感知到的目的统一性为基础来实施控制，将改善劳资关系。

福莱特呼吁通过科学和服务来改进企业的领导者，这是自工业革命初期以来的一个经典主题。她主张减少冲突，遵循情境规律，构建深层的、对通过协作和控制活动来实现目标不可或缺的心理过程。她的这些观点在当时是卓尔不群的，直到今天仍然具有现实意义。如同与福莱特同时期的人所回忆的："福莱特是一个温和的人，而不是一位使人印象深刻或争强好胜的优秀演说家。在所有先驱者当中，她通过人类价值观、心理学以及协作型工作经验来接近管理。她的贡献在重要性和独创性上均不应被低估。"[35]

切斯特·巴纳德：博学的高管

切斯特·巴纳德1886年出生于马萨诸塞州的莫尔登，在马萨诸塞州北野山中学的芒特赫蒙男子学校（Mount Hermon School for Boys in Northfield）接受教育。[36]巴纳德真实、完美地体现了小霍雷肖·阿尔杰笔下那些获得成功的农村孩子。作为哈佛大学的一名学生，巴纳德通过钢琴调音和经营一支小型伴舞乐队来补充收入。他在哈佛大学攻读经济学，用3年时间（1906—1909年）完成了课程要求，但由于缺少一门实验学科的学分而未能获得学位。即便没有学士学位，但由于终身致力于对组织的性质和目标的研究，他被授予了7个荣誉博士学位。

1909年，巴纳德进入美国电话电报公司统计部的波士顿办事处工作，每月工资50美元。很快，他成为电话费领域的一位专家。后来，他担任宾夕法尼亚州贝尔电话公司运营副总裁。1927年，巴纳德担任新泽西州贝尔电话公司的总裁。他致力于使普通大众的生活变得不同，这体现在他的公共服务和志愿者工作当中。他帮助大卫·利连索尔（David E. Lilienthal）制定美国原子能委员会（AEC）的运营政策，还是美国财政部部长的一名特别助理；他为新泽西州紧急救济管理局（New Jersey Emergency Relief Administration）和新泽西州少管所（New Jersey Reformatory）提供服务，担任国家科学基金会（National Science Foundation）主席，还担任过洛克菲勒基金会董事长。此外，他是新泽西州巴赫学会（Bach Society of New Jersey）的主席，还建造了纽瓦克艺术剧院（Newark Art Theatre）。为表彰他在担任联合服务组织（United Service Organization）主席期间作出的卓越贡献，他被授予总统功绩勋章（Presidential Medal of Merit）。他还获得过美国海军的文职功勋奖（Meritorious Civilian Award）。巴纳德是一位自学成才的学者，在最初把组织作为协作系统的深入分析中，他应用了维尔弗雷多·帕累托（他阅读过帕累托的法文原著）、玛丽·帕克·福莱特、库尔特·勒温（Kurt Lewin）和马克斯·韦伯（他阅读过韦伯的德文原著）的理论，以及艾尔弗雷德·诺思·怀特黑德（Alfred North Whitehead）的哲学思想。他是美国科学促进会（American Association for the Advancement of Science）成员，是美国艺术和科学院（American Academy of Arts and Sciences）院士，还担任过国家经济研究局（National Bureau of Economic Research）局长。到他1961年去世时，这位哈佛大学的辍学生作为管理学者已在历史上赢得了一席之地。

协作系统的性质

巴纳德最著名的作品《经理人员的职能》（*The Functions of the Executive*）是根据1937年11—12月他在波士顿洛厄尔研究所（Lowell Institute）发表的8篇演讲进行的扩充。他发表这些演讲有一个明确目的，即发展出一种组织理论，并且激发其他人来考察协作系统的性质。在巴纳德看来，对政府机构和宗教机构性质的过度强调，以及这两种机构对权威的起源和性质的不同看法，妨碍了人们探求组织的普遍性原则。他抱怨道，绝大多数研究关注社会动乱和改革，而且“并没有把正式组织视为具体的社会过程，而社会行动在很大程度上是通过这些社会过程实现的”。巴纳德认为，贯穿整个历史，社会失败都是由于缺乏正式组织。巴纳德解释说：“正式组织是人们之间一种有意识的、谨慎的、有目的的协作。”[37]

巴纳德认为，通过提出一个组织理论，有可能会提高协作系统的效率和效力。他设法理解如何调整一个组织的内部过程以保证组织的生存，考察对组织在“物质的、生物的、社会的材料、要素和力量等因素不断变动的环境”中维持均衡具有影响力的外部力量，以及分析组织内各级管理者行使的职能。[38]当组织遇到外部环境的力量时，巴纳德却强调维持组织内部过程的均衡，这种观点与更为传统的思路相比显得更有新意。巴纳德反对一种传统观点，即认为组织具有固定边界，并且由数量明确的成员构成。在考虑一个组织所处的更广泛外部环境时，巴纳德的分析超越了以前的思路，他把投资者、供应商、顾客以及其他对该组织作出贡献的人也包括在内，虽然从技术角度来讲他们并不是该组织的员工。[39]

巴纳德将组织视为协作系统的观点首先是从把个体当作个别独立的人开始的，不过，借鉴福莱特的群体原则，他认为除非在互相影响的社会关系中与他人联合在一起，否则个人并不能发挥作用。作为个体，人们可以选择是否进入某个具体的协作系统。他们基于自己的动机（有意义的目标、愿望以及一时冲动）或通过考虑是否还有其他可行选择来作出决定。根据巴纳德的描述，组织通过自己的执行功能，通过影响和控制，来修正个人的动机以及行为选择。巴纳德认识到，试图施加影响和控制的努力并非总会实现组织和个人所追求的目标。个人动机和组织动机之间的不一致导致巴纳德区分了“效率”（efficiency）和“效力”（effectiveness）。一个正式的协作系统要有一个目标或目的，如果协作取得成功，目标得以实现，那么这个系统就是有效的。巴纳德对效率的看法则不同，他认为协作效率是个人效率的结果，因为个体之所以参与协作是为了满足“个人动机”。效率是个人动机获得满足的程度，也只有个人才能决定这个条件是否得以实现。[40]

在巴纳德看来，正式组织内的协作为扩大群体力量提供了可能性，这种群体力量超越个体可以单独完成的活动，例如能够挪动巨石、生产汽车、架设桥梁等。为了完成那些一人无法完成的事情，人们彼此合作；当目标实现时，他们的努力就是有效的。然而，个人有自己的动机，他们为正式组织继续作出贡献的程度取决于他们从该组织的成员资格中获得的满足或不满。如果一个正式组织没有满足成员们的动机，那么他们就会拒绝投入努力或参与，在他们看来，这个组织是无效率的。巴纳德称，归根结底，“一个协作系统的效率的唯一衡量标准就是该系统的生存能力”[41]。在巴纳德看来，这意味着在追求群体目标以确保组织能够继续生存时，协作系统必须提供足够的诱因满足个人动机。用现代术语来看，正式组织必须通过使作出贡献的成员感到满意来更新自己的能量或输入负熵。一个无效率的组织不可能是有效的，因而也不会维持太长时间。巴纳德认为，效率和效力是对所有想要生存下去的组织不可动摇的、普遍的要求。

正式组织：理论与结构

巴纳德将组织定义为“对两个或多个个体的活动或力量进行有意识协作的系统”[42]。

他希望用这个定义涵盖所有类型的组织，包括军队、兄弟会、宗教机构、学术机构、商业组织或其他任何组织，虽然这些组织在物理环境或社会环境、投入的人员数量和类型、成员们的活动的本质等方面存在差异。巴纳德把这样的系统当作“一个整体，因为每个部分都以显著的方式与整体中的其他任何部分联系在一起”[43]。他注意到存在着不同层次的系统：从一家商业公司的部门（子系统）到使得整个社会构成的各个系统。巴纳德认为，所有想要生存下去的系统都包括三种要素：(1) 成员们的协作意愿；(2) 一个共同的目的；(3) 沟通。[44]

对于第一种要素，巴纳德认为组织不能脱离成员而存在。为实现一个共同目的而协作的意愿是每个组织必不可少的要素。他认识到这种意愿的强度和时机的选择会发生变动，因为协作意愿建立在每一位组织成员所体验到或预期到的满意或不满意的基础上。因此，组织必须提供适当的诱因，既有物质的又有社会的，以补偿个体由于拒绝另外的系统并参与目前的系统所作出的牺牲。巴纳德进一步推理，对于个体来讲，这种意愿是“个人愿意参与”和“个人不愿意参与”共同作用的结果；对组织来讲，这种意愿是“提供的客观诱因和强加的负担”共同作用的结果。[45]获得个体的协作意愿需要一种“诱因经济”(economy of incentives)，它包括两部分：(1) 提供客观诱因；(2) 通过说服来改变个体的主观态度。客观诱因包括物质的（例如金钱）、非物质的（例如声望、权力）以及联系性的（例如良好的社会关系、参与决策）。说服涉及通过训导、榜样以及激发个人的动机来改变态度。

一个共同的目的，巴纳德所定义的正式组织的第二种要素，是协作意愿的必然前提。巴纳德认为，除非组织成员知道他们要付出什么样的努力，他们协作的结果可以带来什么样的满足，否则就不可能产生协作意愿。这就要求组织向其成员们反复灌输共同目的或目标。巴纳德认为，对组织成员个人来说，这一目的未必有意义，但他们必须认识到这个目的对于整个组织的意义何在。先前提到过，巴纳德明白组织动机和个人动机是不同的，个人之所以愿意合作，并不是因为他们的个人动机与组织的动机一样，而是因为他们认为通过为实现组织目标作出贡献，可以获得自己的个人满足。

沟通，正式组织的第三种要素，是一种过程，可以使共同目的和协作意愿变得富有活力。巴纳德认为所有的人际活动都基于沟通，他提出：(1) “沟通的渠道应该人所共知，而且非常明确”；(2) “客观职权要求组织中每个成员都有一个明确的正式沟通渠道”，也就是说，每个人必须向某个人汇报或成为某个人的下属；(3) 为了加快沟通速度，并减少由于多渠道传递所导致的失真，“沟通线路必须尽可能直接和简短”[46]。

对正式组织中这三种普遍要素的确定，促使巴纳德对非正式组织做同样的研究。在巴纳德看来，非正式组织指的是“由人们之间的私人联系和互动以及由此形成的结社所构成的集合”，它不属于正式组织的一部分，也不受其控制。[47]它没有结构，而且通常缺乏对共同目的的清醒认识。非正式组织源于与工作相关的接触和互动，它们为非正式组织确定了共同态度、习惯和规范。巴纳德注意到，非正式组织往往会创造各种条件以形成正式组织，反之亦然。巴纳德发现了非正式组织提供的三种必要职能：(1) 是一种沟通方式；(2) 进一步促进了组织成员的凝聚力；(3) 保护其成员的个人情操。

权威的接受理论

巴纳德最不同寻常的思想之一是他的权威理论。他把权威定义为“正式组织中被其贡献者或‘成员’接受并用来规范自己工作行为的一种沟通（命令）的性质”。根据这种定义，权威包括两方面含义：(1)“个人在主观上接受将命令作为权威”；(2)“命令的性质获得认可”[48]。在巴纳德看来，权威的来源并不在于拥有权威的人或发布命令的人，而是在于下属对于权威是否接受。从本质上说，巴纳德认为真正的“权威来源是组织的成员，通过不得不接受命令并按照命令行事，他们为其上司赋予权威；如果他们愿意，他们决定接受各种命令，而通过拒绝服从其上司的命令，他们就可以随时收回他们为其上司赋予的权威”[49]。

巴纳德在这方面的观点同以往关于权威的所有思想相对立。那些思想认为，权威源于“拥有权威的人”或“发号施令者”。[50]福莱特主张去个性化的权威以及服从情境规律；巴纳德则认为权威起源于组织的最基层，自下往上流动。从这种意义上说，只有正式的权威被下属们接受时，它才是真实的。在巴纳德看来，个体需要认同权威，如果以下四个条件同时得到满足，他们将接受命令作为权威：(1)他们理解这个命令；(2)他们相信该命令与该组织的目的是一致的；(3)他们相信该命令与他们的个人利益是一致的；(4)他们能够全身心地遵从该命令。

为了解释组织如何根据这样一种独特的权威概念发挥作用，巴纳德称存在一种“无异区间”(zone of indifference)，在这个区间内，员工很少质疑来自其上级的命令。无异区间可大可小，取决于诱因与（服从命令所带来的）负担和牺牲相比所超出的程度。例如，如果某位员工认为命令与他的个人道德准则相违背，那么他就会权衡服从该命令所带来的利益与违背个人道德准则所导致的不安，以及受雇组织的制裁措施是否足够有力。有些命令被毫不迟疑地接受，有些命令可能需要大量的思考。这种谨慎就涉及巴纳德提到的权威的主观方面（第一个方面的含义）。

在巴纳德看来，权威的客观方面（第二个方面）更类似于传统的权威概念。它以如下假设为依据：命令是有权威的，当命令来自上级职位时，它具有某种“获得赞同的潜在可能性”。在某种情况下，来自上级职位的命令之所以被接受，是因为它来自一个“拥有权威的人”，这就是正式权威，或者说是职位的权威。在另外一种情况下，一个命令之所以被接受，是因为下属尊重和信任该上司的个人能力，而不是因为该上司的等级或职位，巴纳德将其称为“领导的权威”。

当领导的权威与职位的权威相结合时，无异区间就会变得十分宽广。不过，巴纳德仍然强调，“权威的确定仍然在于个体”[51]。在自由社会中，对于什么是和不是可接受的命令，个体始终拥有决定权。巴纳德的权威理论中，也许最引人注目的见解是认为所有组织都倚重能够刺激员工们协作意愿和合作能力的领导者。

经理人员的职能

巴纳德从更广泛的角度描绘了经理人员的职能：确保和维持对实现合作努力至关重

要的协调。这种协调需要一个所有经理人员（所有管理层级）都参与其中的沟通体系。引用巴纳德的话来说："我们可以这样说，只要沟通必须途经那些核心职位，那么经理人员的职能就是充当沟通渠道。"[52] 在巴纳德的所有作品中，沟通具有核心价值。毫无疑问，他的观点受到他在美国电话电报公司工作经历的影响。对巴纳德来说，经理人员的工作"不是该组织的工作，而是维持该组织运作的专业化工作……经理人员的职能在于维系一个共同努力的系统。这些职能是与个人无关的。管理者的职能并不是如人们常说的管理一群人"[53]。巴纳德认为，管理职能在组织中的作用类似于神经系统与身体其他部分的关系："它指挥那些必要的行动以更有效地适应环境，从而维持身体系统，但很难说它可以管理身体——大部分的身体功能并不依赖它，反而是它依赖这些身体功能。"[54]

与正式组织的三种要素（刚才已经讨论过）相对应，巴纳德提出了经理人员的三种职能：（1）提供一个沟通系统；（2）确保个体提供至关重要的服务；（3）制定并界定组织目标。[55] 在提供一个沟通系统时，巴纳德认为经理人员必须明确定义个人任务，准确说明权威和职责，并且考虑正式和非正式的沟通方式。非正式沟通通过提出和讨论各种事项而无须对决定予以执行，同时又不会增加管理职位，可以帮助维持顺畅的内部沟通。巴纳德认为，确保个体提供至关重要的服务指的是管理者在建立人们的合作关系以及激励他们为组织的目标作出贡献时发挥的作用。这包括招聘和选拔可以在一起愉快共事的员工，还包括：（1）维持士气；（2）维持各种诱因；（3）维持威慑措施，例如监管、控制、检查、教育和培训，这些措施将保证协作系统的可行性。

制定并界定组织目标，作为第三种管理职能，在我们刚才探讨巴纳德对协作系统的看法时已经有过阐述。刚才还没有提到的是，巴纳德将客观权威的授权视为第三种职能的一个重要方面。在巴纳德看来，授权指的是就各种责任和权威在协作系统内如何配置作出的决策，通过这些决策，个体就会知道他们该如何对追求的目标以及实现目标作出贡献。决策涉及两个方面：分析，或者说是寻求"战略因素"，这些因素会产生实现组织目标所必需的一系列条件；综合，或者说是领悟整个系统中各个要素或部分的相互关系。

巴纳德借用劳动经济学家约翰·康芒斯的术语"战略因素"来称呼围绕决策过程的那些限制因素。按照巴纳德的看法，"战略因素处于决策环境的中心。它是采取哪种决策的核心问题。做还是不做，这就是要回答的问题"[56]。像法约尔一样，巴纳德把组织看成在不断变化的环境中运行的一个有目的的整体。巴纳德的真知灼见为哈佛大学商业政策课程的发展以及战略管理理论至今仍然使用的许多术语奠定了基础。[57]

巴纳德对决策过程的深刻见解也是对一般管理理论的一项显著贡献。他认识到个体的"选择权"受限于"物质的、生物的以及社会的因素所形成的一种综合效应"[58]。在《经理人员的职能》一书的附录"日常事务中的心理"（Mind in Everyday Affairs）中，巴纳德提到了两类心理过程："逻辑的"和"非逻辑的"。逻辑的过程是"有意识的思考，可以用语言或其他符号表达出来，也就是推理"；非逻辑的过程"无法用语言或推理表达出来，只有通过判断、决定或行动才为人所知"。非逻辑的过程可能"取决于心理条件或因素，或者取决于物质的和社会的环境"，而且可能不需要有意识的努力。[59] 巴纳德得出结论："如果条件允许，两种（心理过程）一起使用要比单独使用任何一种都好得多。"[60]

巴纳德明确无误地指出，他提出的那三种经理人员职能并不是单独存在的，而是“整个组织实施的一个过程的不同方面”。他为这个过程贴上一个标签，并将这种“管理过程”的最重要性质定义为“对整个组织及与此相关的全部状况的领悟”[61]。这是管理的艺术以及对全局的整合，包括组织的内部均衡和对外部环境的适应。从微观层次进展到宏观层次，巴纳德把社会的所有方面看成一个大的协作系统。每个组织都必须从它的环境中获得成员、资金和原料，而且“只有当它通过交换、变革和创造，保证在自己的经济系统内获得效用盈余时，它才能继续存在下去”[62]。

道德领导

巴纳德认为，在所有组织中，有创造性的力量是道德领导。按照他的解释，这意味着道德行为，它“受到什么是对或错的信念或感受的支配，而不管在特定条件下决定做或不做某些具体事情将导致的直接后果或个人利益”[63]。这包括个人的责任（个体的性格特征）、正式的责任（当“代表”某个组织的利益行事时）以及法人的责任（在内部涉及股东、债权人和员工的利益，在外部涉及整个社区和社会的利益）。巴纳德认为，领导者必须坚持道德准则，表现出勇于承担个人责任，并且努力创建一支有道德的员工队伍。巴纳德观察到：“组织的持久性依赖于领导的品德；品德来自道德的程度……道德较差则领导不会维持太久，其影响力将很快消失，无法持续。”[64]

尾　声

切斯特·巴纳德是一位博学的管理者，凭借自己的经验和对社会学的深刻领悟，建立了一个关于协作系统的理论。弗里茨·罗斯利斯伯格回忆道：“巴纳德是一位而且是唯一一位不但能成功地管理组织，而且能够从学术层面说明他在这个过程中是如何做的管理者。”[65]巴纳德不仅深刻影响了罗斯利斯伯格，而且影响了后者的老师埃尔顿·梅奥。梅奥在后来的作品中，将把组织视为生物有机体的观点转变为把组织视为协作的社会系统。[66]巴纳德关于在协作系统内维持均衡的观点影响了霍桑实验中的其他研究者（见第13章），后来又影响了诺贝尔奖获得者赫伯特·西蒙（Herbert A. Simon）及其关于组织决策的作品（见第15章）。[67]巴纳德的权威理论、对道德领导的呼吁以及对正式组织和非正式组织中普遍要素的确定，都对管理思想作出了重要贡献。

小结

玛丽·帕克·福莱特和切斯特·巴纳德是科学管理时代和社会人时代之间的桥梁。福莱特在科学管理时代生活和工作，她提出了关于社会的一种群体观点。巴纳德是正式组织的一名学生，但也强调非正式组织对在协作系统内实现均衡的作用。他们两个人都致力于创造出组织内和社会内的合作和协作精神，试图重新塑造关于权威的观念，并认为道德领导将提高组织的效力和社会的整体福祉。

注 释

[1] The definitive biography of Follett is Joan C. Tonn, *Mary P. Follett: Creating Democracy, Transforming Management* (New Haven, CT: Yale University Press, 2003).

[2] Mary P. Follett quoted in F. Melian Stawell, "Mary Parker Follett," *Newnham College Roll Letter* [Cambridge University] (1935), p. 43.

[3] Mary P. Follett, *The Speaker of the House of Representatives* (New York: Longmans, Green, 1896).

[4] Anna Boynton Thompson, *The Unity of Fichte's Doctrine of Knowledge* (Boston, MA: Ginn, 1895).

[5] Henry D. Aiken, *The Age of Ideology: The Nineteenth Century Philosophers* (Boston, MA: Houghton Mifflin, 1957), pp. 54 - 60. Fichte was a disciple of Immanuel Kant and in his early years followed Kantian notions of rationalism and the absolutely inalienable rights of the individual. In his later years, Fichte broke with Kant, turned to nationalism and statism, and became part of the romantic revolt against reason.

[6] Mary Parker Follett, *The New State: Group Organization the Solution of Popular Government* (London: Longmans, Green, 1918), p. 34n.

[7] *Ibid.*, p. 284.

[8] *Ibid.*, p. 6.

[9] *Ibid.*, p. 137.

[10] Charles H. Cooley, *Human Nature and the Social Order* (New York: Charles Scribner's Sons, 1902), p. 152.

[11] Follett, *The New State*, p. 137.

[12] *Ibid.*, p. 161. *Theophany* is the visible manifestation of a deity to a human.

[13] *Ibid.*, p. 172.

[14] *Ibid.*, pp. 344 - 360.

[15] Mary P. Follett, *Creative Experience* (London: Longmans, Green: 1924), pp. 91 - 116.

[16] *Ibid.*, p. 156.

[17] *Ibid.*

[18] *Ibid.*, p. 158.

[19] Elliot M. Fox, "Mary Parker Follett: The Enduring Contribution," *Public Administration Review* 28 (6) (November - December 1968), p. 528.

[20] Mary P. Follett quoted in Lyndall F. Urwick, "Great Names in Management: Mary Parker Follett, 1868 - 1933," unpublished speech, University of New South Wales, Kensington, Sydney, Australia, June 14, 1967, p. 3.

[21] Mary P. Follett, "The Psychological Foundations: Business as an Integrative Unity," in Henry C. Metcalf, ed., *Scientific Foundations of Business Administration* (Baltimore, MD: Williams & Wilkins, 1926), p. 160.

[22] Follett, *Creative Experience*, pp. 167 - 168.

[23] Mary P. Follett, "The Giving of Orders," in Henry C. Metcalf (ed.), *Scientific Foundations of Business Administration* (Baltimore, MD: Williams & Wilkins, 1926), p. 139. See also *idem*, *Creative Experience* (New York: Longmans, Green, 1924), p. 152.

[24] *Idem*, "Some Discrepancies in Leadership Theory and Practice," in Henry C. Metcalf, ed., *Busi-*

ness Leadership (London: Pitman & Sons, 1930), p. 213.

[25] *Idem*, "The Illusion of Final Authority," *Bulletin of the Taylor Society* 2 (6) (December 1926), p. 243.

[26] *Idem*, "How Is the Employee Representation Movement Remolding the Accepted Type of Business Manager?" in Henry C. Metcalf (ed.), *Business Management as a Profession* (Chicago, IL: A. W. Shaw, 1927), pp. 344, 353.

[27] *Idem*, "The Process of Control," in Luther H. Gulick and Lyndall F. Urwick, eds., *Papers on the Science of Administration* (New York: Institute of Public Administration, Columbia University, 1937), p. 161.

[28] *Ibid.*, p. 167. See also Mary P. Follett, "The Psychology of Control," in Henry C. Metcalf, ed., *Psychological Foundations of Business Management* (Chicago, IL: A. W. Shaw, 1927), p. 172.

[29] *Idem*, "Leader and Expert," in Henry C. Metcalf, ed., *Psychological Foundations of Business Management* (Chicago, IL: A. W. Shaw, 1927), p. 235.

[30] *Idem*, "The Essentials of Leadership" in Lyndall F. Urwick, ed., *Freedom and Coordination: Lectures in Business Organization* (London: Management Publications Trust, 1949), pp. 52, 55.

[31] *Idem*, "How Must Business Management Develop in Order to Possess the Essentials of a Profession?" in Henry C. Metcalf, ed., *Business Management As a Profession* (Chicago, IL: A. W. Shaw, 1927), p. 87.

[32] *Idem*, "How Must Business Develop in Order to Become a Profession?" in Henry C. Metcalf (ed.), *Business Management As a Profession* (Chicago, IL: A. W. Shaw, 1927), pp. 101 - 102.

[33] Tonn, *Mary P. Follett*, p. 492.

[34] Sir Peter Parker quoted in Dana Wechsler Linden, "The Mother of Them All," *Forbes* (January 16, 1995), p. 76.

[35] Luther H. Gulick, "Looking Backward to 1915" (Paper presented at the Eastern Academy of Management, Hartford, CT, May 13, 1977), pp. 5 - 6; transcript and recording, Bizzell Memorial Library, Harry W. Bass Business History Collection, University of Oklahoma Libraries, Norman, OK.

[36] Biographical data and an excellent discussion of Barnard's ideas are found in William B. Wolf, *The Basic Barnard: An Introduction to Chester I. Barnard and His Theories of Organization and Management* (Ithaca, NY: New York State School of Industrial and Labor Relations, 1974). Originally published 1968. See also *idem*, "Understanding Chester I. Barnard," *International Journal of Public Administration* 17 (6)(1994), pp. 1035 - 1069; *idem*, *Conversations with Chester I. Barnard* (Ithaca, NY: New York State School of Industrial and Labor Relations, Cornell University 1973); and *idem* and Haruki Lino, *Philosophy for Managers: Selected Papers of Chester I. Barnard* (Tokyo: Bunshindo, 1986).

[37] Chester I. Barnard, *The Functions of the Executive* (Cambridge, MA: Harvard University Press, 1938), pp. 3 - 4.

[38] *Ibid.*, p. 6.

[39] *Idem*, "Comments on the Job of the Executive," *Harvard Business Review* 18 (4) (Spring 1940), pp. 295 - 308.

[40] *Idem*, *Functions of the Executive*, p. 44.

[41] *Ibid.*, p. 44.

[42] *Ibid.*, p. 73.

[43] *Ibid.*, p. 77.

[44] *Ibid.*, p. 82.

[45] *Ibid.*, pp. 85 - 86.

[46] *Ibid.*, pp. 175 - 177.

[47] *Ibid.*, p. 115.

[48] *Ibid.*, p. 163.

[49] Cyril J. O'Donnell, "The Source of Managerial Authority," *Political Science Quarterly* 67 (4) (December 1952), p. 575.

[50] Barnard, *Functions of the Executive*, p. 163.

[51] *Ibid.*, pp. 173 - 174.

[52] *Ibid.*, p. 215.

[53] *Ibid.*, p. 216.

[54] *Ibid.*, p. 217.

[55] *Ibid.*, pp. 217 - 234.

[56] *Ibid.*, p. 205.

[57] Dave McMahon and Jon C. Carr, "The Contributions of Chester Barnard to Strategic Management Theory," *Journal of Management History* 5 (5) (1999), pp. 228 - 240; Kenneth R. Andrews, "Introduction to the 30th Anniversary Edition" of Barnard's *The Functions of the Executive* (Cambridge, MA: Harvard University Press, 1968), pp. xix - xx.

[58] Barnard, *Functions of the Executive*, p. 14.

[59] *Ibid.*, p. 302. See also Milorad M. Novicevic, Thomas J. Hench, and Daniel A. Wren, "Playing by Ear... in an Incessant Din of Reasons: Chester Barnard and the History of Intuition in Management Thought," *Management Decision* 40 (10) (2002), pp. 992 - 1002.

[60] *Ibid.*, p. 306.

[61] *Ibid.*, p. 235.

[62] *Ibid.*, p. 245.

[63] Chester I. Barnard, "Elementary Conditions of Business Morals," *California Management Review* 1 (1) (Fall 1958), p. 4.

[64] Barnard, *Functions of the Executive*, pp. 282 - 283.

[65] Fritz J. Roethlisberger, *The Elusive Phenomena: An Autobiographical Account of My Work in the Field of Organizational Behavior at the Harvard Business School*. George F. F. Lombard, ed. (Boston, MA: Division of Research, Graduate School of Business, Harvard University, 1977), p. 67.

[66] Robert T. Keller, "The Harvard 'Pareto Circle' and the Historical Development of Organization Theory," *Journal of Management* 10 (2) (1984), p. 199.

[67] See William B. Wolf, "The Barnard-Simon Connection," *Journal of Management History* 1 (4) (1995), pp. 88 - 99; Chester I. Barnard, "Foreword," in Herbert A. Simon, *Administrative Behavior: A Study of Decision-Making Processes in Administrative Organization* (New York: Macmillan, 1947), pp. ix - xii; and Ellen S. O'Connor, "New Contributions from Old Sources: Recovering Barnard's Science and Revitalizing the Carnegie School," *European Management Journal* 31 (1) (February 2013), pp. 93 - 103.

第 15 章 人与组织

本章和下一章将考察从 1930 年左右到 20 世纪 50 年代初管理思想发展的两个分支。本章重点关注人际关系运动在微观和宏观阶段的发展与细化。微观阶段见证了大量对群体动力学、决策参与、领导以及动机等主题的行为研究。宏观阶段则见证了对分析工具和概念模型的探求，以解释在组织内运行的正式过程和非正式过程之间的互动。本章的题目“人与组织”表明这两个阶段都是以人为导向的，组织的结构方面是探讨的一个次要主题。相反，第 16 章“组织与人”则主要关注组织的结构和设计，人的因素放到次要的位置。

工作中的人：微观观点

社会科学家在 20 世纪前 30 年中研究工作场所动力学，直到三四十年代才空前涌现出对“工作中的人际关系”的研究。与由工程师主导的科学管理运动不一样，人际关系时代融合了来自多个学科的贡献，例如社会学家、心理学家、精神病学家和人类学家。在他们的社会科学研究中，一个共同的基本前提是格式塔观点，即所有行为都包含某种倍数效应（multiplier effect），也就是说，群体成员的行为并不只是他们个人行为的简单相加。每个个体，由于其独特的基因构成以及在家庭、社会和工作中的经验，都是独一无二的。当个体与其他同样独特的个体之间发生互动时，对将会发生的结果进行预测是极其困难的（如果有可能的话）。正如玛丽·帕克·福莱特和切斯特·巴纳德两个人都认识到的，由于这种倍数效应，群体内的个体不能被孤立地研究，而必须作为一个动态社会系统的组成部分来予以分析。

群体分析结构的形成

对群体进行研究的兴趣似乎是社会福音运动及其强调工业改良的一种产物。1922

年，美国基督教会联合理事会（Federal Council of the Churches of Christ）通过一项成立基督生活方式全国会议（National Conference on the Christian Way of Life）的决议。该决议呼吁调查“基督教对人际关系的意义，尤其是针对美国的工业、公民权利和种族关系，以及教会在社会和公民事务中发挥的功能”[1]。这个会议，后来被称为调查（the inquiry），产生了一些对群体行为进行研究的开创性成果。[2]社会学家埃杜瓦德·林德曼（Eduard C. Lindeman）连同其他教育家，其中包括约翰·杜威（John Dewey）以及罗伯特·麦基弗（Robert M. MacIver），提出了新的方法来对群体互动进行观察和分类，测量群体内的参与，以及划分群体成员的态度。林德曼是玛丽·帕克·福莱特的朋友，他似乎受到福莱特的一些观点的影响，例如冲突解决以及分享的权力而不是统治的权力。林德曼还创造了“参与观察者”这个词来描述这样一种观察者的角色：他是一个研究参与者，也可受训成为一名观察者。[3]林德曼认为，“对一个事件的解读如果是由两种视角（外部视角和内部视角）的观点混合而成的，那么该解读只能是大概正确。因为一方面作为该事件的一位参与者，其期望和利益在某种程度上牵涉其中，另一方面又摆脱参与者的身份，作为一名观察者或者分析师来解读该事件，这两种视角揉捏成一种最终的解读，必然是大概正确”[4]。经过一段时间之后，参与观察者的角色从密探或关键信息提供者转变为隐蔽的研究者，例如参与并报告了工人日常生活的怀特·威廉姆斯（见第 9 章）。遗憾的是，林德曼的开创性成果现在基本上被人们遗忘了。

相反，精神病专家雅各布·莫雷诺（Jacob L. Moreno）的成果则经受住了时间的考验。莫雷诺提出了一种新的分析方法，即社会测量法（sociometry）。莫雷诺将这种分析方法的目的阐述为“一种分类过程，设法将能够形成和谐人际关系的个体聚集到一起，从而创造一个能以最大化的效率和最小化的破坏来发挥作用的社会群体”[5]。莫雷诺认为，群体结构的“社会精神病理学”并不是偶然产生的，可以通过定量方法来研究群体结构，以确定群体成员的态度和互动模式及其演变过程。在分析中，莫雷诺基于三种情绪（吸引、排斥和不关心）来划分群体成员的态度和互动模式。通过要求群体成员指出他们喜欢和不喜欢与群体内的哪些成员交往，莫雷诺对这三种情绪进行了测量。然后，他使用一种称为社会关系网络图（sociogram）的工具将群体成员对彼此的感觉进行配对和排序。莫雷诺认识到，随着群体成员的不断改变，该群体面临的问题也不断改变，群体成员的偏好是动态的和相应改变的。例如，在纽约女子训练学校（New York Training School for Girls）进行的一项“领导结构”研究中，根据回答者是否愿意选择一位室友或搭档，不同的配对偏好表现出来。其他一些类似的早期研究尝试通过社会测量法来挑选团队成员，以提高工作团队的产出。[6]

心理剧（psychodrama）和社会剧（sociodrama）也是莫雷诺的贡献。这两种技巧以戏剧的形式展现现实生活中的情况或冲突。这些技巧共同为补救个体或群体关系中的困难奠定了基础。心理剧指的是将个体置于“舞台上”，在其他“演员”和一位辅导者的帮助下，使其表演出自己的个人问题。[7]一旦该个体对待他人的方式表露出来，就可以提供处理方案或治疗来解决被揭示出的任何困难。此外，心理剧也是一种发泄过程和体验，使个体能够释放和减轻内心深处的疑虑与焦虑。

社会剧由心理剧发展而来，致力于理解群体内的关系。它基于这样的假设：群体是根据社会的和文化的角色组建的。在社会剧中，使用群体治疗来理解这些角色，而且可以使用角色扮演来处理上司-下属关系、人际关系和团队关系、性别和种族事件等。角色颠倒，即扮演与自己相对的社会或文化群体的角色（例如，由一位白人主管来扮演一位黑人员工），能够扩展角色的灵活性和更好地理解对方是如何考虑和感知的。简而言之，社会剧是群体心理疗法，它被设计用来减少不满、挫折和误解。通过为研究和改变个体或群体面对其他个体或群体时表现的行为提供方法，莫雷诺的成果为人际关系运动提供了"咨询服务"，并且补充了该运动的人际关系方面。心理学和心理分析在本质上都是研究个体的心理过程，并不足以分析个体或群体在工作场所中的行为。

由库尔特·勒温（Kurt T. Lewin）提出的群体动力学（group dynamics）是与莫雷诺推广其社会测量法同一时期的一个理论。实际上，有证据表明莫雷诺显著影响了勒温的成果。[8]勒温在柏林大学学习时，接受了格式塔运动的两位奠基人马克斯·韦特海默（Max Wertheimer）和沃尔夫冈·科勒（Wolfgang Kohler）的指导。勒温自己的观点包含在场论（field theory）当中。这个理论认为，群体行为是错综复杂的一套具有象征意义的互动和力量，这些互动和力量不仅影响群体结构，而且改变个人行为。从场论的视角来看，一个群体永远不会处于一种稳定状态，而是处于一个相互适应的持续过程之中，勒温称之为"准静态均衡"。这可以比喻为一条河流，它看起来是相对静止的，但是毕竟存在着持续的运动和变化。

勒温将行为视为一个关于人与社会环境之间互动的函数。勒温把一个人的社会环境当作一种动态的"场"。这体现在他著名的方程式 $B=f(P, E)$ 中，在该方程式中，行为（B）是一个关于人（P）和环境（E）的函数。通过使用"生活空间""自由运动空间""场力"（即群体压力使个体紧张）等术语，勒温研究了对变化的抵制以及群体内的社会氛围。例如，勒温和他的研究生对 10 岁和 11 岁的男孩群体进行研究，以判断成年领导者的民主行为或独裁行为如何影响群体的社会氛围。他们得出结论，群体领导者的独裁行为损害了主动性，并且导致了敌意和攻击性，人们认为民主的和自由放任型的领导行为能够更加有效地维持群体的士气和满意度。[9]遗憾的是，该研究通常被误解为一次关于领导及其对生产力之影响的研究，而不是一项关于对变化的抵制以及群体内社会氛围的研究。实际上，群体的一名领导者拉尔夫·怀特（Ralph K. White）是非常害羞的人，几乎没有什么与男孩们打交道的经验。拉尔夫被认为是一名民主的领导者，但是当这个群体的研究结果被讨论时，罗纳尔多·里皮特（Ronald Lippitt）评论说："这不是民主的领导，这是自由放任。"按照勒温与研究生们典型的工作方法，勒温并没有放弃对拉尔夫·怀特那个群体的观察，他宣布说："那好吧，我们将获得第三个群体，一个自由放任的群体。"这些年来，这种观念被错误地流传下来，即自由放任被当作一种领导风格，实际上，它意味着缺乏领导。[10]

在第二次世界大战期间对不断变化的家庭饮食习惯进行研究时，勒温发现通过群体决策比通过演说和个人呼吁更容易实现改变。[11]这是一种关于如何引进变化的新见解。

当人们感觉到自己参与了决策，而不是简单地被要求或被告知需要进行改变时，人们将更乐于接受改变。勒温认为成功的改变需要通过三个阶段："解冻"，即意识到对改变的需要；"改变"，即改变旧的方法从而使新的行为模式可以被引入；"再冷冻"，即确定新的行为模式。[12]勒温的三个阶段为未来的"行动研究"（其目的是对群体成员进行协调以研究他们的行为）及现代的组织变革和发展技巧奠定了基础。这些技巧强调群体行为，而不是强调群体如何影响个体行为。

1945 年，勒温在麻省理工学院成立了群体动力学研究中心（Research Center for Group Dynamics）。他 1947 年去世后，该研究中心迁往密歇根大学，在这里，伦西斯·利克特和其他人将进一步研究决策参与以及如何使用群体干预来实现工作场所的行为变化。[13]1947 年，勒温的另一位门徒利兰·布拉德福德（Leland P. Bradford）在缅因州贝塞尔建立了第一所敏感性训练实验室，或称人际关系实验室。该实验室的正式名称是国家训练实验室（National Training Laboratory）。[14]这种敏感性训练的目标是，通过可以使人际意识得以增强的深层次互动来实现行为变化。与莫雷诺的心理剧相似，敏感性训练通常是一种宣泄情绪的体验，使个体能够释放和减轻自己内心深处的疑虑和焦虑，以及在其他人观察自己时也使自己更好地观察自己。

通过重点关注群体互动而不是孤立的个体，林德曼、莫雷诺和勒温提出了一种新的视角来理解工作场所中的行为。这种关注反映了一种格式塔倾向，带来了对于引入改变、解决冲突以及群体程序对个体行为之影响的进一步研究。从整体上说，这些研究都强调群体内个体互动的动态本质。

人际关系研究和培训的发展

工会在 20 世纪 30 年代获得了更有利的政治环境。1935 年，《国家劳动关系法案》（即《瓦格纳法案》）的通过以及美国产业工会联合会的组建，带来了对集体谈判的一种新重视。莫里斯·库克（见第 8 章）和产业工会联合会主席菲利普·默里（Philip Murray）共同呼吁管理层"激发工人的大脑"以获得关于如何提高生产率的思路。[15]工业民主在本质上意味着人际关系哲学在工会的支持下得以在工作场所获得应用，它成为一个普遍主题。[16]相应地，一些由大学主持的跨学科研究项目开始出现，它们将为人际关系研究的进一步发展铺平道路。1943 年，芝加哥大学的一个跨学科团体成立了工业人际关系委员会（Committee on Human Relations in Industry），该委员会的成员包括工商管理领域的伯利·加德纳（Burleigh Gardner）、社会学领域的威廉·富特·怀特（William Foote Whyte）以及人类学领域的劳埃德·沃纳（W. Lloyd Warner），该委员会将表现出社会科学研究的新风格。[17]

产业关系研究中心也变得流行起来。第一个研究中心是 1945 年在康奈尔大学创建的纽约州立工业和劳动关系学院（New York State School of Industrial and Labor Relations）。其他研究中心也相继成立，例如伊利诺伊大学 1946 年成立的劳动和产业关系学院（Institute of Labor and Industrial Relations）以及耶鲁大学 1947 年成立的劳动管理中心

(Labor-Management Center)。1947年一批学者、劳工领袖以及其他有志于推进人事和工业关系知识的人士组建了产业关系研究协会(Industrial Relations Research Association)。

人际关系培训在20世纪40年代末期流行起来,其目的是克服沟通障碍和提高人际技能,这种培训在很大程度上是基于一种信念,即认为挖掘雇员潜在才能的途径是采用群体导向的方法,例如角色扮演、非指导性的咨询、群体讨论方法以及敏感性训练。也是在这个时期,芝加哥大学的临床心理学家卡尔·罗杰斯(Carl R. Rogers)提出了他的非指导性咨询方法。这种咨询方法涉及通过接受和认可病人的感受,而无论其内容如何,为病人创造一种舒适的气氛。[18]密歇根大学的诺曼·梅尔(Norman R. F. Maier)是最早提倡"群体行为"训练方法的人士之一。在梅尔看来,群体决策是:

- 通过领导而不是力量来进行控制的一种方法。
- 通过社会压力来实施群体纪律的一种方法。
- 公平对待工作和所有群体成员的一种方法。
- 使群体对能够最好地解决一个问题的想法达成一致意见。
- 集思广益。
- 以合作的方式解决问题。
- 使每个人都有机会参与工作环境中与其相关的事项。
- 需要技能并且要求尊重他人的一种方法。[19]

不断发展的人际关系培训使得这个时期的管理者们被鼓励实施决策参与和采用群体导向的方法来增强员工认同感。人际关系培训也被引入商学院的课堂中。人们对于提高学生对人类行为的领悟力和发展人际交往能力越来越感兴趣,这导致关于"工作中的人际关系"的教科书泛滥成灾。第二次世界大战显著强调了对训练有素的管理者的需求;团队工作和群体领导的观念正在流行,而且学术机构试图满足一项工业号召,即培养能干的毕业生来管理既富有生产力又获得满足感的工人。源于霍桑研究对拥有社会技能的管理者的强调,再由莫雷诺和勒温的理念与方法加以巩固和加强,并且由工会以及大学中的研究中心加以宣扬和推广,人际关系研究和培训在20世纪50年代达到了最高峰。

改变对工作中人的假设

如前所述,科学管理运动在很大程度上是由工程师主导的,而人际关系时代的重点关注领域则是由跨学科的研究主导的。对于员工动机的性质、管理者对激发人际合作的作用,以及员工情绪和非正式工作行为的重要性,人际关系时代提出了一种不同的视角。这种新视角质疑了对工作中的人的假设。后霍桑时代的研究得到了对员工动机的更深理解,对劳动分工带来的利益提出不同观点,以及更关注通过员工在工作场所中的决策参与使员工产生对组织目标的更高认同。

人与动机

有一种关于人类行为动机的观点认为，所有人都拥有一些他们会设法予以满足的特定需求。需求理论（need theory）是对个体为何实施特定行为的最古老解释之一（见第 9 章）。1938 年，亨利・默里（Henry A. Murray）提出了人们会通过各种活动（或行为）去设法满足的 27 种基本个人需求。[20]其中的三种需求——权力需求、归属需求以及成就需求，成为进一步研究的重点，其中包括大卫・麦克莱兰的理论（我们在第 2 章讨论过）。基于默里的成果，亚伯拉罕・马斯洛（Abraham H. Maslow）建立了一种获得最广泛认可的动机理论。在马斯洛看来，个体有动机去满足五种类型的需求：生理需求、安全需求、情感需求、尊重需求和自我实现的需求。马斯洛认为，这些基本需求是相互联系的，并且按照从低到高的优先程度（也就是推动力的紧迫性）排列成一种层级。最基本的推动力是生理需求；当生理需求获得满足之后，优先程度便会减弱，就会出现下一种更高级的需求来主导行为。因此，需求的强度不仅取决于它在层级结构中的位置，而且取决于它和所有更低层次的需求已获得满足的程度。一种需求的相对满足会产生更高层级的需求。随着低层级的需求获得满足，其重要性就会降低，下一种更高层级的需求的重要性就会增加，人们沿着这个“需求阶梯”往上攀升，直到达到最高层级的需求。如果某种更低级别的需求（例如安全需求）受到了威胁或无法被满足，人们也会沿着“需求阶梯”往下移动，这种低级别的需求又将重新成为首要的动机，并在个体的整体动机系统中占据重要位置。

马斯洛从著名的“整体论”心理学家库尔特・戈尔茨坦（Kurt Goldstein）那里借用了“自我实现”这个术语。戈尔茨坦把自我实现视为基本动机，是它触发了所有其他动机。[21]不过，马斯洛使用的自我实现则是一个更加狭义的概念，认为只有在所有低级需求被相对满足之后它才会出现：“一位音乐家必须创作音乐，一位画家必须绘画，一位诗人必须写诗，如果他想获得终极快乐的话。一个人能够做到什么，他就必须做到……成为他尽可能会成为的人，完成他能够完成的事情。”[22]马斯洛认为对自我实现的追求是普遍性的，但是自我实现的需求很少被实现，而且永远不会完全实现。

行为主义和心理分析是在 20 世纪中叶获得广泛接受的另外两种动机理论。随着马斯洛研究生涯的继续，他对行为主义学者的刺激和条件反射观点感到失望。在心理分析领域中，最主要的人物是西格蒙德・弗洛伊德，他的思想主要源自对神经病患者或精神病患者的研究。在马斯洛看来，将人们对人类动机的理解建立在情绪紊乱者的行为之上，显然存在缺陷。他认为，从整体上说，心理学应该研究所有的人，以及人们有益的、光荣的、可敬的、创造性的、英勇的价值观和选择。马斯洛的“人文主义的心理学”是对行为主义和心理分析的一次反抗，他创造了心理学中广为人知的第三种力量（third force）。随着其他主要的心理学家也同意以前的研究和思维很大程度上忽略了大多数人，他们具有良好的调节能力，过着有生产力的、能够获得回报的生活，第三种力量逐渐聚集了动力。

马斯洛在晚年对商业组织中的领导者/管理者的动机提出了大量的深刻见解。1962年夏天，在公司总裁安德鲁·凯（Andrew Kay）的邀请下，马斯洛参观了位于加利福尼亚州的非线性系统公司（Non-linear Systems）。这是马斯洛首次与大型企业打交道。他在这个夏天写了很多日志，后来他将这些日志以书的形式出版，书名为《优心态管理》（*Eupsychian Management*）。优心态是一个新词，其意思是“健康的”或者“朝着心理健康发展”。与“管理”这个词一起，“优心态管理”这个词语意味着由有能力的、心理健康的、自我实现的个体进行的管理。马斯洛认为，能够普遍提高人们心理健康的一种方法将始于工作场所，因为绝大多数人都是有工作的。他还进一步认为，最好的管理者是心理健康的人。[23]

马斯洛重点关注更高层次需求的满足，人际关系训练强调的是群体绩效激励、员工们的社会需求以及工作场所协作。为了实现这些目标，长时期获得最广泛引用的计划也许是斯坎伦计划。该计划以约瑟夫·斯坎伦（Joseph N. Scanlon）的名字命名。斯坎伦曾先后做过海员、职业拳击手、成本会计的、平炉炼钢工人、工会组织者以及工会官员等。[24]在帝国薄板和马口铁公司（Empire Sheet and Tin Plate Company），他与该公司的管理者以及美国钢铁工人联合会（美国产业工会联合会的一个下属工会）的官员们共同合作制订了一项计划来挽救工人们的工作岗位以及摆脱公司破产的困境。一个劳资联合委员会经常召开会议，听取工人们关于减少浪费和提高产量和利润率并且让工人们分享成本节余的建议。在经济大萧条期间以及随后的第二次世界大战中，这项计划成功地挽救了工人们的工作岗位。

在第二次世界大战期间，斯坎伦为战时生产委员会（War Production Board）发展了40～50个成功的劳资生产委员会。在第二次世界大战之后，他加入麻省理工学院教师队伍，在这里，他成为道格拉斯·麦格雷戈（Douglas McGregor）的同事。麦格雷戈撰写的《企业的人性面》（*The Human Side of Enterprise*）中有一章专门讨论斯坎伦计划，将其称为“通过整合和自我控制来进行管理……是产业生活的一种方式——一种管理哲学。它所基于的假设与（麦格雷戈的）Y理论完全一致”[25]。我们将在第20章对Y理论进行更详细的讨论。斯坎伦计划的核心是三把锐利的武器：（1）一个建议系统，寻求各种方法和手段来减少劳动力成本；（2）劳资联合委员会，致力于解决生产问题；（3）分享成本节余。企业不提供个体奖励，对合作和协作的强调要超过对竞争的强调，每个人都能够从任何个体提出的成本节余建议中获益。斯坎伦认识到，不同公司面临不同的情况，因此，并没有任何一个计划适用于所有公司——唯一的本质要素是劳资双方愿意共同合作以寻求成本节余并分享这些节余（75%归属劳方，25%归属管理方）。

斯坎伦计划对劳方具有很大的吸引力，因为它能够在濒临倒闭的公司里挽救工作岗位，还因为它明确要求工会参与各种设法解决生产问题的委员会。在1956年去世之前，斯坎伦成功地将自己的计划引入大约60家中小型企业，包括制造业和非制造业企业，也包括工会化和非工会化企业。斯坎伦在麻省理工学院的一位同事弗雷德里克·莱西尔（Frederick Lesieur）在1986年退休之前为超过200家企业引入了斯坎伦计划。[26]其他人继续这项工作，而斯坎伦计划很受劳资关系学者的推崇，被誉为“一种全公司范围的收益分享计划，设法为所有员工提供激励，鼓励他们寻求各种方式来降低所售商品的总体成本”[27]。斯坎伦的观点不是一种花里胡哨的管理时尚，它已经证明了在融合员工参与和经济激励方面的价值。

虽然斯坎伦计划代表了这个时代对工作场所中的人际关系的强调，但是个体激励并没有完全退出工业舞台。詹姆斯·林肯（James F. Lincoln）在所撰写的《激励管理：工商业人际关系的一种新方法》（*Incentive Management: A New Approach to Human Relationships in Industry and Business*）中呼吁员工个人的雄心壮志。林肯认为，人们正在为获得保障而放弃自由，正在依赖其他某个人（或联邦政府）来承担这种保障责任，而工作中的那种自豪、自力更生以及经受了时间考验的其他美德正在衰退。在林肯看来，针对这种衰退的正确解决方案就是恢复“明智的自私自利”，根据个人绩效来给予奖励。位于俄亥俄州克利夫兰的林肯电气公司（Lincoln Electric Company）是世界上最大的焊接设备制造商，作为该公司的总裁，林肯制订了一项绩效工资激励计划，仅仅根据产量来确定薪资，从而激励员工发挥最大努力。此外，所有员工还将获得一份基于个人产量、质量可靠性、与其他员工的合作程度以及公司盈利程度的年度奖金。该年度奖金通常能够达到相当于该员工的年薪。[28]《激励管理：工商业人际关系的一种新方法》写于 1951 年，林肯在书中说他的公司从来没有工作中断事件，员工辞职率也几乎为零，个体的生产率非常高，是美国制造业平均水平的 5 倍，每股红利持续增加，产品价格稳步下降。[29]

当林肯电气公司在 20 世纪八九十年代进军海外市场时，它低估了向拥有不同劳动法、习俗和职场价值观的其他文化移植其绩效工资系统所面临的挑战。[30]例如，根据巴西的法律，奖金发放 2 年，就会被自动视为员工永久基薪的组成部分。在法国和其他欧洲国家，员工更青睐带薪休假而不是巨额奖金。欧洲的工会通常反对公司让员工相互竞争以实现更高产量。林肯电气公司的海外经历是任何试图向全球移植其母国管理实践的公司可以吸取的教训。

工作扩展

1776 年，亚当·斯密警告说，劳动分工虽然具有经济优势，但会对工人们的“智力、社交和武德（martial virtues）”产生不利影响（见第 2 章）。[31]大约在 175 年之后，一些社会科学家和具有创新精神的公司开始严肃对待亚当·斯密提出的警告。1944 年，在恩迪科特（纽约）工厂，IBM 开始将两个或者更多机器操作员的工作合并为一份工作。IBM 公司称之为工作扩展（job enlargement），这项行动导致了更高的产品质量，减少了工人和机器的停工时间，通过引入技能多样性和个人责任，丰富了工人们的工作。[32]

不久之后，在对一家汽车制造厂的研究中，沃克（Walker）和格斯特（Guest）发现装配线上的工人即使对自己的工资率和工作安全感到满意，仍然会反对工作的单调性和无目标性。[33]在那些更基本的需求获得满足之后，工人们对自己的由传送带驱动的工作感到不满，厌恶这种工作的重复性和呆板性。他们对于无力影响自己的工作性质感到失望，并由于流水线工作而无法与其他工人互动，从而对工作的设计感到不满。因为沃克和格斯特的研究结果，工作扩展以及后来的工作丰富化（job enrichment），成为工作场所行为研究的一个新重点。人们采用工作扩展来减少单调、提高技能水平和增强工人们对工作任务重要性的感觉。通过鼓励雇主最大限度地向员工授予职责，工作丰富化走得更远。

决策参与

在20世纪四五十年代，主流的工作场所假设受到质疑的第三个领域涉及组织内权力关系的性质。越来越多的人呼吁让员工们在工作决策中拥有更多发言权。基于这个前提，即员工参与将导致对组织目标的更高认同，而且将进一步实现个体和群体的满足感，研究者们致力于设计能够使员工参与决策的工作制度。詹姆斯·沃西（James C. Worthy）根据自己在西尔斯-罗巴克公司的工作经验，提倡一种“更扁平的”、不那么复杂的、能够实现管理分权的组织结构，以使下属产生更好的态度，鼓励个人责任和主动性，并且为个体的自我表现和创造性提供途径。[34]西尔斯-罗巴克公司与芝加哥大学的人际关系委员会合作，就组织结构对员工士气的影响进行了一次广泛研究。沃西分析了“锥形”结构与“扁平”结构、这两种组织结构对员工行为的影响以及管理者所持的假设对员工士气的影响，这些分析是管理思想的一个里程碑，推动了我们对工作场所动力学的理解。[35]

小威廉·吉文（William B. Given，Jr.）及查尔斯·麦考密克（Charles P. McCormick）是两位实业家，他们也质疑了当时主流的工作场所假设。使用“自下而上的管理”这个口号，美国闸皮公司（American Brake Shoe Company）总裁吉文尝试形成和应用一种员工参与制度，“以解放思想和鼓励所有员工发挥主动性，从而使各种想法和推动力自下而上地流动”[36]。自下而上的管理包含广泛的授权、相当大的决策自由度、观点和意见在所有组织层级的自由交流，以及对这个事实的必然接受，即管理者通过拥有可以失败的自由来获得成长。认识到偶尔还需要“来自最上层的推动”，吉文努力将自上而下的管理限定为制定政策、明确目标以及为那些有需要的下属提供培训计划。

麦考密克公司（McCormick & Company）总裁查尔斯·麦考密克采用了一种独特的员工参与模式，包括建立一个初级董事会（Junior Board of Directors）。作为广为人知的多层管理计划（multiple management plan）的组成部分，麦考密克公司的初级董事会充当一种培训和激励年轻管理者的方式。初级董事会的成员被授予接触财务记录和公司其他记录的权力，被鼓励选举他们自己的领导者，并且被告知“他们为了公司的发展而提出的任何一项建议都将获得公司的认真考虑”[37]。该初级董事会每个月与高级董事会召开一次会议，在会议上提交其建议，这些建议一般都会被接受，而且被执行的程度超过了麦考密克的预期。实际上，麦考密克将公司在经济大萧条的艰难岁月中取得的成功归功于该初级董事会的努力。初级董事会提供建议的一个例子是对传统香料瓶的重新设计。在麦考密克看来，年纪较大的管理者会希望保留原来的设计。初级董事会进行了一项市场调查，考虑了家庭主妇们的想法和意见，从而提出了一种新的设计款式，这种新款式立即获得了高级董事会和市场的接受。初级董事会的成功促使麦考密克公司先后成立了另外两个董事会，即工厂董事会（1933 年）和销售董事会（1935 年）。从本质上说，这两个董事会是作为生产部和销售部的初级董事会来运作的。在麦考密克看来，多层管理计划提供了以下优点：(1) 它为初级管理者开辟了交流途径；(2) 它使年轻的管理者参与决策；(3) 它为鉴别和培养未来的高层管理者提供了一种手段；(4) 它使高级董事会减少了大量具体的计划和研究工作；(5) 它为各个部门协调以及贯彻实施公司的计划提供了周密的安排。

在 20 世纪 30 年代和 40 年代，员工的决策参与获得了越来越多的称赞，它被视为实践中的民主，开辟了沟通途径，分散了权力，并且通过鼓励员工更加认同组织目标来激励员工。[38]此外，它还被视为对单边权力的挑战，使得劳资双方的权力趋于平等化。

领导：人与生产的结合

库尔特·勒温作为一名德国犹太人逃离纳粹德国的经历，毫无疑问影响了他对领导、抵制变化以及群体内社会氛围的看法。勒温的作品可以作为赞成参与、反对独裁的文献在 20 世纪 30 年代和 40 年代不断发展壮大的一个例证。这类文献的其他贡献者还包括西奥多·阿多诺（Theodor W. Adorno）与他的同事们，他们在 1950 年出版的《权威人格》（*The Authoritarian Personality*）对关于领导的文献产生了显著影响。[39]受到第二次世界大战中的纳粹主义和法西斯主义的影响，阿多诺与同事们试图将人格结构与领导、追随、道德、偏见和政治联系起来。作为该书的一部分，F 量表成为一种获得广泛认可的工具，用来分析领导风格以及追随者对领导者类型的偏好。

然而，许多研究开始质疑这种观点，即简单地认为某种领导风格是好的，而另一种风格是差的。早在 1945 年，密歇根大学的社会学研究所（Institute for Social Research）在伦西斯·利克特的领导下开始对许多不同的组织进行一系列研究，以判断什么领导原则和方法产生了最高的员工生产率、最低的缺勤率、最低的流动率和最高的工作满意度。这些研究重点关注小型工作群体的运行，其首要目标是鉴别什么风格的领导者行为导致了工作群体的最高绩效和满意度。经过几年的时间，这项研究发现了两种不同导向的领导风格：(1) 以工作为导向（job-centered）的领导风格，按照这种风格，领导者的行为重点强调严密的监管，施加压力以督促员工满足最低标准和实现更好的绩效，还对员工的产出实施评估；(2) 以员工为导向（employee-centered）的领导风格，在这种风格下，领导者的行为强调工作中的人际关系和发展具有高绩效目标的高效工作群体。以员工为导向的领导者关注员工的需求、福利、进步和个人成长。[40]密歇根大学的研究者们强调，他们鉴别的这两种领导风格之间并不存在泾渭分明的分界线。两种领导风格都对生产率很重要。他们解释说，这两种风格只是强调的重点不同而已。高绩效工作群体的管理者把强调高生产率视为其工作的一个方面，但并不是唯一的方面；相反，低绩效群体的管理者往往被认为仅仅强调高生产率，而忽视了其工作的其他重要方面。

利克特确定了组织特征的四种轮廓：系统1——“剥削式的集权领导”；系统2——“仁慈式的集权领导”；系统3——“洽商式的民主领导”；系统4——“参与式的民主领导”。[41]利克特认为，在工作绩效、员工满意度和士气方面，系统4对于一个组织来说是“理想的”状态，而系统1在有效的工作绩效方面表现最差。系统2比系统1表现要好，但是比系统3表现要差，以此类推。系统4涉及三个基本概念：（1）支持型关系原则；（2）群体决策以及群体监管方法；（3）高绩效目标。

利克特认为支持型关系原则是应用系统4时的一项指导原则。简而言之：“领导以及组织的其他过程，必须尽可能确保在组织内的所有互动和所有关系中，每个成员根据自己的背景、价值观和预期都将自己在组织内的经历视为支持型的、能够支撑自己个人价值和重要性的经历。”[42]利克特认为这项原则融合了每个组织获得成功所必不可少的重要元素，并且为发挥员工的最大潜能提供了一个“基本公式”。

在自己的最后一本书中，利克特与其妻子简（Jane）提出了系统5。他们称系统5是“一种甚至更加精巧、复杂和有效的系统”，当社会科学发展到某种程度之后才会出现。在系统5中，一位更高的层级权威将被某种关系权威取代。在发生冲突时，群体成员群策群力，共同达成一致意见。员工将被称为“伙伴”（将不会存在职位头衔）。领导指的是一种“对目标的共同感”。如果这些观点听起来有点熟悉，这可能是因为利克特极其钦佩玛丽·帕克·福莱特。[43]

当密歇根大学的研究开始时，俄亥俄州立大学的人事研究委员会（Personnel Research Board）也开始了一系列研究，这些研究提出了一种“情境式领导方法”。[44]拉尔夫·斯托格迪尔（Ralph M. Stogdill）和卡罗尔·沙特尔（Carroll L. Shartle）两位教授是该研究团体的核心，在他们的领导下，这些研究的目标是判断领导者行为对员工的工作绩效和满意度的影响。俄亥俄州立大学的研究认为，领导可以被划分为两个主要的维度：（1）关怀维度（consideration），即领导者的行为强调互相信任、双向沟通、对下属们的想法和意见的尊重，及对他们感受的关注；（2）结构维度（initiating structure），即领导者的行为强调通过正式制度来管理下属们的行为，以实现组织的目标。因为关怀维度和结构维度是两个独立的维度，所以一位领导者可以具备较高的结构维度和较低的关怀维度，或者具备较低的结构维度和较高的关怀维度，也可以同时拥有较高的结构维度和较高的关怀维度，或者同时具备较低的结构维度和较低的关怀维度。关怀维度和密歇根大学研究中以员工为导向的领导风格很相似，而结构维度则类似于以工作为导向的领导风格。

虽然人们可能会认为最有效的领导者应该是那些同时拥有较高的结构维度和关怀维度的领导者，但俄亥俄州立大学的研究者们发现事实并不总是如此。这两个维度都是有效的领导不可或缺的，但是对于领导者来说，更重要的是在这两个维度间达成一种平衡以适合特定的情境，而不是始终都高度重视这两个维度。简单地说，领导者需要变得灵活，因为领导者行为在这两个维度间的平衡会随着情境的变化而变化。

密歇根大学和俄亥俄州立大学的研究都显著增加了我们关于有效领导的知识。也许最重要的是，它们表明没有任何一种领导风格是普遍适用的。此外，它们采用了系统的研究方法，提高了人们对领导者行为的重要性的认识。这些贡献为后来对领导的研究提供了一个跳板。与早先的领导特质理论（见第 9 章）相反，密歇根大学和俄亥俄州立大学的研究表明，与领导者的个人特质相比，领导者的行为可以最好地诠释他们的特征。

工作中的人：宏观观点

在人际关系运动的宏观层面，研究者们正在探求分析工具和理论模型，以解释在组织内运行的正式过程与非正式过程之间的互动。在该领域，有一些研究尝试着去理解组织内的社会系统和技术系统的互动。他们所得到的结果为以后组织理论的发展奠定了基础。

作为社会技术系统的组织

在针对组织内的社会系统和技术系统的互动进行的研究中，最早的也是最有洞察力的研究之一是威廉·富特·怀特对餐馆行业的人际关系进行的一项研究。在他的分析中，一个关键的概念是工作地位（job status），或者说一份工作在工作者或其他人眼中的相对声望。餐馆的特征是具有许多级别的工作地位，既包括那些地位很低的收拾餐桌和洗盘子的人，也包括地位相对较高的厨师。怀特发现，接受顾客点餐、根据订单准备食物和为顾客上菜这一工作流程引发了很多人际关系问题。厨师，通常是男性，与其他餐馆员工相比，拥有较高的地位；侍者，通常都是女性，被认为是地位较低的，但是通过写菜单来安排厨师的工作。怀特发现，由于为其他人安排工作的人在传统上被认为是具有更高地位的人（例如，主管为下属安排工作），因此当一个地位较低的人（侍者）为一个地位较高的人（厨师）安排工作时，冲突就是不可避免的。怀特报告说，餐馆这样来避免侍者和厨师之间的冲突：将顾客的订单放在传送器上，并且采用很高的柜台，从而避免地位较低的侍者直接向地位较高的厨师交代任务。通过这种方法，厨师就可以在一种托词下拿走和准备订单：订单不是来自某个地位较低的人，而是来自传送器。[45] 于是，这个传送器就有效地使权力非人格化，并且要求所有人都服从“情境规律”。玛丽·帕克·福莱特应该会对此感到非常高兴。

位于伦敦的塔维斯托克人际关系研究所（Tavistock Institute of Human Relations）进行的一系列研究也是将组织既作为一种社会系统，而且作为更广泛的社区的组成部分。基于勒温的场论，埃利奥特·雅克（Elliott Jaques）对英国伦敦的格拉希尔金属公司（Glacier Metal Company）进行了一项广泛的案例研究，对被引入工作群体并产生影响的技术变化进行了考察。[46] 作为该项研究的一部分，雅克提出了一个关于公平报酬的理论，而且开发了一种技术来为不同工作确定自行决定权的时间跨度。对一个正在运营的公司进行这样纵向的研究是很罕见的。

雅克的研究结果强调了把组织作为互动的社会技术系统来予以研究的重要性，而且研究结果也与巴纳德的这个观点相一致，即认为社会的所有方面是一个广泛的协作系统。雅克在塔维斯托克人际关系研究所的两位同事——艾瑞克·特瑞斯特（Eric L. Trist）和肯尼思·班福思（Kenneth W. Bamforth），报告了一个关于技术变革如何扰乱组织的社会系统的经典案例。他们研究了第二次世界大战后英国煤矿业引入的机械化长臂开采法产生的社会和技术影响。[47]这种开采法要求解散长期以来具有高度凝聚力的小规模工作群体，代之以专业化的、更大规模的群体轮班工作制。根据传统的短臂开采法，矿工们组建了相对自主的工作群体，由他们自己来安排工作任务和轮班，管理层对他们的监管少之又少。与此相反，根据长臂生产法，每一名矿工将负责一项专门的任务。长臂生产法的引入导致矿工们从事的工作的去技能化，也使他们失去了自治权。这导致更低的认同感、更低的生产率以及矿工们之间越来越强烈的疏离感。根据特瑞斯特和班福思的记录，长臂生产法对矿工们的社会结构产生了很大的干扰，以至于这种方法的优势被彻底否定了。得出的教训就是：除非有相应的措施来维持该组织的社会系统，否则技术变革不会见效。

进行宏观分析的新工具

如果不讨论卡内基·梅隆大学（Carnegie Mellon University）教授、诺贝尔奖获得者赫伯特·西蒙的贡献，那么我们对人际关系运动宏观层面进行的评论就是残缺不全的。第 14 章已经提到过，西蒙受到了切斯特·巴纳德的显著影响，后者对组织决策的看法，尤其是对权威、激励和沟通的看法，都深刻影响了西蒙。基于巴纳德对组织如何制定决策的分析，西蒙质疑源于传统经济学理论的理性决策模型的可信度。[48]西蒙没有将管理者描述为完全理性的决策者，始终追求预期利益最大化（或成本最小化），他提出了这种观点：管理决策受参与决策者的智力和情绪限制，同样还受他们可能无法控制的外部环境因素的制约。他把这种情况描述为“有限理性”，它不仅反映人们的智力和情绪只具备有限的能力，从而无法完全掌握管理决策的复杂程度，而且反映了组织必须应付的未来事件的不确定性。[49]由于组织生存在极为复杂的环境中，可能存在的其他许多选项以及它们的后果仍然不甚明确，因此，人们所追求的理性行为必然都是受约束的。

这就意味着最优决策（optimum decisions）几乎是无法实现的——也许碰巧会实现。即便人们完全了解所有的选项以及它们的后果（古典经济学理论的假设），但由于人们作为信息处理者的局限性，也有理由质疑人们能否对所有信息作出足够恰当的评估。西蒙认为，为应对这种困境，人们通常会通过对现实情况构建一个简单化的模型，使之仅包含他们认为有能力应付的那些信息，降低他们面临的复杂程度。这样一来，只有有限的选项和后果将被加以考虑。

西蒙进一步认为，一旦管理者确定了有限的选项，他们通常就会选择第一个被他们认为是“足够好的”或者“令人满意的”选项而不是去寻求最优选择，从而偏离理性要求。也就是说，管理者不是考察所有可能的选项，并且根据秩序井然的、稳定的一套偏好（古典经济学理论的描述）对它们进行排序，而是通常会进行一段时间的寻求，然后选择第一个能够达到预定的“期望水平”的选项。这个“期望水平”是一个主观确定的绩效目标，是过去的组织目标、过去的组织绩效以及其他类似组织以往绩效共同导致的一个产物。因此，是各选项被评估的顺序，而不是追求最优选择的理性原则，更加显著地影响了人们作出的选择。

西蒙使用“满意”（satisficing）这个词作为这个过程的简易标签。[50]关于满意的标准，例如“市场份额”与“整个市场”，“足够的利润”与“最大化的利润”，以及“公平的价格”与“最合适的价格”。因此，根据满意的标准，一家企业的管理者愿意选择一个能够带来25%的投资回报率的决策，即便他们意识到可能还有其他选项能够带来更高的投资回报率。西蒙强调，出于实用的目的（例如，选择原材料的来源），很重要的一点是不能把满意视为非理性的。由于人们处理信息时的局限性、寻找其他选项的成本以及未来事件的不确定性，满意实际上是明智的。

总而言之，西蒙舍弃了这个最基本的传统经济学观点，即认为管理者是完全理性的决策者。经济学家通常都强调管理者应该如何行事，而西蒙则强调他们实际上如何行事。他假定组织并不是单纯地追求利润最大化，管理者也不是完全理性的。西蒙的“有限理性”概念使用更加现实的管理决策者取代所谓的“经济人”决策者。

乔治·霍曼斯（George C. Homans）的作品代表了向人际关系运动宏观层面迈进的另一步。霍曼斯在哈佛大学参加了亨德森主持的帕累托研讨会（见第13章），并且与波士顿律师、哈佛集团（Harvard Corporation）成员小查尔斯·柯蒂斯（Charles P. Curtis，Jr.）合著了一本早期作品来介绍帕累托1916年的著作《普通社会学》（*A Treatise on General Sicioloty*）。这本早期著作为霍曼斯后来把组织视为社会系统的观点奠定了基础。[51]在《人类群体》（*The Human Group*）这本书中，霍曼斯把群体视为社会系统，而社会系统则由一个外部系统和一个内部系统构成。[52]根据霍曼斯的描述，一个群体的外部系统由群体之外的各种力量构成，这些力量是由群体的外部环境的性质决定的。群体的内部系统“由群体行为构成，而群体行为源于对外部系统的反应，同时又影响外部系统”，从而导致这两个系统之间的互动。[53]将这种推理进一步深化，霍曼斯确定和讨论了许多相互依赖的、在群体的内部系统和外部系统之间互动的要素：（1）活动，即正式要求成员完成的行为或者以非正式方式出现的行为；（2）互动，即两个或者更多群体成员之间的任何交往和联系，既可以是组织规定的，也可以是以非正式方式产生的；（3）情绪，即具有正面和负面价值倾向的情感（例如喜欢或者不喜欢）。霍曼斯将群体视为社会系统的研究是极度广泛的，它为组织理论的进一步发展提供了一块基石。

帕累托圈子的另一位成员塔尔科特·帕森斯（Talcott Parsons）也在社会系统分析的早期发展中扮演了重要角色。帕森斯在海德堡大学获得社会学和经济学的博士学位，其博士学位论文论述了马克斯·韦伯的思想，他还向切斯特·巴纳德介绍了韦伯关于官僚制度的观点。在一本早期作品中，帕森斯把韦伯、帕累托、艾尔弗雷德·马歇尔以及涂尔干的观点综合到一起，提出了“社会行动的唯意志论”[54]。帕森斯的观点影响了巴纳德对于“协作系统”理论的探寻，帕森斯更是因为提出了一种被称为“结构功能主义”的理论体系来分析社会而青史留名。[55]

小结

本章和下一章考察从1930年左右到20世纪50年代初管理思想发展的两个分支。本章重点关注人际关系运动在微观和宏观阶段的发展与细化。微观阶段见证了大量对群体动力学、决策参与、领导以及激励等主题的行为研究。宏观阶段则见证了对分析工具和概念模型的探求，以解释在组织内运行的正式过程和非正式过程之间的互动。本章的题目"人与组织"表明，这两个阶段都是以人为导向的，组织的结构方面是需要探讨的一个次要主题；相反，第16章"组织与人"则主要关注组织的结构和设计，人的因素退居次要位置。

注 释

[1] Charles D. Wrege and Sakae Hata, "Before Bales: Pioneer Studies in Analyzing Group Behavior: 1921 - 1930" (paper presented at the annual meeting of the Academy of Management, Boston, 1984), p. 2. See also Gisela Konopka, *Eduard C. Lindeman and Social Work Philosophy* (Minneapolis, MN: University of Minnesota Press, 1958), pp. 33 - 34.

[2] For a description of these studies, see Eduard C. Lindeman, *Social Education: An Interpretation of the Principles and Methods Developed by the Inquiry During the Years 1923 - 1933* (New York: New Republic, 1933).

[3] *Idem*, *Social Discovery: An Approach to the Study of Functional Groups* (New York: Republic Publishing Company, 1924), p. 191.

[4] John J. Hader and Eduard C. Lindeman, *Dynamic Social Research* (London: K. Paul, Trench, Trubner & Co., 1933), p. 148.

[5] William A. White, "Foreword," in Jacob L. Moreno (with the collaboration of Helen H. Jennings), *Who Shall Survive? A New Approach to Human Interrelations* (Washington, DC: Nervous and Mental Disease Publishing, 1934), p. xii. See also Jacob L. Moreno, "The Autobiography of J. L. Moreno, MD," ed., Jonathan D. Moreno, *Journal of Group Psychotherapy Psychodrama & Sociometry* 42 (1 - 2) (Spring 1989), pp. 59 - 126.

[6] Raymond H. VanZelst, "Sociometrically Selected Work Teams Increase Production," *Personnel Psychology* 5 (3) (September 1952), pp. 175 - 185.

[7] Jacob L. Moreno, *Psychodrama*, vol. 1 (Boston, MA: Beacon Press, 1946), pp. 177 - 222.

[8] Barbara A. Wech, "The Lewin/Moreno Controversy," in Dennis R. Ray, ed., *Proceedings of the Southern Management Association* (1996), pp. 421 - 423. See also Pitirim Sorokin, *Fads and Foibles in Modern Sociology and Related Sciences* (Chicago, IL: Henry Regnery, 1956), pp. 5 - 6.

[9] Kurt T. Lewin, Ronald Lippitt, and Ralph K. White, "Patterns of Aggressive Behavior in Experimentally Created 'Social Climates'," *Journal of Social Psychology* 10 (2) (May 1939), pp. 271 - 299; Ronald Lippitt and Ralph K. White, "The 'Social Climate' of Children's Groups," in Roger G. Barker, Jacob S. Kouin, and Robert F. Wright, eds., *Child Behavior and Development: A Course of Representative Studies* (New York: McGraw-Hill, 1943), pp. 485 - 508.

[10] Comments made by Gertrud (Mrs. Kurt) W. Lewin after the presentation of the following paper by her daughter: Miriam Lewin Papanek, "Kurt Lewin and His Contributions to Modern Management

Theory," in Thad B. Green and Dennis F. Ray, eds., *Proceedings of the Annual Meeting of the Academy of Management* (1973), pp. 317 - 322. See also Gertrud W. Lewin quoted in William B. Wolf, "Reflections on the History of Management Thought," *Journal of Management History* 2 (2) (1996), p. 8.

[11] Kurt T. Lewin, "The Dynamics of Group Action," *Educational Leadership* 1 (4) (January 1944), pp. 195 - 200.

[12] Kurt T. Lewin, "Group Decision and Social Change," in Theodore M. Newcomb and Eugene L. Hartley, eds., *Readings in Social Psychology* (New York: Henry Holt, 1947), p. 344.

[13] "The Career of Rensis Likert: Using Science for Man—A Gentle Revolution," *ISR Newsletter* 1 (9) (Winter 1971), pp. 1 - 7.

[14] Leland P. Bradford, *National Training Laboratories: Its History: 1947 - 1970* (Bethel, ME: Privately printed, 1974). See also Scott Highhouse, "A History of the T-Group and Its Early Applications in Management Development," *Group Dynamics: Theory, Research, and Practice* 6 (4) (December 2002), pp. 277 - 290.

[15] Philip Murray and Morris L. Cooke, *Organized Labor and Production: Next Steps in Industrial Democracy* (New York: Harper & Brothers, 1940), p. 211.

[16] For example, see Clinton S. Golden and Harold J. Ruttenberg, *The Dynamics of Industrial Democracy* (New York: Harper & Brothers, 1942).

[17] Burleigh B. Gardner and William Foote Whyte, "Methods for the Study of Human Relations in Industry," *American Sociological Review* 11 (5)(October 1946), pp. 506 - 512. See also David G. Moore, "The Committee in Human Relations in Industry at the University of Chicago," in Kae H. Chung, ed., *Proceedings of the Annual Meeting of the Academy of Management* (1982), pp. 117 - 121.

[18] Carl P. Rogers, *Counseling and Psychotherapy: Newer Concepts in Practice* (Boston, MA: Houghton Mifflin, 1942). See also Kevin T. Mahoney and David B. Baker, "Elton Mayo and Carl Rogers: A Tale of Two Techniques," *Journal of Vocational Behavior* 60 (3)(June 2002), pp. 437 -450.

[19] Norman R. F. Maier, *Principles of Human Relation: Applications to Management* (New York: John Wiley & Sons, 1952), p. 30.

[20] Henry A. Murray, *Explorations in Personality: A Clinical and Experimental Study of Fifty Men of College Age* (New York: Oxford University Press, 1938), p. 145.

[21] Kurt Goldstein, *The Organism: A Holistic Approach to Biology, Derived from Pathological Data in Man* (New York: American Book Company, 1939), p. 160. Originally published in 1936.

[22] Abraham H. Maslow, "A Theory of Human Motivation," *Psychological Review* 50 (4)(July 1943), p. 380.

[23] *Idem, Eupsychian Management: A Journal* (Homewood, IL: Richard D. Irwin, 1965), p. 75.

[24] Daniel A. Wren, "Joseph N. Scanlon: The Man and the Plan," *Journal of Management History* 15 (1) (2009), pp. 20 - 37.

[25] Douglas McGregor, *The Human Side of Enterprise* (New York: McGraw-Hill, p. 110). *Time* magazine called Scanlon "the most sought-after labor-relations adviser in the U. S. today". See "The Scanlon Plan," *Time* 46 (13) (September 26, 1955), p. 90.

[26] Frederick G. Lesieur, ed., *The Scanlon Plan: A Frontier in Labor-Management Cooperation* (Cambridge, MA: Cambridge Technology Press of Massachusetts Institute of Technology, 1958).

[27] Thomas A. Kochan and Paul Osterman, *The Mutual Gains Enterprise: Forging a Winning Partnership among Labor, Management, and Government* (Boston, MA: Harvard Business School Press, 1994), p. 54. For doubts about employee participation in general, see George Strauss, "Worker Participation: Some Under-Considered Issues," *Industrial Relations* 45 (4) (October 2006), pp. 778 - 803.

[28] Lincoln Electric's 80th annual bonus in 2013 *averaged* $33,029 for "roughly 3,000 employees" in its North American Division. *Average total* earnings per worker were $87,366. www.prnewswire.com/news/the-lincoln-electric-company. Retrieved March 18, 2016. Further information on Lincoln Electric's adjustments to technological change and global operations, as well as its bonus plan's history may be found in Virginia P. Dawson, *Lincoln Electric: A History* (Cleveland, OH: Lincoln Electric Company, 1999).

[29] James F. Lincoln, *Incentive Management: A New Approach to Human Relationships in Industry and Business* (Cleveland, OH: Lincoln Electric Company, 1951), pp. 251 - 289.

[30] Barnaby J. Feder, "Rethinking a Model Incentive Plan: A U. S. Company Regroups After a Worker Motivation Plan Fails Abroad," *New York Times* (September 5, 1994), p. 33. See also Jordan I. Siegel and Barbara Zepp Larson, "Labor Market Institutions and Global Strategic Adaptation: Evidence from Lincoln Electric," *Management Science* 55 (9) (September 2009), pp. 1527 - 1546.

[31] Adam Smith, *An Inquiry Into the Nature and Causes of the Wealth of Nations* (London: w. Strahan and T. Cadell in the Strand, 1776), vol. 2, bk. V, ch. 1, pp. 366 - 367.

[32] Charles R. Walker, "The Problem of the Repetitive Job," *Harvard Business Review* 28 (3) (May 1950), pp. 54 - 58. See also Robert H. Guest, "Job Enlargement—A Revolution in Job Design," *Personnel Administration* 20 (2) (March - April 1957), pp. 9 - 16.

[33] Charles R. Walker and Robert H. Guest, "The Man on the Assembly Line," *Harvard Business Review* 30 (3) (May - June 1952), pp. 71 - 83.

[34] James C. Worthy, "Organizational Structure and Employee Morale," *American Sociological Review* 15 (2) (April 1950), pp. 169 - 179.

[35] James C. Worthy, *Brushes with History: Recollection of a Many Favored Life* (Privately printed, 1998), pp. 84 - 101.

[36] William B. Given, Jr., *Bottom-Up Management: People Working Together* (New York: Harper & Brothers, 1949), pp. 3 - 4.

[37] Charles P. McCormick, *Multiple Management* (New York: Harper & Brothers, 1938), p. 5. See also McCormick's sequel, *The Power of People: Multiple Management Up to Date* (New York: Harper & Brothers, 1949). McCormick & Company's has continued this practice globally with "13 local Multiple Management Boards, 3 regional boards, and a global board". Letter from Jim Lynn, Corporate Communication Director, McCormick & Company, to Daniel A. Wren, October 6, 2014.

[38] See Gordon W. Allport, "The Psychology of Participation," *Psychological Review* 53 (3) (May 1945), pp. 117 - 132.

[39] Theodor W. Adorno, Else Frenkel-Brunswick, David J. Levinson, and R. Nevitt Sanford (in collaboration with Betty Aron, Maria Hertz Levinson, and William Morrow), *The Authoritarian*

Personality (New York: Harper & Brothers, 1950).

[40] See, for example, Rensis Likert *New Patterns of Management* (New York: McGraw-Hill, 1961), pp. 23 - 44.

[41] *Ibid.*, p. 223.

[42] *Ibid.* p. 103.

[43] *Idem*, "From Production-and Employee-Centeredness to Systems 1 - 5," *Journal of Management* 5 (2) (Fall 1976), p. 151.

[44] Carroll L. Shartle, "The Early Years of the Ohio State University Leadership Studies," *Journal of Management* 5 (Fall 1979), pp. 127 - 134; Chester A. Schriesheim and Barbara J. Bird, "Contributions of the Ohio State Studies to the Field of Leadership," *Journal of Management* 5 (3) (Fall 1979), pp. 135 - 145.

[45] William Foote Whyte, *Human Relations in the Restaurant Industry* (New York: McGraw-Hill, 1948), pp. 69 - 76. See also *idem*, "The Social Structure of the Restaurant," *American Journal of Sociology* 54 (4) (January 1949), pp. 302 - 308.

[46] Elliott Jaques, *The Changing Culture of a Factory* (London: Tavistock Publications, 1951).

[47] Eric L. Trist and Kenneth W. Bamforth, "Some Social and Technical Consequences of the Longwall Method of Coal-Getting: An Examination of the Psychological Situation and Defences of a Work Group in Relation to the Social Structure and Technological Content of the Work System," *Human Relations* 4 (1) (February 1951), pp. 3 - 38.

[48] Herbert A. Simon, *Administrative Behavior: A Study of Decision-Making Processes in Administrative Organization* (New York: Macmillan, 1945).

[49] Matteo Cristofaro, "Herbert Simon's Bounded Rationality: Its Historical Evolution in Management and Cross-fertilizing Contribution," *Journal of Management History* 23 (2) 2017, pp. 170 - 190.

[50] Reva Brown, "Consideration of the Origin of Herbert Simon's Theory of 'Satisficing' (1935 - 1947)," *Management Decision* 42 (10), pp. 1240 - 1256.

[51] George C. Homans and Charles P. Curtis, Jr., *An Introduction to Pareto: His Sociology* (New York: Alfred A. Knopf, 1934).

[52] George C. Homans, *The Human Group* (New York: Harcourt, Brace & World, 1950).

[53] *Ibid.*, p. 109.

[54] Talcott E. F. Parsons, *The Structure of Social Action: A Study in Social Theory with Special Reference to a Group of Recent European Writers* (New York: McGraw-Hill, 1937).

[55] *Idem*, *The Social System* (Glencoe, IL: Free Press, 1951).

第16章 组织与人

与西方电气公司的实验研究、切斯特·巴纳德和玛丽·帕克·福莱特的著作，以及大量关于群体动力学、决策参与、领导和动机等主题的行为研究（第15章已经予以讨论）同一时期，管理思想的另一条脉络强调组织的结构和设计。人们以前曾错误地指责这个思想脉络忽视了人的因素对组织获得成功的重要性。[1]但实际上，它有意识地区分了“职位的结构与暂时占据这些职位的人的行为”。通过这种区分，该思想脉络认为“能够卓有成效地对组织进行研究的唯一方法是把组织与在某个特定时刻占据那些职位的组织成员的个性和‘政治斗争’隔离开来”[2]。因此，虽然人的因素并没有完全被这个思想脉络忽略，但与其他关注事项相比，被置于相对次要的位置。本章覆盖的时间段是从经济大萧条开始到20世纪50年代初，聚焦于组织结构和设计的以下三个方面：(1) 对权力、协调、控制跨度以及与组织结构和设计相关的其他事项；(2) 最高管理层的主要职责；(3) 所有权和控制权的分离以及财产权的转让。

组织：结构和设计

在20世纪30年代到50年代初，那些所谓的“古典主义者”在研究组织的性质时将组织与个体的表现隔离开来。他们发现，组织是通过占据相关职位的管理者所采取的行动来承担责任和义务的，这些责任和义务无法通过简单的理由回避，一位管理者只是在某一段时间占据某个职位，他以后可能不再受雇于该组织或者调离到其他职位。在这些古典主义者看来，与一个管理职位相关的权力与任何占据该职位的个体是截然分开的。权力与职位紧密相连，而不是与暂时占据该职位的某个特定人员相连。或者，如同马克斯·韦伯所强调的，“权力依附于具体职位而不是个人”（见第10章）。我们稍后将讨论古典主义者对组织的设计（designing）和人员配置（staffing）进行的区分。通过这种区分，他们在把组织成员的表现隔离开来的条件下，研究组织的结构和设计。

詹姆斯·穆尼：组织理论和实践

詹姆斯·穆尼（James D. Mooney）考入凯斯学院（Case School，即今天的凯斯西储大学（Case Western Reserve University））应用科学系，专业为采矿工程学，但是他没有毕业。他花了2年时间寻找金子，后来以工程师的身份先后供职于百路驰轮胎公司（BF Goodrich Company）、西屋电气公司以及海厄特滚轴公司（Hyatt Roller Bearing Company）。在第一次世界大战期间，他在军队服役，担任炮兵队长。战争结束之后，他回到海厄特滚轴公司工作，该公司已经在1916年被通用汽车公司收购。大约6年之后，他被任命为通用汽车公司刚成立不久的出口公司的总裁。[3]随着该出口公司业务范围越来越广，出口的汽车产品类型和数量不断增加，穆尼很快就面临一个严峻挑战：如何为日益成长的国际运营设计最好的结构。为了应对通用汽车公司的总体成长，公司在1923年采用了一种最初在杜邦公司发展起来的组织计划。按照该计划，公司的每一个主要产品线（雪佛兰、别克、庞蒂克、奥兹莫比尔、凯迪拉克等）都通过一个单独的、半自治性质的事业部来管理（见第11章）。每一个事业部都作为一家微型公司来运营，有自己的部门来负责生产、营销、财务以及其他职能。不过，这种多事业部结构并不适合该公司的海外业务，因为海外业务涵盖了15家装配工厂，为大约70个不同的市场服务，这些市场具有截然不同的经济、政治和文化环境。为了使不同地区的分支机构能够更好地感知市场需求的变化以及适应各国不同的政府管制，穆尼从地理角度（基于国别、法律、政治以及文化方面的考虑因素）出发，将出口公司的工作设计为6个区域，每个区域都配备当地的管理者，由纽约市的总部员工加以辅助，有权在本区域的市场中采取相应行动。

穆尼对这种新的安排所取得的成功很感兴趣，他也意识到“组织如同人类社会本身一样历史悠久”[4]，他随后与哥伦比亚大学历史学家艾伦·赖利（Alan C. Reiley）一起，追溯有组织的活动“古往今来”的演变历程。他们的意图是“揭示组织的原则，它们以不同形式的人类群体运动表现出来”，以及“帮助工业通过更加了解和熟练运用这些原则来保护自己的成长”[5]。他们的合作诞生了《工业，前进!》（*Onward Industry*!）这本书。虽然两个人都被视为该书的作者，但后来的证据表明，穆尼负责为该书提供最重要的组织概念模型，而赖利只承担次要角色，其贡献主要是提供历史实例。

在《工业，前进!》的序言中，穆尼指出工业目标只能由这些目标的价值来证明其正确与否。他观察到，工业企业的目标通常被定义为“通过服务获得利润”，这涉及证明该服务是否有价值，以及创造和公平分配利润。不过，在穆尼看来，工业努力的“真正的、有价值的”目标是“减轻人们的匮乏和痛苦”[6]。生产效率虽然是必要的，但它不足以确保提供工业服务。必须在整个组织内贯彻实施同等的效率，包括向那些由于贫困而无力购买商品的人供应或分配他们所需的物品。为实现这个目标，穆尼（与之前的甘特非常类似，见第8章）认为应用组织原则可以解决现代文明社会的问题。

根据穆尼的分析，真正的效率需要“有效率地协调所有关系”[7]。这种协调必须基于组织原则。穆尼将组织视为一个过程，如此定义组织：“组织就是人们为了实现某个共同目标而以任何形式组成的联合体。”[8]穆尼对管理的看法完全不同于他对组织的看法，通过使用一个思想-身体的类比，他作出了如下解释：

> 管理是启动、指挥和控制组织的计划与程序的至关重要的因素。随着管理而来的是人的因素，缺少了人的因素，任何人都不会是一个朝着既定目标前进的活生生的人。管理与组织的关系类似于复杂的精神力量与身体的关系。我们的身体仅仅是精神力量努力实现其目标和愿望的手段与工具。[9]

穆尼提出的组织概念模型由三项基本原则构成：（1）协调原则；（2）等级链原则；（3）职能原则。第一项基本原则是协调，它意味着“有序地安排集体努力，以便在追求某个共同目标的过程中能够实现一致行动”[10]。协调的基础是权力，即“最高的协调权力”。从这个意义上讲，权力并不意味着独裁，就如同穆尼所解释的，“在一个像我们这样的民主社会中，权力取决于人们：他们通过选择领导者来授予”[11]。穆尼认为，由于协调暗示着有效地共同工作，因此组织中的每位成员都必须理解组织的目标以及所需的“程序”。穆尼将实现目标所需的程序称为组织的教条（doctrine），并解释说，从宗教角度来说，教条是基于信仰，但是在工业中，教条意味着实现“通过服务获得盈余”，这也是工业企业的目标。按照穆尼的推理，如果组织的教条能够更有力地指导组织成员的行为，那么成员们的团队合作水平以及目标实现程度就会更高。

等级链原则是穆尼的概念模型中的第二项基本原则，它指的是“能够使实施协调的权力在整个组织内得以贯彻落实的一种正式程序”[12]。等级链原则的基础是领导，领导就是指权力如何进入等级链。授权指的是由上级授予下属一定的权力。授权意味着权力的授予，不管是对人的权力还是完成任务的权力。反过来说，权力也意味着要承担相应责任，即完成所授予的工作或任务。

职能原则是穆尼的概念模型中的最后一项基本原则，它指的是“区分不同类型的任务”。在每个组织内都存在职能差别，即成员们从事不同类型的任务，例如生产、销售、会计、安全等。该项原则可以从劳动分工中体现，而劳动分工则产生了对协调的需要。关于职能差别的另一个例子是直线人员和幕僚人员之间的区别。在穆尼看来，对直线人员和幕僚人员不应该产生任何混淆，因为直线人员代表“人（man）的权力……而幕僚人员代表意见（ideas）的权力”[13]。直线人员发布命令，幕僚人员则提出建议。穆尼认为，只要记住这一点，直线人员和幕僚人员的关系就不会出现潜在冲突。

在穆尼对这些组织原则进行阐述之后，赖利通过表明这些组织原则如何从军事和教会组织中演变而来，为《工业，前进！》一书作出了自己的贡献。他考察了古希腊、古罗马以及其他古老文明和统治者，以诠释穆尼的三项基本原则的应用。在罗马天主教会中，协调原则的权力来自上帝。上帝授权给教皇，使之拥有最高的协调权力。等级链原则的作用表现为，从教皇开始，通过枢机主教（他们往往既是直线人员，又是幕僚人员），然后到主教和神父，层层向下授权。在幕僚人员的形成方面，天主教会实行一种强制幕僚服务（compulsory staff service）原则。根据这个原则，上级人员必须向年长的修道士征询意见，即使在小事情上也是如此，而在重大问题上，必须征询每个人的意见。这个原则并没有限制直线人员的权力，但是迫使上级人员在作出决定前征询他人意见。上级人员不能拒绝听取意见。在企业中，这种强制幕僚原则并不能确保管理者在判断上不出现错误，但有助于减少知识性的错误。

简而言之，穆尼和赖利的这些原则非常类似于韦伯的法定权力概念，以及他对明确的“管理层级”“正式规定和其他控制措施”的提倡（见第 10 章）。穆尼和赖利并没有参考韦伯的成果，而且由于韦伯的作品当时并没有被翻译成英文，因此可以认为他们两个人独立提出了他们的概念模型和组织原则。穆尼认为，一家公司只有遵循这些基本的组织原则来设计自己的结构，才有可能实现自己真正的目标。穆尼担任通用汽车公司旗下出口公司总裁的经历，赖利从古希腊、古罗马以及其他文明中找出的历史实例，都强化了穆尼的这个观点。对于组织理论来说，穆尼和赖利的主要贡献是表明各组织原则相辅相成，共同为组织成员在追求组织目标时采取的行动提供基础。此外，他们认为组织的教条如果能够更有力地指导组织成员的行为，那么成员的团队合作水平以及目标实现程度就会更高。这个观点的重要性远远超过当今企业中关于社会责任的使命宣言。

教科书、教师以及趋势

在穆尼和赖利的《工业，前进!》一书于 1931 年出版之前，绝大多数的管理书籍都反映了在科学管理时代最为普遍的车间管理和工业工程学。这些管理书籍主要强调生产设计、日程安排、材料处理、车间组织、生产控制以及其他以技术为导向的事项。不过，人们对组织设计的兴趣正在变得日益浓厚。这种兴趣在亨利·丹尼森（Henry Dennison）于 1931 年出版的著作《组织工程学》(*Organization Engineering*）中得到了非常明显的体现。丹尼森是一位在自己的公司实施泰勒制的急先锋。该公司叫作丹尼森制造公司(Dennison Manufacturing Company)，是位于马萨诸塞州南法明顿的一家造纸公司，如今已经更名为艾弗里·丹尼森集团（Avery Dennison Corporation)。他提出的组织设计方法恰好与穆尼和赖利提出的方法相反。丹尼森提出了这样的观点：组织工程学的目的就是“使群体生活获得成功”。他始终坚持这种信念，即“一个组织的所有力量都来自它的成员”[14]。在丹尼森看来，第一个任务就是使人们形成群体，以产生团队合作。认识到人们动机的多样性，丹尼森认为需要发挥领导力来解决个体之间的摩擦。丹尼森主张不是首先设计组织的结构，而是应该找到具有相似思想或意向的人，将他们组合成群体，然后确定整体组织结构。从这一点来看，丹尼森实际上在 10 多年前就预见了莫雷诺和其他一些人的观点，即主张使用社会测量方法来挑选工作团队（见第 15 章)。

丹尼森对动机的看法也很独特：

> 有四种普遍的倾向能够激励任何组织中的成员：(1) 对自己和家庭的福利和地位的关心；(2) 对工作本身的喜欢；(3) 对组织中的一名或多名成员和他们提供的好意见的关注，与他们一起工作时的快乐；(4) 对组织主要目标的尊重和关心。[15]

丹尼森认为，一个人可以被这四种倾向中的任何一种激励，但是“只有当这四种倾向联合起来，才能够推动一个人的全部能量获得稳定、持久的发挥”[16]。为了实现这个目标，他主张改进工作，从而使工作能够为工人提供更高的满意度。这样看来，丹尼森预见到了20世纪40年代末期的工作扩展运动（见第15章）。丹尼森认识到非正式群体的性质以及它们对产量标准的影响，并提出了一些非经济方面的激励因素（例如社交聚会以及公司赞助的家庭外出旅游），认为当这些激励与经济激励适当结合时，就能够建立忠诚。此外，他还认识到，组织原则不应该“将它们本身神圣化”，而且组织结构应该是灵活的，“能够加强组织的工作群体，而不是使之僵化”[17]。丹尼森还意识到，管理者能够充分、有效地关注到的下属数量存在着限制和差异。在他看来，控制跨度“很少超出6～12个人这一范围”[18]。

丹尼森是一位不断追求改进的雇主。他主动采取了很多先进的理念，例如实施一项员工利润分享计划、向员工提供购房低息贷款、员工代表计划和稳定员工收入的失业保险。[19]丹尼森引用了玛丽·帕克·福莱特对协调和情境规律的看法，而且福莱特似乎影响了他对劳资关系的看法。[20]在这方面，福莱特对丹尼森的影响很明显地体现在以下评论中：“在任何时候，管理者的主要工作都是对三个主要群体——投资者、客户以及员工——的念头、能量以及利益进行协调、合成和整合，使有效的能量达到最大限度，使造成浪费的抵制降至最低水平。”[21]这个评论强调了丹尼森（以及福莱特）的观点，即一个组织的运行并不是基于一条直截了当的、从组织最高层流向基层的权力链，而实际情况是按照福莱特所说的“根据该情境所固有的独特要求来行事的必要性”，组织中的每个成员都可以对组织产生某种程度的影响。[22]

20世纪30年代流行的管理教科书很大程度上仍然延续在科学管理时代早期形成的车间管理和工业工程学方法，对一般管理思想的发展贡献甚少。在《一家企业的管理》（*Management of An Enterprise*）中，宾夕法尼亚大学的三位同事坎比·鲍尔德斯顿（C. Canby Balderston）、维克托·卡拉巴斯茨（Victor S. Karabasz）和罗伯特·布莱希特（Robert P. Brecht）将管理定义为“对人们为了自己的利益而控制各种力量和利用各种自然资源的努力，进行组织、准备和指导的艺术和科学”[23]。他们指出，所有的管理者，不论属于什么类型的企业，都必须关注四种基本要素：人员、资金、机器以及材料。他们通过这些要素分析了产品设计，物质设施和装备，能源、热、光照和通风情况，库存控制，对生产、文书工作和销售的计划和控制。按照穆尼和赖利的观点，组织被视为一种指导和控制的方式，再加上人事管理，这是这三位作者在传统的车间管理和工业工程学方法之外强调的少数几个主题之一。

在另外一本具有相似风格但持有不同目标的教科书中，爱德华·安德森（Edward H. Anderson）和古斯塔夫·施温宁（Gustav T. Schwenning）勾勒和描述了“对追求有效生产的组织过程至关重要的基本要素”[24]。该书反映了安德森的兴趣，即把历史作为研究管理和经济学的一种手段。与穆尼和赖利的《工业，前进!》非常相像，该书也包含了军事历史中能够诠释组织和管理战略之重要意义的许多事例。在“精心研究该主题”之后，安德森和施温宁得出结论：“存在一种组织科学，这种科学是历史演变的产物，而不是一个单独的理论。”[25]虽然他们并没有提出很多新观点，但是他们的分析和综合以及提出的广泛参考书目，为管理思想的发展作出了独创的贡献。

1936年12月28日，查尔斯·贾米森（Charles L. Jamison）和威廉·米切尔（William N. Mitchell）邀请了一小群管理学教授前往芝加哥大学的四角俱乐部（Quadrangle Club），其目的是商讨成立一个学会来“推进管理哲学的发展”[26]。坎比·鲍尔德斯顿对此也颇感兴趣，他在1937年邀请这些教授到费城召开另一次会议。经过1938年、1939年和1940年的几次非正式会议，由拉尔夫·戴维斯（Ralph C. Davis）撰写了一份章程，与会者们选中了“管理学会”（Academy of Management）这个名称，选举产生了该学会的负责人员，于是管理学会在1941年开始正式运行。该学会的目标阐述如下：

> 成立管理学会是为了通过对管理学领域的自由讨论和研究，促进对真理的追求和知识的全面进步。该学会的兴趣在于管理的理论和实践……还关注这样的工作：计划、组织和控制企业方案的实施。它也同样关注各个部门和群体的形成、指导和协调相关的各种行为，这些是行政管理的特征……
>
> 因此，该学会的一般目标是促进：(1) 一种管理哲学，使工业社会以日益经济和有效的方式实现经济和社会目标成为可能。在任何这样的管理哲学中，公众的利益必须是极为重要的，但是也必须充分考虑资方和劳方的合法利益。(2) 管理人员更好地了解对他们提出的要求：要求他们基于这样一种管理哲学，即合理地应用科学方法来解决管理问题。(3) 对哲学和管理科学有兴趣的人之间的更广泛相识和更紧密合作。[27]

由于第二次世界大战的缘故，管理学会的活动在1942—1946年处于休眠状态，直到1947年恢复召开年会。作为创始人之一，贾米森在1936—1940年担任该学会的首任主席；布莱希特在1941—1947年担任主席；戴维斯在1948年成为主席。管理学会反映了人们日益意识到对管理教育的需要。其1 800多名成员来自100多个国家，通过他们的执教和写作，管理学会将继续影响全世界管理思想的发展。

对这个时代，我们提到的最后一本教科书是由阿瑟·安德森（Arthur G. Anderson）撰写、于1928年出版的《工业工程学和工厂管理》(*Industrial Engineering and Factory Management*)。[28]与这种类型的其他教科书类似，该书主要强调传统的车间管理和工业工程学方法。管理思想的新发展趋势在这本书的第2版中得到了明显体现。第2版的书名为《工业管理》(*Industrial Management*)，于1942年出版，默顿·曼德维尔（Merten J. Mandeville）和约翰·安德森（John M. Anderson）加入进来，成为该书的合著者。第2版引入了一种更广泛的观点来看待管理职能。[29]在这些作者看来，管理必须通过生产和流通方面的效率以及对企业中人际关系的强调，承担促进经济和社会进步的职责。他们讨论了对组织获得成功具有重要意义的各种群体，例如顾客、股东、员工以及更广泛的公众。从这些讨论中可以看出，他们意识到一个组织的主要利益相关者，也认识到管理者的绩效取决于他对该组织如何影响其环境以及如何被环境影响的了解。

管理理论的基石

1937年，卢瑟·古利克（Luther H. Gulick）和林德尔·厄威克编纂了一部管理论文集，该论文集收录了许多著名的和不那么著名的管理理论家和实践者的作品，其中包括詹姆斯·穆尼、亨利·法约尔、亨利·丹尼森、劳伦斯·亨德森、托马斯·诺思·怀特黑德（Tomas North Whitehead)、埃尔顿·梅奥、玛丽·帕克·福莱特、约翰·李、维塔斯·格莱库纳斯（Vytautas Graicunas）以及两位编者自己的文章。该论文集提供了亨利·法约尔的著作在美国的第一个翻译版本。此外，厄威克还详尽地证明了法约尔的“管理职能”与穆尼和赖利的组织原则之间的逻辑联系。[30]卢瑟·古利克是哥伦比亚大学公共管理研究所（Institute of Public Administration）主任，曾是富兰克林·罗斯福总统的行政管理委员会的一名成员。该委员会试图对联邦政府管理机构进行改革和重组，但并没有取得多大成功。[31]古利克把总经理的工作划分为七种职能要素。他使用首字母POSDCORB来代表以下七种管理行为：

计划（planning)，即简要地设计出需要完成的事情和需要使用的方法，通过完成这些事情来实现企业设定的目标。

组织（organizing)，即建立正式的权力结构，对各个工作部门进行安排、定义和协调，以实现设定的目标。

人事（staffing)，即所有的人事职能：招募和培训员工，维持良好的工作条件，等等。

指挥（directing)，一个连续的任务：制定决策，并通过具体的和一般的命令与指示使这些决策具体化，以及担任企业的领导者。

协调（co-ordination)，一个非常重要的任务：将工作的各个不同部分相互联系起来。

报告（reporting)，即经理人员向其负责的那些人告知事情的进展情况，其中包括通过记录、研究和视察使经理人员自己及其下属们获知信息。

预算（budgeting)，包括所有以财务计划、会计和控制的形式出现的与预算相关的活动。[32]

虽然古利克把管理视为一种普遍的行为，但是他对总经理的这七种基本职能的描述主要适用于政府管理。古利克进而确定了实施部门化的四种基本方法：目标，程序，人或事，以及地点。在他看来，不存在某种实施部门化的最有效方法。如果一个组织最主要的级别是按地点（例如地理位置）来划分的，那么第二个级别则可能是按目标、程序、客户或者仍然按地点来划分。第三个级别及以下各级依此类推。任何关于如何划分活动的决定都必须遵循一致性原则，换言之，将被组合到一起的活动是相互兼容的，确保协调以及随着组织的成长或者当组织目标改变时，保持灵活性。

厄威克和古利克共同编撰了《管理科学论文集》(*Papers on the Science of Administration*)。经过孜孜不倦的追求，厄威克提出了一个关于组织和管理的一般理论。厄威克在牛津大学接受教育，在第一次和第二次世界大战中为英国的军队与政府提供了卓越服务，曾担任朗特里公司（Rowntree and Lompany）可可制品厂的组织秘书（1920—1928年)，后来当选为国际管理学会（日内瓦）的主任（1928—1933年)，而且担任厄威克&奥尔合伙公司（Urwick，Orr and Partners，Ltd.）的董事长和作为一名管理咨询师，直到1951年退休。[33]厄威克的思想在很大程度上受到朗特里和奥利弗·谢尔登的影响。他的作品论述了非常广泛的主题。[34]此外，他与爱德华·布雷克合作编撰了科学管理先驱们的传记概略；与亨利·梅特卡夫合作编撰了玛丽·帕克·福莱特的论文集；与古利克共同编撰了《管理科学论文集》；与欧内斯特·戴尔（Ernest Dale）合作论述了直线-幕僚关系；还有其他许多合作者，这里不一一赘述。[35]

虽然厄威克在60多年的时间里论述了许多主题，但他的早期作品主要致力于提出组织原则。1952年，他提出了适用于所有组织的十条原则：（1）目标原则，即所有组织都应该有一个目标；（2）相符原则，即权力和责任必须是对等的；（3）责任原则，即上级对下级的工作负有绝对的责任；（4）权力原则，即一条清晰的权力线路应该从组织的最高层延伸到最基层；（5）控制跨度原则，即上级不应该监管5个或6个以上的直接下属的工作（他们的工作是相互联系的）；（6）专业化原则，即把一个人的工作限制为一种职能；（7）协调原则，即一个组织的各个部分应该紧密相连，以实现努力的统一；（8）明确化原则，即清晰地定义每个职位的工作内容；（9）平衡原则，即一个组织的各个部分应该处于平衡状态；（10）持续原则，即组织是一个持续的过程。[36]

控制跨度

古利克和厄威克致力于提出一个关于组织和管理的一般理论，而维塔斯·格莱库纳斯对管理思想的贡献虽然在宏观领域“略逊一筹”，但也具有重要意义，他对《管理科学论文集》的贡献在于他以数学工具证明了一种逻辑，即一位管理者的控制跨度限制在3～7名下属。包含这次证明的论文最初发表在1933年的《国际管理学会公报》（*Bulletin of the International Management Institute*）上，当时，厄威克是该学会的主任。格莱库纳斯1898年出生于芝加哥，曾先后在美国和欧洲的许多公司担任过工程师，此外还是位于巴黎的赫兰特·帕斯德马金（Hrant Pasdermadjian）百货公司管理研究团体（Department Store Management Research Group）（后来更名为百货公司国际协会（International Association of Department Stores））的成员。1928年，他在立陶宛考纳斯与人共同创建了立陶宛科学管理学会（Lithuanian Scientific Management Society），并且担任该学会首任主席。[37]格莱库纳斯关于控制跨度的观点在很大程度上受到林德尔·厄威克的控制跨度原则的影响。如前所述，该原则认为上级不应该监管5个或6个以上的直接下属。

格莱库纳斯观察到，在很多时候，企业的管理者由于试图监管过多的下属而受挫。这种情况部分是由于他们希望通过增加他们负责的工作和部门来“提高他们的威望和影响”。由于试图控制过多的直接下属而可能产生沉重的代价，因为它会导致工作延误、缺乏协调以及制造混乱。格莱库纳斯注意到，按照心理学中的“注意力跨度”概念，人的头脑只能够同时处理数量有限的独立因素。在绝大多数情况下，这个限制是6个因素或数字。他意识到这种注意力跨度在管理领域有一个相对应的概念：控制跨度。基于这种推理，格莱库纳斯证明了一位拥有5名直接下属的管理者，当直接下属增加到6名时，直接的单一关系数量只增加20%，然而，必须还要考虑直接的群体关系和交叉关系并不是如同单一关系那样以算术速度增加，直接的群体关系和交叉关系的数量相应增加会导致关系总数以指数速度增加，这使得这位管理者需要增加大约100%的努力来协调各种关系。格莱库纳斯这样描述这种情况：

> 几乎在各种情况下，上级在衡量自己的职责负担时，都只会考虑与他所监管的那些人之间直接的单一关系的数量，但是除此之外还存在群体关系和交叉关系。因此，如果汤姆监管两位下属——迪克和哈里，那么他能够同时与这两个人交谈……此外，迪克对哈里所持的看法以及哈里对迪克的看法构成了两种交叉关系，而汤姆在安排工作时必须记住这一点，以采取措施确保他们两个人在自己不在场时进行合作……因此，即使在这个极其简单的组织单元中，汤姆也肯定在自己的注意力跨度内拥有4～6种关系。[38]

根据格莱库纳斯的方程式，其中 n 代表直接下属的数量，而直接关系和交叉关系的数量总和等于：

$$F=n\left(\frac{2^n}{2}+n-1\right)$$

n	1	2	3	4	5	6	7	8	9	10	11	12
F	1	6	18	44	100	222	490	1 080	2 376	5 210	11 374	24 708

这种几何级增长的显著意义是，当 n 从4增加到5时，关系的复杂程度迅速增加。因此，与心理学中的注意力跨度概念相一致，并且完全符合厄威克的控制跨度原则，格莱库纳斯得出结论，管理者的直接下属数量应该限制为最多5人。不过，如果是以下这种情况，则可以允许更宽的管理跨度：在组织的较低级别上从事例行管理工作，下属在工作中相对独立于其他人，与其他人很少接触或没有接触，而且监管责任不那么复杂。他还建议，在责任更加重大而且经常重叠的较高级别上，控制跨度应该更狭窄。格莱库纳斯还指出，"为这些不同类型的关系赋予可比较的加权数是不可能的"，这意味着他认识到这些可能存在的互动并不是在所有时间都起作用。如果迪克的工作与哈里的工作并无关联，或者他们的工作只是按部就班的例行工作，那么实质性的关系数量就会减少，他们上司的控制跨度或许可以更宽。格莱库纳斯的方程式表明了最多可能存在的关系数量，而不是在某个特定时间点上实际发挥作用的关系数量。

最高管理层的视角

始于20世纪30年代末期，组织结构和设计关注的第二个层面是从车间管理层次发展为更广泛的高层管理视角。研究者们仍在孜孜不倦地追寻普遍的组织原则，不过，他们对最高管理层的主要职责也产生了与日俱增的兴趣。与这种兴趣相伴的还有对企业所有权和控制权分离以及财产权转让的关注。

拉尔夫·戴维斯：管理理论家与实践家

拉尔夫·戴维斯于1916年在康奈尔大学获得了机械工程学学位。他很有可能接触过德克斯特·金博尔的《工业组织原理》(1913年出版),因为他在1914—1915学年参加过这本书的相关课程。金博尔当时担任康奈尔大学西布利工程学院的院长(见第11章)。[39]由于金博尔激起了学生们的兴趣,戴维斯“辅修了商业管理课程”[40]。对自己的工程学教授所使用的车间术语感到好奇,戴维斯在毕业之前的每个暑假都去机器车间或者五金仓库从事兼职工作。[41]1916年,在通过必要的职业资格考试之后,戴维斯作为一名注册工业工程师在温彻斯特连发轻武器公司(Winchester Repeating Arms Company)工作。在这里,正如他自己所说:“我很快就发现自己实际上对管理一无所知。”[42]不过,通过观察该公司总裁约翰·奥特森(John E. Otterson)(他因为在位于波士顿的查尔斯顿海军造船厂(Charleston Navy Yard)应用科学管理而闻名遐迩)的工作,并且观察卡尔·巴思、德怀特·莫里克以及亚历山大·汉密尔顿·丘奇的咨询公司当时派往温彻斯特开展咨询任务的工作人员,戴维斯的经验很快就丰富起来。1923年,在戴维斯为克利夫兰商会(Cleveland Chamber of Commerce)进行劳资关系研究的任务完成之后,俄亥俄州立大学邀请他在商业和管理学院(College of Commerce and Administration)讲授管理课程。他于1928年撰写的第一本书《工厂组织和管理的原则》(*The Principles of Factory Organization and Management*)是供他的学生们使用的。这本书遵循传统的、车间管理的方法,与这个时代出版的其他书类似。戴维斯提出,工厂管理的基本职能和原则在应用中具有普适性,一个良好的组织必须考虑一些特定事项。按照他的解释:

> 在建立组织时,应该考虑这些事项:(1)要执行的基本职能以及它们之间的关系;(2)职责的合理划分;(3)职责的明确定位;(4)制度的良好运行;(5)组织的灵活性;(6)对未来成长的准备;(7)人员的特点和能力;(8)理想的树立;(9)领导的质量。[43]

1927年,通用汽车公司邀请戴维斯在该公司的通用汽车学院(General Motors Institute,位于密歇根弗林特)建立一个管理系。正是1928—1930年在该学院(现在已经改名为凯特林大学(Kettering University))的工作经历使他能够接触到该公司最高层管理者唐纳森·布朗和小艾尔弗雷德·斯隆关于现代企业的思想(见第11章)。这种接触使戴维斯摆脱了他先前的车间层次管理理念,进而专注于最高层领导者的角色和企业的目标。在一次6个月的假期中,他从国会图书馆发现了亨利·法约尔的《工业管理和一般管理》,它由约翰·库布拉夫(John A. Coubrough)翻译。通过阅读这本书,戴维斯的这种专注得到了进一步加强。到1934年,通过将各种思想和观点进行融合,戴维斯得出结论:最高层管理者的工作可以分解为三种“有机职能”:计划、组织和控制。[44]

戴维斯的生平和著作展现了管理思想在40多年里的不断演变。1928年他的第一本书遵循了传统的车间导向;1934年,通过以更广泛的视角看待最高层管理者的角色,他提出了管理的有机职能概念;1940年,通过持之以恒地研究最高管理层最重要的职责,他提出了企业的基本要素,并将它们与最高层管理者最重要的职能联系起来。[45]他对最高管理层的兴趣在他1951年出版的经典著作《高层管理的基本原理》(*Fundamentals of Top Management*)中获得了充分体现。他撰写这本著作的目的是“从最高管理层的视角出发,对企业的目标、政策以及用来解决企业基本问题的常规方法进行基本阐述”[46]。

戴维斯最初的车间导向已经完全让位给对最高管理层主要职责的浓厚兴趣。

在《高层管理的基本原理》中，戴维斯宣称管理是“高层管理者的领导职能”。在他的论述中，管理（management）和高层领导（executive leadership）这两个术语是同义词。他强调对职业经理人的需要，他们必须在公共利益方面坚持一种良好的管理哲学。戴维斯说，由于企业组织主要是一个经济机构，因此它的主要使命是“在正确的时间和地点，以公众所需要的数量和满足他们期望的质量，以一种公众愿意支付的价格，向公众提供他们想要的产品或服务”[47]。戴维斯还补充说，在企业追求其使命时，它们还必须坚持在政治和道德上被认可的行为标准。他认为高层领导是一种重要的力量，能够激励、刺激和协调组织为实现目标而付出的努力。

戴维斯认为管理的三种有机职能就是高层领导的职能。计划是“明确阐述在解决一个企业问题时所考虑的和需要的各种因素、力量、效果和关系”，并且“为经济而有效地实现企业目标奠定基础”[48]。组织涉及“使职能、物质因素和人员形成良好的相互关系”，而且基于权威，权威是“对组织的活动进行计划、组织和控制的权利”[49]。这体现了传统的正式观点，即把权力视为决策权。戴维斯认为，这种观点在有组织的社会中已经被合法化。例如，拥护私有财产权；个人通过在公司中的股权来行使权利，而且可以授权公司董事会来管理他们的财产，董事会又通过权力的等级链向下授权。

戴维斯把控制定义为“对完成一个目标所需采取的行为和活动进行约束和调节的职能”[50]。他把控制分解为八项子功能：例行计划、日程安排、准备、调度、指挥、监督、比较以及矫正措施。他又把这些子功能组合成三个控制阶段：（1）事先控制，包括例行计划、日程安排、准备和调度；（2）即时控制，包括指挥、监督和比较；（3）矫正措施，这涉及对偏离预期表现的行为和活动进行矫正。事先控制设法事先设计出确保计划顺利实施的各种约束条件和规章制度；即时控制在行为和活动正在进行时发挥作用；矫正措施则通过识别各种偏差和重新计划或采取其他措施来防止这些偏差再次产生，从而结束整个控制循环和再次开始事先控制阶段。虽然有许多前人论述过控制，但是戴维斯为控制职能提供了一种更为深刻和全面的观点。

哈里·霍普夫：迈向最优

在这个时代，哈里·霍普夫（Harry Hopf）是对管理思想和实践的发展作出显著贡献的另一位重要人物。与戴维斯类似，霍普夫的思想也是首先从弗雷德里克·泰勒的理论和观点出发，进而对最高管理层的角色提出了一种更广泛的视角。霍普夫 1882 年出生于伦敦，年轻时作为一名身无分文的移民来到美国，后来成为一位备受尊重的咨询师、作家和高层管理者。[51]霍普夫最开始是人寿保险公司的一名办公室职员，后来逐渐了解了泰勒关于消除工作场所的浪费和低效率的观点。霍普夫将科学管理原理应用到办公室工作中，并且对把效率和科学管理应用于所有类型的组织越来越感兴趣。他研究了办公室职员的薪酬方案，惊讶于人们为什么如此不关注典型的管理者薪酬方案，例如利润分享、股票期权以及延期支付报酬计划。霍普夫认为当前薪酬方案并没有将收入和绩效充分联系起来，这也是泰勒在若干年前对工人们的工资制度得出的结论。在霍普夫所处的那个时代，传统观点认为管理者从事的是一种不同类型的工作，是难以确定和无法测量的。霍普夫对这种观点并不满意，他提出了一些原则和标准，以一种将收入和绩效联系起来的方式衡量管理者的工作。[52]霍普夫认为，所有管理者都应该由他们所取得的成果来评价（和支付报酬）。

在讨论组织结构和设计时，霍普夫采用了建筑学的观点，即形式服从功能。因此，结构必须服从所追求的目标，否则，“（如果）在组织结构中是形式支配功能，那么我们必然会发现存在许多束缚和僵化的情况，这些会对目标的实现产生消极影响”[53]。按照这种类推，霍普夫预见到了“结构服从战略”这个著名的观点，这个观点后来成为现代组织理论家和企业战略学者的一条指导原则（见第 20 章）。

霍普夫还论述了其他许多管理主题，其中包括控制跨度、政策、协调、行政控制等。不过，他对这些领域的看法都不如他的“优化学”（optimology）概念影响深远。这个概念使霍普夫超越了泰勒的车间管理，进而讨论最高管理层的职责。霍普夫将最优（optimum）定义为“企业的一种发展状态，它往往能够使规模、成本和人员的能力等因素之间维持一种长期均衡，从而促进企业目标的最充分实现”[54]。与穆尼一样，霍普夫也认为企业在实现其社会角色时常常颠倒了优先顺序：企业典型的做法是首先设法使收入最大化，然后服务社会，而霍普夫主张组织应该首先服务社会，然后才使收入最大化。他还认为企业规模成长这个目标是一位不忠实的朋友，因为它导致了协调问题：把规模成长作为一个目标往往会导致为了整体而牺牲部分，以牺牲某一部分为代价来使另一部分获益；相反，最优能够平衡所有的因素，而且通过精心地在规模、成本和人员的能力之间实现平衡，就可以实现最优状态。霍普夫对管理思想发展的最显著贡献也许是他的这个观点：可以应用一种科学方法来为整个组织确定合适的结构。通过自己的成果，霍普夫为形成一种关于最高管理层职责的观点提供了另一个前进的台阶。

分析最高管理层

20 世纪 30 年代的经济大萧条严重抑制了全世界的经济活动，但是第二次世界大战动员了巨大的生产力，在战后时期，人们的新需求为管理者们带来了挑战。随着国际贸易的急剧增长，最高层管理者不得不设法应对这样一个挑战：管理前所未有的大规模运营。相应地，学者们也将注意力转向了最高管理层的这个新挑战。

对企业的卓越性进行研究并不是一种新思想。第二次世界大战后的一项研究（它是后来类似研究的模型）试图为最高管理层面临的组织和控制问题寻找实用的答案。在该项研究中，最高管理层包括三种高层管理者：(1) 董事会；(2) 负责整个企业的总经理；(3) 负责主要部门、事业部或子公司的经理。该研究的研究者们发现，在他们挑选的 31 家工业企业中，只有大约一半的企业事先制订了最长为期 1 年的详细计划。此外，只有少数几家企业为整个企业制订了完全一体化的计划体系，或者制定了长期目标。研究者们指出：“在这次研究中观察到的最大需求之一是制订更恰当的计划和更明确地阐述未来目标，既包括近期的，也包括长期的。”研究者们将问题归咎于不合理的组织安排：权限、责任和关系的界定不明确和不合理；对幕僚部门的考虑和协调不够；各种委员会，作为影响所有组织工作的根源，设计得不合理，而且被用于执行错误的任务。在人事方面，研究者们发现“许多企业”对于核心管理者的发展和继任“在很大程度上听天由命”[55]。控制措施也难以让人欣慰，在被研究的公司中，只有一半使用预算作为制订计划以及随后衡量“努力的整体效果”的手段。这项开创性的研究是对管理思想发展的一项重要贡献，因为它以实证方法验证了管理者们实施的职能确实就是法约尔、戴维斯等基于个人观察和逻辑推理而提出的管理职能（例如，计划、组织和控制）。

也许是杰克逊·马丁德尔（Jackson Martindell）最早设计了一个体系来分析公司最高管理层的质量。马丁德尔是一名证券分析师，他的投资咨询公司在 20 世纪 20 年代获得了巨大成功。在 1929 年股票市场崩盘以及随后的经济大萧条期间，马丁德尔回顾了他作为证券分析师时曾经使用的投资标准，以查看是否有哪些标准正确地预测了哪些公司可以更好地度过经济大萧条。对于为什么有些公司成功而另外一些公司失败，他找到了一个答案：“优秀的管理”[56]。从那时起，马丁德尔开始探寻是哪些因素体现了公司拥有优秀的管理，其结果是一种管理审计，通过以下 10 条标准来评估公司绩效：

- 公司的经济职能
- 公司的组织结构
- 公司收入增长的健康程度
- 公司对待股东的公正程度
- 公司的研发活动
- 公司董事会贡献的价值
- 公司的财务政策
- 公司的生产效率
- 公司的销售组织
- 公司高层管理者的能力

马丁德尔的评估方法是对这 10 项标准中的每一项进行打分，将分数相加以获得一个总体的绩效评估分数，然后将该公司的分数与行业中相似的公司的分数进行比较，以判断该公司的优秀程度。马丁德尔的管理审计方法，虽然其效度被人们质疑，但是提出了一些标准来评价公司的总体绩效，并将公司最高管理层的质量与竞争公司进行比较，从而对管理思想的发展作出了贡献。

所有权和控制权

在经济大萧条刚开始时，一位律师小阿道夫·伯利（Adolf Berle，Jr.）和一位经济学家加德纳·米恩斯（Gardiner A. Means）批评大型企业最高管理层没有意识到他们是为谁的利益服务：公司股东。伯利和米恩斯引用了亚当·斯密的警告，即管理他人财产者不如管理自己钱财时那么小心谨慎（见第 2 章），并观察到大型企业中资本和经济权力的集中远远超过了亚当·斯密能够想象的程度。他们声称，公司股份的所有者（股东）仅仅在名义上控制其财产的使用权。亚当·斯密倾向于所有权和控制权应该结合起来，从而共同承担决策中的风险，然而，伯利和米恩斯发现大型企业中的经理人和董事很少持有他们所管理的公司的大量股份。在他们看来，经理人和董事是“经济独裁者”，他们形成了“一个拥有控制权的群体，有能力将创造的利润转移到他们自己的口袋里”[57]。在绝大多数情况下，股东们对他们所拥有的公司几乎无法掌控，只能无奈地将控制权交给职业经理人。虽然伯利和米恩斯并没有对所有权和控制权分离的问题提出明确的解决方案，但他们唤醒了人们关注亚当·斯密此前关注的事项，并为后来公司治理和代理理论（见第 19 章）方面的研究开创了道路。

伯利和米恩斯关注的问题在经济学家罗伯特·戈登（Robert A. Gordon）对 155 家企业进行的一项研究中得到了深入表述。[58]在该项研究中，戈登重点关注美国大型企业中的指挥和协调职能，而且提到了大型企业所有权和管理权的分离，还进一步注意到美国的许多行业是由少数几家相互竞争的企业主导的，有时候甚至是由一家企业主导。因此，他强调对“管理专业化”的需要。在戈登看来，由个体自己管理其投资以谋求企业利润的时代已经过去，新的时代是由董事会雇用的、领取薪酬的管理者占据主导地位的时代。雇用职业管理者会导致公司利润动机减弱、弹性程度降低以及官僚主义程度提高。戈登看到了管理者与所有者日益分离所带来的危险，尤其是可能会形成一个能使自身长期存在的高层管理者寡头群体，该群体可能会将自己的利益凌驾于股东利益及其他利益相关者的利益之上。针对这种两难困境，戈登的回答是：由专业的、能够对企业所有利益相关者的需求作出响应的高层管理者发挥主导作用。

看不见的手和看得见的手

在第 3 章和第 6 章我们已经看到，经济学家让-巴蒂斯特·萨伊、爱德华·阿特金斯、艾尔弗雷德·马歇尔和玛丽·马歇尔将管理描述为第四种生产要素。尤其是马歇尔夫妇观察到管理者的收入不同于财产所有者获得的利润。通过这种观察，他们意识到管理者对在公司内配置各种资源具有重要作用。与此相反，其他经济学家重点关注的是公司外部的环境或市场中发生了什么，而在很大程度上忽略了输入（生产要素）的获得与输出（生产或提供的产品和服务）的销售之间发生了什么。20 世纪 30 年代出现的两种彼此独立但又具有可比性的发展将对管理思想的演变产生重大影响，现代的学者们却是到后来才充分领悟这些发展。

在 1934 年的作品中，约翰·康芒斯认为交易（transaction）是财产权转让的最小分析单位。在康芒斯看来，交易并不是商品的交换，而是“在劳动力能够制造，或者消费者可以消费，或者物质商品能够被交付给其他人之前”必须由谈判达成的未来所有权转让。[59]康芒斯提出了三种类型的所有权转让：谈判型、管理型、配给型。谈判型交易源于市场上自愿的买者与卖者之间谈判达成所有权的转让，而不是商品的转让。管理型交易源于一种上级-下属关系，例如雇主与雇员，在这种情况下，权力被用来指挥需要完成的工作。管理型交易和谈判型交易存在相似之处，因为雇员拥有就工资和劳动时间等因素进行谈判的自由。配给型交易涉及一种“集体上级”，例如立法者、刑事法庭或者商业仲裁者。在配给型交易中，一位上级可以在不需要管理型交易或谈判型交易的情况下向受其管辖的对象配给财富或正义等结果。[60]无论出于何种原因，康芒斯关于财产权（所有权）的转让的观点一直以来相对默默无闻，直到大约20年后人们才发现了这些观点的威力。

在英国出生和接受教育的罗纳德·科斯从一个不同的角度来处理交易问题以及所有权和财产权的转让。科斯以前就了解亚当·斯密的观点，即市场上“看不见的手”将保证资源配置的效率。1931—1932年科斯前往美国旅行，以研究美国企业为什么会以如此多种不同的方式来构建组织结构。这次旅行使他产生了一个新的疑问：如果市场在资源配置方面如此有效率，为什么我们还需要企业存在？为什么不把每件事情交给市场上“看不见的手”来处理呢？作为一名年仅21岁尚未毕业的伦敦大学（University of London）本科生，他在1931年撰写了一篇论文，该论文在1937年发表，题为《企业的性质》(The Nature of the Firm)。该论文成为经典论著，对理解企业和市场的运行方式作出了卓越贡献，科斯因此被瑞典皇家科学院（Royal Swedish Academy of Sciences）授予1991年诺贝尔经济学奖。在这篇论文中，科斯问道：

> 思考一下这样一个事实，人们通常认为协调将由价格机制来实现，那为什么还需要组织？……在公司外部，价格变化指挥生产，而生产是通过市场上的一系列交易来协调的。在公司内部，这些市场交易是不存在的，而且复杂的市场结构以及交易由指挥生产的企业家协调者取代。显然，还存在协调生产的其他备选办法。[61]

科斯发现，公司之所以存在是因为雇用员工、商谈价格以及执行合同都是非常耗时的市场活动，会导致沉重的交易成本，而如果一家公司能够对这些交易活动进行协调，那么交易成本将会降低。除了艾尔弗雷德·马歇尔等少数几位经济学家，其他经济学家都坚持“黑箱经济学”，这种经济学没有把企业视为致力于以比市场更低的成本来进行交易的代理商。简而言之，公司之所以存在，是因为它们充当了企业家们用来降低交易成本的一种方式。年轻的科斯直到后来才更加深入地探究这个主题。在接受诺贝尔奖时，科斯谈道：“在我80多岁时表扬我在20多岁时完成的工作，这真是一种前所未有的经历。”[62]我们在第19章将看到科斯的观点如何再次进入管理理论，被用来解释管理作为“看得见的手”为何在资源配置方面常常要比市场这只“看不见的手”更有效率。最后，我们应该注意到，虽然科斯的企业理论在构架上是一个关于单个企业的理论，却意味着一个关于所有企业的理论。

小结

人际关系理论家寻求基于社会团结和协作的更高生产率和满意度，本章讨论的这些对管理思想发展作出显著贡献的人物却更为关注组织结构和设计，以实现本质上相同的目标。两者可谓殊途同归。按照这些人的推理，当人们知道对他们的期望是什么时，他们将工作得更好，实现更高的生产率和满意度。因此，这些学者强调组织结构和设计，把其作为一种既获得员工满意度又实现高生产率的方法。这些学者的努力主要表现为寻求组织原则以及最终探究更广泛的管理原则。穆尼和赖利从历史中演绎出一些组织原则，以实现组织的真正目标并且减轻“人们的匮乏和痛苦”；丹尼森倾向于把人们组成工作群体，以建立团队合作；古利克、厄威克、格莱库纳斯和其他一些学者主张使关系正式化，以使协调变得更为容易，从而减少混乱和增强可预测性。

从经济大萧条开始到 20 世纪 50 年代初，对车间管理和工业工程学的强调占据了这段时期的大部分时间。拉尔夫·戴维斯不同时期的著作生动体现了管理思想向更广泛的最高管理层视角的转变。古利克和厄威克将亨利·法约尔推向前台，厄威克又致力于提出一种关于组织和管理的一般理论。霍普夫应用科学方法来设计组织，其他人则日益关注公司所有权和控制权的分离。最后，如同第 19 章将讨论的，后来所称的“交易成本经济学”首次出现在康芒斯和科斯的著作中。

注 释

[1] See, for example, V. Subranabiam, “The Classical Organization Theory and Its Critics,” *Public Administration* 44 (4) (Winter 1966), pp. 435 - 446 and Thomas E. Stephenson, “The Longevity of Classical Theory,” *Management International Review* 8 (6) (1968), pp. 77 - 93.

[2] Lyndall F. Urwick, “Why the So-Called ‘Classicists’ Endure,” *Management International Review* 11 (1) (1971), p. 6.

[3] For further biographical information on Mooney and his work at GM, see Daniel A. Wren, “James D. Mooney and General Motors’ Multinational Operations, 1922 - 1940,” *Business History Review* 87 (3) (October 2013), pp. 515 - 543; [W. Jerome Arnold], “Drawing the Rules from History,” *Business Week* (August 3, 1963), pp. 46, 51.

[4] James D. Mooney and Alan C. Reiley, *Onward Industry! The Principles of Organization and Their Significance to Modern Industry* (New York: Harper & Brothers, 1931), p. xiii. This book was later published in a more concise form under the title *The Principles of Organization* (New York: Harper & Brothers: 1939).

[5] *Ibid.*

[6] *Ibid.*

[7] *Ibid.*, p. xv.

[8] *Ibid.*, p. 10.

[9] *Ibid.*, p. 13.

[10] Mooney and Reiley, *Principles of Organization*, p. 5.

[11] *Ibid.*, p. 7.

[12] *Ibid.*, p. 14.

[13] *Ibid.*, p. 34.

[14] Henry S. Dennison, *Organization Engineering* (New York: McGraw-Hill, 1931), p. 1.

[15] *Ibid.*, pp. 63 - 64.

[16] *Ibid.*, p. 64.

[17] *Ibid.*, pp. 124, 126.

[18] *Ibid.*, p. 138.

[19] W. Jack Duncan, "Henry Sturgis Dennison," in Morgen L. Witzel, ed., *Biographical Dictionary of Management*, vol. 1 (Bristol, England: Thoemmes Press, 2001), pp. 233 - 236. See also Kyle D. Bruce "Activist Management: Henry S. Dennison's Institutionalist Economics," *Journal of Economic Issues* 40 (4) (December 2006), pp. 1113 - 1136; *idem*, "Activist Manager: The Enduring Contribution of Henry S. Dennison to Management and Organization Studies," *Journal of Management History* 21 (2) (2015), pp. 143 - 171.

[20] Dennison, *Organization Engineering*, pp. 100, 166.

[21] *Idem*, "Who Can Hire Management?" *Bulletin of the Taylor Society* 9 (3) (June 1924), p. 110.

[22] Mary P. Follett, "The Giving of Orders," in Henry C. Metcalf, ed., *Scientific Foundations of Business Administration* (Baltimore, MD: Williams & Wilkins, 1926), p. 139.

[23] C. Canby Balderston, Victor S. Karabasz, and Robert P. Brecht, *Management of an Enterprise* (New York: Prentice-Hall, 1935), p. 4.

[24] Edward H. Anderson and Gustav T. Schwenning, *The Science of Production Organization* (New York: John Wiley & Sons, 1938), p. v.

[25] *Ibid.*

[26] Preston P. LeBreton, "A Brief History of the Academy of Management," in Paul M. Dauten, Jr., ed., *Current Issues and Emerging Concepts in Management* (Boston, MA: Houghton Mifflin, 1962), pp. 329 - 331.

[27] *Ibid.*, p. 330. See also Charles D. Wrege, "The Inception, Early Struggles, and Growth of the Academy of Management," in Daniel A. Wren and John A. Pearce II, eds., *Papers Dedicated to the Development of Modern Management* (Chicago, IL: Academy of Management, 1986), pp. 78 - 88.

[28] Arthur G. Anderson, *Industrial Engineering and Factory Management* (New York: Ronald Press, 1928).

[29] *Idem*, Merten J. Mandeville, and John M. Anderson, *Industrial Management* (New York: Ronald Press, 1942), p. iii.

[30] Luther H. Gulick and Lyndall F. Urwick, eds., *Papers on the Science of Administration* (New York: Institute of Public Administration, Columbia University, 1937). See also Lyndall F. Urwick, "Papers in the Science of Administration," *Academy of Management Journal* 13 (1) (March 1970), pp. 361 - 371.

[31] *Report of the President's Committee on Administrative Management* (Washington, DC: U. S. Government Printing Office, 1935). For further information on Gulick's professional life, see Morgen L. Witzel, ed., *The Biographical Dictionary of Management*, vol. 1 (Bristol, England: Thoemmes Press, 2001), pp. 400 - 405.

[32] Luther H. Gulick, "Notes on the Theory of Organization," in Gulick and Urwick, eds., *Papers on the Science of Administration*, p. 13.

[33] Henry S. Dennison, "The International Management Institute and Its Work," *Mechanical Engineering* 51 (9) (July 1929), pp. 534 - 535; Charles D. Wrege, Ronald G. Greenwood, and Sakae Hata, "The International Management Institute and Political Opposition to Its Efforts in Europe, 1925 - 1934," in Jeremy Atack, ed., *Business and Economic History* (2nd series) 16 (1987), pp. 249 - 65; and Edward F. L. Brech, Andrew Thomson, and John F. Wilson, *Lyndall Urwick, Management Pioneer: A Biography* (Oxford: Oxford University Press, 2010).

[34] On Rowntree's influence, see Lyndall F. Urwick, "The Father of British Management," *The Manager* 30 (2) (February 1962), pp. 42 - 43.

[35] For further details, see Arthur G. Bedeian, Kismet!: A Tale of Management. In Vance F. Mitchell, Richard T. Barth, and Francis H. Mitchell, eds., *Proceedings of the Annual Meeting of the Academy of Management* (1972), pp. 134 - 137; Lee D. Parker and Philip Ritson, "Rage, Rage against the Dying of the Light: Lyndall Urwick's Scientific Management," *Journal of Management History* 17 (4) (2011), pp. 379 - 396.

[36] Lyndall F. Urwick, *Notes on the Theory of Organization* (New York: American Management Association, 1952), pp. 19 - 20, 22 - 23, 51, 57 - 58. By 1966, Urwick's principles of organization had expanded to 12. See *idem*, *Organization* (The Hague: Nederlands Institut voor Efficiency, 1966), pp. 91 - 96.

[37] For an account of Graicunas's life, career, and demise, see Arthur G. Bedeian, "Vytautas Andrius Graicunas: A Biographical Note," *Academy of Management Journal* 17 (2) (June 1974), pp. 347 - 349; Lyndall F. Urwick, "V. A. Graicunas and the Span of Control," *Academy of Management Journal* 17 (2) (June 1974), pp. 349 - 354.

[38] Vytautas A. Graicunas, "Relationship in Organization," *Bulletin of the International Management Institute* 7 (3) (March 1933), p. 40.

[39] Biographical information is based on a letter from Ralph C. Davis to Arthur G. Bedeian, May 18, 1969, and on John F. Mee, "*Pater Familiae et Magister*" [The Father of the Family and Teacher], *Academy of Management Journal* 8 (1) (March 1965), pp. 14 - 23.

[40] Letter from Ralph C. Davis to Arthur G. Bedeian, dated August 14, 1976.

[41] Letter from Ralph C. Davis to William M. Fox, dated September 19, 1958. See also William M. Fox, "The Contributions of Ralph C. Davis to the Analysis of Management Activity," paper presented at the Academy of Management Annual Meeting, August 1988, Anaheim, CA.

[42] Letter from Ralph C. Davis to Daniel A. Wren, dated, May 18, 1969.

[43] Ralph C. Davis, *The Principles of Factory Organization and Management* (New York: Harper & Brothers, 1928), p. 41.

[44] *Idem*, *The Principles of Business Organization and Operation* (Columbus, OH: H. L. Hedrick, 1934), pp. 12 - 13.

[45] *Idem*, *Industrial Organization and Management* (New York: Harper & Brothers, 1940).

[46] *Idem*, *The Fundamentals of Top Management* (New York: Harper & Brothers, 1951), p. xix.

[47] *Ibid.*, p. 10.

[48] *Ibid.*, p. 43.

[49] *Ibid.*, pp. 238, 281.

[50] *Ibid.*, p. 663.

[51] See Homer J. Hagedorn, *White Collar Management: Harry Arthur Hopf and the Rationalization of Business* (Unpublished dissertation, Harvard University, Cambridge, MA, 1955); Richard J. Vahl, *A Study of the Contributions of Harry Arthur Hopf to the Field of Management* (Unpublished master's thesis, Louisiana State University, Baton Rouge, LA, 1968); and Edmund R. Gray and Richard J. Vahl, "Harry Hopf: Management's Unheralded Giant," *Southern Journal of Business* 6 (2) (April 1971), pp. 69 - 78.

[52] Harry A. Hopf, *Executive Compensation and Accomplishment*, Financial Management Series, no. 78 (New York: American Management Association, 1945).

[53] *Idem*, "Organization, Executive Capacity and Progress," *Advanced Management: Quarterly Journal* 11 (2) (June 1946), p. 38.

[54] *Idem*, *Management and the Optimum* (New York: H. A. Hopf and Company, 1935), p. 5.

[55] Paul E. Holden, Lounsbury S. Fish, and Hubert L. Smith, *Top Management Organization and Control: A Research Study of the Management Policies and Practices of Thirty One Leading Industrial Corporations* (Stanford, CA: Stanford University Press, 1941), pp. 4 - 8. In a follow-up study of 15 leading corporations, many improvements in managerial practices were noted, especially with respect to long-range planning, executive development, and management information systems. See Paul E. Holden, Carlton A. Pederson, and Gayton E. Germane, *Top Management: A Research Study of the Management Policies and Practices of Fifteen Leading Industrial Corporations* (New York: McGraw-Hill, 1968).

[56] Jackson Martindell, *The Scientific Appraisal of Management: A Study of the Business Practices of Well-Managed Companies* (New York: Harper & Brothers, 1950).

[57] Adolf A. Berle, Jr. and Gardiner C. Means, *The Modern Corporation and Private Property* (New York: Macmillan, 1934), pp. 124, 333.

[58] Robert A. Gordon, *Business Leadership in the Large Corporation* (Washington, DC: Brookings Institution, 1945), pp. 317 - 352.

[59] John R. Common, *Institutional Economics: Its Place in Political Economy* (New York: Macmillan, 1934), p. 58.

[60] *Ibid.*, pp. 55 - 74.

[61] Ronald H. Coase, "The Nature of the Firm," *Economica* 4 (16) (November 1937), p. 388.

[62] *Idem*, "1991 Nobel Lecture: The Institutional Structure of Production," in Oliver E. Williamson and Sidney G. Winter, eds., *The Nature of the Firm: Origins, Evolution, and Development* (New York: Oxford University Press, 1993), p. 231.

第17章　人际关系的理论和实践

在西方电气公司霍桑工厂进行的研究，最初是为了考察工作场所的照明度变化与员工生产率之间的关系，而后却永远改变了管理理论和实践的面貌。由霍桑研究为代表的人际关系运动虽然具有历史渊源，但在某种程度上，它代表了用来改善劳资关系的一条不同道路。本章将考察人际关系运动对理论和实践的影响，包括它的一些扩展及应用。此外，还将针对霍桑研究的假设、研究方法和结果进行批判性评述。

人际关系对理论和实践的影响

像科学管理一样，在收获丰硕果实之前，人际关系运动的种子也是很久之前就已经播下，并且在许多地方获得培育。对组织中人的关注，可以追溯到 14 世纪末意大利文艺复兴时期的人文主义者，他们质疑罗马天主教会的无上权威，后来，僵化的社会结构被打破，再后来，对人类行为的研究再次把个体视为最主要的分析单位。前面的章节已经考察了许多关于人与组织的观点和假设。罗伯特·欧文劝告那些工厂所有者，要像关心他们的机械和设备一样，关心他们“至关重要的机器”，即他们的工人。弗雷德里克·泰勒也关注个体工人的主动性，意识到不仅要处理材料和机器，而且要处理人的问题，因此他提倡研究深刻洞察“那些对人有影响的动机”[1]。雨果·芒斯特伯格响应了这个号召。怀廷·威廉姆斯将工作场所视为一个更广泛社会系统的组成部分，在这个社会系统中，工作能够提供成就感和幸福感，也是身份和自我价值的来源。通过这个观点，威廉姆斯拓展了员工关系的含义，使其包括了人际关系。他解释说，通过改进组织内各个层级的人际关系，相关各方——劳方、资方以及公众——都将获益：“在工厂中，劳方和资方为了双方的发展而联合起来，这将不仅仅是为这个工厂时代赋予人性化和证明该时代的正当性。”[2]从这些不同的起点出发，人际关系运动传播开来，并且主导管理思想的一个时代。

人际关系的拓展和应用

在霍桑研究之后，随着其他人员和机构应用并扩展人际关系运动的成果，人际关系运动开始更多地具有人际和开放系统的味道。如同第15章所述，工业人际关系委员会于1943年成立，作为一个跨学科团体，其成员来自工商管理领域（伯利·加德纳）、社会学领域（威廉·富特·怀特）以及人类学领域（劳埃德·沃纳）。[3]1945年，勒温在麻省理工学院成立了群体动力学研究中心，后来，该研究中心迁往密歇根大学，在这里，伦西斯·利克特和其他人将进一步研究员工的决策参与以及如何使用群体干预来实现工作场所的行为变化。[4]1947年，勒温的另外一名门徒利兰·布拉德福德在缅因州贝塞尔建立了第一所敏感性训练实验室，正式名称叫作国家训练实验室。[5]埃利奥特·雅克对英国伦敦的格拉希尔金属公司进行了案例研究，其结果强调将组织视为相互作用的社会技术系统来进行研究的重要意义。[6]他在塔维斯托克人际关系研究所的两位同事——艾瑞克·特瑞斯特以及肯尼思·班福思，记录了技术变革如何扰乱一个组织的社会系统。[7]

对霍桑研究的回顾

如同第13章所述，霍桑研究是一座学术金矿。霍桑研究并没有像泰勒主义那样引起任何调查委员会或者国会的质询，也没有像在沃特敦兵工厂发生的那种冲突，不过，批评者们一直都在审阅霍桑研究的假设、方法和结果。在那些早期的批评者中，兰茨伯格（Landsberger）评论了四个不同的方面：霍桑实验的研究者们将社会的特征视为失范、社会解组以及冲突；从管理层的视角看待工作和工人；没有认识到解决工业冲突的其他替代方案，例如集体谈判；没有将工会视为建立社会团结的一种方法。[8]自兰茨伯格的评述之后，其他的批评者也发出自己的声音。[9]下面的评论将扩展兰茨伯格在以下两个方面的评述：霍桑实验的研究者们对工业社会的假设，以及他们的方法和数据解读。

关于工业社会的假设

作为霍桑实验中两位最主要的研究者，梅奥和罗斯利斯伯格最初都坚持工业社会的特征是失范这一观点。如同在第13章提到的，梅奥认为失范会导致个人生活和社区的社会解组，并且使个体产生一种无能为力、挫败和幻想破灭的普遍感觉。梅奥进一步认为，人们沉溺于他们的“悲观主义的幻想”中，需要获得其他人的认同，并且为自己潜在的恐惧和失望找到建设性的发泄途径。工业社会虽然在技术进步方面取得了巨大进展，但由于降低了合作性的社会技能的重要性而导致了一种文化滞后（cultural lag）。梅奥建议的应对措施是强调小群体内的互动，并且将人视为一个更广泛的社会系统的组成部分。

一些批评者质疑梅奥对工业社会的观点。例如，贝尔（Bell）指责梅奥和霍桑实验的其他研究者把目标（提高工人生产率）作为既定条件，并且把他们自己视为社会工程师，不是对人而是对一个社会系统进行管理，试图对工人们进行"调节"以使他们适应其工作。在贝尔看来，认为感到满意的工人是生产率高的工人，就是把人的行为等同于"奶牛社会学"，也就是说，恰如感到满意的奶牛能够产出更多牛奶，感到满足和满意的工人能够生产更多产品。在贝尔看来，霍桑研究中的访谈者是"走动的告解神父"，这代表了工作场所控制的一种新方法。当员工们表露他们内心深处的疑问和恐惧时，就会变得更容易被管理者操纵。具有社会技能的管理者可以从利用权威来强制获得所期望的行为转变为对工人们的心理进行操纵，以"作为实施控制的一种手段"[10]。通过梅奥所提倡的人员咨询计划，工人们把情绪宣泄出来并从悲观主义的幻想中解脱出来，将感觉更好和忘掉所有其他烦心之事。贝尔引述了一个民间故事来说明这一点：

> 一位农夫向神父诉苦说：他的小茅屋非常拥挤。这位神父建议他将自己的母牛牵到房间里去，下一个星期又将羊牵入房间，再下个星期又将马牵进房间。这位农夫更苦恼地抱怨自己的命运。于是，神父劝他将牛赶出去，下个星期将羊赶出去，再下个星期又将马赶出去。最后，农夫向神父致谢，感谢神父减轻了他的生活负担。[11]

另一种批评认为霍桑实验的研究者们展现了一种幼稚的产业冲突观。在这些批评者看来，梅奥认为劳资双方可以通过共同利益来解决分歧，而实际上，从各个阶级和利益群体之间的冲突来看，社会要复杂得多。批评者认为，紧张局势和冲突在每个社会中都是不可避免的，甚至在某种程度上还是必不可少的。因而，目标不应该是消灭冲突和紧张局势，而应该是提供合适的途径以获得解决方案。[12]梅奥提出的无冲突均衡状态是一个有价值的目标，但在批评者看来过于理想化。遗憾的是，像泰勒和他的追随者一样，霍桑实验的研究者们也吸引了很多赶时髦者，而且发现有许多人歪曲了他们的本意。这些赶时髦者常常得出结论，人际关系运动的目标是使每个人在一种无冲突的均衡状态中感到幸福，并且使劳资双方成为天作之合。当这种天作之合实现时，更高的生产率便水到渠成。如同福克斯（Fox）指出的：

> 犯错误的人包括持有某种不恰当的人际关系概念的"人际关系主义者"，他们错误地宣扬和鼓吹向所有人实行参与、授权和民主，还包括这样的雇主：他们混淆了流行和管理效力，并且在与自己的下属打交道时曲解了"金箴"……许多人错误地将它（人际关系）视为组织必须努力实现的一种"目标"，而不是它应该成为的那样：实现组织最重要目标的一种"手段"。[13]

在福克斯看来，将人际关系视为一种目标而不是一种手段误导了管理者，使他们认为一种无冲突的状态和工人的满意将自动导致公司的成功。他提醒说，人际关系并不能代替清晰、合理的目标，政策，高标准的绩效，以及对实现组织目标至关重要的其他管理职能。或者，像麦克奈尔（McNair）认为的那样，为了有效实现组织目标，高层管理者需要的不仅仅是倾听和人际关系技能。麦克奈尔认为，将人际关系作为一种单独的技能来传授，存在把知识割裂开来的危险，而事实上它应该是各种管理培训和开发（无论是销售、管理还是其他活动）的一个组成部分。总的来说，麦克奈尔得出结论："人际关系的概念并没有错，只是我们把它吹捧得太厉害了，在大学本科和研究生早期阶段就过于强调讲授人际关系……让我们将人当作人来对待就好了，但我们没必要对其过于强调。"[14]

诺尔斯（Knowles）也主张各种管理技能的一种更好综合，但这种综合应该避免人际关系培训中经常会彰显的福音主义和神秘主义。人际关系主义者似乎总是认为只有人际关系"能够从即将降临的末日中拯救西方文明"[15]。在涂尔干和梅奥等社会哲学家看来，不断发展的技术以及劳动分工破坏了社会团结和凝聚力，并且导致人们丧失了对工作的骄傲感。日益激烈的人际竞争以及对物质的关注破坏了最基本的群体，引起人们的地位焦虑，并且产生强迫性反应。人际关系的提倡者们认为，解决"即将降临的末日"的答案是利用一种宗教信徒式的热情，以降低物质欲望的重要性，重建最基本的群体（家庭），并且教导人们重新关爱他人。通过形成一种归属感，这个世界可以获得拯救，通过将自己融入某个规模更大的群体中，人们可以重新发现和认识自己。这种反映了格式塔心理学的整体观的暗示最终归因于无法在个体身上发现的集体智慧。不是效率逻辑，而是情感的非逻辑性，能够使人免于毁灭。科学管理高举的道德旗帜是效率，而人际关系则强调归属和团结。

研究方法与数据解读

毋庸置疑，今天的科学研究方法标准要比进行霍桑实验时所使用的标准严格得多。自问世以来，霍桑实验中的研究者们经常受到批评者对其研究方法和数据解读的质疑。尤其是他们被攻击说没有随机挑选参与者，他们的样本规模太小，以及他们没有控制不同的研究条件。[16]不过，正如康普勒（Kompler）所指出的：

> 必须根据历史研究"当时所处的"科学和社会环境来理解它……因此，以今天的科学研究方法标准来评判霍桑研究既不公平也不正确。今天的许多标准技能（实验性质的或者准实验性质的设计，多元分析，关于工作动机以及群体绩效的理论）并不是那些先驱者可以获得的。[17]

许多批评者质疑霍桑实验的研究者们没有使用随机选择来获取有代表性的样本，这种批评似乎尤其不公平。霍桑研究开始于1924年，根据记载，在社会科学中最早使用真正的随机选择出现在1928年。[18]

越过方法论这个问题，转到数据解读这方面来，正如第13章所述，批评者认为绩效激励可能已经解释了整个霍桑研究进行期间所发生的产量增加。例如，赛克斯（Sykes）声称，人际关系的提倡者们认为金钱没有起到激励作用，而实际上霍桑研究中的证据却引导出恰好相反的结论。[19]凯里（Carey）也得出相似的结论，批评霍桑实验的研究者们低估了金钱作为一种激励因素对提高产量的重要意义，并且过于强调为维持员工满意度和生产率而使用"友好型监管"的效果。[20]在他看来，在继电器装配实验室研究中首先，研究者们挑选了愿意参与该研究项目的“具有合作精神的”工人。其次，最初挑选的继电器装配工人中有两名开始引起一些问题，“因为缺乏合作精神而被调走，否则必然会招致更加严厉的纪律措施”[21]。凯里在考察了继电器装配实验室的生产记录之后得出结论：在这两名工人被调走以及两名“更具合作精神的”工人补充进该初始群体之前，产量并没有增加。是友好的监管还是处罚措施的使用导致了产量增加？凯里认为，霍桑研究的结果表明绩效激励和“管理方的纪律措施”导致了更高的产量。

弗兰克（Franke）和考尔（Kaul）也对霍桑研究的数据解读表示质疑。通过重新分析继电器装配实验室的数据，他们称“三个变量——管理纪律、经济大萧条导致的恶劣经济形势、休息时间”解释了绝大部分（超过 90%）的产量变化。[22]弗兰克和考尔得出结论：既不是监管风格，也不是经济激励，而是纪律的使用、外部经济环境以及疲劳的消除导致了更高的生产率。在反驳中，施莱弗（Schlaifer）称弗兰克和考尔对继电器装配实验室的数据使用了错误的分析方法。他进一步称，继电器装配实验室的“管理纪律”并不是很严厉，因为它仅仅涉及将两名操作工人调回原来的工作部门。施莱弗重新分析了继电器装配实验室的数据，分析结果表明，单独一个因素——时间的变迁——就足以解释更高的产量。在施莱弗看来，这个结论“在所有方面都与初始研究者们得出的结论相一致”[23]。特勒（Toelle）证实了施莱弗的发现，并增加了对弗兰克和考尔的另一条批评，即他们（在统计上）将继电器装配组视为一个组，但实际上它是两个组：第一组由 5 名装配工人组成，包括后来被调走的那 2 名工人；第二组由最初的 3 名装配工人和 2 名替代者组成。特勒发现，如果将这两个小组分开并且分别进行分析，那么时间的变迁能够单独解释产量总变化中的 91%以上。[24]

霍桑研究中到底发生了什么？对于研究者们使用的方法和得出的结论，那些合乎逻辑的后见之明又能够说明什么？首先，那些研究者的一些陈述可以被阐释为对古典经济学理论“经济人”的否定。通常认为，“经济人”的唯一动机是金钱。例如，赛克斯引用了罗斯利斯伯格和迪克森作为结论的话：“没有任何一个结果……（能够证实）这个理论，即工人们最主要是由经济利益驱动的。”不过，赛克斯并没有引用该段落接下来的句子：“证据表明，工资刺激的功效是如此依赖于它与其他因素的关系，以至于无法将它分离出来作为一个其本身具有独立效果的因素。”[25]因此，绩效激励不应该被排除在对产量增加的解释之外，而且应该被视为一个更广泛的、更复杂的方程式中的一部分。正如谢泼德（Shepard）的评论中所指出的，罗斯利斯伯格和迪克森将绩效激励和非经济激励视为“社会价值的载体”，而不是对员工行为和动机的绝对解释。[26]简而言之，“社会人”补充了“经济人”而不是取代“经济人”。

其次，施莱弗发现“时间的变迁”足以解释继电器装配实验室的产量增加。这个解释暗示了在建立人际关系时，信任是一个非常重要的因素，而霍桑实验的研究者们与参与者们花费了较长一段时间才建立信任。对仍然健在的继电器装配组成员以及她们的观察者——主管唐纳德·奇普曼进行的访谈表明，在霍桑研究期间确实建立了一种信任以及友好氛围。[27]相反，在未能建立这种信任关系的地方，例如绕线观察室，生产率并没有提高。

再次，存在被称为“科学与倡导”的区分。[28]对于研究者而言，在研究中把个人的价值观完全排除在外是相当困难的，即使不是不可能的。罗斯利斯伯格写道：“梅奥是理念国度里的一名探险者……（霍桑研究的）数据并不是他的，研究结果不是他的，但是结果所表示的意义……是他的。”[29]如果梅奥的结论超出了霍桑研究的数据，那么梅奥将被视为一名倡导者而不是一位科学家，进而导致进一步的批评。吉莱斯皮（Gillespie）称，霍桑研究的发现是由梅奥及其同事们“制造”出来的，因为“在梅奥的操纵下，霍桑实验提供了梅奥建立其政治和社会理论所需的实验数据”[30]。清醒地认识这种“调查者效应”非常重要，能够帮助我们了解一位研究者的个人倾向与数据解读何时开始混淆不清。[31]

最后，哈萨德（Hassard）称霍桑研究的发现并没有提供什么新启示，而是被梅奥用来宣扬自己关于工业社会的社会哲学。[32]在这方面，布鲁斯（Bruce）和尼兰（Nyland）认为梅奥对霍桑研究结果的解读不仅反映了他“既有的个人观点”，也体现了约翰·洛克菲勒（梅奥的“财务和职业方面的恩主”）以及“其他保守党商业领袖”的影响。[33]这些商业领袖对“抵御由工会代表的社会主义布尔什维克威胁”非常感兴趣。当罗斯利斯伯格和迪克森描述霍桑研究的作品《管理和工人》首次出版之后，批评的声音就随之出现了。例如，作为霍桑研究者亲管理方和反工会立场的证据，玛丽·吉尔森（Mary B. Gilson）说道：“在描述西方电气公司实验的 600 多页篇幅中，没有任何参考文献提及工会，只有一小段没有文献索引的内容说工会很少被工人谈起，因而被认为是微不足道的，无须详细讨论。”[34]虽然吉尔森承认梅奥在《管理和工人》的序言中“谦逊地表示该书的作者们……并没有认为该研究能够提供‘非常广泛或者非常复杂’的启示”，但是她抨击霍桑实验的研究者们只是“发现了显而易见的东西”；梅奥宣称他们的收获是“新奇的和未曾预料到的”，而吉尔森认为这只是体现了他们对工业实践领域的不了解。[35]

虽然《管理和工人》没有关于工会的参考文献，但是得出结论这构成了一种反工会偏见也似乎有失公允。[36]在 1935 年之前，美国最主要的工会是由熟练工人构成的美国劳工联合会以及一些主要由铁路工人构成的兄弟会。如同第 18 章所述，1935 年通过的《国家劳动关系法案》（即《瓦格纳法案》）为工会成员数量从 1930 年左右的 350 万人急剧增加到 1939 年的将近 900 万人提供了法律基础。

考虑到霍桑研究结束于 1932 年，要早于工会获得大发展的时间，因此《管理和工人》很少提及工会也就不足为奇了。梅奥及其同事们并没有对劳资关系与人际关系作出任何区分，这意味着无论是工会成员还是非工会成员，对人际关系导向的监管者都具有同等需求。人际关系思想在 20 世纪 50 年代进入一个修正阶段，其重点是强调“产业人际关系”。正如莫里斯·库克设法使科学管理和工会之间达成和解（见第 8 章），霍桑研究之后的学者迅速将工会纳入人际关系版图，尤其是工业社会学家研究了工会与管理方之间的关系。体现一种社会系统思维，工业社会学家重点考察处于一种更广泛、更复杂的社会系统中的劳资关系的经济维度。[37]

在这个修正阶段，占主导地位的一个基本假设是劳资双方在如何划分技术发展所创造的盈余价值方面存在一种固有矛盾。实际上，不断增加的产业冲突是当时的现实情况。对 20 世纪 20 年代与 30 年代的工作中断（work stoppages）及其原因进行比较后发现，这两个10年之间存在非常显著的差异。以员工代表计划以及劳资合作为特征的20世纪20年代，工作中断次数稳步下降，而到了30年代，这个势头被完全逆转过来。20年代发生了14 256次工作中断，其中51%是由于工资和工作时间，21%是由于工会化运动。从1930年到1934年，与工会化运动有关的工作中断增加到34%，与工资和工作时间有关的工作中断仍然占据51%。不过，在30年代的其余年份，随着《瓦格纳法案》的颁布实施，情况发生了反转。从1935年到1939年，31%的工作中断是由于工资和工作时间，而53%是由于工会化运动。[38]对于许多在这个时期写作的学者来说，减少产业冲突的答案并不在于人际关系培训，而是在于克服劳方（通常指的是工会）和资方之间针锋相对的利益和意识形态。人们在很大程度上相信，通过集体谈判以及专业的产业关系专家们的努力，才能够实现产业和谐。

除了将工会纳入版图，20世纪40年代以及50年代初的人际关系教科书通常认为人的感受比组织结构和规章制度更加重要。人际关系不易度量，不是基于坚实的科学调查，而且不存在终极答案，也就是说，没有什么确定的或者固定的解决方案来应付人的复杂性。整体来说，这些早期的教科书强调感受、情绪以及协作。[39]它们是启发式的，而不是具体的或者系统的，它们鼓励学生们自己去调查和发现什么是行之有效的，而不是向他们描述确切的解决方案。简而言之，人际关系理念到达了一个修正阶段，将工会纳入考虑范围。霍桑实验的研究者们并不是反对工会本身，只是反映出工会在20世纪20年代以及30年代初期只具有相当有限的影响力。无论是否存在工会，管理方在理解和应用人际关系技能时关注的焦点都是个体工人。

小结

持续不断的批评意味着回答“在霍桑研究中发生了什么”这个问题可能非常困难，即使没达到无法回答的地步。在自传中，罗斯利斯伯格谨慎地告诫，霍桑研究的结果“已经被如此经常地重申和误传，以至于（《管理和工人》）已经有了它自己的生命……最首要和最重要的是，人际关系是一种调查和诊断工具。它不是一个关于组织应该是什么的模型，它是一种概念性的方案，用以发现处于特定时间和地点的特定组织中的关系是什么，而不是这些关系应该是什么”[40]。对于推动在所有类型的组织中改善人际关系这一理念，霍桑研究是非常重要的一步。对人际关系的强调并不是新事物。实际上，埃尔顿·梅奥认为自己的成果只是“拓展了由先驱（泰勒）开创的理念”[41]。虽然梅奥的名字与人际关系运动紧密联系在一起，但他只是推动人际关系运动持续前进的众多人物之一。如果乔治·彭诺克、克莱尔·特纳以及西方电气公司的其他人曾经出现犹豫，那么梅奥的努力将化为泡影。1931年之后，梅奥变得更像一位倡导者而不是一位科学研究者，而霍桑研究在梅奥关于工业社会的社会哲学思想中获得了它自己的生命。随着事实被各种思想意识遮盖，对在霍桑实验中真正发生的事情产生错误理解、错误引用和错误解释变得越来越容易。

回顾前述内容，我们可以得出以下结论：（1）人际关系被视为理解工作场所行为的一种工具，而不是被视为一种目标本身；（2）在建立人与人之间的关系时，信任是至关重要的，正是这种友好关系使霍桑工厂管理方和装配工人们的利益产生了融合；（3）对于生产率的提高，绩效激励和非经济激励发挥了重要作用，但是这些激励并不能解释霍桑实验的全部结果；（4）必须小心谨慎，以避免选择性地抽取霍桑实验中的数据来支持自己的某些“既定”信念。

注 释

[1] Frederick W. Taylor, *The Principles of Scientific Management* (New York: Harper & Brothers, 1911), p. 119.

[2] Whiting Williams, *Human Relations in Industry* (Washington, DC: U. S. Department of Labor, 1918), pp. 9 - 10.

[3] Burleigh B. Gardner and William Foote Whyte, "Methods for the Study of Human Relations in Industry," *American Sociological Review* 11 (5) (October 1946), pp. 506 - 512. See also David G. Moore, "The Committee in Human Relations in Industry at the University of Chicago," in Kae H. Chung, ed., *Proceedings of the Annual Meeting of the Academy of Management* (1982), pp. 117 - 121.

[4] "The Career of Rensis Likert: Using Science for Man—A Gentle Revolution," *ISR Newsletter* 1 (9) (Winter 1971), pp. 1 - 7.

[5] Leland P. Bradford, *National Training Laboratories: Its History: 1947 - 1970* (Bethel, ME: Privately printed, 1974). See also Scott Highhouse, "A History of the T-Group and Its Early Applications in Management Development," *Group Dynamics: Theory, Research, and Practice* 6 (4) (December 2002), pp. 277 - 290.

[6] Elliott Jaques, *The Changing Culture of a Factory* (London: Tavistock Publications, 1951).

[7] Eric L. Trist and Kenneth W. Bamforth, "Some Social and Technical Consequences of the Longwall Method of Coal-Getting: An Examination of the Psychological Situation and Defences of a Work Group in Relation to the Social Structure and Technological Content of the Work System," *Human Relations* 4 (1) (February 1951), pp. 3 - 38.

[8] Henry A. Landsberger, *Hawthorne Revisited: Management and the Worker, Its Critics, and Developments in Human Relations in Industry* (Ithaca, NY: New York State School of Industrial and Labor Relations, Cornell University, 1958), pp. 29 - 30.

[9] For a review of other criticisms, see Jeffrey Muldoon, "The Hawthorne Studies: An Analysis of Critical Perspectives, 1936 - 1958," *Journal of Management History* 23 (1) (2017), pp. 74 - 94.

[10] Daniel Bell, *Work and Its Discontents: The Cult of Efficiency in America* (Boston, MA: Beacon Press, 1956), pp. 25 - 28.

[11] *Ibid.*, p. 26.

[12] Landsberger, *Hawthorne Revisited*, pp. 30 - 35.

[13] William M. Fox, "When Human Relations May Succeed and the Company Fail," *California Management Review* 8 (3) (Spring 1966), p. 19.

[14] Malcolm P. McNair, "Thinking Ahead: What Price Human Relations?" *Harvard Business Review* 35 (2) (March - April 1957), p. 39.

[15] William H. Knowles, "Human Relations in Industry: Research and Concepts," *California Management Review* 1 (1) (Fall 1958), p. 99.

[16] For example, see Michael Argyle, "The Relay Assembly Test Room in Retrospect," *Occupational Psychology* 27 (2) (April 1953), pp. 98-103; J. Scott Armstrong, "The Ombudsman: Management Folklore and Management Science—On Portfolio Planning, Escalation Bias, and Such," *Interfaces* 26 (4) (July-August 1996), pp. 25-55.

[17] Michael A. J. Kompler, "The 'Hawthorne Effect' Is a Myth, but What Keeps the Story Going?" *Scandinavian Journal of Work, Environment & Health* 32 (5) (October 2006), p. 410.

[18] Louise Forsetlund, Iain Chalmers, and Arild Bjørndal, "When Was Random Allocation First Used to Generate Comparison Groups in Experiments to Assess the Effects of Social Interventions?" *Economics of Innovations and New Technology* 16 (5) (July 2007), pp. 371-384. For further historical background, see Peter Gundelach, "Bringing Things Together: Developing the Sample Survey as Practice in the Late Nineteenth Century," *Journal of the History of the Behavioral Sciences* 33 (1) (Winter 2017), pp. 71-89.

[19] Andrew J. M. Sykes, "Economic Interest and the Hawthorne Researchers," *Human Relations* 18 (3) (August 1965), p. 253.

[20] Alex Carey, "The Hawthorne Studies: A Radical Criticism," *American Sociological Review* 32 (3) (June 1967), p. 410.

[21] T. North Whitehead, *The Industrial Worker*, vol. 1 (Cambridge, MA: Harvard University Press, 1938), p. 118. In *The Human Problems of an Industrial Civilization* (New York: Macmillan, 1933), Mayo stated that they "dropped out" (p. 56).

[22] Richard H. Franke and James D. Kaul, "The Hawthorne Experiments: First Statistical Interpretation," *American Sociological Review* 43 (5) (October 1978), p. 636.

[23] Robert Schlaifer, "The Relay Assembly Test Room: An Alternative Statistical Interpretation," *American Sociological Review* 45 (6) (December 1980), p. 1005.

[24] Richard Toelle, "Research Notes Concerning Franke and Kaul's Interpretation of the Hawthorne Experiments," unpublished paper, University of Oklahoma, Norman, 1982.

[25] Roethlisberger and Dickson, *Management and the Worker* (Cambridge, MA: Harvard University Press, 1939), pp. 575-576; a similar statement appears on p. 185.

[26] Jon M. Shepard, "On Alex Carey's Radical Criticism of the Hawthorne Studies," *Academy of Management Journal* 14 (1) (March 1971), pp. 23-32.

[27] Alfred A. Bolton, "Relay Assembly Test Room Participants Remember: Hawthorne a Half Century Later," *International Journal of Public Administration* 17 (2) (1994), p. 372.

[28] Lyle Yorks and David A. Whitsett, "Hawthorne, Topeka, and the Issue of Science versus Advocacy in Organizational Behavior," *Academy of Management Review* 10 (1) (January 1985), pp. 21-30.

[29] Fritz J. Roethlisberger, *The Elusive Phenomena*, ed., George F. F. Lombard (Boston, MA: Division of Research, Graduate School of Business Administration, Harvard University, 1977), pp. 50-51. See also William Dowling, "Interview with Fritz J. Rothlisberger," *Organizational Dynamics* 1 (2) (Autumn 1972), 31-45.

[30] Richard Gillespie, *Manufacturing Knowledge: A History of the Hawthorne Experiments* (New York: Cambridge University Press, 1991), p. 181.

[31] Naomi Weiner-Levy and Ariela Popper-Giveon, "The Absent, the Hidden and the Obscured: Reflections on 'Dark Matter' in Qualitative Research," *Quality & Quantity* 47 (4) (June 2013), p. 2180.

[32] John Hassard, "Rethinking the Hawthorne Studies: The Western Electric Research in Its Social, Political, and Historical Context," *Human Relations* 65 (11) (November 2012), pp. 1431 - 1461.

[33] Kyle Bruce and Chris Nyland, "Elton Mayo and the Deification of Human Relations," *Organization Studies* 32 (3)(March 2011), pp. 390, 391. The Hawthorne Studies received funding under a grant from the Rockefeller Foundation to the Harvard University Committee on Industrial Hazards. The Harvard group, however, always referred to itself as the Committee on Industrial *Physiology*. For details, see Jason Oakes, "Alliances in Human Biology: The Harvard Committee on Industrial Physiology, 1929 - 1939," *Journal of the History of Biology* 48 (3)(August 2015), pp. 365 - 390. Mayo received personal funds from John D. Rockefeller, Jr. On this point, see Martin Bulmer, and Joan Bulmer, "Philanthropy and Social Sciences in the 1920s: Beardsley Ruml and the Laura Spelman Rockefeller Memorial, 1922 - 1929," *Minerva* 19 (3) (September 1981), p. 383.

[34] Mary B. Gilson, [Review of *Management and the Worker*], *American Journal of Sociology* 46 (1) (July 1940), p. 100. See also Ordway Tead, [*Review of Social Problems of an Industrial Civilization*], *Survey Graphic* 35 (5) (May 1946), p. 179.

[35] Gilson, *op. cit.*, p. 101. The Mayo quotes appear on p. xii in *Management and the Worker*. For a discussion of Mayo's response that Gilson was "insane", see Chris Nyland and Kyle Bruce, "Democracy or Seduction? The Demonization of Scientific Management and the Deification of Human Relations," in Nelson Lichtenstein and Elizabeth Tandy Shemer, eds., *The Right and Labor in America: Politics, Ideology, and Imagination* (Philadelphia, PA: University of Pennsylvania Press, 2016), p. 72.

[36] It should be noted that an independent union, which was previously a company union, did exist at the Hawthorne Works. George C. Homans, "Report of the Committee," in Committee on Work in Industry of the National Research Council, *Fatigue of Workers: Its Relation to Industrial Production* (New York: Reinhold Publishing Corporation, 1941), p. 113.

[37] Examples of this way of thinking may be found in Eugene V. Schneider, *Industrial Sociology* (New York: McGraw-Hill, 1957); and Delbert C. Miller and William H. Form, *Industrial Sociology: An Introduction to the Sociology of Work* (New York: Harper & Brothers, 1951). A historical perspective is provided by Bruce E. Kaufman, *The Origins & Evolution of the Field of Industrial Relations in the United States* (Ithaca, NY: ILR Press, Cornell University, 1993), pp. 75 - 102.

[38] U. S. Department of Commerce, Bureau of the Census, *Historical Statistics of the United States: Colonial Times to 1970* (Washington, DC: U. S. Government Printing Office, 1974), pt. 1, p. 179.

[39] For example, see Schuyler D. Hoslett, ed., *Human Factors in Management* (Parkville, MO: Park College Press, 1946); Burleigh B. Gardner and David G. Moore, *Human Relations in Industry* (Homewood, IL: Richard D. Irwin, Inc., 1955).

[40] Roethlisberger, *Elusive Phenomena*, pp. 305, 311.

[41] Elton Mayo, "The Basis of Industrial Psychology," *Bulletin of the Taylor Society* 9 (6) (December, 1924), p. 258.

第 18 章 对社会人时代的回顾

理解时代背景下的个人观点不仅可以“向历史学习”，而且可以更好地领悟过往历史对当前的累加影响。[1]如前所述，如果从不断变化的经济、技术、社会和政治因素所构成的文化环境来看，管理思想的演变历程构成了一幅连贯的画卷。在当时的文化背景下，作为效率福音的科学管理找到了自己的基础：大型公司的经济必要性、个人成就的社会认可、对效率的提倡，以及对国家生产能力和资源节约的政治关注。那么，社会人时代——从霍桑实验开始到 20 世纪 50 年代初——是这样一个时代：个体希望冲出经济不幸、技术碰撞、社会冲突和弊端，以及预示着传统关系发生变革的政治转型。虽然我们在这里将分别予以论述，但文化的这些方面是相互作用的，共同形成了社会人时代的文化环境。

经济环境：从萧条到繁荣

像莎士比亚《理查三世》中的格洛斯特公爵一样，1929 年华尔街股市大崩溃在早先的时期就出现了“不满的冬天”，也就是说，征兆早已存在。20 世纪 20 年代是繁荣时期，其特点是物价稳步降低，工业生产率提高了一倍，且非农场工人的实际收入提高了 55%。[2]工业效率和大规模生产技术导致了成本降低，并提高了美元的购买力。但这个繁荣的时代在 1929 年 10 月 29 日——美国经济史上众所周知的黑色星期二——宣告结束。[3]当天，股票市场崩盘，瞬间就损失了 140 亿美元的股票价值，这标志着美国经济大萧条的来临。到 1929 年 11 月 13 日，股票价值共损失了 300 亿美元，这次股票市场崩盘和经济大萧条在其后的十多年里彻底改变了美国人的生活。1929 年美国就业人数为 4 800 万人，只有 150 万人（3.2%）失业。美国劳工统计局的数据显示，失业率不断上升，到 1933 年达到顶点时，失业人口为 1 283 万人（24.9%）。在这 10 年间只有 1937 年的失业人口下降到 800 万人以下。[4]使用“达比修正”（Darby-corrected）数据，也就是说，按照现在将政府（联邦和州）的救济者视同就业的做法，30 年代后期失业率是下降的，暗示着反经济周期的项目计划（修建铁路、大坝、人行道以及其他基础设施）发挥了降低失业率的作用。例如，1937 年和 1940 年的“达比修正”失业率比美国劳工统计局报告的失业率要低 5%以上。[5]虽然联邦和州政府竭力创造工作岗位，但是市场萧条、收入下降、家庭失散、家庭储蓄耗尽，最严重的是全民士气降至空前最低点。关于繁荣和前途的乐观主义一去不复返，传统的指导原则显然已经无能为力，“从赤贫到暴富”的美国神话成为水中月。从经济泥沼中恢复的速度是极其缓慢和令人痛苦的，而从社会和心理的角度来看，恢复更为缓慢。人们感到自己无力应付经济困境，转而向联邦和州政府要求援助。

恢复经济的尝试

1929 年 11 月，美国总统赫伯特·胡佛要求进行劳资合作，宁可缩短每位工人的周工作时间，也不要解雇工人。这种工作分享计划将减少每位工人的周薪总额，但总比没有工作要好得多。为了给铁路工会作出共渡难关的榜样，巴尔的摩-俄亥俄铁路公司的总裁丹尼尔·威拉德在向工会要求削减 10%的工资时，主动将自己的年薪从 15 万美元降至 6 万美元。[6]

在大萧条初期，劳资双方都积极响应这样的呼吁，因此工人们都有一种较好的缓冲措施来应付经济萧条。这种缓冲得益于 20 世纪 20 年代管理方实施的不断进步的劳工政策，例如，公司资助的储蓄计划，给工人们提供了一些储蓄以帮助其渡过艰难时期，而且比以前更多的工人能够拥有自己的房子，因为他们已经能够攒下钱来进行这笔投资。员工持股计划是一种毁誉参半的福利：当股票价格在 20 年代后半期暴涨时，一些员工卖掉了他们的股票，并且投入股票市场投机的大众狂欢中；其他许多员工一直保留着他们的股票，亲眼看到了它们在 1929 年的迅速贬值，也因此感到后悔。这些计划原本打算让员工分享公司的股份，在未来却必须进行某些调整，以免这些股份的价格出现剧烈波动。对于女性走出家门工作的态度也发生了变化，出于经济需要，女性加入了劳动力大军，以补充家庭收入。

在 1941 年的国会演讲中，美国总统富兰克林·罗斯福向美国人民承诺免于恐惧以及免于匮乏。[7]胡佛使用了 1932 年颁布实施的《金融公司重建法》（Reconstruction Finance Corporation)，将联邦资金注入州政府和地方政府，以及贷款给银行、抵押贷款公司、铁路公司以及其他私营工商企业。罗斯福在推行剑桥大学教授约翰·梅纳德·凯恩斯（John Maynard Keynes）的“新经济学”方面走得要远得多。与新教伦理强调节俭、节约和勤奋工作形成对照的是，凯恩斯认为抑制消费的节俭会导致经济资源的配置不当和利用不足，因此，联邦政府应该进行干预，并且如同胡佛所解释的，“开动经济水泵”以刺激消费并促使经济恢复。[8]

凯恩斯主义认为通过政府开支的经济刺激有助于经济恢复，而经济学家米尔顿·弗里德曼（Milton Friedman）称联邦储备委员会的适当货币措施本可以防止货币供应的收缩并减轻大萧条的程度。[9] 与凯恩斯和弗里德曼的观点都不一致的是罗伯特·海伯纳（Robert L. Heilbroner），他认为将美国从经济萧条中解放出来的是第二次世界大战，而不是政府“开动了经济水泵”。[10] 经济学家对什么是恰当的补救措施争论不休，事实上究竟怎么样是历史学家关注的问题。对于管理层来说，事实是政府越来越多地介入经济生活，虽然资本主义被保留下来，所有权和管理权仍然掌握在私人手中，但是管控权逐渐落到政府手中。一种新的公司概念将公司行动与公共利益前所未有地结合起来，一方面号召企业领导者具有“经济上的政治家才能”，另一方面则抨击财富和市场权力“不公正地”集中于公司。

大企业

大萧条之前的那些年是经济蓬勃发展的繁荣时期，“大企业”在某种程度上被认为是造成一国经济弊端的罪魁祸首。[11] 有人主张公共政策要亲基层群众，以抵消大企业的财富和经济权力集中化。抨击者认为存在一种由收入最高阶层构成的经济贵族，他们掌控着过高比例的国民财富，批评者们试图减少收入不平等现象，恢复那些处于经济金字塔底层的人的影响。肯尼斯·博尔丁（Kenneth E. Boulding）提醒人们注意，不断出现的规模和经济权力越来越大的组织——包括工会、行业协会、托拉斯、政府机构，但最主要的还是大型企业——会引起工业贵族阶层与基于成员资格和社会平等的政治民主之间的潜在道德冲突。[12] 伯利和米恩斯以前就说过，作为 20 世纪 20 年代上市公司日益普及的结果，职业经理人逐渐占据主导地位，进而导致公司控制权与所有权日益分离（见第 16 章）。詹姆斯·伯纳姆（James Burnham）对此作出响应，预言了一种凄凉的未来：一个占据主导地位的管理精英阶层将控制整个社会的生产和流通，服务于其自身利益，他将这种新型的剥削社会称为“管理主义”。在这个改头换面的世界中，由那些拥有专业技能并且已经证明有卓越能力的管理者所构成的精英阶层通过公司组织和政府官僚机构来主宰经济关系、政治以及文化。按照伯纳姆的推理，日益提高的技术复杂性以及对协调大规模现象的需要——大规模生产、大规模消费、大规模政治运动、大规模教育、大规模劳动、大规模军队等——将使得一个由拥有技术专长的管理者构成的“统治阶层”成为必然。伯纳姆警告说：“这些管理者将剥削社会中的其他人……他们的权利属于他们自己，但并不是作为单独的个体，而是通过他们所占据的职位实际实施领导职责。”[13] 伯纳姆加入了一支日益庞大的批评者队伍，这可以追溯到亚当·斯密，这些批评者质疑那些掌管他人钱财者的动机。

大萧条延缓了工业增长，但战争动员导致了技术的发展，又促进了管理进步。庞大的生产资源被集中起来，工业中的训练造就了更多的人才，消费品是定额配给的，工人的收入颇丰，而且美国在战后出现了对产品和服务的大量需求。由于需求超过了生产能力，美国的工商业并未出现所预期的战后萧条。战争创造了新产品、新技术、新市场以及具有更高技术水平和更广泛基础的劳动力大军。在这个时代，随着公司业务在国内和国外齐头并进，管理思想也处于转型期，从以战时生产为导向逐渐转变为对一般管理理论的兴趣重燃。战后的繁荣和扩张为管理思想的进一步演变提供了强劲的推动力。

变革的种子:新技术

在第二次世界大战爆发期间进行写作，约瑟夫·熊彼特（Joseph Schumpeter）对资本主义的前途持悲观态度。熊彼特认为，经济发展和人类进步的关键推动力来自新产品、新生产方法、新市场、新原材料的使用或者新组织形式。熊彼特解释说，创新“不断地从内部对经济结构进行彻底变革，不断地破坏旧的经济结构，不断地创造一种新的经济结构”[14]。“创造性破坏”——熊彼特是这样称呼这一过程的，有时候是剧烈的，有时候是相当平静的，但是不间断的。在熊彼特的描述中，是企业家带来了驱动经济增长的创新。企业家被进行创新以保持竞争力的压力驱动，推动一个国家经济进步。

在交通方面，汽车是一项不可思议的发明，但是由于缺少平坦的道路而限制了其行驶范围。1926 年的立法为一条全国性的高速公路提供了条件。66 号公路以芝加哥的密歇根湖畔为起点一路向西，穿越伊利诺伊州和密苏里州，穿越美国西南部的大平原和沙漠，并且穿越加利福尼亚州的太平洋海滨。到 1938 年，2 000 英里全部铺设完毕，标志着美国开始建设一个真正的全国性高速公路体系。

奥维尔·莱特最初的机器被证明能够飞翔之后仅仅过去 44 年，试飞员查尔斯·“查克”·耶格尔（Charles E. “Chuck” Yeager）在 1947 年驾驶着一架试验的喷气式飞机（X-1）突破了音障，时速达到每小时 640 英里；人类在 1969 年成功实现第一次登月。查尔斯·林德伯格（Charles Lindbergh）在 1927 年独自飞越了大西洋；伊格尔·西科斯基（Igor Sikorsky）在 1943 年完善了第一架直升机；在第二次世界大战期间，远程导弹被制造出来，在以后的岁月里它被用于探索宇宙空间和发射通信卫星；微波雷达在第二次世界大战期间仅仅被用于防空，后来成为对空中交通控制和厨房中的微波炉都至关重要的设施。波音（Boeing）、洛克希德（Lockheed）以及麦道（McDonnell Douglas）等飞机制造商的兴起，为达美航空（Delta）、美国航空（American）、泛美航空（Pan American）以及其他航空公司提供了飞机，从而使旅行变得畅通和迅捷。先是活塞驱动的飞机，然后是喷气式飞机，空中旅行从根本上改变了长途旅客通过高速公路和铁路出行的现象，从而刺激了对全球旅行的需求。

在通信与娱乐方面，收音机成为一件主要的家用品。1927 年第一场“玫瑰碗”（Rose Bowl）橄榄球比赛通过收音机传到千家万户；1930 年 1 200 万户家庭拥有收音机。1939 年美国无线电公司（RCA）在纽约举行的世界博览会上展示了关于电视机的最初构想；15 年之后，已经通电的美国家庭中一半拥有电视机，人们希望有一天能够在彩色电视机中欣赏到猫王的表演。阿派克斯（Ampex）发明了磁带录像机，利用 3/4 英寸宽的磁带来保存电视图像；磁带录音机能够保存声音和音乐。1926 年通用电气公司为好莱坞电影发明了在胶片上记录声音的第一台实用设备，使得电影成为一个不断发展的产业。熊彼特的“创造性破坏”观点得到了证实，西方电气公司作出了巨大的技术发展，并取代通用电气公司成为在声音记录与再生产设备领域处于主导位置的供应商。

艾伦·图灵（Alan Turing）对查尔斯·巴比奇的计算机器有所了解，并利用这些知识开发了一种具有特殊目的的计算机，这种计算机在第二次世界大战期间破译了德军的代码，这标志着对计算机器的兴趣开始复苏。雷明顿-兰德（Remington-Rand）、IBM、明尼阿波利斯-霍尼韦尔（Minneapolis-Honeywell）、美国无线电以及其他一些公司开始制造体积庞大的计算机。例如，ENIAC 计算机被美国军方的弹道研究实验室（Ballistic Research Laboratory）用来计算炮弹射击轨迹，它高 8 英尺，长 8 英尺，宽 3 英尺，装备有 18 000 个真空管、1 500 个继电器、70 000 个电阻器、7 200 个二极管、10 000 个电容器，重达 27 吨，需要一个专门的空调房间来避免因温度过高而使机器崩溃。如果某个人在 20 世纪 50 年代提出可以将一台电脑放置在人的膝盖上，他会被认为是愚不可及的。作为“创造性破坏”的又一个例子，使计算机产业发生改变的奇迹是贝尔实验室在 1947 年发明的晶体管，晶体管在绝大多数情况下可以取代真空管。总体来说，现代社会在 1959 年被进一步改变，当时得州仪器公司（Texas Instruments）为第一个集成电路（微芯片）申请了专利，集成电路如今被广泛应用于所有电气设备中，包括手机、汽车以及家用电器。

在办公室中出现的另一个技术进步是干法复印（也称为电子照相法），由切斯特·卡尔森（Chester Carlson）在 1938 年发明，该项新技术只需按一个按钮就可以进行复印。大约 10 年之后，哈洛伊德照片公司（Haloid Photographic Company，后来改名为施乐公司（Xerox））与他谈判这项新技术的商业应用权。从 20 世纪 20 年代中期到 50 年代，医疗方面的一些进展引人注目：乔纳斯·索尔克（Jonas Salk）发明了牛痘疫苗；世界卫生组织（World Health Organization）宣布天花已经根除；亚历山大·弗莱明（Alexander Fleming）偶然发现的青霉素掀起了对抗生素的研究。此后不久，詹姆斯·沃森（James Watson）和弗朗西斯·克里克（Francis Crick）认识到 DNA 必然是双螺旋的，从而提供了理解生命基本构造的一条线索，这使得罗莎琳德·富兰克林（Rosalind Franklin）和莫里斯·威尔金斯（Maurice Wilkins）的 X 射线衍射研究显示出重大意义。

公共部门中的各项发展也催生了进一步创新。由美国领导、英国和加拿大辅助的曼哈顿计划（Manhattan Project）在第二次世界大战期间制造了第一批核武器。20 世纪 30 年代是大兴土木的高峰期，这是任何其他的十年都无法超越的：用于水力发电、灌溉以及休闲娱乐的水坝，例如胡佛大坝、邦纳维尔大坝、大古力水坝以及萨斯塔水坝；桥梁，例如，乔治·华盛顿大桥、金门大桥、旧金山-奥克兰海湾大桥以及在新奥尔良的密西西比河上修建的休伊·P. 长桥（Huey P. Long Bridge）。田纳西河流域管理局（TVA）在田纳西河的干流和支流上修建了许多水坝，它们为经济扩张和家庭生活提供了电力。莫里斯·库克领导的乡村电气化管理局将电力输送到乡村。随着电力供应的增加，家用电器行业变得兴旺发达，包括真空吸尘器、食物冷冻机、电冰箱、电炉、洗衣机、干衣机以及其他各种各样的家用电器。

社会环境：社会伦理和组织人

社会人时代的经济氛围塑造了本国占主导地位的社会价值观。态度和欲望是人们力量的源泉，经济大萧条带来的沉重经济负担破坏了许多人过去所持有的每个人都能成功和富裕的观念。20世纪20年代将麦迪逊大道延伸到了伊利诺伊州的皮奥里亚和爱达荷州的迪比克，美国的生产能力预示着美国人的生活水平将超越共和党1928年的竞选口号“每口锅中有一只鸡，每个后院中有一辆汽车”[15]。在麻烦不断的20世纪30年代，社会关系以及指导人们行为的那些假设变得怎么样了？大致来看，有两条非常清晰的指导路线正在塑造美国的社会价值观：（1）新教伦理信条的衰落和一种社会伦理的兴起；（2）对企业领导者的尊重程度逐渐降低。

变化中的社会价值观

罗伯特·林德（Robert Lynd）和海伦·林德（Helen Lynd）夫妇在关于20世纪20年代末典型美国城市（后来被发现是印第安纳州芒西市）的著名研究中发现，工人阶级与白领员工在价值观方面存在对立。对一名普通工人来说，经济动机似乎是最主要的：“在更年轻的工人阶级中，金钱占主导地位的倾向显然在不断增长，他们拿茫然未知的前途来交换即刻的‘赚大钱’。”[16]工人们以经济地位来衡量社会地位，并倾向于维持传统的个人主义价值观，包括对加入工会的兴趣越来越低。然而，白领雇员对自己的社会地位持不同看法，并且持有与工人截然相反的社会价值观。林德夫妇注意到，在白领雇员当中，个人主义在衰落，一致性和归属需求却在迅速增长。在大萧条期间对芒西市进行的研究中，林德夫妇发现，“经济萧条期间的不安全感加剧使得人们更坚持一致性，并使双方之间潜在的问题尖锐化了”[17]。普通工人如今转向依靠工会以采取集体行动，而白领雇员正在以领薪管理者的身份适应公司的要求。那些“潜在的问题”使阶级差别尖锐化并引起了社会仇恨。经济大萧条使得普通工人和白领雇员的社会价值观都发生了改变。

在1929年华尔街股市崩溃之后，新教伦理价值观所强调的节俭、节约和勤奋工作还有什么价值吗？显然，几乎每个人都在某种程度上受到了黑色星期二的影响：有的人丢掉了工作，有的人损失了积蓄，还有些人失去了自己的房屋或农场。人们形成了一种新的认识：这场灾难既打击了挥霍浪费的人，又打击了勤俭节约的人；既影响了新手，又影响了大亨；既影响了无精打采的人，又影响了精力充沛的人。人们发现自己的命运以一种不受理性和公正支配的方式同其他人的命运交织在一起。“随着时间的推移……美国的年轻人与老年人当中存在一种持续的倾向，即以愤世嫉俗的眼光来看待小霍雷肖·阿尔杰的老式成功方式；以怀疑的眼光来看待为了实现理想而抓住机会；以赞许的眼光来看待一项也许并不具有冒险性但是安全的职业、社会保险计划、养老金计划……他们从苦难的经历中学会了追求安全和保障。”[18]

这种对安全和保障的渴求、向共同承担苦难命运的其他人的靠拢，是这一代人和下一代人的标志，甚至是再下几代人的标志。当人们面对威胁情境时，自然而然的反应就是形成集体——当出现一种巨大的文化冲击（例如这次大萧条）时，人们就会变得越来越抱团。在有威胁的或者困难的情况下，其他人的存在必然会提供一种心理上的安慰感。艾里奇·弗罗姆（Erich Fromm）也注意到人们希望逃避独自一人时的孤独感。在法西斯德国，为了逃避这种孤独感，人们转向一种为他们作出决定并使他们具有认同感的极权制度，虽然这种制度是邪恶的。在弗罗姆看来，这种归属需求也弥漫在美国工业生活之中，人们常常愿意放弃自我而与集体保持一致。虽然宗教改革和工业革命将人们从中世纪生活中解放出来，使他们能够在精神、政治和经济等各个领域寻求自由，但是工业化也导致了新威胁。[19]人们在资本主义的个人主义以及新教伦理中感到孤独，需要某种比自己更高层次的事物——信仰、国家、公司、工会或者其他事物，从中发现和获得力量。

20 世纪 30 年代的经济大萧条必然会使希望成为集体成员以获得力量的愿望得到加强。麦克莱兰在研究中发现，成就需求在 1800—1890 年是不断增长的，而后就日益减退了。成就需求与合群需求之间的平衡关系在 1925—1950 年发生了显著变化。1925 年，合群需求主要是一种家庭关怀；到 1950 年，这种需求已经成为对经济的成就需求的替代性选择。在这个时候，人们对归属感的关注要多于对成就的关注。[20]

大卫·里斯曼（David Riesman）及其同事们指出从“以内心为导向的”人向“受他人影响的”人的转变，从而提供了关于这个时代的社会价值观发生变化的证据。“以内心为导向的”人代表自由放任资本主义、新教伦理和强调自律与自制的时代，而“受他人影响的”人的特点则是高度的社会流动性，强调消费而不是生产，强调与他人处好关系并被接受是获得成功的一把神奇钥匙。里斯曼将“以内心为导向的”科学管理时期称为“以工作为主旋律的”时代，而将“受他人影响的”人际关系时期称为“以人为主旋律的”时代。[21]

在里斯曼看来，从“看不见的手到热情的手”的转变实际上开始于 1900 年左右。直到那个时候，自由放任和个人主义的功利主义哲学都是占据支配地位的力量。1900 年以后，边境的确定和对移民的限制开始使人们对利己主义的信任程度降低和对集体主义的信任程度提高。“以内心为导向的”人在 1900 年以后还坚持了一个时期，但个体开始在拥挤的人群中感到更加孤独。人们不得不在他们所在的地方生活下去，而不能迁移到一个新的边境地区和利用美国西部作为一个安全阀门。绝大多数紧迫的生产问题开始消失。在现代工业世界中出现的新挑战是与人相关的挑战。随着公司所有制的日益普及和发展，雇员-雇主关系变得越来越公事公办，人情味越来越淡，小型企业老板亲力亲为的风格被职业经理人的官僚风格取代。由老板担任管理者并且与员工亲密接触的时代已经一去不复返，它被受过专门训练的专业人士下达命令所取代。能够影响他人的社交能力的重要性达到了一个新的高度，而技术能力的重要性则逐渐下降。

美国文化的这种转变导致了群体主义和社会人的兴起。以“进步”自诩的教育者重新制订课堂教学计划，强调那些在社会群体内发挥作用的技能、习惯和价值观，并且取代父母成为向孩子传授社会规范的中坚力量。在定义一个人的自我和理想时，与他人交往被认为比个人成就更重要。人是由其他人的看法，而不是由自己对自己的看法来评价的。“以内心为导向的”人的心理开始摇摆，需要他人这颗北极星来指明方向。

精神的混乱

工业化并没有必然使人们降低宗教信仰，但人们发现能够更轻易地把生活划分为宗教责任和非宗教责任。当上帝对节俭、节约和勤奋工作赞赏时，人们在世俗干劲与精神信仰的融合中找到了安慰。在一个权威人士看来，大萧条造成了一种“精神的混乱”和新教伦理的一种危机。[22]自助已经失败了，白手起家的概念已无法作为经济秩序的基石。慈善成为一个公共事项而不是私人事项，新教伦理所提倡的节俭、节约和勤奋工作受到了冷落。在这种精神的混乱和危机中，道德秩序需要一些新的维度。

有两本书专门回应了美国对道德建议和指导的渴求，这两本书都位列史上最畅销书籍行列。自从1937年首次出版，戴尔·卡内基（Dale Carnegie）的《如何赢得朋友和影响他人》（*How to Win Friends and Influence People*）就立即成为畅销书籍，在最初3个月就销售了25万册。[23]卡内基强调人际关系的重要性，认为人生成功之路在于：（1）通过对他人努力的诚恳赞扬使他们感到自己的重要性；（2）给他人一个好的第一印象；（3）通过让对方讲话并对他们表示同理心，并且牢记“永远不要对一个人说他是错误的”，从而赢得他人遵照你的思路；（4）赞扬他人的优点和使冒犯者有保留面子的机会，从而改变他人。虽然罗斯利斯伯格和迪克森关于霍桑研究的完整报告《管理和工人》当时尚未出版，但是卡内基的成功建议与霍桑实验中研究者们为进行访谈计划的监工们制定的规则（见第13章）惊人的相似。第二本书是诺曼·文森特·皮尔（Norman Vincent Peale）博士撰写的《乐观思维的力量》（*The Power of Positive Thinking*）。[24]与卡内基的“与人相处”方法形成对照，皮尔“建议读者通过乐观解读自己的处境来使得生活实现更好的结果”，并且认为对自己感到悲观失望是对上帝的一种侮辱。[25]虽然批评意见认为这两本书倚仗奇闻轶事和来源未知的所谓证据，但是它们都相当受欢迎，直到今天仍然畅销。

这些乐观思维者强调摆脱“精神混乱”并实现“头脑清醒”的两个途径：汲取内在的信仰之力；通过个人魅力去赢得他人的合作，从而获得个人的力量。这个时代的社会伦理冷落了通过个人奋斗获得成就，而新教伦理似乎也完成了它的使命。新的伦理是以他人为导向的，道德高尚不是来自效率而是来自与他人融洽相处。在很大程度上，社会人正是在这个麻烦纷呈的时代中孕育、诞生和培养的。人们渴望归属于集体，在集体中获得安慰，并且在集体的归属中获得成就感。

社会伦理

为了理解社会人时代，我们需要考察的第二个方面涉及流行文学中体现出来的企业领导者形象。不可否认，在文学（以及电影）中虚拟的“坏蛋”企业高管可能是或者不是真实反映了整个社会对公司大门之内的隐秘生活所持的看法。在研究了100多本小说之后，卡维什（Kavesh）警告说，小说中的企业高管通常被描述成有缺点的、见利忘义的人物。[26]虽然因为经济大萧条而谴责大企业可能并不正确，但是很显然，商界人士通常被谴责为导致社会物质享乐主义的罪魁祸首，位列好莱坞电影最常讨伐的恶棍名单。[27]20世纪20年代将企业领导者视为英雄，视为繁荣和美好生活的象征，当时代变得动荡不安时，把谴责放在掠夺了人们的家庭和储蓄的“臭银行家”头上不也是公平的吗？

斯科特曾经指出，20 世纪三四十年代的小说通常体现了对个人主义的大失所望，以及“以无产阶级小说的形式呼吁人道主义和集体主义”[28]。20 世纪初期的男英雄和女英雄消失了，代之以不按理性行事以及不受常人控制的“他们”。“他们”代表权力、机器和不明的力量，而不是一个个能够为自己行为承担责任的管理者。公司是一个带来压迫的怪物，它把人们以及人们的生活压得粉碎。这类小说的代表是约翰·斯坦贝克（John Steinbeck）的《愤怒的葡萄》（*Grapes of Wrath*）和纳撒尼尔·韦斯特（Nathanael West）的《百万富翁》（*A Cool Million*）。[29]在斯坦贝克看来，不是个体，而是“他们”剥削了乔德一家人，他们是无依无靠、毫无抵御之力的佃农，在濒临饿死的情况下逃离俄克拉何马州尘暴区。对于韦斯特来说，他的阿尔杰式的英雄发现自己被夹在国际银行家与世界革命家这两股相互竞争的力量之间，这两股力量缓慢而确定无疑地毁灭了他的个人主义精神和对成功的追求。

随着 20 世纪 40 年代和 50 年代的到来，在流行文学和电影中，企业高管（以及所有层级上的管理者）越来越被刻画成所谓的“组织人”，他们更认可某种社会伦理而不是个人主动性。[30]这样做提供了安全和保障，而管理者之所以成为主角，并不是因为“伟大而勇敢的事迹，而是因为他忍受令人痛苦的平庸和一致性”[31]。约翰·马昆德（John P. Marquand）的《无法回头》（*The Point of No Return*）、恩斯特·帕韦尔（Ernst Pawel）的《来自黑暗塔》（*From the Dark Tower*）以及斯隆·威尔逊（Sloan Wilson）的《穿灰法兰绒外套的男人》（*The Man in the Gray Flannel Suit*）等作品，强调的是一致性和反抗作为一个系统的组织的徒劳无功。[32]社会伦理的着眼点是集体以及人的集体性，对合作与社会团结的需求。这不仅出现在文学作品中，也出现在玛丽·帕克·福莱特、埃尔顿·梅奥以及强调群体责任和集体意愿的其他人的专业文献中。20 世纪 40 年代末和 50 年代的管理文献强调团队工作、员工参与、群体决策、小群体而不是大群体、委员会管理以及民主领导。

在这个时代，许多知识分子试图贬低企业的重要性，与此同时，其他一些人则美化以小农场和自给自足为特征的农业生活方式。大的是坏的，在城市里生活而不是在农村生活就是堕落的标志。知识分子为何要美化农业和诋毁企业呢？卡维什分析指出：“城市的发展就是工商业的历史：大商人是城市的象征，而城市则成为堕落的象征。”[33]

巴里茨（Baritz）认为，梅奥就是迷恋“农业黄金时代”的人之一：

> （梅奥）相信在农业与真理之间存在一种神秘而直接的联系……一个工业社会，从其定义来说，就不可能是有道德的，因为人们看不见土壤，他们也就看不到自然，而这样，他们也就看不到生活的意义，从而成为现代工业主义的那些让人眼花缭乱的小玩意的牺牲品。在梅奥看来，现代工厂的问题是非常清楚的，如何能够在 20 世纪由摩天大楼和地铁、烟尘和蒸汽构成的世界里再造农业社会的美德、农业社会的忠诚和农业社会的大家庭感觉？[34]

如同第 13 章所述，在梅奥看来，答案在于通过小群体来重建“社会团结”和“有效协作”。只要农业生活的社会完整性被重新建立，人们就可以应付城市生活的弊端、越来越没有技术含量的工作以及工厂中日常琐事的失范性和非人性化。梅奥受到了涂尔干的影响，他在工业生活中所看到的弊端大部分就是罗伯特·欧文在19世纪初看到的弊端。涂尔干告诫人们要无私地彼此相爱，而欧文试图建立公社；梅奥则接受了工业化社会的那些既定参数，并试图在一个社会框架内重建人们的人际关系。大萧条导致的忧郁和沮丧、第二次世界大战带来的恐惧，以及原子弹的威胁，无疑导致梅奥转而提倡人们能够在小群体中获得稳定、目的和既有规范的“农业黄金时代”。

政治环境：富兰克林·罗斯福的承诺

当美国的经济周期从繁荣变为萧条，人们对归属需求日益增加时，政府在私人和商业领域中的作用日益增强。在美国历史上没有其他任何时期如富兰克林·罗斯福的任期那样，在一个如此艰难的时候开始执政，执政时间如此之长，以及应付如此多的麻烦。富兰克林·罗斯福是贵族家庭的后裔，前总统西奥多·罗斯福的亲戚。他由于患脊髓灰质炎，腰部以下瘫痪，但当美国人民处于绝望的深渊时，他给人们带来了希望。他在1932年接受民主党总统提名时的演讲中强调了经济大萧条所导致的问题，并且承诺：“我向你们保证，向我自己保证，将为美国人民实行一种新政（new deal）。”[35]这个承诺成为罗斯福竞选运动的口号，也成为他执政期间所实施的法律法规和具体措施的代名词。

新　政

富兰克林·罗斯福将使一个受打击的国家恢复信心视为他的首要任务。他在自己的就职演说中宣布：“我们唯一恐惧的事情就是恐惧本身。”[36]在接下来的105天内，根据他颁布的行政命令以及美国国会通过的一系列法案，许多相关机构和公共项目相继设立，例如农业调整署（AAA）、民间资源保护队（CCC）、证券交易委员会（SEC）、田纳西河流域管理局、房主贷款公司（HOLC）、《联邦紧急救济法案》（FERA）、《铁路公司重组法案》（RRA）、联邦存款保险公司（FDIC）以及《国家工业复兴法案》（NIRA）。一个政府积极发挥作用的时代出现了。

虽然有些人将新政视为“不断蔓延的社会主义”，并预言资本主义行将结束，但是其他人则将这次立法和这些新项目视为必要举措，致力于理顺美国的经济周期。资本主义仍然是占据主导地位的经济系统，但是批评者指责新政已经开启了美国通往社会主义的道路，甚至是通往极权主义。基于亚当·斯密所称的“看不见的手”，自由放任的经济政策允许市场进行自我调控，而如今，这种“撒手不管”的经济政策已经不复存在。雷克斯福德·特格韦尔（Rexford Tugwell）——罗斯福总统智囊团中的一员——观察到，企业完全按照自己的意愿行事的美妙日子一去不复返，新的企业领导人必须承认工会的存在，通过鼓励参与来使工业民主化，并且谨记杰里米·边沁（Jeremy Bentham）所说的“最大多数人的最大利益”[37]。特格韦尔认为，工业并没有为工人阶级提供保障，因此政府不得不采取积极措施来缓解广泛传播的贫困和失业现象。这在一些开创性立法中得到了响应：1935年《社会保障法案》（Social Security Act）为老年人提供援助；1938年《公平劳动标准法案》（Fair Labor Standards Act）为某些特定的工人确保每小时最低工资为25美分，以及每周工作时间最多为40小时；1938年《铁路失业保险法案》（Railroad Unemployment Insurance）为失业或者患病的工人补偿所损失的工资。这些法案以及其他一些法案标志着从亚当·斯密所称的"看不见的手"向里斯曼所称的"热情的手"的明显转变，从私人慈善向公共慈善的转变，从新教伦理向社会伦理的转变。

劳工地位的提高

在罗斯福时期，联邦政府在政府-企业关系中的角色达到了甚至进步党人（第12章）都没有预料到的程度。由新政导致的所有变化中，对企业立刻产生最显著影响的是政府为工会提供的合法性。20世纪30年代见证了第一次全国性的、在整个产业内成功组织工会的行动。原先那种不按照工人们的技能来组建工会的尝试已经取得了有限的成功——威廉·西尔维斯的全国劳工联盟（见第6章）以及由特伦斯·鲍德利（Terence V. Powderly）领导的劳动骑士团，都曾经在19世纪遭受巨大失败。美国劳工联合会（成立于1886年，是产业工会的联合会）以及大量的铁路工人兄弟会（早在1863年就开始出现了）都证明当工人们拥有通用的一般技能时，工会能够获得成功。当时也存在一些成功的同业工会（craft union），例如由制衣工人、制帽工人和矿工组成的工会，但是与产业工会（industry union）相比，这些工会的成员数量通常要少。例如，1929年约60%的工会成员（919 000人）从事建筑业或运输业（892 000人），他们绝大多数属于美国劳工联合会或铁路兄弟会。规模最大的同业工会出现在采矿（271 000人）、制衣和制帽（218 000）行业。[38]

20世纪30年代的政治气氛为产业工会的繁荣创造了机会。第一部重要的立法——1932年《联邦反禁令法案》（Federal Anti-Injunction Act），更经常地被称为《诺里斯-拉瓜迪亚法案》（Norris-LaGuardia Act），在胡佛执政期间得以通过，该法案完全剥夺了联邦法院在发生劳资纠纷情况下发布禁令的权力。1933年，国会通过了《国家工业复兴法案》，这是促使这个国家从30年代的大萧条中恢复的一系列新政法律中的第一部。《国家工业复兴法案》中的第7a条款使用与《诺里斯-拉瓜迪亚法案》类似但更强烈的语言，来确保"员工有权组织工会和通过他们自己选举的代表来进行集体谈判……雇主不得加以干涉、限制或强迫……"[39]。

当美国联邦最高法院（美国联邦政府诉舒克特家禽公司[40]（United States v. A. L. A. Schechter Poultry Corporation））在1935年宣布《国家工业复兴法案》违宪时，国会迅速地用另一部甚至更有利于工会的法律来取代。《国家劳动关系法案》，更经常地被称为《瓦格纳法案》，在集体谈判方面的阐述比《国家工业复兴法案》明确得多。《瓦格纳法案》确保员工"有权自己组织工会，有权形成、参加和援助工会，有权通过他们自己选举的代表来进行集体谈判，并且有权为了实现集体谈判而参加协同行动"[41]。该法案还对雇主用来防止工作场所工会化的举措施加了具体限制。为了执行这些规定，根据该法案建立了一个国家劳动关系委员会（NLRB），该委员会不仅有权对违反限制的雇主发布禁令，而且有权决定合适的集体谈判单元和处理代表权选举。此外，该委员会还限制非工会性质的员工代表计划的使用范围。曾几何时，工会坚决反对这种员工代表计划，将它们视为“公司工会”，妨碍了组建工会的努力。1938年，美国联邦最高法院在国家劳动关系委员会诉宾夕法尼亚灰狗巴士公司（NLRB v. Pennsylvania Greyhound Lines）案件中裁定此类员工代表计划是由雇主主导的，违反了《瓦格纳法案》。[42]这标志着劳资关系一个时代的终结，另一个时代的开始。[43]

《瓦格纳法案》的通过标志着劳资关系的一个重要转折点。矿工联合会主席约翰·刘易斯（John L. Lewis）在美国劳工联合会内领导了争取产业工会主义的斗争。在遭到拒绝之后，刘易斯组建了产业工会委员会（Committee for Industrial Organization，1938年后称为产业工会联合会），该委员会的目标是在无须考虑工人的职业或技能等级的条件下将他们组织起来。这个新成立的产业工会委员会几乎立即就获得了成功，截至1937年拥有近400万名成员。在产业工会委员会兴旺繁荣时，劳工联合会也是如此——它的成员数量几乎翻番，从1933年的212.6万名成员增加到1939年的400万名成员。在由新政立法导致的这种司法氛围中，工会成员的总数从20世纪30年代初的350万人（占劳动力总数的6.8%）激增到1939年的900万人（占劳动力总数的15.8%）。[44]

劳工在20世纪30年代获得了实质性的政治力量。新政的亲劳工立场是集体谈判权力均等化运动的一部分，它符合对团队工作、员工参与、群体决策以及工作场所民主领导的号召。在第二次世界大战期间，劳资双方齐心协力从事工业生产，暂时将分歧搁置。为了使有可能阻碍战时生产的劳动动荡降到最低限度，国家战时劳动委员会（NWLB）建立，它倾向于保护工人利益。第二次世界大战后大量出现的罢工行为突出体现了不公平的工会行为，这导致在1947年通过《劳资关系法案》（Labor-Management Relations Act，又称《塔夫特-哈特利法案》（Taft-Hartley Act））。该法案对工会施加了一些限制措施，类似之前施加给雇主的那些限制，它试图使之前有利于工会的劳资关系再次实现平衡。

总体来说，在整个社会人时代，不仅美国的劳资关系发生了显著改变，而且政府变得积极参与本国的市场。这种参与加剧了进步主义与保守主义之间的分歧，这种分歧在今天仍然存在。有一种观点认为公共政策应该服务于草根阶层，以抵消公司的财富和经济权力的集中化；与这种观点恰恰相反，罗斯福的进步主义认为政府专家应该管理本国的经济事务以确保平等的结果。不过，保守主义认为个体有权自由制定自己的投资决策并且在竞争市场中承担风险，这可能会导致不平等的经济结果。这意味着某种程度的不平等有利于本国的经济，因为可以激励人们勤奋工作，鼓励能够推动本国经济进步（根据熊彼特的描述）的创新。

第三部分小结

图18-1描绘了社会人时代的主要发展。科学管理是20世纪20年代的主导思想。社会学家和社会心理学家在20世纪中期推广了行为主义。玛丽·帕克·福莱特虽然在时

间上属于科学管理时代，却充当了一座知识桥梁，通往以群体方法进行管理。霍桑研究将人际关系运动推向前台，并导致了对群体和社会技术系统的进一步兴趣。弗雷德里克·泰勒和科学管理的后继者们聚焦于组织结构和设计，将其作为一种确保效率和效力的方式。

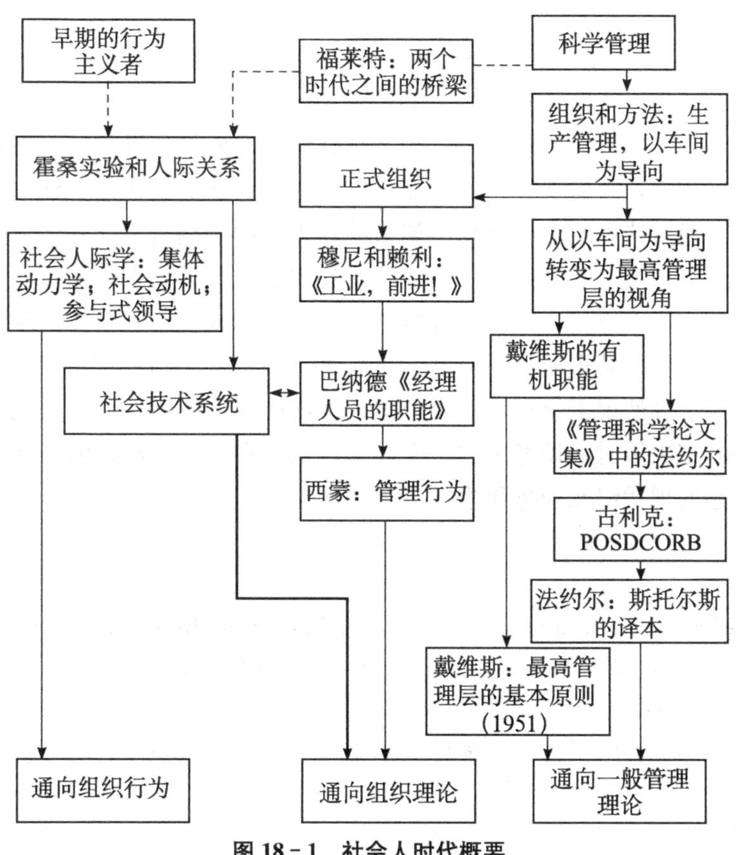

图 18－1　社会人时代概要

霍桑研究在大萧条之前已经开始，一直持续到大萧条初期，它导致了关注重点的一次转变，包括：(1) 对人而不是对生产的更多关注；(2) 更好地满足员工需求；(3) 只是将经济激励视为激励员工的一部分；(4) 更多地关注情绪的非逻辑性，而不是效率的逻辑性。人际关系运动以及在此之后的研究反映了作为文化环境产物的几个基本观点：(1) 提倡社会的、人文的技能而不是技术方面的技能；(2) 强调通过小群体和社会团结来重建人们的归属感；(3) 关注劳资双方的权力平衡。

后霍桑研究采取两种独立却相辅相成的方法。微观的研究者对群体中的人进行研究，提出了人类需求的层次，并且将领导视为互动的、情境的现象。宏观的研究者试图理解和带来一个组织的正式运行系统与非正式的情绪、行为和互动系统之间的整合。这些方法将定义现代管理中的两个领域：组织行为和组织理论。

与人际关系运动的这些发展在时间上平行，科学管理的后继者们对大萧条导致的棘手问题提供了不同类型的解决方案。管理思想的这一分支最初主要是以车间管理为导向，如同戴维斯那样，后来也开始承认新的维度。一方面，良好的组织结构和设计被作为一种实现效率和效力的方式。穆尼和赖利撰写了《工业，前进!》，而切斯特·巴纳德则对组织中的正式系统和非正式系统进行了一种社会学研究。在这个分支旁边，最高管理层视角的基本要素开始出现在戴维斯的作品、古利克和厄威克编撰的《管理科学论文集》中亨利·法约尔的管理理论的翻译版以及林德尔·厄威克对管理原则进行综合的努力之中。

从文化的角度看，社会人时代的管理思想为经济大萧条所塑造。1929 年开始的大萧条重新定义了政府在个人事务和经济事务中的角色。新教伦理所倡导的节俭、节约和勤奋工作不再被视为毋庸置疑的价值观。如果你跌倒，政府将帮助你站起来；如果你因破产而失去了你的积蓄，政府将补偿你；如果你没有为退休储蓄任何金钱，政府将向你提供养老金，以及通过诸如此类的社会措施来减轻生活中的痛苦。此外，进一步的经济增长被大萧条延迟了，战后的繁荣产生了对最高管理层视角的需求。随着人们在群体中寻求安慰，在交往中寻求慰藉，并且在群体的归属中寻求成就感，新教伦理和成就需求虽然并未完全消失，但是其重要性下降了。人，而不是生产，才是管理者的主要关注点。工会新获得的合法性使得工会成功地在全国范围内组建产业工会而不是同业工会。工会成为管理方在制定决策时必须考虑的一个因素。正是在这个混乱、创伤和多样性的时代之中，管理思想的现代纪元即将开始。

注 释

[1] Arthur G. Bedeian, "Exploring the Past," *Journal of Management History* 4 (1) (1998), pp. 4 - 15.

[2] Stanley Lebergott, *The Americans: An Economic Record* (New York: W. W. Norton, 1984), pp. 390 (Table 2. 4), 434 - 435 (Table 33. 3).

[3] Maury Klein, "The Stock Market Crash of 1929: A Review Article," *Business History Review* 75 (2) (Summer 2001), pp. 325 - 351.

[4] U. S. Department of Commerce, Bureau of the Census, *Historical Statistics of the United States: Colonial Times to* 1970 (Washington, DC: U. S. Government Printing Office, 1974), pt. 1, p. 135.

[5] Michael R. Darby, "Three-and-a-Half Million U. S. Employees Have Been Mislaid: Or, an Explanation of Unemployment, 1934 - 1941," *Journal of Political Economy* 84 (1) (February 1976), pp. 1 - 16.

[6] John N. Ingham, *Biographical Dictionary of American Business Leaders*, vol. 4 (Westport, CT: Greenwood, 1983), p. 1634.

[7] Franklin D. Roosevelt, "State of the Union Address," January 6, 1941, Washington, DC. Accessible at http://voicesofdemocracy. umd. edu/fdr-the-four-freedoms-speech-text/.

[8] Herbert Hoover, "Consequences to Liberty of Regimentation," *Saturday Evening Post* 207 (11) (1934), p. 85.

[9] Milton Friedman and Anna J. Schwartz, *The Great Contraction: 1929 - 1933* (Princeton, NJ: Princeton University Press, 1965).

[10] Robert L. Heilbroner, *The Making of Economic Society* (Englewood Cliffs, NJ: Prentice-Hall, 1962). Although Darbycorrected data indicate that federal and state projects lessened unemploy-

ment, a substantial decline in percentage of unemployed is not apparent until the onset of World War Ⅱ. See Darby, "Three-and-a-Half Million U. S. Employees Have Been Mislaid," p. 8.

[11] Gene Smiley, "The U. S. Economy in the 1920s," *EH Net Encyclopedia*, ed., Robert Whaples, June 29, 2004. https://eh.net/encyclopedia/the-u-s-economy-in-the-1920s/.

[12] Kenneth E. Boulding, *The Organizational Revolution: A Study of the Ethics of Economic Organization* (New York: Harper & Brothers, 1953).

[13] James Burnham, *The Managerial Revolution: What is Happening in the World* (New York: John Day Company, 1941), p. 126. See also Patricia Genoe McLaren, "James Burnham, *The Managerial Revolution*, and the Development of Management Theory in Post-War America," *Management & Organizational History* 6 (4) (2001), pp. 411 - 423; Julius Krein, "James Burnham's Managerial Elite," *American Affairs* 1 (1) (Spring 2017), pp. 120 - 151.

[14] Joseph A. Schumpeter, *Capitalism, Socialism, and Democracy* (New York: Harper & Brothers, 1942), p. 83. See also Timothy S. Kiessling, "Entrepreneurship and Innovation: Austrian School of Economics to Schumpeter to Drucker to Now," *Journal of Applied Management and Entrepreneurship* 9 (1) (January 2004), pp. 80 - 92.

[15] "A Chicken for Every Pot," Campaign ad accessible at https://www.docsteach.org/documents/document/a-chicken-in-everypot-political-ad-and-rebuttal-article-in-new-york-times.

[16] Robert S. Lynd and Helen M. Lynd, *Middletown: A Study in American Culture* (New York: Harcourt, Brace and Company, 1929), p. 81.

[17] *Idem*, *Middletown in Transition: A Study in Cultural Conflicts* (New York: Harcourt, Brace and Company, 1937), p. 427.

[18] Frederick Lewis Allen, *The Big Change: America Transforms Itself, 1900 - 1950* (New York: Harper & Row, 1952), p. 149.

[19] Erich S. Fromm, *Escape from Freedom* (New York: Holt, Rinehart & Winston, 1941), pp. 7 - 10.

[20] David C. McClelland, *The Achieving Society* (Princeton, NJ: Van Nostrand, 1961), pp. 166 - 167 and *idem*, "Business Drive and National Achievement," *Harvard Business Review* 40 (4) (July - August, 1962), p. 110.

[21] David Riesman (with the collaboration of Nathan Glazer and Reuel Denney), *The Lonely Crowd: A Study in Changing American Character* (New Haven, CT: Yale University Press, 1950), pp. 19 -40, 151.

[22] Donald Meyer, *The Positive Thinkers: A Study of the American Quest for Health, Wealth and Personal Power from Mary Baker Eddy to Norman Vincent Peale* (Garden City, NY: Doubleday, 1965), pp. 233 - 237.

[23] Dale Carnegie, *How to Win Friends and Influence People* (New York: Simon and Schuster, 1937).

[24] Norman Vincent Peale, *The Power of Positive Thinking* (New York: Prentice-Hall, 1952).

[25] Barton Swaim, [Review of *Surge of Piety: Norman Vincent Peale and the Remaking of American Religious Life*], *Wall Street Journal* (December 27, 2016), p. A15.

[26] Robert A. Kavesh, *Businessmen in Fiction: The Capitalist and Executive in American Novels* (Hanover, NH: Amos Tuck School of Business Administration, Dartmouth College, 1955), p. 11.

[27] Rachel Dodes, "Hollywood's Favorite Villain," *Wall Street Journal* (October 14, 2011), p. D1.

[28] William G. Scott, *The Social Ethic in Management Literature* (Atlanta, GA: Bureau of Business and Economic Research, Georgia State College of Business Administration, 1959), p. 47.

[29] John Steinbeck, *The Grapes of Wrath* (New York: Modern Library, 1940) and Nathanael West, *A Cool Million: The Dismantling of Lemuel Pitkin* (New York: Covici, Friede, Publishers, 1934).

[30] The term "organization man" was coined by William H. Whyte in his book *The Organization Man* (New York: Simon and Schuster, 1956). Parts of this book were originally published in *Fortune* magazine.

[31] Scott, *The Social Ethic in Management Literature*, p. 50.

[32] John P. Marquand, *Point of No Return* (Boston, MA: Little, Brown, 1949); Ernst Pawel, *From the Dark Tower* (New York: Macmillan, 1957); Sloan Wilson, *The Man in the Gray Flannel Suit* (New York: Simon and Schuster, 1955).

[33] Kavesh, *Businessmen in Fiction*, p. 6.

[34] Loren Baritz, *The Servants of Power: A History of the Use of Social Science in American Industry* (Middletown, CT: Wesleyan University Press, 1960), p. 111.

[35] Franklin D. Roosevelt, "Address Accepting the Presidential Nomination at the Democratic National Convention in Chicago," July 2, 1932. Available at http://www.presidency.ucsb.edu/ws/?pid= 75174.

[36] *Idem*, "Inaugural Address of the President," Washington, DC, March 4, 1933, p. 1. Available at https://www.archives.gov/education/lessons/fdr-inaugural/images/address-1.gif.

[37] Jeremy Bentham, *An Introduction to the Principles of Morals and Legislation*, New ed. (London: Printed for W. Pickering, 1823), p. 9n. Originally published in 1780.

[38] U. S. Department of Commerce, Bureau of the Census, *Historical Statistics of the United States*, pt. 1, p. 178.

[39] National Industrial Recovery Act, Title I, Sec. 7a, 1933. Available at https://www.ourdocuments.gov/doc.php?doc=66.

[40] *A. L. A. Schechter Poultry Corp. v. United States*, 295 U. S. 495 (1935).

[41] National Labor Relations Act, Title 29, Chapter 7, Subchapter Ⅱ, United States Code, 1935. Available at https://www.nlrb.gov/resources/national-labor-relations-act.

[42] *National Labor Relations Board v. Pennsylvania Greyhound Lines, Inc., et al.* 303 U. S. 261 (58 S. Ct. 571, 82 L. Ed. 831) (1938).

[43] C. Ray Gullett and Edmund R. Gray, "The Impact of Employee Representation Plans upon the Development of Management Worker Relations in the United States," *Marquette Business Review* 20 (1) (Fall 1976), pp. 85 - 101.

[44] U. S. Department of Commerce, Bureau of the Census, *Historical Statistics of the United States*, pt. 1, p. 178.

第 四 部 分

继续前进：现代

嵌于已知的昨天和未知的明天之间的今天，可以说是历史的黎明时分。历史的变焦镜头通常很难聚焦于近期，因此历史学家最困难的任务是摆脱今天的束缚，将更近期的发展纳入考察范围。当代管理学作品如此浩瀚，要想对它们进行深度考察是不可能的。因此，我们只能浏览第二次世界大战后经济扩张时期的管理思想的总体脉络，并重点关注由于企业在全球文化中开展竞争而出现的最主要发展趋势。

第四部分首先考察第二次世界大战之后的时期。当时，随着企业在国内和国外的成长，企业更加迫切地需要接受过更广泛教育的管理者，这重新激发了对一般管理理论的兴趣。接下来，我们重点考察新一代的学者，他们致力于研究如今所称的“组织行为”。然后，我们将考察人事管理向人力资源管理以及后来的战略人力资源管理的转变，并且阐述这个阶段的组织理论家们关于技术和战略如何在不断变化的环境中影响一家组织的结构和管理过程的争论。接着，我们将关注人们对管理中的科学的持续探寻，这通向了信息时代。最后，我们将考察如火如荼的商业全球化以及在文化价值观及规章制度各不相同的全球市场中开展竞争如何影响管理思想的演变。

第19章 管理理论与实践

第二次世界大战之后的技术变革以及跨国企业的大量涌现导致了对管理教育的一次重新评估，重新激发了对理解管理工作的本质的兴趣，以及用来在国内和国外开展竞争的商业战略的正式登场。评估得出的结论是，管理教育项目并没有为学生配置必要的智力技能和知识以使他们在这个变得更加复杂、更加紧密相连的世界中获得成功。有些人提到了管理理论与实践之间日益脱节。对管理工作的本质的探寻将质疑先前的那些正统观念，商业战略在发达国家和新兴国家面临前所未有的挑战和机会。如果有某个因素可以解释对更好的管理理论和实践的关注，那么它应该是对接受过更广泛教育、能够在一个快速变化的全球市场上提高本公司绩效的管理者的需求。

一般管理的复兴

虽然管理实践历史悠久，但仅仅在 20 世纪管理者们才开始系统地思考他们的经验和观察，致力于整理并确认那些与其他方法相比能把事情做得更好的管理活动。这些更有效的管理实践被称作管理原则，不过它们更像是管理思想和行为的指南，而不是科学的事实。把这些效果相当不错的管理实践（原则）整理成一种理论的动力，源于这样一种渴望，希望把知识以更加连贯的方式传授给那些渴望在管理实践中获得成功的人。最早致力于对管理进行描述的人主要是一些实践者，欧文、麦卡伦、泰勒、甘特、法约尔和巴纳德仅仅是其中一些人，这些实践者试图提炼自己的经验和观察，以造福他人。

即便不是第一人，亨利·法约尔也是最早正式阐述管理原理的几个实践者之一。他认为理论的缺乏使传授管理变得更加困难，因为管理者的经验是局部性的，不容易被其他管理者或者管理专业的学生理解。法约尔把理论定义为：“一般经验通过尝试和检验之后得到的规律、规则、方法和程序的总和。”[1] 如同第 10 章所述，他利用自己担任总经理的经验和观察来确定管理者工作的构成要素或者职能。不过，法约尔指出，“在管理事务上不存在僵化或绝对的东西”，他期待新的理论出现并且在现实世界的熔炉中接受检验。[2]

管理原则和管理职能

前面我们已经说过，法约尔的著作在第二次世界大战之后才在法国之外获得广泛认可。像马克斯·韦伯一样，要想充分认识法约尔对管理思想演变历程作出的贡献，还需要等待文化条件创造一种对从理论角度思考问题的需求。第二次世界大战之后的经济扩张，再加上康斯坦丝·斯托尔斯（Constance Storrs）将法约尔的著作《工业管理和一般管理》由法文翻译成英文，再度激发了人们对法约尔管理思想的兴趣，也导致出现了大量关于“原理和过程”的管理类大学教科书。其中一本最早的教科书是由威廉·纽曼（William H. Newman）撰写的。他在1948年完成了标题为“管理原理”的教案材料，基于这些材料，他在1951年出版了《行政管理活动：组织和管理的技术》（*Administrative Action：The Techniques of Organization and Management*）。纽曼将管理定义为“对一群个体的努力进行指导、领导和控制，以实现某个共同目标”[3]。这本书的主题是计划、组织、配置资源、指挥以及控制。

虽然纽曼对管理的描述与法约尔的“管理要素”非常类似，但纽曼回忆说当他撰写这本书时他“未曾听闻过”法约尔的作品。实际上，他是被弗雷德里克·泰勒、切斯特·巴纳德、拉尔夫·戴维斯以及卢瑟·古利克（纽曼在哥伦比亚大学的同事）等人的思想影响。[4]与法约尔非常相似，纽曼注意到了组织目标对塑造组织特征的重要性，他认为企业的基本目标应该界定其在行业中的位置或生存空间，确定其作为“企业公民”的社会理念，并且为本企业建立总体的管理哲学。[5]

这个时期，第二本有影响力的大学教科书是由西北大学教授乔治·特里（George R. Terry）撰写的，他将书名直截了当地确定为《管理原理》（*Principles of Management*）。特里把管理界定为“对人员、材料、机械、方法、资金和市场等基本要素的运作进行计划、组织和控制的活动，它提供了指挥和协调，并对个体的努力提供领导，从而实现企业所追寻的目标”[6]。特里认为管理是一个“至关重要的过程”，包括计划、组织、指挥、协调、控制以及领导。特里把管理原理定义为“为行动指南提供的一份基本说明”。和法约尔一样，他所说的基本原理并不是僵化的或者绝对的。

这个时期，人们日益认识到将管理作为一套知识来进行传授的重要意义。其标志之一就是美国空军出于培训和操作目的而编写的空军25－1手册《管理过程》（*The Management Process*）。[7]这本手册确立了管理的五项职能：计划、组织、协调、指挥和控制。目标，或者从军事意义上所称的使命，被着重强调，作为一切管理活动的基石。

哈罗德·孔茨（Harold Koontz）和西里尔·奥唐奈（Cyril O'Donnell）在合著的作品《管理原理：对管理职能的分析》（*Principles of Management：An Analysis of Managerial Functions*）中，将管理界定为“通过他人完成任务的职能”[8]。根据孔茨和奥唐奈的观点，管理者是通过他们所承担的工作，即计划、组织、调配人员、指挥和控制，而为人所知的。他们强调这些职能中的每一项都有利于促进内在的协调。但是，协调本身并不是一项单独的职能，而是所有管理者都会执行的这五项基本管理职能有效应用的结果。孔茨和奥唐奈提出了许多管理原理，其中包括“权责一致原理”“命令统一原理”“战略要素原理”等。在对管理知识体系的探索努力中，孔茨和奥唐奈的教科书成为一个不可或缺的组成部分。

法约尔的影响在这些教科书中都非常明显，它们都把管理视为一个过程或者一套持续进行的活动，并且都提出了许多指导原则。虽然每本教科书对构成“管理过程”的那些不同职能赋予的名称各不相同，但是它们都在很大程度上沿袭了法约尔在几十年前确定的同一个框架。与此类似，它们都认为管理是一种截然不同的智力活动，从中可以提炼出规律并形成一般管理理论。

彼得·德鲁克和管理实践

彼得·德鲁克（Peter F. Drucker）是20世纪最有影响力的管理思想家之一，他的自传《旁观者》（*Adventures of A Bystander*）远远不能准确描述他自己的生活和工作。[9]他以著作和咨询工作赢得了声望，并且对管理实践做出卓越贡献。他在很大程度上受奥地利经济学家约瑟夫·熊彼特（见第18章）的影响。德鲁克认为，资本主义自由市场经济始终处于一种创造、成长、停滞和衰退的持续状态中。在他看来，能够使组织避免陷入停滞或衰退的是该组织的管理者能够带来创新的能力：新产品、新生产方法、新市场、新原材料的使用或者新组织形式都可以驱动经济增长。

德鲁克强调，在对组织的生死存亡至关重要的每一个领域，管理者都应该确定目标。他提出了8个“关键领域”：市场地位（与市场潜力对照）；创新（在产品和服务上的创新，或在改进产品和服务的制造或流通方面的创新）；生产率（“持续提高”目标作为衡量尺度）；物质及财政资源（界定需求，作出计划，获得所需）；盈利能力（投资回报率）；管理者的绩效和开发（目标管理及自我控制）；员工的表现和态度（员工关系）；公共责任（对“社会责任”的参与）。[10]在设定目标时，企业需要询问“正确的问题”：我们的业务是什么？我们的顾客是谁？我们的顾客要买什么？我们的业务为顾客提供的价值是什么？我们的业务将会变成什么样？我们的业务应该怎么样？[11]

虽然许多作者都撰写过关于组织目标的必要性的著述，但德鲁克是公开提出“目标管理”（MBO）这个词语的第一人。根据德鲁克的说法：“管理者的工作应该基于为了实现企业目标而应完成的任务……管理者应该受他所要实现的目标的指挥和控制，而不是受制于老板。”[12]要用目标管理取代被驱动的管理，控制应该来自自我控制而不是上级的控制。管理者只有了解各个工作单元和企业的目标，才能指挥自己的活动：

> 能做到这一点的唯一原则就是目标管理和自我控制……目标管理以更为严格、更为精确也更为有效的内部控制取代了外部控制。它激励管理者行动起来，这并不是因为有人告诉他要做什么……而是因为他的任务目标要求他这样做。[13]

德鲁克因目标管理赢得了声誉，在实践中应用这一概念的是通用电气公司副总裁哈罗德·斯米迪（Harold Smiddy）。[14]德鲁克坚持认为目标管理并不是新鲜事物，通用汽车公司的艾尔弗雷德·斯隆、杜邦公司的皮埃尔·杜邦和唐纳森·布朗早就在实践中使用了这种方法。这种说法固然不错，不过罗纳德·格林伍德（Ronald Greenwood）还是得出这样的结论："是德鲁克把它的内容综合在一起，通过深入的哲学思考，以一种别人可以利用的形式对其进行了阐释和推广。"[15]

在德鲁克看来，90%的管理工作是一般化的：与人打交道，通过人们来完成工作，以一种能够使每个个体高效发挥自己力量和知识的方式进行领导。剩下的10%则根据不同组织的使命、文化、历史、对组织类型的描述、营利或非营利性质而有所不同。[16]通过进一步强调目标设定的必要性、参与式目标设定的价值以及一家组织在新产品、新生产方法、新市场、新原材料的使用或者新组织形式方面实现创新的重要意义，德鲁克补充了法约尔的思想。

管理教育：挑战与回应

1959年，两份研究报告的出现，对管理教育具有深远的影响。与1910年莫里斯·库克为卡内基教学促进基金会所作的研究（见第8章）不同，这些报告是由更为严谨的教育者们所作的。世界上最大的慈善基金会福特基金会（Ford Foundation）委托并资助了罗伯特·戈登（Robert A. Gordon）和詹姆斯·豪厄尔（James E. Howell）的一项研究。[17]卡内基公司（Carnegie Corporation）资助了弗兰克·皮尔逊（Frank C. Pierson）进行的一项研究。[18]尽管两份报告的作者曾交换过信息，但他们都是各自独立得出自己的结论，两份报告都尖锐批评了美国大学商学教育的状况。他们都指出，工商管理学院甚至在界定应该教什么以及怎样教这些基本问题上一片混乱。由于对过时的教育方法墨守成规，商学院未能为始终变化的经济培养出有能力的、有想象力的、灵活性的管理者。课程过于强调对特定职业的培训，而不是培养接受广泛教育的毕业生，使他们具备渊博的智力技能，以便实现成功的管理生涯。

这两份研究报告建议，为未来培养管理者意味着要改变商学院课程的内容。应该更多强调一般教育，特别是人文科学、数学、行为科学和社会科学。呼吁更加关注数学和行为科学，这导致这些领域的专家纷纷加入商学院，其中包括工业工程师、运筹学分析师、传播学理论家、心理学家以及社会学家。[19]具体在管理教育中，戈登和豪厄尔指出，至少有四个方面需要加强：（1）通过科学方法和定量分析来解决管理问题；（2）组织理论；（3）管理原理；（4）人际关系。[20]他们建议把这四个领域整合成一系列课程，而不是为每个领域单独设置课程。为了实现这种综合，戈登和豪厄尔建议把商业政策作为一门基础课，为商学院的所有学生提供一种整合的视角。最后，他们呼吁商学院的教职员工投身于原创研究，以增加可以传授给学生的知识总量。考虑到商学院的许多教职员工主要根据自己的亲身经验来教导学生而不是基于共同的知识库，批评者声称大学的商学教育更类似于了解一个行业而不是接受一种教育。虽然其他学科早在 19 世纪 70 年代末就采用了德国的高等教育模式（更加强调研究）[21]，但是直到这两份研究报告发表之后，美国最主要的商学院才开始施加“发表或毁灭”的压力，教职员工的任期和晋升取决于通过在同行评审的科学期刊上发表论文或出版作品而获得的全国声望。在这个时期的商学院中，获得一长串学术成果的优先程度要高于对本科生的培养。[22]也正好是在这个时期，负责对大学商学院项目进行认证的美国商学院联合会（American Assembly of Collegiate Schools of Business）也越来越强调商学院教职员工所进行的研究的质量和数量。

管理理论的丛林

虽然戈登和豪厄尔的报告提出了管理研究方法的多样性，但是具体描述这种不同并贴上“管理理论的丛林”这一颇为生动的标签的是哈罗德·孔茨（Harold D. Koontz）。[23]孔茨提到了管理思想的六大流派（或称学派）：管理过程学派（例如，法约尔的原理和过程）、经验主义学派（例如，案例分析/对经验的研究）、人类行为学派（例如，人际关系/行为科学）、社会系统学派（例如，社会学理论/文化的相互关联性）、决策理论学派（例如，经济理论/消费者选择理论）以及数理学派（例如，运筹学/管理科学）。

孔茨承认每个学派都对管理理论作出了一定的贡献，但他建议学习管理的学生不应该把内容与方法相混淆。例如，仅仅掌握决策技巧或者数学方法并不能被视为足以成为合格的管理者。每个管理思想学派更应该为管理者提供有用的洞察力，当这些洞察力被综合起来时，可以提供一种叠加的优势。在孔茨看来，考虑到这些学派之间的“丛林战争”，管理者产生混淆的原因是多方面的：（1）不同术语的使用及术语含义的不同造成了“语义上的丛林”，例如，组织、领导、管理、决策制定等[24]；（2）这些术语在不同的情境和环境下使用，难以把管理界定为一个知识体系；（3）不同学科专业术语的障碍造成了“管理学家无法或不愿彼此理解”，产生这种障碍的另一个原因是个人或专业团体希望保护个人思想或小集团利益。孔茨希望随着这些问题的解决，管理理论的丛林能够得以清理。

遗憾的是，大约 20 年之后重新考察管理理论的丛林时，孔茨发现它可能已经变得“更加密集和密不透风”，已经从 6 个学派扩展到 11 个学派。[25]孔茨提醒说：“管理理论的丛林仍然与我们同在……也许（摆脱该丛林的）最有效的办法是引导管理者发挥更加积极的作用，以缩小管理实践与大学商学院所授课程之间日益明显的鸿沟。”他抨击自己的知识界同行无法使自己的研究更加贴近实践：

> 我看到太多的知识分子遗忘了我们在管理领域的工作是什么。我们的工作是组织已有的知识，当然，还需要发展新的知识，但是这些新知识也要以正确的方式组织起来，从而使它们能够被实践中的管理者应用于管理工作中……我认为我们必须一致同意管理理论和科学应该强化实践，否则为何要发展它？[26]

管理教育：波特-麦基宾报告

美国国际商学院联合会（American Assembly of Collegiate Schools of Business International）针对实践者和学术界发起了一项为期三年的调查，对管理教育进行全面研究。这项报告的作者莱曼·波特（Lyman W. Porter）和劳伦斯·麦基宾（Lawrence E. McKibbin）评论说，为了使发现问题和解决问题的能力跨越各种不同的企业职能，教师们应当具备广泛的知识。然而，商学院的许多教职员工缺乏相关的工作经验，所受的教育也太窄，不足以“理解商业的复杂与精妙之处”[27]。波特和麦基宾建议，管理教育者应该更多地关注外部因素，特别是国际商业的发展趋势；要开发更高的能力以综合了解企业的各种职能；要更加强调人际技能和沟通技能；要培养既精通分析工具又对“现实世界的工作经验具有敏锐和开阔的视野”的博士生。[28]

在波特和麦基宾看来，管理教育者需要避免理论方法的进一步繁殖，使理论更贴近现实应用，领悟那些对管理学科产生影响的外部因素，并且研究全球环境中的企业。在这份报告发布14年以后，普费弗（Pfeffer）和芳（Fong）失望地得出结论，管理研究仍然与管理实践严重脱节，过于强调“硬性”（定量的）技能，从而损害了“软性”（人的）技能，而且许多全职教师仍然缺乏管理实践经验的视角。[29]

管理理论与实践的鸿沟

已经承认的一个事实是管理实践者并不指望学术研究能够为他们提供指导，学术界也不指望管理实践者能够提供研究主题或者帮助解读研究结果，这就导致了管理理论与实践之间的一道鸿沟。[30]看起来，实践中的管理者以及管理研究者具有不同的意识形态和不同的价值观——前者设法解决日常的基本挑战，而后者追求的是任期、晋升以及在同事中的名声和地位。对人力资源管理者的一项研究记录了实践者与学术界之间缺乏知识转化，该研究发现不到1%的实践管理者经常向管理文献寻求指导意见，而75%的实践管理者从来不这样做。[31]

汉布里克（Hambrick）称，理论与实践的这种鸿沟源自管理教育者的渴望：通过在具有高“影响因子”的期刊（被具有相似目标的其他人所共同认可）上发表理论性的论文以在同行中获得学术地位和尊重。这些论文截然不同于那些发表在营销、财务以及会计类期刊上的论文，因为后者很少出现“理论”这个词语。[32]管理学科如此痴迷于理论，再加上无法检验这些理论预测是否正确，情况变得更加复杂。卡克马尔（Kacmar）和怀特菲尔德（Whitfield）发现，管理学领域顶级的两份期刊《管理学会期刊》（*Academy of Management Journal*）和《管理学会评论》（*Academy of Management Review*）中的所有文章，只有不到10%检验过其作者的理论预测。[33]2007年发表的一项研究结果表明，管理理论与在大学课堂教学中的应用之间的相对平衡已经被打破，倾向于前者而牺牲了后者，从而“进一步证实了这个观点，即在所有层次的管理教学中，管理理论被强调的程度超过了这些理论在实践中的有用程度”[34]。

为了设法填补这道鸿沟，面向管理实践者的《管理学会经理人》(*Academy of Management Executive*) 在 1987 年创刊。为了实现这个目标，它征集以实践为导向的文章，为繁忙的读者提供“管理小结”栏目，并且设法刊登实践管理者感兴趣的主题。该期刊的名称也发生了改变，在 2005 年更名为《管理学会视角》(*Academy of Management Perspectives*)。新的主编表示：“《管理学会经理人》的方向将会改变……我们感兴趣的是‘循证的’、基于研究结果的稿件，以解决管理学会成员在其研究领域之外的需求。”[35]它严格聚焦于“基于研究结果的”、循证的管理发现，而不是更广泛地认为“证据”也可以来自公司内部参数以及“职业经验”等。[36]这种举措显然忽视了亨利·法约尔的建议，即管理原理、方法和程序应该“被一般经验所使用和检验”[37]。

卢梭 (Rousseau) 在 2005 年担任管理学会主席的就职演说中重申了《管理学会视角》追求循证管理的目标：“循证管理意味着将基于最佳证据的原理应用于组织的实践工作。”[38]她引用了埃德温·洛克 (Edwin A. Locke) 和加里·莱瑟姆 (Gary P. Latham) 的目标设定理论 (见第 20 章) 来描述一个经久不衰的研究项目 (既具有可复制的研究发现，又可以应用于实践) 如何确定任务动机的原理。卢梭及其合作者莎伦·麦卡锡 (Sharon McCarthy) 后来评论此项工作仍然需要坚持下去：“与医学……和教育学……领域中的方法非常相似，通过循证管理所作出的判断也会考虑管理决策通常会碰到的各种情况和道德事项。不过，与医学和教育学不同的是，今天的循证管理仅仅是一种构想。”[39]这两位学者注意到管理教育项目缺乏机会进行实践训练或者实验工作，否则就可以让学生们在课堂之外的更真实环境中获得辅导体验。此外，她们还观察到学生通常在阅读、评估和解读学术成果方面缺乏经验，或者缺乏必要的知识来寻找管理文献中的相关信息。

卢梭和麦卡锡在 2007 年指出的这个现象至今仍然存在，循证管理仍然是一种“构想”。在学术界花了 10 年时间致力于缩小理论与实践之间的鸿沟以及实现循证管理的承诺之后，皮尔斯 (Pearce) 和黄 (Huang) 考察了《管理学会期刊》和《管理科学季刊》(*Administrative Science Quarterly*)，发现几乎没有什么与实践和教学相关的“实用型”研究。在过去的半个世纪，这两份顶级期刊中的论文已经变得越来越淡化实践应用色彩。[40]从总体来看，管理学领域的知识分子似乎制造了堆积如山的数据，但几乎没有贴合实践的知识。

要想填补理论与实践之间的鸿沟，一条可能的途径是鼓励学术界和实践中的管理者形成互惠互利的伙伴关系。“管理研究者必须迈出第一步。企业已经证明它们不依赖管理领域的学术研究也可以维持生存和获得成功。研究者们必须通过提供可以改进企业绩效的观点和思路来证明他们能够为企业带来价值。”[41]近期有一项调查考察了 828 名知识分子和 939 名实践中的管理者，发现管理研究者与实践中的管理者之间存在许多共同兴趣。这些共同兴趣包括减少或消除收入不平等，减少或消除工作场所歧视，以及减少或消除不道德的商业行为。[42]历史上有许多这样的高层管理者，他们根据自己的工作经验，显著地促进了人们对管理的理解。例如，詹姆斯·沃西 (James C. Worthy) 曾是西尔斯-

罗巴克公司的副总裁，在富兰克林·罗斯福和德怀特·艾森豪威尔这两位总统执政期间就职于美国商务部；他与芝加哥大学的人际关系团体（Human Relations Group）合作，针对员工士气和组织结构进行了几项影响深远的研究；他成为管理学会的一名成员，而且是西北大学凯洛格管理学院（Kellogg School of Management）的一名教授。[43]在将理论与实践相结合方面，詹姆斯·沃西具有非凡的才华，他为管理研究者与管理实践者之间如何能够产生贴合实践的知识提供了一个生动实例。

管理者做什么

亨利·法约尔最先开始系统地总结自己的经验和观察，试图找出并确认管理者做什么以及什么样的管理行为更有效。法约尔的思考为管理的教学工作提供了概念基础，不过，其他一些研究者在研究管理工作的性质时采用了不同的方法。明茨伯格（Mintzberg）对5家大中型私营组织或准公共组织的首席执行官进行了研究，他发现这些首席执行官的日常工作是零碎的、短期的行为，而不像法约尔所指出的那样是精心的、分析的、有逻辑的行为。明茨伯格得出结论认为，典型的管理者承担10种不同但紧密相连的角色，这10种角色又可以划分为三大类：人际角色、信息角色以及决策角色。人际角色来自管理者的正式权力，当管理者作为名义首脑、领导者或联络人与他人相处时，表现出的就是这种角色。信息角色指的是管理者作为监督者、传播者或发言人，从事接收、存储和发布信息的工作。决策角色则涉及管理者在组织活动中作为企业家、混乱处理者、资源分配者或者谈判者时作出决策。[44]

尽管管理者承担具体角色的这种说法在直观上具有说服力，但有人质疑明茨伯格确定的管理者角色是否真实体现了一位典型的管理者的日常工作活动。他的发现只是基于对5位首席执行官的考察，没有理由认为这个群体代表了“典型的”管理者。此外，批评者注意到明茨伯格“并没有设法按照角色对他观察到的活动进行分类，他没有说清楚他的研究对象扮演每种角色所花费的时间，而且他丝毫没有提及这些不同角色对如何在不同类型的组织中成为有效管理者的重要意义”[45]。

通过对实践中的管理者进行广泛面谈和观察，斯图尔特（Stewart）提出了关于管理者做什么的另一个观点，她考察了三个方面的内容：（1）要求——工作中必须做什么；（2）限制——对于可以做什么事情的内外部限制；（3）选择——不同管理者可以用不同方式来完成同一项工作的那些领域。[46]以员工配置为例，管理者必须发现并挑选合格的人员来从事工作（要求）；对管理者的限制条件是公司的工资等级、可获得的劳动力供给、总体的经济环境以及有关雇佣行为的法律，管理者必须在给定的限制条件内从所有备选人员中挑选出一位候选人。

在一项相似的研究中，科特（Kotter）考察了9家公司的15位总经理，他发现那些最优秀的总经理在个人特征和行为方面大相径庭，他们把自己视为通才，不过每一位都有一个适合具体工作要求的精通领域，他们都对自己的行业有详尽了解，并且拥有一种合作性的工作关系网络。[47]

对管理工作的全球研究

由一家法国煤矿和钢铁公司的总经理在 19 世纪提出的一个理论是否适合 20 世纪中期的情况？应该如何对管理者进行教育和培训以使他们在全球化经济中实现成功？在 20 世纪 70 年代末，经常被问及的一个问题——“如果日本能够……为什么我们不能”对美国及全世界的管理者（以及管理教育者）发起了号召，激励他们在这个日益复杂和相互关联的世界中努力维持本组织的全球竞争力。

在 20 世纪的中间点，美国在国际商学院教育方面落后于其他国家。[48]全世界的很多大学都开始提供工商管理硕士（MBA）项目来培养学生们的全球竞争能力，使得 MBA 成为一种全球时尚。亨利·法约尔对管理者做什么及什么样的管理行为更有效的思考被搁置一旁，让位给“现代”理论。阿齐（Archer）提醒说：“将法约尔的原理排除出美国管理思想的主流……这是一种相当怪异的现象，尤其是考虑到……这些原理已经在 20 世纪 60 年代之前的将近 40 年时间内作为管理实践的指导方针。”[49]在对英国的管理思想进行评论时，史密斯（Smith）和伯恩斯（Boyns）提到了一种类似的现象，即从法约尔的开创性成果转向关注明茨伯格、斯图尔特以及科特等人对管理工作的性质所进行的观察。他们说：“自从 1970 年以来，管理思想的焦点已经从管理职能转向通过考察管理者做什么来理解管理和实施管理。”[50]

鲁巴肯（Lubatkin）及其同事们认为，明茨伯格对管理者所扮演的角色的分析引发了一个问题：管理工作的性质是否具有“普遍性”?[51]为了回答这个问题，他们研究了非洲南部和中部的 7 个国家，以及塞内加尔和匈牙利。他们得出结论：“从广泛意义来说，即便是来自非西方的、非工业化的、非盎格鲁-撒克逊起源的国家的管理者，也面临与其他管理者类似的一系列管理挑战，需要他们独立构建类似的解决方案或者采用类似的技能。”与这个结论相一致，在考察了关于国际管理的文献之后，哈夫斯（Hafsi）和法拉沙奇（Farashahi）也发现“西方国家的一般管理理论和组织理论广泛适用于发展中国家”。

明茨伯格承认：“管理工作是一种并没有发生什么变化的基础实践……我们认为最重要的一些因素——例如国家文化（举例来说，在美国进行管理与在中国进行管理），可能其重要程度没那么高，而其他一些因素——例如组织形式（举例来说，职业的与机械的），其重要程度可能比我们先前认为的要高。”[52]他认为自己提出的 10 种管理角色之所以获得广泛关注是因为它们取代了“‘计划、组织、协调、命令以及控制’等陈旧词语，这些陈旧词语在过去半个世纪中主导了管理文献”[53]。法约尔的思考已经成为“陈旧词语”了吗？或者它们仍然有价值？卡罗尔（Carroll）和吉文（Gillen）总结说，法约尔所确定的管理职能“仍代表着对管理者的工作进行概念化的最有用方法，尤其是对于管理教育而言……在对管理者所实行的无数活动以及他们为实现组织目标而使用的技术进行分类时，这些管理职能提供了一套清晰而具体的分类方法”[54]。

不断变化的景观

关于公司总经理如何调配各种资源以实现本公司目标的观点随着时间而改变。我们将考察这些不断变化的观点，并且探讨公司为什么存在，公司在资源获得和利用方面有何差异，以及公司在治理方面为何各不相同。在本章末尾，我们将描述第二次世界大战之后大量跨国企业的出现以及对发展必要的战略和能力以在全球市场维持竞争优势的需要。

从商业政策到战略管理到全球战略

如同第 11 章所述，将商业政策作为一个单独的学术主题来研究是由阿奇·肖 1911 年在哈佛大学商学院率先开启的。他希望开发一门面向公司总经理的课程，对关于业务职能的知识进行整合。许多人追随肖的脚步，其中包括埃德蒙·勒尼德（Edmund P. Learned）和罗兰·克里斯滕森（C. Roland Christensen），他们也采用了肖在哈佛大学商学院提出的如今变得广为人知的案例研究方法。[55]威廉·纽曼撰写了第一本关于商业政策的教科书《商业政策和管理》（*Business Policies and Management*），于 1940 年出版。[56]纽曼回忆说："这是第一本出版的商业政策教科书（理查德·欧文在第二次世界大战之后才开始出版哈佛案例集）。"[57]他把自己对商业政策的兴趣追溯到他为麦肯锡咨询公司创始人詹姆斯·麦肯锡当助理的那段岁月。《商业政策和管理》一直延续到第 10 版，第 10 版的书名直接冠以"战略"。纽曼的这本教科书起到了桥梁的作用，从把一般管理作为"政策"过渡到把一般管理作为"战略"。

彼得·德鲁克在 1954 年为商业政策成为一门学科建立了基本的概念框架：

> 重要的决策，即那些真正要紧的决策，是战略上的。它们既包括认识当前形势是什么或者改变这种形势，也包括发现企业的资源是什么或者应该是什么……任何一名管理者都必须作出这样的战略决策，而且他在管理层级中的级别越高，他必须作出的战略决策也会越多……其中还包括所有关于企业目标及实现这些目标的手段的决策……重要又困难的工作绝不是找到正确答案，而是发现正确的问题。[58]

20 世纪 60 年代哈佛大学的商业政策群体推出了一种用于课堂教学的战略管理基本工具：SWOT 分析。[59]SWOT 是四个单词的首字母缩写，分别代表"优势""劣势""机会""威胁"；优势和劣势是公司内部的，而机会和威胁是公司外部的。SWOT 分析可以用来评估不同行业的相对吸引力，也可评估一家公司在某个特定市场中的战略位置。哈佛大学的肯尼思·安德鲁斯（Kenneth R. Andrews）赞誉霍华德·史蒂文森（Howard H. Stevenson）在哈佛大学的博士学位论文是"对将企业优势和劣势视为战略规划程序的组成部分的管理实践进行的首次正式研究"[60]。SWOT 分析提供了一种分析框架，能够使一家公司在尽量避免自己劣势的情况下将自己的优势与市场机遇相匹配。

1959年戈登和豪厄尔的报告建议把商业政策作为一门基础课，为商学院的所有学生提供一种整合的视角，这进一步促进了人们将商业政策视为一个学术主题的兴趣。艾尔弗雷德·钱德勒撰写的《战略与结构》（*Strategy and Structure*）于1962年出版，显著影响了人们对商业政策的研究。“结构服从战略”将成为该管理文献中不朽的名言。[61]它意味着在有效的组织中，结构需要进行调整以适应战略，而不是对战略进行调整以适应既有的结构。丹·申德尔（Dan E. Schendel）和查尔斯·霍弗（Charles W. Hofer）将“商业政策”改名为“战略管理”。[62]后来，随着人们认识到不断变化的全球竞争环境，“全球战略”这个短语开始出现。在国内市场或者全球市场开展竞争会引发诸多思考，例如公司为什么存在，公司在资源获得和利用方面有何差异，以及公司在治理方面为何各不相同。

市场和公司层级

如第3章和第6章所述，管理作为一种生产要素，能够提供一种竞争优势。在第16章我们介绍了约翰·康芒斯的观点，即交易是财产权转让中的最小分析单位。我们还讨论了罗纳德·科斯致力于探究：“如果市场在资源配置方面如此有效率，为什么我们还需要企业存在?”在获得诺贝尔奖的演说致辞中，科斯谈到了亚当·斯密观察到的现象，即只有当两个人都非常凑巧地希望从对方身上交换到自己需要的商品时，以物易物交易才有可能发生。[63]因为金钱或者货币是可交易的，而且可以储存起来以备将来使用，所以它不仅消除了这种“需求的双重偶然性”，而且消除了与寻找一个愿意进行以物易物交易的合作方有关的成本以及在发现这样一位合作方之前不得不苦苦等待的“负效用”。科斯继续解释说，某个人（一位企业家）为了以一种类似的方式降低成本，他会创建一家公司来参与所有或者绝大部分的必要交易，以确保能够使用各种必需的资源生产出一种预期的产品。按照科斯的推理，“一个市场的运行将花费一些成本，而通过形成一个组织和允许某种权力……来指挥各种资源，某些特定的市场成本将被节省”[64]。公司是协调各种市场因素的一种选择方案，而且在某些特定的限制条件下能够比市场更有效率。被节省的成本可能涉及寻找可靠的原材料供应商、合同谈判、运输费用、法律费用以及交易佣金等。因此，当确保使用那些必要资源生产出既定产品的成本低于在公开市场上生产出这些既定产品的成本时，公司的存在就顺理成章了。

奥利弗·威廉姆森（Oliver Williamson）扩展了科斯的思想，并且杜撰了“新制度经济学”这个短语来研究市场的缺陷以及对非市场因素的考虑。[65]这样的缺陷之处包括公司在运行过程中必须要面对的法律法规、文化制约和政治系统以及“有限理性”（赫伯特·西蒙用来称呼巴纳德的“选择能力”限制[66]）和用来防止投机主义的监管机制。投机主义指的是“通过在交易中缺乏公正或诚实而获得个人利益的努力”[67]。威廉姆森对投机主义的兴趣在一定程度上追随巴纳德的“投机主义理论”[68]，投机主义被威廉姆森视为“利用计谋来寻求个人利益”。这种倾向在每个人身上都会体现出来，因为“即使是不那么投机主义的人也有自己的价格”[69]。在科斯和威廉姆森看来，艾尔弗雷德·钱德勒所称的“看得见的手”（管理）在绝大多数情况下将会比亚当·斯密的“看不见的手”（市场）更有效率，因为作为一种基本的生产要素，一位管理者行使的管理职权能够提供一种竞争优势。[70]如果有时候这种情况不成立，那么公司可能会选择在公开市场上开展竞争以获得必要的资源。

基于资源和知识的公司理论

致力于探寻企业为什么不一样，伊迪丝·彭罗斯（Edith T. Penrose）观察到，“是企业各种资源提供的或可能提供的生产性服务的异质性，而不是同质性，为每个企业赋予特征”[71]。使用的关键词是“异质性”和“资源”，彭罗斯将作为一种生产要素的良好管理强调为一种竞争优势：

> 一家企业不仅仅是一个管理单位，它还是各种生产性资源的集合体，而这些资源的使用是由管理决策决定的……管理者设法最好地使用这些可利用的资源……（而且）从本质上讲，企业是一个资源“池”，这些资源的利用是在一个管理框架中进行的。[72]

彭罗斯注意到，一家企业的资源是“可以遗传的”，也就是说，以前关于公司定位的决策、用于特殊目的的设备、管理层以及各种“不可分割的”资源，是能够流传下来的，这些都会对关于企业未来发展方向的决策施加潜在的限制。

在被忽视了大约1/4个世纪之后，彭罗斯的观点在一篇由伯格·沃纳费尔特（Birger Wernerfelt）于1984年撰写的论文《一个基于资源的公司理论》(A Resource-Based Theory of The Firm）中被提起。[73]在这篇文章中，沃纳费尔特推论说：“企业希望创造这样一种情形：它的资源状况能够直接或间接地使其他企业更加难以赶上它。”[74]例如，通过获得或者出售本公司资源，兼并和收购为公司提供了获取一种竞争优势的机会。巴尼（Barney）强调，通过这种方法获得的竞争优势要求公司的资源是稀缺的、有价值的、无法轻易被模仿的和不可替代的。[75]

彭罗斯还提出了获得竞争优势的另外一种方式，这就是知识基础论（knowledge-based view）：“没有任何理由假设（通过公司研发活动而获得的）新的知识和服务将仅对企业的现有产品有所裨益，相反，它们能够……为企业提供一种在某个完全崭新的领域获得某种优势的基础。”[76]“知识”也是可以继承的，因为它存在于一家公司的人力资源的经验、教育以及直觉中。彭罗斯使用“企业家”这个词语来描述一家公司内能够提供关于产品、市场、技术、管理过程以及发展机遇的创新知识的人员。一家公司可以通过“所拥有的知识的变化”成长。[77]她在无数场合中引用了约瑟夫·熊彼特关于创新（通过探索发现来获得）的作用的观点。企业不应为现有的知识所束缚，应该而且能够通过学习来扩展其能力。对于那些希望收购竞争对手以获得其技术优势或者希望从其他行业学习新生产方法或程序的公司来说，彭罗斯的观点极具价值。

治理和代理问题

假设一家公司的管理层是合格的，他们在资源配置方面行使的管理职权能够为公司提供一种竞争优势，那么公司管理者的行为就成为一个事关公司长期生存的重要问题。在一家公司，股东选举出一个群体，即董事会，期望董事会雇用合格的人员作为管理者来管理公司的日常运营。从理论上和法律上讲，董事会以及那些高层管理者是股东的代理人（agent），担负着使公司股东们的财富最大化的职责。[78]在实践中，情况却并非始终如此，从而产生了一个重大问题——公司治理。

我们已经讨论了亚当·斯密非常担心那些管理“他人钱财”的人的意图，但是约翰·斯图尔特·穆勒并不关心这个问题，他认为通过经济激励，被雇用的管理者的“热忱”能够与股东们的利益协调一致。当然，穆勒的这个观点失之偏颇，因为在许多情况下，公司高管的报酬与该公司的绩效、股东回报或者公司非高管人员的报酬几乎没什么关联。迈克尔·詹森（Michael C. Jensen）始终都在批评内部控制体系（例如公司董事会）无法防止这样或那样的“职权滥用”。詹森认为，如果董事会效忠于董事长，如果董事会文化喜欢一致同意和讨厌分歧，如果董事长设定议程而又没有完全披露重要信息，如果法律责任导致董事会成员尽可能减少风险和保护他们自己的利益，那么董事会就是失败的。[79]之前已经说过，巴纳德预见了威廉姆森的“机会主义理论”。法约尔也非常透彻地研究过机会主义行为，而且法约尔将“个人利益服从整体利益”作为自己的 14 项原则之一（见第 10 章）。

公司治理是一个很广泛的问题，涉及很多事项，例如，高层管理者的报酬，董事会的规模以及内部人/外部人的“混合”，风险承担和创新，高层管理者的遴选和发展，以及最高管理层的领导。这些问题的核心是一个更宏大的问题：应该服务于谁的利益？对这个更宏大问题的回答，以及对公司为何存在、在资源获得和配置方面有何不同的理解，能够为我们考察跨国企业的商业战略提供一种框架。

跨国企业和全球战略

在过去 100 多年的历史中，也许商业世界最显著的成就是它能够挺过两次世界大战、1929 年经济大萧条、第二次世界大战之后的技术大爆发以及 2007—2008 年全球金融危机，并且创造了所谓的“跨国企业”。在第二次世界大战之后，获胜方制订计划来重建饱受战火蹂躏的欧洲。马歇尔计划以及欧洲经济合作组织（Organization for European Economic Cooperation）（欧盟（European Union）的前身）是朝着这个目标前进的最初举措。用来促进全球经济和社会复兴的其他机制包括国际货币基金组织（IMF）以及《关税及贸易总协定》（GATT）（世界贸易组织（WTO）的前身）。

自从经济合作与发展组织（OECD）在 1961 年成立之后，诸如欧盟、《北美自由贸易协定》（NAFTA）、东南亚国家联盟（ASEAN）之类的地区贸易联盟也相继成立。经济合作与发展组织的成员都是人均收入更高、实施自由市场经济的经济发达国家。全球机遇和挑战也存在于那些人均收入较低、经济尚未充分发展的新兴国家（例如亚洲、拉丁美洲、非洲和中东的一些国家），但这些国家所具备的特征使得国际直接投资承担更大风险。

关于全球战略的文献已经达到汗牛充栋的地步。[80]跨国企业的历史画卷还未完全展开，全球日新月异的发展所带来的机遇和挑战在不断塑造着跨国企业。寻求在全球市场开展竞争的公司，所具备的能力以及面临的情况必然各不相同，每家公司所采取的政策也不相同。如同第15章所述，林肯电气公司向海外具有不同劳动法、习俗以及工作场所价值观的其他文化移植其绩效工资系统的经历就是任何试图向全球移植其母国管理实践的公司应吸取的教训。

战略领导和“动态能力”

如前所述，德鲁克认为能够使组织避免陷入停滞或衰退的是该组织管理者带来的创新能力——新产品、新生产方法、新市场、新原材料的使用或者新组织形式，这些都可以驱动经济增长。然而，一家公司的成功并不能获得保证，因为它的竞争优势可能很快就会消失。根据熊彼特所称的“创造性破坏”（见第18章），创新“不断地从内部使经济结构发生革命性变化，不断地消灭旧的经济结构，不断地创造一个新的经济结构”[81]。如果一家公司的资源，包括人力资源和物质资源，无法轻易调整为其他用途，那么它们用来实现增长和获得新竞争优势的能力可能会严重受限。

根据熊彼特的观点，大卫·提斯（David J. Teece）及其同事们建议公司必须开发出创造、扩展或调整其资源以快速解决环境威胁的能力，他们将这种能力称为一家公司的“动态能力”，而该公司管理者（作为一种生产要素）的创新能力能够提高这种能力。他们建议，一家公司必须发展“动态能力”，因为它可以“整合、建设和重新设置内部的和外部的能力以快速应对不断变化的环境。因此，动态能力体现了一家组织在路径依赖和市场位置既定的情况下重新获得新竞争优势的能力”[82]。

之前我们讲过，彭罗斯使用“企业家”这个词语来描述一家公司内能够提供关于产品、市场、技术、管理过程以及发展机遇的创新知识的人员。提斯及其同事们认为应该由一家公司的最高管理层负责实施必要的激励、政策和行动来实现变革。最高管理层的这项任务被定义为“战略领导”，以便将首席执行官、公司董事会以及最高管理层其他成员的工作与较低层级的管理者所实施的领导行为区分开来。[83]“战略”一词源于希腊语中的strategos，意思是一位军事领袖。[84]从古希腊来到现代商业世界，这个词语在很大程度上保留了原汁原味。从一位带领一支军队成功击败敌人的将军，到制订目标和计划（战略的和战术的）以在市场上有效竞争的高层管理者，两者有异曲同工之妙。

关于动态能力的文献的核心观点是，为了保证长期生存，一家公司不仅必须实现当前的目标，而且要致力于持续学习以不断实现创新和改进。实际上，耸立在自由市场资本主义核心位置的是这个观点：能够用创新的产品和服务来满足大众的需求和欲望的公司是最成功的公司。从这方面讲，一个自由市场系统——完全基于自愿交易——的美妙之处在于：为了生存和繁荣，彭罗斯所称的“企业家”必须让自己的客户们“过得更好”。亚当·斯密在大约 250 年前说过的话仍然正确：“我们的晚餐并非来自屠夫、酿酒商或者面包师的恩惠，而是出自他们自利的打算。”[85]诸如谷歌公司（Google）的劳伦斯·佩奇（Lawrence E. Page）和亚马逊公司（Amazon）的杰夫·贝索斯（Jeffrey P. Bezos）之类的企业家所取得的成功（以及被谷歌公司或者亚马逊公司所取代的那些公司的衰落），仅仅是其中几个生动的例子，诠释了资本主义创新的活力，以及为了在激烈竞争的市场中生存下去，公司必须对新理念持开放态度，以使自己的客户们“过得更好”，否则就有可能成为熊彼特所称的“创造性破坏”的受害者。此外，如同亚当·斯密所指出的，通过企业家和顾客追求各自的自我利益，一个国家的总体经济及其国民所享受的生活水平（在其他条件相同的情况下）将会实现最优化（见第 2 章）。

无论是被称为“商业政策”还是“战略管理”，认识到公司始终处于一种创立、成长、停滞以及衰落的变化状态是发展一种一般管理理论的核心所在。智慧无法被传授，但是对管理理论的掌握可以为一家公司整合不同的公司职能——生产、营销、会计、财务以及信息系统，以适应经济的、技术的、社会的和政治的环境奠定基础。

小结

20 世纪的重要标志是两次世界大战，1929 年的经济大萧条，第二次世界大战后的技术大爆发，一次全球金融危机以及全球商务的增长。公司在国内外的持续成长，促进了对接受过更广泛教育的管理者的需求，重燃了人们对一般管理理论的兴趣。有关商业教育的研究导致商学院的课程改革以及对创造新知识的强调。这种对学术研究的强调导致管理理论与管理实践之间的一道鸿沟。美国在国际商学院教育方面落后于其他国家，而 MBA 成为一种国际时尚。

由于对应付全球挑战以及利用全球机遇的需求日益强烈，商业政策以及后来的战略管理也出现了越来越多的基础成果。全球的挑战和机遇要求公司提高自己的能力以抓住转瞬即逝的机遇，并且学会在具有不同历史、制度和文化的其他国家中开展工作。公司而不是市场，被视为更好的资源配置者，但是管理这只“看得见的手”带来了治理和代理问题。对公司的这种观点把一般管理视为一种创新的、整合的、需要在全球竞争环境中不断调整和学习的行动。

注 释

[1] Henri Fayol, *General and Industrial Management*, trans. Constance Storrs (London: Sir Isaac Pitman and Sons, 1949), p. 15.

[2] *Ibid.*, p. 19.

[3] William H. Newman, *Administrative Action: The Techniques of Organization and Management* (Englewood Cliffs, NJ: Prentice Hall, 1951), p. 1.

[4] *Idem*, “The Takeoff,” in Arthur G. Bedeian (ed.), *Management Laureates: A Collection of Auto-*

biographical Essays, vol. 2 (Greenwich, CT: JAI Press, 1993), p. 385.

[5] *Idem*, "Basic Objectives Which Shape the Character of the Company," *Journal of Business of the University of Chicago* 26 (4) (October 1953), pp. 211 - 223.

[6] George R. Terry, *Principles of Management* (Homewood, IL: Richard D. Irwin, 1953), p. 3.

[7] U. S. Air Force, *The Management Process*, Air Force Manual 25-1 (Washington, DC: U. S. Government Printing Office, 1954).

[8] Harold D. Koontz and Cyril J. O'Donnell, *Principles of Management: An Analysis of Managerial Functions* (New York: McGraw-Hill, 1955), pp. v, 3.

[9] Peter F. Drucker, *Adventures of a Bystander* (New York: Harper Collins, 1991).

[10] *Idem*, *The Practice of Management* (New York: Harper & Row, 1954), pp. 63 - 84.

[11] *Ibid.*, pp. 49 - 61.

[12] *Ibid.*, p. 137.

[13] *Ibid.*

[14] For more on the relationship between Drucker and Smiddy, see Ronald G. Greenwood, "Harold F. Smiddy: Manager by Inspiration and Persuasion," in Richard C. Huseman, ed., *Proceedings of the Annual Academy of Management Meeting* (1979), pp. 12 - 16.

[15] Ronald G. Greenwood, "Management by Objectives: As Developed by Peter Drucker, Assisted by HaroldSmiddy," *Academy of Management Review* 6 (2) (April 1981), p. 230.

[16] Peter F. Drucker, *Management Challenges for the 21st Century* (New York: Harper Business, 1999).

[17] Robert A. Gordon and James E. Howell, *Higher Education for Business* (New York: Columbia University Press, 1959). See also Francis X. Sutton, "The Ford Foundation: The Early Years," *Dœdalus* 116 (1) (Winter 1987), p. 52.

[18] Frank C. Pierson, *The Education of American Businessmen: A Study of University-College Programs in Business Administration* (New York: McGraw-Hill, 1959).

[19] William P. Bottom, "Organizing Intelligence: Development of Behavioral Science and the Research Based Model of Business Education," *Journal of the History of the Behavioral Sciences* 45 (3) (Summer 2009), pp. 253 - 283.

[20] Gordon and Howell, *Higher Education for Business*, pp. 179 - 182.

[21] Laurence R. Veysey, *The Emergence of the American University* (Chicago, IL: University of Chicago Press, 1970), p. 129.

[22] Rakesh Khurana, *From Higher Aims to Hired Hands: The Social Transformation of American Business Schools and the Unfilled Promise of Management as a Profession* (Princeton, NJ: Princeton University Press, 2010), p. 307.

[23] Harold D. Koontz, "The Management Theory Jungle," *Journal of the Academy of Management* 4 (3) (December 1961), pp. 174 - 188; *idem*, "Making Sense of Management Theory," *Harvard Business Review* 40 (4) (July - August 1962), pp. 24 - 46.

[24] For an historical view of the semantics confusion, see Arthur G. Bedeian, "A Historical Review of Efforts in the Area of Management Semantics," *Academy of Management Journal* 17 (1) (March 1974), pp. 101 - 114.

[25] For a discussion on these schools circa 1961 and 1980, see Harold D. Koontz, "The Management

Theory Jungle Revisited," *Academy of Management Review* 5 (2)(April 1980), pp. 175 - 187. See also *idem*, "Toward an Operational Theory of Management," in Melvin Zimet and Ronald G. Greenwood, eds., *The Evolving Science of Management: The Collected Papers of Harold Smiddy and Papers by Others in His Honor* (New York: American Management Associations, 1979), pp. 327 - 347.

[26] Harold D. Koontz quoted in Ronald G. Greenwood, "Harold Koontz: A Reminiscence," unpublished paper presented at the annual meeting of the Academy of Management, Boston, MA, August 14, 1984, pp. 5-6, Ronald G. Greenwood Collection, University Archives, Alvin Sherman Library, Nova Southeastern University, Fort Lauderdale, FL.

[27] Lyman W. Porter and Lawrence E. McKibbin, *Management Education and Development: Drift or Thrust into the 21st Century?* (New York: McGraw-Hill, 1988), p. 132.

[28] *Ibid.*, p. 327.

[29] Jeffrey Pfeffer and Christina T. Fong, "The End of Business Schools? Less Success Than Meets the Eye," *Academy of Management Learning & Education* 1 (1) (September 2002), p. 91.

[30] Sara L. Rynes, Kenneth G. Brown, and Amy E. Colbert, "Seven Common Misperceptions about Human Resource Practices: Research Findings versus Practitioner Beliefs," *Academy of Management Learning & Education* 18 (3) (2002), p. 100.

[31] Sara L. Rynes, Jean M. Bartunek, and Richard L. Daft, "Across the Great Divide: Knowledge Creation and Transfer between Practitioners and Academics," *Academy of Management Journal* 44 (2) (2001), pp. 340 - 355.

[32] Donald C. Hambrick, "The Field of Management's Devotion to Theory: Too Much of a Good Thing?" *Academy of Management Journal* 50 (6) (December 2006), pp. 1346 - 1352.

[33] K. Michele Kacmar and J. Michael Whitfield, "An Additional Rating Method for Journal Articles in the Field of Management," *Organizational Research Methods* 3 (4) (October 2000), p. 397. For a similar analysis (and similar results) of citations in *Administrative Science Quarterly*, see Gerald F. Davis and Christopher Marquis, "Prospects for Organization Theory in the Early Twenty-First Century: Institutional Fields and Mechanisms," *Organization Science* 16 (4)(July - August 2005), pp. 332 - 343.

[34] Daniel A. Wren, Jonathon R. B. Halbesleben, and M. Ronald Buckley, "The Theory-Applications Balance in Management Pedagogy: A Longitudinal Update, *Academy of Management Learning & Education* 6 (4) (December 2007), p. 490.

[35] Peter Cappelli, "From the Editor," *Academy of Management Perspectives* 19 (1) (February 2005), p. 5.

[36] Eric Barends, Denise M. Rousseau, and Rob B. Briner. *Evidenced-Based Management: The Basic Principles* (Amsterdam: Center for Evidence-Based megamenu, 2014), p. 5. Accessed at https://www.cebma.org/wp-content/uploads/Evidence-BasedPractice-The-Basic-Principles-vs-Dec-2015.pdf.

[37] Henri Fayol, *General and Industrial Management* (Storrs trans.), p. 15.

[38] Denise M. Rousseau, "Is There Such a Thing as Evidence-Based Management?" *Academy of Management Review* 31 (2) (April 2006), p. 252.

[39] Denise M. Rousseau and Sharon McCarthy, "Educating Managers from and Evidence-Based Per-

spective," *Academy of Management Learning & Education* 6 (1) (March 2007), p. 84. For a review of recent developments in evidence-based management, see Sara L. Rynes and Jean Bartunek, "Evidence-based Management: Foundations, Development, and Controversies and Future," *Annual Review of Organizational Psychology and Organizational Behavior* 4 (2017), pp. 235-261.

[40] Jone L. Pearce and Laura Huang, "The Decreasing Value of Our Research to Management Education," *Academy of Management Learning & Education* 11 (2) (June 2012), pp. 247-262.

[41] Eric W. Ford, W. Jack Duncan, Arthur G. Bedeian, Peter M. Ginter, Matthew D. Rousculp, and Alice W. Adams, "Mitigating Risks, Visible Hands, Inevitable Disasters: Management Research that Matters to Managers," *Academy of Management Executive* 17 (1) (February 2003), p. 58.

[42] George C. Banks, Jeffrey M. Pollack, Jaime E. Bochantin, Bradley L. Kirkman, Christopher E. Whelphy, and Ernest H. O'Boyle, "Management's Science-Practice Gap: A Grand Challenge for All Stakeholders," *Academy of Management Journal* 59 (6) (December 2016), pp. 2205-2231.

[43] James C. Worthy, "From Practice to Theory: Odyssey of a Manager," in Arthur G. Bedeian, ed., *Management Laureates*, vol. 3 (1993), pp. 375-414. See also *idem*, *Brushes with History: Recollections of a Many-Favored Life* (Evanston, IL: ThomsonShore, 1998).

[44] Henry Mintzberg, *The Nature of Managerial Work* (New York: Harper & Row, 1973).

[45] Neil H. Snyder and Thomas L. Wheelen, "Managerial Roles: Mintzberg and the Management Process Theorists," in Kae Chung, ed., *Proceedings of the Annual Academy of Management Meeting* (1981), p. 249. See also Mark J. Martinko and William L. Gardner, "Beyond Structured Observation: Methodological Issues and New Directions," *Academy of Management Review* 10 (4) (October 1985), pp. 676-695.

[46] Rosemary Stewart, "A Model for Understanding Managerial Jobs and Behavior," *Academy of Management Review* 7 (1) (January 1982), pp. 7-13.

[47] John P. Kotter, *The General Managers* (New York: Free Press, 1982).

[48] Chuck C. Y. Kwok and Jeffrey S. Arpan, "A Comparison of International Business Education in the U. S. and European Business Schools in the 1990s," *Management International Review* 34 (4) (1999), pp. 357-379.

[49] Ernest R. Archer, "Toward a Revival of the Principles of Management," *Industrial Management* 32 (1) (January-February 1990), p. 19.

[50] Ian Smith and Trevor Boyns, "British Management Theory and Practice: The Impact of Henri Fayol," *Management Decision* 43 (10) (2005), p. 1331.

[51] Michael Lubatkin, Momar Ndiaye, and Richard Vengroff, "The Nature of Managerial Work in Developing Countries: A Limited Test of the Universalist Hypothesis," *Journal of International Business Studies* 28 (4) (4th Quarter 1997), p. 711.

[52] Taïeb Hafsi and Mehda Farashahi, "Applicability of Management Theories to Developing Countries: A Synthesis," *Management International Review* 45 (4) (2005), p. 488.

[53] Henry Mintzberg, "*The Nature of Managerial Work* (1973) & *Simply Managing: What Manager Do—and Can Do Better* (2013)," *M@n@gement* 18 (2) (2015), p. 187.

[54] Stephen J. Carroll and Dennis J. Gillen, "Are the Classical Management Functions Useful in Descri-

bing Managerial Work?" *Academy of Management Review* 12 (1) (January 1987), p. 48. See also Michael J. Fells, "Fayol Stands the Test of Time," *Journal of Management History* 6 (8) (2000), pp. 345 - 360; David A. Lamond, "Henry Mintzberg vs. Henri Fayol: Of Lighthouses, Cubists, and the Emperor's New Clothes," *Journal of Applied Management and Entrepreneurship* 8 (4) (October 2003), pp. 5 - 23; and *idem*, "A Matter of Style: Reconciling Henry and Henri," *Management Decision* 42 (2) (2004), pp. 330 - 356.

[55] Edmund P. Learned, "Reflections on Leadership, Teaching, and Problem Solving Groups," in Arthur G. Bedeian ed., *Management Laureates*, vol. 2 (Greenwich, CT: JAI Press, 1993), pp. 149 -175.

[56] William H. Newman, *Business Policies and Management* (Cincinnati, OH: South-Western Publishing, 1940).

[57] *Idem*, "The Takeoff," pp. 375 - 397.

[58] Drucker, *Practice of Management*, pp. 352 - 353.

[59] Pankaj Ghemawat, "Competition and Business Strategy in Historical Perspective," *Business History Review* 76 (1) (Spring 2002), pp. 37 - 74.

[60] Kenneth R. Andrews, *The Concept of Corporate Strategy* (Homewood, IL: Dow-Jones Irwin, 1971), p. 90. See also Howard H. Stevenson, *Defining Corporate Strengths and Weaknesses: An Exploratory Study* (Unpublished dissertation, Harvard University, Boston, MA, 1969).

[61] Alfred D. Chandler, Jr., *Strategy and Structure: Chapters in the History of an American Industrial Enterprise* (Cambridge, MA: MIT Press, 1962), p. 14.

[62] Dan E. Schendel and Charles W. Hofer, eds., *Strategic Management: A New View of Business Policy and Planning* (Boston, MA: Little, Brown, 1979).

[63] Ronald H. Coase, "The Institutional Structure of Production," *American Economic Review* 82 (4) (September 1992), pp. 713 - 719.

[64] *Idem*, "The Nature of the Firm," *Economica* 4 (16) (November 1937), p. 392.

[65] Oliver E. Williamson, *Markets and Hierarchies: Analysis and Antitrust Implication: A Study in the Economics of Internal Organization* (New York: Free Press, 1975).

[66] Chester I. Barnard, *The Functions of the Executive* (Cambridge, MA: Harvard University Press, 1938), p. 14; Herbert A. Simon, *Administrative Behavior: A Study of Decision-Making Processes in Administrative Organization*, 2nd ed. (New York: Macmillan, 1957), p. xxiv; and *idem*, *Models of Man: Social and Rational* (New York: John Wiley & Sons, 1957), p. 198.

[67] Oliver E. Williamson, "Markets and Hierarchies: Some Elementary Considerations," *American Economic Review* 63 (3) (June 1973), p. 317.

[68] Barnard, *The Functions of the Executive*, pp. 200 - 211.

[69] Oliver E. Williamson, "Transaction-Cost Economics: The Governance of Contractual Relations," *Journal of Law & Economics* 22 (2) (October 1979), p. 234n.

[70] Alfred D. Chandler, *The Visible Hand: The Managerial Revolution in American Business* (Cambridge, MA: Belknap Press of the Harvard University Press, 1977).

[71] Edith Tilton Penrose, *The Theory of the Growth of the Firm* (New York: John Wiley & Sons, 1959), p. 75. For a precis of Penrose's life and work, see Michael H. Best and Elizabeth Garnsey,

"Edith Penrose, 1914 - 1996," *Economic Journal* 109 (453)(February 1999), pp. F187 - F201.

[72] Penrose, *The Theory of the Growth of the Firm*, pp. 24, 5, 149.

[73] Birger Wernerfelt, "A Resource-Based View of the Firm," *Strategic Management Journal* 5 (2) (April - June 1984), pp. 171 - 180. The use of the definite article "the" in referring to "growth of *the* firm" (Penrose) or "a resource-based view of *the* firm" should not be taken to suggest that there is but a single independent firm. Rather, reference here is to "a theory of all firms..., equivalent to a psychologist talking about a theory of the mind. Or a biologist talking about a theory of the gene". Personal communication from James G. March to Arthur G. Bedeian, April 13, 2008.

[74] *Ibid.*, p. 173.

[75] Jay B. Barney, "Firm Resources and Sustained Competitive Advantage," *Journal of Management* 17 (1) (March 1991), pp. 771 - 792.

[76] Penrose, *Theory of the Growth of the Firm*, p. 115.

[77] *Ibid.*, pp. 76 - 80.

[78] Joshua Bendickson, Jeffrey Muldoon, and Eric W. Liguori, "Agency Theory: The Times, They Are A-Changin'," *Management Decision* 54 (1) (2016), pp. 174 - 193; Joshua Bendickson, Jeffrey Muldoon, Eric W. Liguori, and Phillip E. Davis, "Agency Theory: Background and Epistemology," *Journal of Management History* 22 (4) (2016), pp. 437 - 449.

[79] Michael C. Jensen, "The Modern Industrial Revolution, Exit, and the Failure of Internal Control Systems," *Journal of Finance* 48 (3) (July 1993), pp. 831 - 880.

[80] See, for example, Michael A. Hitt, Daniel Li, and Kai Xu, "International Strategy: From Local to Global and Beyond," *Journal of World Business* 51 (1) (January, 2016), pp. 58 - 73; Robert E. Hoskisson, Lorraine Eden, Chung Ming Lau, and Mike Wright, "Strategy in Emerging Economies," *Academy of Management Journal* 43 (3) (June 2000), pp. 249 - 267.

[81] Joseph A. Schumpeter, *Capitalism, Socialism, and Democracy* (New York: Harper & Brothers, 1942), p. 83.

[82] David J. Teece, Gary Pisano, and Amy Shuen, "Dynamic Capabilities and Strategic Management," *Strategic Management Journal* 18 (7) (August 1997), p. 524. See also David J. Teece, "The Foundations of Enterprise Performance: Dynamic and Ordinary Capabilities in an (Economic) Theory of Firms," *Academy of Management Perspectives* 28 (4) (November 2014), pp. 328 - 352.

[83] Sydney Finkelstein, Donald C. Hambrick, and Albert A. Cannella, *Strategic Leadership: Theory and Research on Executives, Top Management Teams, and Boards* (New York: Oxford University Press, 2009), p. 4.

[84] Jeffrey Bracker, "The Historical Development of the Strategic Management Concept," *Academy of Management Review* 5 (2) (April 1980), p. 219.

[85] Adam Smith, *An Inquiry Into the Nature and Causes of the Wealth of Nations* (London: W. Strahan and T. Cadell in the Strand, 1776), vol. 1, bk. I, ch. 2, p. 17.

第20章 组织行为与理论

第三部分介绍了霍桑研究以及它所揭示的之前未曾认识到的员工行为模式。接着，介绍了玛丽·帕克·福莱特和切斯特·巴纳德的生平和思想，他们两位是科学管理时代与社会人时代之间的桥梁。然后，考察了人际关系运动从1930年左右到50年代初期在微观阶段和宏观阶段的成长和细化。最后，阐述了人际关系的理论和实践，并且考察了社会人时代经济的、社会的、技术的和政治的环境。

开始于20世纪50年代，人际关系运动被新一代学者致力于研究的现在所称的“组织行为”取代。摆脱人际关系的“感觉良好”名声，组织行为的研究者以一种分析的方式强调诸如工作设计、工作动机以及有效领导之类的事项。与此类似，人事管理领域开始建造一种更坚实的实证基础，并且随着时间的推移逐渐演变成人力资源管理以及后来的战略人力资源管理。大约在同一个时期，组织理论家开始讨论技术对组织结构的影响，并且探索组织如何进行调整以确保组织的管理过程、结构及战略与不断变化的环境相匹配。在20世纪下半叶，随着商业全球化程度日益提高，以及对在多元化文化环境中进行管理的需求日益增加，人们日益关注理解跨越界限的工作场所动力学，以及各个国家不同的文化可能会如何影响管理理论和实践的适用性。本章将逐一考察这些方面的发展。

组织的人的方面

直到20世纪60年代，那些在社会和行为科学领域有造诣的人，例如心理学家、社会学家和人类学家，对一般管理理论几乎还没有影响。不过，如同第19章所述，戈登和豪厄尔在1959年发表的关于商学院教育的报告吹响了在商学院的课程中增加更多行为和社会科学研究的号角：“在所有的必修课中，没有哪门课程会比人类行为学更适合未来的工商界精英……恰恰是企业的本质以及管理者在企业中的角色的本质表明，每个希望在一家现代企业中获得管理职位的人都需要掌握相当丰富的关于人类行为的知识。”[1]社会和行为科学被视为一种能够运用更强大的分析工具和概念工具来解决当时正面临的劳资关系挑战的科学方法。

从人际关系到组织行为的转变

戈登和豪厄尔的报告要求开展更加严谨的研究来理解工作场所中的关系，从而摆脱人际关系“感觉良好”的名声。在这份报告发布之后，社会和行为科学家纷纷进入商学院就职，他们在研究方法方面接受过严格训练，这导致了新一代学者的出现，他们致力于研究“组织行为”。最早之一——如果不是最早一个——使用“组织行为”这一术语的学者是菲利普·塞尔兹尼克（Philip Selznick），这个术语出现在他 1948 年发表于《美国社会学评论》《*American Sociological Review*》的一篇论文中。[2]到 1953 年，普林斯顿大学启动了一项组织行为研究项目。[3]一年之后，耶鲁大学的劳动管理中心开始出版一系列图书，名为“组织行为研究”（Studies in Organization Behavior）。这个系列的第一卷是克里斯·阿吉里斯（Chris Argyris）的《一家银行的组织：对组织的性质以及融合过程的研究》(*Organization of A Bank：A Study of the Nature of Organization and the Fusion Process*)，出版于 1954 年。阿吉里斯试图对“个体与组织”进行整合。他根据人类行为的“不成熟—成熟”理论提出了一种“个性与组织”假设。[4]在阿吉里斯看来，对正式组织（以及它们极端的劳动分工以及严密的监督和控制）的需求与对健康、成熟的个体的需求之间存在一种不一致。从婴儿期到成年期，对于健康的个体而言，都存在一种从不成熟发展到成熟的连续过程，这是通过从被动到主动、从依赖到独立、从缺乏自我意识到认识和控制自我以及其他一些改变来实现的。一个人的自我实现程度可以根据他在不成熟—成熟这个连续过程中的位置来确定。在阿吉里斯的阐述中，当这些不一致妨碍健康个体的需求以及正式组织的要求时，个体的反应可能是采取某些特定的防卫措施（例如变得更具有侵略性、消极倦怠或限制产出）。面对员工的这些反应，管理层可能通过更加专制和明确的领导、加强组织控制或者人际关系来予以应对。不过，阿吉里斯根据自己的经验发现，管理者在很多情况下采用的都是伪人际关系方法，其目的只是想在表面上美化工作环境，而不是努力消除引起员工不满的真正根源。

阿吉里斯与唐纳德·舍恩（Donald Schön）还推广了“组织学习”概念，这个概念源于阿吉里斯关于个体的需求和现代组织的需求的早期作品。问题就是个体（和群体）为什么会形成各种防卫动机来妨碍组织变革？在阿吉里斯和舍恩看来，作为对库尔特·勒温关于如何实施变革的理念（见第 15 章）的响应，问题的答案在于“解冻”和改变个体的防卫性思维方式，并且鼓励能够提高生产率的思维方式，这会导致“双循环”学习（“double-loop” learning）。所谓的“双循环”学习，指的是在实践中学习，并且基于实践的反馈信息在必要时对行为进行修正。与“双循环”学习形成对照的则是“单循环”学习，“单循环”学习不对现状进行详细考察，会妨碍个体和组织从经验中学习。[5]阿吉里斯和舍恩关于组织学习的成果为彭罗斯关于公司的知识基础论的成果（见第 19 章）增添了价值，并且刺激了人们对组织变革与发展的进一步兴趣。

基思·戴维斯（Keith Davis）的成果标志着人们开始从更广泛的哲学层面来理解工作场所中的互动。戴维斯将工作场所中的人际关系定义为“通过激励人们在工作中相互合作和实现生产效率，并且使他们获得经济的、心理的和社会的满足，使人们在工作环境中整合成为一个整体”[6]。戴维斯认为，现代人际关系实际上包括两个层面：一个层面涉及通过经验调查来理解、描述和确定人类行为的因果；另一个层面则是这些知识在具体情况下的运用。前者可称为组织行为（organizational behavior），后者则是人际关系（human relations）。这两个层面的互补性就在于前者进行调查和解释，后者则是应用已获得的那些知识。在理解人类和人类生活的社会性质时，基思·戴维斯强调经济因素和心理因素的重要性。通过这种方式，他把对工作场所行为的研究从“感性”的基础推向了寻求一种实证基础。

X理论和Y理论

作为一名训练有素的社会心理学家，道格拉斯·麦格雷戈除了在安提亚克学院（Antioch College）担任校长的6年之外，毕生都在麻省理工学院斯隆管理学院（Sloan School of Management）执教，从1937年开始直至1964年逝世。在安提亚克学院担任校长期间（1948—1954年），麦格雷戈发现当代的人际关系理论不足以解释组织生活的实际情况：

> 成为一名直线管理者的直接经验……这种直接经验教给我的东西，即使对别人进行再多的观察，也无法比拟。
>
> 例如，我过去认为一名领导者可以作为组织的一位建议者而获得成功。我认为自己能够避免成为一位“老板”。我怀疑，我是在无意识中希望能够逃避种种令人不快的必要行为，例如作出困难的决策，承担在众多不确定的选项中确定某种行动的责任，以及犯错误和承担后果。我想也许我能够这样做，从而使每个人都喜欢我——这种“良好的人际关系”将消除所有的不一致和不和谐。
>
> 我真是大错特错。经过几年的时间，我终于开始认识到，一名领导者不能逃避对组织中发生的事情承担责任，更不能逃避行使职权。[7]

基于在安提亚克学院担任校长的经验，麦格雷戈开始系统地阐述一系列将对管理教育产生深远影响的观点：“一位管理者认为，总体而言，人是懒惰的、不值得信任的和与管理者对着干的；另一位管理者认为，总体而言，人具有合作精神并且是友好的，那么他们两个人作出的决定将会大相径庭。”[8]在《企业的人性面》（*The Human Side of Enterprise*）一书中，麦格雷戈扩展了这个观点，即管理者对人的本质和人的行为的假设对决定管理者的工作风格具有最重要的影响。基于对人的本质的不同假设，管理者将以不同的方式来组织、领导、控制和激励员工。麦格雷戈阐述的第一组假设称为X理论，它代表的是“传统的指挥和控制观点”。X理论的假设是：

(1) 普通人生来厌恶工作，只要有可能就想逃避工作……

(2) 由于厌恶工作是人类的本性，因此对绝大多数人必须使用惩罚措施来强迫、控制、指挥和胁迫他们，以鞭策他们竭尽全力实现组织的目标……

(3) 普通人倾向于受人指挥，希望逃避责任，相对而言几乎没有进取心，将工作安全看得重于一切。[9]

与此对照，Y 理论的假设如下：

(1) 在工作中耗费体力和脑力劳动与玩耍或休息都是自然而然的。普通人并不是生来就厌恶工作的。

(2) 外部控制和以惩罚相威胁，并不是鞭策人们努力实现组织目标的仅有方法。人们愿意通过自我指挥和自我控制来实现他们具有认同感的目标。

(3) 对目标的认同是一个关于奖赏的函数，而奖赏则与绩效相关。那些最为显著的奖赏，例如自我满足与对自我实现的需求，能够直接导致人们努力实现组织的目标。

(4) 在合适的条件下，普通人不仅懂得接受责任，而且懂得主动承担责任。逃避责任、丧失进取心、对工作安全的关注，往往是后天经验的结果，并非人的本性。

(5) 在所有人当中，有许多人而不只是少数人，能够在解决组织的问题时，发挥相对较高程度的想象力、灵活性和创造力。

(6) 在现代工业生活的条件下，普通人的智力潜能只有一部分得到了利用。[10]

在麦格雷戈看来，从 Y 理论中得出的核心原则是认识到“创造条件使组织成员通过努力实现组织的成功从而最好地实现他们自身目标”的重要性。[11]相信人性的管理者将不会去构建、控制或者严密监管工作环境，相反，他们将尝试通过向下属提供更为广泛的工作自主权、鼓励创造力、使用更少的外部控制而鼓励自我控制，以及利用工作本身的挑战性产生的满足感来激励员工，帮助下属成长和变得成熟。使员工认同组织目标的做法将取代管理层使用外部控制的做法，因为员工会认为这是实现他们自己目标的最佳方法。麦格雷戈希望通过采用 Y 理论，雇主能够与雇员携手合作，努力促进双方的共同利益。

人力资源管理和产业关系：不断变化的场景

希望员工为完成本组织的目标而心甘情愿地做出贡献，这并不是新观念。17、18 世纪的古典经济学家认为工作是没有内在激励性的，因此必然是外在动机迫使工人工作（见第 3 章）。到了 19 世纪末期，新古典经济学家开始意识到工作不仅仅是一种谋生手段，实际上，人们通过生产性活动可以获得自我实现。[12]如同第 9 章所述，在 19 世纪与 20 世纪之交，在美国许多工厂的大门前，非熟练工人每个早晨都会排队等候，一位工长从工厂出来雇用当天的劳动力。不过，这往往会导致工长雇用自己的朋友或者关系比较密切的人，有时候甚至会售卖工作。弗雷德里克·泰勒谴责了这种行为，并且用职能工长来取代它，职能工长则演变成帮助制定雇佣决策的专业人士（见第7章）。在亨利·法约尔看来，人员配置仅仅是一家公司的组织职能的一部分（见第10章）。从这些最初的开端，人事管理逐渐演变为在员工招募、甄选等方面为管理者提供建议的一项职能。

如前所述，早期的人事管理项目借鉴了许多学科的内容，其中包括工业心理学（人事测验）、劳动经济学（用来理解劳动力市场要素，因为它们会影响劳动力供应和工资水平）以及产业关系（为了促进更好的劳资关系）但是它并未获得本领域的从业者认为它本应获得的认可和地位。戈登和豪厄尔在他们的报告中就作出了一些蔑视性的评论："在商学院开设的课程中，除了生产学这门课程，恐怕没有其他必修课比以人事管理为名的课程在教育方面所犯的错误更严重了。迄今，人事管理在其理论基础方面依然极为薄弱和狭窄（人际关系领域除外），而且部分是由于这个原因，人事管理在更好的学校里获得的评价并不怎么高。"[13]随着美国的商学院中引入了更多的社会和行为科学家，这些人能够将其研究技术和专业知识引入人事管理领域，而且随着各种产业关系和劳资关系研究的逐步发展，人事管理开始构建一个更牢固的实证基础。

劳动经济学家约翰·康芒斯似乎是第一个在描述产业关系时使用"人力资源"这一词语的人。[14]怀特·巴基（E. Wight Bakke）重复了这一观点，即所有管理者需要管理各种资源，其中包括人力资源，但必须更加关注和强调人力资源以使其获得比资金、原材料以及其他资源更高的重要性。人力资源职能的核心关注点不是"个人的快乐"而是"更具生产力的工作"，因此员工必须与组织的整体任务有机结合起来。人力资源工作是所有管理者的职责，而不仅仅是人事部门或者劳动关系部门的职责。[15]温德尔·弗伦奇（Wendell L. French）似乎是第一个将"人力资源"作为人事管理教材标题的人。[16]这并没有引发改变教材标题或课程名称的浪潮，但它的确是一个开端。人力资源管理具有的一种重要意义在于：它主张将人事管理确立为一个更加正统的领域，并且使之具有一个更加严谨的理论基础来理解那些影响员工政策的因素。从20世纪60年代开始，此后处于不断加速的发展当中，联邦和各州关于公平就业机会、就业测试、薪酬、退休金计划、职业安全与卫生的法律规定，刺激了公司在法律方面和业务方面对训练有素的人事专家的需求。

20世纪初，劳动经济学家为产业关系运动充当了先锋部队。到了21世纪初，他们已经远离了经济学和产业关系领域。如同考夫曼（Kaufman）所述："当今的普遍看法是，人事管理/人力资源管理这一领域……与经济学和产业关系是截然不同的，而且在很大程度上是毫不相关的。"[17]

乔治·施特劳斯（George Strauss）和托马斯·科昌（Thomas A. Kochan）是反对将人事管理/人力资源管理与产业关系分离开来的两位著名人物。在研究生学习期间和早期的职业生涯中，施特劳斯受到了很多人的影响，例如道格拉斯·麦格雷戈、保罗·萨缪尔森（Paul A. Samuelson）、约翰·邓洛普（John R. Dunlop）以及其他一些为经济学、人际关系和产业关系等学科提供了更广阔知识基础的学者。[18]在自己的职业生涯中，施特劳斯注意到了"从人际关系向组织行为的转变"，但是他从来没有放弃自己的信念，即良好的劳资关系是基于雇主与雇员之间的合作。托马斯·科昌来自劳动关系学者中的“威斯康星学派”，该学派的成员数量众多，其中包括理查德·埃利、约翰·康芒斯、塞利格·皮尔曼（Selig Perlman）等人。与施特劳斯相似，科昌也认为人力资源管理和产业关系是相辅相成的，工会是民主社会的一个合法的、有价值的组成部分，它使得劳工、管理方和公共政策制定者能够共同构建一个有助于共同进步和繁荣的议程。[19]

在20世纪80年代和90年代，彭罗斯所持的公司资源基础论和知识基础论获得了迟来的认可（见第19章）。彭罗斯认为，人力资源管理应该融入一家公司的竞争战略，于是“战略人力资源管理”的标签经常出现在管理文献中。战略人力资源管理的独特目标始终都是：促进那些能够导致高绩效工作系统的雇佣行为，以实现和维持一种竞争优势。[20]

不过，在考夫曼看来，“现代的人力资源管理和战略人力资源管理……似乎是把许多以前的理念重新装饰打扮一下，将前几代人已经熟知和实施的事物宣称为新发现”[21]。在对30年内的相关文献进行综述时，考夫曼批判了战略人力资源管理的研究者们并没有为管理科学增添价值，他们太过专注于组织的内部维度（如战略、组织行为以及心理学）而忽略了外部维度（例如经济学以及产业/就业方面的法律法规）；没有提出切实可行的研究发现；忽视了“盎格鲁-美国轨道”之外的其他领域。战略人力资源管理能够带来的全部利益仍然未明，而要超越目前主要以西方为基础的研究文献也并非易事。其他许多人也注意到，将“文化”等同于“国家”的通常做法是值得商榷的，而且不能忽视的还有许多与一个国家的历史、政治、宗教、意识形态、政治制度、经济制度、社会制度以及不同期望相关的挑战。[22]

工作设计

工作应该如何设计以实现最大的效率和效力，这是长期以来的一个关注焦点。柏拉图谈论了人的多样性以及它如何导致将一件任务的不同组成部分分配给不同个体，也就是我们所称的“劳动分工”。[23]虽然亚当·斯密看到了劳动分工能够带来的利益，但他也预见到了劳动分工所导致的不良后果。[24]弗雷德里克·泰勒、弗兰克·吉尔布雷斯以及科学管理的其他许多先行者深入研究了工作设计，希望发现一种更好的工作方法以减少疲劳和提高效率（见第二部分）。艾伦·莫根森（Allan H. Mogensen）率先开展工作简化运动，希望通过工作设计使工人能够更聪明地工作而不是更辛苦地工作。[25]沃克和格斯特对流水生产线工作进行了研究，作为该研究的结果，“工作扩展”成为一种减少劳动分工所导致的工作单调性的方法，获得了新的重视和强调（见第15章）。[26]被广泛认可的还有这种观点：管理层有责任从总体上使工作变得更有意义和更有个人成就感。

从20世纪50年代末开始，弗雷德里克·赫茨伯格试图发现哪些与工作相关的因素能够激励员工。[27]他要求员工提供具体的事例来陈述他们何时对自己的工作感觉特别棒以及何时对自己的工作感觉特别差。这些事例被分析之后表明，导致工作满意的因素截然不同于导致工作不满意的因素，也就是说，虽然令人不快的工作环境可能是导致工作不满意的一种原因，但是舒服的工作环境很少被视为导致工作满意的一种原因。这个发现截然不同于传统的观点，即认为工作满意和工作不满意是同一个连续体的相反两端。赫茨伯格将那些导致工作满意的因素称为“激励因素”。他的分析指出，这些激励因素与工作内容（job content）直接相关，体现了对个人成就感的需求。激励因素包括成就感、认可、被完成的工作任务、责任感、晋升机会以及工作的成长性。导致工作不满意的因素被称为“保健因素”。工作被执行的环境或设施，或者说是工作情境（job context）而不是工作内容，与保健因素更紧密相关。保健因素包括公司政策和管理、监管、与同事之间的关系、工作条件、收入、工作安全和保障。根据这种分类法，赫茨伯格及其同事得出结论：只有激励因素才能导致工作满意，保健因素只是防止工作不满意。即：

（1）如果一份工作缺乏保健因素将会导致不满意。如果存在保健因素，那么会防止不满意，但是并不会导致满意。

（2）如果一份工作存在激励因素，将会导致满意。如果缺乏激励因素，不会导致不满意。

因此，保健因素提供了一个在满意出现之前必须存在的平台。更直截了当地说，在使用激励因素使员工产生工作满意感之前，雇主必须通过提供保健因素来防止员工不满意。

如同第9章所述，赫茨伯格关于工作满意的“双因素理论”非常类似于亨德里克·德曼的结论，即工人对待工作的心理态度是“令人舒适的元素与令人不舒适的元素”产生的一种混合。[28]虽然颇具洞察力，但是赫茨伯格的研究发现被学者们认为存在几处缺陷。例如，对他的数据收集方式出现了许多质疑。其他研究者不是要求员工提供具体的事例来陈述他们何时对自己的工作感觉特别棒以及何时对自己的工作感觉特别差，而是使用了更不容易导致应答者偏倚的技巧来收集数据，却无法复制赫茨伯格的研究发现。从这方面讲，批评意见认为人们更有可能把自己的成绩作为工作满意的原因。与此类似，人们更有可能把自己的不满意归咎于糟糕的政策或监管，这意味着赫茨伯格的研究结果可能是源于他收集数据的方式。实际上，使用不同的数据收集方式的其他研究者所获得的结果与赫茨伯格的理论所预测的结果截然相反。此外，虽然赫茨伯格称欧洲、非洲、中东以及亚洲的一些国家复制了他最初研究的结果，但是由其他研究者进行的研究表明不同文化中的不同人员在工作偏好方面存在非常显著的差异，这又导致人们质疑其研究结果的跨文化普适性。

赫茨伯格的研究刺激了人们对工作设计日益浓厚的兴趣。亚瑟·特纳（Arthur N. Turner）和保罗·劳伦斯（Paul R. Lawrence）对与员工满意度和出勤率具有正相关关系的因素进行了研究，发现了六种“必要的任务属性”，它们分别是任务的多样性、工作自主权、必要的互动、可选择的互动、必要的知识和技能，以及职责。[29]在特纳和劳伦斯的研究中，一个重要方面是他们发现来自不同文化背景（例如，小城镇与大都市）的员工以不同的方式看待在“必要的任务属性”维度得分高的工作岗位。对于小城镇中的员工来说，这六种“必要的任务属性”所构成的一个总体指数与工作满意度和出勤率之间存在一种正相关关系，而对于大都市中的员工来说，则存在一种负相关关系。

理查德·哈克曼（J. Richard Hackman）和爱德华·劳勒三世（Edward E. Lawler Ⅲ）扩展了特纳和劳伦斯的成果。[30]他们确定了四种特征并将其定义为“核心维度”，它们可以用来使工作丰富化（见第15章）。这四种核心维度指的是技能的多样性、工作自主、任务的完整性以及绩效反馈。哈克曼和劳勒推论，一种工作包含这些核心维度的程度越高，它就越有可能为员工提供满意感和激励。进一步说，应该会导致更高质量的绩效以及更低的缺勤率和离职率。哈克曼和奥尔德姆（Oldham）指出，考虑员工渴望通过满足“更高层次的”需求来获得个人成长，具有极其重要的意义。

后来，哈克曼与奥尔德姆组成了搭档，他们认为“任务的显著性”应该被视为第五种核心维度。哈克曼和奥尔德姆要求管理者弄清楚自己监管的那些工作所体现出来的不同核心维度的数量和质量。他们认为，如果这些特征能够被扩展和加强，例如提高所使用的技能的多样性，或者向员工提供关于他工作绩效的信息，那么员工在工作中将会获得更多“有意义的”经历。认识到不同的员工对这五种核心维度的反应必然会大相径庭，存在显著的个体差异，哈克曼和奥尔德姆承认这种方法的成果取决于一位员工的“成长需求强度”。如果一个人觉得工作中的挑战已经足够大，而且感到这份工作很有意义，那么成长需求强度将会较低，使这份工作进一步丰富化的努力将会不那么有效。有些个体在工作中寻求更多的自由和挑战，其他一些人则并非如此。此外，有些工作可以变得更有意义，其他一些工作则不然。因此，哈克曼和奥尔德姆并没有将工作特征理论视为一种可以解决所有工作相关问题的通用方法：“工作再设计更大程度上是一种管理方法，而不是圆满解决员工激励和满意度问题的一种固定装置。”[31]不过，他们的研究表明，通过对工作性质与员工需求进行更紧密的匹配，工作动机和员工满意度可以提高。

工作动机

接下来的两个主题——工作动机与领导是紧密相连的，在这里将它们分开只是为了强调不同人物及其理论贡献。动机是一个核心事项，贯穿员工行为的所有方面。如前所述，“自古以来，‘我如何能够激励我的人?’这个问题已经被人们从哲学层面和实践层面强调了无数遍”[32]。古典经济学认为，因为工作是一种令人烦恼的活动，所以不得不驱使或者迫使员工努力工作。我们在第2章和第15章已经详细阐述过，这种思维方式被亨利·默里、亚伯拉罕·马斯洛以及大卫·麦克莱兰等心理学家质疑。作为一个群体，他们以及其他心理学家主要关注需求、动机以及欲望，致力于揭示什么激励个体。例如，马斯洛确定了五类与生俱来的需求，麦克莱兰在默里的研究成果的基础上聚焦于权力需求、归属需求以及成就需求。不过，人们很快就明确认识到，在实际应用中，对动机的完整理解需要领悟两方面的内容：什么激励个体以及个体如何被激励。对于个体如何被激励，关注行为如何被赋予能量、行为如何被引导、行为如何被维持以及行为如何停止的三种动机理论（20世纪60年代初开始形成的）——维克托·弗鲁姆（Victor H. Vroom）的期望理论，斯泰西·亚当斯（J. Stacy Adams）的公平理论，以及埃德温·洛克和加里·莱瑟姆的目标设定理论获得了最广泛的关注。[33]

20 世纪中期和下半叶最有影响力的工作动机理论之一是由维克托·弗鲁姆提出的期望理论。[34]期望理论基于人们会采取行动来使自己的回报最大化的观点。从这方面讲，期望理论认为动机是价值和期望的一种产物。价值，即某种特定的回报对个体的价值，期望则是个体对某种特定行为模式是否可能导致其需求获得满足的判断。简而言之，当个体认为自己以某种特定方式行事将导致某些特定的结果（例如，一次工资增长或者一次晋升），而且这些结果对自己具有积极的价值时，该个体以这种特定方式行事的动机将会最大。期望理论强调不同的个体具有不同的欲望，而且人们有可能认为行为与自身欲望的实现之间存在不同的联系。期望理论凸显了那些能够影响行为意图的重要因素（例如价值和期望），并且为单独或联合使用这些重要因素来预测行为提供了方法。

斯泰西·亚当斯提出的公平理论（equity theory）试图解释人们对结果（例如，收入、晋升机会和更高的地位）的满意程度以及预测行为变化。[35]该理论根据个体对自己在工作中投入的努力程度与获得的回报所感知到的公平程度，尤其是与类似岗位上的其他人的比较，来定义动机。公平理论认为，所感知到的不公平会导致个体内心的张力，这种张力会激励该个体采取行动来改变这种不公平。个体感觉到的张力越大，该个体采取行动来恢复公平进而减少这种张力的努力程度就越高。根据公平理论，个体用来进行比较的“其他人”可以是一个人（例如一个同事）、一个群体（例如另外一个从事轮班工作的员工群体），或者是先前某个工作情境中的个体，甚至可能是某个假设的人物。要想理解公平理论，有两点非常关键：(1) 它强调“感知到的”公平而不是“实际的”公平。个体的比较是基于主观感知还是客观实际，这一点无足轻重。(2) 公平并不等同于平等。当个体认为自己获得的结果与另外某个个体获得的结果相同时，可以说出现了平等。当个体认为自己获得的结果与付出的努力之间的比率与另外某个个体获得的结果-努力比率相同时，公平才会实现。因此，在以下两种情况中就会出现感知到的不公平：该个体认为自己的结果-努力比率明显低于其他某个个体的结果-努力比率；或者该个体认为自己的结果-努力比率显著高于其他某个个体的结果-努力比率。人们寻求公平，这当然并不是什么新概念，它是怀廷·威廉姆斯 1920 年所得出的结论（见第 9 章）的基础。威廉姆斯认为，从工人的角度来看，报酬是相对的，也就是说，重要的并不是一个人获得的绝对收入，而是与其他人相比的相对量。[36]它也是公元 1 世纪《圣经》中“葡萄园工人”寓言的基础，在这个寓言故事中，从日出之时就开始工作的工人所获得的工资却与那些下班之前一个小时才开始工作的工人相同，前者对此感到非常失望。对公平的渴望似乎是自古以来就存在的。

目标设定理论主要是埃德温·洛克和加里·莱瑟姆的成果。目标设定理论聚焦于提出和设定的具体工作目标对工作绩效的显著影响，认为有意设定的目标是动机的最密切决定因素。[37]目标越明确越好：“生产 100 件能够通过质量检查的产品”要优于“今天你要尽自己的最大努力”。此外，困难的目标要优于简单的目标——目标应该挑战（但并不超出）员工们的工作能力。洛克和莱瑟姆的研究表明，目标的困难程度与工作绩效之间存在一种正相关关系。有证据进一步表明，无论目标是上级领导分配的还是通过群体参与来决定的，目标设定作为一种激励工具具有同等效果。在洛克和莱瑟姆看来，当员工内心已经受到要完成该项工作的激励时，例如员工对成就和自我效能具有很高的需求时，由管理者确定的目标会发挥最佳效果。当员工已经熟悉和适应员工参与的技巧，而且他们对成就的需求比较低时，参与式的目标设定可能更有效。洛克和莱瑟姆的研究还表明，员工对目标的接受程度取决于许多因素，其中包括员工对管理者的信任程度、目标的公正性和困难程度，以及对管理者的要求是否合理的感觉。总体来说，40 年的研究已经提供坚实的证据来支持目标困难程度与工作绩效之间的正相关关系。

如同坎佛（Kanfer）和陈（Chen）所述："20 世纪中期和下半叶的大部分时间，期望-价值模型以及目标设定模型主导了工作动机领域的文献。"[38]同时，考虑到各国市场的融合程度以及全球劳动力队伍多元化程度的日益提高，显然需要进行研究来确定以西方为基础的动机理论是否适用于其他国家和文化。例如，吉尔特·霍夫斯泰德（Geert Hofstede）批评了马斯洛、麦克莱兰、赫茨伯格以及弗鲁姆对人的需求和抱负的本质所持有的弗洛伊德式倾向，认为弗洛伊德式思维并不符合其他文化模式。[39]

有效的领导

领导已经被研究了数千年。简而言之，我们对领导的理解历经了三个阶段才来到今天这个阶段。先前的三个阶段一般称为特质阶段、行为阶段以及情境阶段。由于我们对领导的理解在很大程度上是随着时间的推移而累积的，因此，我们将会按照时间顺序来讨论这三个阶段，然后介绍领导理论的当前状态。[40]

特质阶段

如同第 8 章所述，世界历史被伟大人物塑造。没有摩西，犹太人可能还在埃及被奴役。没有温斯顿·丘吉尔（Winston Churchill），英国可能已经在第二次世界大战期间屈服于纳粹德国空军 1940 年的轰炸。我们总是惊叹于某些特定人物的成就，因此，试图理解领导则首先聚焦于确定哪些具体特质使得一个人成为一位有效的领导者，这也就不足为奇了。早期的研究试图发现处于领导职位的人物如何获得这些职位以及这些人物是否普遍具有某些特质。总体而言，这些研究将一种特质定义为一种与众不同的、能够对个体的行为进行解释的身体或心理特征。

在特质阶段，出现了"伟人"领导理论，认为一个人天生就具备或者不具备成为一位领导者的必要特质；领导者是天生的而不是后天塑造的。因此，领导被认为是源自天性。习得的行为被认为是不相干的，诸如亚历山大（Alexander）大帝、汉尼拔（Hannibal）以及拿破仑（Napoleon）之类的伟大人物被认为是"天生的领袖"，注定要承担领袖职责。人们普遍认为他们具备先天品质，这能够使他们在任何情境下都成为有效的领导者。（虽然也存在圣女贞德（Joan of Arc）、伊丽莎白一世（Elizabeth Ⅰ）、凯瑟琳（Catherine）大帝等榜样，但是女性领导者通常被忽略不计了。）

直到20世纪初，伟人领导理论（不要与第9章所述的“本能理论”相混淆）都占据着主导地位。如同莉莲·吉尔布雷斯所述（见第8章），通过表明获得合适训练和组织的普通人也可以成为成功的领导者，科学管理对伟人领导理论提出了质疑。在吉尔布雷斯以及其他早期行为学家的影响下，伟人领导理论开始被重新评判，这至少基于两个理由：(1) 如果确实存在“伟人”或者“天生的领袖”，那么应该可以研究出是哪些特质使他们与普通大众区分开来；(2) 如果这些特质可以被确定，其他个体应该可以通过学习和经验来获得它们。这也许是诸如女童军（Girl Guides，1909）、男童子军（Boy Scouts，1910）以及女童子军（Girl Scouts，1912）之类的群体在这个阶段纷纷成立的原因。这类群体的纲领都强调友善、尊重、服从以及忠诚之类的特质对在生活中获得成功的重要意义。

这种逻辑刺激了一大波研究去发现那些一旦被获得就能够使追随者变为领导者的特质。在1904—1948年大约有125项研究试图将成功的领导者所具备的特质与那些不成功的对手所具备的特质进行比较，希望能够确定成功的领导者所具备的特质。[41]研究者们广泛调查了许多种人格特质，包括果敢、热情、坚持、自信、独立、成就需求以及社会成熟度。身高、体重、活力、运动能力以及吸引力之类的特征也被深入研究。总体而言，得到的结果令人失望。虽然发现了某些特定的联系，但这些关联通常是很微弱的，它们对领导而言更有可能是随机因素而不是核心因素。

行为阶段

因为特质研究几乎没有提供什么证据来区分领导者与追随者或者使追随者变成领导者，所以研究者们从20世纪40年代开始质疑存在独特的领导者特质，并且将关注重点转向领导者的行为，这种转变标志着领导研究的行为阶段的开端。行为阶段的主流观点认为领导者的特征最显著地体现于他们如何行事而不是他们的个人特质。行为阶段基于如下假设：领导者利用某种特别的行为方式导致其他人追随他们。行为阶段的最佳代表或许是俄亥俄州立大学的领导研究——主要领导者是拉尔夫·斯托格迪尔和卡罗尔·沙特尔，以及密歇根大学的领导研究——主要领导者是伦西斯·利克特。我们在第15章已经分别详细讨论了这两项研究。

情境阶段

在20世纪60年代末获得广泛认可的一个观点是可能会影响领导者效力的那些情境差异值得投入更多关注。于是，领导研究开始转向一种情境视角。通过这种转变，人们越来越明确地发现并不存在一种最佳的领导风格。最有效的领导风格取决于面临的情境所特有的一些因素。第一个情境理论是由弗雷德·菲德勒（Fred E. Fiedler）率先提出的，被称为“权变领导理论”。[42]该理论从工作群体绩效的角度来定义领导者效力，即工作群体绩效取决于一个人的领导风格与该具体情境的“有利程度”之间的匹配。菲德勒通过使用 LPC（最不喜欢的同事）量表来确定某个特定情境中的领导风格或行事方式。LPC 量表要求回答者考虑自己曾经共事过的所有个体并且使用该量表来测定与自己合作效果最差的个体。LPC 量表中的项目涵盖了诸如“友好-非友好”“拒绝-接受”“疏远-亲密”之类的人格属性。如果某个人以一种相对消极的方式来评价自己最不喜欢的同事，那么该个体被视为“任务导向型”。与此相反，如果某个人以一种相对积极的方式来评价自己最不喜欢的同事，那么该个体被视为“关系导向型”。菲德勒还确定了能够决定一个情境的“有利程度”的三种因素：（1）领导者-成员关系，或者说是一个群体信任、喜欢该领导者或者愿意跟随该领导者的程度；（2）任务结构，或者说是任务设计的优劣程度；（3）领导者职位权力，或者说是与该领导者的个人权力区分开来的正式权威。菲德勒得出结论，从工作群体绩效来判断，任务导向型的领导者往往在非常有利或者非常不利的情境中最为有效。他们在非常有利的情境中更加有效，因为关系导向型的行为是多余的。他们在非常不利的情境中也最为有效，因为他们至少能够让工作完成。只有在中等有利的情境中，关系导向型的领导者通常最为有效，因为在这种情境中人际关系尤其重要。虽然菲德勒的研究结论受到了批评，但是他的研究发现表明，并不存在适合每一种情境的完美领导者，通过仔细选择那些与自己的领导风格相匹配的情境，任何一个人都可以成为一名领导者。

当代的领导理论

最近有一项文献综述识别了 49 种不同的领导理论或方法，它真实反映了当代领导研究的现状。[43]考虑到当代文献的巨大数量以及时间、空间的限制，我们将主要讨论三种较为流行的当代领导理论：超凡魅力领导理论、变革型领导理论以及领导者-成员交换理论。

超凡魅力领导理论的名称来源于希腊词语“魅力”（charisma），指的是“天生的才能”。对超凡魅力领导的兴趣可以追溯到马克斯·韦伯的作品（见第 10 章）。[44]在区分权力类型时，马克斯·韦伯不仅探讨了法定权力和传统权力，还探讨了源自领导者个人超凡魅力的权力。一位具有超凡魅力的领导者通过吸引追随者来完成工作。这些追随者信任该领导者，愿意分享该领导者所持有的愿景，往往认为该领导者具有不可思议的力量，因而服从于该领导者。作为一种特殊品质，超凡魅力能够以一种情绪的、非理性的方式激励人们付出额外努力。美国总统约翰·肯尼迪以及罗纳德·里根（Ronald Reagan）就经常被视为超凡魅力领导者的例子。这两位总统都拥有非常强大的魅力和吸引力，这使得他们截然不同于其他人。总体而言，有研究表明，当一位领导者拥有超凡魅力时，追随者们的绩效更高。特别是通过为追随者们描绘一种价值系统，呈现自己的能力和成功，倡导一个激动人心的、更具意识形态色彩而非现实色彩的目标，传达对追随者们的高期望，表现出对追随者们的信心以及激发他们的动机，超凡魅力型领导者被认为能够创造有利的结果。无论结果是什么，超凡魅力都可能是领导者与追随者们的特征以及情境因素之间的一种复杂互动过程。不过，批评意见认为，有效的领导并不取决于魅力。美国总统德怀特·艾森豪威尔以及哈里·杜鲁门也是极为有效的领导者，他们并不被视为具有超凡魅力。

变革型领导理论是我们要探讨的第二种当代领导理论。在关于领导的文献中，超凡魅力领导和变革型领导常常可以互换。[45]伯纳德·巴思（Bernard M. Bass）的变革型领导模型是当代主流的研究框架，它或许可以解释这两种领导可以互换的原因。在巴思看来，超凡魅力只是变革型领导者的一部分特点：通过设定高期望来鼓舞追随者，聚集众人的努力，并且以具有感染力的方式表述重要的目标。[46]詹姆斯·麦格雷戈·伯恩斯（James MacGregor Burns）创造了两个术语——交易型（transactional）和变革型（transformational）——来描述他所研究的政治领导者类型。[47]有研究表明，具有超凡魅力的变革型领导者似乎出现在特定时期，例如当组织衰落、需要重新恢复活力和提出一个崭新的前景时。具有超凡魅力的变革型领导者往往被描述为这样的人：他们为组织结构、文化、市场或者其他任何事物中需要进行的重大改革描绘愿景。不过，如果一位具有超凡魅力的变革型领导者的意图并不是社会所期望的，那么将会发生什么，这并不是始终明确可知的。例如，一些历史人物（让人想起了阿道夫·希特勒（Adolf Hitler））就展现了这种神奇的个人魅力，导致其他人陷入盲从之中并最终出现邪恶的结果。出于几方面的原因，对具有超凡魅力的变革型领导的研究已经招致了越来越多的批评。也许最值得一提的是，具有超凡魅力的变革型领导似乎并没有一个明确定义，使得人们无法对不同研究的结果进行比较。[48]

领导者-成员交换理论是我们要讨论的第三种当代领导理论，也是最后一种。绝大多数领导理论都假设领导者以基本相同的行事方式对待所有下属，与此相反，领导者-成员交换理论认为领导是一种一对一的交换，领导者以不同的行为方式对待工作群体中的不同成员。[49]该理论进一步认为，下属们会根据自己与该领导者之间的人际关系质量（交换）而形成不同的群体：圈内成员（更高的人际关系质量）以及圈外成员（较低的人际关系质量）。

圈内成员和圈外成员会获得大相径庭的工作结果。领导者与圈内成员的互动类似于社会交易：领导者与圈内成员之间交换资源并且享受更高层次的信任和支持。通过这种方式，领导者与圈内成员形成互惠互利的依赖关系。与此相反，在与圈外成员的交换中，领导者充当监管者，依靠正式权力督促圈外成员实现工作绩效。在最极端的情况下，领导者与圈外成员的交换可能是非常机械的，完全照搬工作场所中的规章制度和程序，而不是通过彼此之间自然而然的互动。这样的交换，其典型特征通常是信任、互动、支持以及领导者提供的奖励都处于很低层次。研究表明，作为这种区别对待的后果，圈内成员的工作绩效和工作满意度要高于圈外成员。领导者-成员交换理论强调领导者的行为在一定程度上源自下属，也就是说，领导是一种相互影响的过程。领导者以不同的方式应对不同的下属，领导者和下属都会根据对方的表现来调整自己的行为。

像其他领导理论一样，领导者-成员交换理论也无法避免批评。例如，批评意见尤其针对领导者-成员交换如何被测量的方法论方面。虽然领导者-成员交换理论已经被扩展到调查诸如性别之类的个体差异，但是阿沃利奥（Avolio）及其同事们指出，具有发展前景的一个未来研究领域应该是探究国家文化对领导者-成员关系的发展和质量的影响，进而对诸如工作满意度和工作绩效之类的工作场所结果所产生的影响。[50]

试图对领导理论和领导研究进行总结可能是徒劳无功的。在考察了大约 3 000 项研究之后，斯托格迪尔在 1974 年观察到："40 年来对领导的研究产生了大量令人疑惑的成果……实证数据的大量堆砌并没有形成对领导的一种完整理解。"[51]如今又过去了大约 40 年，加里·尤克尔（Gary A. Yukl）也发出了类似的感慨："在过去的半个世纪，对领导者行为及其影响已经进行了数千项研究，但是各项研究所使用的行为构架千差万别，这使得人们难以比较和整合这些研究发现。"[52]为了解决这种需求，尤克尔为领导行为提供了一种层级分类法，包含四大类以及十几个组成部分，用来解读各种领导研究获得的结果。这四大类对应领导文献在过去大约 60 年内的发展：(1) 任务导向的行为；(2) 关系导向的行为；(3) 变革导向的行为；(4) 外部领导行为。任务导向的行为包括对组织运行进行计划、解释以及监控；关系导向的行为包括支持、发展、认可以及授权；变革导向的行为包括倡导变革、对变革提出愿景、鼓励创新以及促进集体学习；外部领导行为包括建立关系网络、代表本组织以及外部监控。尤克尔的层级分类法中的这些类别和领导行为组成部分在不同文化中的适用程度究竟如何，迄今为止仍然是未知的。考虑到这个事实，我们接下来考察在非西方环境中进行的管理研究。具体来说，我们将考察吉尔特·霍夫斯泰德对工作场所价值观方面的文化差异所进行的研究，以及跨文化研究项目 GLOBE（全球领导和组织行为效力）。

跨边界管理

吉尔特·霍夫斯泰德是第一批对基于西方的管理理论的全球适用性提出质疑的研究者之一。基于西方的管理理论重视市场程序，强调个体，聚焦于管理者而不是员工。如前所述，霍夫斯泰德批评了马斯洛、麦克莱兰、赫茨伯格以及弗鲁姆对人的需求和抱负的本质所持有的弗洛伊德式倾向，认为弗洛伊德式思维并不符合其他文化模式。霍夫斯泰德认为基于西方的管理理论具有文化局限性。对这一观点的支持最初来自他在 20 世纪 60 年代初为一家被称为"HERMES"的公司（后来发现，该公司是 IBM）实施的一个研究项目。[53]利用在 53 个国家和地区收集到的数据，霍夫斯泰德确定了四种基本的、社会层次的工作场所价值观（维度），不同的文化可以通过这四个维度来进行比较。这四个维度分别是：(1) 权力距离；(2) 不确定性规避；(3) 个人主义-集体主义；(4) 男性化-女性化。权力距离指的是一种文化对权力等级制度的接受程度，涉及整个社会认为多大程度的权力不平等是可以接受的。有些文化认为权力差异是可以接受的，与此相反，在有些重视平等的文化中，参与式管理以及共同决策可能更容易被接受。不确定性规避考察一种文化对模糊性和不确定性的容忍程度。在结构化的互动比非结构化的过程更受青睐的文化中，基于资历的薪酬系统可能比基于绩效的薪酬系统更受重视。个人主义-集体主义指的是人们扮演个体或者群体成员的倾向。在高集体主义的文化中，奖励团队工作可能比奖励个体更受青睐。男性化-女性化体现了一种文化对男性与女性之间的社会差异的偏好程度。在一种男性化的、强调性别差异的文化中，果敢的、竞争性的工作场所行为可能要比在一种重视生活质量和社交关系的女性化文化中更容易被接受。

将这四个维度综合起来，霍夫斯泰德称可以解释工作场所价值观方面的跨文化差异的 50%左右。剩余的差异取决于具体的国家。霍夫斯泰德发现，美国在不确定性规避维度上低于平均水平（也就是说，更愿意承担风险），日本在这个维度上得分很高；日本在男性化维度上得分很高，荷兰得分很低；法国表现出更高的权力距离（平等程度较低），而且在某种程度上来说是具有女性化色彩的国家；亚洲国家似乎在长期导向维度上得分更高，美国在该维度上得分较低。霍夫斯泰德和邦德（Bond）后来确定了第五种基本维度——长期导向-短期导向，用来描述儒家文化在东亚国家的影响。[54]这个维度被称为“儒家动力”（Confucian Dynamism），它体现了着眼于未来，坚持勤奋工作和节俭，社会关系按照地位高低来排序，以及一种“羞耻心”。在这个维度上得分高的国家有日本、韩国等以及一些特定的非儒家文化国家（例如巴西和印度）。

作为工作场所价值观影响不同管理实践的适用性的一个例子，舒勒（Schuler）和罗格斯基（Rogocsky）报告说，薪酬计划的适用性会随着国家的不同而改变。[55]他们发现，基于资历的薪酬计划更有可能出现在不确定性规避维度得分较低的文化中，而基于个体绩效的薪酬计划在强调个人主义、愿意承担风险的文化中更加流行。他们进一步发现，在被视为“女性化”的文化中，将员工的个人需求和社会需求都纳入考虑范围的薪酬实践要比“男性化”的文化中更加普遍，而且员工持股计划（例如，股票期权计划）在个人主义程度更高、不确定性规避程度更低、权力距离更高的文化中更加普遍。作为第二个例子，在格林伯格（Greenberg）看来，虽然对正义的关注是跨越不同文化的普遍现象，但是正义标准是“特别具体化的”，体现了截然不同的标准和价值观。[56]在个人主义维度上得分特别高的文化中，例如美国，公平要比平等更受青睐。与此形成鲜明对照的是荷兰和印度，荷兰人更青睐平等，而印度人青睐根据需求来分配结果。作为最后一个例子，埃雷兹（Erez）观察到，在日本非常流行的质量控制圈以及在瑞典非常普遍的自主工作群体，在美国获得认可的可能性较低，因为与工作自主及绩效反馈有关的文化期望不一样。[57]

在讨论自己的研究发现时，霍夫斯泰德明确指出，这并不意味着他所研究的这五个维度就是所有的具有重要意义的文化价值观。他还强调，他的研究结果仅仅描述了大致的文化差异，不能被解读为适用于具体的个体。虽然存在这些局限，霍夫斯泰德为理解工作场所价值观的国际差异打开了一扇大门，并且强调：“我们用来指导我们观点和实践的那些理论是文化的创造物，是具有文化局限性的，虽然在其母国大有用武之地，但是被移植到其他文化中时，它们被认为水土不服，或者至少不是非常有用的。”[58]

GLOBE 项目

罗伯特·豪斯（Robert J. House）是一个拥有 200 多名研究者的研究团队中的资深成员。该研究团队针对社会文化和组织行为进行了一项跨文化研究，该项研究就是众所周知的 GLOBE 项目。[59]GLOBE 项目开始于 20 世纪 90 年代初，持续的时间已经超过了 25 年，考察了 62 个国家和地区的 950 家组织的 173 000 名中层管理者。该项目是一个长期计划，用以发现不同国家之间能够影响领导者-下属关系和行为的社会层面的工作场所价值观或维度的差异。GLOBE 项目保留了霍夫斯泰德的两个维度：权力距离以及不确定性规避。将长期导向维度改名为未来导向；将个人主义-集体主义拆分为制度集体主义（社会和组织层面的）和内群体集体主义（个体在其组织/家庭中的凝聚力）。霍夫斯泰德的男性化-女性化维度被扩展为自信、性别平等主义、以仁爱为导向（个体因为关爱、公正、利他主义以及诸如此类的品质而受到群体奖励的程度）以及绩效导向（个体因为绩效改进和卓越而被所在集体奖励的程度）。

GLOBE 项目的研究者们确定了六种较高级别的全球领导维度，这些维度是由各种不同的基本维度构成的。这六种领导维度是：(1) 超凡魅力/基于价值的领导（涵盖的基本维度包括：愿景能力、激励能力，以及正直）；(2) 以团队为导向的领导（涵盖的基本维度包括：以协作团队为导向，团队整合者，外交官）；(3) 参与式领导（涵盖的基本维度包括：非参与式的，独裁的）；(4) 以仁爱为导向的领导（涵盖的基本维度包括：谦逊，以仁爱为导向）；(5) 自治型的领导（由个人独立性、自主和个人主义构成的单一维度）；(6) 自我保护型的领导（涵盖的基本维度包括：以自我为中心，减少冲突，以保留面子为导向）。[60]所研究的国家和地区对每个领导维度的偏好程度是不同的，研究者们根据它们偏好程度的相似度来对这些国家和地区进行分类，并且根据每个维度对卓越领导作出的贡献程度将这些国家和地区划分为较高群体、中等群体以及较低群体。例如，超凡魅力/基于价值的领导者在美国、巴西、印度以及德国等国家更受青睐。以仁爱为导向的领导者在中国、埃及以及日本等国家更受青睐。自治型的领导者在俄罗斯、埃及以及德国等国家更受青睐。研究发现，“值得信赖、公正、诚实”之类的领导属性是“普遍受欢迎的”，与此相反，“暴躁易怒”“冷酷无情”之类的领导属性是普遍不受欢迎的。不过，“在所有的文化中，领导者的团队导向，就愿景和价值观与追随者们进行沟通，对追随者们抱有信心，都是极为有效的领导者行为”[61]。

令 GLOBE 项目的研究者们感到惊讶的是，他们发现国家文化并不能预测首席执行官的领导行为，毋宁说，他们发现首席执行官的行为是与首席执行官根据外部社会对领导者的期望来行事的程度相关联的。从这方面来讲，外部社会对领导者的期望与首席执行官的行为之间的“匹配”程度被认为是首席执行官取得成功的关键所在。例如，在德国、巴西、美国等国家，社会期望强调参与式领导的质量，能够展示这方面属性的领导者通常更有成效，可以使他们的下属保持更高程度的努力和忠诚。

有的领导者能够在各种不同的文化中都取得成功的观点虽然颇具吸引力，但是霍夫斯泰德的研究以及 GLOBE 项目表明，要想在不同的文化中变得有效，管理者所需具备的属性存在显著差异。简而言之，文化至关重要。对于一位管理者来说，要想成为一名全球领导者，广泛、丰富的经历和能力是不可或缺的。迄今为止，GLOBE 项目仍然是已经开展的最雄心勃勃的跨文化领导研究项目之一。

组织理论：持续探险

维尔弗雷多·帕累托、埃米尔·涂尔干以及马克斯·韦伯等欧洲学者对人们在 20 世纪初理解组织的性质作出了主要贡献，在 20 世纪下半叶，组织理论呈现出了一种盎格鲁-美国色彩。

阿斯顿研究：工作流整合和生产连续性[62]

英国的一群研究者，被称为阿斯顿研究组（Aston Group），从 20 世纪 60 年代开始对公司的结构与技术之间的关系进行一项雄心勃勃的研究。在德里克·皮尤（Derek Pugh）和大卫·希克森（David Hickson）的领导下，他们研究了位于英国伯明翰的 52 家公司的结构特征和技术特征，主要聚焦于他们所称的生产技术的两个主要方面。生产技术指的是为工作流中的活动配备必要的设备以及对活动进行合理排序。[63]所关注的两个主要方面是工作流整合与生产连续性。在此之前，琼·伍德沃德（Joan Woodward）曾经得出结论，认为一家公司的成功是和该公司使用的技术与某些特定的组织特征之间的合适匹配直接相关的。[64]与这个观点形成鲜明对照的是，阿斯顿研究组发现工作流整合与各种结构变量之间只存在一种微弱的联系。为了使这个研究发现与伍德沃德的结论显得协调一致，研究者们发现组织规模能够调节技术与结构之间的联系，这使得他们认为，伍德沃德的结论只适用于小型组织。他们认为，在大型组织中，“技术本身对管理者的影响在一定程度上被组织规模所带来的专业化部门、标准程序和正规化的文书工作缓冲掉”，情况与伍德沃德的结论截然相反。因此，一家组织的规模，而不是该组织使用的技术，是组织结构的主要决定因素。[65]

汤普森：技术的相互依存性

通过纳入技术的相互依存性（technological interdependence）这个概念，詹姆斯·汤普森（James D. Thompson）提出了一种不同的技术观。[66]汤普森的成果聚焦于组织如何应付由管理者的认知局限性以及由管理者无法控制或预测的事件和影响因素所导致的不确定性。根据用来协调不同类型的工作流相互依存性的机制，他提出将技术划分为三大类：中介型（mediating）、长链型（long-linked）以及密集型（intensive）。一般来说，在一种工作流中，用来解决问题的行为越多，那么用来满足协调需求的协调机制就越广泛。

中介型技术能够使单独的顾客或客户加入进来，组织内的各个子部门可以不进行直接互动，但彼此之间是相互依存的，而且必须恰当地履行本部门的职责，否则其他子部门的工作会受到影响。这样的组织包括邮局、拍卖行和电脑交友服务公司等。长链型技术的典型代表是大规模生产流水线，其典型特征是各项任务或操作之间的序列性和相互依存性。用来完成一种产品或提供服务的必要程序是非常统一的，而且必须以一种特定的先后顺序来执行，例如接力赛队伍以及肉类包装公司。密集型技术的典型特征是互惠的相互依存性，需要使用许多不同的技术和技能来生产一种产品或服务。在某个生产阶段，选择哪些合适的技术和技能并且对它们进行组合和确定先后顺序，取决于前面的生产阶段所提供的反馈。因此，用来生产一种产品或提供服务的操作流程无法事先被确定。这样的例子包括军事作战团队、心理健康治疗中心、篮球队以及一些特定的研发项目。在目前已经提出的那些技术分类中，汤普森划分的技术类型通常被认为具有最丰富的概念意义，而且具备一种独特优势，即能够广泛适用于制造业和服务业组织。

权变理论

权变理论出现于 20 世纪五六十年代，是系统理论（见第 21 章）应用于社会和行为科学领域的产物。权变理论学者考察是否有某些特定的组织设计比其他组织设计更好地匹配不同的环境条件，并且认为管理者应该选择与本组织的环境最匹配的组织设计。由汤姆·伯恩斯（Tom Burns）和乔治·斯托克（George M. Stalker）进行的一项研究是试图确定哪些类型的组织结构和管理实践适合于不同的环境条件的第一次主要尝试。[67] 埃米尔·涂尔干曾经使用一个比喻来对维持社会秩序的两种模式进行区分（“有机团结”以及“机械团结”）[68]，伯恩斯和斯托克则重拾这个比喻，确定了两种“不同的管理实践系统”：有机的和机械的。在有机的系统中，结构是灵活的，工作任务是宽松定义的，组织内的沟通更类似于咨询而不是发布命令。有机的系统尤其适合不断变化的、各种新问题层出不穷的环境。与此相反，拥有机械的系统的组织，其典型特征是泾渭分明的职能分工，精确定义的工作任务和职责，以及清晰明确的指挥链。机械的系统包含官僚制度的许多元素，尤其适合稳定的环境。伯恩斯和斯托克将有机的系统和机械的系统视为两种理想化的类型，它们界定了一个连续体的两端。他们指出，很少有管理系统（如果有的话）是纯粹机械的或者纯粹有机的，绝大多数管理系统融合了这两种系统的特征。此外，他们的研究结果并没有发现某种系统比其他系统更优越。毋宁说，一个组织所面临的环境的性质决定了哪种系统更合适。

组织及其环境

基于伯恩斯和斯托克的研究成果，保罗·劳伦斯（Paul R. Lawrence）和杰伊·洛尔施（Jay W. Lorsch）研究了 10 家美国公司。这 10 家公司具有不同级别的经济效力，而且处于三种不同的产业环境：塑料行业、消费性食品行业以及集装箱行业。塑料行业之所以被选择，是因为当时该行业正面临一种动态的环境，其显著特征是科技创新层出不穷，消费者需求和偏好也在持续、快速地变化。集装箱行业面临一种稳定的环境，客户需求是可预测的，而且技术要求是保持不变的。消费性食品行业所面临的是中等稳定的环境，其显著特征是中等程度的变化——比塑料行业的变化要缓慢，但是比集装箱行业要快速。

劳伦斯和洛尔施称，随着一家组织的环境变得越来越复杂和不确定，它往往会区分不同的子部门。这种结构区分会导致各个子部门的目标和结构、时间观念以及人际关系出现差异，这体现了每个子部门应对不同的工作任务和环境不确定性。他们发现，随着子部门差异化程度的提高，对这些子部门进行整合会变得越来越困难。整合是“在完成组织任务的过程中将本组织中各个子系统的努力实现统一的过程”[69]。也许最重要的是，劳伦斯和洛尔施报告说，在每个行业中更加具有经济效力的组织（只有一个公司例外）都展现出更高程度的整合。为了应付不同的、不确定的环境要求，更高程度的差异化是必不可少的，而为了实现有效的绩效，又需要一种相匹配的整合程度。

与伯恩斯和斯托克的研究发现相一致，劳伦斯和洛尔施的研究表明，并不存在某种普遍适用的最佳方法来设计一家组织。一家组织及其子部门的具体设计必须“匹配”它所面临的环境。成功的组织能够对环境要求进行诊断，并且在差异化方面和整合方面满足环境要求。因此，合适的结构模式是各不相同的，取决于一家组织与其环境之间的关系。

战略选择

约翰·柴尔德（John Child）创造了“战略选择”（strategic choice）这个术语，并且称权变理论是错误的，“因为它没有恰当地关注一家组织的领导者所作出的选择在其中发挥的作用”[70]。通过制定和执行战略，一家组织的管理团队能够采取措施来定义和操纵本组织的活动领域，进而选择忽视或者限制那些可能会要求对现有组织结构进行调整的环境的影响。在进一步的评论中，柴尔德写道：“正如开放系统（权变）理论学者通常认为的那样，考虑到这些战略的和政治的因素，环境条件不能被视为组织结构变化的一种直接原因。”[71]

资源依赖理论

杰弗里·费弗尔（Jeffrey Pfeffer）和杰拉德·萨兰西克（Gerald R. Salancik）针对组织-环境关系提出了一种资源依赖理论。[72]他们称绝大多数组织都无法从内部创造所需要的所有资源来维持本组织的运行，它们必须与其他组织达成交易（依赖其他组织）以获得所需要的资源。对于该组织的管理者来说，依赖其他的资源供应商会导致不确定性。不过，管理者可以通过一些不同的方法来处理本组织与其他组织之间的交易，进而减少这种不确定性。例如，要想改变环境依赖模式，他们可以实施组织合并、渠道多样化以及纵向整合，或者采用诸如合资公司、连锁董事、同业协会、联盟以及卡特尔等形式，或者通过推动政府立法来提高进入壁垒、谋取价格支持以及限制外来竞争等。管理者还可以利用司法系统来改变本组织的环境，例如，启动反托拉斯诉讼。总体而言，战略选择和资源依赖理论都直接关注管理者能够有意识地采取许多种方式来塑造本组织的环境。

种群生态学

在20世纪70年代末出现了一种更加以环境为基础的方法来研究组织-环境关系，它被称为种群生态学（population ecology），由迈克尔·汉南（Michael T. Hannan）和约翰·弗里曼（John Freeman）提出。[73]种群生态学的学者感兴趣的是那些导致组织多样性的过程，以及行业和社会内的组织形式多样性如何改变以应对长期的环境压力。汉南和弗里曼大量借鉴了生物生态学文献，建议为了探究组织的适应能力，考察组织种群方面的变化，而不是研究单个组织。他们称对不断变化的环境条件的适应主要是通过创造出具有新形式的种群并取代既有的种群来实现的。在他们看来，原因是既有的组织中存在着强有力的惯性力量（例如在工厂、设备和人员等方面的沉没成本），使得这些组织难以进行改变。[74]因为既有的组织改变速度非常缓慢，所以新的组织会利用新出现的环境机遇，从而在某个行业中获得立足之地。正如汉南和弗里曼所述，通过既有组织的失败以及被能够更好地适应新环境条件的新组织取代，对环境变化的适应就发生了。不过，这种视角的一种缺陷是它无法解释某些特定组织种群中的变化，例如在生物科技、制药以及信息技术等领域中新的公司和行业的兴起——这两位作者提出该理论之后的几年内发生的变化。尽管如此，将组织和行业视为不断变化的种群的观点，从一种非常有趣的角度来看待组织的动态竞技场。

不同理论在视角方面的差异主要在于它们对环境-战略-结构组合是如何发生的而不是对环境-战略-结构组合的性质持有不同看法。理解这一点非常重要。权变理论学者、战略选择的支持者以及种群生态学学者在很大程度上都同意组织设计模式匹配不同的环境条件。这些理论是相互补充的，通过将它们放到一起来考察，可以更充分地理解结构、战略以及环境之间的关系。

在阿斯顿研究之后的岁月里，大量的理论被提出，跨国企业的发展欣欣向荣，我们对其他国家越来越了解，信息和通信技术的发展日新月异。不过，有些人认为，为了获得和维持一种竞争优势，需要在组织结构设计方面有所突破，但迄今为止这方面的进步相对较小。唐纳森（Donaldson）发现，组织理论“是支离破碎的……存在一种与管理背道而驰的特征……长于断言而欠缺实证证据”[75]。范德文（Van de Ven）对此表示赞同，认为关于组织和管理的理论是一个“喧闹、繁荣昌盛和令人混淆的世界”，导致各种不同的范式“各行其是和作出零碎的解释”。虽然这些范式可能是令人迷惑的，而且缺乏经验支持，不过他并没有对此感到不安，反而将此视为追求知识的一种良性标志。[76]

随后，迈纳（Miner）识别了28种组织理论，并且发现其中8种理论在重要性及科学效度评估方面获得“高分”。对迈纳识别的这些组织理论进行评价的人是美国管理学会的前任主席以及该学会的研究和理论期刊的一些前任编辑与评审人，也就是说，属于知识渊博的学院派。这些理论的适用性是值得怀疑的：“我们不得不承认的是我们忽视了有用性效标，即实际应用问题；也许有些人认为我们已经变得过于学究……（但是）还有更多事情要做……已经奠定了一种坚实的基础，在此之上可以建造未来。”[77]在杰拉德·戴维斯（Gerald F. Davis）看来，这是一场寒武纪生物大爆发：“在过去的半个世纪，组织理论积累了大量的理论架构和机制……但是在理论发展的这个阶段，或许更有价值的是对真正重要的问题进行精心的实证研究，即便它对理论的贡献比较微小也无妨。”[78]探险仍在继续，我们熟悉和理解过去是为了促进未来的学术发展以及教学需要，也是为了推动那些能够加深我们理解的研究。

美国理论在国外的应用

在其他国家进行的研究所获得的结果彰显了那些在美国发展起来的组织理论和视角的单一性。如同吉尔特·霍夫斯泰德所述，欧洲组织研究协会（EGOS）成立于1974年，旨在推广和宣扬在欧洲不同国家进行的研究，以及强调“国别对组织理论的影响”[79]。抱着一种相似的意图，一份欧洲学术期刊《组织研究》（*Organization Studies*）于1980年创办，以提供一种不同于美国主流期刊的方法来考察组织。这两个事件推动了“文化无关紧要”假设的终结，人们越来越明显地认识到组织是受国家文化约束的。霍夫斯泰德观察到，不仅组织受文化约束，组织理论学者也受文化约束。他写道：“给我一种新理论，我就能够告诉你该作者的国籍。”[80]在霍夫斯泰德看来，美国的组织理论学者受市场驱动，法国的受权力驱动，德国的受规则驱动，荷兰的受共识驱动，中国的受家庭驱动，他还得出结论：由于文化差异，将不会存在普遍适用的组织理论。[81]霍夫斯泰德补充道：“越来越多的组织正在跨越国家界限，进入他国市场，因而不同国家之间的差异正日益成为组织中的一种冲突和矛盾来源。”[82]正因为如此，来自不同国家的代表之间的沟通和商谈毫无疑问是困难重重的，除非彼此能够事先充分了解他们之间的文化差异并且在沟通过程中时刻牢记。

有趣的是，霍夫斯泰德注意到东亚虽然是经济发达区域，但是几乎没有出现“土生土长的”组织理论，绝大多数组织理论都是由欧洲国家、美国以及东亚之外的其他亚洲国家提出的。[83]例如，英国人理查德·惠特利（Richard D. Whitley）称，日本、韩国的主流组织形式体现了对长期导向的重视、对稳定性的追求（不确定性规避）、群体奖励（集体主义）、私人化的权力关系以及对组织的忠诚。这些价值观塑造了日本强大的经济联盟，被称为经连会（keiretsu）；在韩国则是家族控制的企业集团，被称为财阀（chaebol）；在中国则是家族企业。虽然存在某些变异，但是中国人在本土以及在泰国所创办的家族企业的基本组织形式是类似的。惠特利得出结论：“（1）有多种商业组织形式在世界市场中展开角逐；（2）因为这些组织形式在建立时所面临的制度环境不一样，所以它们在某些基本特征方面有所不同；（3）它们在相当大的程度上取决于具体的社会环境，以至于它们在其他不同的社会环境中无法有效运行。”[84]所有这些都暗示，一种普遍适用的组织理论可能只是痴心妄想。

小结

当我们在理解人和组织中向当代迈进时，随着人际关系运动被致力于“组织行为”研究的新一代学者取代，许多发展塑造了管理思想的演变历程。摆脱了人际关系运动的“感觉良好”名声，组织行为研究者以一种分析的方式来研究工作设计、工作动机以及有效领导之类的主题。与此类似，人事管理领域也开始建造一种更坚固的实证基础，并且随着时间的推移而发展为人力资源管理，进而发展为战略人力资源管理。在同一时期，组织理论学者开始争论技术对组织结构的影响，并且探究组织如何调整以实现其管理过程、组织结构、战略与不断变化的环境之间的合适“匹配”。随着第二次世界大战之后全球化程度的日益提高，以及对那些能够理解不同文化的管理者的需求日益增加，人们日益关注理解不同国家的工作场所动力学之间的差异，以及不同的国家文化可能会如何影响管理理论和实践的适用性。本章逐一考察了这些方面的发展。

注 释

[1] Robert A. Gordon and James E. Howell, *Higher Education for Business* (New York: Columbia University Press, 1959), p. 166.

[2] Philip Selznick, "Foundations of the Theory of Organization," *American Sociological Review* 13 (1) (February 1948), p. 25.

[3] Organizational Behavior Section, Princeton University, *Organizational Behavior: A Report on a Research Program* (Princeton, NJ: The Author, 1953).

[4] Chris Argyris, *Personality and Organization: The Conflict between System and the Individual* (New York: Harper & Brothers, 1957), p. 50.

[5] Chris Argyris and Donald A. Schön, *Organizational Learning* Ⅱ (Reading, Mass.: Addison-Wesley, 1996). See also Argyris, "Double-Loop Learning, Teaching, and Research," *Academy of Management Learning & Education*, 1 (2) (December 2002), pp. 206 - 218.

[6] Keith Davis, *Human Relations in Business* (New York: McGraw-Hill, 1957), p. 4.

[7] Douglas McGregor, "On Leadership," *Antioch Notes* 31 (9) (May 1, 1954), p. 3.

[8] Douglas McGregor and Joseph N. Scanlon, *The Dewey and Almy Chemical Company and the International Chemical Workers Union* (Washington, DC: National Planning Association, 1948), p. 72.

[9] Douglas McGregor, *The Human Side of Enterprise* (New York: McGraw-Hill, 1960), pp. 33 - 34.

[10] *Ibid.*, pp. 47 - 48.

[11] *Ibid.*, p. 49.

[12] For a review of early economic theories of work, see David A. Spencer, "Work is a Four-Letter Word: The Economics of Work in Historical and Critical Perspective," *American Journal of Economics and Sociology* 70 (3) (July 2011), pp. 563 - 586.

[13] Gordon and Howell, *Higher Education for Business*, p. 189.

[14] John R. Commons, *Industrial Goodwill* (New York: McGraw-Hill Book Company, 1919), pp. 129 - 130.

[15] E. Wight Bakke, *The Human Resources Function* (New Haven, CT: Yale University Labor-Management Center, 1958).

[16] Wendell L. French, *The Personnel Management Process: Human Resources Administration* (Boston, MA: Houghton Mifflin, 1964).

[17] Bruce E. Kaufman, "The Role of Economics and Industrial Relations in the Development of the Field of Personnel/Human Resource Management," *Management Decision* 40 (10) (2002), p. 962.

[18] George Strauss, "Present at the Beginning: Some Personal Notes on OB's Early Days and Later,"

in Arthur G. Bedeian, ed., *Management Laureates*, vol. 3 (Greenwich, CT: JAI Press, 1993), pp. 145 - 190.

[19] Thomas A. Kochan, "Celebrating Work: A Job Unfinished," in Arthur G. Bedeian ed., *Management Laureates*, vol. 6 (Greenwich, CT: JAI Press, 1993), pp. 199 - 242.

[20] For example, see Peter Boxall and Keith Macky, "Research and Theory on High-Performance Work Systems: Progressing the High-Involvement Stream," *Human Resource Management Journal* 19 (1) (January 2009), pp. 3 - 23 and James G. Combs, Yongmei Liu, Angela T. Hall, and David J. Ketchen, Jr., "How Much Do High-Performance Work Practices Matter?: A Meta-Analysis of Their Effects on Organizational Performance," *Personnel Psychology* 59 (3) (Autumn 2006), pp. 501 - 528.

[21] Bruce E. Kaufman, "Strategic Human Resource Management Research in the United States: A Failing Grade after 30 Years?" *Academy of Management Perspectives* 26 (2) (May 2012), p. 22.

[22] Vlad Vaiman and Chris Brewster, "How Far Do Cultural Differences Explain the Differences Between Nations?" *International Journal of Human Resource Management* 26 (2) (January 2015), pp. 151 - 164; Timothy Kiessling and Michael Harvey, "Strategic Global Human Resource Management Research in the Twenty-First Century: An Endorsement of the Mixed-Method Research Methodology," *International Journal of Human Resource Management* 16 (1) (January 2005), pp. 22 -45.

[23] Plato, *The Republic of Plato*, 3rd ed. trans. by Benjamin Jowett (Oxford: Clarendon Press, 1888), p. 50. Originally published circa 380 BCE.

[24] Adam Smith, *An Inquiry Into the Nature and Causes of the Wealth of Nations* (London: W. Strahan and T. Cadell in the Strand, 1776), vol. 2, bk. V, ch. 1, pp. 366 - 367.

[25] Allan H. Mogensen, *Work Simplification: The Consultive Approach to Methods Improvement* (Berkeley, CA: California Personnel Management Association, 1951).

[26] Charles R. Walker and Robert H. Guest, "The Man on the Assembly Line," *Harvard Business Review* 30 (3) (May - June 1952), pp. 71 - 83.

[27] Frederick I. Herzberg, Bernard Mausner, and Barbara B. Snyderman, *The Motivation to Work* (New York: John Wiley & Sons, 1959), p. 141.

[28] Hendrik de Man, *Joy in Work*, trans. Eden and Cedar Paul (London: G. Allen & Unwin, 1929), p. 9. Originally published in 1927.

[29] Arthur N. Turner and Paul R. Lawrence, *Industrial Jobs and the Worker: An Investigation of Response to Task Attributes* (Boston, MA: Division of Research, Graduate School of Business Administration, Harvard University, 1965).

[30] J. Richard Hackman and Edward E. Lawler Ⅲ, "Employee Reactions to Job Characteristics," *Journal of Applied Psychology* 55 (3) (June 1971), pp. 259 - 286.

[31] J. Richard Hackman and Greg R. Oldham, *Work Redesign* (Reading, MA: Addison-Wesley, 1980), p. 249. For a complete historical review of the job design literature, see Greg R. Oldham and Yitzhak Fried, "Job Design Research and Theory: Past, Present, and Future," *Organizational Behavior and Human Decision Processes* 136 (September 2016), pp. 20 - 35; Sharon K. Parker, Frederick P. Morgeson, and Gary Johns, "One Hundred Years of Work Design Research: Looking Back and Looking Forward," *Journal of Applied Psychology* 102 (3) (March 2017), pp. 403 -420.

[32] David E. Terpstra, "Theories of Motivation—Borrowing the Best," *Personnel Journal* 58 (6)

(June 1979), p. 376.

[33] For a 100-year review of work-motivation research, see Ruth Kanfer, Michael Frese, and Russell E. Johnson, "Motivation related to Work: A Century of Progress," *Journal of Applied Psychology* 102 (3) (March 2017), pp. 338 - 355.

[34] Victor H. Vroom, *Work and Motivation* (New York: John Wiley & Sons, 1964).

[35] J. Stacy Adams, "Toward an Understanding of Inequity," *Journal of Abnormal and Social Psychology* 67 (5) (November 1963), pp. 422 - 436.

[36] Whiting Williams, *What's on the Worker's Mind? By One Who Put on Overalls to Find Out* (New York: Charles Scribner's Sons, 1920), p. 323.

[37] Edwin A. Locke and Gary P. Latham, *A Theory of Goal Setting and Task Performance* (Englewood Cliffs, NJ: Prentice Hall, 1990); and Gary P. Latham and Edwin A. Locke, "Self-Regulation through Goal Setting," *Organizational Behavior and Human Decision Processes* 50 (2) (December 1991), pp. 212 - 247.

[38] Ruth Kanfer and Gilad Chen, "Motivation in Organizational Behavior: History, Advances and Prospects," *Organizational Behavior and Human Performance* 136 (September 2016), p. 12.

[39] Geert Hofstede, "Motivation, Leadership, and Organizations: Do American Theories Apply Abroad?" *Organizational Dynamics* 9 (1) (Summer 1980), pp. 50, 55.

[40] For a 100-year review of leadership research, see Robert G. Lord, David. V. Day, Stephen J. Zaccaro, Bruce J. Avolio, and Alice H. Eagly, "Leadership in Applied Psychology: Three Waves of Theory and Research," *Journal of Applied Psychology* 102 (3) (March 2017), pp. 434 - 451.

[41] Ralph M. Stogdill, "Personal Factors Associated with Leadership: A Survey of the Literature," *Journal of Psychology* 25 (1) (January 1948), pp. 35 - 71.

[42] Fred E. Fiedler, *A Theory of Leadership Effectiveness* (New York: McGraw-Hill, 1967).

[43] Jeremy D. Meuser, William L. Gardner, Jessica E. Dinh, Jinyu Hu, Robert C. Liden, and Robert G. Lord, "A Network Analysis of Leadership Theory: The Infancy of Integration," *Journal of Management* 42 (5) (July 2016), pp. 1374 - 1403.

[44] Max Weber, *The Theory of Social and Economic Organization*, trans. A. M. Henderson and Talcott Parsons, ed., Talcott Parsons (New York: Free Press, 1947), p. 301. Originally published 1922.

[45] Meuser *et al.* "A Network Analysis of Leadership Theory: The Infancy of Integration," p. 1383.

[46] Bernard M. Bass, *Leadership and Performance beyond Expectations* (New York: Free Press, 1985).

[47] James M. Burns, *Leadership* (New York: Harper & Row, 1978).

[48] Daan Van Knippenberg and Sim Sitkin, "A Critical Assessment of Charismatic-Transformational Leadership Research: Back to the Drawing Board?" *Academy of Management Annals* 7 (2013), p. 10.

[49] George B. Graen and Terri Scandura, "Toward a Psychology of Dyadic Organizing," *Research in Organizational Behavior* 9 (1987), pp. 175 - 208.

[50] Bruce Avolio, Fred Walumbwa, and Todd J. Weber, "Leadership: Current Theories, Research, and Future Directions," *Annual Review of Psychology* 60 (2009), p. 434.

[51] Ralph M. Stogdill, *Handbook of Leadership: A Survey of Theory and Research* (New York: Free Press, 1974), p. xvii.

[52] Gary A. Yukl, "Effective Leadership Behavior: What We Know and What Questions Need More

Attention," *Academy of Management Perspectives* 26 (4) (November 2012), p. 66.

[53] Geert Hofstede, *Culture's Consequences: International Differences in Work-Related Values* (London: Sage, 1980); *idem*, *Culture's Consequences: Comparing Values, Behavior, Institutions, and Organizations across Nations* (Thousand Oaks, CA: Sage, 2001).

[54] Geert Hofstede and Michael H. Bond, "The Confucian Connection: From Cultural Roots to Economic Growth," *Organizational Dynamics* 16 (4) (Summer 1988), pp. 5 - 21.

[55] Randall S. Schuler and Nicolai Rogocsky, "Understanding Compensation Practice Variations across Firms: The Impact of National Culture," *Journal of International Business Studies* 29 (1) (First Quarter 1998), pp. 159 - 177.

[56] Jerald Greenberg, "Studying Organizational Justice Cross-Culturally: Fundamental Challenges," *International Journal of Conflict Management* 12 (4) (2001), p. 370.

[57] Miriam Erez, "Culture and Job Design," *Journal of Organizational Behavior* 31 (2 - 3) (January 2010), pp. 389 - 400.

[58] Laura M. Milner, Dale Fodness, and Mark W. Speece, "Hofstede's Research on Cross-Cultural Work-Related Values: Implications for Consumer Behavior," *European Advances in Consumer Research* 1 (1993), p. 73.

[59] Robert J. House and Mansour Javidan, "Overview of GLOBE," in Robert J. House, Paul J. Hanges, Mansour Javidan, Peter W. Dorfman, and Vipin Gupta, eds., *Leadership, Culture, and Organizations: The GLOBE Study of 62 Societies* (London: Sage, 2004), pp. 11 - 16. See also Jagdeep S. Chhokar, Felix C. Brodbeck, and Robert J. House, eds., *Culture and Leadership across the World: The GLOBE Book of In-Depth Studies of 25 Societies* (Rahweh, NJ: Lawrence Erlbaum Associates, 2007).

[60] Peter W. Dorfman, Mansour Javidan, Paul Hanges, Ali Dastmalchian, and Robert A. House, "GLOBE: A Twenty Year Journey into the Intriguing World of Culture and Leadership," *Journal of World Business* 47 (4) (October 2012), pp. 504 - 518.

[61] Robert J. House, "Illustrative Examples of GLOBE Findings," in House, Hanges, Javidan, et al., p. 7.

[62] The remainder of this section draws on Arthur G. Bedeian and Raymond F. Zammuto, *Organizations: Theory and Design* (Hinsdale, IL: Dryden Press, 1991).

[63] David J. Hickson, Derek S. Pugh, and Diane Phessey, "Operations Technology and Organization Structure: An Empirical Appraisal," *Administrative Science Quarterly* 14 (3) (September 1969), pp. 394 - 395.

[64] Joan Woodward, *Management and Technology* (London: Her Majesty's Stationery Office, 1958) and *idem*, *Industrial Organization: Theory and Practice* (London: Oxford University Press, 1965).

[65] David J. Hickson, Derek S. Pugh, and Diane Phessey, "Operations Technology and Organization Structure: An Empirical Appraisal," *Administrative Science Quarterly* 14 (3) (September 1969), pp. 394 - 395.

[66] James D. Thompson, *Organizations in Action* (New York: McGraw-Hill, 1967), pp. 15 - 18.

[67] Tom Burns and George M. Stalker, *The Management of Innovation* (London: Tavistock Publications, 1961), p. 5.

[68] Émile Durkheim, *The Division of Labor in Society*, trans. George Simpson (Glencoe, IL: Free

Press, 1933), pp. 70, 105. Originally published in 1893.

[69] Paul W. Lawrence and Jay W. Lorsch, "Differentiation and Integration in Complex Organizations," *Administrative Science Quarterly* 12 (1) (June 1967), pp. 3 - 4.

[70] John Child, "Organizational Structure, Environment, and Performance: The Role of Strategic Choice," *Sociology* 6 (1) (January 1972), p. 3.

[71] *Ibid.*, p. 10.

[72] Jeffrey Pfeffer and Gerald R. Salancik, *The External Control of Organizations: A Resource Dependence Perspective* (New York: Harper & Row, 1978).

[73] Michael T. Hannan and John Freeman, "The Population Ecology of Organizations," *American Journal of Sociology* 82 (5) (March 1977), pp. 929 - 963.

[74] *Idem*, "Structural Inertia and Organizational Change," *American Sociological Review* 49 (2) (April 1984), pp. 155 - 156.

[75] Lex Donaldson, *American Anti-Management Theories of Organization: A Critique of Paradigm Proliferation* (Cambridge, England: Cambridge University Press, 1995), p. xi.

[76] Andrew H. Van de Ven, "The Buzzing, Blooming, Confusing World of Organization and Management Theory: A View from Lake Wobegon University," *Journal of Management Inquiry* 8 (June 1999), p. 119.

[77] John B. Miner, "The Rated Importance, Scientific Validity, and Practical Significance of Organizational Behavior Theories," *Academy of Management Learning & Education* 2 (3) (September 2003), p. 262.

[78] Gerald F. Davis, "Do Theories of Organization Progress?" *Organizational Research Methods* 13 (4) (October 2010), p. 707.

[79] Geert Hofstede, "An American in Paris: The Influence of Nationality of Organization Theories," *Organization Studies* 17 (3) (1996), p. 525.

[80] *Ibid.*, p. 531.

[81] *Ibid.*, pp. 534 - 535.

[82] *Ibid.*, p. 535.

[83] *Ibid.*

[84] Richard D. Whitley, "East Asian Enterprise Structures and the Comparative Analysis of Forms of Business Organization," *Organization Studies* 11 (1) (1990), p. 69.

第21章　信息时代的科学与系统

数字对人类来说总是充满魅力。人们认为某些数字拥有神秘的力量，另一些数字则会带来厄运。纵观历史，人们使用数字来计算从羊群到日月星辰的数量。数字本身并没有内在价值，但它们已经成为持续探索知识的象征，因为数字为我们的环境提供了准确性和有序性。求知欲引导着我们去探索，试图解释那些尚不知晓的事物，去寻求一种能够把自然界中观察到的复杂事物组合得合理有序的伟大力量。自人类诞生之日起，人类就尝试着通过寻求被观察到的事件和行为之间的相互关系，从混乱中找出秩序。

本书前面的章节已经描述了人类无数次尝试提高技术效率和效力。自古以来，人们就需要获得可信的、有效的信息来确定一个组织的绩效以及监测外部事件。在前面的章节中，我们看到新技术（例如电报）如何使管理者拥有某种系统的方法来收集、记录和使用信息以作出决策。本章首先追溯那些源远流长的根源所在，然后考察运筹学和管理科学，生产/运筹管理的新语言，日本工业从第二次世界大战废墟之中崛起，以及对世界级制造的追寻。最后，本章将总结讨论一般系统理论、控制论以及信息时代“数字手”的来临。

对管理的科学性的探索

科学方法指的是这样一种客观方法，它通过作出假设、收集和分析数据，以及在所获结果的基础上选择行动路径来解决问题。通过与那些认为现实世界不可知的神秘主义者断绝关系，亚里士多德为现代科学探究奠定了基础。[1]罗马帝国在公元5世纪衰落之后，科学理性屈服于信仰。直到14世纪末意大利文艺复兴开始之后，理性才重新出现，也正是在文艺复兴时期，现代数学和科学的基础才得以建立。笛卡儿（René Descartes）认为世界是机械式运动的，主张运用数学来描述其运动。[2]艾萨克・牛顿提出了微积分以及三大运动定律和万有引力，深化了笛卡儿认为世界是一个巨型机器的观点。[3]数学是将各个部分组合成一个完美方程式的基石。这个启蒙时期对亚里士多德的重新发现，以及对数学和科学重新燃起的兴趣，带来了人类环境中的巨大技术变革，即举世闻名的工业革命（见第 4 章）。

查尔斯·巴比奇，在某种程度上还有安德鲁·尤尔，运用了一种科学方法来解决处于萌芽状态的工厂体制在工业革命时期所面临的挑战。工业化要求秩序和可预测性，20 世纪初，弗雷德里克·泰勒、卡尔·巴思、亨利·甘特、吉尔布雷斯夫妇以及哈林顿·埃默森等工程师们引领人们进行科学研究和工作系统化（见第 7、8 章）。现代工业企业——今天《财富》500 强企业的先驱——的种子就是在这个时代播下的。

运筹学

第一次世界大战使科学的管理方法获得了广泛认可和接受，例如甘特在紧急舰队公司的工作以及华莱士·克拉克在美国海运委员会的努力（见第 8 章）。在 30 多年里，甘特、泰勒以及科学管理的其他一些先驱者的主张被当作“工业管理”或“生产管理”加以推广和实施。不过，在这个时期，目标是提高公司工业生产的技术效率而不是提高一般管理职责。外部世界的发展很快就带来新的关注点。

第二次世界大战使管理者、政府官员以及科学家们联合起来，试图给战争的全球后勤供应带来秩序和理性。英国组织了由各种专家组成的第一批运筹学研究队伍，目的在于通过集众人知识来解决雷达系统、地空导弹、空空导弹、反潜武器、轰炸德国以及民防事务之类的问题。[4]其中最广为人知的一支运筹学研究团队是由实验物理学家帕特里克·布莱克特（Patrick M. S. Blackett）教授带领的队伍。布莱克特的跨学科团队被称为“布莱克特马戏团”，包括三位心理学家、两位数学物理学家、一位天体物理学家、一位空军军官、一位测绘员、一位通用物理学家以及两位数学家。在类似的研究团队中，不同专家在同一战壕中群策群力，解决有关战争和防御事务的复杂问题。

运筹学研究被认为是应用科学知识和方法来研究一些复杂问题，旨在为完成组织目标所需作出的决策推导出一种量化依据。在英国组建第一支运筹学研究队伍时，美国的工业组织和私人咨询公司也开始认识到运筹学方法可以应用于非军事性质的问题。理特管理顾问有限公司（Arthur D. Little，Inc.）是一家私人咨询公司，也是最先探索将运筹学应用于工业的公司之一。另外，一些非营利组织，例如兰德公司（RAND Corporation），也开始致力于该领域。[5]1952 年，美国运筹学研究协会（Operations Research Society of America）成立，并开始出版学术期刊《运筹学研究》（*Operations Research*）。1953 年，管理科学学会（Institute of Management Science，TIMS）将其目标阐述为“确定、拓展和统一有助于理解管理实践的科学知识”[6]。1954 年，管理科学学会开始出版学术期刊《管理科学》（*Management Science*）。1995 年，美国运筹学研究协会与管理科学学会合并成为运筹学研究与管理科学学会（Institute for Operations Research and the Management Sciences）。

运筹学技术很自然地被应用于生产管理，因为这个领域具有结构化的问题和决策，而且各种决策规则可以被理性地设计出来。生产管理面临许多问题，例如保持适当水平的库存，对生产进行规划和控制，按照规模经济进行制造，对质量的控制，资本的获得，以及一系列关于其他物质资源的问题。运筹学与科学管理之间存在惊人的相似之处。吉尔布雷斯夫妇提到了“一种最佳途径”，并将其作为自己的科学分析所追求的目标（见第8章）。现代的“管理科学家”只不过表达得更委婉一些：“优化分析法，就是考虑各种不同的选择方案，然后询问哪一套决策组合可能最接近经营者的目标，也就是说，哪些决策将是最好的或最优的。”[7]“最佳途径”和“最优决策”之间的差异并没有实际意义。新、老学派都想通过科学的方法来理性地评估各种选择方案，试图找出最佳决策。与其说运筹学研究和管理科学是探寻一种管理科学，还不如说它们是努力在管理中使用科学。通过这种努力，数学和科学工具被用来解决这个古老的挑战：对社会中的稀缺资源进行最优配置。这又会重塑主流的生产管理观念。

演变中的生产管理

戈登和豪厄尔关于高等商业教育的报告对生产管理几乎没有作出积极评价：“生产管理课程往往成了储藏室，在那里可以发现商学院课程设置中一些最不恰当、最没有学术价值的内容……许多教师对这些课程根本不重视……学生们向我们强烈地抱怨，这门必修课比其他任何课程更没有意义。”[8]在数学方面，戈登和豪厄尔也对商学院的教育状况提出了批评，认为商学院对数学只有很少的要求（如果确实存在要求的话）。商学院对该报告作出响应，开始在数学和统计学方面对学生们要求越来越高，而且一种新型风格的、显著强调运筹学研究技巧的生产管理教科书也逐渐兴起。这对管理教育的结果是，推动了工厂/工业/生产管理理念进入一个新旧理念融合成“生产/运筹管理”的时代。

生产/运筹管理的新语言主要来源于统计学和数学。它的基础是解决问题的科学方法；它的主体由对变量和关系进行量化的具体技巧构成；它的顶端是关于稀缺资源最优配置的模型。许多技术，例如概率理论、线性规划、等候理论（或排队理论）、博弈论、决策树以及模拟装置，都是这种新语言的组成部分。概率理论有助于质量控制和其他许多职能中的随机抽样；线性规划及其一些具体技巧有助于在给定的限制条件下选择合适的行动路径；等候理论可以帮助实现服务成本提高与个体、机器或者原材料必须等候服务的时间之间的最优平衡。决策树可以用来计算不同行动路径可能会带来的利益或成本。通过运用博弈论，能够制定竞争战略；模拟装置可以用来模拟不同的条件，从而使人们可以比较不同的竞争战略可能带来的不同结果。

通过运用这些技巧，那些“决策理论学者”试图将效用、选择之类的经济学概念与概率理论融为一体，以评估风险和不确定性的条件。[9]这些应用也改变了商学院的课程设置，重塑了如何对管理者进行教育的理念，而且产生了管理者必须与之交流和沟通的各种新型专家。计算机技术在第二次世界大战之后的迅速发展推进了甘特图和绩效条形图早期成果（见第8章）。杜邦公司于1956年开发了一种计算机化的网络方法，这种方法被用于规划和控制，后来成为广为人知的关键路径法（critical path method，CPM)。大约在同一时期，对“北极星”导弹的研制进行管理时，美国海军与洛克希德飞机制造公司（Lockheed Aircraft Corporation)、博思艾伦咨询公司（Booz，Allen & Hamilton）共同创造了计划评审技术，这种技术使用统计学的概率来提供三次时间评估（最保守时间、最可能时间、最乐观时间），并且将各种“事件”（用圆圈表示）添加到活动图中。

结合起来，关键路径法和计划评审技术能够设计一个网络图，其中包括各种活动、它们的关系、它们的相互作用以及沿着一条路径到达一个给定的完成日期。这两项技术对活动流程作出图解，将事件作为检查点，并且将管理的侧重点放在关键路径上，以努力使整个项目按照预定计划执行。需要花费最长时间的那条路径被称为“关键路径”，它体现了该项目能够被完成的最早日期。确定了关键路径之后，项目管理者可以将自己的注意力聚焦于减少该路径上各项活动所需花费的时间，或者至少对该路径进行密切监控以避免任何时间延误。虽然这些技术比我们的简要描述要复杂得多，但事实上也只不过是甘特图概念在计算机技术进步之后的拓展和丰富。

简而言之，运筹学者、管理科学家和决策理论学者重塑了早期的“工业管理”或者“生产管理”观念。他们创造和应用的那些技术提高了生产/运筹管理在美国商学院中的学术可信度，不过，也许来自外国的强有力竞争挑战才能够推动生产/运筹管理进入另一个发展阶段。

“如果日本行……为什么我们不行?”

1980 年 6 月 24 日，美国国家广播公司（NBC）的一个电视纪录片《如果日本行……为什么我们不行?》在美国播出。该纪录片重点介绍了日本工业从第二次世界大战的废墟中崛起成为高品质商品生产的领先者，并且被视为美国质量运动的最重要事件之一。在评论中，该纪录片认为美国工程师爱德华·戴明（W. Edward Deming）是日本工业在第二次世界大战之后取得成功的首要功臣。

质量和质量圈

第二次世界大战之后，作为美国对已经被战火完全摧毁的日本经济进行重建的努力的一部分，一系列事件得以实施，这些使日本成为一只工业凤凰。日本生产力的奇迹基于第二次世界大战之后受命帮助日本经济重建的两位美国民用通信工程师引入日本的各种理念。在被美国占领期间，美国工程师们接受的任务就是帮助日本经济复苏。查尔斯·普罗兹曼三世（Charles W. Protzman Ⅲ）和霍默·萨拉桑（Homer M. Sarasohn）隶属于驻日盟军最高统帅部的民用通信部门，他们为日本的管理者们开办了两次关于“工业管理基础”的研讨会，一次是 1949 年在东京举行，另一次是 1950 年在大阪举行。[10]此后的研讨会由日本经营者团体联盟（Nikkeiren）举办，一直持续到 1974 年。日本经营者团体联盟是由日本的雇主协会组成的一个联合会。由于普罗兹曼受雇于西方电气公司的霍桑工厂，他对统计质量控制的理解是基于沃尔特·休哈特（Walter A. Shewhart）的成果。[11]

在美国电话电报公司的贝尔电话实验室（位于新泽西州），休哈特在20世纪20年代初期就开始研究工业质量控制问题，其目标是用“像两部电话机那么相似”来代替“像一个豆荚中的两粒豌豆那么相似”的俗语。休哈特对产品进行抽样，并且运用统计分析来识别质量方差。他设计了一种控制图来规定任何工人的任务中随机变化的可接受范围，以使任何超出该范围的输出能够被检测出来，以及查明是什么原因导致了不可接受的变化。休哈特明白，工业生产中总会存在某种随机变化，这是工人无法控制的，但是通过无数次试验，就会发现这种随机变化处于某个范围之内，超出这个范围的情况可以被检测出来，以便采取纠正行为。休哈特通常被称为“统计质量控制之父”。在1931年出版的著作《制造业产品质量的经济控制》（*Economic Control of Quality of Manufactured Product*）中，他描述了这个新学科的基本原理。[12]不过，使统计质量控制在第二次世界大战后在日本普及开来的却是他的一位追随者。[13]

爱德华·戴明接受的教育是成为一名数学物理学家。作为一名统计抽样专家，他在第二次世界大战期间受雇于美国战争部，负责向工程师和技术人员传授如何在战争资源的生产中应用休哈特的质量控制技术。1947年，他前往日本帮助筹备该国1951年的一次人口普查。当1950年日本科学家与工程师联盟（JUSE）的常务董事小柳见一（Kenichi Koyanagi）邀请戴明进行一些关于质量管理的讲座时，戴明愉快地接受了邀请。普罗兹曼和萨拉桑返回美国之后，小柳见一及其同事阅读了沃尔特·休哈特的经典著作《制造业产品质量的经济控制》以及他在美国农业部发表的一系列关于统计质量管理的讲座内容（由戴明编辑）之后，继续对美国制造方法进行研究。[14]

1950年戴明开始了他在日本的讲座，其后他在日本进行演讲和咨询的时间长达30年之久。[15]美国国家广播公司的纪录片《如果日本行……为什么我们不行?》终于使美国观众首次认识了戴明，但他们并没有看到一张微笑的脸庞。戴明对美国管理持批评态度，这也许是因为他长时期遭到忽视，但更可能是因为美国公司正在将市场份额拱手让给其他公司——那些更以质量为导向、更具生产力的外国竞争者。他解释说：“一个国家的财富取决于它的人民、管理和政府而不是它的自然资源。问题是在哪里发现良好的管理。将美国的管理出口到一个友好国家将会是一个错误。”[16]

戴明确定了妨碍质量改进的七种致命的管理弊端：

（1）缺乏坚定不移的改善产品和服务的目标；

（2）对短期利润的强调：由于担心被恶意收购或者被银行家和股东的分红要求驱使而实施短期思维方式（而不是坚持长期扎根本行业的目标）；

（3）对个人绩效的价值评定或年度评估；

（4）管理者跳槽；

（5）通过数量来进行管理，但没有考虑到那些未知或不可知的数字；

（6）过度的医疗成本；

（7）由于律师费用的增加而导致过度成本。[17]

戴明将这些错误中的 95%归咎于人们工作的系统而不是人本身。他认为质量管理始于组织的最高层管理者而不是基层员工，其目标是通过持续改进减少质量差错。戴明的口号是“计划—执行—处理”，这是一个可以为持续改进提供反馈的循环圈。戴明反复谴责了美国管理者以及他们的错误，从而激发了一次质量控制革命。[18]

早期质量控制运动中的另一位得力干将是约瑟夫·朱兰（Joseph M. Juran）。朱兰也曾就职于西方电气公司霍桑工厂，而且像戴明一样，受到沃尔特·休哈特的统计质量控制理念的影响。第二次世界大战之后，朱兰从西方电气公司离职，成为华莱士·克拉克咨询公司（Wallace Clark & Co.）的一名质量控制咨询顾问。后来，他创办了自己的咨询公司。[19]日本科学家与工程师联盟在 1954 年邀请他前往日本帮助该国重建。通过扩展维尔弗雷多·帕累托的成果，朱兰推广了 80－20 定律，即 80%的质量缺陷是由所有缺陷原因中的 20%导致的。[20]因此，朱兰建议管理者首先聚焦于“至关重要的少数几个”问题，再将注意力转向“琐细的大多数”问题。

石川馨（Kaoru Ishikawa）是东京大学的一位工程学教授，他赞同休哈特、戴明以及朱兰的观点，通常被视为“质量圈”被创造出来的一位关键人物。[21]质量圈指的是由一群员工组成小规模的问题解决小组，共同探讨如何改进一种产品或服务的质量。石川馨的方法在位于美国内布拉斯加州林肯市的川崎工厂（Kawasaki Plant）大获成功，这导致美国惠普公司（Hewlett-Packard）以及其他许多公司也采用了质量圈。

其他人也在推动质量控制，其中包括阿曼德·费根鲍姆（Armand V. Feigenbaum），他的职业生涯始于通用电气公司，并且在 20 世纪 50 年代创造了“全面质量管理”这个术语，这是通用电气公司举世闻名的“六西格玛”质量计划的一个序幕。菲利普·克劳斯比（Philip Crosby）率先提出了“零缺陷”概念，认为实施一种质量哲学所获得的利益远远超过所产生的成本，并且称“质量是免费的”。许多日本人继续推进石川馨的成果，其中包括日本工业技术学会（JITI）的田口玄一（Genichi Taguchi），在丰田汽车公司（Toyota Motor Corporation）实施质量控制的大野耐一（Taiichi Ohno）和新乡重夫（Shigeo Shingo），以及在日本推广科学管理的上野阳一的儿子上野一郎（Ichiro Ueno）。我们在第 11 章简要介绍过上野阳一。

丰田生产系统和精益制造

大野耐一因为设计出丰田生产系统而举世闻名，该系统被称为“精益制造”。[22]特别是，他因为“即时”库存管理获得广泛接受而备受赞誉。大野耐一曾经被问及如何获得这个概念，即让原材料供应商在原材料被需要使用的那一天配送到工厂来，从而消除成本高昂的库存，他的回答是，它来自自己阅读亨利·福特在福特汽车公司的经历。[23]亨利·福特，但主要是他的女婿欧内斯特·坎斯勒（Ernest Kanzler），提出了这个观点：通过精心规划和协调工厂中各种原材料的抵达日期，可以减少库存“浮动”。[24]获得零部件并制造出汽车，汽车将在 14 天内而不是 28 天内成为福特汽车经销商的商品。库存成本的节约是极其显著的。与此类似，在新乡重夫的辅助下，大野耐一设计的丰田汽车公司装配线，能够按照公司即时要求的数量，提取各种零部件将之组装成产品，从而实现更低的库存成本。

全球化以及国际标准化组织

戴明、朱兰以及其他人在第二次世界大战之后强调了这样一种竞争优势，即通过全球合作来制造价格更低、品质优良的产品并占领更大的世界市场份额。对质量标准的兴趣可以追溯到20世纪初。1901年，英国工程标准委员会（BESC）成立；1916年，美国工程标准委员会（AESC）成立。[25]这两个组织都设法制定能够适用于不同产品、行业以及国家的质量标准。英国工程标准委员会如今称为英国标准协会（BSI），而美国工程标准委员会如今已经变成美国国家标准协会（ANSI）。在国际层面，国家标准化协会国际联合会（International Federation of the National Standardizing Associations）于1926年成立。1947年，该国际联合会与刚成立不久的联合国标准协调委员会（UNSCC）合并，共同成立了国际标准化组织（ISO），其总部位于日内瓦。国际标准化组织由162个成员组成。ISO源自希腊语，意思是“同等”。国际标准化组织为各家公司提供标准，以确保它们的产品和服务满足顾客需求。最新的标准被称为ISO9000，它强调顾客、雇主以及雇员共同致力于追求持续的质量改进。

追寻世界级制造

1980年，罗伯特·哈耶斯（Robert H. Hayes）和威廉·阿伯内西（William J. Abernathy）指责美国工业已经忘记了如何竞争、有效率地制造、不断降低价格以及保持产品质量。[26]随着全球竞争挑战的兴起（尤其是来自日本的挑战）以及美国生产力的落伍，生产/运筹管理再一次成为充满魅力的宝藏。与生产管理早期关注提高车间运行的技术效率相反，这次提倡的是将公司的产品决策视为本公司总体竞争战略的一个方面。[27]其挑战在于：美国能否重新学会关于质量、效率和生产力的课程，这是自科学管理时代以来美国一直在向世界其他国家传授的课程。

为了应对这个挑战，成为“世界级”的渴望以及“最佳实践”的概念变得流行起来。[28]“最佳实践”包括识别那些被认为拥有更优绩效的公司并且学习这些公司的成功之道。“世界级”是一个用来描述某个行业中最卓越公司的术语。要想成为“世界级”，一个关键的步骤涉及“标杆管理”，它指的是一家公司在质量控制、产品设计等诸多方面与本行业领头羊进行比较以衡量自己的表现。一旦一家公司能够确定那些卓越的公司是如何实现更高绩效的，它就可以利用这些信息来改进自己的绩效。“最佳实践”以及想要成为“世界级”的意愿都是设法汲取行业领头羊的成功之道。

不过，哈耶斯和皮萨诺（Pisano）提醒说：“如果管理者将保持竞争力的希望寄托于实施一些最佳实践，那就意味着他们放弃了战略的最核心概念而选择一种随波逐流的方法来实现竞争成功。”[29]如果每家公司都遵循最佳实践，公司又如何脱颖而出？公司应该设法变得与众不同，或者树立与众不同的形象，以便在市场上获得一种竞争优势。采用一种“我也一样”战略来简单模仿竞争对手通常很少能够实现长期成功。

系统和信息

在历史长河中，人们观察到自然界中的井然有序。人们看到动植物的生态平衡；注意到日月星辰的运行是可预测的，并把星辰奉为神祇，用它们来预测自己的生活；人们还遵循四季更替的节律来种植和收割农作物。在远古时代，人们根据各种宗教仪式来建立自己的生活行为，这些宗教仪式则是自然秩序的一部分，这类宗教仪式向人们提供了安全感。

当人们设计组织时，人们再次在组织运行中寻求他们在自然界中观察到的秩序性。例如，早期工厂的管理者寻求能够安排工作场所、保证原材料的合理流动以及提高工人绩效的系统管理，以实现某个可预测的结果。行为学家关注社会系统，把工作场所作为社会技术系统来予以研究，并且注意到需要在组织内部实现均衡以及在组织与其外部的要素之间实现均衡。在这些关于系统的观点中存在一些共同特征：(1) 组织的目标或目的；(2) 各种投入，或者我们所称的生产要素，包括人员、原材料、资金或者信息；(3) 将各种投入转化为有用的产品或服务；(4) 关于初始目标或目的是否实现的反馈。一个组织想要长期生存，必须维持这个投入—转化—输出—反馈循环，也就是说，一个组织只有能够产生产出并且利用这些输出交换到必要的能量来获得新的投入和维持自身的有序运行时，该组织才能够存活下去。在商业组织中，可以通过购买者愿意为该组织提供的产品或服务支付的价格来衡量该组织产出的价值。如果这种价值超过了该组织获得各种投入并将其转化为产出的总成本，那么该组织被认为是盈利的。如果存在超额利润，那么它们可以被储存起来以备艰难时刻，或者用来帮助组织成长。

一般系统理论和控制论

虽然切斯特·巴纳德（见第 14 章）将组织视为包括投资者、供应商、客户以及其他人在内的开放系统，但是直到 20 世纪 60 年代系统理论才对管理思想产生影响。“一般系统理论”这个术语被认为是生物学家路德维希·冯·贝塔朗菲（K. Ludwig von Bertalanffy）创造的。[30]他注意到所有系统的“开放性”，也就是说，所有有机体都是既被所面临的环境影响，又影响所面临的环境。有机体（organism）与组织（organization）这两个词的希腊语和拉丁语词根是相同的，都指的是功能、结构以及部分与整体之间的关系。因此，将一个组织视为一种开放系统也是顺理成章的事情，这意味着一个系统依赖于其他系统为它提供各种投入（人员、资金、原材料等），并且无法单独存活。例如，一个组织的管理者在不考虑供应商组织（系统）能否及时或者以一种双方都可接受的价格将必要的材料运送到本组织的情况下，根本无法解决所面临的生产问题。正如保罗·劳伦斯和杰伊·洛尔施（见第20章）的研究成果所得出的结论，组织与环境之间的互动是理解组织设计的关键所在。

贝塔朗菲的努力是七巧板中的第一块拼板，其他人也开始对此进行拼构。诺伯特·维纳（Norbert Wiener）采用了“控制论”这个词，它源于希腊语中的“Kubernētēs”，意思是领航员或掌舵者。控制论指的是将有机体和机器作为自我调控的系统来进行研究。[31]从技术层面来讲，人体是能够自我调控的，因而也是一种控制系统。与此相反，被人为创造出来的系统，例如商业组织、医疗机构以及教育机构，并不能自动控制。它们的绩效必须被持续监控，以检测所出现的与既定标准不一致的差异并予以调整。从控制论的视角来看，一个组织的绩效是可以在三个节点上被监控以及予以控制的：事前，事中，事后。这三个节点的每一个都对应着投入-转化-输出-反馈循环中的一个不同方面。如前所述，一个组织要想长期生存，就必须维持投入-转化-输出-反馈循环。在探究人与机器之间的互动时，维纳提出了自己的控制论理论。他发现根据所获得的关于一个既定目标或目的是否被实现的反馈，人与机器都能够快速调整以适应不断变化的条件，这意味着人与机器都能够“学会”如何适应环境。这体现了一个相当令人震惊的结论：“人与机器可以组成一个动态的、威力巨大的系统；从理论上来说，机器可以发展出智能以及自我复制的能力，它们甚至有可能取代人类。”[32]

紧随维纳的控制论成果之后，人工智能领域在20世纪50年代开始形成。人工智能融合了人类的推理能力与计算机的强大处理能力。赫伯特·西蒙（Herbert A. Simon）以及艾伦·纽厄尔（Allen Newell）是人工智能研究最早期开创者的代表。[33]通过使用“专家系统”来模拟人类信息处理方式，西蒙和纽厄尔为一台计算机编制了程序来下象棋和改进数学定理。早在1960年，西蒙就预测“机器将变得极其强大，在20年内，机器将能够做人可以做的任何工作”[34]。虽然人工智能无法解释人类存在的独特部分，例如伦理道德或者美学范畴，但是它标志着人类开始将计算机用于指挥机器人、驾驶汽车以及使“虚拟现实”成为一种现实。苹果公司的Siri以及亚马逊公司的Alexa数字助理就是人工智能应用的典型例子。此外，那些能够帮助我们规划最有效率的行程以抵达目的地的导航类App，或者能够使在线零售商根据顾客以往的购买记录向顾客推荐商品和服务的销售类App也是人工智能。1975年，西蒙和纽厄尔因为对人工智能的贡献而荣获由美国计算机协会（ACM）颁发的图灵奖（Turing Award）。

从“看不见的手”到“数字手”

想象一下这种情况：大约60年前，你是你们公司数据处理部门的负责人，当你上班时，你看到许多人在操作穿孔机往八十列卡片上打细小的孔，这些卡片上印有警告语，提醒人们不要将卡片折叠、卷起或损坏；另外一位员工则在操作一台分类器来将这些卡片归入各种不同类别；还有一位员工在操作一台制表机，它能够阅读那些细孔，并且将结果打印在长纸条上。

假设这一切工作都进展顺利，你进入办公室，翻看桌上的日历以核对你的工作事项，发现有一些空余时间，于是你翻阅《华尔街日报》的财经版面。你看到的计算机公司有IBM、斯佩里-兰德公司、明尼阿波利斯-霍尼韦尔公司、美国无线电公司、国家收银机公司以及其他一些公司，IBM毫无疑问是该行业的领头羊。你决定休息一段时间，于是打电话给当地的旅行社，它可以为你订飞机票、宾馆和租赁车辆，还会给你邮寄一些小册子，里面描述了如何找到你的目的地、你的住处以及其他信息。如果你想寻找关于某个主题的信息，你可以走到书架前，拿出一本合适的参考书；或者你想要正确地拼写一个单词，你需要在你的书架上放一本词典。

回到现在，你熟悉的信息世界是截然不同的。当你等待午餐时或者在上下班通勤期间，你可以使用你装在口袋里的移动设备来处理这些任务。翻阅《华尔街日报》，如今你发现在计算机行业中有戴尔公司、思科公司、微软公司、英特尔公司、苹果公司以及其他许多公司。你使用谷歌等搜索引擎寻找各种稀奇古怪的信息，例如布尔战争或者滑铁卢战役中发生了什么。至于你的休假，你可以自己安排交通工具，比较各航空公司的票价，精确定位住宿的地方，并且查看你所选住处的餐厅、客房以及其他设施，你会产生身临其境的感觉。就在这大约60年中，发生了什么变化？

现在是一个小的，更小的世界

你已经进入了信息时代，它是由不断进步的计算机科技构建的。在托马斯·弗里德曼（Thomas L. Friedman）确定的“使世界变得扁平的10种力量”中，有8种是以某种方式与这个信息时代息息相关的，如工作流程软件、信息上传、工作外包、离岸外包、供应链、内包、通信等。[35]詹姆斯·科尔塔达（James W. Cortada）概括了这部演变史：从市场这只“看不见的手”（亚当·斯密）到管理这只“看得见的手”（艾尔弗雷德·钱德勒），再到信息时代的“数字手”。[36]在第4章我们已经提及，查尔斯·巴比奇设想过一种能够进行任何计算的机械装置。在建造分析机的过程中，他遇到了诸多问题，因而他从来没有能够制造出一台完整的原型机。

大约90年之后，英国数学家艾伦·图灵（Alan Turing）迈出了计算机发展的另一步。1938年，随着希特勒的德国军队逐渐威胁到欧洲，英国情报机构（通常称为MI6）十分关注被称为“谜”的一种新型德国密码机。如果这种代码能够破译，那么英国情报机构就能够截获和利用德国发送的信息来预测希特勒军队的行动。密码术（即设计和破译加密信息）是一种极其复杂的程序，而且“谜”密码机超越了所有传统的密码分析方法。图灵和其他人一起受雇于英国，破译该密码系统。由于几乎所有代码都依赖于通过不同方式以数字来代替字母，而且可能会出现巨大数量的组合，所以只有拥有一台能够处理海量数字的机器，才有希望破译这种代码。图灵领导了这次行动，并且成功开发出一种多功能的计算机来处理这些必要的运算。[37]

如同我们在第4章所述，赫尔曼·霍利里思发明了一种穿孔卡片制表机来处理美国1890年的人口普查数据。1896年，霍利里思创建了制表机公司（Tabulating Machine Company），经过一段时间之后，该公司成为IBM。[38]在1937—1944年通过来自IBM的资助，霍华德·艾肯（Howard Aiken）设计和制造了一种机电计算机器，起初被称为 Mark I. Lt.，后来被称为“海军少将”（Rear Admiral）。格蕾丝·穆雷·赫柏（Grace Murray Hopper）开发了计算机编程语言 GOBOL，她是 Mark I. Lt. 计算机的首席编程员。计算机仅仅是机器（硬件）——使计算机发挥作用的是软件，即提供命令的多功能符号。为巨型电子数字计算机（ENIAC）编程的团队成员包括珍·詹宁斯·巴迪克（Jean Jennings Bartik）、马琳·韦斯科夫·梅尔策（Marlyn Wescoff Meltzer）、露丝·里克特曼·泰特鲍姆（Ruth Lichterman Teitelbaum）、贝蒂·斯奈德·霍伯顿（Betty Snyder Holberton）、弗朗西斯·比拉斯·斯宾塞（Frances Bilas Spence）以及凯·麦克纳尔蒂·莫奇利（Kay McNulty Mauchly）。[39] 1943—1945 年在宾夕法尼亚大学由约翰·莫奇利（John Mauchly）和小布雷斯伯·埃克特（J. Presper Eckert，Jr.）领导的团队建造的 ENIAC 是世界上第一台多功能电子计算机。不过，莫奇利和埃克特的专利权遭遇了一起由霍尼韦尔公司（Honeywell）和控制数据公司（Control Date Corporation）提出的法律诉讼案件。约翰·阿塔纳索夫（John V. Atanasoff）与研究生克利福德·贝瑞（Clifford Berry）在 20 世纪 30 年代就为艾奥瓦州立大学（Iowa State University）制造了一种自动的电子数字计算机，该计算机在 1939 年正式投入使用。1943 年在阿塔纳索夫的邀请之下，莫奇利前往艾奥瓦州立大学参观了 4 天，并且对如今所称的阿塔纳索夫-贝瑞计算机做了许多笔记。尽管阿塔纳索夫和艾奥瓦州立大学都没有申请专利权，但美国明尼苏达地区法院仍然支持阿塔纳索夫的专利权，所依据的理由是阿塔纳索夫率先设想并且建造出“将导致计算机被发明的计算装置”[40]。因此，法院在 1973 年 4 月终止了向莫奇利和埃克特专利权的持有者斯佩里-兰德公司（如今的优利系统公司（Unisys））支付的特许使用金。值得一提的是，在 20 世纪 80 年代初，美国国防部开发了计算机编程语言 Ada，以巴比奇的密友、合作伙伴埃达·拉芙蕾丝（Ada Lovelace）女士的名字命名。

从查尔斯·巴比奇提出概念到阿塔纳索夫将其实现，经历了一个多世纪的时间。在此期间，计算机在技术能力方面快速发展，带来了之前未曾预料到的各种应用。第一代计算机是庞然大物。专业的观察家们认为，仅仅需要一些计算机来处理美国的人口普查数据以及科学运算，或许会计、计酬和库存问题也会需要计算机。描述计算机的通常用语是“电子数据处理”，以强调其处理海量运算和问题的能力。

到 1960 年，IBM 的收入是该行业其他公司收入总和的两倍。随着计算机科技的不断进步，从真空管发展到贝尔实验室发明的晶体管，再发展到由仙童半导体公司（Fairchild Semiconductor）的罗伯特·诺伊斯（Robert N. Noyce）和得州仪器公司的杰克·基尔比（Jack S. Kilby）在 1958 年共同发明的集成电路，扬言要对所谓的 IBM“垄断”进行拆分也就变得毫无意义了。[41] 这些微型处理器触发了硬件（设备）和软件（运行系统）的一系列改进。使用电路板的“微型计算机”在 20 世纪 70 年代初变得流行起来。到 1977 年，大约 72%的微型计算机市场由三家公司瓜分：苹果公司、Commodore 公司以及 Tandy 公司。仅仅在两年之前（1975 年），比尔·盖茨（Bill Gates）和保罗·艾伦（Paul Allen）创建了微软公司。1980 年，IBM 决定进军微型计算机市场，个人计算机、笔记本电脑以及移动设备相继问世。

通过信息和通信来赋能全球贸易

汤姆·斯坦达奇（见第5章）提醒过我们，维多利亚时期也有它的“互联网”：电报。电报推动了浪漫的爱情故事，促进了商业交易，重塑了商品流通战略，扫除了各种地域性的贸易障碍。[42]高级研究计划局网络（Advanced Research Projects Agency Network）——互联网的先驱——就是由美国国防部从1960年开始建造的。我们如今所熟知的互联网，从1993年开始被私人化。随着互联网的商业化，一种无国界经济开始兴起，因为商品和服务可以在全世界范围内采购和销售。互联网体现了约瑟夫·熊彼特的“创造性破坏”观点（见第18章），带来了各种各样的创新，包括电子邮件、社交网站、通信服务、新闻和即时通信服务以及无数个聚焦于各个领域的网站。

技术是管理理论和管理实践的帮手。信息技术能够提供一种初始的但并不必然是坚不可摧的竞争优势。总的来看，管理者工作的几乎每一个方面都被计算机技术影响。在对计算机时代之前的组织沟通的发展历程进行研究后，耶茨（Yates）得出结论：“技术的采用未必是在其刚被开发出来之时，而是在管理理论的一次转变或进步导致管理者们发现了这些技术的某种应用之时……仅仅拥有技术是不够的，还需要拥有‘用新的方式来应用技术’的眼光。”[43]这个结论似乎同样适用于信息时代。在信息时代，计算机不只是强大的电子计算机器，还能够满足一个组织所有层级的信息需求，并且跨越各大洲、海洋以及时区。信息可以通过网络系统进行全球传播，存储在虚拟服务器的“云”中，输入到决策支持系统，并且被远程访问，从而使得群体成员能够在各自家中开展合作。

准确的信息对有效的管理决策始终是不可或缺的。随着交易和互动变得越来越复杂，不但组织内部需要信息，还需要向外部的委托人和监管机构汇报信息。随着信息提供能力的不断提高，管理者需要掌握并且开发信息技术在工作场所中的创新性应用。艾尔弗雷德·钱德勒提到了一件对组织非常重要的事情，那就是开发一种以信息为基础的“一体化学习中心”，它扎根于本组织整体的技术能力、职能能力和管理能力，而不是个别管理者的能力。[44]这些能力为一家组织的持续成长和竞争力奠定了基础。通过学习现有的或新的知识体系，技术能力可以获得发展。虽然可能由于公司和行业的不同而各不相同，但是都涉及从基础研究和应用研究中收集知识以开发或改进现有的产品或流程。职能能力是公司为了成功地获得、制造和销售产品而必须实施的那些行为。这些行为对公司生存至关重要。管理能力包括管理本组织的各个运行部门、整合本组织的活动以及通过投入—转化—输出—转化循环来协调商品和服务的流向并使其顺利抵达经销商和最终客户。艾尔弗雷德·钱德勒的上述观点响应了伊迪丝·彭罗斯的观点，即企业各种资源提供的或可能提供的生产性服务的异质性而不是同质性，为每个企业赋予了独有的特征（见第19章）。

小结

后二战时代带来了全球竞技场的新机遇，这些新机遇将改变关于市场和生产的旧观念。通过质量圈、即时库存管理以及精益制造，日本工业引领了产品质量和可靠性改进的潮流。一般系统理论和控制论把组织强调为与其外部环境不断互动的开放系统。随着信息时代的来临，计算机科技迅速发展，从真空管大型主机发展为锂电池驱动的、配置性能先进的微型芯片的移动设备。这种计算能力能够检验复杂的数学模型，重塑生产管理，并且为科技领域创新提供机会。互联网提供了畅通无阻的全球通信，开拓了市场，并且创造了多种多样的用途和应用。从亚当·斯密的“看不见的手”，到艾尔弗雷德·钱德勒的“看得见的管理之手”，再到信息时代的“数字手”，我们的日常生活和工作在发生变化，也许只有工业革命时期才能够媲美后二战时代所呈现的社会变革。

注 释

[1] Aristotle, “Analytica Priora,” [“Prior Analysis”], trans. Arthur J. J. Jenkinson in W. David Ross, ed., *The Works of Aristotle*, vol. 1 (Oxford: Clarendon Press, 1908). Written circa 350 BCE.

[2] René Descartes, *Discourse on the Method of Rightly Conducting the Reason and Seeking Truth in the Sciences*, trans. John Veitch (Chicago, IL: Open Court Publishing Company, 1899). Originally written in 1637.

[3] Isaac Newton, *Philosophiæ Naturalis Principia Mathematica* [*Mathematical Principles of Natural Philosophy*] (London: Joseph Streater, 1687).

[4] Joseph F. McClosky, “The Beginnings of Operations Research: 1934 - 1941,” *Operations Research* 35 (1) (January - February) (1987), pp. 143 - 152.

[5] William Thomas, “Operations Research vis-à-vis Management at Arthur D. Little and the Massachusetts Institute of Technology in the 1950s,” *Business History Review* 86 (1) (Spring 2012), pp. 99 - 122.

[6] Merrill M. Flood, “The Objectives of TIMS,” *Management Science* 2 (2) (January 1956), p. 178.

[7] William J. Baumol, *Economic Theory and Operations Analysis* (Englewood Cliffs, NJ: Prentice Hall, 1961), p. 4.

[8] Robert A. Gordon and James E. Howell, *Higher Education for Business* (New York: Columbia University Press, 1959), p. 190.

[9] See, for example, David W. Miller and Martin K. Starr, *Executive Decisions and Operations Research* (Englewood Cliffs, NJ: Prentice Hall, 1960); *idem*, *The Structure of Human Decisions* (Englewood Cliffs, NJ: Prentice Hall, 1967).

[10] Kenneth Hopper and William Hopper, *The Puritan Gift: Reclaiming the American Dream Amidst Global Financial Chaos* (London: I. B. Taurus, 2009), pp. 290 - 327. See also Robert C. Wood, “A Lesson Learned and a Lesson Forgotten,” *Forbes* (February 6, 1989), pp. 70 - 78, for Sarasohn's recollections of these events.

[11] Hopper and Hopper, *The Puritan Gift*, p. 442.

[12] Walter A. Shewhart, *Economic Control of Quality of Manufactured Product* (New York: D. Van Nostrand, 1931).

[13] Joe Stauffer, “SQC before Deming: The Works of Walter Shewhart,” *Journal of Applied Management and Entrepreneurship* 8 (4) (October 2003), pp. 86 - 94.

[14] Walter A. Shewhart with the editorial assistance of W. Edwards Deming, *Statistical Method from the Viewpoint of Quality Control* (Washington, DC: Graduate School, Department of Agriculture, 1939).

[15] For a discussion of Deming's work in Japan, see Peter B. Petersen, "The Contributions of W. Edwards to Japanese Management Theory and Practice," in Frank S. Hoy, ed., *Proceedings of the Annual Meeting of the Academy of Management* (1987), pp. 133 - 137.

[16] W. Edwards Deming, *Out of the Crisis* (Cambridge, MA: Center for Advanced Engineering Study, Massachusetts Institute of Technology, 1986), p. 6.

[17] *Ibid.*, pp. 97 - 98.

[18] For more on Deming, see Peter B. Petersen, "Library of Congress Archives: Additional Information about W. Edwards Deming (1900 - 1993) Now Available," *Journal of Management History* 3 (2) (1997), pp. 98 - 119.

[19] John Butman, *Juran: A Lifetime of Influence* (New York: John Wiley & Sons, 1997), pp. 75 -76.

[20] See Vilfredo Pareto, *Cours d'économie politique* [*A Course on Political Economics*], 2 vols. (Lausanne: F. Rouge, 1896 - 1897).

[21] Greg Watson, "The Legacy of Ishikawa," *Quality Progress* 39 (4) (April, 2004), pp. 54 - 57.

[22] Taiichi Ohno, *Toyota Production System: Beyond Large-Scale Production* (New York: Productivity Press, 1988). Originally published in 1978.

[23] Norman Bodek, "Forward," *Today and Tomorrow* by Henry Ford (with the collaboration of Samuel Crowther) (Cambridge, MA: Productivity Press, 1988), p. vii. Originally published in 1926.

[24] Peter B. Petersen, "The Misplaced Origin of Just-in-Time Production Methods," *Management Decision* 40 (2002), pp. 82 - 88. See also *idem*, "The Light before the Dawn: The Origin of Quality Japanese Products During the 1920s," *Journal of Managerial Issues* 5 (1) (Spring 1993), pp. 17 - 38.

[25] JoAnne Yates and Craig N. Murphy, "From Setting National Standards to Coordinating International Standards: The Foundation of the ISO," *Business and Economic History* (On-line) 4 (2006). See also *idem*, *The International Organization for Standardization (ISO): Global Governance through Voluntary Consensus* (London: Routledge Press, 2009).

[26] Robert H. Hayes and William J. Abernathy, "Managing Our Way to Economic Decline," *Harvard Business Review* 58 (4) (July - August 1980), pp. 67 - 77.

[27] Wickham Skinner, "Manufacturing—Missing Link in Corporate Strategy," *Harvard Business Review* 47 (3) (May - June 1969), pp. 136 - 145.

[28] Robert H. Hayes and Steven C. Wheelwright, *Restoring our Competitive Edge: Competing through Manufacturing* (New York: John Wiley & Sons, 1984), pp. 375 - 385. See also Richard J. Schonberger, *World Class Manufacturing: The Lessons of Simplicity Applied* (New York: Free Press, 1986).

[29] Robert H. Hayes and Gary P. Pisano, "Beyond World Class: The New Manufacturing Strategy," *Harvard Business Review* 72 (1) (January - February, 1994), p. 77.

[30] K. Ludwig von Bertalanffy, "General Systems Theory: A New Approach to the Unity of Science," *Human Biology* 23 (4) (December 1951), pp. 302 - 361.

[31] Norbert Wiener, *Cybernetics, Or Control and Communication in the Animal and the Machine* (Cambridge, MA: MIT Press, 1948), p. 23. Although Wiener claimed to have "invented" the word "cybernetics", it appears throughout ancient Greek writings dating back to Plato's *First Alcibiades*. On this point, see Pesi R. Masani, *Norbert Wiener, 1894 - 1964* (Basel, Switzerland:

Birkhauser, 1989), p. 259. In claiming to have invented the term cybernetics, Wiener does note that "incidentally" he later learned that "the word had already been used by [André-Marie] Ampère... [and] a Polish scientist" (pp. 23 - 24). Ampère used the term *cybernétique* in his *Essai sur la philosophie des sciences* [*Essay on the Philosophy of Science* (Paris: Bachelier, 1834), p. 140] to refer to a new science of government. The unnamed Polish scientist appears to have been Bronisław F. Trentowski, who wrote of *cybernetyka* or the "art of governing a nation" in his book *Stosunek filozofii do cybernetyki czyli sztuki rządzenia narodem* [*The Relationship of Philosophy to Cybernetics, Or the Art of Ruling a Nation*] (Poznań, Poland: J. K. Żupańskiego, 1843), p. 9. See also Plato, *The Dialogues of Plato*, 3rd ed., vol. 2 trans. by Benjamin Jowett (Oxford: Clarendon Press, 1892), p. 508. Written circa 350 BCE. The passage in question reads: "SOC. [RATES]: Or again, in a ship, if a man having the power to do what he likes, has no intelligence or skill in navigation [*kubernētēs*], do you see what will happen to him and to his fellow-sailors?"

[32] Michael Saler, [Review of *Rise of the Machines*], *Wall Street Journal* (September 3 - 4, 2016), p. C6.

[33] Herbert A. Simon, *The Sciences of the Artificial* (Cambridge, MA: MIT Press, 1969); Allen Newell and Herbert A. Simon, *Human Problem Solving* (Englewood Cliffs, NJ: Prentice Hall, 1972).

[34] Herbert A. Simon, *The New Science of the Management Decision* (New York: Harper & Brothers, 1960), p. 38. On May 11, 1997, Garry Kasparov was the first world chess champion to be beaten by a computer, IBM's Deep Blue.

[35] Thomas L. Friedman, *The World Is Flat: A Brief History of the Twenty-First Century* (updated and expanded version) (New York: Farrar, Straus, and Giroux, 2007), pp. 51 - 199. Friedman uses the term "steroids" to reference increased computing power and capabilities rather than to describe class of organic compounds.

[36] James W. Cortada, *The Digital Hand: How Computers Changed the Work of American Manufacturing, Transportation, and Retail Industries*, vol. 1 (New York: Oxford University Press, 2004).

[37] Andrew Hodges, *Alan Turing: The Enigma* (New York: Simon & Schuster, 1983), especially pp. 166 - 170, 181 - 195.

[38] George E. Biles, Alfred A. Bolton, and Bernadette DiRe, "Herman Hollerith: Inventor, Manager, Entrepreneur—A Centennial Remembrance," *Journal of Management* 15 (4) (December 1989), pp. 603 - 615.

[39] Walter Isaacson, "The Women of ENIAC," *Fortune* (October 6, 2014), pp. 160 - 165.

[40] Jane Smiley, *The Man Who Invented the Computer: The Biography of John Atanasoff, Digital Pioneer* (New York: Doubleday, 2010), p. 80.

[41] Leslie Berlin, *The Man Behind the Microchip: Robert Noyce and the Invention of Silicon Valley* (New York: Oxford University Press, 2005), p. 3.

[42] Tom Standage, *The Victorian Internet: The Remarkable Story of the Telegraph and the Nineteenth Century's On-Line Pioneers* (New York: Walker and Company, 1998), p. 213.

[43] JoAnne Yates, *Control through Communications: The Rise of System in American Management* (Baltimore, MD: Johns Hopkins University Press, 1989), pp. 274 - 275.

[44] Alfred D. Chandler, Jr., *Inventing the Electronic Century: The Epic Story of the Consumer Electronics and the Computer Industries* (New York: Free Press, 2001), pp. 2 - 5.

第22章 责任与机遇

我们在第1章说过，管理者面临日常挑战并且在一套既定的文化价值观和制度内制定决策。本章将考察日益提升的商业全球化程度，以及在拥有截然不同的文化价值观和制度的国际市场上开展竞争如何影响管理思想的演变。最后，本章将讨论商业伦理以及社会对企业的期望。

在全球竞技场进行管理

正如丝绸之路和香料贸易，世界上不同地区、不同文化之间的商品交易——也就是我们今天所称的商业全球化——拥有悠久的历史，可以追溯到石器时代。国际贸易的历史比记载的更为悠久。硬币、泥板以及古城堡的围墙都在讲述这样的故事：古老的帝国进行着黄金、象牙、玉石以及纺织品的交易。商业，无论是通过陆地还是海洋，在早期的文明中就已出现，可能彼此之间不存在激烈的经济竞争。[1]

商业全球化

在多数情况下，国家之间的贸易是作为一种政治战略而发起和进行的。现代的贸易制裁、禁令和关税也是如此。虽然许多早期探险是出于好奇或者渴望更丰富的食品或产品种类而进行的远航，但是在对未知土地和人口的大发现背后，最主要的驱动力是由不同国家的国王、王后和当权者提供的。国库的财富资助各种船只和探险者前往地图上尚未标明的水域进行航行，探险者则亲身冒险，以发现新的贸易路线，建立殖民地，将新奇的商品带回本国，以及扩展帝国疆域。

如同第2章所述，作为一种经济哲学，重商主义认为政府应该扮演核心角色，通过资助和保护贸易来建立强大的国家经济。重商主义者利用政治手段对本国企业予以补贴，提高关税以阻止外国产品进入本国市场，建立殖民地以确保原材料的稳定供应，并且维持一支强大的海军以保证商业航线免受海盗和敌军舰船的劫掠。各种贸易公司，例如东印度公司、哈得逊湾公司以及荷兰东印度公司（Dutch East India Company），都由它们母国的政府颁发许可证，允许它们独家垄断与某些特定区域之间的交易或者是诸如毛皮、香料之类的商品交易。加拿大、印度和美国是大英帝国的殖民地；法国、比利时、葡萄牙和德国在非洲拥有广阔的殖民地；印度尼西亚是荷兰的殖民地，那时候被称为荷兰东印度。毫无例外，这些殖民地为宗主国提供原材料和劳动力，也提供了商业全球化的早期例子。

重商主义最终失去了威力：效率低下的国有企业得以维持，殖民地受到经济剥削，不得不维持强大的军事力量以保护本国的经济特权。我们在第 2 章说过，亚当・斯密试图扫除重商主义。他认为重商主义关税政策是有害的，不是保护本国产业而是损害了效率，进而导致本国的资源配置不当。斯密认为，经济活动应该只由市场因素和竞争来调节。市场这只“看不见的手”能够确保资源获得最有效率的使用并且获得最大的回报。以这种方式，每个个体和国家的利益在充分竞争的市场上将会繁荣发展。[2] 19 世纪初的经济学家大卫・李嘉图指出，自由贸易对整个世界最为有利，因为所有国家都将专注于生产它们最擅长生产的产品。迫切需要的并不是某种国家经济政策，例如重商主义，而是自由市场，它使各国能够发现自己在生产某种特定商品方面相对于其他国家的竞争优势。[3] 如果 A 国能够以相对于 B 国的一种优势生产某种商品，而 B 国在生产另外某种产品时具有相对于 A 国的一种优势，那么这两个国家都可以从双方贸易之中获益。需要注意的是，“相对优势”并不同于“绝对优势”。在上述这个例子中，如果其中某国在生产这两种商品方面都具有绝对优势，但是“只要它们具有不同的相对效率”，它们仍然能够从双方贸易之中获益。[4]

虽然殖民主义和重商主义不断衰落，但国家之间的贸易继续保持繁荣景象。在早期的经济发展中，美国是一个债务国，依赖外国资本。塞里格曼公司（J. & W. Seligman Company），成立于 1864 年的一家投资银行，除了位于纽约的总部，还在伦敦、巴黎和法兰克福拥有分支机构。塞里格曼公司以及美国新兴的其他投资银行的代表们前往国外销售证券，为持续增长的美国工业体系提供必需的资本。威尔金斯（Wilkins）观察到，即使到了 1914 年，美国仍然是一个债务国，来自外国的贷款要高于它在外国的投资。[5] 在太平洋地区、南美洲、非洲、欧洲大陆以及英国，美国都是一个非常积极的贸易商，但是它仍然引进国外资本以便为本国工业的增长添加燃料。

技术始终是促进全球市场发展的一项重要因素。由于船舶的脆弱和低水平的航海技术，早期的贸易路线都集中在海岸线附近。随着更坚固的桅杆和更大的风帆建造成功，以及对天文航海技术的逐渐掌握，贸易范围大为扩展。由蒸汽驱动的轮船、电报以及越洋电缆技术，改进了通信并缩短了旅行时间。更快速的轮船、飞机以及无线电设备，预示着随后出现的喷气式飞机旅行以及通过天基和轨道卫星进行的全球通信。《雷克萨斯和橄榄树》（*The Lexus and the Olive Tree*）是一个关于商业全球化的比喻，橄榄树代表文化认同、古老传统、礼仪礼节以及民族主义。雷克萨斯汽车代表现代技术和全球一体化的非凡成就。[6]在该书的作者托马斯·弗里德曼（Thomas L. Friedman）看来，现代社会要么设法融入全球范围内的自由贸易，要么实施基于民族主义和部落主义的经济保护主义，他将全球化视为获得经济活力的唯一选择。

从历史的角度来看，今天有些学者所称的“新”全球竞争实际上是过去的延伸，其区别主要在于通信和交通的持续改进使得这个世界变得扁平，能够以更快捷的速度进行产品、服务和信息的全球交易。美国从19世纪50年代开始拥有跨国企业，但是直到第二次世界大战之后，美国的跨国企业才开始迅猛发展。到1970年，美国海外直接投资的账面总额增长了大约10倍。[7]也正是在这个时期，其他国家在美国建立生产、流通和销售机构，涉及汽车、轮胎、电子、制药等诸多领域。如今，美国是世界上较大的商品进口国和出口国，每年的交易额高达数万亿美元。

新一轮全球化浪潮产生了许多跨国贸易协议。《北美自由贸易协定》、欧盟以及亚太经济合作组织（Asia-Pacific Economic Cooperation），体现了试图打破国家（地区）之间贸易壁垒的努力。大卫·李嘉图的比较优势理论是否正在成为现实？这些联盟是否将促进某种新的重商主义，有利于该国的伙伴国但排斥所有国家之间的自由贸易？弗农（Vernon）提醒人们密切关注跨国贸易协议可能会导致国家之间的紧张关系，当这类跨国贸易协议通过对进口商品征收关税、确定配额以及施加其他管制措施而限制商业时，情况更是如此。[8]

个体与组织：关于不断演变的期望

马基雅维利曾经说：“没有什么比开创一种新秩序实施起来更困难，成功的希望更渺茫，处理起来更危险。因为改革者是旧秩序中所有既得利益者的敌人，而即将从新秩序中获益的人则只会提供有限的支持。”[9]变革可以来自个体或组织内，但更可能来自外部。经济环境能够带来新的机遇，同样也会带来额外的竞争压力；技术能够改变我们的生活方式和谋生手段；政治环境可以带来自由，但也能限制个人和组织的权限；社会环境能够对什么是正确行为施加更多或不同的期望。

商业伦理

伦理是人类道德行为（善与恶）的一种，自古以来就是神学家和哲学家全神贯注的思考对象。伦理是支撑文明社会的道德“责任”。商业交易一直以来就与法律界限之外的道德行为准则密切相连。亚里士多德追寻个体道德品质中的“美德行为”以及与他人关系中的正义。他的“交换正义”强调商品和服务的资源交易，这是自由社会的一项重要元素；“分配正义”涉及财富和收入在社会中的分配，它构成了我们如今对经济不平等的讨论的基础。[10]

自从 9 世纪开始，“公正价格”概念就一直备受争论。[11]根据亚里士多德的正义理论，13 世纪的圣托马斯·阿奎那认为公正价格是由一位买主和一位卖主自愿决定的。[12]我们在第 2 章讨论了贸易扩张如何促进了对商业伦理的需要，以及约翰尼斯·奈德的观点——商品应该是“合法的、体面的、有用的”；价格应该是公正的；卖主应当保持警醒（卖主负责），不要使用“小伎俩”或“恫吓”或者卖给不了解情况的“无知者”；那些“仅仅出于哄抬物价的原因”而进行购买的人（例如金融投机者），罪孽最为深重。[13]

早在 19 世纪初，强调“自然的、理性的伦理”的道德哲学课程就已经在美国高等教育机构教授。[14]延续这个传统，1881 年向宾夕法尼亚大学捐赠 10 万美元以建立美国第一所大学商学院的约瑟夫·沃顿认为，教育课程“应该能够对学生谆谆教诲和留下深刻印象……使他们懂得通过掠夺他人的方式而不是通过为他人提供服务的方式来获得财富是不道德的，并且在现实生活中是不恰当的……（而且）使他们懂得使用法律和社会排斥来惩罚那些进行欺诈、背叛信任或盗窃公共基金的人的必要性”[15]。沃顿设置了很高的道德和伦理标准，希望它们能够在实践中被履行。

沃顿商学院成为其他大学商学院的典范。早在 1904 年，加州大学（如今的加州大学伯克利分校）、耶鲁大学、芝加哥大学、西北大学就启动了商业伦理教学课程。商业大学中的经济系讲授经济学以及社会学或者社会工作，重点强调服务与道德责任。其他大学也相继开办商业伦理课程和讲座。阿本德（Abend）从历史的视角描述了商业伦理课程的发展以及那些推动该课程发展的人物。他提到，我们对那些违背商业伦理的伦理道德事项理解得不够透彻：“20 世纪初关注和争论的焦点与 21 世纪初并无太多不同……然而，每一代的商业伦理学者、政客以及新闻记者似乎都将那些特定的商业伦理问题视为新出现的问题……是他们这个时代独一无二的问题。其实，这是错误的。我的历史研究表明，这种所谓的新奇性和独特性只是幻觉。”[16]

罗伯特·伍德·约翰逊（Robert Wood Johnson）在 1943 年撰写了强生公司（Johnson & Johnson Company）的初始信条。[17]该信条如今这样写道：

> 我们认为，我们首要的责任是对医生、护士、病人、父亲、母亲以及使用我们产品与服务的所有人负责。为了满足他们的需求，我们所做的每件事情都必须达到高质量。我们必须始终致力于降低我们的成本以维持合理的价格。必须为顾客的订单提供迅速、准确的服务。我们的供应商和经销商必须有机会获得公正的利润。
>
> 我们要对在全世界范围内与我们共事的公司员工负责。每个员工都必须被视为一个个体。我们必须尊重他们的尊严，承认他们的价值。必须确保他们获得一种工作岗位安全感。薪资必须是公正的、慷慨的，而且工作条件必须是干净、有序和安全的。
>
> 我们必须设法找到合适的方法来帮助我们的员工实现自己的家庭责任。必须使员工能够无拘无束地提出建议和抱怨。必须确保那些合格的人获得公平的雇佣机会、发展机会和晋升机会。我们必须提供优质的管理，而且这些管理行为必须是公正的和有道德的。
>
> 我们还要对我们居住的和工作的社区以及整个世界负责。我们必须成为良好的

公民——支持良好的工作和慈善，并且承担我们应尽的税收义务。我们必须鼓励更好的民生以及更好的健康和教育。

我们必须维护我们乐享其中的良好秩序和繁荣，保护环境和自然资源。

我们最终还要对我们的股东负责。企业必须获得合理的利润。我们必须试验新理念。我们必须进行研发，必须实施创新计划，必须为错误付出代价。我们必须采购新设备，为顾客提供新设施和新产品。我们必须有一定储备以备将来艰难时刻所需。当我们在经营中遵循这些原则时，公司股东能够获得公正的收益。[18]

20 世纪 60 年代见证了人们对商业伦理重燃兴趣。当时，雷蒙德·鲍姆哈特（Raymond C. Baumhart）牧师询问："商业人士的道德程度如何?"他对 1 700 多名《哈佛商业评论》的读者进行了民意调查，其中超过一半的读者回答，他们认为商业人士"只要觉得自己不会被发现，就会违反伦理道德规范"[19]。第一本完全聚焦于商业伦理的期刊《企业与社会评论》（*Business and Society Review*）创刊于 1972 年。[20]其他商业伦理期刊也相继创办，其中包括 1980 年创办的《企业与职业伦理》（*Business and Professional Ethics*），创办于 1982 年的《商业伦理期刊》（*Journal of Business Ethics*），以及创办于 1991 年的《商业伦理季刊》（*Business Ethics Quarterly*）。

强生公司的信条成为企业信念的一种声明。这些信念随着时间的推移不断发展，并在公司危急时刻（例如，由于有人故意对泰诺镇痛胶囊造成污染而导致的泰诺危机）为公司的决策提供道德准则。面对泰诺危机，强生公司作出的应对是召回所有的泰诺产品，以保护消费者的利益。作为一种意料之外的效果，这次危机使得其他公司意识到类似的潜在危险，从而产生了各种新的产品包装理念。强生公司兑现了自己的公司信条，同时也为其他公司树立了行为榜样。

约翰·沙德（John Shad）在 1981—1987 年担任美国证券交易委员会主席，1987 年他向哈佛商学院研究生院捐赠 2 300 万美元用于讲授商业伦理，他呼吁知识与良知并重："这些商学院仅仅证明其毕业生已经掌握了专业基础知识是远远不够的。商学院必须增强自己的能力，以证明其毕业生具备运用学到的知识来造福社会而不是危害社会的品质和正直。"[21]商学院有机会提高其毕业生的品质和正直程度。

《州际商业法案》（1887 年）、《谢尔曼反托拉斯法案》（1890 年）、《克莱顿反托拉斯法案》（1914 年）、《联邦储备法案》（1913 年）以及《联邦贸易委员会法案》（1914 年）都是用来管控商业实践的早期行动（见第 12 章）。美国证券交易委员会于 1934 年创立，以贯彻执行 1933 年的《证券法案》（Securities Act）和 1934 年的《证券交易法案》（Securities Exchange Act），后一个法案要求对财务报表进行完整披露和独立审计，禁止"内部交易"。根据 2002 年通过的《萨班斯-奥克斯利法案》（Sarbanes-Oxley Act），成立了一个委员会来监管公共审计公司，并制定新的披露要求，对欺诈行为处以更加强有力的刑事处罚，禁止公共审计公司向它们审计的公司提供咨询服务，并且制定其他合法措施来保护投资者和其他人。该法案第 406 节要求公开上市公司制定并且公布一份道德规范。不过，一项研究发现，这项要求所导致的结果就是文档的"复制和粘贴"，各家上市公司的道德规范"内容和语言千篇一律"，对与本公司或本行业息息相关的道德事项几乎没有提供具体指导。[22]仅仅依靠法律无法克服人性弱点或者防止欺诈，历史经验告诉我们，应当对通过立法来规范道德行为持怀疑态度。

在全球开展有道德的行动

在人类历史中，商业、政治、宗教、教育、体育以及其他领域都充满了关于不道德行为的例子。发生在其他国家的事件也表明，不道德行为是不受国界线限制的。有道德的行为，无论是在商界还是私人生活中，往往不受国界线、种族、宗教信仰或者其他方面的约束。存在一种跨越所有文化的道德使命感吗？

有人试图定义“超级规范”（hypernorms），即在所有文化中都应该受到尊重的一些特定权利：自由迁徙的权利，免受刑讯折磨的权利，财产所有权，人身安全的权利，受到公正审判的权利，自由言论和结社的权利，生存权，接受基本教育的权利，政治参与权，免受歧视对待（例如性别歧视或基于其他特征的歧视）的权利。[23]对由各种国际团体提出的规范性指导方针进行的一项研究指出，一些基本的指导方针获得了一致同意：合理的健康和安全标准；所有人的生命权、自由权、隐私权以及保障个人安全的权利；关于污染的环境标准。[24]

于 1977 年通过、1988 年修正的《美国反海外腐败法案》(U. S. Foreign Corrupt Practices Act）禁止从事公开交易的美国公司为获得或维持该公司的业务而向外国政府官员或外国政党、政党的官员或代理人行贿。该法案自出台以来就备受争议。它规定数额相对较少的支付（被称为“黄油”）是合法的，例如为了加快获得一份工作许可或签证而赠送小额价值的礼物，但是该法案禁止公司为获得或维持公司业务而向政治人物或他们的代理人提供数额相对较大的支付，这被认为是行贿。“黄油”与贿赂之间的界限可能非常微妙，难以区分。针对道德行为来立法的努力使得亚里士多德的“美德行为”成为一种规章制度，成为一种必需事项而不是道德事项。

寻求“超级规范”可能是一种有价值的努力，但是像管理一样，伦理也受文化约束，取决于企业在哪里做生意。超级规范通常都是由强调个人权利的北美人或西欧人提出的。西方文化传统受惠于约翰·洛克，他质疑国王在没有获得被统治者同意的情况下实施统治的所谓君权神授制度（见第 2 章）。不过，正如一位观察者所提到的，“有些非西方世界的观点质疑‘不可剥夺的个人尊严’的首要性，将其视为对集体或宗教传统的一种威胁。有时候宗教或者一位宗教领袖凌驾于个人权利之上”[25]。用来促进不可剥夺的普遍权利的宪法保证是西方传承的组成部分，这种传承体现了独裁、神权与民主之间旷日持久的斗争。

企业与社会

商业伦理与企业社会责任之间的界限并不总是清晰可见的。强生公司的信条界定了该公司的员工应该如何行事，而且认识到它是在一个更广泛的社区中发挥着作用。伦理通常指的是个体的道德行为，而企业社会责任往往强调的是社会对一家企业的期望。与个人道德行为以及可接受的企业行为有关的判断取决于随着时间变化而变化的社会价值观和法律要求。

如同第 6 章所述，在人类的整个历史中，许多商界人士因为对文学、音乐和艺术等文化遗产的资助和收藏而闻名于世。安德鲁·卡内基赚取了巨额财富，后来却散尽家财，因为他相信财富的获得施加了一种责任：

> 树立一个谦恭、朴素和避免炫耀、奢侈的榜样；为那些依靠他的人的合理需求提供适度所需；在这样做之后，将他赚取的所有盈余视为信托基金，而他只是受命进行管理，而且严格遵守这种管理准则，即以他所知的最深思熟虑的、能够为社会带来最有利结果的方式来进行管理，这样，财富的所有者就成为那些比他贫穷的同胞的托管人和代理人。[26]

卡内基认为财富施加了一种责任，这种观念强调我们所有人（无论贫穷或富有）都承担一种明智地使用我们的物质资源的社会责任。在对企业（以及卡内基之类的商界人士）的社会角色的研究中，希尔德（Heald）得出结论：

> 美国的商人们充分分享了其同胞的社会关注和偏见。虽然他们常常被描述为——事实上，是被讽刺为——全心全意追逐利润的人，事实上却大相径庭……和其他人一样，他们也常常为他们看到的各种情形所困扰，而且和其他人一样，他们中的不少人为解决社会失衡和社会解体而贡献自己的智力与物质资源。[27]

伍德（Wood）在研究《肉类检验法》（Meat Inspection Act）和《纯净食品和药品法》(Pure Food and Drug Act）得以在 1906 年通过的各种幕后因素时发现，企业领导人对这些法案持积极态度，迫切希望通过法律来保护消费者和他们自己。人们往往把这些法案的通过归功于厄普顿·辛克莱（Upton Sinclair）撰写的那本让人看后倒胃口的著作《屠场》（*The Jungle*）。[28]但是，事实并非如此。许多人，例如亨利·海因茨（Henry J. Heinz)、弗雷德里克·帕布斯特（Frederick Pabst)、爱德华·斯奎布（Edward R. Squibb)，以及来自食品加工、制药、酿造、焙烤和蒸馏行业的一些人士，联合起来支持这次立法。[29]他们明白，这些立法保护了诚实的制造商，使它们免受假冒者的侵害，因此它们是既符合商业利益也广受欢迎的公共政策。实际上，肉类加工企业赞成 1906 年的《肉类检验法》。通过获得联邦政府颁发的认可证明，该法可以帮助这些企业营销自己的产品。随后，美国农业部的一份关于芝加哥牲畜围场的报告驳斥了厄普顿·辛克莱耸人听闻的观点，声称这些观点"蓄意歪曲事实"以及"肆意夸大其词"。[30]

现代社会中，对企业与社会之间的正确关系予以关注的急先锋是担任过艾奥瓦大学校长（University of Iowa）的霍华德·鲍恩（Howard R. Bowen)。鲍恩的著作《商界人士的社会责任》（*Social Responsibilities of the Businessman*）获得了美国基督教会联合理事会的资助。在该书中，他把社会责任定义为"商人们的这样一些义务：他们所采取的政策方针、所作出的决策以及所遵循的行为准则，应该符合我们社会的目标和价值观"[31]。社会责任的同义词包括"公共责任""社会义务""商业道德"。鲍恩是首位将商界人士的社会责任界定为一种道德要求的作家。但是，他也认识到，仅仅依靠企业无法解决经济生活中的所有问题："这样一种假设不仅对社会来说是不明智的和危险的……对企业本身亦是如此。不能够将那些它们无力有效承担的责任强加给它们。"[32]在企业能够做什么以及应该做什么之间进行的这种细分，引发了一场持续至今的争论。

基思·戴维斯回忆说，鲍恩的著作"明确了"他对管理中的社会事项的思考。"如果是你弄乱的，就该你清理"，这是戴维斯儿童时期就学会的道理，这也使他得出了这样的结论：因为企业影响了社会，那么它就必须接受随之而来的社会义务。[33]在一篇被广泛引用的论文中，戴维斯阐述了企业社会责任的正反两方面观点。赞成社会责任的观点包括：社会责任有利于企业的长期利益；社会责任提高了企业的公共形象，并增强了企业在社会中的合理性；通过社会责任，可以避免政府管制；企业具备解决社会问题的资源和专业技能。反对企业接受社会责任的观点包括：作为股东的受托人，管理者应该使股东获得的回报最优化；社会参与成本高昂，而且淡化了企业的首要经济目的；不应该将企业既难以履行又不应该承担的那些责任强加给企业。[34]总而言之，戴维斯赞成企业的社会参与，但是也认可鲍恩提出的警告，即某些特定的社会挑战不应该指望企业来解决，而是应该留给那些能够更好地履行这些责任的人和组织。

在20世纪60年代初，认为企业拥有"利益相关者"的观点变得流行起来。利益相关者（stakeholders）这一术语首次出现于20世纪50年代[35]，指的是企业在决策时必须考虑其利益的各相关方。在斯坦福研究院（SRI，如今成为斯坦福国际研究院（SRI International））内部传阅的一份1963年备忘录中，利益相关者被定义为"这样的群体，即如果没有他们的支持，该组织将不复存在"[36]。洛克希德公司的一名企划人员伊戈尔·安索夫（Igor Ansoff）以及斯坦福研究院的成员试图传达这样的观点：如果那些利益相关者没有提供必要的支持，公司的目标就无法实现。不过，当安索夫进一步深入研究公司战略时，他对"经济目标"和"社会或非经济目标"进行了区分：

> 企业既有在其资源转化过程中实现效率最大化的经济目标，又具有社会或非经济目标……在绝大多数企业中，经济目标对企业的行为施加最主要的影响，并且是企业明确表述的目标的主要组成部分，管理者则使用这些目标来领导和控制该企业……（而）社会目标只对管理行为产生一种轻微的、有限的影响。[37]

在安索夫看来，企业的目的是使其资产的长期回报最大化，除非经济目标得以实现，否则第二位的责任是无法实现的。安索夫认同彼得·德鲁克提出的观点，即管理者必须将经济考虑置于首要位置，而且只有通过所创造的经济成果才能够证明其存在的正当性：

> 如果管理者没有创造经济成果，那么他们就是失败的。如果管理者没有以消费者愿意支付的价格提供消费者渴望的商品和服务，那么他们就是失败的。如果管理者没有改进或至少维持委托给他们的经济资源的财富创造能力，那么他们就是失败的。[38]

德鲁克认识到，管理决策能够导致非经济结果，例如社区福利的改善，但这些只不过是强调经济绩效时可能出现的副产品。德鲁克和安索夫的共识是：经济成果是首要的，只有首要目标实现之后，才会追求社会或非经济目标。

虽然利益相关者概念被证明对理解处于不断变化的经济、社会和政治环境中的企业有所裨益，但是仍然存在的问题涉及确定谁是利益相关者中的第一位和谁是第二位。通过描述四种类型的责任，卡罗尔（Carroll）澄清了这些问题。这四种责任是：经济的、法律的、伦理的以及自由决定的（后来被称为慈善的）。四种责任“既不相互排斥，也不……想要描述这样一个连续体：经济考虑在这一端，而社会考虑在另一端……它们既不是可累积的，也不是可相加的……这（不过）是提醒我们，动机或行为可以被划分为这四种类型中的这种或那种”[39]。经济责任是最主要的，因为商业组织是商品和服务的主要制造商与销售商。法律责任指的是由政治机构制定的规范和监管商业活动的法律与法规。伦理责任指的是法律要求之外的关于企业应该如何做生意的期望。慈善责任是自愿的选择。这一概念体系的目的是表明企业的反应并不是一个非此即彼的命题，也就是说，利润并不会与其他责任类型相互排斥，每种类型的责任可以互动和交叉。[40]

社会企业家精神

社会企业家精神已经被视为一种将企业能力与社会责任匹配起来的方法。格利高里·迪斯（Gregory Dees）主张采用一种企业家方法来解决社会问题，从而在实现经济利益的同时创造社会价值。当然，企业家精神并不是什么新鲜事物。社会企业家精神融合了“一种社会使命的激情和具有商业头脑的行事准则、创新和果敢”。“在创新的非营利投资之外，社会企业家精神还可以涵盖那些追求社会目标的商业投资，例如营利性的社区开发银行，以及那些既包含营利性元素又包含非营利性元素的混合型组织，例如无家可归者收留所创办企业以培训和雇用其中的被收留者。”[41]波特（Porter）和克莱默（Kramer）认为，社会企业家精神可以“增强一家公司的竞争能力，同时改善该公司所在社区的经济和社会状况”[42]。这可能涉及重新思考公司运行的所有层面，包括员工健康和安全、产品包装、生产设施和流通设施的所在位置、供应链管理、环境影响以及能源和水资源的利用。社会企业家精神的支持者认识到企业无法大包大揽每件事情，如果企业能够做到的事情可以在增强其竞争能力的同时改善所在社区的经济和社会状况，那么企业就应当去做。这导致对企业社会责任的要求提高到另外一个层次，重点强调“做善事”而不是仅仅“向善看齐”。

企业及其环境

对于企业在保护地球自然资源方面扮演的角色，人们的期望也随着时间的推移而改变。美国国会于1872年通过《黄石法案》（Yellowstone Act），它创建了世界上第一个国家公园。到1916年成立国家公园管理局（National Park Service）为止，美国总共拥有14个国家公园，其中包括位于加利福尼亚州的约塞米蒂国家公园（Yosemite）以及红杉国家公园（Sequoia），位于蒙大拿州的冰川国家公园（Glacier），位于科罗拉多州的洛基山国家公园（Rocky Mountain）。如今，美国总共拥有 60 多个国家公园。20 世纪 90 年代，对环境事项的全球关注日益显著，诸如生态学、"绿色化"、可持续性、气候变化之类的术语变得越来越流行。诸多非政府团体，例如 1994 年的考克斯圆桌会议（Caux Roundtable），1999 年的环境责任经济联盟（CERES）原则以及同年的联合国全球契约，都体现了这种关注。国际标准化组织在 1992 年公布了世界上第一部环境管理标准。随后，该组织在 1996 年发布了 ISO 14000 环境管理体系标准。ISO 14000 是一个环境标准系列，它为产品、服务、系统以及减少能源和物质资源浪费提供了世界级标准。[43] 如前所述，在为企业社会责任定义超级规范时会遇到诸多挑战，与此类似，为环境绩效设置标准时也是如此。不过，为空气和水的质量以及产品安全和性能确定标准要比为社会责任确定标准容易一些，因为社会责任不容易量化。2010 年国际标准化组织发布了 ISO 26000 来指导企业为社会的健康和福祉作出相应的贡献。

小结

本章考察了商业全球化，以及在拥有截然不同的文化价值观和制度的国际市场开展竞争如何影响管理思想的演变。此外，本章还探讨了商业伦理以及社会对企业的期望。在全球开展竞争给企业施加了一种义务，即以一种合法的、有道德的、有社会责任感的方式来行事。伦理，或者说是关于人类道德行为的事项，自古以来就是理论家和哲学家的思考重点。从广义上说，伦理是支撑文明社会的道德责任。长期以来，商业实践都是与法律约束之外的道德指导方针紧密相连的。企业社会责任强调社会对企业的期望。与个人道德行为以及可接受的企业行为有关的判断取决于会随着时间变化而变化的社会价值观和法律要求。

注 释

[1] Miriam Beard, *A History of the Business Man*, (New York: Macmillan, 1938).

[2] Adam Smith, *An Inquiry Into the Nature and Causes of the Wealth of Nations*, vol. 2 (London: W. Strahan and T. Cadell in the Strand, 1776), p. 35.

[3] David Ricardo, *On the Principles of Political Economy, and Taxation* (London: John Murray, 1817), pp. 156 - 161.

[4] This seems to be an inescapable phrase in discussions of comparative advantage. We have been unable to discern its origin.

[5] Mira Wilkins, *The Emergence of Multinational Enterprise: American Business Abroad from the Colonial Era to* 1914 (Cambridge, MA: Harvard University Press, 1970), pp. 201 - 207.

[6] Thomas L. Friedman, *The Lexus and the Olive Tree: Understanding Globalization* (New York: Farrar, Straus and Giroux, 1999).

[7] Mira Wilkins, *The Maturing of Multinational Enterprise: American Business Abroad from 1914 - 1970* (Cambridge, MA: Harvard University Press, 1974), Table XIII, p. 329.

[8] Raymond Vernon, *In the Hurricane's Eye: The Troubled Prospects of Multinational Enterprises* (Cambridge, MA: Harvard University Press, 1998). See also Frederick W. Smith, "How Trade

Made America Great," *Wall Street Journal* (March 26 - 27, 2016), p. A9.

[9] Nicoló Machiavelli, *The Prince*, trans. Luigi Ricci (New York: New American Library, 1952), pp. 49 - 50. Written in 1513, but not published until 1532 because of its controversial nature.

[10] Aristotle, *The Nicomachean Ethics* translated by Robert Williams (London: Longmans, Green, and Co., 1876), pp, 115 - 150. Originally published 350 BCE.

[11] Raymond de Roover, "The Concept of Just Price: Theory and Economic Policy," *Journal of Economic History* 18 (4) (December 1958), especially pp. 420 - 423.

[12] Thomas Aquinas, "The '*Summa Theologiae*' of St. Thomas Aquinas" translated by the Fathers if the English Dominican Province (New York: Benziger Brothers, 1911), Part Ⅱ, Second Number, pp. 317 - 320. Written between 1259 and 1272.

[13] Johannes Nider, *On the Contracts of Merchants*, trans. Charles H. Reeves, ed. Ronald B. Shuman (Norman, OK: University of Oklahoma Press, 1966), pp. 38 - 45. Written circa 1430 and originally published circa 1468.

[14] Perry Glanzer and Todd C. Ream, *Christianity and Moral Identity in Higher Education* (New York: Palgrave Macmillan, 2010), p. 39.

[15] Joseph Wharton quoted in Fairman Rogers, "The Wharton School of Finance and Economy," *The Penn Monthly* 12 (1) (May 1881), p. 359.

[16] Gabriel Abend, "The Origins of Business Ethics in American Universities, 1902 - 1936," *Business Ethics Quarterly* 23 (2) (April 2013), p. 172.

[17] Robert Wood Johnson Ⅱ, *Robert Johnson Talks It Over* (New Brunswick, NJ: Johnson and Johnson, 1949), p. 168.

[18] Available at http://www.jnj.com/sites/default/files/pdf/jnj_ourcredo_english_us_8.5x11_cmyk.pdf.

[19] Raymond C. Baumhart, "How Ethical Are Businessmen?" *Harvard Business Review* 39 (4) (July-August 1961), p. 19.

[20] Theodore Cross, "Why *Business and Society Review*?" *Business and Society Review* 1 (1) (Spring 1972), p. 4.

[21] John S. R. Shad, "Business's Bottom Line: Ethics," *New York Times* (July 27, 1987), p. A19.

[22] Lori Holder-Webb and Jeffrey Cohen, "The Cut and Paste Society: Isomorphism in Codes of Ethics," *Journal of Business Ethics* 107 (4) (June 2012), pp. 485 - 509.

[23] Thomas Donaldson, *The Ethics of International Business* (New York: Oxford University Press, 1989), p. 81.

[24] Christian J. Resick, Paul J. Hanges, Marcus W. Dickson, and Jacqueline K. Mitchelson, "A Cross-Cultural Examination of the Endorsement of Ethical Leadership," *Journal of Business Ethics* 63 (3) (February 2006), pp. 345 - 359.

[25] Patricia H. Werhane, "Principles and Practices of Corporate Responsibilities," *Business Ethics Quarterly* 20 (4) (October 2010), p. 699.

[26] Andrew Carnegie, *The Gospel of Wealth and Other Timely Essays* (New York: Century Co., 1901), p. 15.

[27] Morrell Heald, *The Social Responsibilities of Business: Company and Community 1900 - 1960* (Cleveland, OH: The Press of Case Western Reserve University, 1970), p. 1.

[28] Upton Sinclair, *The Jungle* (New York: Grosset & Dunlap Publishers, 1906). Originally serialized in 29 parts, February 25 to November 4, 1905, by the newspaper *Appeal to Reason*.

[29] Donna J. Wood, "The Strategic Use of Public Policy: Business Support for the 1906 Food and Drug Act," *Business History Review* 59 (3) (Autumn 1985), pp. 403 - 432.

[30] U. S. Congress, House of Representatives, *Hearings before the Committee on Agricultural on the So-called "Beveridge Amendment" to the Agricultural Appropriation Bill*, 59th Congress, 1st Session. (Washington, DC: Government Printing Office, 1906), pp. 350, 349.

[31] Howard R. Bowen, *Social Responsibilities of the Businessman* (New York: Harper & Brothers, 1953), p. 6.

[32] *Ibid.*, p. 7.

[33] Keith Davis, "A Journey through Management in Transition," in Arthur G. Bedeian, ed., *Management Laureates: A Collection of Autobiographical Essays*, vol. 1 (Greenwich, CT: JAI Press, 1992), p. 285. See also Keith Davis and Robert L. Blomstrom, *Business and Its Environment* (New York: McGraw-Hill, 1966).

[34] Keith Davis, "The Case for and against Business Assumptions of Social Responsibilities," *Academy of Management Journal* 16 (2) (June 1973), pp. 312 - 322.

[35] As Freeman et al. note, the precise origin of the term "stakeholder" has been difficult to establish. See R. Edward Freeman, Jeffrey S. Harrison Andrew C. Wicks, Bidhan L. Parmar, and Simone de Colle, *Stakeholder Theory: The State of the Art* (Cambridge, England: Cambridge University Press, 2010), p. 31n.

[36] Cited in R. Edward Freeman, *Strategic Management: A Stakeholder Approach* (Boston, MA: Pitman, 1984), p. 31.

[37] H. Igor Ansoff, *Corporate Strategy: An Analytic Approach to Business Policy for Growth and Expansion* (New York: McGraw-Hill, 1965), pp. 37 - 38.

[38] Peter F. Drucker, *The Practice of Management* (New York: Harper & Row, 1954), p. 8.

[39] Archie B. Carroll, "A Three-Dimensional Conceptual Model of Corporate Performance," *Academy of Management Review* 4 (4) (October 1979), pp. 499 - 500.

[40] Mark Schwartz and Archie B. Carroll, "Corporate Social Responsibility: A Three Domain Approach," *Business Ethics Quarterly* 13 (4) (October 2003), pp. 503 - 530.

[41] J. Gregory Dees, "The Meaning of 'Social Entrepreneurship'," Original Draft: October 31, 1998; reformatted and revised: May 30, 2001. Available at https://entrepreneurship.duke.edu/news-item/the-meaning-of-social-entrepreneurship/.

[42] Michael E. Porter and Mark R. Kramer, "Creating Shared Value," *Harvard Business Review* 89 (1) (January - February, 2011), p. 66. See also Michael A. Driver, "An Interview with Michael Porter: Social Entrepreneurship and the Transformation of Capitalism," *Academy of Management Learning & Education* 11 (3) (September 2012), pp. 421 - 431.

[43] JoAnne Yates and Craig N. Murphy, "From Setting National Standards to Coordinating International Standards," *Business and Economic History On-Line* 4 (2006), pp. 1 - 25. See also Craig N. Murphy and JoAnne Yates, *The International Organization for Standardization (ISO): Global Governance through Voluntary Consensus* (London: Routledge, 2009).

尾　声

纵观本书所有的章节，我们的目标是追溯管理思想从最早期的非正式时期到当前时期的演变历程。在前面章节中，我们致力于考察管理作为一套知识体系以及管理作为一种活动是如何在历史长河中发展的。我们相信，要想从最广泛的层面充分理解管理学这门学科，我们必须了解它的历史。历史记录提供了一座跨越时间河流的桥梁，联结了过去和现在，并且通向未来。

当今的管理理论和管理实践都是历史过程的产物。过往的历史反复告知今天，对知识的探寻永无止境。从这个意义上讲，过往与今天是一种互惠互利的关系。此外，由于过往的历史是通过今天的眼睛来观察的，因此可以通过今天与过往之间永不停歇的对话来评判今天。今天与昨天不一样，而明天与今天也不一样，今天是我们过往的所有昨天产生的一种协同作用。

自由徜徉于各个时代，这能够加深我们对过往历史的认识和理解，并且使我们更充分理解当前的时代以及我们在历史长河中的位置，还能使我们反复探索过往历史中那些最伟大的思想。只需付出自己的脑力劳动，过往历史中的那些深邃洞见就可以被反复用来激起自己对某时、某事或某物的好奇心。

我们对过往历史的探索暂时告一段落。我们希望读者享受这段旅程并且继续受益于探索管理学的知识渊源，更深入了解全世界诸多管理学名家的作品和生平。我们希望读者能够认识和理解“自己在历史中的位置”。

The Evolution of Management Thought（Seventh Edition）by Daniel A. Wren and Arthur G. Bedeian
ISBN：1119400279

图书在版编目（CIP）数据

管理思想史：第 7 版/（美）丹尼尔·雷恩，（美）阿瑟·贝德安著；李原，黄小勇，孙健敏译．-- 北京：中国人民大学出版社，2022.10

（工商管理经典译丛）

ISBN 978-7-300-31021-3

Ⅰ.①管… Ⅱ.①丹… ②阿… ③李… ④黄… ⑤孙… Ⅲ.①管理学-思想史-世界 Ⅳ.①C93-091

中国版本图书馆 CIP 数据核字（2022）第 195237 号

工商管理经典译丛

管理思想史（第 7 版）

［美］丹尼尔·雷恩 阿瑟·贝德安 著

李　原　黄小勇　孙健敏　译

孙健敏　校

Guanli Sixiangshi

出版发行	中国人民大学出版社		
社　　址	北京中关村大街 31 号	**邮政编码**	100080
电　　话	010－62511242（总编室）		010－62511770（质管部）
	010－82501766（邮购部）		010－62514148（门市部）
	010－62515195（发行公司）		010－62515275（盗版举报）
网　　址	http://www.crup.com.cn		
经　　销	新华书店		
印　　刷	北京捷迅佳彩印刷有限公司		
开　　本	787 mm×1092 mm　1/16	**版　　次**	2022 年 10 月第 1 版
印　　张	29 插页 1	**印　　次**	2025 年 6 月第 4 次印刷
字　　数	623 000	**定　　价**	89.00 元

WILEY

John Wiley 教学支持信息反馈表

www. wiley. com

老师您好，若您需要与John Wiley教材配套的教辅（免费），烦请填写本表并传真给我们。也可联络John Wiley北京代表处索取本表的电子文件，填好后e-mail给我们。

原书信息

原版ISBN：

英文书名（Title）：

版次（Edition）：

作者（Author）：

配套教辅可能包含下列一项或多项

教师用书（或指导手册）/习题解答/习题库/PPT讲义/其他

教师信息（中英文信息均需填写）

- 学校名称（中文）：
- 学校名称（英文）：
- 学校地址（中文）：
- 学校地址（英文）：
- 学校邮编：
- 院/系名称（中文）：
- 院/系名称（英文）：

课程名称（Course Name）：

年级/程度（Year/Level）：□大专 □本科 Grade：1 2 3 4 □硕士 □博士 □MBA □EMBA

课程性质（多选项）：□必修课 □选修课 □国外合作办学项目 □指定的双语课程

学年（学期）：□春季 □秋季 □整学年使用 □其他（起止月份__________）

使用的教材版本：□中文版 □英文影印（改编）版 □进口英文原版（购买价格为____元）

学生：______个班共______人

授课教师姓名：

电话：

传真：

E-mail：

WILEY-约翰威立商务服务（北京）有限公司

John Wiley & Sons Commercial Service (Beijing) Co Ltd

北京市朝阳区太阳宫中路12A号，太阳宫大厦8层805－808室，邮政编码100028

Direct+86 10 8418 7869 Fax +86 10 8418 7810

Email：Alyssa Yang <ayang@wiley. com>

中国人民大学出版社　管理分社

教师教学服务说明

中国人民大学出版社管理分社以出版工商管理和公共管理类精品图书为宗旨。为更好地服务一线教师，我们着力建设了一批数字化、立体化的网络教学资源。教师可以通过以下方式获得免费下载教学资源的权限：

★ 在中国人民大学出版社网站 www.crup.com.cn 进行注册，注册后进入“会员中心”，在左侧点击“我的教师认证”，填写相关信息，提交后等待审核。我们将在一个工作日内为您开通相关资源的下载权限。

★ 如您急需教学资源或需要其他帮助，请加入教师 QQ 群或在工作时间与我们联络。

中国人民大学出版社　管理分社

教师 QQ 群： 648333426（工商管理）　114970332（财会）　648117133（公共管理）
教师群仅限教师加入，入群请备注（学校+姓名）

联系电话： 010-62515735，62515987，62515782，82501048，62514760

电子邮箱： glcbfs@crup.com.cn

通讯地址： 北京市海淀区中关村大街甲 59 号文化大厦 1501 室（100872）

管理书社

人大社财会

公共管理与政治学悦读坊